Dietmar Reinborn • Städtebau
im 19. und 20. Jahrhundert

Dietmar Reinborn

Städtebau
im 19. und 20. Jahrhundert

Verlag W. Kohlhammer
Stuttgart Berlin Köln

Die Deutsche Bibliothek – CIP-Einheitsaufnahme

Reinborn, Dietmar:
Städtebau im 19. und 20. Jahrhundert / Dietmar Reinborn. –
Stuttgart ; Berlin ; Köln : Kohlhammer, 1996
ISBN 3-17-012547-8

Inhalt

Vorwort

„Sei dir deiner Zeit bewußt."
Sonnenuhr am Zeiss-Großplanetarium, Berlin

Ein Buch über fast zwei Jahrhunderte Städtebau muß sich auf einen Überblick beschränken, besonders wenn es auch den Charakter eines Lehrbuchs behalten soll. Zahlreiche Publikationen sind bisher über einzelne Phasen des Städtebaus erschienen, so daß Material vieler Jahrzehnte vorliegt. Eine umfassende Darstellung des „modernen" oder „neuzeitlichen" Städtebaus wäre deshalb gewiß ein verwegenes Unterfangen. Ähnlich erging es schon Albert Erich BRINKMANN 1920, als das „Material ausgedehnter Studien" bereitlag, „um eine allgemeine Entwicklungsgeschichte der Stadt zu schreiben".

Er zögerte, denn „es bedarf noch vermehrter Arbeitskräfte, um ein so schwer beladenes Schiff flott zu machen. Dagegen scheint es mir nützlich, gewisse Querschnitte durch die letzten sieben Jahrhunderte zu geben und mit einzelnen Ausblicken bis in unsere Zeit zu gehen, so daß hiermit das Gerüst aufgeschlagen ist, das die Formen des ganzen Baus andeutet. Auch der Nichtfachmann, der Laie, der Historiker, der Verwaltungsbeamte bringen diesem Stoff im allgemeinen mehr Interesse entgegen, als man zunächst annehmen möchte. Sie würden ermüden, wenn der Stoff über ihnen zusammenschlüge. Der Fachmann und der gestaltende Architekt werden erst recht durch umständliche Bücher abgeschreckt, sie wünschen kurze Formulierungen und präzise Ansichten".

Diese Bemerkungen aus dem Vorwort von „Stadtbaukunst" gelten in ähnlicher Weise für dieses Buch. Es zeigt die Entwicklungen des Städtebaus der letzten zwei Jahrhunderte auf, beschreibt politische und soziale Zusammenhänge und dokumentiert „klassische" Beispiele der verschiedenen Phasen des Städtebaus in Bild und Text. Dieser historische Überblick aus planerischer Sicht soll „Fundgrube" für neue Ideen, aber auch Ansatzpunkt für vertiefte Beschäftigung mit dem „Phänomen Stadt" sein. Das Buch „möchte anregen, Perspektiven geben, zugleich auch für die Gegenwart nicht überflüssig sein" (BRINKMANN, S. VIII).

„Aus der Geschichte lernen" setzt gerade beim Städtebau das Wissen voraus, warum unsere Städte so entstanden sind, wie wir sie erleben. Fachliche Anschauungen und gesellschaftliche Bedingungen prägen die zeitspezifischen, aber meistens weiterwirkenden Konzepte. Diese Zusammenhänge der städtebaulichen Ideen und Ideologien verbinden die einzelnen Phasen des Städtebaus von der Industrialisierung bis in die Gegenwart.

Das Buch beschränkt sich dabei auf die städtebauliche Entwicklung in Deutschland, wobei in einzelnen Zeitabschnitten wichtige Verbindungen zu anderen Ländern, im 19. Jahrhundert insbesondere England, aufgezeigt werden. Auch begrenzt sich die Darstellung auf die Zeit vor 1980 und gibt für die späteren Jahre nur einen kursorischen Überblick und versucht einen Ausblick auf zukünftige Entwicklungslinien. Deshalb ist der DDR-Städtebau auch nur in einzelnen Aspekten angesprochen, denn für eine vertiefende Schilderung bedarf es erst einer größeren zeitlichen Distanz.

Von den Unternehmersiedlungen und Gartenstädten über die Siedlungen der zwanziger Jahre bis zu den Trabantenstädten der Nachkriegszeit unterscheiden sich die Grundrisse der Stadtquartiere, die Bauweisen der Gebäude und die dadurch geschaffenen Lebensbedingungen. Die besonderen gestalterischen, technischen, aber auch sozialen und politischen Bedingungen der jeweiligen Zeit sind in die Konzeptionen und Planungen eingeflossen. Die Phasen des Städebaus seit der Industrialisierung bis heute haben so ihren gebauten Ausdruck in sehr unterschiedlichen Stadtgebieten gefunden. Die ursprünglich geschlossenen Kerne der historischen Stadt sind von unterschiedlichen Siedlungsmustern der jeweiligen städtebaulichen Zeitabschnitte umgeben und verschmelzen vielfach zu Stadtlandschaften.

„Die Fehler des Städtebaus der sechziger und siebziger Jahre sollen vermieden werden" - diese Zielvorstellung bei der Planung von neuen Siedlungsgebieten ist meistens nur eine beschwichtigende Floskel. Zu ihrer wirklichen Umsetzung aber bedarf es der Kenntnis über den Städtebau und dessen spezifische Beweg- und Hintergründe, die meistens auf weit zurückreichende räumliche und funktionale Ideen zurückzuführen sind. Städte weiterzubauen setzt dieses Wissen voraus, denn es genügt bei Planungen nicht, romantische Wunschbilder über städtisches Leben mit grafischen Siedlungsmustern zu kombinieren.

Zum Verständnis der Zielvorstellungen und Leitbilder der einzelnen Phasen des Städtebaus ist es wichtig, Meinungen und Einschätzungen im „Original" nachlesen zu können. Deshalb werden so oft wie möglich Zitate in den fortlaufenden Text eingefügt oder als dreispaltige Dokumenten-Exzerpte im Anhang angefügt. Ebenso werden die verschiedenen städtebaulichen Projekte und Siedlungen in den jeweiligen Kapiteln mit Abbildungen und Beschreibungen ausführlich dargestellt.

Viele Lagepläne von Siedlungen, besonders nach dem Zweiten Weltkrieg, waren in der Literatur grafisch sehr unübersichtlich oder wenig aussagekräftig dokumentiert. Häufig gab es nur frühe Entwurfsskizzen oder „inselhafte" Zeichnungen ohne die angrenzende städtebauliche Situation. Deshalb wurde ein großer Teil von ihnen auf der Grundlage aktueller Pläne überarbeitet, so daß durch die schwarz angelegten Baukörper die Siedlungsstruktur mit ihrem räumlichen Kontext klar erkennbar wird. Außerdem sind die Lagepläne, bis auf wenige Ausnahmen, in den Maßstäben 1:10 000 bei größeren und 1:5 000 bei kleineren Siedlungsgebieten und Baugruppen abgebildet, damit sie untereinander vergleichbar sind. Einige Übersichtspläne haben den Maßstab 1:20 000 und städtebauliche Details sind häufig im 1:2 500 dargestellt.

In diesem Zusammenhang muß auf die freundliche Unterstützung der verschiedenen städtischen Stellen und Ämter hingewiesen werden, denen herzlicher Dank gilt. Aber auch die zahlreichen studentischen Ausarbeitungen zu Einzelthemen und Siedlungen, die seit einigen Jahren im Rahmen meiner Vorlesung entstanden sind, haben eine Fülle von Material für dieses Buch geliefert. Allen Autoren gebührt ebenfalls Dank.

Schließlich möchte ich Michael Koch, Uwe Stuckenbrock und Klaus-Peter Burkarth für ihre kritische und akribische Durchsicht der verschiedenen Manuskriptfassungen besonders herzlich danken. Ihr Zuspruch in der Endphase haben mich darin bestärkt, daß die mehrjährige Arbeit an dem Buch, die schließlich alle Lücken der Freizeit aufgefüllt und meine Familie stark belastet hat, einen angemessenen, wenn auch verspäteten Absschluß gefunden hat. Jetzt stellt sich das Buch dem Urteil der Leser.

Der Städtebau im 19. und 20. Jahrhundert und seine gesellschaftlichen und politischen, besonders aber seine konzeptionellen und formalen Zusammenhänge sind ein faszinierendes Thema für den „Theoretiker" *und* den Praktiker, der seinen Beitrag zu neuen Phasen der städtebauliche Entwicklung leistet. Wenn dieser städtebauliche Überblick zu einem Interesse an einer fachlichen Vertiefung beitragen sollte, dann ist damit das Wesentliche erreicht. So wird der Blick zurück auch zu einem Blick nach vorn.

Für Hille und Paul

1. Einleitung:
Verflechtungen von Vergangenheit und Gegenwart

„Was 2.000 Jahre anhielt, von Babylon bis zu Beginn dieses Jahrhunderts,
nimmt Abschied:
Das Städtische, die Stadt. Symptome dafür:
Das Verschwinden des öffentlichen Raumes,
dafür das Grün, die Leere.
Das Verschwinden der städtischen Straßen, Plätze, Boulevards,
dafür die Schnellstraßen, die Blumenkübel-Fußgängerzonen.
Die Stadt wird zur Un-Stadt, die Landschaft zur Nicht-Stadt.
Kein Zentrum, kein Kern, aber auch keine Peripherie.
Wir wissen: Dahinter, davor, stehen gesellschaftliche Vorgänge.
Wir wissen: Nicht Räume schaffen das Leben, das Leben schafft sich Räume."
Roland OSTERTAG
Einladung zu einer Vortragsreihe in Stuttgart 1994

1.1. Stadt und Städtebau

„Das, was den Menschen über den Zustand des Barbarentums erhebt, in dem er bloß ein wirtschaftliches Wesen ist, was ihn befähigt, alle seine höheren Fähigkeiten, die im Barbarentum nur schlummern, zu entwickeln, nämlich: gut und richtig zu leben, statt nur zu leben, das war seine Teilnahme und Mitgliedschaft an einer Stadt. Des Menschen körperliches und animales Dasein mag durch das Land befriedigt sein, seine geistigen Bedürfnisse können nur durch die Stadt erfüllt werden."
ARISTOTELES

Geschichte der Stadt

Mit Stadt verbinden die Menschen auch heute noch oft das Bild der mittelalterlichen Stadt, und diese Nostalgie ist vielfach der Ausdruck eines „Heimatgefühls", das moderne Wohnsiedlungen nicht vermitteln. Heidelberg, Regensburg, Lübeck und viele andere „historische" Städte sind im Bewußtsein der Menschen weiterhin „alte" Städte geblieben, wenn auch der „romantische Kern" nur einen geringen Teil der Siedlungsfläche ausmacht. Ihre Altstädte wurden in den letzten Jahren „puppenstubenhaft" her-

ausgeputzt, und so scheinen Städte mit ausgedehnten mittelalterlichen Altstädten, wie Rothenburg ob der Tauber und Nördlingen, für viele in der alten Zeit stehen geblieben zu sein.

Das „Malerische" der schiefwinkligen Plätze und der geschwungenen Straßen und Gassen, von Camillo SITTE am Ende des 19. Jahrhunderts bewußt gemacht, ruft noch immer Freude und Begeisterung hervor, obwohl die Menschen viel lieber im „Grünen" wohnen und an modernen Arbeitsplätzen arbeiten wollen. Die Stadtbewohner sind stolz auf ihre alten Zeitzeugen und werben damit Touristen. Wo nach dem Zweiten Weltkrieg diese Stadtgebiete zur Identitätsbildung zerstört und „modernisiert" wurden, ruhte die Bürgerschaft oft solange nicht, bis das historische Stadtbild wiederhergestellt worden war, wie in Hildesheim oder Frankfurt.

Die Geschichte der Stadt bewegt die Gemüter, aber das schließt häufig eine rationale Beschäftigung mit ihr aus. Besonders Architekten und Stadtplaner verdrängen vielfach mit einem Streben nach „Modernität" ihre Neigung zum Gefühlvollen, obwohl sie zum Thema Platz liebend gern alte italienische Beispiele bemühen. Diese werden bereits als „originale" Piazza mit der Kulisse einer entsprechenden Randbebauung für ein breites Publikum in Vergnügungsparks nachempfunden. Der kitschige Rückfall in das Gestrige verdeutlicht die Notwendigkeit einer kritischen Beschäftigung mit dem Vergangenen, mit der Geschichte der Stadt. Sie kann der Ausgangspunkt für eine zeitgemäße und lebendige Weiterentwick-

1.1 Kitschiger Rückfall in das Gestrige für ein breites Publikum. „Italienische Piazza" im Europapark bei Freiburg.

lung sein, ersetzt aber nicht die Suche nach dem Neuen. Schon Karl Friedrich SCHINKEL, 1781-1841, wendet sich gegen eine leblose Nachahmung:

„Überall ist man nur da wahrhaft lebendig, wo man etwas Neues schafft; überall, wo man sich ganz sicher fühlt, hat der Zustand schon etwas Verdächtiges, denn da weiß man etwas gewiß, also etwas, was schon da ist, wird nur gehandhabt, wird wiederholt angewendet. Dies ist schon eine halb tote Lebendigkeit. Überall da, wo man ungewiß ist, aber den Drang fühlt und die Ahnung hat zu und von etwas Schönem, welches dargestellt werden muß, da, wo man also sucht, da ist man wahrhaft lebendig."

Entwicklung der Stadt

Die Entwicklung unserer Städte in den letzten Jahrzehnten erscheint uns vielfach willkürlich, ungeordnet, ja sogar chaotisch. Dabei haben wir es in Wirklichkeit mit einem „planmäßigen Chaos" zu tun. Die Zersiedlung der Landschaft ist die Konsequenz aus dem Postulat von der „Auflösung der Städte", der Abkehr von der „steinernen Stadt", wie sie bereits im vergangenen Jahrhundert diskutiert und teilweise sehr detailliert konzipiert wurde. Nach der Industriellen Revolution hatten sich große soziale Verwerfungen durch die ungeheuren Zuwachsraten der Bevölkerung in den großen Städten ergeben. Die vielen sozialen Reformansätze, die Lösungen aufzeigten, mündeten schließlich in Ebenezer HOWARDS Konzept der Gartenstädte.

Das Leitbild der Verschmelzung von Stadt und Land zu neuen „Stadtlandschaften", wie später gesagt wurde, stand nur kurze Zeit in Konkurrenz zu der Idee des kompakten Städtewachstums, wie es zum Beispiel Otto WAGNER propagierte. Die Menschen haben sich mehrheitlich für das Wohnen im Umland der Städte entschieden und würden es noch ausgeprägter tun, wenn sie die finanziellen Möglichkeiten dazu hätten. Gleichzeitig werden die Zentren der Städte zu hochverdichteten Einkaufs-, Vergnügungs- und Verwaltungszentren. Die verschiedenen Phasen des Städtebaus seit der Industriellen Revolution sind gekennzeichnet von einer immer stärkeren Hinwendung zu einer raumgreifenden Weitläufigkeit städtischer Strukturen.

Der Separationsprozeß städtischer Funktionen ist ein weiteres Kennzeichen städtischer Entwicklung. Die Erweiterung der Städte wurde nicht zuletzt vom Verhalten der Menschen geprägt, denn die Industrialisierung hat eben nicht nur die Städte, sondern auch die Menschen verändert. Die Arbeitsteilung in der Wirtschaft hat auch zu einer Arbeitsteilung im sonstigen Leben geführt. Die Kongruenz von Arbeit und Nichtarbeit, die im landwirtschaftlichen und handwerklichen Bereich quasi zwangsweise zu einer Vermischung von Arbeiten und Wohnen geführt hatte, wurde schrittweise aufgehoben.

Die Standardverbesserungen der Wohnungen reduzierten die notwendigen Außenkontakte und damit den Grad der Öffentlichkeit in der Stadt. So stellt Camillo SITTE schon am Ende des 19. Jahrhunderts unter anderem fest, daß sich durch Wasserleitungen in den Wohnungen die Treffpunkte an den öffentlichen Brunnen aufgelöst hätten, wodurch sich das öffentliche Leben gewandelt habe. Die „Polarität von Öffentlichkeit und Privatheit" (BAHRDT), als wesentliches Kennzeichen des städtischen Lebens, verlagerte sich zunehmend in geschlossene Räume.

Mit der Schaffung von Gebäuden für öffentliche und gemeinschaftliche Aktivitäten wurde eine Entwicklung eingeleitet, die mit der Telekommunikation sogar den Verzicht auf den Stadtraum ermöglicht. Spontane

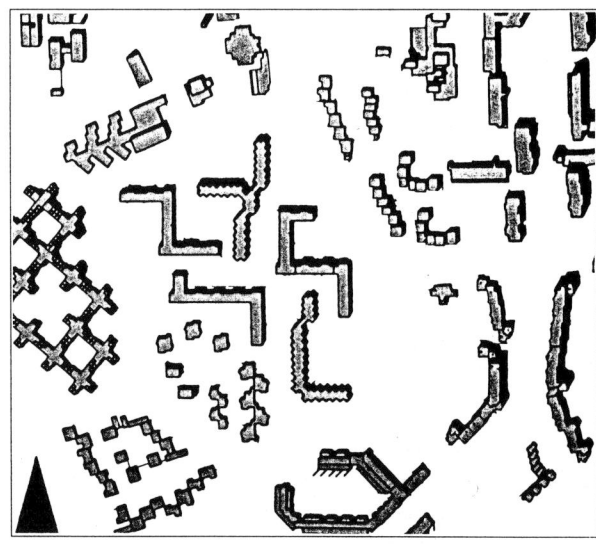

1.2 a "Neue Stadt Wulfen". In ein geometrisches Straßennetz sind ohne Bezug Gebäudestrukturen eingesetzt.

1.2 b Verlust des Stadtraums. Der Lageplan ohne Verortung der Straßen verdeutlicht die Beliebigkeit der Freiräume.

Kontakte in der Öffentlichkeit verschwinden zunehmend und werden durch fernmündliche und videotechnische Kontakte ersetzt.

Verlust des Stadtraums

Die Stadträume der mittelalterlichen Stadt, die von einer weitgehend geschlossenen Bebauung gebildeten Straßen und Plätze, veränderten sich bis zum 19. Jahrhundert nur in ihrer Form, nicht aber in ihrer Struktur. Der Wechsel von Enge und Weite in der „eingemauerten Stadt" mußte zwangsläufig eine andere Dimension haben als in der räumlich „befreiten Stadt". Die Kleinteiligkeit der meistens, aber keineswegs immer geschwungenen oder winkligen Stadträume im Mittelalter wich einer oft sehr großzügigen Geradlinigkeit der streng geometrischen Plätze und Straßen im Absolutismus. Das grafische Muster der Stadtgrundrisse bestimmte häufig auch die Gestaltung der umgebenden Landschaft (s. Karlsruhe, S. 16).

Im Gegensatz zum Städtebau unserer Zeit handelte es sich aber immer noch um baulich gefaßte und damit räumlich mehr oder weniger geschlossene Stadträume. Traditionelle Stadtraumsysteme waren von einem „Raumkontinuum" gekennzeichnet, das mit seiner Randbebauung - „Leitplanken" vergleichbar - den Fußgängerstrom kanalisierte. Größere Unterbrechungen in den „Raumwänden" oder gar lockere Bauweise waren Hinweise auf den Stadtrand und den Übergang zur freien Landschaft.

Moderne Stadtraumfolgen dagegen kennzeichnet das Fehlen von klaren Raumbegrenzungen, die nur noch aus „isolierten, verlorenen Plankenteilen" bestehen. Der „addierte Hausbau" in „fließenden, grünbestimmten Räumen" bildet keine präzisen Grenzen zwischen privaten und öffentlichen Bereichen und bietet kaum Orientierungspunkte (Abb. 1.2 und 1.3; Krier, S. 67).

Der Verlust des städtischen Raums mit seiner Vielfalt öffentlichen Handelns, die wir auch als Urbanität bezeichnen, ist aber keineswegs eine unerwünschte Nebenwirkung in einem stadtgeschichtlichen Prozeß. Ganz im Sinne von Ebenezer Howard ist der Stadtraum in neuen Baugebieten an den Stadträndern, die weder Stadt noch Land sind, zum „Grünraum" geworden. Planmäßig wenden sich die Gebäude von der Straße ab, die früher urbaner Handlungsraum war und zu einem technischen „Erschließungselement" wurde.

Aber auch in den Stadtzentren haben sich Veränderungen der Stadträume ergeben. Das „Städtische" wird in Gebäudekomplexe hineingezogen, wo Passagen und überdachte Einkaufsebenen in häufig verwirrender Vielfalt eine gefährliche Konkurrenz zu den „alten" Einkaufsstraßen bilden. Die fast unbegrenzte Mobilität erlaubt es sogar, auf der grünen Wiese in „Einkaufszentren" eine „Scheinurbanität" mit imitierten Stadträumen zu erschaffen.

Leitbilder und Zusammenhänge

Viele ältere Ideen und Leitbilder des Städtebaus fanden erst in der Zeit nach dem Zweiten Weltkrieg ihren konzeptionellen Durchbruch, da sich durch die bislang unbekannte „Massenproduktion" von Siedlungsflächen gewaltige Experimentierfelder für Planer eröffneten. In den vierzig Jahren nach 1945 wurden in Deutschland immerhin so viel neue Siedlungsflächen geschaffen wie in der gesamten Geschichte zuvor. Es lag in der Natur dieser Entwicklung, daß Fehler, die heute angeprangert werden, wohl unvermeidlich waren. „Wir wollen die Fehler der 60er und 70er Jahre heute nicht mehr machen." Das ist leichter gesagt als getan.

Eine Bedingung des bisherigen Städtebaus hatte sich wesentlich geändert. In kürzester Zeit, oft nur in wenigen Jahren, wurden neue Stadtteile in der Größenordnung von Klein- bis Mittelstädten aus dem Boden gestampft. Der physische Wachstumsprozeß wurde im Zeitraffertempo so verkürzt, daß die psychischen Gewöhnungsprozesse der neuen Bewohner damit nicht Schritt halten konnten. Auch nach

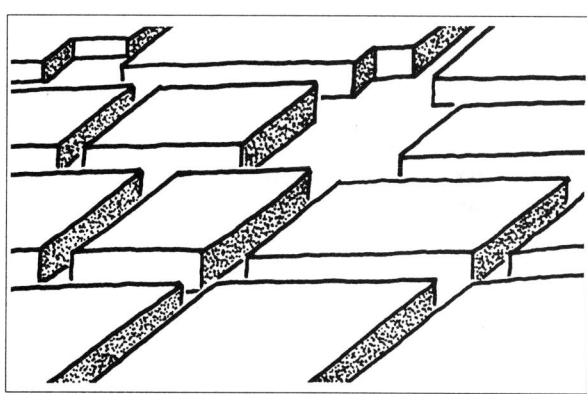

1.3 a Die klaren Raumbegrenzungen der traditionellen Stadtraumsysteme kanalisieren Fußgängerströme ...

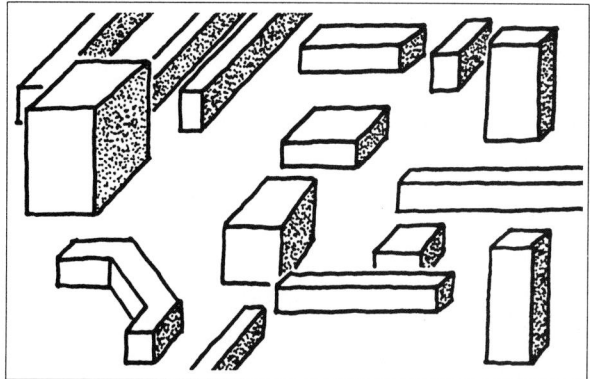

1.3 b ... während moderne Stadtraumfolgen kaum noch räumliche Orientierung bieten (nach Rob Krier).

mehreren Jahrzehnten ist noch immer keine vollständige Assimilation erreicht worden, wie Jugendprobleme oder auch das große Potential an Protestwählern in diesen Stadtgebieten zeigen.

Aber auch andere Ideen im Städtebau haben lange gebraucht, um von der Vision zur Realität zu gelangen. Es ist deshalb erforderlich, den ursprünglichen Grundgedanken in den Zusammenhang von Vergangenheit und Gegenwart zu stellen. Das formale Prinzip allein reicht nicht aus, ein Siedlungsmuster wie die Zeilenbebauung auch heute noch zu rechtfertigen. Andererseits ist zum Beispiel die Verteufelung der Blockbauweise in den 20er Jahren nur als Reaktion auf die Auswüchse der Gründerzeit zu verstehen. Damit werden die Ideen und Leitbilder vergangener Phasen des Städtebaus zu lebendigem Anschauungsmaterial zwischen gesellschaftlichen und räumlichen Entwicklungsprozessen. Die städtebaulichen Beispiele der Vergangenheit sind mehr als nur „formale Steinbrüche" für Planer.

1.2. Stadt als Prozeß

„Die Stadt ist nicht nur ein Objekt, das von Millionen Menschen, die hinsichtlich ihres Standes und ihres Charakters grundverschieden voneinander sind, wahrgenommen (und vielleicht sogar mit Vergnügen wahrgenommen) wird - sie ist auch das Produkt vieler Baumeister, die ihre Struktur ständig ändern (dafür haben sie ihre eigenen Gründe). Während die Stadt in ihren Hauptzügen im großen ganzen für einige Zeit stabil bleibt, ändert sie sich doch ständig in Einzelheiten. Über ihr Wachstum und ihre Form kann nur eine Teilkontrolle ausgeübt werden. Es gibt kein Endresultat - nur eine dauernde Aufeinanderfolge von Phasen.

Die beweglichen Elemente einer Stadt - insbesondere die Menschen und ihre Tätigkeiten - sind genauso von Bedeutung wie die stationären physischen Elemente. Wir sind nicht einfach Beobach-

1.4 Nördlingen. Die Geschlossenheit alter Städte war auch eine räumliche und gesellschaftliche Fessel.

ter dieses Schauspiels - wir spielen selber mit und bewegen uns auf der Bühne gemeinsam mit den anderen Spielern."
Kevin LYNCH (S. 10/11)

Geschlossenheit alter Städte

Eine pluralistische Gesellschaft muß auch ein pluralistisches Bild der Stadt haben. Das Wechselspiel von Leben in der Stadt und Gestaltung der Stadt erzeugt einen Veränderungsprozeß, der erst in größeren Zeitabläufen äußerlich erkennbar wird. Dabei ist ein Ausdifferenzieren der gesellschaftlichen und der räumlichen Strukturen zu beobachten. Die damit verbundene Zunahme der Strukturelemente hat aber keineswegs zur Bereicherung der Stadtgestalt beigetragen. Wir bewundern gerade die einfachen und sich sowohl formal als auch technisch beschränkenden Siedlungsformen.

Die mittelalterliche Stadt ist in dieser Hinsicht für viele immer noch das „Synonym für Stadt" und Modell für städtisches Leben schlechthin. Die Kleinteiligkeit, Differenziertheit, aber auch die Wiederholung der baulichen Strukturen und Elemente einerseits und die daraus resultierenden Raumfolgen mit dem Wechsel von Enge und Weite sowie der Trennung von Öffentlichkeit und Privatheit andererseits faszinieren uns noch heute. Die Einheit von Form und Material, die Integration der Details in einen Gestaltrahmen und die Geschlossenheit von Form und Funktion sind dabei keineswegs Zufallsprodukte, sondern viel stärker als wir vermuten das Ergebnis eines Regelwerkes (Abb 1.4).

Dieses bauliche „Idealbild" einer kompakten Stadtanlage als Ausdruck einer gegliederten Gemeinschaft wird aber etwas getrübt, wenn man berücksichtigt, wie stark die inneren Notwendigkeiten und der äußere Druck diese „Zwangsgemeinschaft" prägten. Sobald der Schutz durch die Stadtmauern überflüssig wurde und durch die Industrialisierung die wirtschaftlichen Möglichkeiten gegeben waren, wurden diese räumlichen und gesellschaftlichen Fesseln relativ schnell gesprengt. Die „moderne Stadt" im beginnenden Industriezeitalter wurde rationeller und flächiger. Die Geschlossenheit der Stadtanlagen, die sich in Form von teilweise bizarren Wehranlagen bis ins 19. Jahrhundert erhalten hatte, wurde aufgegeben.

Die bisherige Funktionsmischung auf engstem Raum wurde das Opfer einer räumlichen Ausdifferenzierung der menschlichen Funktionsbereiche. Die arbeitsteiligen Wirtschaftsprozesse führten auch im sonstigen Leben zu Spezialisierungen und damit zur Funktionstrennung. Dabei darf nicht vergessen werden, daß billige und leistungsstarke Energie mit die wichtigste Voraussetzung dafür war; zunächst die Steinkohle für die Dampfmaschinen und später das Erdöl für Kraftstoffmotoren. Durch neue Verkehrssysteme wurde der „fußläufige Bannkreis" der mittelalterlichen Stadt durchbrochen und der Einzugsbereich der Stadt bis in unsere Zeit ausgeweitet. Damit ging aber auch die Trennung von Stadt und Umland verloren, wobei offensichtlich nur die Stadtmauer diesem Drang entgegenstand.

Auflösung der Städte

Wenn wir heute von Zersiedlung der Landschaft sprechen, vergessen wir, daß dies nur ein vorläufiges Ende eines planmäßig herbeigeführten Prozesses der Stadtentwicklung ist. Der Drang aus der Enge der historischen Stadt wurde in der Anfangszeit der Industrialisierung durch große Elendsquartiere zunächst gehemmt. Die einsetzende Stadtkritik beflügelte aber noch die Zukunftsträume der Visionäre und „Sozialträumer", sich von der Stadt zu befreien. Die Gartenstadt-Idee von HOWARD faßte viele einzelne Konzepte zu einem konkreten Bild von der „Verschmelzung von Stadt und Land" zusammen. Dieses Postulat von der „Auflösung der Städte" durchzieht seither wie ein roter Faden die Städtebaudiskussion und die Praxis der Siedlungstätigkeit.

Das Aufgeben des städtischen Raums als multifunktionalen Bewegungs- und Begegnungsort war deshalb nur eine konsequente Folge dieses Auflösungsprozesses. Hatte die Gartenstadtbewegung in ihren Gartenstädten noch einige Jahrzehnte die räumlichen Bedingungen kleinerer historischer Städte nachempfunden, so vollzogen die Protagonisten des Neuen Bauens teilweise in wenigen Jahren den Schritt zu rein rationalen Siedlungskonfigurationen der Zeilenbauweise. Die Landschaft wurde so städtischer und die Stadt, zumindest in ihren Randbereichen, ländlicher. Diese „Weder-Land-noch-Stadt-Landschaften" sind auch heute noch für viele Wunsch- und für andere Schreckensbilder.

Die Kernstadt als Arbeits- und Einkaufszentrum hat die Vororte mit ihren ungeliebten Entsorgungseinrichtungen und den breiten Autoschneisen inzwischen eingeholt. Die Flucht davor kommt langsam zum Erliegen, denn die Stadtflucht findet kaum noch Ausweichräume. Die „Landflucht" des vergangenen Jahrhunderts - nach dem mittelalterlichen Motto „Stadtluft macht frei" einstmals eine Massenbewegung in die Stadt - hat sich mit der „Stadtflucht der Eigenheimer" vermeintlich in das Gegenteil verkehrt.

In Wirklichkeit sind die Menschen zu „Pendlern zwischen verschiedenen Welten" geworden: die ländliche, grüne Welt zum Wohnen, die technisierte, verdichtete Welt zum Arbeiten, die exotische, andersartige Welt für den Urlaub usw. Diese Funktionstrennung bestimmt auch das Bild der Städte und ist nicht zwangsweise über die Menschen gekommen.

Wenn es nicht ihr Wunschbild ist, so haben sie jedenfalls nichts gegen diese Entwicklung unternommen - vielleicht nur aus Bequemlichkeit?

Stadt und Landschaft

Die Entwicklung von der „isolierten Stadt" in einer weiten Landschaft bis hin zur Integration der Landschaft in eine „Stadtlandschaft" ist gekennzeichnet von einem Wechselverhältnis von Landschaft und Stadt. Dabei wandelte sich der Kampf gegen die Natur zur bewußten Gestaltung der Landschaft, von der Naturbedrohung über die Naturzähmung und Naturzerstörung bis zur heutigen Naturpflege.

Naturbedrohung: Die Anfänge der Menschheit sind von der Integration in die Naturräume geprägt, die aber auch ein großes Bedrohungspotential beinhalteten. Siedlungen und später die Städte stellten über Jahrhunderte „Inseln" in einer für den Menschen feindlichen Umwelt dar, die er zunehmend für sich nutzbar machte.

Naturzähmung: Die Landschaft, in zunehmendem Maße die vom Menschen geprägte, aber auch gehegte Kulturlandschaft, war die Existenzgrundlage für die Menschen der Stadt. Ihr wurde nur soviel entnommen wie auch wieder nachwuchs. Die Natur konnte andererseits die Abfallprodukte der Menschen in einem biologischen Regelkreis verwerten.

Naturzerstörung: Mit zunehmender Technisierung und Verfeinerung der Anbaumethoden wurden die „ökologischen" Kreisläufe verändert oder zerstört, die eine Regeneration der natürlichen Grundlagen der Landschaft gewährleisten konnten. Noch Ende des 19. Jahrhunderts standen sich aber die verdichteten und industrialisierten Städte sowie die weiten und teilweise natürlichen Landschaften als Kontrast gegenüber. Die Landschaft war in den ländlichen Räu-

1.5 Nürnberg 1515. Die "isolierte Stadt" in einer weiten Landschaft entwickelte sich später zur "Stadtlandschaft".

men keineswegs durch die Siedlungstätigkeit der Dörfer und kleinen Städte bedroht. Dafür herrschte aber in den Großstädten ein großer Mangel an begrünten Freiflächen. Als Ersatz entstand eine Bewegung, die Landschaft im „Kleinformat" in die Stadt zu holen. Zahlreiche Grünbereiche wurden als Landschafts- und Volkspark neu gestaltet oder geschaffen.

Naturpflege: Die Beeinträchtigung der Landschaft nahm mit der Steigerung der Mobilität der Menschen zu. Die Siedlungstätigkeit wurde zunehmend zu einer Funktion der Erreichbarkeit. Deshalb ist es nicht verwunderlich, daß die ersten regionalen, das heißt überörtlichen Planungstätigkeiten dem Schutz der verbliebenen Grünräume dienen sollten. So versuchte der Siedlungsverband Ruhrkohlenbezirk 1920, Grünschneisen zwischen den schnell wachsenden Städten zu sichern, und die Planungsverbände für Groß-Berlin und Hamburg sollten ein ausgewogenes Verhältnis von Siedlungs- und Freiflächen bei dem unaufhaltsamen Wachstumsprozeß garantieren.

Wie Prellböcke für die Siedlungsflächenexpansion wurden Wiesen und Wälder eingesetzt. Der „Green Belt" in London oder der „Wald-und-Wiesen-Gürtel" in Wien sind solche Versuche einer Selbstbeschränkung beim Landschaftsverbrauch. Sie waren keineswegs immer erfolgreich, denn die „Begehrlichkeiten" der Bautätigkeit verschoben sich häufig nur zeitlich oder wurden in politisch durchsetzbaren Portionen realisiert. Die ländlichen Bereiche wurden zu ökologischen Ausgleichsräumen für die Menschen der Verdichtungsräume, die jetzt als Erholungssuchende nach ihren unmittelbaren Lebensräumen auch diese temporären Lebensräume bedrohen. Die Landschaft muß vor den Städtern geschützt werden.

Stadt als Lebensraum

Die Menschen haben ein ambivalentes Verhältnis zur Stadt. Sie schätzen das geschäftige Treiben und die wirtschaftlichen Möglichkeiten der Stadt, aber fliehen aus ihr, wann immer es sich einrichten läßt. Die „Haßliebe" der Stadtbewohner pendelt zwischen „Häuschen im Grünen" und „Erlebnis Stadtzentrum":

Ja, das möchste!
Eine Villa im Grünen mit Terrasse,
vorn die Ostsee, hinten die Friedrichstraße;
mit schöner Aussicht, ländlich-mondän,
vom Badezimmer ist die Zugspitze zu sehn -
aber abends zum Kino hast Du´s nicht weit.
(Kurt Tucholsky)

Die städtische Lebensweise ist in der Tat von dieser Polarität geprägt, wenn die Kontraste auch nicht immer so groß sind, wie sie Tucholsky karikiert hat. Die Polarität von Öffentlichkeit und Privatheit in der

Stadt wurde von Hans Paul BAHRDT in den 60er Jahren thematisiert und definiert: „Eine Stadt ist eine Ansiedlung, in der das gesamte, also auch das alltägliche Leben die Tendenz zeigt, sich zu polarisieren, d.h. entweder im sozialen Aggregatzustand der Öffentlichkeit oder in dem der Privatheit stattzufinden. Es bilden sich eine öffentliche und private Sphäre, die in engem Wechselverhältnis stehen, ohne daß die Polarität verlorengeht" (S. 60).

Mit dem Verlust des „Städtischen" verliert sich auch die Polarität von Öffentlichkeit und Privatheit. Mit der Auflösung der Städte verschwimmen die Trennlinien dieser unterschiedlichen Bereiche. Einerseits ist fast überall Öffentlichkeit, bis auf das private Refugium der Wohnung, aber in Wirklichkeit sind die modernen Vorort-Stadtviertel gekennzeichnet durch große, aber nicht nutzbare private Grünbereiche. Die „Weder-Stadt-noch-Land-Siedlungen" sind auch „Weder-Öffentlichkeit-noch-Privatheit-Siedlungen". Diese ungeklärte Territorialsituation ist ein wesentliches Merkmal für die Unzufriedenheit der Bewohner, denn sie haben keine privaten Rückzugsgebiete, da sie selbst in der Wohnung sich wie auf dem öffentlichen Präsentierteller vorkommen müssen.

Auch diese Situation ist das Ergebnis eines städtebaulichen Prozesses zur nachhaltigen Verbesserung der städtischen Wohnbedingungen. Nur zu verständlich war die negative Reaktion auf die Mietskasernen der Gründerzeitstadt. Bei den Reformkonzepten stand deshalb auch die Wohnungsfrage ganz im Vordergrund, wobei die Suche nach den optimalen Wohnformen den Blick für städtische Lebensbedingungen oftmals verstellte. Auch in dieser Frage gingen die Vorstellungen der Gartenstadtbewegung und des Neuen Bauens auseinander, was letztlich zu einem Sieg der „Rationalisten" mit der Zeilenbauweise führte, obwohl auch ein Miteinander denkbar, ja wünschenswert gewesen wäre. Wenn auch einige Berliner und Frankfurter Siedlungen dies deutlich erkennen lassen, waren offensichtlich die ideologischen Divergenzen nicht zu überbrücken.

„Wenn wir uns mit Städten befassen, befassen wir uns mit dem Leben in seiner komplexesten und intensivsten Form. Und weil dies so ist, besteht von vornherein eine grundsätzliche Einschränkung in ästhetischer Hinsicht: eine große Stadt kann niemals ein reines Kunstwerk sein. ... Die Städtebauer sollten statt dessen zu einer Methode zurückkehren, die beides, Kunst und Leben, veredelt, die das Leben in der Stadt versinnbildlicht und dazu beiträgt, klärend auf die innere Ordnung einzuwirken."
Jane JACOBS (S. 192/193)

1.3. Stadt als Planungsobjekt

„Die Wissenschaft vom ´Städtebau´ weiß, wie alles
gekommen ist; sie kennt das Gestern. Aus dem Gestern entfaltet sich das Heute; aus dem Heute soll
das Morgen entstehen."
Theodor BACH, 1929

Planbarkeit der Stadt

Ein wenig beachtetes Phänomen bei der Stadtentwicklung ist die Überschätzung der Planbarkeit
der Stadt. Sicherlich gibt es zahlreiche Beispiele planmäßig erstellter Städte und Stadtgebiete, die quasi
als „Gesamtkunstwerke" die Phantasie vieler Planer
beflügeln, auch einmal eine Stadt zu bauen. Dieser
Bogen spannt sich von den Stadtgründungen des
Mittelalters über die Siedlungen der 20er Jahre bis
hin zu einigen neuen Stadtgebieten nach dem Zweiten Weltkrieg. Diese Wallfahrtsorte der Fachleute
lassen allerdings vergessen, daß sich ein großer Teil
der Stadt einer wirklichen Planung entzieht. Auf der
einen Seite ist Städtebau ein Vermittlungsprozeß
zwischen Einzel- und Allgemeininteressen zur Verhinderung der schlimmsten Auswüchse; andererseits
kann Städtebau degradieren zur Bereitstellung von
Baumöglichkeiten für individuelle Wohnwünsche in
Einfamilienhausgebieten.

„Anonymer Städtebau", auch als „Selbstbildungs-
prozeß" bezeichnet, ist in allen Phasen des Städtebaus auf einem Großteil der überbauten Flächen
erkennbar. Besonders nach dem Zweiten Weltkrieg
werden die weitläufigen Einfamilienhaus-Wüsten, die
sich in die Landschaft hineinfressen, als ungeordne-
ter Übergang von Stadt und Landschaft prägend. Dieser mehr technische Aspekt des Städtebaus, nämlich die Einteilung von bebaubaren Grundstücken
sowie die Schaffung der technischen und sozialen
Infrastruktur, entspricht der Tendenz des Städtebaus
seit der Industriellen Revolution.

Das Zweckmäßigkeitsdenken bestimmte einerseits
das Handeln der Planer, wobei in der Gründerzeit
durch die Fluchtlinienpläne die öffentlichen und privaten Interessensphären eindeutig abgegrenzt waren. Andererseits entstand ein Bedürfnis nach be-
wußtem Gestalten des öffentlichen Raums. Der
„Stadtraum" sollte in Sinne einer „Stadtbaukunst"
durch Gebäude geformt und die Wirkung besonderer, zumeist öffentlicher Bauten („Monumente") unterstreichen und erhöhen.

Die mittelalterliche Tradition des „Malerischen", besonders von Camillo SITTE aufgegriffen und weiterentwickelt, mußte in einer Zeit der allgemeinen
Stadtkritik auf heftigen Widerstand stoßen, konnte
sich aber auch auf eine zahlreiche Anhängerschaft
stützen. Die städtebauliche Diskussion darüber wur-

de zu einem ideologischen Disput der politischen und
weltanschaulichen Auffassungen. Dabei vollzog sich
eine wesentliche Reduktion der Betrachtungsweise
von Stadt auf das Zweidimensionale, das Grafische
des Grundrisses. Diese Entwicklung vom „Räumlichen zum Grafischen" in der Stadtplanung ist quasi
im Zeitraffer bei den MAY-Siedlungen in Frankfurt
Ende der 20er Jahre zu beobachten. Der rasante
Kurswechsel zwischen der stadtraumgeprägten
Römerstadt, der noch unentschiedenen Siedlung
Praunheim und schließlich der „rationalistischen"
Siedlung Westhausen verdeutlicht als gebaute Realität den Öffnungsprozeß von Stadtstrukturen auch
in enger räumlicher Nähe (Abb 1.6).

Die geplante Stadt

Die umfassende Planung von neuen Städten, als
Gegensatz zu fast ungesteuerten Wachstumspro-
zessen von Siedlungen, ist in verschiedenen Zeitepochen zu beobachten. „Geplante Städte" scheinen aber Zeichen und Ausdruck von abstraktem Denken und rationellem Handeln einer Gesellschaft zu
sein, wie es in kulturellen Blütezeiten anzutreffen war.
Außerdem haben sich offensichtlich die besonderen
Randbedingungen von Kolonisationsstädten, zum
Beispiel in der Spätzeit der griechischen Antike und
des Mittelalters, auf die Struktur von Neugründun-

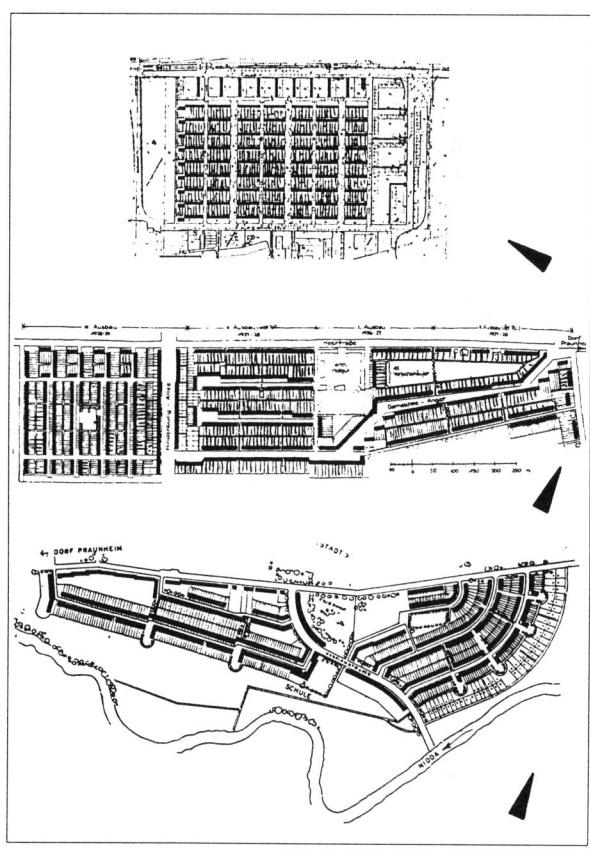

1.6 Frankfurt am Ende der 20er Jahre. Rasanter Kurswechsel von der Römerstadt und Praunheim zu Westhausen.

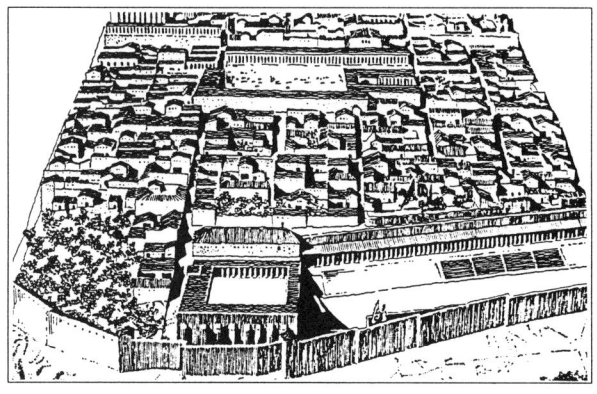

1.7 Priene, 4. Jh. v. Chr. (Rekonstruktion). Hippodamisches Rasterprinzip als Ausdruck „rationaler Stadtplanung".

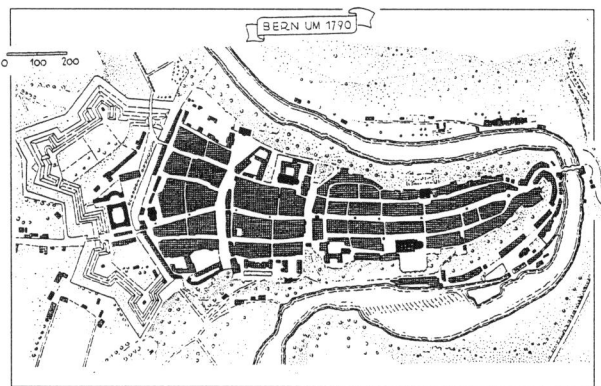

1.8 Bern um 1790. „Wer baut, bedarf der Ratseinwilligung": Planung in Anpassung an die natürlichen Gegebenheiten.

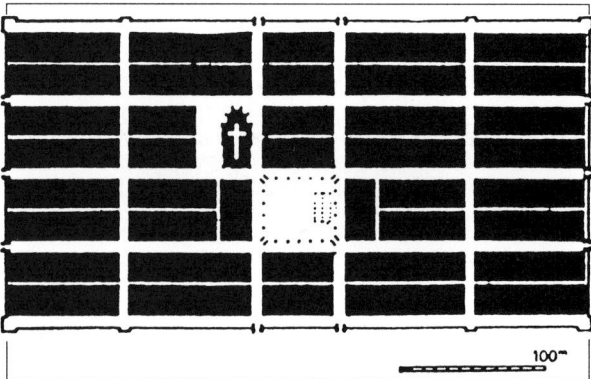

1.9 Monpazier 1284. Auch im Mittelalter gab es zahlreiche Stadtgrundrisse mit Linearität und Rechtwinkligkeit.

1.10 Karlsruhe 1721. Durch genaue Zeichnungen bekamen Stadtgrundrisse einen stärkeren grafischen Charakter.

gen ausgewirkt. In kurzer Zeit mußte Wohn- und andere Siedlungsfläche zum Bauen vorbereitet werden, so daß ein planmäßiges Handeln zur unabdingbaren Notwendigkeit wurde. Die Rechtwinkligkeit des Stadtgrundrisses (hippodamisches Rasterprinzip, benannt nach dem griechischen Baumeister und Stadtplaner Hippodamos von Milet des 5. Jh. v. Chr.) ist ein äußeres Zeichen davon, denn je größer der „Entwicklungsdruck" war, desto höher wurde der Planungsanteil (Abb. 1.7).

Aber auch in ruhigeren Zeiten des Mittelalters gab es durchaus strenge Bauregeln, die besonders die Rechte von Nachbarn gewährleisten sollten. Insofern täuscht der heutige Eindruck von den vermeintlich gewachsenen mittelalterlichen Städten. So mußte im Bern des 14. Jahrhunderts ein Neubau die „Baulinien der Nebenhäuser" einhalten. Sehr früh finden sich „Baureglemente" in den bernischen Stadtsatzungen, die auch Baugenehmigungen regeln: Art. 107: „Niemand soll an Häusern ohne Ratseinwilligung Veränderungen vornehmen noch leere Plätze bauen; keiner ist berechtigt, ein Sesshaus abzubrechen, um Scheunen oder Stallungen daraus zu machen. Wer baut, bedarf der Ratseinwilligung, die durch seine zukünftigen Nachbarn und den Bauführer eingeholt werden muß" (LIMBACH, S. 100; Abb. 1.8, 1.9).

Städtebauliche Pläne aus dem Mittelalter sind ebenso wenig erhalten wie aus der griechischen und römischen Antike. Deshalb kann vermutet werden, daß die Regelung des Baugeschehens wahrscheinlich durch den Baumeister und Bauherrn direkt auf der Baustelle vorgenommen wurde. Fortschritte in der Zeichentechnik, besonders in der Perspektivdarstellung, ermöglichen dann verstärkt die richtige Wiedergabe von städtebaulichen Gegebenheiten und Planungen. Diese Voraussetzungen sind ab der Renaissance auch für großzügige und geradlinige Stadtumbauten und Neugründungen mit entscheidend, zumal die Plandarstellung auch vermessungstechnisch immer besser umgesetzt werden konnte. So haben die damaligen Geometer den Jagdturm des Karlsruher Schlosses nur wenige Zentimeter außerhalb des Mittelpunkts der kreisförmigen Stadtanlage eingemessen, wie man heute mit hohem technischen Aufwand festgestellt hat. Neben den Regeln für das Bauen entstanden zusätzliche städtebauliche Regeln. Die Stadtgrundrisse bekamen mit zunehmender zeichnerischer Vorbestimmung einen immer stärkeren grafischen Charakter (Abb. 1.10, 1.11).

Der Städtebauer: Vom Handwerker zum Planer

Mit verbesserten Möglichkeiten der Darstellung änderte sich auch der professionelle Status des Künstlers und Architekten. Als hochqualifizierter Spezialist war er bereits nicht mehr in den mittelalterlichen Zünften organisiert und stützte seine berufliche Stellung nur auf das Vertrauensverhältnis zum Auftraggeber. Eine noch größere Unabhängigkeit erlangte er dann, als er durch eine klare *Trennung zwischen Planung und Ausführung* nicht mehr an Aufträge einer Stadt gebunden war und an verschiedenen Orten arbeitete (Abb.1.12). Die neue Arbeitsweise der Architekten läßt sich in drei Punkten umreißen:

• Der Architekt mußte die genaue Form des zu errichtenden Bauwerks durch Zeichnungen, Modelle usw. vor Baubeginn festlegen, wodurch er ausschließlich Planer war. Er gehörte damit auch nicht länger zu den Bauarbeitern und ihren Organisationen, deren ausschließliche Aufgabe nunmehr in der Ausführung der Pläne bestand.
• Der Architekt hatte alle Faktoren des Aussehens der zukünftigen Bauten zu berücksichtigen, die
- *Proportionalität* als ästhetische Beziehung zwischen den einzelnen Elementen und dem Ganzen,
- *metrische Faktoren*, also die genauen absoluten Maße, und
- *physische Faktoren*, die Materialien und ihre Eigenschaften wie Oberflächenbeschaffenheit, Farbe, Härte, Haltbarkeit usw.
• Der Architekt mußte den einzelnen Elemente eines Bauwerks - Säulen, Gebälk, Bögen, Pfeiler, Türen, Fenster usw. - eine charakteristische Form geben. Vorbilder waren die römischen Bauten der klassischen Antike, die damals die einzigen bekannten antiken Werke waren (BENEVOLO, S. 543/544).

Die neue Bedeutung der Architekten wirkte sich auf die Architektur durch intellektuelle Strenge und kulturelle Würde aus, wodurch sie in die Nähe der freien Künste, der Wissenschaft und der Literatur rückte. Neue Aufgabenfelder ergaben sich auch für den Städtebauer durch axiale Erschließungsstrukturen und eine Verfeinerung der Wehrtechnik, die das Bild der Städte in der Renaissance und im Barock prägten. Technische Erfordernisse verlangten nach ra-

1.11 Perspektivdarstellung aus der Renaissance. Illustration aus dem Traktat von De Vries, 1560.

tionalen Planungen, während die Ausbildung der Stadträume künstlerisches Gestaltungsvermögen voraussetzte. Diese Spaltung des Berufsbildes hat besonders um die Jahrhundertwende die Gemüter der Fachleute erhitzt, ohne daß Lösungen gefunden wurden. Die Komplexität verschiedener Planungsaufgaben hat schließlich dazu geführt, daß viele Fachdisziplinen sich des Themas Stadt angenommen haben und häufig in Kooperation planerisch wirken.

1.4. Aus der Geschichte lernen

„Obschon das Studium alter Städte von großem Nutzen ist, ja fast Voraussetzung für ein richtiges Verständnis der Sache, dürfen wir nicht vergessen, daß wir, wenn wir es auch wollten, die Bedingungen, unter welchen sie entstanden, nicht wiederherstellen können."
Raymond UNWIN, 1911

1.12 Ein Architekt reitet auf eine Baustelle des 16. Jahrhunderts (rechts mit Lehrjungen). Das Pferd galt in der Renaissance als „lebende Architektur" und war ein Rangzeichen: Verbindung von schöner Proportion und vitaler Kraft.

Bei der Beschäftigung mit der Stadt und ihrer Vergangenheit, mit ihren Benutzern und „Erschaffern" erliegt man leicht der Faszination der Einzelheit, des Details in einem langen Entwicklungsprozeß. Noch begeisternder aber sind die Polaritäten und Parallelen, denen man beim Streifzug durch die Jahrzehnte und Jahrhunderte begegnet. Gegenwärtige Probleme werden relativiert, wenn erkennbar wird, daß sie in verschiedenen Phasen des Städtebaus in ähnlicher Weise auftreten, aber fast immer so behandelt werden, als ob sie ganz neue Erscheinungen seien.

Die Wohnungsfrage und die damit verbundene Bodenfrage ist solch ein Aspekt des modernen Städtebaus. Der technische gegenüber dem künstlerischen Städtebau markiert eine weitere Polarität, die z.B. um die Jahrhundertwende durch die Namen BAUMEISTER und SITTE bestimmt wird. Oder der teilweise erbittert verfochtene Gegensatz von konservativem bis nationalistischem und fortschrittlichem bis technikgläubigem Städtebau.

Die Gartenstadt-Bewegung geriet in das erstere, die Neue-Bauen-Bewegung in das andere ideologische Fahrwasser, und beide befehdeten sich schließlich auf das heftigste. In Stuttgart fand dieser Streit sichtbaren Ausdruck in zwei Siedlungen der weltanschaulichen Antipoden, der Weißenhofsiedlung des fortschrittlichen „Rings" und der Kochenhofsiedlung des konservativen „Blocks".

Diese Auseinandersetzungen schwelten sogar über Jahrzehnte fort. So provozierte die Äußerung von LE CORBUSIER aus den 20er Jahren, „Die gekrümmte Straße ist der Weg der Esel, die gerade Straße ist der Weg der Menschen" (S. 10), Hans Bernhard REICHOW noch in den 50er Jahren zu einer scharfen Gegenattacke. Paul BONATZ beschimpfte 1941 das Bauhaus als Schule des „Baubolschewismus".

Schließlich wird bei einem Streifzug durch die Stadtbaugeschichte erkennbar, daß die offenen, in die Landschaft aus- und übergreifenden Städte unserer Gegenwart nicht als Ergebnis von Fehlplanungen angesehen werden dürfen. Die „Sehnsucht nach dem Einfamilienhaus", freistehend oder gereiht, ist offensichtlich der konkrete Ausdruck des Wunsches nach Ausdehnung in die Fläche. Sicherlich haben auch ökonomische Zwänge des Bodenpreises die Städte ab Mitte des 19. Jahrhunderts in die Fläche wachsen lassen. Das geschah aber keineswegs gegen den Willen der Bewohner und schon gar nicht gegen die erklärte Planungsabsicht der Städtebauer der verschiedenen Jahrzehnte.

Die „Bauzonenpläne" der Jahrhundertwende mit einer lockeren Bebauung am Rande der Städte waren eine Wegmarke in Richtung der „aufgelockerten und durchgrünten Stadt" als Leitbild des modernen Städtebaus. Die Gartenstadt-Protagonisten wollten sie, und auch LE CORBUSIER mit seiner Park-Stadtlandschaft der „Stadt der Gegenwart" von 1925, als

„vertikale Gartenstadt" bezeichnet, bildete nur eine weitere Zwischenstation zu den Stadtlandschaften unserer Gegenwart.

Der Versuch, auch an den Stadträndern „Urbanität durch Dichte" zu erreichen, schlug in vielen Trabantensiedlungen nach 1960 in soziale Spannungen und eine neue Stadtfeindlichkeit auf der grünen Wiese um. Denn diese Hochhausgebilde als bauliches Produkt des „Mutes zur Dichte", von dem Schriftsteller Breinersdorf als „Arbeitermassenhaltung" charakterisiert, haben eben nichts Städtisches, schon gar keine Urbanität.

Die räumliche Funktionstrennung, mit dem Städtewachstum auf das engste verbunden, hat sich auch im Bewußtsein der Stadtbewohner als zeitliche Funktionstrennung vollzogen. Für die Wohnwelt werden deshalb noch lange nicht Bauweisen akzeptiert, die in der Arbeitswelt bereits angenommen oder auch nur ertragen werden. Urbanität ist nicht bauliche Dichte allein, sondern kommunikative Dichte, die sich im Zeitalter der Telekommunikation nicht mehr allein durch Gebäude herstellen läßt.

Die Lebensweisen der Menschen verändern die Stadt, die aber ihrerseits auf die Lebensbedingungen ihrer Bewohner einwirkt und sie verändert. Darauf zu reagieren, ist die Aufgabe des Städtebaus, der sich, bei allem Rückgriff auf Tradition und historische Beispiele, immer auf neue Bedingungen einstellen muß. Insofern gilt auch noch heute die Feststellung von Theodor FISCHER:

„Wir sind freilich erst am Anfang und die neue Disziplin bedarf des Ausbaues und vieler Erfahrung, bis Regeln und Grundsätze gebildet werden können. Dabei hülfe alle Arbeit nicht, wenn nicht die ausführenden Architekten zu lernen anfingen, sich der Gesamtheit eines Städtebildes unterzuordnen, wenn ferner unsere heranwachsende künstlerische Jugend nicht zu der gleichen Selbstlosigkeit erzogen würde."

„Zunächst können wir jedenfalls nur tastend und gefühlsweise vorgehen und nicht genug die alten Beispiele nach den Ursachen ihrer herrlichen Wirkung befragen. Der Fehler ist nur vor allem zu vermeiden, dass wir in Bewunderung der historischen Form uns verlieren und der Altertümelei verfallen. *Nur auf den Geist kommt es an, der ist hervorzuholen.* Uebrigens sind auch die Forderungen der Neuzeit im Städtebau so gebieterisch, dass sie sich nicht unterdrücken lassen" (2, S. 239).

1.13 (rechts) Zeittafel der Entwicklung der Städte von 1800 bis heute. Die Übersicht über die im Buch behandelten Phasen des Städtebaus sind in die Spalten „Außenentwicklung" für die Stadterweiterungen, „Innenentwicklung" für den „Stadtumbau" sowie „Grundlagen" für den theoretischen, planungspolitischen Hintergrund unterteilt. Die Beispiele sind kursiv und klein geschrieben.

18

Städtebau im 19. und 20. Jahrhundert

Außenentwicklung	Innenentwicklung	Grundlagen
1800-1880 Arbeitersiedlungen und Elendsviertel		
Große Stadterweiterungen und paternalistischer Siedlungsbau: Englische Industriedörfer: *- Saltaire, Ackroyden, Bournville, Port Sunlight ...* Deutsche Arbeiterkolonien: *- Eisenheim, Kuchen - Krupp: Schederhof, Cronenberg, ...* Trabantenstädte und Bandstadtkonzepte: *- Whitten, Unwin - Soria y Matas ...*	Elendsviertel und Bebauung mit Back-to-Back-Typen bzw. Mietskasernen: *- London, Liverpool, Leeds - Berlin ...* Stadtregulierungen: *- Straßenachsen Paris, Ringstraße Wien ...* Gesetze und Fluchtlinienpläne: *- Public Health Act, Preußen 1875*	Sozial-, Boden-, Wohnungsfrage: Reform-Modelle HAUSSMANN 1853 HOBRECHT 1860 *- Grundz. f. Stadterweit. 1874* Techn. Städtebau: *- BAUMEISTER 1876*
1880-1910 Garden Cities und Stadtregulierungen		
Town a. Country Planning Association 1890: *- Letchworth 1903, Hampstead 1908, Welwyn 1919* Unternehmersiedlungen: Krupp u.a. *- Dahlhauser Heide, Emscher Lippe - Gmindersdorf ...* Deutsche Gartenstadt-Gesellschaft 1902	Stadtregulierungen: *- Bauzonenpläne, Korridorstraßen ...* Staffelbauordnung: *- München 1904* Innerstädtische Wohnanlagen	Künstler. Städtebau: *- SITTE 1889* STÜBBEN 1890 HOWARD 1898/02 Grunds. Städteb.06
1910-1925 Gartenstädte und Hofbebauungen		
Blüte der Gartenstadtbewegung: *- Karlsruhe-Rüppurr, Dresden-Hellerau, Nürnberg,* *- Essen-Margarethenhöhe ... - Staaken, Piesteritz ...* Siedlerbewegung/ Beginn sozialer Wohnungsbau, Wohnungsbaugesellschaften: *- Friedenstadt, Freihofsiedlung, Lockerwiese ...* Regionalverbände und Großstadtplanung: *- Siedlungsverband Ruhr, Groß-Hamburg, Groß-Berlin*	Hofbebauungen: *- S-Ostenau, H-Brüggemannhof ...* *- München-Laim, Alte Heide ...* Wiederaufbau nach dem Ersten Weltkrieg: *- Wohnanlagen, Erweiterung der Zentren* Neuordnung des Bestands: *- Generalregulierung Wien*	Grundl.d.Städtebaus: *- UNWIN 1911* O. WAGNER 1911 Wohnungszwangswirtschaft, Selbsthilfebau Stadtvisionen "Neues Bauen": *- Bauhaus 1919, Dess-Törten*
1925-1935 Neues Bauen und Großsiedlungen		
Neues Bauen und Großsiedlungen 1926-32: *- Frankfurt-Römerstadt, Praunheim, Westhausen - Berlin-Britz, Onkel Toms Hütte, Siemensstadt* *- Karlsruhe-Dammerstock 1928/29* Werkbund-Wohnbauexperimente: *- Weißenhofsiedlung Stuttgart 1927,* *- Wien, Prag, Brünn, Zürich ...* Nebenerwerbssiedlungen: *Fft-Goldstein, ...*	Wiener Höfe 1924-30: *- Sandleitenhof, Rabenhof, Karl-Seitz-Hof, George Washington-Hof, Engelshof, Karl-Marx-Hof ...* Erweiterungsplanungen: *- München-Borstei 1924-30* *- Hamburg-Jarrestadt 1926-28 -* *- Hannover -Süd 1930*	Ideologiestreit: *- "Ring" / "Block"* MAY, TAUT / WAGNER Anti-Großstadt-Beweg. Charta von Athen 33 Zentrale-Orte-Theorie - CHRISTALLER 1933 Großstadtplanung
1935-1945 Nazi-Heimstätten und Monumentalanlagen		
Kleinsiedlungsbau, "Heimstätten" 1933-39: *- BS-Mascherode, M-Ramersdorf, RB-Schottenheimsiedl...* Idealstädte und Neue Städte: *- Stadt X, Salzgitter, Wolfsburg 1937/38* Vorbereitung des "sozialen Wohnungsbaus" im Osten nach dem Krieg 1940-43	Neuordnungsplanungen: *- Weimar, Nürnberg ...* Monumentalanlagen: *- München, Berlin ...* Behelfsheime Wiederaufbaukonzepte	Nachbarschaften *- Volkshaus, "Stadtkrone"* Die neue Stadt: *- FEDER 1939* Siedlungszelle Stadtlandschaften
1945-1960 Wiederaufbau und erste Stadterweiterungen		
Wohnquartiere als Stadterweiterung: *- S-Rotweg, BN-Reutersiedlung, M-Bogenhausen,* *- Gartenstadt B-Vahr ...* Stadtrandsiedlungen als "Neue Städte": *- B-Charlottenburg-Nord, Sennestadt, KA-Waldstadt,* *- Nürnberg-Langwasser ...* DDR-Grundsätze: *- Eisenhüttenstadt*	Restaurativer Wiederaufbau: *- Determinanten: Techn. Infrastruktur,* *- Straßen und Eigentum* Neue Aufbaukonzepte: *- Mainz, Nürnberg, ... B-Hansaviertel,* *- H-Kreuzkirche, HH-Grindelberg* *- Ostberlin-Stalinallee*	REICHOW 1948/59: *- Autogerechte Stadt* *- Organische Stadtbaukunst* SCHWAGENSCHEIDT: *- Raumstadt 1949* *- gegl.+aufgelockerte Stadt:* GÖDERITZ/RAINER 57
1960-1980 Trabantenstädte und Flächensanierungen		
Trabantenstädte und "Neue Städte": *- S-Fasanenhof, -Freiberg, B-Neue Vahr, D-Garath,* *- F-Nordweststadt, K-Chorweiler, B-Märk. Viertel,* *- DA-Kranichstein, H-Emmertsgrund, MA-Vogelstang,* *- M-Neuperlach, H-Steilshoop, -Allermöhe, B-Gropiusstadt,* *- N-Langwasser, Neue Stadt Wulfen ...* Stadtregion und Regionalstadt	Umbau der Innenstädte: *- Kommerzialisierung + Tertiarisierung,* *- Großkomplexe + Schnellstraßenbau,* *- Flächensanierung + Einf. Erneuerung,* *- Rekonstruktion + Reparatur,* *- Wohnumfeldverb. + Verkehrsberuhig. ..* Großinfrastrukturen	Urbanität und Dichte: *- SALIN 1960,* *- Auto: BUCHANAN 64,* *- Städtebau FG1971, Bürgerbeteiligung, Städtetag 1971,* *- Denkmaljahr 1975* Stadtentw. Planung
1980-1995 Stadtumbau und Bestandsverdichtung		
Ende der Flächenexpansion Neue Stadterweiterungen: Wohnungsschwerpunkte, Militärkonversion	Stadtumbau "Ökologischer Städtebau" Verdichtung des Bestands	Grenz.d.Wachstums Umweltschutz Wohnungsnot

2.1 Östlicher Teil von Preston (Lancashire), erbaut um 1850 (Foto um 1930). Die Back-to-Back-Bebauung kam in englischen Städten in vielen Variationen vor. Die eng zusammenliegenden Doppelzeilen gruppierten sich um Fabriken.

2. Veränderung:
Die Stadt zwischen Industrie und Elend (1800-1880)

„Hier hört alles städtische Aussehen auf; einzelne Reihen Häuser oder Straßenkomplexe stehen wie kleine Dörfer hier und da auf dem nackten, nicht einmal mit Gras bewachsenen Lehmboden; die Häuser oder vielmehr Cottages sind in schlechtem Zustande, nie repariert, schmutzig, mit feuchten und unreinen Kellerwohnungen versehen; die Gassen sind weder gepflastert noch haben sie Abzüge, dagegen zahlreiche Kolonien von Schweinen, die in kleinen Höfen und Ställen abgesperrt sind oder ungeniert an der Halde spazierengehen. Der Kot auf den Wegen ist hier so groß, daß man nur bei äußerst trocknem Wetter Aussicht hat durchzukommen, ohne bei jedem Schritt bis über die Knöchel zu versinken."
Friedrich ENGELS
1845 über die „Neustadt" von Manchester

2.1. Veränderungen durch die Industrielle Revolution

„In späterer Zeit hat man eine andre Bauart angefangen, die jetzt die allgemeine ist. Die Arbeitercottages werden jetzt nämlich fast nie einzeln, sondern immer dutzend-, ja schockweise gebaut - ein einziger Unternehmer baut gleich eine oder ein paar Straßen. Diese werden dann auf folgende Weise angelegt: Die eine Front bilden Cottages ersten Ranges, die so glücklich sind, eine Hintertür und einen kleinen Hof zu besitzen, und die die höchste Miete bringen.
Hinter den Hofmauern dieser Cottages ist eine schmale Gasse, die Hintergasse (back street), die an beiden Enden zugebaut ist und in die entweder ein schmaler Weg oder ein bedeckter Gang von der Seite her führt. Die Cottages, die auf diese Gasse führen, bezahlen am wenigsten Miete und sind überhaupt am meisten vernachlässigt. Sie haben die Rückwand gemeinsam mit der dritten Reihe Cottages, die nach der entgegengesetzten Seite hin auf die Straße gehen und weniger Miete als die erste, dagegen mehr als die zweite Reihe tragen."

Friedrich ENGELS 1845 über Manchester
(„Die Lage der arbeitenden Klassen in England")

Gesellschaftliche und städtebauliche Bedingungen

Die von Engels beschriebenen unmenschlichen Lebensbedingungen in Manchester als Beispiel für die englischen Städte Mitte des vorigen Jahrhunderts sind die Folge der beginnenden Industrialisierung. Dieser Prozeß hatte in Großbritannien etwa seit 1760, in Deutschland seit 1850 die Städte in einem bisher unbekannten Maß und in einer atemberaubenden Geschwindigkeit verändert. Der als *„Industrielle Revolution"* bezeichnete Übergang von der Agrar- zur Industriegesellschaft durch wissenschaftlich-technischen Fortschritt war eine Phase beschleunigter technologischer, ökonomischer und gesellschaftlicher Veränderungen:

• Wirtschaftlicher Aufschwung
  durch technischen Fortschritt
Das Anwachsen der produzierten Güter und Dienstleistungen der Industrie und des tertiären Bereichs, aber auch der Landwirtschaft aufgrund des technischen Fortschritts ist die Folge eines allgemeinen wirtschaftlichen Aufschwungs. Technische Innovationen werden durch die Erschließung von neuen und billigen Energiequellen (Steinkohle) gefördert und führen zu einer Arbeitsteilung in der Produktion und Spezialisierung der Arbeitskräfte. Ein wechselseitiger Verstärkereffekt zwischen Bevölkerungswachstum und Produktionssteigerungen führt zu einer Erhöhung des allgemeinen Lebensstandards durch Qualität und Quantität der Güter und Dienstleistungen, was wiederum die Nachfrage steigert usw.

• Bevölkerungswachstum
  durch das Sinken der Sterblichkeitsrate
Erstmals wird die Sterblichkeitsrate geringer als die Geburtenrate, was zu einem rasanten Anstieg der Bevölkerungszahlen führt, in England z.B. von 7 Mio auf 14 Mio in den Jahren 1760 bis 1830. Ursache dafür ist die Verbesserung der medizinischen Versorgung und der Ernährungsgrundlage, unter anderem auch durch die Einführung der Kartoffel in Europa um 1800. Die durchschnittliche Lebenserwartung steigt von ca. 35 auf 50 Jahre, was besonders auch mit einem Rückgang der Kindersterblichkeit zusammenhängt und zu einem Anwachsen des Anteils der Jugendlichen führt. Damit ergibt sich ein Ungleichgewicht zwischen den Generationen, denn viele Jun-

ge können nicht einfach mehr den Platz der Älteren einnehmen, sie müssen ihren eigenen Lebensweg mit neuen Problemen gehen.

• Räumliche Bevölkerungsumverteilung
  durch Produktionsveränderungen
Die ländlichen Gebiete können ihre stark anwachsende Bevölkerung nicht mehr ernähren, so daß sich ein Strom ehemaliger Bauern vom Land in die Städte ergießt. Dort werden die Kleinbauern zu Industriearbeitern in den Fabriken, die in der Nähe der Energiequellen, zunächst an den großen Flüssen und später in der Nähe der Kohlegruben, standen. Durch diese „Landflucht" wachsen die Städte stark an, so z.B. Manchester von 12 000 auf 400 000 Einwohner in den Jahren 1760 bis etwa 1850, und London steigert seine Einwohnerzahl von 1,0 auf 2,5 Mio in den ersten 50 Jahren des 19. Jahrhunderts.

• Entwicklung der Verkehrsmittel
  und Verkehrswege
Seit 1760 gibt es in England schiffbare Kanäle und seit 1825 Eisenbahnlinien, wodurch eine bis dahin nicht gekannte Mobilität von Menschen und Gütern aller Art ermöglicht wird. In Deutschland wächst das Eisenbahnnetz von 1835 bis 1845 auf über 2 000 Kilometer an. Durch die schnelleren Verkehrsverbindungen wird außerdem eine Trennung von Wohnort und Arbeitsplatz ermöglicht, die zu Erweiterungen des Stadtgebiets und später zu erheblichen Umschichtungen der Stadtstruktur, auch als „Funktionstrennung" bezeichnet, führt.

• Schnelligkeit und Vorläufigkeit
  dieser Veränderungen
Diese drastischen Veränderungen vollziehen sich innerhalb weniger Jahrzehnte, etwa einem Menschenalter. Es gibt keine endgültigen Problemlösungen, so daß alles von begrenzter Dauer ist. Bei Planungen wird die Berücksichtigung des Zeitfaktors

erforderlich, denn Gebäude sind nicht länger eine dauerhafte Veränderung der Landschaft, sondern vorläufige Bauwerke. Grundstücke sind damit eigenständige Vermögenswerte, die nicht nur nach den darauf befindlichen Gebäuden, sondern besonders nach der möglichen Neubebauung bemessen werden.

• Neue Strömungen im politischen Denken
Die traditionellen Formen der öffentlichen Kontrolle über die bauliche Gestaltung der Umwelt durch einheitliche Entwürfe zur umfassenden Stadtplanung, Bauvorschriften usw. werden als Relikte vergangener Zeiten angesehen. Beeinträchtigungen der Umwelt gelten nicht als unabänderliche Folgen der Industrialisierung, sie glaubt man vielmehr durch gut geplante Maßnahmen wieder beheben zu können (BENEVOLO, S. 781f.).

Entwicklung des Verkehrswesens

Die Mechanisierung der Transportmittel bewirkte durch die höheren Fahrgeschwindigkeiten, die zunächst aber nicht wesentlich über denen von Pferdefuhrwerken lagen, auch größere Reichweiten für Güter und Menschen. Durch gleichzeitige Flächenexpansion und beginnende Funktionstrennung veränderten sich die Städte, aber auch die Beziehungen der Städte untereinander konnten intensiviert werden. Das erste Dampfschiff auf deutschen Flüssen wurde 1816 eingesetzt, und schon 1830 gab es auf dem Rhein zwölf davon. 1835, zehn Jahre später als in England, verkehrte die erste deutsche Eisenbahn mit Dampfantrieb auf der sechs Kilometer langen Strecke zwischen Nürnberg und Fürth, wofür sie zehn Minuten brauchte. Die ersten Eisenbahnen hatte man aus England einführen müssen, bevor 1841 die Firma Borsig in Berlin eine eigene Produkti-

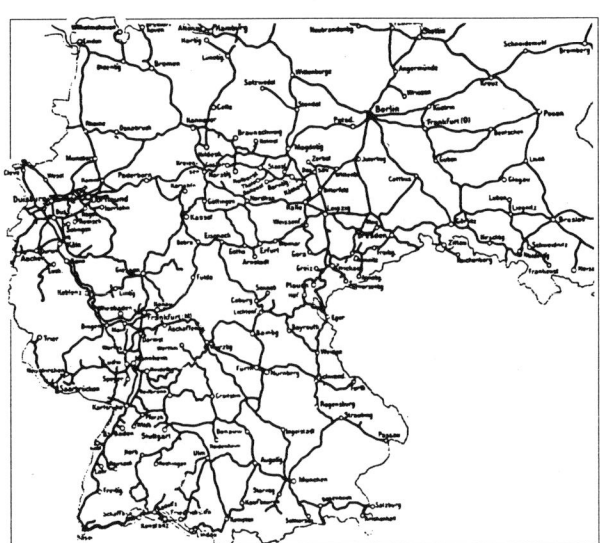

2.2 a Die deutschen Eisenbahnlinien 1850. Aus wenigen Linien entwickelte sich schon bald ein enges Netz.

2.2 b Das deutsche Eisenbahnnetz 1870. Die Bahn brachte für die Städte neue Entwicklungsmöglichkeiten.

on auf Probefahrt schicken konnte. Der Eisenbahnbau machte geradezu stürmische Fortschritte. Die Länge der Schienenwege war von 140 auf rund 550 Kilometer in den Jahren 1838 bis 1840 gestiegen, und 1845 betrug die Schienenstrecke der Dampfeisenbahnen bereits 2 300 Kilometer (Abb. 2.2).

Durch den Bau des Eisenbahnnetzes ergab sich eine neue Erschließung der Städte von außen und gleichzeitig die Möglichkeit zur Bebauung neuer Flächen, da der Bahnhof meistens nicht unmittelbar an die bestehende Bebauung angrenzte. Zur Stadt hin erfolgte zunächst entlang der Verbindungsstraße, später flächig, der städtebauliche Anschluß. Auf der anderen Bahnseite wurden die Flächen vorwiegend gewerblich genutzt.

Damit ergab sich eine Neuorientierung der Stadtentwicklung zum Bahnhof und häufig auch eine Verschiebung des Zentrums. Der Bahnhof entwickelte sich zu einem neuen „Markt" und wirkte als zusätzlicher „Magnet". Die Gewerbeflächen an der Bahn wurden ab der Mitte des 20. Jahrhunderts nach Auslagerung der Fabriken Dispositionsflächen für eine Zentrumsergänzung (Abb. 2.3).

„Mit der Erfindung der billigen Postkutschen - der Eisenbahn und schließlich der Straßenbahn - tauchen zum ersten Mal in der Geschichte Massenverkehrsmittel auf. Fußgängerentfernungen setzen dem Wachstum der Städte keine Grenzen mehr, und die städtische Expansion ging immer schneller vonstatten."
„Was für die horizontale Expansion der Handelsstadt im 19. Jahrhundert gilt, trifft ebenso auf ihre vertikale Expansion mit Hilfe des Aufzugs zu (1853: erster Aufzug in New York). Die Verbindung dieser beiden *Methoden horizontaler Expansion und vertikaler Anhäufung* schuf ein Höchstmaß an gewinnbringenden Gelegenheiten" (Lewis MUMFORD 1).

In der historischen Stadt wurden die Wegentfernungen zunächst noch vom Fußgänger bestimmt. Die verkehrsbedingte Ausweitung der „Halbstundenzone" auf zwei bis drei Kilometer führte zu kompakten Vorstädten, die untereinander mit Pferdefuhrwerken oder Pferdebahnen als Verkehrsmittel erschlossen waren. Die historische Stadt blieb aber das alleinige Zentrum, und die freie Landschaft konnte von den Bewohnern der Städte noch zu Fuß erreicht werden.

Als weitere Phasen der Stadtentwicklung nach den jeweiligen dominierenden Verkehrsmitteln können unterschieden werden:
• *Pferdebahnstadt* um 1900 mit einem Halbstundenradius von 4 km,
• *Straßenbahnstadt* um 1930 mit einem Halbstundenradius von 7 km und schließlich
• *Autostadt* ab 1960 mit einem Halbstundenradius von 25 km, der sich danach ständig ausgeweitet hat (Abb. 2.4; WORTMANN, Spalte 3118).

2.2. Wachsen der Städte und Veränderung des Stadtkerns

„Man kann mit einer Wohnung einen Menschen genausogut töten wie mit einer Axt."
„Dreiundzwanzig Fenje bekam ´ne Heimarbeiterin, und die Kinder jingen in ´ne Streichholzfabrik und hatten denn von dem Phosphor und Schwefel jar keene Fingernägel mehr. Und da soll man nich mal dazwischenfahren, wenn man erlebt hat, wie sich det Elend von Jeneration zu Jeneration weiterfrißt - wo det Kind schon als Sklave jeboren wird?!"
Heinrich ZILLE 1858 - 1929

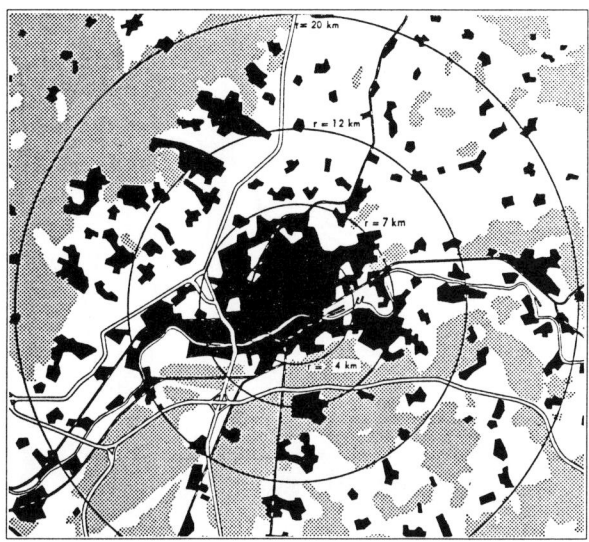

2.3 Hannover 1860. Nach Plänen von Georg LAVES entwickelte sich die Stadt etwa ab 1850 zum Bahnhof hin.

2.4 Hamburg mit „Halbstundenradien". Verkehrsmittel bestimmten die Flächenausdehnung der Städte.

Elendsquartiere und Mietskasernenviertel großer Städte

Die Industrielle Revolution und das gleichzeitige starke Wachstum der Bevölkerung bewirkten in den ersten Jahrzehnten des 19. Jahrhunderts eine noch heute anhaltende Binnenwanderung vom Lande in die Stadt. Die Bevölkerung des Deutschen Reiches wuchs von 25 auf 41 und später 69 Millionen in den Jahren 1816, 1871 und 1939. Dabei erhöhte sich die Dichte von 55 auf 70 und 162 Einwohner je Quadratkilometer bis schließlich 1 967 erreicht wurden. Die Verstädterung nahm gleichzeitig zu, so daß der Anteil der Menschen in ländlichen Gemeinden unter 2000 Einwohnern in den Jahren 1870, 1939 und 1965 kontinuierlich von zwei auf ein Drittel und dann auf nur noch ein Fünftel sank. Die Zahl der Großstädte stieg von zwei auf acht und 56 in den Jahren 1816, 1871 und 1939 an (WORTMANN, Spalte 3118).

Die schnelle Flächenexpansion der Städte im Industriezeitalter führte zu einer Veränderung der bereits bestehenden Stadtkerne, die zum Zentrum eines neuen ausgedehnteren Stadtgefüges wurden. Die damit verbundenen hohen Verkehrsbelastungen führten zu Beeinträchtigungen der Wohnsituation, weshalb die bessergestellten Bewohner die Zentren verließen und sich am Stadtrand ansiedelten. Die verlassenen Häuser verkamen zu Massenquartieren, und ehemalige Grünflächen und Blockinnenbereiche wurden mit Häusern und Fabrikhallen überbaut. Die massive Verstädterung und die neuen Produktionsverhältnisse veränderten aber nicht nur das räumliche Gefüge, sondern auch die Sozialstruktur der Städte gegenüber dem vorindustriellen Verteilungsmuster.

„Zusammen mit der industriellen Großstadt bildete sich neben dem Bürgertum ein schnellwachsendes umfangreiches Industrieproletariat, dessen Ausbeutung im Bereich der Arbeit sich in einer Unterdrückung im Wohnbereich fortsetzte. Die städtische Bevölkerung wohnt weitgehend sortiert nach sozialen Schichten, wobei die Arbeiterquartiere sich durch besonders ungünstige Lagequalitäten und eine substantiell mangelhafte Wohnbebauung auszeichneten. Friedrich Engels hat in seiner Analyse des sozialen Krieges in den großen englischen Städten ausführlich die Projektion der Klassengesellschaft auf den Grund und Boden beschrieben" (HERLYN, S. 92/93).

Umbau der Stadtzentren: Paris und Wien

Nicht nur der Besitz an Grund und Boden wurde zu einem bürgerlichen Herrschaftsinstrument, sondern auch dessen räumliche Differenzierung im Stadtgebiet und seine schichtenspezifische Zuteilung. Die Stadtorganisation wurde nun gleichfalls verändert, so daß das zu ökonomischer und politischer Macht gelangte Bürgertum Stadtnutzungsschemata durchsetzen konnte, die einmal eroberte Privilegien in der materiellen Umwelt der Städte verankerten. Dies läßt sich exemplarisch an dem Wirken des Stadtplaners HAUSSMANN um die Mitte des vorigen Jahrhunderts in Paris verdeutlichen.

Aber auch andere Stadtzentren sollten zur Demonstration der Macht der Herrschenden repräsentativ

2.5 Zille sein „Milljöh". Die Quartiere des Industrieproletariats hatten ungünstige Wohnbedingungen.

2.6 Durchbruch der Rue de Rennes in Paris nach den Plänen von G.-E. HAUSSMANN. Holzschnitt von 1868.

umgestaltet werden. Die Beispiele Paris und Wien sind dafür typisch und in ihren Dimensionen besonders ausgeprägt:

• **Die Straßendurchbrüche in Paris** und andere Maßnahmen wurden in den Jahren 1853 bis 1871 von dem Präfekten des Departments Seine unter Napoleon III., Georges-Eugéne HAUSSMANN (1809-1891), durchgeführt. Anlaß waren neben der Steigerung der Bodenpreise auch die Schaffung von geeigneten Verkehrsverbindungen, denn nach zahlreichen fremdenverkehrsfördernden Veranstaltungen waren für 1855 und 1867 Weltausstellungen geplant. Aber auch militärstrategische Absichten sind offensichtlich, denn zwischen 1830 und 1851 hatte es sieben bewaffnete Aufstände gegeben.

„Angeblich aus hygienischen und städtebaulichen, in Wirklichkeit jedoch aus militärisch-strategischen Gründen zur besseren Verteidigung gegen die Aufstände der Arbeiter wurden umfangreiche Umbaumaßnahmen eingeleitet, insbesondere breite, nicht verbarrikadierbare Straßen durch die Arbeiterquartiere gelegt, was u.a. die Vertreibung des Proletariats aus den zentralen Stadtbereichen in Vorortsiedlungen und damit die folgenreiche Konkretisierung der Klassentrennung zur Folge hatte. Karl Marx prangerte diese Art von Planungsstrategie als ´militärische Demonstration´ an und beschrieb in der Schrift *Der Bürgerkrieg in Frankreich* die Rolle, die diese städtische Organisation 1871 bei der Niederschlagung der Pariser Kommune gespielt hat" (HERLYN, S. 92/93).

50 km bisherige Straßen wurden durch neue und meist mehr als 24 m breite „Boulevards" mit Bürgersteigen und Kanalisation ersetzt. Sie erhielten außerdem Baumreihen und -alleen sowie andere Begrünung, wozu noch 60 ha Parkanlagen kamen. Die zahlreichen Baulücken durch diese

„Transformation" wurden schnell wieder durch eine „einheitliche großbürgerliche Bebauung" geschlossen, um ein ansprechendes Stadtbild zu erhalten. Den baulichen Maßnahmen unter Haussmann mußten nahezu 20 000 Häuser im alten Stadtbezirk und 8 000 im Erweiterungsgebiet weichen, wovon rund ein Drittel der damaligen Bevölkerung und zahlreiche gewerbliche Betriebe betroffen wurden (Abb. 2.6 und 2.7; HOFRICHTER, S. 108/109; KIESS, S. 129-166).

• **Die Ringstraße in Wien** wurde nach einem Wettbewerb 1858 bis etwa 1895 auf dem Gelände der ehemaligen Wallanlagen als polygonale Prachtstraße mit angrenzenden monumentalen Bauwerken realisiert. Damit sollten die bestehenden Vororte durch eine Erweiterung der inneren Stadt an das Zentrum angebunden werden.

„Den Stadtbauvorstellungen des 19. Jahrhunderts kam die Anordnung eines Ringboulevards entgegen, weil sie die Möglichkeit schuf, ein freigebliebenes innerstädtisches Gelände zu einem architektonisch hochwertigen Straßenraum auszugestalten. Die Eigenart der polygonen Abwicklung entsprach noch in besonderem Maße dem zeitgenössischen Ideal von umgehender räumlicher Fassung, denn die Achsknickungen rücken die Straßenseiten und Platzwände immer wieder in den Blickpunkt des Betrachters. Sie verschaffen so in verschiedenen Abschnitten auch der Einzelarchitektur ihre Geltung" (Abb. 2.8; KIESS, S. 200).

Die wegen des langen Realisierungszeitraums keineswegs einheitliche Ringstraßenbebauung mit den oft nach allen Seiten offenen Freiräumen wurde aber auch kritisch gesehen. Besonders Camillo SITTE plädierte für eine städtebauliche Verdichtung der klassizistischen Stadtraumvorstellungen. Er machte in seinem 1889 erschienenen Buch konkrete Um-

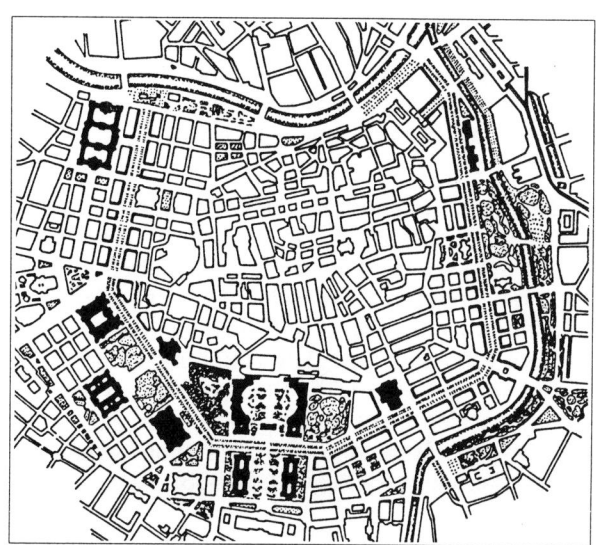

2.7 Straßendurchbrüche in Paris 1853 bis 1871. Vertreibung des Proletariats aus zentralen Bereichen.

2.8 Ringstraßenbebauung in Wien 1858 bis 1895. Hochwertiger Straßenraum auf ehemaligen Wallanlagen.

gestaltungsvorschläge für den Ringstraßenbereich von der Votivkirche bis zum Parlament als „Beispiel einer Stadtregulierung nach künstlerischen Grundsätzen" (S. 159-180; s. auch S. 63).

Die Stadt im liberalen „Nachtwächterstaat"

Die gesellschaftliche Situation dieser Phase der Stadtentwicklung ist geprägt vom liberalen Rechtsstaat des 19. Jahrhunderts, für den die Aufgabe darin bestand, „die Voraussetzungen des eigengesetzlichen Prozesses der 'bürgerlichen Gesellschaft' zu gewährleisten, d.h. 'Rechtsbewahrerstaat' oder 'Protektor' zu sein" (KLAGES 2, S. 45). Diese Auffassung der Gewährleistung von Sicherheit und Ordnung wurde deshalb auch von Ferdinand LASALLE (Politiker und Arbeiterführer, 1825-1864) spöttisch als „Nachtwächterstaat" bezeichnet.

Ökonomen empfahlen deshalb ganz im Sinne des wirtschaftlichen Liberalismus, den öffentlichen Einfluß, auch in der Stadt- und Bauplanung, einzuschränken. In der Tradition von Adam Smith (Volkswirtschaftler und Moralphilosoph, 1723-1790) sollte die Regierung den öffentlichen Grundbesitz verkaufen und mit dem Erlös ihre Schulden bezahlen. Daraus resultierte auch die Freiheit der privaten Unternehmer im Immobilienbereich. Sie nutzten die chaotischen Situationen in den Städten zu ihrem Vorteil aus, ohne für negative Folgen aufkommen zu müssen.

In dieser „liberalen Stadt" überlagerten sich private und öffentliche Initiativen, die weder umfassend geplant noch aufeinander abgestimmt waren, so daß als Ergebnis eine ungeordnete und unbewohnbare Umgebung entstand. „Die unternehmerische Freiheit des Einzelnen, die als Grundvoraussetzung für die Entwicklung der kapitalistischen Industriegesellschaft galt, erwies sich als ungeeignet, um die mit dem wirtschaftlichen Aufschwung verbundenen Veränderungen im Bereich des Wohnungs- und Städtebaus in geordnete Bahnen lenken zu können."

„Die ärmeren Teile der Bevölkerung waren von den schlechten Lebensbedingungen in den Industriestädten am stärksten und unmittelbarsten betroffen, aber auch die höheren Gesellschaftsschichten konnten sich ihnen nicht völlig entziehen. Um 1830 griff die Cholera von Asien auf Europa über und verursachte Epidemien in den großen Städten, so daß die Regierungen sich gezwungen sahen, wenigstens die ärgsten Mißstände in den hygienischen Verhältnissen zu beheben" (BENEVOLO, S. 803).

Die Revolution von 1848 stürzte sowohl die Bewegungen der politischen Linken als auch die liberalen Regierungen der ersten Hälfte dieses Jahrhunderts in eine Krise. Die einen hatten versucht, die Macht zu erringen und waren besiegt worden, aber auch die Herrschenden hatten sich diesen Bestrebungen gegenüber dennoch als wehrlos gezeigt. Die Rechte siegte nicht nur in Frankreich, griff aber trotzdem zur Kontrolle des eingeleiteten Veränderungsprozesses teilweise auf Vorstellungen der utopischen Sozialisten (OWEN, FOURIER u.a.) der ersten Hälfte des Jahrhunderts zurück.

Daraus leitete die siegreiche Bourgeoisie ein *neues Modell der Stadtplanung* ab:
- Öffentliche Verwaltung und private Grundstücksbesitzer anerkannten die Verfügungsgewalt des anderen in dessen jeweiligen Bereich mit genau festgelegten Grenzen.
- Die Nutzung der einzelnen Grundstücke wurde allein vom jeweiligen privaten oder öffentlichen Besitzer festgelegt.
- Die Straßenfronten waren die Grenzlinien zwischen den öffentlichen und den privaten Bereichen und bestimmten die Grundstruktur der Stadt.

Die Bauweise in dieser „post-liberalen Stadt" basierte auf einem „Fluchtlinienplan", nach dem Gebäude grundsätzlich in zwei verschiedenen Positionen stehen konnten:
- *Direkt an der Straßenfront* standen Gebäude im Stadtkern und an den Straßen als „Korridore" für den Verkehr. Im Parterre befanden sich Geschäfte, darüber Büros und auch Wohnungen. Es gab Belästigungen durch den Verkehr und es mangelte an Licht und frischer Luft.
- *Abgelegen von der Straße* wurden Gebäude in weniger dichter Bauweise nur am Stadtrand gebaut, wo sie geringeren Belastungen ausgesetzt waren.

Beide Bauweisen lohnten sich ökonomisch, denn die Bebauung geringerer Dichte (z.B. Villen) für Wohlhabende war teuer und die weniger kostspielige Bebauung für untere Schichten war dafür mehrstökkig und von hoher Dichte.

Mietskasernen und Back-to-Back-Bebauung

Die sozialen Unterschiede in der industrialisierten Stadt treten am deutlichsten in den Wohngebieten zutage. Einerseits gab es die Wohngebäude des Bürgertums und die Villen der Reichen sowie andererseits die Mietskasernen und Elendsquartiere der unteren Schichten. Die Baubestimmungen wurden nach Höhe und Tiefe der Bebauung und Überbauungsgrad des Grundstückes soweit wie möglich ausgenutzt. Dabei waren diese Regeln keineswegs immer genau festgelegt.

Bis zur Mitte des 19. Jahrhunderts wurde zum Beispiel in Berlin nach unterschiedlichen und zumeist veralteten Rechtsgrundlagen gebaut. Diese „ver-

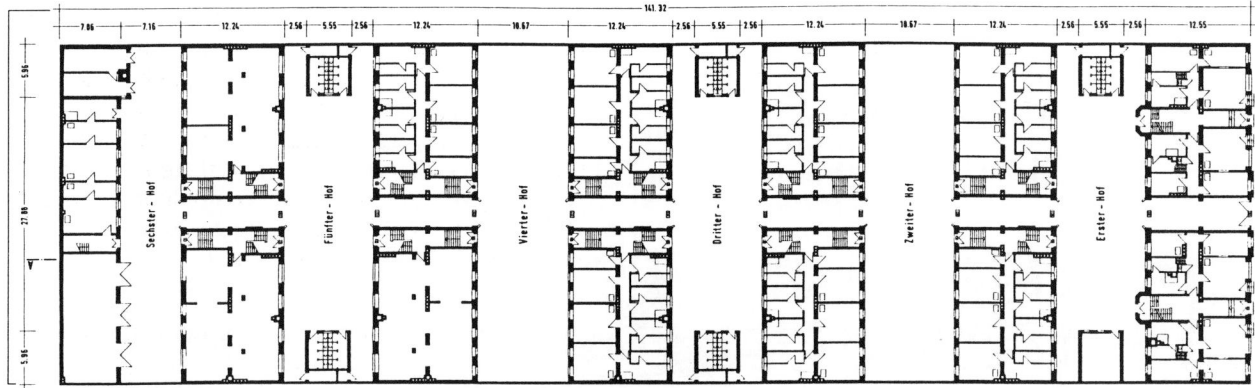

2.9 Meyers Hof in Berlin, Ackerstraße 132/133, erbaut 1873/74 (Erdgeschoß). Parallele viergeschossige Hintergebäude mit 10,67m Abstand bilden sechs enge Höfe. Flure erschließen Zimmer ohne Wohnungsabschlüsse mit Aborten im Hof.

worrenen Zustände" sollten 1853 durch die „Bau-Polizei-Ordnung für Berlin und den weiteren Polizei-Bezirk", erlassen vom Berliner Polizeipräsidium, vereinheitlicht werden. Obwohl die allgemeine Forderung nach „hinlänglich Luft und Licht" erhoben wurde, waren die Regelungen keineswegs geeignet, die hygienischen Bedingungen zu verbessern.

Die typische **Berliner Hofbebauung** war das Ergebnis von Vorschriften, die eine extreme Grundstücksausnutzung erlaubten. „Auf jedem Grundstück muß bei der Bebauung ein freier Hofraum von mindestens 5,34 auf 5,34 Metern verbleiben" (§27). „Für Hintergebäude sind bei mehr als 31,40 Meter Grundstückstiefe Durchfahrten von mindestens 2,51 Meter Breite und 2,83 Meter Höhe für Löschfahrzeuge anzuordnen" (§31). Der Brandschutz und nicht die „stadthygienischen Belange" standen im Vordergrund, so daß „die freie Verfügbarkeit des Eigentums auch beim Bauen" gewährleistet war. „Und vermutlich wurde die Ahnung, daß der Wohnungsbau auch soziale Komponenten haben könnte, einfach verdrängt" (KIESS, S.227/228; Abb. 2.9 und 2.10).

Die Unterkünfte der Arbeiter nach der Mitte des 19. Jahrhunderts bestanden meistens nur aus einem beheizbaren Zimmer mit oder ohne Küche und mit einer äußerst geringen Sanitärausstattung. In Großstädten wie Berlin oder Hamburg betrug der Anteil dieser „Kleinstwohnungen", die oft mit fünf und mehr Personen belegt waren, über 50 Prozent. Wohnungen bis zur Größe von zwei heizbaren Zimmern machten sogar 75 Prozent aus.

In der Regel befanden sich diese in Seitenflügeln und Hinterhofgebäuden, denn der Platz in den repräsentativen Vordergebäuden blieb den solventeren Mietern vorbehalten. Ausdruck der sehr schlechten Wohnsituation waren auch zahlreiche Kellerwohnungen und das sogenannte „Schlafstellenwesen". Um auch größere Wohnungen bezahlen zu können, wurden oft „Schlafleute, Bettgeher oder Kostgänger" einquartiert und dabei die Betten schichtweise und mehrfach belegt. Dadurch kam es zu unvorstellbaren sittlichen und hygienischen Verhältnissen, wie sie aus zeitgenössischen Schilderungen bekannt sind (KIESS, S. 332; Abb. 2.11).

2.10 Durchfahrten bei Meyers Hof in Berlin. 2 000 Menschen in 300 Wohnungen verzichten auf Häuslichkeit.

2.11 Wohnverhältnisse in Berlin 1845. Schuhmacherwerkstatt als Wohnung. Zeichnung von Th. HOSEMANN.

2.12 Manchester 1826, Reiseskizzenbuch von Karl Friedrich SCHINKEL. „Wie traurig ist der Anblick einer solchen englischen Fabrikstadt! Uninteressante rote Backsteinhäuser konnten nur einen melancholischen Eindruck hervorbringen."

Eine **Back-to-Back-Bebauung**, zumeist zweigeschossig, war in den englischen Arbeiter- und Elendsvierteln die vorherrschende Bebauungsform. Seit Beginn des 19. Jahrhunderts hatte sich dieser Haustyp aus einraumtiefen Wohngebäuden entwikkelt, die an der Rückseite aus Platzmangel selten Fenster hatten. In Zeilen angeordnet wurden dann jeweils zwei Häuser „Rücken an Rücken" zusammengestellt, so daß beidseitig Straßenfronten entstanden. Diese „double-fronted-houses" hatten manchmal auch dazwischenliegende Höfe mit dem Abort, die teilweise von einer schmalen „Entsorgungstraße" erschlossen waren. Üblich war auch die Bildung von „Höfen" („courts"), indem die Back-to-Back-Zeilen senkrecht zur Erschließungsstraße angeordnet wurden (MUTHESIUS, St., S. 106-130; Abb. 2.13, 2.14).

Die Lage der Häuser in unmittelbarer Nähe der rauchenden Fabriken verschlimmerte noch die unmenschliche Wohnsituation. Friedrich ENGELS beschreibt 1845 in Manchester die Verhältnisse von zwei Hausgruppen mit „etwa 200 Cottages, meist mit gemeinschaftlichen Rückwänden für je zwei Woh-

nungen, worin zusammen an 4 000 Menschen, fast lauter Irländer, wohnen. Die Cottages sind alt, schmutzig und von der kleinsten Sorte, die Straßen uneben, holperig und zum Teil ungepflastert und ohne Abflüsse; eine Unmasse Unrat, Abfall und ekelhafter Kot liegt zwischen stehenden Lachen überall herum, die Atmosphäre ist durch die Ausdünstungen derselben verpestet und durch den Rauch von einem Dutzend Fabrikschornsteinen verfinstert und schwer gemacht - eine Menge zerlumpter Kinder und Weiber treibt sich hier umher, ebenso schmutzig wie die Schweine, die sich auf den Aschenhaufen und in den Pfützen wohl sein lassen" („Die Lage der arbeitenden Klassen in England", S. 292; Abb. 2.12).

Ausführliche Regierungsberichte um 1840 über die Wohnungs- und Sozialprobleme führten nicht etwa zur Verschärfung der Baugesetze. Nach dem „Public Health Act" von 1875 mußten nur die mindesten hygienischen Anforderungen eingehalten werden, um Epidemien und Seuchen zu vermeiden. Dies und nicht die Verbesserung der gesundheitlichen Situation der Bewohner war das Hauptinteresse des öf-

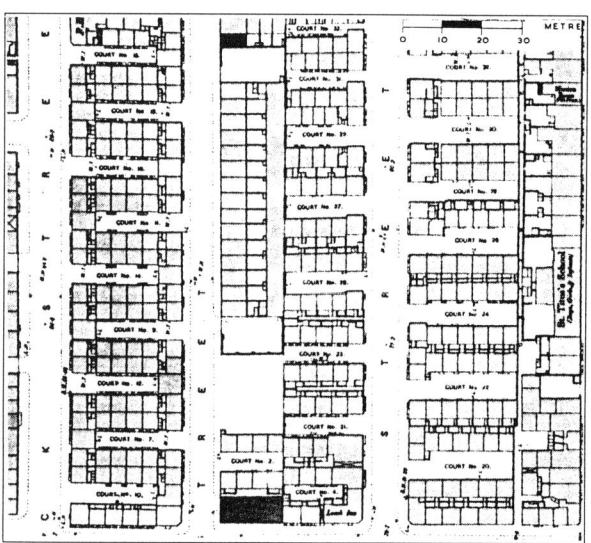

2.13 Liverpool im frühen 19. Jh. Back-to-Backs mit wechselseitiger Erschließung (l.) und mit kleinen Höfen (r.).

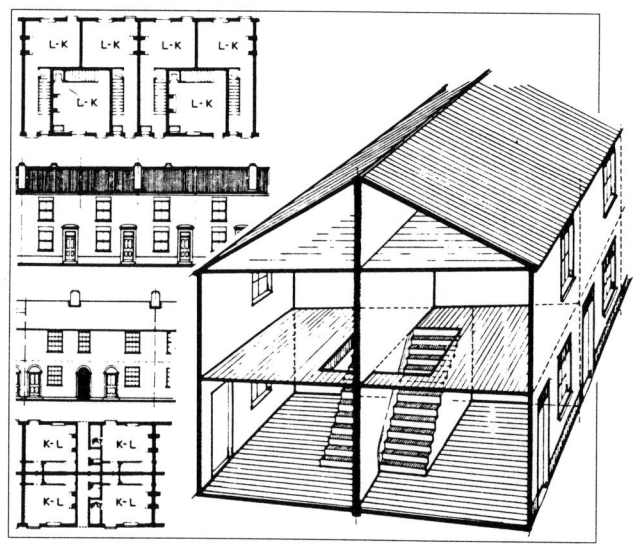

2.14 Einfache Darstellung der Back-to-Back-Grundform mit zwei Wohneinheiten je Haus (r.). Grundrißvarianten.

fentlichen Wohnungswesens. In einigen Städten wurden um 1870 die Back-to-Backs zwar verboten, aber zehn Jahre später hob man die Baubeschränkungen für diesen Haustyp, der dann sogar bis 1930 gebaut wurde, wieder auf.

Grundzüge für Stadterweiterungen
nach technischen, wirtschaftlichen und polizeilichen Beziehungen" von 1874

Nach einer Phase der unmittelbaren und spekulativen Schaffung von „Behausungen" in der ersten Hälfte des 19. Jahrhunderts, in der sich städtebauliche Pläne überwiegend auf das engere Gebiet, auf dem gebaut werden sollte, bezogen, wurden Stadterweiterungsplanungen erforderlich. Das starke Städtewachstum durch den Zustrom der Landbevölkerung und das Ansteigen der Bevölkerung bewirkte erste großflächige Gesamtplanungen, die sich teilweise weit in das Umland der Städte erstreckten. So entwarf der Baudirektor SCHRÖDER 1848 in Bremen einen „Straßenplan" für die eingemeindeten Vorstadtgebiete nach Aufhebung der Torsperre.

Der von James HOBRECHT 1858-61 entwickelte und 1862 genehmigte Gesamtbebauungsplan für Berlin (Abb. 2.15) „regulierte" die Flächen außerhalb der Stadtmauer. Dabei wurden im Sinne von „Negativ-flächen" diejenigen Bereiche bestimmt, die für Straßen und Plätze vorgesehen und deshalb von Bebauung freizuhalten waren. Die verbleibenden „Positivflächen" durften innerhalb von Baufluchtlinien nach der Bauordnung von 1853 bebaut werden (KIESS, S. 230ff.).

Diese Planung wurde 1870 von Ernst BRUCH, Assistent im statistischen Büro der Stadt, allerdings heftig kritisiert. In einem Artikel in der Deutschen Bauzeitung unter dem Titel „Berlins bauliche Zukunft" bemängelte er seine „Starre, seine Unzweckmäßigkeit und seine sozialpolitischen Nachteile; er stellte der Tendenz zu übermäßiger Zentralisation den Gedanken planmäßiger Dezentralisation gegenüber." Damit war ein Grundgedanke der Konzepte von Theodor FRITSCH und Ebenezer HOWARD vorweggenommen (WORTMANN, Spalte 3127; Abb. 2.16).

Bei der ersten Generalversammlung des „Verbandes Deutscher Architekten- und Ingenieur-Vereine" 1874 in Berlin wurden „Grundzüge für Stadterweiterungen" beschlossen, die vom Bauingenieur Reinhard BAUMEISTER aus Karlsruhe vorformuliert worden waren. Die Aussagen beschränken sich bewußt auf technische, wirtschaftliche und polizeiliche Aspekte und bezeichnen „alle ästhetischen Vorschriften für verwerflich" (Punkt 4). Dieses erste städtebauliche Manifest in Deutschland wird nachfolgend im Wortlaut wiedergegeben:

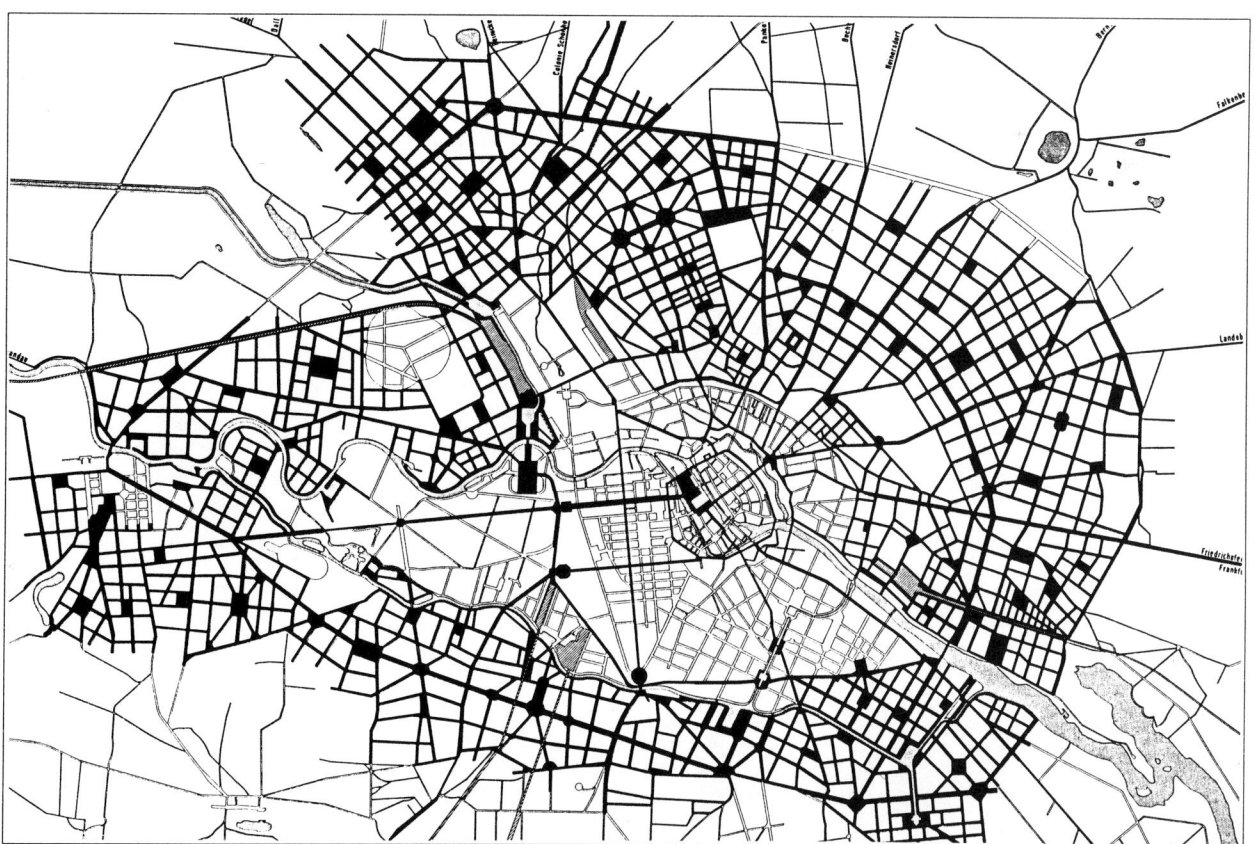

2.15 Berliner Bebauungsplan von James HOBRECHT 1862. Hauptverbindungs-, Nebenstraßen und Plätze um den alten Stadtkern. „Bebauungspläne müssen das gesamte Straßennetz enthalten, um mangelhafte Zustände zu vermeiden."

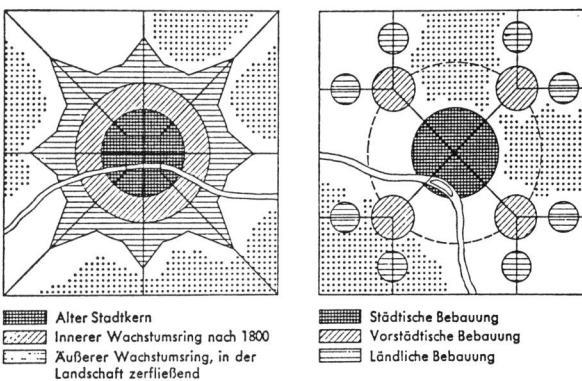

Alter Stadtkern
Innerer Wachstumsring nach 1800
Äußerer Wachstumsring, in der
Landschaft zerfließend

Städtische Bebauung
Vorstädtische Bebauung
Ländliche Bebauung

2.16 Konzentrisches Städtewachstum und „degeneralisierte Stadterweiterung" nach Ernst BRUCH 1870 (r.).

• **Grundzüge für Stadterweiterungen** von 1874:

„1. Die Projektierung von Stadterweiterungen besteht wesentlich in der Feststellung der Grundzüge aller Verkehrsmittel: Straßen, Pferdebahnen, Dampfbahnen, Kanäle, die systematisch und deshalb in einer beträchtlichen Ausdehnung zu behandeln sind.

2. Das Straßennetz soll zunächst nur die Hauptlinien enthalten, wobei vorhandene Wege tunlichst zu berücksichtigen sind, sowie solche Nebenlinien, welche durch lokale Umstände bestimmt vorgezeichnet sind. Die untergeordnete Teilung ist jeweils nach dem Bedürfnis der näheren Zukunft vorzunehmen oder der Privattätigkeit zu überlassen.

3. Die Gruppierung verschiedenartiger Stadtteile soll durch geeignete Wahl der Situation und sonstiger charakteristischer Merkmale herbeigeführt werden, zwangsweise nur durch sanitäre Vorschriften über Gewerbe.

4. Aufgabe der Baupolizei ist die Wahrung *notwendiger* Interessen der Hausbewohner, der Nachbarn und der Gesamtheit gegenüber dem Bauherrn. Solche Interessen sind: Feuersicherheit. Verkehrsfreiheit, Gesundheit (einschließlich Zuverlässigkeit der Konstruktion gegen Einsturz). Dagegen sind alle ästhetischen Vorschriften verwerflich.

5. Es ist für Stadterweiterungen wünschenswert, daß die Expropriation (Enteignung, Anm.d.Verf.) und Impropriation von Grundstücksresten in angemessener Weise gesetzlich erleichtert werde. Noch wichtiger würde der Erlaß eines Gesetzes sein, welches die Zusammenlegung von Grundstücken behufs Straßendurchlegungen und Regulierung der Bauplatzformen erleichtert.

6. Der Stadtgemeinde kommt die Befugnis zu, sich für die von ihr aufgewendeten Kosten neuer Straßen mit Zubehör Deckung von seiten der anstoßenden Grundeigentümer zu verschaffen. Unter den

2.17 Die Altstadt Berlins 1867 mit links angrenzender Blockbebauung der Friedrichstadt. „Mangelhafte Wohnverhältnisse der großstädtischen Bevölkerung, Wohnungsnoth, Kreditnoth des Grundbesitzes und mangelnde Baulust."

betreffenden finanziellen Formen empfehlen sich, namentlich wenn das Verfahren der Regulierung vorausgegangen ist, besonders Normalbeiträge, berechnet auf das Meter der Frontlänge jedes Grundstückes.

7. Die Eigentumsverhältnisse, welche mit Festsetzung eines Stadterweiterungsplanes sich bilden, sowie die Verpflichtung der Anstößer einerseits und der Gemeinde anderseits bedürfen der gesetzlichen Regelung. Auf Flächen, welche zu künftigen Straßen und Plätzen bestimmt sind, darf nach gesetzlicher Feststellung des Planes nicht mehr oder nur gegen Revers gebaut werden.

Dem Eigentümer gebührt wegen dieser Beschränkung keine Entschädigung, dagegen das Recht, zu verlangen, daß Grundstücke in künftigen Plätzen angekauft werden, sobald die umliegenden Straßen hergestellt sind. Für Zugänglichkeit und Entwässerung von vereinzelten Neubauten muß zunächst durch die Eigentümer gesorgt werden.

Doch sollte die Gemeinde sich allgemein zur vollständigen Herstellung und Unterhaltung einer neuen Straße verbindlich machen, sobald Sicherheit besteht, daß ein gewisser Teil aller angrenzenden Grundstücksfronten mit Häusern versehen wird" (Deutsche Bauzeitung 1906, S. 348; Abb. 2.17).

Auf dieser Grundlage erarbeitete BAUMEISTER 1876 die erste zusammenfassende Darstellung des neuen Städtebaus in seinem Buch „Stadterweiterungen in technischer, baupolizeilicher und wirtschaftlicher Beziehung". Neben diesen räumlichen Überlegungen zum Städtewachstum entstand ein soziales Engagement in bezug auf die Wohnungsfrage, das später Auswirkungen auf die Baugesetzgebung hatte. Der „Deutsche Verein für öffentliche Gesundheitspflege", gegründet 1873, veröffentlichte in diesem Sinne zwei Jahre später die „Leitsätze für Neubauten in neuen Quartieren größerer Städte".

„1875 wurde das Preußische Fluchtliniengesetz erlassen, das erst 1960 durch das Bundesbaugesetz aufgehoben wurde. Einen weiteren entscheidenden Schritt bildeten 20 Jahre später die von dem Frankfurter Oberbürgermeister ADICKES zusammen mit BAUMEISTER erarbeiteten ́Leitsätze für unterschiedliche Behandlung der Bauordnungen für das Innere, die Außenbezirke und die Umgebung von Städten ́.

Damit begannen die Bemühungen um eine planmäßige Gliederung der Baugebiete nach Art und Maß der baulichen Ausnutzbarkeit der Grundstücke, die über die Staffelbauordnungen und Bauzonenvorschriften schließlich zur Baunutzungsverordnung geführt haben" (WORTMANN, Spalte 3123).

2.3. Stadtkritik und soziale Bewegungen

Das beginnende Industriezeitalter schuf zuerst in England und Frankreich, später dann in Deutschland und anderen Industrieländern die industrielle Großstadt des 19. Jahrhunderts. Sie war gekennzeichnet durch unmaßstäbliche Fabriken, schlechte und überbelegte Wohnungen sowie durch ein trostloses, versteinertes Stadtbild, das Charles DICKENS und Friedrich ENGELS eindringlich beschrieben haben und Gustave DORÉ gezeichnet hat. Die Überwindung dieser Art von Stadt wurde nicht bezweifelt, denn in zahlreichen Utopien wurden positive Gegenbilder zu dieser Stadt entworfen (ALBERS 1, S. 456). Diese Kritik an den industriellen Städten ging in der Mitte des 19. Jahrhunderts einher mit einer Kulturkritik.

Stadtkritik und Reformansätze

Bei der Bewertung des Phänomens Stadt wurde die Auffassung vertreten, daß in der Stadt, insbesondere der großen Stadt, jede soziale Struktur verschwinden und sich somit das totale Chaos der modernen Industriezivilisation breitmachen würde. Die Ansichten der Kulturkritiker, z.B. John RUSKIN, sind seither häufig - bis hin zu Lewis MUMFORD und anderen modernen Kulturkritikern - wiederholt worden. „Selbst ein Dichter wie Rilke (1875-1926), der doch selber ohne die Großstadtzivilisation undenkbar ist, sagte den Städten eben wegen ihrer mangelnden Struktur einen baldigen Untergang voraus" (KÖNIG, S.15/16).

Angesichts der unmenschlichen Verhältnisse der Industriestädte wurde, zunächst in England, politischer Handlungsbedarf auf drei Ebenen formuliert: Wohnungsreform, Bodenreform und Sozialreform. Das Bewußtsein für diese Anliegen entstand aber in einem langsamen, fast kontinuierlichen Prozeß. „Es gab keine moderne Stadtplanungsbewegung, die diesen Namen verdient hatte, bis eine ausreichend große Gruppe von Personen davon überzeugt war, daß Stadtplanung einen außerordentlichen und notwendigen Beitrag leisten könnte für das Glück, das Wohlergehen und den Wohlstand, im besonderen für die Stadtbewohner, aber schließlich auch für die ganze Nation. Der eigentliche Ursprung der Bewegung muß in der langsamen Entstehung dieser Überzeugung gesucht werden" (ASHWORTH, nach CHERRY, S. 85).

Die Wohnungsreform bekämpfte das Problem der gesundheitsgefährdenden Wohnungen, das in der Mitte des 19. Jahrhunderts zur „Zielscheibe der Protestliteratur" wurde. Die große Überbelegung der Wohnungen und die hohe Bebauungsdichte hatten zu elenden Lebensbedingungen des „vergessenen Zehntels" der Bevölkerung geführt. Medizinische

Untersuchungen zeigten auf, daß die Söhne von Handwerkern und Arbeitern aus Port Sunlight (s. S. 43) größer und schwerer waren als gleichaltrige Kinder auf den Schulen der wohlhabenden Bürgerfamilien aus Liverpool. Auch die Todesraten in den Gartenvorstädten Londons waren erheblich (um vier Fünftel) niedriger als in benachteiligten Stadtteilen (CHERRY, S. 88; Abb. 2.18, 2.19).

Die Wohnungsreform sollte deshalb einerseits eine Verbesserung der hygienischen Bedingungen bewirken und andererseits angemessenen Wohnraum für die Arbeiterklasse bereitstellen. Verschiedene gesetzliche Maßnahmen sollten die Unterkünfte von Arbeitern verbessern:

- Überwachung der hygienischen Zustände in den Arbeiterhäusern,
- Enteignung von Land für Arbeiterunterkünfte,
- Bereitstellung von staatlichen Darlehen für kommunale Wohnungsbauprogramme,
- Finanzielle Unterstützungen für die Errichtung einer großen Anzahl von Unterkünften durch Gründung von gut geführten Asylen in dicht besiedelten Gebieten,
- Verpflichtung von Besitzern von Privathäusern, ihre Häuser in gutem Zustand zu erhalten, und
- Möglichkeit für den Abriß und anschließende Neubebauung von Gebieten, die als überaus unhygienisch eingestuft wurden.

In diesem Sinne wurde die Gesetzgebung der vorangegangenen 40 Jahre durch das „Housing of the Working Classes Act" von 1890 verbessert. Es bestand aus drei Teilen:
- Die Kahlschlagsanierung großer, ungesunder Gebiete und deren Wiederaufbau;
- die Untersuchung von Gebieten sowie das Schließen und den Abriß einzelner, zum Wohnen ungeeigneter Häuser;

- die Handhabe der örtlichen Verwaltungen, Häuser für die Arbeiterklasse zu errichten.
Diese Sanierungprogramme allein reichten aber zur Bewältigung der Probleme nicht aus. Außerdem wurden „Investitionen in diesem Wohnbausektor" von Privatpersonen als nicht profitabel angesehen. „Unter diesen Umständen bot das Konzept der Vororte die plausiblere Lösung. Dies ist ein entscheidender Aspekt unserer Interpretation der spezifischen Ursprünge der modernen britischen Stadtplanung" (CHERRY, S. 88-90).

Die Sozialreform beschäftigte sich nicht direkt mit den Gründen für die schlechte Wohnungsversorgung, wie z.B. den hohen Mieten und niedrigen Löhnen, sondern vielmehr mit den gesellschaftlichen Folgen der Wohn- und Umweltbedingungen. Ihr Anliegen war die Veränderung der Gesellschaft, die sich in einer großen Anzahl von Gesellschaftsutopien äußerte. Die Suche nach menschlicheren Formen des Zusammenlebens war aber untrennbar mit der Herstellung von menschlichen Wohnbedingungen verknüpft.

Über diesen engen Zusammenhang von Wohnungs- und Sozialreform äußerte sich der Sozialreformer W. L. GEORGE: „Die Wohnungsversorgung ist vielleicht die wichtigste aller sozialen Fragen. ... Eine Gesellschaft, die gute Häuser für ihre Bevölkerung in Reichweite der Arbeitsplätze anbietet und die Wohnungen, die bereits vorhanden sind, verbessert, vollbringt apostolische Arbeit." Darüber hinaus wurde der Mensch allgemein als „sittliches Wesen", als Mentor des „sozialen Fortschritts" angesprochen. Dabei spielte immer wieder die Vorstellung von neuen Siedlungs- und Stadtformen eine gedankliche Rolle. Diese Ambition nahm die Stadtplanung auf und trug den Glauben an ihre Verwirklichung über viele Jahrzehnte ins zwanzigste Jahrhundert hinein (CHERRY, S. 92/93).

2.18 Armenviertel in London 1870, zwischen Eisenbahnbrücken eingezwängt. Stich von Gustave DORÉ.

2.19 Straße in einem Londoner Armenviertel 1872. Stich von DORÉ. Straße als Lebensraum in Rauch und Asche.

Gegen Ende des 19. Jahrhunderts war - neben einer technisch-rechtlichen Ausprägung - ein wesentlicher Teil der Stadtplanung stark sozial orientiert, was sich auch in politischen Motiven äußerte. So ist es nicht verwunderlich, daß Ebenezer HOWARD in seinem Buch (s. S. 47) einen Artikel aus dem Daily Chronicle vom 2. 7. 1894 zitiert, der sich mit der Frage nach „dem dritten Weg", also zwischen Kapitalismus, noch als „Individualismus" bezeichnet, und Kommunismus, beschäftigt, wie er später von Teilen der Gartenstadtbewegung propagiert wurde.

„Man wendet gegen den Kommunismus und sogar gegen einen restlos verwirklichten Sozialismus ein, daß er dem Menschen nicht die Freiheit läßt, seine von Natur vielseitigen Bestrebungen zu verwirklichen. Vielleicht wird er allen Brot geben; aber der Mensch lebt eben nicht vom Brot allein. Die Zukunft liegt wahrscheinlich bei denen, die den Gegensatz zwischen Sozialismus und Individualismus in einer echten, lebendigen und organischen Gesellschaft überwunden sehen wollen. An ihrem Staat wird Individualismus sowohl als Sozialismus teilhaben. Dann wird die Barke, welche den Menschen unserer Kultur und sein Schicksal trägt, einen sicheren Kurs zwischen der Scylla Anarchie und der Charybdis Tyrannei steuern" (HOWARD, nach: POSENER, S. 115).

Die Bodenreform war untrennbar mit der Wohnungs- und Sozialreform verknüpft, denn zum Beispiel im Innenbereich von London wurde der Boden so teuer, daß zum Ende des Jahrhunderts der Bau von Arbeiterwohnungen unmöglich wurde. Die kontinuierliche Verstädterung und das starke Anwachsen der städtischen Bevölkerung führte zu einer stetigen Verteuerung des Bodens, so daß die Frage einer Besteuerung der Wertsteigerung und des Bodenwertes politisches Gewicht annahm. Die Masse der Arbeiter wohnte in Stadtvierteln mit den höchsten Bodenpreisen. Außerdem begünstigte das geltende Besteuerungssystem das Zurückhalten von Bauland durch die Besitzer, und die Sanierungsprogramme führten zu einem Ansteigen der Bodenpreise in den angrenzenden Stadtvierteln.

Daher ergab das Ergebnis einer nationalen Überprüfung der Landbesitzverhältnisse von 1874 und 1876 auch eine starke Konzentration des Bodenbesitzes. Ein Viertel des städtischen Bodens war im Besitz von nur 1 200 Personen, und 7 000 Personen besaßen die Hälfte davon. Es wurden deshalb Stimmen nach einer Verstaatlichung von Grund und Boden laut, unter denen sich der amerikanische Volkswirtschaftler Henry GEORGE, der England von 1882 bis 1884 bereiste, besonders hervortat. In seinem Hauptwerk „Progress and Poverty" hatte er bereits 1879 geschrieben:

„Die Gesetze, die die Entstehung und Verteilung von Wohlstand lenken, zeigen, daß der Mangel und die Ungerechtigkeit der momentanen Situation nicht

notwendig sind, daß vielmehr eine Situation möglich ist, in der Armut unbekannt ist und all die besseren Qualitäten und höheren Fähigkeiten der menschlichen Natur Gelegenheit zur vollen Entwicklung haben würden." Er empfahl ein Besteuerungssystem, das dem Planungswertausgleich des „Town and Country Planning Act" von 1977 sehr ähnelte (CHERRY, S. 93/94). Ob nun Besteuerung oder Verstaatlichung bzw. Kommunalisierung des Grund und Bodens - die Bodenreform prägte sowohl das Garden City-Konzept von HOWARD als auch die Ansätze der Deutschen Gartenstadtbewegung und ist bis heute ein mit unterschiedlicher Intensität immer wiederkehrendes Thema der Städtebaudiskussion.

Siedlungsutopien zwischen Stadt und Land

Die Kritik an der Stadt und ihren unmenschlich empfundenen Lebensbedingungen suchte aber über die Beseitigung offenkundiger Mißstände hinaus auch nach Zielvorstellungen für die Stadt der Industriegesellschaft. Diese ließen sich aber nicht mehr aus Platons Schriften, aus Thomas Morus' „Nova Insula Utopia" oder aus Campanellas „Sonnenstaat" ableiten, denn das industrielle, das demokratische Zeitalter brauchte neue Ansätze. Robert OWEN, Charles FOURIER und Etienne CABET hatten das erkannt und versucht, „den neuen Problemen mit einer neuen Siedlungsform gerecht zu werden, und dieser Versuch, so erfolglos er letztlich blieb, erklärt ihren Einfluß auf die spätere städtebauliche Literatur, ihren Platz in der Ahnengalerie des Städtebaues."

Bereits um 1820 tauchte eine Zielvorstellung auf, die bis heute aktuell geblieben ist: eine Wohn- und Siedlungsform, als Verbindung der Vorteile von Stadt und Land. Das findet sich bei Robert OWEN, der eine Siedlungseinheit für etwa 1500 Einwohner vorschlug, in der sich landwirtschaftliche und industrielle Tätigkeit vereinen sollten (Abb. 2.20). Sie hatte große Änlichkeit mit dem später von FOURIER propagierten Phalanstére, wobei es beiden um mehr als um ein

2.20 Vorschlag von Robert OWEN für ein Industriedorf 1817. Komplette Siedlung von Landwirtschaft umgeben.

Siedlungsmodell ging. „OWEN sah es als Bestandteil eines 'allgemeinen Programms der Charakterbildung', FOURIER wollte der Monotonie der Industriearbeit mit dem 'Schmetterlingssystem' wechselnder Tätigkeiten entgegenwirken. Der Bezug zwischen Gesellschaftsmodell und Umweltvorstellung, der auch die früheren Utopien gekennzeichnet hatte, ist hier noch deutlich spürbar."

Gegen Ende des 19. Jahrhunderts erschienen zwei „utopische" Darstellungen, die den Schöpfer der Gartenstadtidee, Ebenezer HOWARD, beeinflußt haben. Besonders wirkte auf ihn 1889 der Roman von Eduard BELLAMY „Looking Backward", der als Rückblick aus dem Jahr 2000 auf das Erscheinungsjahr eine sozialistische Gesellschaft mit weitgehender Technisierung und hohem Lebensstandard bei kurzer Arbeitszeit darstellte.

Das Buch beinhaltete eine „progressive" Utopie und wurde zu einem Bestseller seiner Zeit. Anders als BELLAMY, dem die Humanisierung der Großstadt durch Vervollkommnung der Technik vorschwebte, entwarf William MORRIS in der kurz darauf erschienenen Schrift „News from Nowhere" das Bild eines schöneren England. In einer „konservativen Utopie" wird die Technik zurückgedrängt, die Städte verkleinert und die Siedlungsstruktur „verländlicht".

Diese beiden Utopien sind nicht mehr wie die früheren auf einen bisher unbekannten, neu entdeckten Ort bezogen, sondern beschäftigen sich mit der Zukunft realer Gebiete: aus der U-topie („Nirgendland") wird eine U-chronie („Nirgendzeit").

Sie sind außerdem symptomatisch für zwei deutlich unterscheidbare Tendenzen im städtebaulichen Denken nicht nur der damaligen Zeit, sondern auch späterer Jahrzehnte: „für eine retrospektiv-konservative und für eine optimistisch-progressive. Beide Denkansätze - teils getrennt auftretend, teils sich verflechtend - lassen sich auch in der Folgezeit immer wieder nachweisen" (Zitate aus: ALBERS 1, S. 456/457).

2.21 New Lanark 1820. Robert OWEN realisierte Wohn- und Schulgebäude für Arbeiter in der Nähe der Fabrik.

Paternalistischer Siedlungsbau: Erste Industriedörfer in England

Die utopischen Ideen für einen sozialorientierten Wohnungsbau in neuartigen, humaneren Siedlungen und Städten stammten fast nie von Regierungen oder Architekten, sondern fast immer von Laien, also Bürgern, Kaufleuten und Fabrikanten. Ihre Motivation erwuchs aus der Betroffenheit über das
- Elend der frühindustriellen Arbeiterschaft und war auch die Folge der
- Weckung des sozialen Gewissens bei Literaten, Vertretern der Kirche und bei Unternehmern sowie einer
- Veränderung der Geisteshaltung durch die emanzipatorischen Ideen der Französischen Revolution und dem Zurück-zur-Natur-Trend der Aufklärung und Romantik.

Damit veränderten sich auch die Vorstellungen über die ideale Siedlungsform von der früheren ummauerten Bürgerstadt zur „Arbeiterstadt" nahe der Fabrik mit einer offenen, ländlichen Bebauung. Sie waren oft der Ansatz zur Änderung der entsprechenden Planungs- und Baugesetze, obwohl sie den Bedürfnissen der Arbeiter in den übervölkerten Städten meistens nachhinkten und auch den bereits realisierten Baumodellen nicht sofort nachkamen. Diese frühen Siedlungen mit „Unternehmer-Wohnungsbau", zunächst in England und dann auch in Deutschland und anderen europäischen Ländern, markierten in Form und Organisation den Weg zu den Gartenstädten um die Jahrhundertwende:

- Die englischen „Industriedörfer" („Industrial Villages") orientierten sich besonders in der ersten Zeit an utopischen Idealentwürfen, nahmen dann aber bald die Form der Gartenstädte, wie wir sie kennen, an.
- Die deutschen „Arbeiterkolonien" entsprachen ihrem englischen Vorbild und wurden später sogar als Gartenstädte bezeichnet, so die Kruppsche „Margarethenhöhe" in Essen.

Ziel der Unternehmer war die Erhaltung der Arbeitskraft und Ausbildung der Beschäftigten. Deshalb waren meistens Einrichtungen zur Erleichterung der täglichen Arbeiten, z.B. ein Waschhaus, zur Erziehung und Fortbildung sowie zur „Reproduktion", zur Erholung und Wiederherstellung der Arbeitskraft, vorhanden. Der „paternalistische Siedlungsbau" von „philanthropischen" Unternehmern entsprach auch sehr den Intentionen der schriftstellerisch tätigen Sozialutopisten, denen es wichtig war, daß ihre Ideen auch umgesetzt wurden. In diesem Sinne entstanden unter anderen folgende Siedlungen:

- **New Lanark**, ab 1800 realisiertes Arbeiterdorf der Spinnerei des Unternehmers Robert OWEN, der aus diesem „Sozialexperiment" allgemeine Forderungen für die Arbeits- und Wohnbedingungen der Arbeiter ableitete. In einem Bericht an die Regierung schlug er 1817 vor, „die beängstigend anwachsenden Industriestädte durch Industriesiedlungen von etwa 1 200 Einwohnern zu ersetzen, die überall im Land verstreut sein sollten. Eine solche Siedlung sollte von Landwirtschaft umgeben sein, und sie sollte die Fabrik, die Wohnungen, Kirche, Schule, Verteilungsstelle der Lebensnotwendigkeiten wie Essen, Kleidung usw. enthalten. Das heißt, sie sollte vollständig sein" (POSENER, S. 15; KIESS, S. 105-116).

• **Saltaire**, begonnen 1851 von den Architekten LOCKWOOD und MANSON und bis Ende der 60er Jahre realisiert, war eine Gründung des Textilfabrikanten Sir Titus SALT. Als er den Entschluß faßte, seine Fabrik mitsamt ihrer Belegschaft von Bradford auf das Land zu verlegen, war er bereits ein leitendes Mitglied der Stadtverwaltung. Im Stil der italienischen Renaissance wurde zunächst das Werksgebäude errichtet und fand starke Beachtung. SALT wollte sogar den Kristallpalast in London kaufen und als einen Teil seiner Fabrik in Saltaire, wie er den Fabrikort nannte, wieder aufrichten lassen.

Der Grundriß der Siedlung bestand aus einem rechtwinkligen Straßenraster mit Häuserreihen in kaum größeren Abständen als bei den üblichen, von Spekulanten erbauten Slums der großen Städte (Abb. 2.22, 2.23). Die kleine, regelmäßig angelegte und konventionell victorianische Arbeiterstadt war aber

wegen der kürzeren Straßen überschaubarer und lag im Grünen. Deshalb konnten die Reihenhäuser auch mit einem geringen, rückwärtigen Hof auskommen, denn frische Luft durchwehte die ganze Ansiedlung. Die Fabrik war im Nordosten der Ansiedlung angeordnet, so daß Rauchbelästigung nur an wenigen Tagen des Jahres zu erwarten war.

Die kleine Stadt hatte in etwa 850 Häusern bei durchschnittlich fünf Personen pro Familie etwas über 4000 Einwohner. Diese Menschen waren darin keineswegs eingepfercht, denn zwei Areale boten Platz für Schrebergärten, wovon das nördliche, am Fluß, unmittelbar in den Park, in dem auch Platz für Sport und Spiel vorgesehen war, überging. Im Inneren hatte der Plan durchaus seine besonderen Züge: „die von der Straße zurückgesetzte Gruppe der Alte-Leute-Häuser im Süden, die beiden Kirchen und ganz besonders der Platz, welcher zwischen der Doppelschule - für Knaben und Mädchen - und dem Institut liegt. Das Institut mit seinem Turm und davor dem Schmuckplatz mit einem Löwendenkmal war die Krönung der Stadt. Es war das Bildungsmittel, durch welches der Fabrikherr und Stadtgründer seine Arbeiter geistig-sittlich zu heben beabsichtigte" (POSENER, S. 23, 26).

• **Ackroyden,** 1861-63 von G. G. SCOTT und W. H. CROSSLAND erbaut, wurde vom Obersten ACKROYDEN als reine Wohnsiedlung gegründet. Die im gotischen

2.22 Luftbild von Saltaire bei Bradford. Die Modellsiedlung bei der Textilfabrik mit kaum größeren Abständen der Häuserreihen als bei Back-to-Backs zeichnete sich durch Sozialeinrichtungen und die Lage im Grünen mit frischer Luft aus.

Stil gehaltenen Häuser gruppierten sich um einen zentralen, begrünten Platz (Abb. 2.24). Die Vorgabe für den Stil der Siedlung kam von Ackroyden, weil das seinem eigenen Geschmack entsprach. „Dieser Geschmack, welcher der Geschmack unserer Vorfahren gewesen war, trägt dazu bei, die Menschen dem Haus und dem Heim zu verbinden." Diese Anweisung entsprach einem Bestreben vieler paternalistischer Gründungen: „Man will die arbeitenden Klassen nicht nur physisch, sondern auch geistig und besonders sittlich ´heben´" (POSENER, S. 22).

• **Bedford Park**, ab 1875 von Norman SHAW etwa 20 km von London entfernt als Gartenvorort erbaut, entsprach dem Wunsch, die Unterschichten aus der Stadt hinaus ins Grüne zu führen und ihnen Haus und Garten zu geben. Eine geringe Anzahl von Haustypen war geschickt gemischt, so daß die Häuser auf den ersten Blick verschieden voneinander aussehen und abwechslunsreiche Gruppen von Häusern entstanden.

„Bedford Park war erfolgreich, weil es der Großstadtfeindlichkeit der Zeit entsprach - man kann es auch Kleinstadtfreundlichkeit nennen; wobei jener nicht ganz ehrliche Kompromiß entstand, daß man die Kleinstadt fürs Wohnen dicht an die Großstadt pflanzte - und mit guter Bahnverbindung zu ihr. Der beste dieser Gartenvororte, Hamstead Gardensuburb, entstand erst nach 1900" (POSENER, S. 28).

Erste Arbeiterkolonien in Deutschland

Schon früh erkannten auch in Deutschland die Fabrikherren, daß es für sie zweckmäßig war, Arbeiterwohnungen zu bauen, da in der Nähe der oft abgelegenen Fabriken keine Unterbringungsmöglichkeiten bestanden. Die anfangs errichteten „Schlafhäuser", die eigentlich für Ledige gedacht waren, wurden nicht angenommen, so daß „Arbeiterkolonien" mit Wohnungen für Familien gebaut wurden. Dieses zweckmäßige Handeln wurde von den Unternehmern nicht selten als „paternalistische Wohnungsfürsorge" hochstilisiert.

Die Zuteilung einer Werkswohnung war meistens eine Auszeichnung für Leistung und Fleiß und als Gegenleistung wurden niedrige Löhne, Streikverzicht und Wohlverhalten und Treue der Firma gegenüber abverlangt. Trotz dieses Abhängigkeitsverhältnisses sind die Lebensverbesserungen und emanzipatorischen Anstöße des Werkswohnungsbaus für die Arbeiter nicht zu unterschätzen (KIESS, S. 347). Als erste Arbeiterkolonien in Deutschland sind zu nennen:

• **Cromford** bei Ratingen ist wohl das früheste, heute bekannte Beispiel des paternalistischen Wohnungsbaus in Deutschland. Bei seiner Baumwollspinnerei wurden um 1800 von dem Unternehmer Johann Gott-

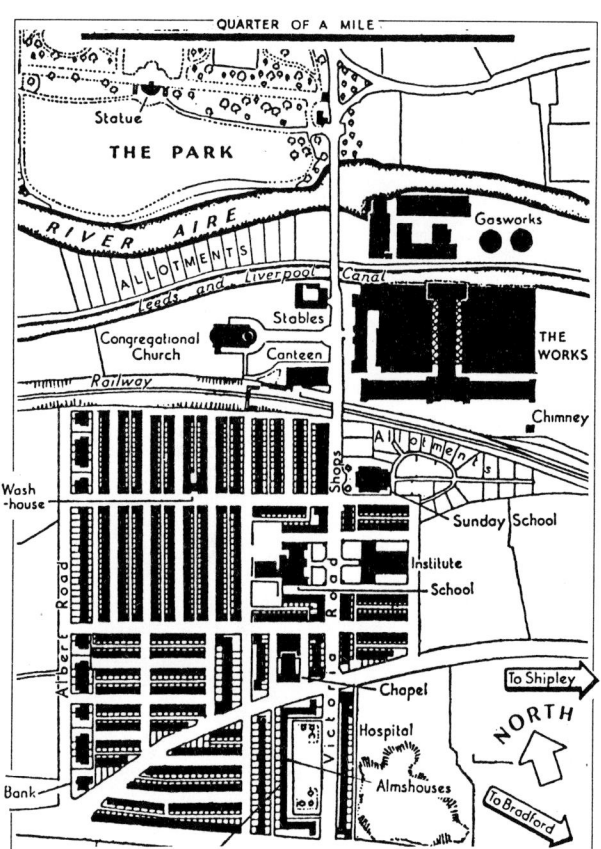

2.23 Plan von Saltaire mit Lage der Gemeinschaftseinrichtungen, dem Park am Fluß und der Textilfabrik.

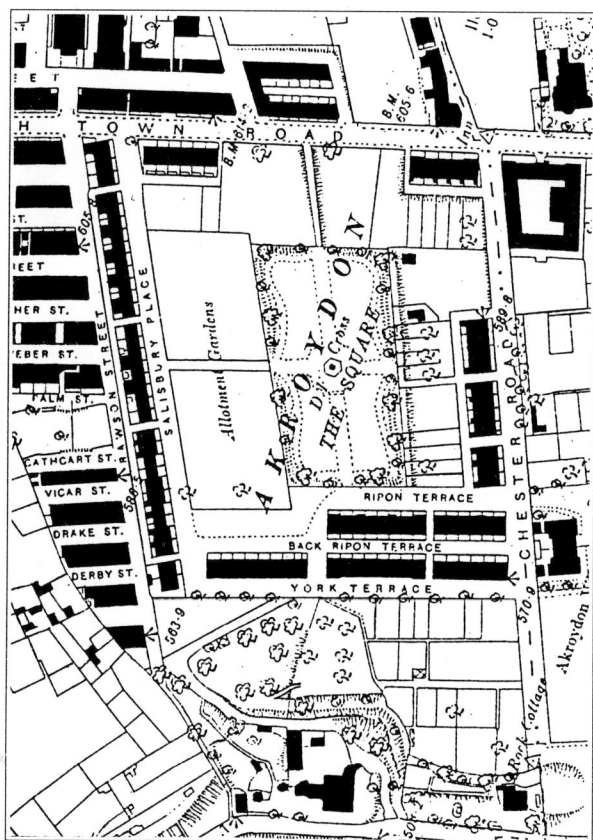

2.24 Die Modellsiedlung Ackroydon 1894 war ein halb philanthropisches, halb geschäftsmännisches Spielzeug.

fried BRÜGELMANN sechs Arbeiterwohnhäuser errichtet. Die Bezeichnung „Arbeiter-Colonie" war dafür aber zu hoch gegriffen.

• **Marienstift** in Büdelsdorf (Schleswig-Holstein) wurde von der Rendsburger Carlshütte als „Arbeiterkolonie" 1840-1842 mit 24 eingeschossigen Doppelhäusern mit Garten begonnen und 1878 und 1900 ergänzt. Die Kolonie „Brunnenkoppel" bildete 1901 bis 1911 den Abschluß.

• **Eisenheim** bei Oberhausen begann 1846 mit zehn eineinhalbgeschossigen Wohnhäusern für das gehobene Personal. Es dauerte ein halbes Jahrhundert, bis 1903 die Bebauung von Eisenheim die geschlossene Form einer Arbeitersiedlung erhielt (Abb. 2.25). Als die Siedlung um 1970 Neubauten weichen sollte, erhob sich ein starker Proteststurm - „Eisenheim darf nicht sterben" -, wodurch der Erhalt durchgesetzt werden konnte.

• **„Klein-Rumänien"** in Hannover-Linden war 1869 der zweite Versuch, durch eine gemeinnützige Baugesellschaft mit paternalistischem Hintergrund eine Arbeiterkolonie zu errichten, nachdem 1854 eine Bebauung „Im Nedderfeld" nicht zustande kam (Abb. 2.26). Der als „Eisenbahnkönig" bekannte Großindustrielle Barthel Heinrich STROUSBERG baute auf einem etwa zwei Hektar großen Gelände 184 Hauseinheiten in Form von sieben parallelen Gebäudezeilen, die mittig von einer Straße gequert wurden. Pläne für ein Bade- und Waschhaus sowie Schulen blieben unausgeführt.

• **Stahlhausen** in Bochum entstand als Arbeiterkolonie nach zaghaften Anfängen 1857 und 1867 als ausgeprägte städtebauliche Form ab 1873 bis 1880. Die zweigeschossigen „Vierfach-Häuser", die in jeder Hausecke eine Wohnung hatten, wurden von der gemeinnützigen Aktiengesellschaft des Gußstahlwerkes erbaut. Sie standen nebeneinander in Reihen, senkrecht zu einer mittigen Alleestraße.

• **Kuchen**, als Baumwollweberei von Arnold STAUB 1853 in der Nähe von Göppingen gegründet, wurde von 1858 bis 1867 um ein „Arbeiterquartier" mit verschiedenen Haustypen erweitert, das auch zahlreiche Gemeinschaftseinrichtungen hatte. Diese Versorgungs-, Fürsorge- und Kultureinrichtungen wurden angeboten, „um das Wohlergehen der Arbeiter zu sichern". Bei der Weltausstellung 1867 in Paris erhielt eine aufwendige Dokumentation hohe Auszeichnungen (siehe KIESS, S. 345-373).

Die frühen Arbeiterkolonien von Krupp in Essen

Die Kruppsche Gußstahlfabrik beschäftigte 1863 bereits über 4000 Arbeiter, für die es Probleme mit der Wohnungsversorgung gab. Obwohl Alfred KRUPP

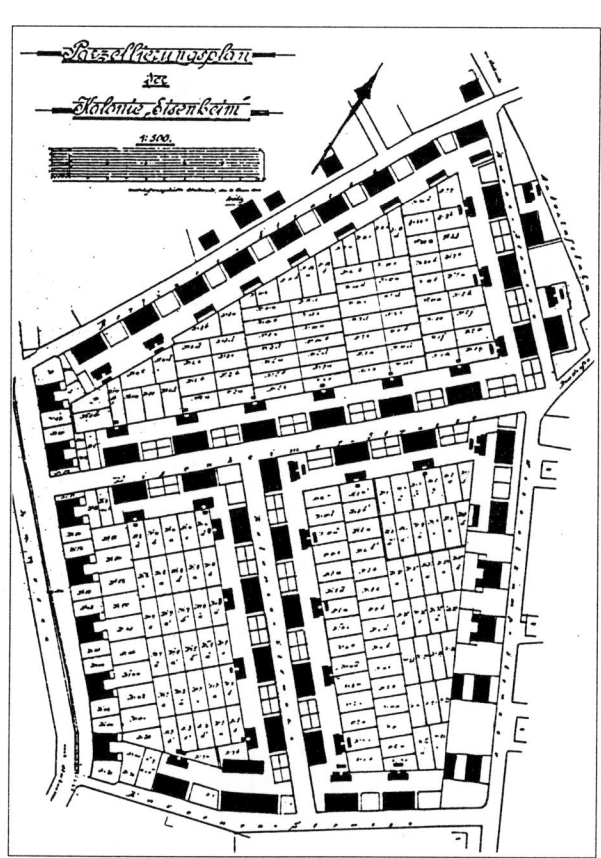

2.25 Arbeiterkolonie Eisenheim im voll ausgebauten Zustand 1903. Doppelhäuser in mehreren Ausbauphasen.

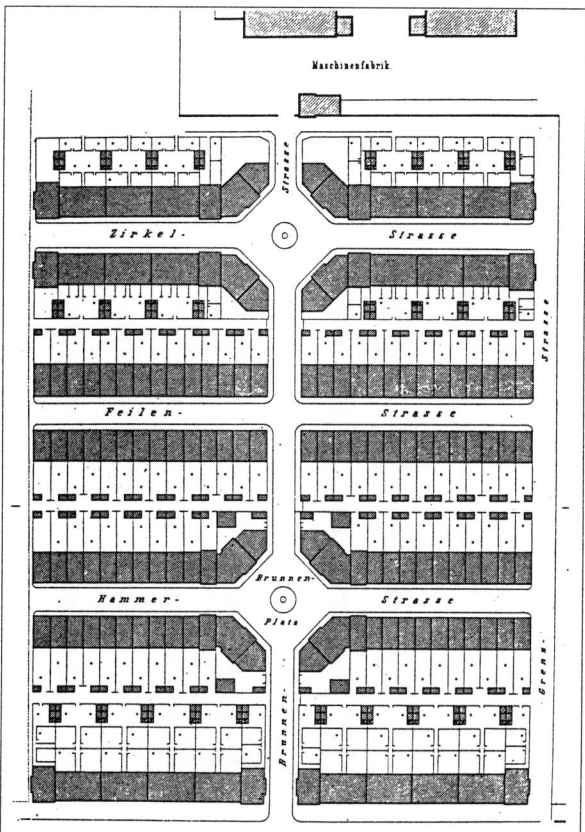

2.26 Siedlung „Klein-Rumänien" in Hannover-Linden 1869. Reihenhäuser für Familien und „Kostgänger".

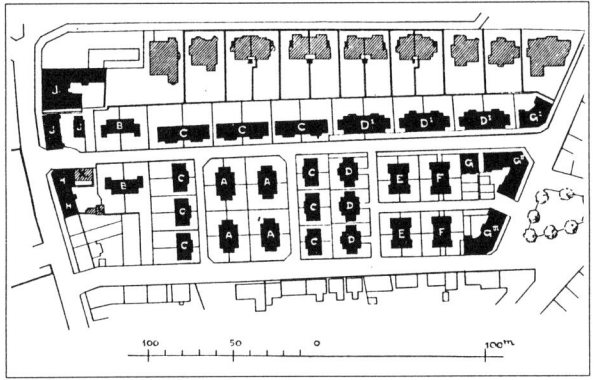

2.27 Krupp-Arbeiterkolonie Baumhof in Essen ab 1872. Doppel- und Vierer-Wohnhäuser mit kleinen Gärten.

die einfachen Arbeiter als „Zugvögel" bezeichnete, war er gezwungen, auch für den allgemeinen Bedarf der Arbeiterschaft Wohnungen zu bauen, wozu er ein eigenes Baubüro unter Leitung des Regierungsbaumeisters KRÄMER einrichtete. Der zweigeschossige Reihenhaustyp war für die danach entstandenen Kolonien auch städtebaulich bestimmend. In überwiegender Zeilenbebauung entstanden:

• **Alt- und Neuwestend**, 1863 und 1871, mit über 200 Wohnungen, und
• **Nordhof**, 1871, wurden noch auf dem Firmengelände gebaut. Ganz in der Nähe entstanden

• **Schederhof**, 1872/73, mit 772 Wohnungen auf 9 ha Gelände in Altendorf mit Gemeinbedarfseinrichtungen und Park, sowie

• **Baumhof**, 1872 und 1890, mit etwa 150 Wohnungen und einem Laden (Abb. 2.27).

• **Cronenberg**, überwiegend zwischen 1872 und 1874 als Arbeiterkolonie westlich der Fabrik gebaut, übertraf alle bisher gebauten an Ausdehnung und Umfang der städtischen Infrastruktur. Erst in den Jahren von 1887 bis 1901 wurde die Siedlung arrondiert (Abb. 2.28). Die Bebauungsstruktur der Kolonie ist übersichtlich und klar und kann als Beleg für die inzwischen erreichte urbanistische Fertigkeit und Erfahrung des Kruppschen Baubüros angesehen werden.

Die dreieinhalbgeschossigen Wohnbauten sind als Zeilen unterschiedlicher Länge in einem rasterförmigen Straßennetz sowohl Nord-Süd als auch Ost-West gerichtet. Dadurch ergeben sich transparente Innenbereiche, die aber durch quergestellte Gebäude räumlich geschlossen wirken (KIESS, S. 373-384).

Dieses Siedlungsmuster erinnert stark an das von Westhausen aus den Jahren 1929-31 von Ernst MAY (S. 108). Der Zeilenbau als städtebauliches Strukturmerkmal auch größerer Siedlungen scheint also keineswegs eine Erfindung der 20er Jahre des 20. Jahrhunderts zu sein.

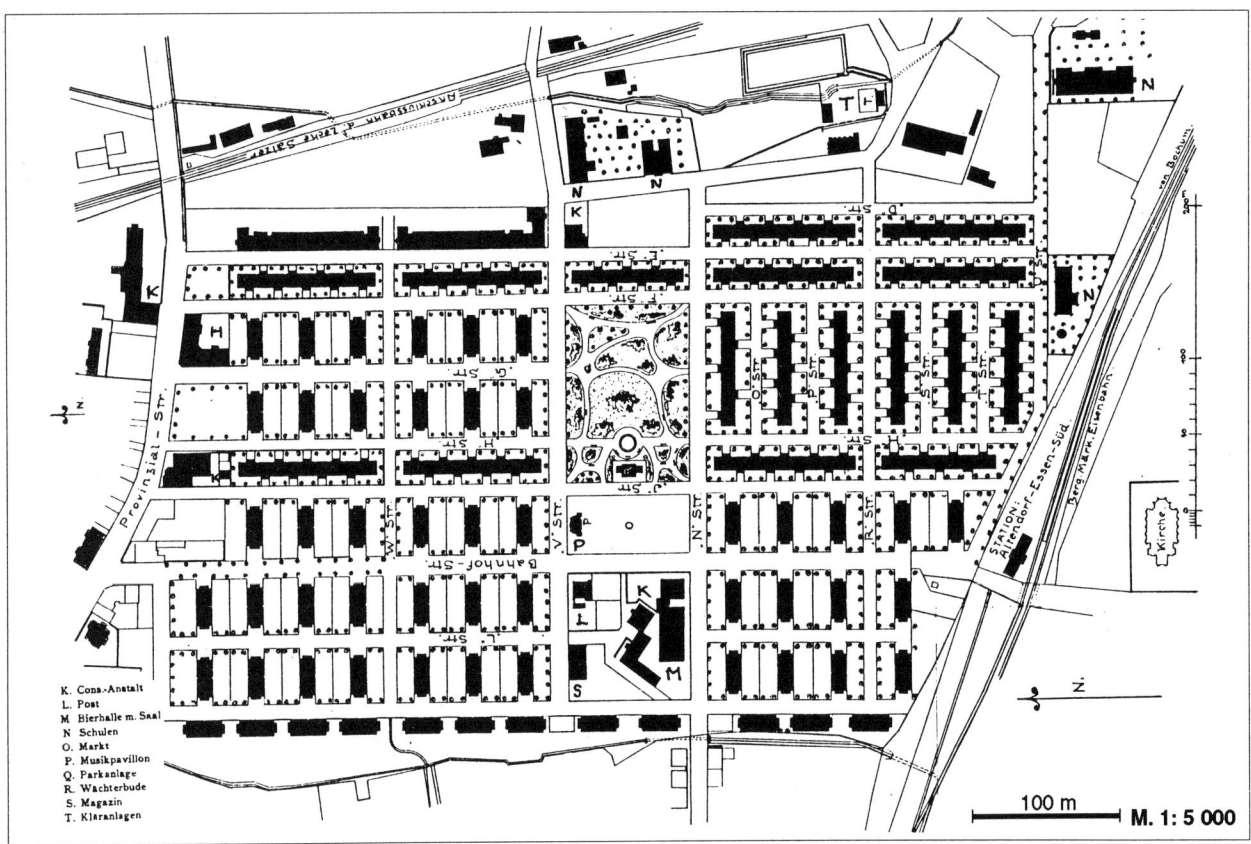

2.28 Arbeiterkolonie Cronenberg von Krupp in Altendorf bei Essen 1872-1874. Klare Bebauungsstruktur mit Zeilen als Beleg für urbanistische Fertigkeit und Erfahrung des Kruppschen Baubüros. Modell für den Rationalismus nach 1925?

38

3. Übergang:
Stadtregulierungen und Gartenstädte (1880-1910)

„Der Umbau der schon vorhandenen Häuser, wie es Gesundheit und Sittlichkeit verlangen; die Errichtung neuer, fest und schön gebauter Wohnstätten, und zwar in Gruppen von begrenztem Umfang, die der ganzen Anlage entsprechen; die Umschließung derselben mit Mauern, so daß es nirgends mehr ungesunde, elende Vorstädte geben kann, sondern drinnen nur schöne, belebte Straßen und draußen freies Land; außerhalb der Mauern ein Gürtel schöner Zier- und Obstgärten, so daß die Bewohner von jedem Punkt der Stadt in ein paar Minuten in vollkommen frische Luft und ins Grüne gelangen und den Anblick des weiten Horizontes genießen können - das ist das Endziel!"
John Ruskin, 1819-1900,
(„Sesam und Lilien"; HOWARD, in: POSENER, S. 59)

3.1. Entwicklung neuer Stadtkonzepte und Siedlungen

„Die gegenwärtigen Nöte des Stadtlebens sind temporär. Man kann sie überwinden. Slums abzuschaffen und die in ihnen wirkenden Krankheitskeime zu zerstören, ist nicht schwerer, als einen Sumpf trockenzulegen und seine Fieberdünste zu zerstreuen. Die Bedingungen, unter denen die Masse in modernen Großstädten lebt, können ihren Bedürfnissen auf eine Weise angepaßt werden, daß sie die höchste körperliche, geistige und moralische Entwicklung der Nation gewährleisten. Was man die Probleme der modernen Großstadt genannt hat, sind in Wahrheit die verschiedenen Entwicklungsaspekte der einen großen Aufgabe: die Umwelt so zu gestalten, daß sie der Wohlfahrt der städtischen Bevölkerung am besten dient. Die Wissenschaft kann ein jedes dieser Probleme aus der Welt schaffen. Die Lehre von der modernen Stadt - von der Art, wie das Gemeinschaftsleben in Gruppen dichter Bevölkerung einzurichten ist - bezieht ihr Wissen aus vielen theoretischen und praktisch gerichteten Wissenszweigen. Sie umfaßt die Verwaltungswissenschaft, Statistik, Ingenieurwissenschaft, Technologie, Hygiene, endlich Pädagogik, Soziologie, Moral."

Albert SHAW (Municipal Government in Great Britain, 1895; nach: HOWARD, in: POSENER, S. 95)

Konzepte zum Städtewachstum

Aus der Industrialisierung resultierte eine starke Landflucht, die entscheidend zu dem schnellen Urbanisierungsprozeß besonders ab Mitte des 19. Jahrhunderts beitrug. 1881 gab es in England und Wales 47 Städte mit über 50 000 Einwohnern, und 1901 waren es schon 77 Städte, von denen wiederum ein Drittel eine Bevölkerung zwischen 100 000 und 250 000 umfaßte. Neun Städte hatten sogar noch höhere Bevölkerungszahlen, und Greater London lag mit 6,6 Mio Einwohnern an der Spitze.

Das starke Anwachsen der Bevölkerung in den Städten, besonders in den Großstädten, führte zu einer Umschichtung der Bevölkerung von Innenstadtgebieten an den Siedlungsrand. So hatten die innerstädtischen Gebiete von London ihre höchste Einwohnerzahl bereits 1861 erreicht und extreme Zuwachsraten von etwa 50% gab es in den letzten Jahrzehnten des 19. Jahrhunderts nur noch im äußeren Ring.

Trotz lobenswerter Bemühungen des philanthropischen Kapitalismus (siehe „Industriedörfer", S. 34) war es nicht gelungen, einen ausreichenden Anteil der arbeitenden Bevölkerung mit Wohnungen zu versorgen. Auch staatliche Eingriffe mit Sanierungsprogrammen oder durch das Errichten von Gemeindewohnungsbauten ließen keine schnellen Erfolge erwarten, da diese Programme von privaten Bauinvestoren außerdem als wenig profitabel eingeschätzt wurden (CHERRY, S.90f.).

Im Gegensatz dazu versprachen Vororte für das private Bauen gewinnbringend zu sein. Billiges Bauland an der Peripherie der Städte bot die Möglichkeit, Häuser mit relativ niedrigen Kosten zu erstellen. „Das Wohnungsproblem", so eine zeitgenössische Feststellung für London, „wird nicht in den Elendsvierteln von Camberwell und Whitechapel gelöst, sondern auf den grünen Wiesen von Harrow und Hendon ... in den Vororten des Südens" (LAWRENCE, nach CHERRY, S. 91). Diese Einschätzung, die auch in verschiedenen Phasen des 20. Jahrhunderts vertreten wurde, trug mit zu dem großen Anfangserfolg der Howard´schen Garden Cities bei. Die Begeisterung verflog aber recht schnell, als die Gewinnerwartung durch eine Zinsbegrenzung nicht den Vorstellungen der Geldgeber entsprach (siehe S. 54).

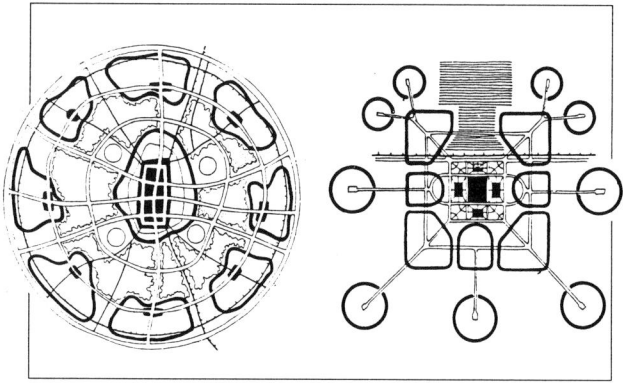

3.1 Schemata zur Auflockerung von Großstädten. Entwürfe von WHITTEN (l.) und Raymond UNWIN (r.).

Neben dem **Trabanten-Konzept** der Gartenstädte und Vorstellungen zur Auflockerung von Großstädten (Abb. 3.1), die später zum Vorbild für Ernst MAY in Frankfurt wurden (S. 102), gab es auch noch andere Überlegungen zur räumlichen Steuerung des Städtewachstums. So schlug der Spanier Arturo SORIA Y MATAS 1882 eine **Bandstadt** zwischen zwei alten Stadtkernen vor. Diese hochverdichtete Siedlungsachse hatte unterschiedliche Nutzungsstreifen: Wohnen, Arbeiten, Straßen- und Eisenbahnverkehr. Ähnlich strukturiert war die englische Vorstellung von einem linearen Städtewachstum. Schließlich setzte sich aber das Trabanten-Konzept bei gleichzeitiger flächenhafter, „naturwüchsiger" Stadtentwicklung

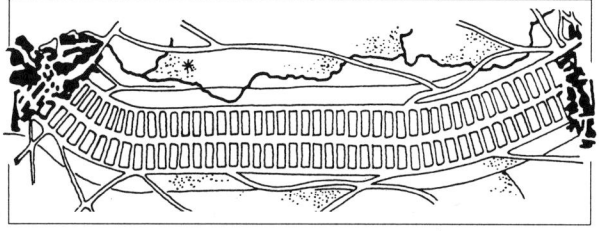

3.2 Spanisches Bandstadtkonzept von SORIA Y MATAS.

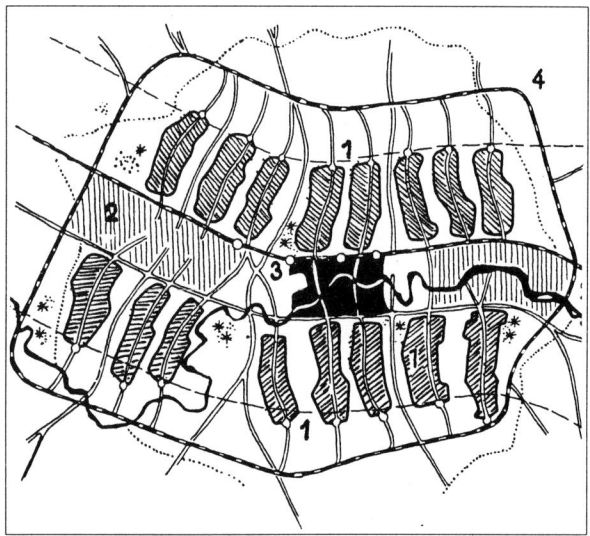

3.3 Englische Bandstadt. An den Stadtkern (3) schließen Industrie- (2) und Wohngebiete an. Ringbahn (4)

durch, so daß in Großstädten die Wohn-Satelliten heute zu einem Bestandteil eines großen Siedlungskörpers mit gelegentlichen Grünunterbrechungen geworden sind (Abb. 3.1 bis 3.3).

Anfänge des „Stadtmanagements" und Planungsinstrumente

„Die bürgerlich-kapitalistische Stadt des 19. Jahrhunderts ist, zum ersten Mal in der Geschichte, ´eine völlig private´. Seit diesem Zeitpunkt wird jeder gesellschaftliche und ästhetische Aspekt der Stadt gleichermaßen auf ein zweidimensionales Verhältnis reduziert: Alles wird in Beziehung auf die Bodennutzung und die damit zusammenhängende Parzellierung verstanden. Grundbesitz ist die führende Kraft bei dem Aufbau der Stadt: es ist ganz verständlich, daß die ´Stadt-Wissenschaft´ sich auf ihn bezieht" (PICCINATO, S. 32).

Die hygienischen Bedingungen der Stadt im beginnenden Industriezeitalter, die Frage der Wohnungsversorgung und nicht zuletzt die aufkommenden Verkehrsprobleme haben ihre Ursache in dieser „Privatisierung der Stadt". Mit dem Grundbesitz war eine weitgehende Verfügungsgewalt der Besitzenden über die Art und das Maß der Nutzung des Bodens verbunden. Der Bodenwert erhöhte aber die Produktionskosten der Industrie direkt und indirekt über die Reproduktionskosten. Die Stadt als „Ort der Produktion von Gütern und der Reproduktion der Arbeitskraft" stand damit in einem gesellschaftlichen Widerspruch, den es aufzulösen galt. Diese Aufgabe war aber in der Regel nicht von einzelnen Gesellschaftsgruppen zu bewältigen.

Daraus ergab sich die Notwendigkeit für eine Intervention durch die öffentliche Hand, mit dem Ziel, den Produktionsprozeß durch eine Eindämmung der Kosten für die Reproduktion der Arbeitskraft zu unterstützen, ohne die Interessen des Grundbesitzes zu gefährden. In diesem Zusammenhang war staatlicher Wohnungsbau eine erforderliche Lösung: Die öffentlichen Verwaltungen mußten Wohnraum für solche sozialen Gruppen erstellen, die mit ihren finanziellen Möglichkeiten außerhalb des Marktes standen.

„Den öffentlichen Verwaltungen war die Verantwortung übertragen, diese Maschine am Laufen zu halten, was sie taten, indem eine ganze Kette von ´Ad-hoc´-Ämtern eingerichtet wurden: Trinkwasser, Abwasser, Energieversorgung, Feuerwehr, Polizei, Verkehr etc. Eine der großen Leistungen der industriellen Stadt war also der Aufbau eines komplexen Managementsystems: noch immer gebrauchen wir die gleichen Instrumente" (PICCINATO, S. 32/33).

Das „Phänomen der Urbanisierung" erzeugte aber darüber hinaus auch planerischen Handlungsbedarf, um wenigstens etwas Ordnung in das städtische Chaos zu bekommen. Eine verstärkte Tendenz zur Zentralisierung in der zweiten Hälfte des 19. Jahrhunderts hinterließ aber keine wesentlichen Spuren bei der Kontrolle der physischen Umwelt der Städte. So war Englands erstes Stadtplanungsgesetz, das „Housing, Town Planning, etc.-Act" von 1909 kein zur Planung verpflichtendes Gesetz. Auch das „Preußische Fluchtlinien-Gesetz" von 1875 forderte zwar von den Gemeinden die Festlegung der Fluchtlinien für neue Straßen, aber dies war eine rudimentäre Art von Planung und wurde bis zum Wohnungsgesetz von 1918 nicht durch eine weitergehende Verpflichtung der Gemeinden ergänzt.

Der preußische Landtag und der Reichstag nahmen lange einfach nicht zur Kenntnis, was deutsche Wohnungsbau-Reformer seit Beginn des Jahrhunderts vorgeschlagen hatten, um den Gemeinden einen minimalen Wohnungsbau-Standard aufzuerlegen. Als darüber hinausgehendes Beispiel ist das 1900 in Sachsen verabschiedete allgemeine Baugesetz zu nennen, das Gerd Albers als „Deutschlands erstes modernes Planungsgesetz" pries (SUTCLIFFE, S. 141).

Kontakte zwischen England und Deutschland

In stadtplanerischen und wohnungspolitischen Fragen gab es zwischen England und Deutschland zahlreiche personelle Verbindungen, wenn auch verstärkt erst zu Beginn des neuen Jahrhunderts. Der Architekt Hermann MUTHESIUS war 1896-1903 Attaché an der Deutschen Botschaft in London, um den englischen Wohnungsbau zu studieren. Seine Erkenntnisse von der Bewegung des Domestic Revival und vor allem der Arts and Crafts beschrieb er 1904/05 in dem dreibändigen Werk „Das englische Haus". Damit und durch zahlreiche Vorträge machte er, ge-

gen heftigen konservativen Widerstand, die Ideen eines neuen Wohnungsbaus in Deutschland bekannt (LAMPUGNANI, S. 125).

Die Deutsche Gartenstadtgesellschaft unternahm ab 1909 zahlreiche populäre Fahrten nach Großbritannien, und auch das National Housing Reform Council hatte schon vorher und danach jährliche Reisen nach Deutschland und in andere europäische Länder unternommen. In dieser Hinsicht sind zwei wichtige „Kontaktpersonen" zu nennen, die bei zahlreichen Fahrten den fachlichen Austausch förderten: Werner HEGEMANN, Generalsekretär der Berliner Städtebau-Ausstellung von 1910 und Fachautor, sowie sein „britisches Gegenstück" Patrick ABERCROMBIE, der mehr durch seine publizistische als durch praktische Tätigkeit Einfluß hatte (SUTCLIFFE, S. 143/144).

Im planerischen Vorgehen bei Stadterweiterungen sind zwischen England und Deutschland deutliche Unterschiede festzustellen. In England war die Tradition der locker bebauten Vorstädte, wie sie in den Industriedörfern und später in den „Garden Cities" anzutreffen war, sehr ausgeprägt. Beim innerstädtischen Städtebau folgten die britischen Planer eher dem französischen Beispiel, das durch die HAUSSMANN´schen „Stadtachsen" der Straßendurchbrüche gekennzeichnet war.

Deutschland dagegen beschritt in erster Linie den Weg der Stadterweiterungsplanungen im Rahmen der Fluchtliniengesetze, die sich unter dem Begriff „Städtebau" zunächst ebenfalls an HAUSSMANNS Planungsmaßnahmen in Paris orientierten. Die „Deutsche Bauzeitung" von 1868 beschrieb sie als „unser großes Vorbild". „Erst in den 90er Jahren ließ der deutsche Städtebau das französische Vorbild, das inzwischen als steril angesehen wurde, fallen. Die Entwicklung des Instrumentariums der Bau-

3.4 Baustaffelplan für München von Theodor FISCHER 1904. Die Staffelbauordnung mit fünf Baustaffeln für geschlossene und vier für offene Bauweise legte die Hauptachsen der Verdichtung fest und galt bis 1979. (farbiges Original)

zonenpläne, eine fast rein deutsche Innovation, leitete eine umfassende, wissenschaftlich fundierte Richtung der kontrollierten Entwicklung der städtischen Umwelt ein, die kurz nach der Jahrhundertwende ihre volle Reife erreichte, so daß sich nicht nur britische Beobachter, sondern auch die gesamte damalige verstädterte Welt davon begeistern ließ" (SUTCLIFFE, S. 156; Abb. 3.4).

Industriedörfer als Vorbilder für Garden Cities

Mit der Gründung der „Society for Industrial Villages" im Jahre 1883 gewannen die bereits realisierten Beispiele englischer Industriedörfer noch an Bedeutung. Sie hatten durch eine Bebauung mit niedriger Dichte und hohen Wohnstandards die Ziele der Wohnungsreform nach Licht, Luft und Raum anschaulich werden lassen. Damit wurden sie zu einer realistischen Gegenmaßnahme zu der dicht bebauten, überbevölkerten viktorianischen Stadt. Gegen Ende des Jahrhunderts entstanden zwei Siedlungsprojekte, die als unmittelbare Vorbilder für die Garden Cities angesehen werden können. Obwohl es weitere Modellvorhaben andernorts zur gleichen Zeit gab, so zum Beispiel in Aintree (Liverpool), Cresswell (Derbyshire) und noch wichtiger in New Earswick (York), fanden Bournville und Port Sunlight die größte Beachtung (CHERRY, S.96).

• **Bournville**, begonnen 1880 durch den Kakaofabrikanten CADBURY nach der Verlagerung der Schokoladenfabrik vom Zentrum Birminghams auf eine grüne Wiese im Südwesten der Stadt. Nach einer Anfangsphase, in der nur eine geringe Anzahl von Facharbeiterhäusern gebaut wurden, begann 1893 der planmäßige Aufbau der Siedlung mit „Cottages" (Kleinhäusern), entsprechend den Entwürfen des ansäßigen Architekten Alex HARVEY. Solide gebaute, ansprechende Häuser, Gärten und Straßen mit Bäumen standen im krassen Gegensatz zu den endlosen Reihenhäusern und monotonen Straßenzügen des angrenzenden Selly Oak (CHERRY, S.96).

Der Plan von Bournville (Abb 3.5) zeigt den Unterschied zu Saltaire, aber auch zu Hampstead Garden Suburb (s. S. 55ff.). Es gibt Doppelhäuser und kurze Reihen mit drei, höchstens vier Häusern. Die Bebauung an den teilweise geschwungenen Straßen des Ortes ist locker, ja formlos, mit kleinen, eng beieinanderstehenden Häusern. „CADBURY hatte den Arbeiter völlig von der Stadt befreit. Er war sich der Bedeutung seines Experiments bewußt, das heißt, er faßte es als einen Beitrag zur Lösung der Wohnungsfrage im ganzen Lande und der Arbeiterfrage schlechthin auf" (POSENER, S. 31).

• **Port Sunlight**, Baubeginn ab 1887, wurde durch den Seifenkonzernbesitzer W. H. LEVER gegründet. Es war ein früher Beitrag zur Verbesserung der

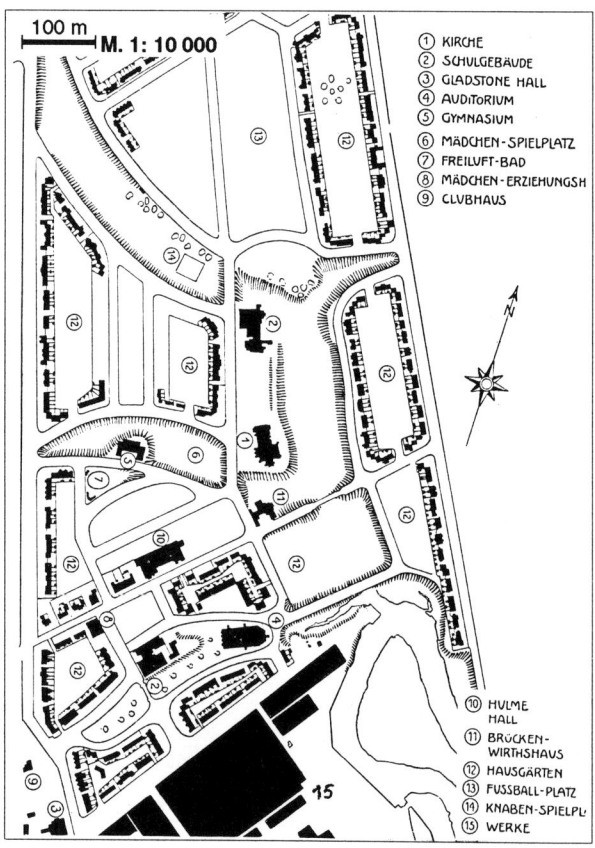

3.5 Bournville bei Birmingham ab 1880. Der Fabrikant übergab 1900 Werk und Ort an einen Arbeiter-Trust.

① KIRCHE
② SCHULGEBÄUDE
③ GLADSTONE HALL
④ AUDITORIUM
⑤ GYMNASIUM
⑥ MÄDCHEN-SPIELPLATZ
⑦ FREILUFT-BAD
⑧ MÄDCHEN-ERZIEHUNGSH.
⑨ CLUBHAUS
⑩ HULME HALL
⑪ BRÜCKEN-WIRTHSHAUS
⑫ HAUSGÄRTEN
⑬ FUSSBALL-PLATZ
⑭ KNABEN-SPIELPL.
⑮ WERKE

3.6 Port Sunlight ab 1887. Angrenzend an das Werk entstanden in einer ersten Phase große Wohnhöfe.

3.7 Eine Straße in Bournville mit Häusern des Architekten W. A. HARVEY. „Die Bauformen sind in Anlehnung an das altenglische Bauernhaus entstanden, natürlicherweise im Sinne einer neuzeitlich zweckvollen Verwendung."

Wohnungen, der Gestaltung der Umgebung und dem Schaffen von Gemeinschaftseinrichtungen. Ein Merkmal der Anlage sind Pachtgärten im Innenbereich der Baublöcke, die von kurzen Hausreihen gebildet werden. Die Siedlung nahm den Zuwachs an Bewohnern aus der Erweiterung der bestehenden Seifen- und Waschmittelfabrik auf. Während Port Sunlight eine werkseigene Siedlung war, wurde Bournville nach der Schaffung des „Bournville Village Trust" im Jahre 1900, der Übergabe von Werk und Ort an die Arbeiter, zu einem Unternehmen, das auch ohne Bindung an die lokale Arbeiterschaft verschiedene Arten von Wohnungsbau durchführte (CHERRY, S.96).

Mit der „Selbstorganisation" der Siedlung Bournville durch die Bewohner war ein wichtiger Schritt in Richtung der „Garden Cities" vollzogen. Ein anderer Aspekt wurde in einem Reisebericht des deutschen Architekten H. E. BERLEPSCH-VALENDAS um 1905 besonders hervorgehoben: „Abgesehen davon, daß in den zwei Arbeiterdörfern nicht nur die räumliche, die pekuniäre, die hygienische und die erzieherische Seite der Arbeiterwohnungsfrage unter Zugrundelegung einer erwiesenermaßen richtigen finanziellen Behandlung als mustergültig gelöst bezeichnet werden muß, tritt ein weiterer Umstand von Bedeutung hinzu: die Betonung des ästhetischen Moments."

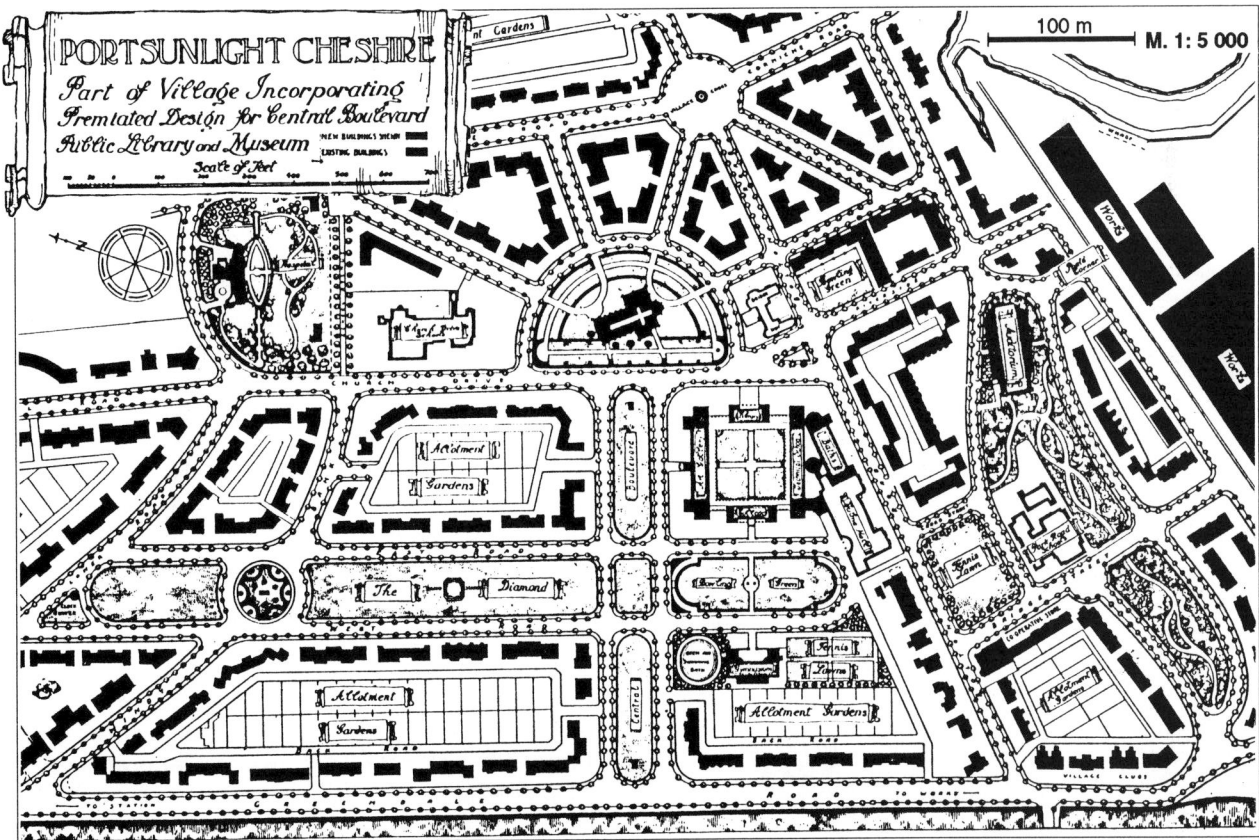

3.8 Port Sunlight um 1910. Nach einem Wettbewerbsentwurf wurde der ursprüngliche Plan revidiert. Die monumentale Konzeption mit einem mittigen Achsenkreuz konnte nur durch eine massive Anpassung der Topografie realisiert werden.

Während die meisten, mit Fabrikbetrieben in Verbindung stehenden Wohnkolonien „Leistungen von trostloser Langeweile" seien, fände man in Bournville und Port Sunlight Häuser von hoher architektonischer Qualität und „durchweg vorzüglicher Grundrißdisposition". „Durch die mannigfaltige Abwechslung der Häusererscheinungen, durch die Offenhaltung großer Plätze gewinnen die Straßenbilder außeror-

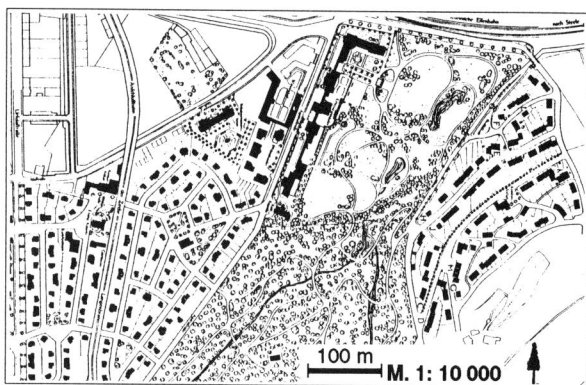

3.9 Krupp-Kolonie Altenhof ab 1893 mit Erholungshäusern am Park und neuem Teil im Osten ab 1907.

3.10 Straße im neuen Teil der Kolonie Altenhof. Die Häuser bilden in kleinen Gruppen Straßen- und Platzräume

3.11 Krupp-Kolonie Dahlhauser Heide bei Bochum ab 1907. Einfache Bedürfnisse in räumliche Formen gefaßt.

dentlich an Reiz. Endlich ist die Art der Straßentracierung, obwohl den Bedürfnissen entsprechend, nirgends langweilig. Das Terrain wurde nicht in lauter Rechtecke zerlegt, jede architektonische Bildwirkung unmöglich gemacht" (S. 12/13).

Unternehmersiedlungen als frühe „Gartenstädte"

Die ungelernten Arbeiter in den deutschen Städten zeigten - meistens zwangsweise - eine große Mobilität hinsichtlich Arbeitsplatz und Wohnung, so daß es große innerstädtische Umschichtungen gab, denen die Wohnungsproduktion nicht nachkam. Dadurch entstand eine Unterversorgung an Wohnraum, die sich jedoch auf die Arbeiterschaft als Wohnungsnot auswirkte. Eine darauf folgende wirtschaftliche Flaute mit niedrigen Zinsen steigerte dann wieder die Attraktivität des Wohnungsbaus, so daß es zu einer Überversorgung mit Wohnungen kam. Während allgemein - auch heute noch - eine „Leerwohnungsziffer" von 3% als hinnehmbar angesehen wurde, belief sich diese in Berlin 1880 auf fast 8 Prozent, in Hamburg in demselben Jahr auf 7 Prozent und 1894 sogar auf über 9 Prozent des Gesamtwohnungsbestands.

„Obwohl die Wohnungsreformer und sonstigen Kritiker es nicht sehen oder wahrhaben wollten, folgte die derart dem Markt ausgelieferte Wohnungsversorgung nicht so sehr der unterstellten Verweigerungshaltung der höheren Klassen als vielmehr den zyklischen Schwankungen des konjunkturellen Wirtschaftsprozesses, und zwar in besonderer Abhängigkeit von den Zinsbewegungen im Hypothekenbankgeschäft."

„Mit einer gewissen Berechtigung werden deshalb in neueren Untersuchungen die Hypothekenbanken als die Städtebauer der Neuzeit bezeichnet. Natürlich war bei dieser ungesteuerten Wohnungswirtschaft an eine vorausschauende Versorgung mit genügend Wohnungen für die Arbeiterschaft nicht zu denken. Zudem verfügten die meisten Arbeiter bei ihrer kümmerlichen Entlohnung gar nicht über die Mittel, eine passende, aber durch die Terrainspekulationen und beständige Nachfrage verteuerte Wohnung zu mieten" (KIESS, S. 331).

Der paternalistische Wohnungsbau war deshalb auch weiterhin für die Wohnungsversorgung der Arbeiter unerläßlich, denn einen staatlich geförderten „sozialen Wohnungsbau" gab es erst nach dem Ersten Weltkrieg. Genannt sei hier beispielhaft für viele Unternehmer-Projekte *die zweite Generation der Krupp-Siedlungen:*

Die ersten Siedlungen der Firma unter Alfred KRUPP waren ganz von dem Ziel geprägt, auch für die Arbeiter das Einfamilienhaus als ideal angesehene

Wohnform zu schaffen. Gegen Ende des Jahrhunderts wird dann aber von seinem Sohn Friedrich Alfred KRUPP und dem neuen Büroleiter Robert SCHMOHL ein Schwenk von den schematischen Siedlungsformen des Zeilenbaus zu raumbetonten, gartenstadtähnlichen Grundrissen mit später kompakteren, städtischeren Bauweisen erkennbar. Hermann MUTHESIUS äußerte sich dazu sehr anerkennend: „Die von der Kruppschen Bauleitung errichteten Siedlungen sind von bedeutendem Einfluß für die Entwicklung unseres Städtebaus geworden, sowohl hinsichtlich der Gebäudebehandlung wie auch namentlich in den Formen der Geländeerschließung, der Straßenführung und der wohnbaumäßigen Aufteilung."

• **Altenhof**, als Invaliden- und Altenkolonie zwischen 1891 und 1893 sowie bis 1909 nach Plänen von Robert SCHMOHL erbaut, weist ganz unterschiedliche Gebäudetypen auf, die sich durchaus an englischen Vorbildern orientieren könnten. „War die Geschäftsleitung nunmehr vom Mietskasernensystem der unter Alfred KRUPP in den siebziger Jahren entstandenen Kolonien abgerückt und auf das Vorbild der inzwischen in Mode gekommenen Villenkolonien eingeschwenkt? Oder sind hier schon die Auswirkungen der neuen künstlerischen Städtebauauffassung Camillo SITTES oder des englischen 'town planning movement' zu spüren?" (KIESS, S. 387) .

• **Alfredshof**, ab 1896 im ersten Abschnitt als Projekt „Holsterhausen" mit Einzel- und Doppelhäusern realisiert, wurde danach, 1907-1910, in dreigeschossiger, „großstädtischer Blockbebauung", die an die Wiener Hofbebauung (S.126} erinnert, fortgeführt. Das Ideal einer „Kleinhausidylle" von Alfred KRUPP war damit aufgegeben.

• **Friedrichshof**, 1899-1901 und 1904-1906 in einer kompakten und mehrgeschossigen Bauweise erstellt, hatte den Übergang zum Mietblockbau schon vorher aufgezeigt. Die Stockwerkswohnungen, als Zweispänner mit Treppenhaus erschlossen, umfaßten drei bis vier Räume mit Abort. Nicht zuletzt die erheblich gestiegenen Grundstückspreise ließen den Traum vom „Familienhäuschen" illusorisch werden (KIESS, S. 384-392).

Nach der Jahrhundertwende wurde durch das Aufgreifen des englischen Gartenstadtgedankens wieder die Flachbauweise ohne Einschränkungen und Vermischungen auf die Arbeitersiedlungen übertragen. Dafür können folgende Kruppsche Siedlungen als Beispiele gelten:

• **Margarethenhof** bei Rheinhausen (1903-27) stellt einen „Wendepunkt" im Städtebau und in der Architektur der Arbeiter-Siedlungen dar. „Statt zu individualisieren suchte man, ohne zu schematisieren, Gemeinsamkeiten in den einzelnen Häusern durch

3.12 Krupp-Kolonie Emscher Lippe bei Recklinghausen ab 1909. Die Doppelhäuser sind durch zurückgesetzte, kleinere Stallgebäude zu Reihen verbunden, die Gartenhöfe umschließen. Häusergruppen an Stichstraßen bilden innere Höfe.

Form und Material auszudrücken." Die Bauformen sind schlichter geworden, und es ist nie das „malerische Bild, von dem ausgegangen wird, sondern das Gefühl für die Körperlichkeit der Häusergruppe, für das Raumvolumen einer Straße, eines Platzes. Nur als Begleiterscheinung des Tektonischen tritt das Malerische auf" (BRINCKMANN 2, S. 46).

• **Dahlhauser Heide** bei Bochum-Hordel (1907-15) und
• **Emscher-Lippe** bei Datteln (1909-11) setzen diese Entwicklung fort, bei der die Einheitlichkeit der Erscheinung durch die Bindung des einzelnen Hauses an das Ganze der Siedlung angestrebt wird. Da größere Gärten vorhanden sein sollten, kamen Reihenhäuser nicht in Betracht, sondern nur Doppelhäuser. „Als Bindungsmittel tritt hier der Stall auf, der nicht mehr nach hinten ein Anhängsel ist, sondern, die Flucht zum Nachbarhause fortführend, eine ästhetische und wirtschaftliche Aufgabe bekommt, indem so die Straße räumlich geschlossen wird und ebenso die in den Blocks liegenden Gärten abgeschlossen und gegen Wind geschützt werden" (BRINCKMANN 2, S. 46).

Die Entwicklung der Kruppschen Siedlungen in Richtung der Gartenstädte findet ihren Höhepunkt in der Wohnstiftung **Margarethenhöhe** in Essen-Rüttenscheidt/Frohnhausen (ab 1906), die offiziell von der Deutschen Gartenstadtgesellschaft als Gartenstadt anerkannt wird, obwohl sie nicht genossenschaftlich organisiert ist:

„In Deutschland gehören große Stiftungen zu gemeinnützigen Zwecken, wie sie in England und Amerika so häufig zu verzeichnen sind, zu den Seltenheiten. Um so erfreulicher ist es, daß in der Margarethe-Krupp-Stiftung große Mittel für ein großes Ziel bereit gestellt, und daß für die Verwirklichung dieses Zieles auch der richtige Architekt gefunden wurde" (DGG, S. 49; ausführlich dazu S. 77).

3.13 Häuser in der Kolonie Margarethenhof bei Düsseldorf ab 1903. Gemeinsamkeiten in Form und Material.

3.2. Die Garden-City-Bewegung von Howard

„Der Städtebau - als ein auf Denken und Planmäßigkeit beruhendes Unternehmen - ist eine vergessene Kunst, wenigstens in unserem Land, und diese Kunst muß nicht nur neu belebt, sondern auch von höheren Idealen getragen werden, als man sich bisher träumen ließ."
Ebenezer HOWARD, Nachwort;(POSENER, S. 158)

Grundlagen und Ziele der Garden Cities

Das Konzept der „Garden Cities" von Ebenezer HOWARD gründet sich auf sozialreformerischen Überlegungen verschiedener Autoren, die auf die unmenschlichen Lebensbedingungen in den Städten des 19. Jahrhunderts reagiert hatten. Er kann als Initiator einer modernen Entwicklung von neugeplanten Städten gelten, die in ihrer Größe und Dichte im Gegensatz zur großstädtischen Ausuferung und Überfüllung begrenzt und kontrolliert sind.

Ebenezer HOWARD, 1850-1928, wurde in London als Sohn einfacher Bäckersleute geboren, übte später verschiedene Bürotätigkeiten aus und ging mit 21 Jahren nach Amerika. Nach vierjährigem Aufenthalt kehrte er nach England zurück und wurde Parlaments- und Hofstenograf. Bei dieser Tätigkeit erlebte er die heftigen Parlamentsdebatten mit, die um die soziale Situation der Arbeiterschaft und deren Verbesserung geführt wurden. Eine angemessene und hygienische Wohnraumversorgung, aber auch grundsätzliche planungsrechtliche Regelungen waren dabei die Hauptthemen. Später bezeichnete er sich als *Projektemacher*. Von 1876 bis 1890 beschäftigte er sich mit den untereinander verbundenen Problemen der Armut, der städtischen Hygiene, dem Mietwucher und der durch das Städtewachstum bedingten Bodenwertsteigerung. Er neigte einer idealistischen Form des Sozialismus zu. Deshalb beeindruckte ihn das Buch von BELLAMY „Looking Backward" (1888) sehr, das eine vollkommen sozialisierte Gesellschaftsform mit Kooperation beschrieb. Er wollte aber vorerst die gesellschaftliche Umschichtung am Beispiel einer kleinen Gemeinde realisieren.

Ihm schwebte kein kollektivistisches oder kollektiv industriell-landwirtschaftliches System im Sinne von Robert OWEN vor. Er wollte die gemeinsamen Eigentumsrechte und Kontrollbefugnisse auf den städtischen Grund und Boden und auf den landwirschaftlich genutzten Gürtel um die Stadt beschränken. Durch die Überführung des Bodens in kommunales bzw. örtliches Eigentum würde sich auch bei weiterem Bevölkerungswachstum keine Erhöhung des Pachtzinses durch Wertzuwachs des

Landes ergeben. Damit sollte auch eine menschlich befriedigendere Planung als in den alten chaotischen Städten ermöglicht werden. Der Grüngürtel im öffentlichen Eigentum würde die Stadtexpansion nach außen beschränken und innerhalb Platz für Familienhäuser mit genügend Gartenland bieten. Sie sollten auch in vernünftiger räumlicher Beziehung zu Fabriken, Einkaufszentren, Schulen, öffentlichen Gebäuden, Parkanlagen und freien Plätzen liegen (OSBORN, Spalte 1221/1222).

„Durch entsprechende Bauaufsicht ließen sich städtebauliche Harmonie und Vielseitigkeit erreichen. Die begrenzte Stadtgröße würde zudem jedem Einwohner eine schnelle Verbindung zur Natur ermöglichen, ohne ihm das Gefühl zu nehmen, Bürger einer entwickelten Gemeinde zu sein. Eine solche Stadt würde auch für Industrie und Geschäfte herkömmlicher Art beste Bedingungen aufweisen, was nicht ausschließen sollte, im gewünschten Ausmaß und ohne dogmatische Bindung Versuche mit kommunalen und genossenschaftlich betriebenen Unternehmungen zu machen" (OSBORN, Spalte 1222).

1898 faßte Howard seine konzeptionellen Überlegungen in einem Buch zusammen: **„Tomorrow - A Peaceful Way to Real Reform"** („Morgen - Ein friedlicher Weg zu echter Reform"). Dieses Buch hatte aber keinen Erfolg, da der Titel kaum auf den tatsächlichen Inhalt hindeutete. Trotzdem betrieb Howard seine sozialreformerischen Ideen weiter, um zu einer pragmatischen Umsetzung zu kommen. 1899 gründete er die „Town and Country Planning Association" („Garden City Association"). Unter seinen Mitstreitern befanden sich einige wohlhabende und erfahrene Unternehmer und in der Öffentlichkeit stehende Persönlichkeiten.

1902 erschien das Buch von Howard inhaltlich unverändert, aber mit einem neuen Titel: **„Garden Cities of Tomorrow"** („Gartenstädte von morgen"; Auszüge S. 303). Es wurde ein großer Erfolg und bildete die Grundlage für ein neues Städtebauverständnis weit über die Grenzen Englands hinaus. Seine sozialreformerischen und städtebaulichen Vorstellungen waren zwar nicht gänzlich neu, aber die zusammenfassende Darstellung der sozialen, räumlichen und wirtschaftlichen Aspekte beinhaltete einen starken Anwendungsbezug. Dieser Pragmatismus, den er selbst durch seine Garden Cities Letchworth und Welwyn bestätigte, begeisterte die im Städtebau tätigen Zeitgenossen.

„Man wird dieses Buch wohl einmal, zusammen mit Camillo SITTES ́Städtebau ́ und mit den gleichzeitigen Aufsätzen von Adolf LOOS, zu den wichtigsten Dokumenten einer Gesinnung rechnen, die in den 80er und 90er Jahren unter einer einsichtigen Minorität langsam um sich griff und die Gedanken der modernen rationellen Bau- und Stadtplanung vorbereitete" (Zum Tode von HOWARD in DNF 7-8/1928).

Das räumliche und soziale Konzept

Durch drei Magnete symbolisiert (Abb. 3.14) zeigt Howard die unterschiedlichen Anziehungskräfte der Stadt (Town), des Landes (Country) und der Landstadt (Town-Country) auf die Menschen. Sie ergeben sich durch jeweilige Vor- und Nachteile bei der Stadt und dem Land. Bei der Landstadt sieht er aber nur Vorteile, so daß sich seine Frage „Wohin werden die Menschen gehen?" von selbst beantwortet. Für Gartenstädte sollen folgende Bedingungen gelten:

- Überführung des Grund und Bodens der „Gartenstadt" und des landwirtschaftlich genutzten Gürtels darum in örtliches Eigentum zur Vermeidung von Erhöhungen des Pachtzinses durch Wertzuwachs (gemeinsame Eigentumsrechte und Kontrollbefugnisse);
- Festlegung einer minimalen Verzinsung des Kapitals der Finanziers und Verwendung des überschüssigen Ertrages für Gemeinschaftseinrichtungen;
- Beschränkung der Stadtexpansion durch den Grüngürtel als öffentliches Eigentum und damit schnelle Verbindung zur freien Natur;
- Städtebauliche Harmonie und Vielseitigkeit durch entsprechende Bauaufsicht und
- Versuche mit kommunalen und genossenschaftlichen Unternehmungen.

Obwohl der Begriff „Gartenstadt" bereits seit 1850 in Neuseeland und den USA Verbreitung gefunden hatte, wußte HOWARD davon offenbar nichts, als er den Namen für seine Stadt wählte. Er meinte damit eher eine Stadt in einem Garten - also in schöner Umgebung - als eine Stadt mit Gärten. Sein Buch machte den Namen Gartenstadt in der ganzen Welt bekannt, und dieser sollte nur in dem Sinne gebraucht werden, den Howard darunter verstanden hat. Die Garden City and Town Planning Association verfaß-

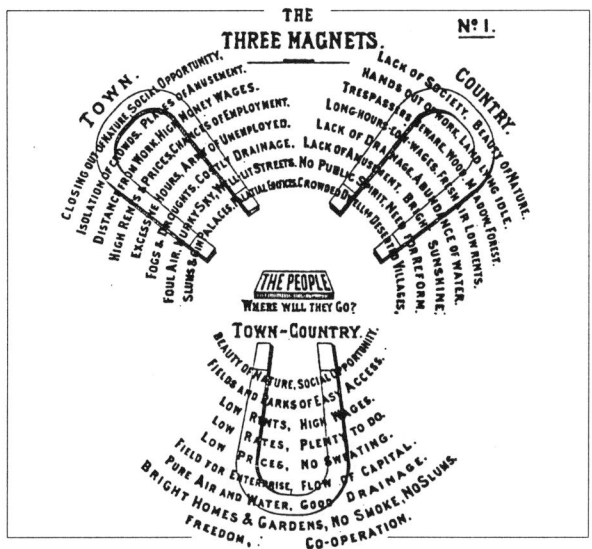

3.14 Drei Magnete. Stadt, Land und die Vorteile vereinigende Land-Stadt: Wohin werden die Menschen gehen?

te 1919 eine kurze Definition, die Howard mitformuliert hatte:
„Eine *Gartenstadt* ist eine Stadt, die für gesundes Leben und für Arbeit geplant ist; groß genug, um ein volles gesellschaftliches Leben zu ermöglichen, aber nicht größer; umgeben von einem Gürtel offenen (landwirtschaftlich genutzten) Landes; die Böden des gesamten Stadtgebietes befinden sich in öffentlicher Hand oder werden von einer Gesellschaft für die Gemeinschaft der Einwohner verwaltet" (OSBORN 2, S. 179).

Die Ziele des „Gartenstadt-Ideals" sind also keineswegs nur im räumlichen Bereich zu sehen; selbst Fachleute verstehen den Begriff „Gartenstadt" zu wörtlich: Stadt(-teil) mit großen Gärten oder durchgrünter Städtebau. HOWARD bezweckte aber, wie bereits dargestellt, mit seinem Konzept wesentlich komplexere Veränderungen beim städtischen Zusammenleben. Er verfolgte

• **Räumliche Ziele:** Kleinere, durchgrünte Stadteinheiten - System von verschiedenen Gartenstädten um eine „Zentralstadt" - Trennung von einzelnen Wohnbereichen durch Grüngürtel und andere Freiflächen - bewohnergerechte Funktionszuordnung von Wohnen, Arbeiten und Infrastruktureinrichtungen - gute Anbindung an die Eisenbahn - leichte Erreichbarkeit der freien Landschaft - Begrenzung der Expansion der Siedlungsflächen.

• **Soziale Ziele:** Geringe Wohnungsmieten bzw. Zinsbelastungen durch Festschreiben des kommunalen Bodenpreises - Förderung der Gemeinschaft durch Gemeinschaftseinrichtungen vielfältiger Art - Erträge aus den Pachtzinsen für Gemeinschafts- und Sozialeinrichtungen - Schaffung von Arbeitsplätzen auch in „Eigenbetrieben".

• **Organisatorische Ziele:** Verbindliche städtebauliche Planung - entsprechende Bauaufsicht -

kommunale Gesellschaft als Trägerin der Gemeinschaftseinrichtungen - Begrenzung der Zinsen für privates Kapital auf 3 - 4% - Versuche mit kommunalen und genossenschaftlich betriebenen Unternehmungen.

Das räumliche Konzept der Garden Cities, mit schematischen Darstellungen illustriert, beinhaltet
• einen **regionalen Aspekt**, die Verteilung und das Zusammenwirken von Siedlungseinheiten im Raum (Abb. 3.16), sowie
• einen **örtlichen Aspekt**, die Funktionsverteilung innerhalb des Siedlungskörpers und die Beziehungen zur umgebenden Landschaft (Abb. 3.15).

Um eine Zentralstadt mit etwa 58 000 Einwohnern gruppieren sich unterschiedlich ausgeprägte kleinere Gartenstädte mit etwa 32 000 Einwohnern, die untereinander und mit der Zentralstadt durch Eisenbahnlinien verbunden sind. Getrennt werden sie voneinander durch ländlich strukturierte „Grünzäsuren". Durch dieses Prinzip des „stadtwachstumsoffenen Landes" (city's growth-open country) soll das Wachstum der einzelnen Gartenstädte begrenzt werden.

Hat eine Gartenstadt die maximale Größenordnung erreicht, muß eine neue gegründet werden. Dieses Konzept der Trabanten- oder auch Satellitenstädte wurde besonders nach dem Zweiten Weltkrieg in England mit den „New Towns" und in Deutschland mit neuen Vorortsiedlungen, aber auch in vielen anderen Ländern umgesetzt. Dabei strebte man die von HOWARD genannte Einwohnerzahl an, konnte sie aber häufig nicht erreichen (s. Punkt 8).

Bei der Gartenstadt selbst umschließen ringartige Wohngebiete mit Gärten einen „Central Park" mit kulturellen Einrichtungen im Mittelpunkt, wie Museum, Theater und Bücherei. Die „Wohnringe" werden von einer stadtgrüngeprägten großen „Avenue"

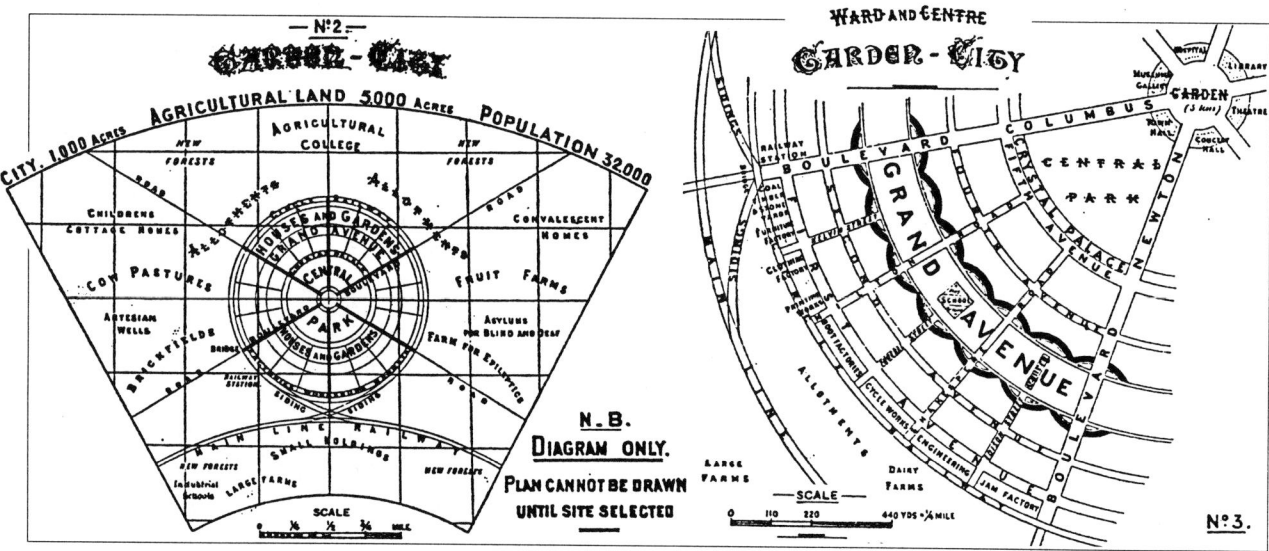

3.15 Die Diagramme der Garden City von Ebenezer HOWARD zeigen eine Stadt mit 32 000 Einwohnern in einem landwirtschaftlich genutzten Umland (Nr. 2) und einen Sektor von ihr mit der „grünen Mitte" und den „Wohnringen" (Nr. 3).

unterbrochen und von einem Gewerbegürtel umschlossen, der sich an der außen liegenden Ringbahn befindet. Diese Bahn ist mit der Haupteisenbahnlinie verbunden. Die Verknüpfung des
Stadtzentrums und der Wohngebiete mit der umgebenden Landschaft erfolgt durch radiale „Boulevards". Die Landschaft um die Gartenstadt ist aber
keineswegs ungenutzt. Neben kleinen Pacht-
grundstücken und landwirtschaftlichen Betrieben
werden dort Krankenhäuser, Heime, Asyle, standort-
abhängige Betriebe wie Ziegeleien und ähnliches
lokalisiert.

Die Gartenstadtbewegung wollte mehr als die paternalistischen Fabrikherren. Es sollte ein neues
Stadtkonzept im Gegensatz zur Großstadt entstehen, das den Zustrom der Menschen in die Gartenstädte umlenken konnte, um schließlich die bestehenden großen Städte selbst umzubauen. „In
Bournville konnte Howard seinen Anhängern zuru-
fen: Seht, was hier geschaffen wurde. Und denkt
daran, was die Gartenstadt schaffen wird!" (POSENER,
S. 35).

Praxistest: Letchworth 1903 und Welwyn 1919

Ein wesentliches Anliegen von Ebenezer HOWARD
war der Nachweis der Durchführbarkeit seines Konzepts, dem er in seinem Buch auch viel Platz ein-
räumte. Er drängte deshalb auch möglichst schnell
auf einen „Praxistest", der erstaunlich zügig begann,
denn bereits 1903 wurde die erste **Gartenstadt
Letchworth** organisatorisch und finanziell vorbereitet. Nach der Gründung einer öffentlichen Gesellschaft wurde ein Baugelände in der Nähe von
Letchworth, etwa 50 km von London entfernt, erworben. Mit dem Bau nach Plänen von Barry PARKER

3.17 Werbung für Welwyn Garden City. Gestern Wohnen
und Arbeiten im Rauch, morgen aber in der Sonne.

und Raymond UNWIN, die ebenfalls für einen sozial
orientierten Wohnungsbau eintraten, wurde unmittelbar danach begonnen.

Die Umsetzung der Diagramme und Angaben HO-
WARDS gestaltete sich erwartungsgemäß schwierig
und konnte nur mit Einschränkungen erfolgen. Es
mußten die örtlichen Gegebenheiten berücksichtigt
werden, besonders die mitten durch das Gelände

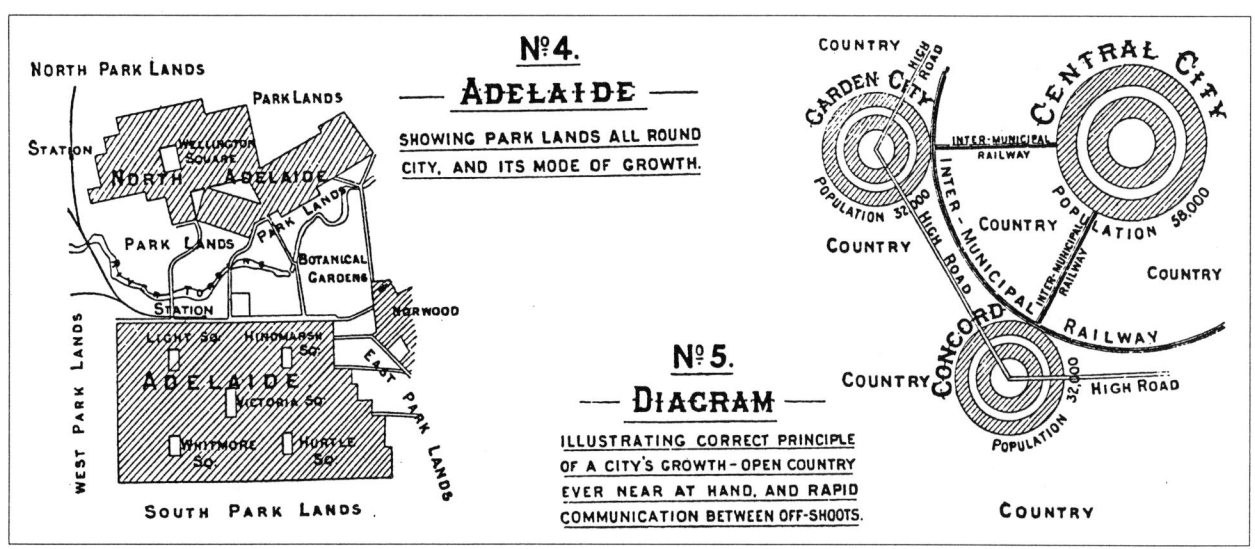

3.16 Am Beispiel Adelaide in Australien (Nr. 4) orientiert, entwickelt HOWARD ein Diagramm für einen Gartenstadt-Verbund
(Nr. 5). Eine Zentralstadt mit 58 000 Einwohnern wird von einigen durch Grün getrennten Gartenstädten umlagert.

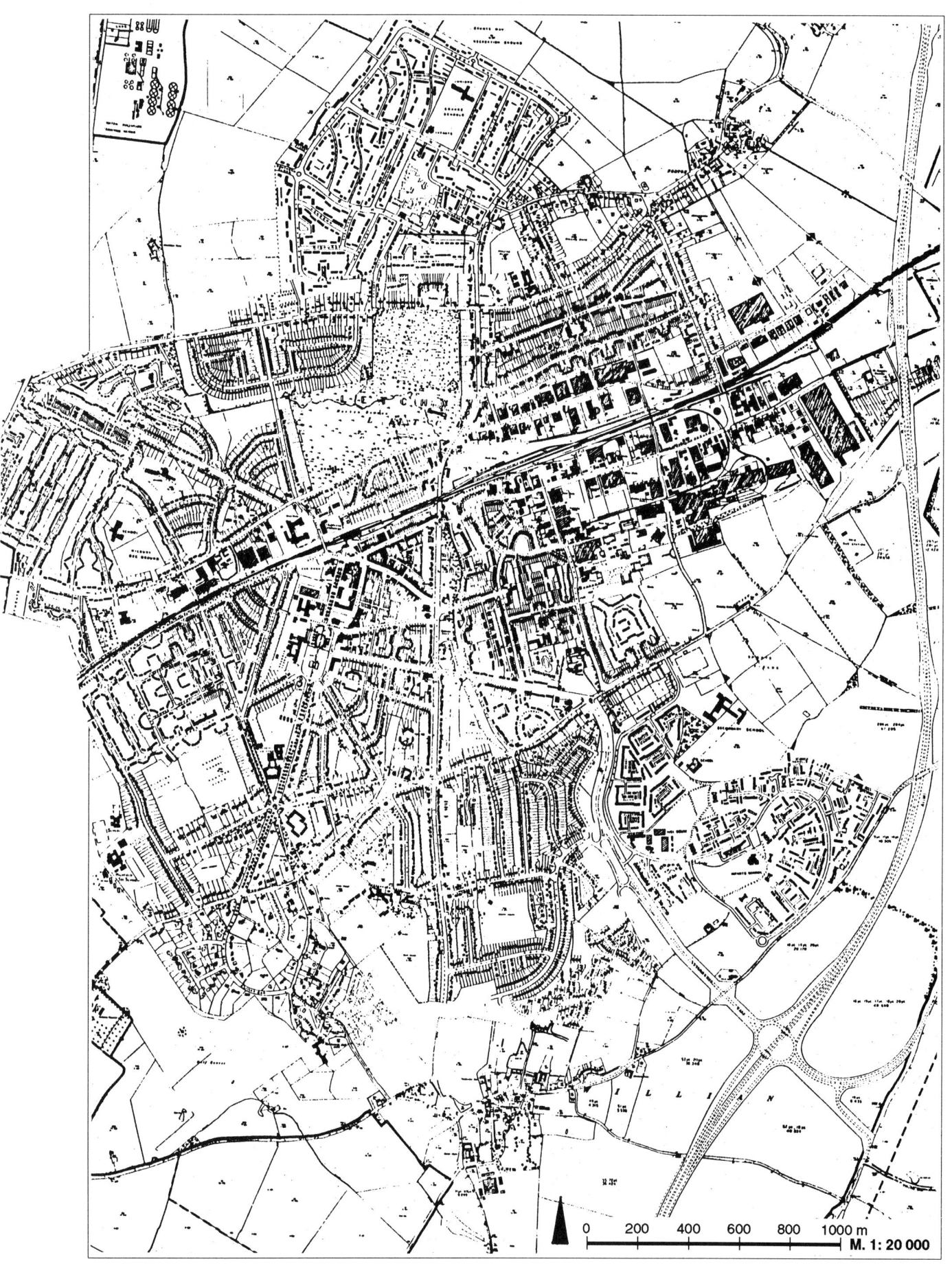

3.18 Lageplan der ersten Gartenstadt Letchworth bei der 75-Jahrfeier. Aus der „Keimzelle" des Jahres 1903, dem Zentralplatz mit umgebender Bebauung (Mitte links), ist 1978 eine mittelgroße Stadt mit fast 40 000 Einwohnern geworden.

50

führende Bahnlinie. Die städtebauliche Konzeption sah eine schräg zur Bahn liegende und vom Bahnhofsvorplatz ausgehende Allee vor, die über einen zentralen Platz führte. „Der Zentralplatz markiert im ideellen wie visuellen Sinne die eigentliche Mitte der Stadt. Auf ihm sollten im Laufe der Zeit das Civic Center mit Rathaus, Kirche, Museum und Schule entstehen. In ihn münden aus allen Richtungen Straßen ein, die das Zentrum geradlinig mit den Außenbezirken verbinden" (KIESS, S. 436).

Die erste Gartenstadt wurde „grüner" als vorgesehen, da die durchschnittliche Wohndichte unter dem von HOWARD angegebenen Maß blieb. Auch die „grüne Mitte" markierte das Zentrum nicht hinreichend, um eine lebendige Öffentlichkeit zu erzeugen. Die Siedlung entwickelte sich langsam und stetig, aber erst 1950 hatte sie mehr als 20 000 Einwohner. Heute sind es über 30 000 und man nähert sich 40 000 Einwohnern. Das Gartenstadtexperiment wurde erst richtig nach 1910 bekannt, so daß Hampstead Garden Suburb (s. S. 55) besonders in Deutschland lange Zeit als die erste Gartenstadt betrachtet wurde.

HOWARD war nicht zufrieden und enttäuscht, daß sein Vorbild keine Nachfolger fand. Eine kleine Gruppe seiner Anhänger machte jedoch weiter und traf Vorbereitungen für eine zweite Gartenstadt. 1919 kaufte HOWARD für die **Gartenstadt Welwyn** ein 35 km von London entferntes Baugelände. „Welwyn war ein sichtbarer Erfolg, als Letchworth gewesen war.

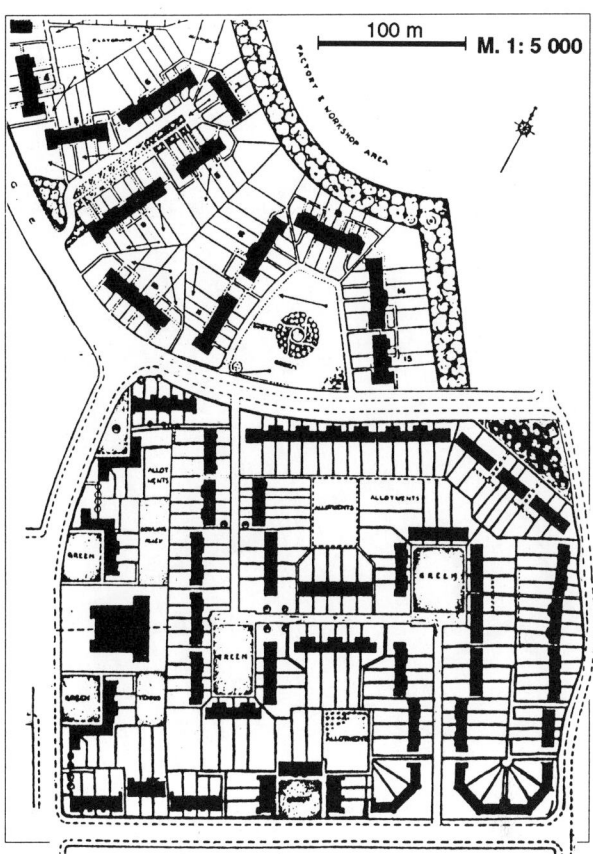

3.20 Hofbebauung mit Bildung von „Großblöcken" der Wohngebiete Bird's Hill und Pixmore Hill in Letchworth.

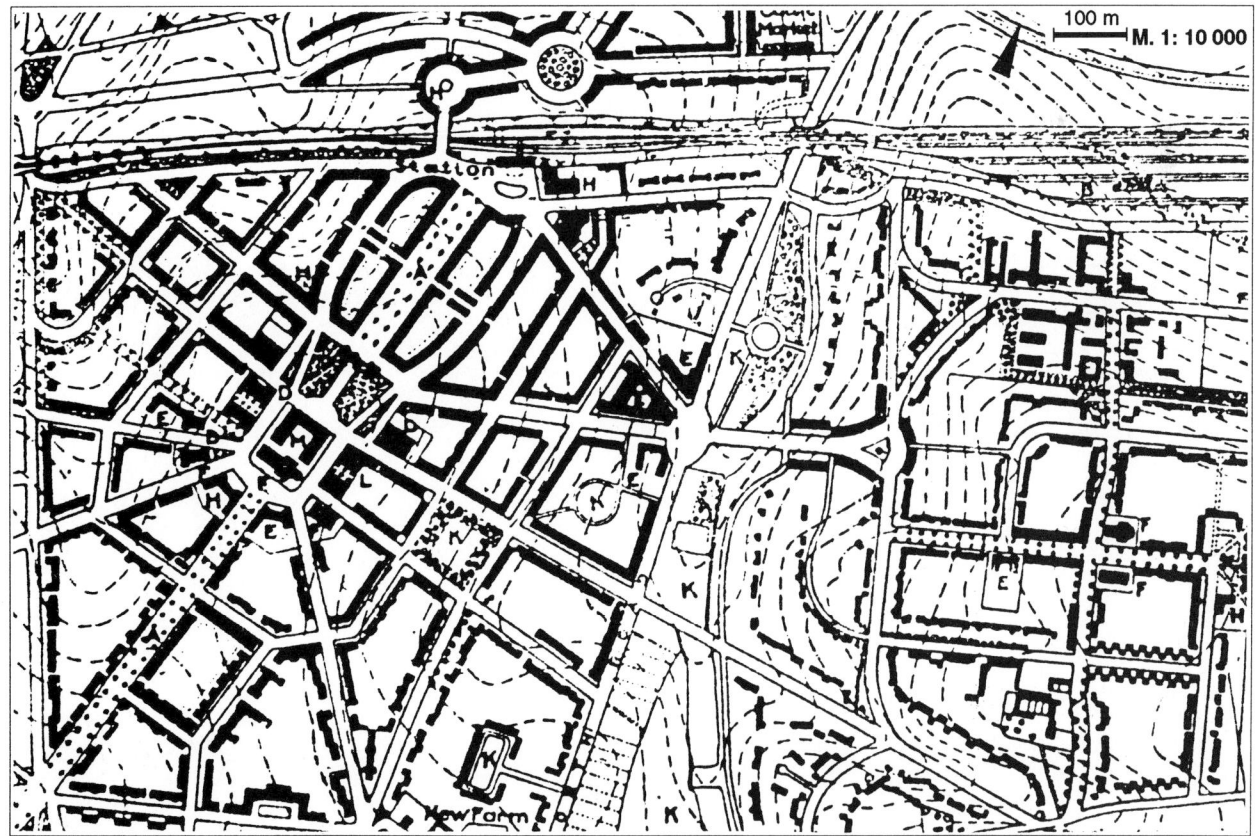

3.19 Zentraler Bereich von Letchworth nach dem Entwurf von PARKER und UNWIN 1903. Um den Zentralplatz mit öffentlichen Gebäuden sind an der Achse zum Bahnhof streng geformte und begrünte Wohnblöcke symmetrisch angeordnet.

3.21 Bebauung an der Achse Parkway in Welwyn. Louis DE SOISSONS führt die Bildung von Wohnhöfen weiter.

Sein Plan, in welchem UNWINS freie Gruppen (s. S. 58) mit einer Verwirklichung von HOWARDS anspruchsvoller Parkavenue - wenigstens einem Anlauf zu einer solchen Verwirklichung - verbunden waren, seine einheitliche Architektur, beides das Werk von Louis DE SOISSONS, seine erfolgreiche Industrie, sogar die Tatsache, daß man die Väter der Bewegung, besonders HOWARD selbst, in Welwyn finden konnte: all das hat zu dem Erfolg der zweiten Gründung beigetragen" (POSENER, S. 38).

Die Projektbearbeitung erfolgte in der Bauabteilung der Gartenstadtgesellschaft unter DE SOISSONS' Leitung. Die vorhandenen Bahntrassen führten zu einer Vierteilung des Stadtgrundrisses. Durch Über- und Unterführungen sind die funktional unterschiedlichen Stadtgebiete verbunden. Im Südwesten liegt das kompakte Stadtzentrum, dem sich nach Norden locker gruppierte Wohnviertel anschließen. „Als dominierendes Element der ganzen Anlage hebt sich der 66 Meter breite und 1,2 Kilometer lange Parkway ab. Er endet im Norden mit einem halbrund angelegten Civic Center (The Campus), im Süden geht er in eine bestehende Straße über." Eine 60 Meter breite Querachse zum Bahnhof sollte sich zu einem Geschäftszentrum entwickeln (KIESS, S. 442).

Auf der anderen Bahnseite, im Nordosten, waren Gewerbeflächen vorgesehen, an die sich nach Süden Wohnflächen anschlossen. Die Wohnbauten sind, wie in Letchworth, aber differenzierter, häufig

3.22 Letchworth 1969 im Luftbild. Die „Grüne Mitte" ist Ausdruck der starken Durchgrünung der Gartenstadt von Ebenezer HOWARD. Geringe Wohndichten und wenig Öffentlichkeit im „Zentrum" machten sie zur ruhigen Wohnsiedlung.

um Wohnhöfe angeordnet, die über kurze Stichstraßen oder quadratische Plätze von der Zu-
bringerstraße zu erreichen sind. Der Wohnhof wird
vom öffentlichen zum privaten Raum:

„Den Baublock auf einen Wohnhof zu reduzieren,
mag willkürlich erscheinen: Tatsächlich bleibt in
Welwyn wie in Hampstead der Baublock neben dem
Wohnhof bestehen. Der Wohnhof leitet jedoch im
Vergleich zum traditionellen Baublock eine neue Hierarchie ein: Der halböffentliche Raum der Sackgasse
erzeugt eine Beziehungsebene und Praktiken, die
bisher ungewohnt waren. ... Die Gartenstadt ist ein
ausgezeichneter Übergang von einem Raumgefüge
mit vorzugsweise öffentlichem Gepräge, in dem das
Private starker Strukturen bedarf, zu einem Raumgefüge, in dem die privaten Räumlichkeiten bevorzugt werden und das Öffentliche geordnet werden
muß" (PANERAI u.a.,S. 70, 72).

Nachdem Welwyn 1946, gegen den Protest der
Gartenstadtgesellschaft, zur New Town deklariert
worden war, wurde es zügig ausgebaut und hat heute
50 000 Einwohner. Daneben gibt es verschiedene
moderne Industriebetriebe, weshalb Welwyn als eines der bestgelungenen Beispiele moderner Stadtgründungen gilt. Die Gartenstadt „entstand nach dem
ersten Weltkrieg aus der Forderung der Industrie-
verlagerung aus der Großstadt. Sie kann in mancher
Beziehung als Vorbild des neueren Städtebaus betrachtet werden, so durch die Umführung des Durch-

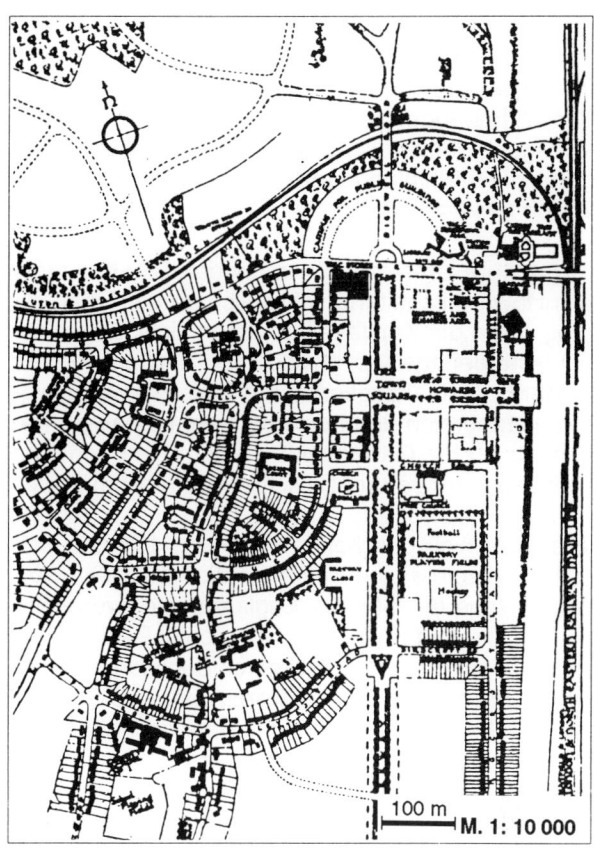

3.24 Welwyn Garden City um 1926. Das monumentale
Stadtzentrum konnte nur langsam realisiert werden.

3.23 Welwyn 1969 im Luftbild. Geschäftsviertel und Gewerbegebiete an der Bahnlinie ließen Welwyn zu einer lebendigen
Stadt werden. Das Gartenstadtideal fand in der „Grünachse" und den lockeren Baublöcken mit Höfen ihren Ausdruck.

gangsverkehrs nach Norden, durch die Konzentration der Industrie im Nordostteil mit Bahnanschluß, vor allem aber durch die geschickte Erschließung der Wohnbaugebiete unter weitgehender Berücksichtigung der landschaftlichen Gegebenheiten und durch die Freihaltung großer Grünflächen" (F. HESS, Zürich 1944, S. 422).

Die weitere Umsetzung des Garden-City-Konzepts von Howard scheiterte schließlich an der Finanzierung, denn die Kapitalgeber waren nicht länger bereit, eine geringe Verzinsung ihres Kapitals von nur 4 oder 5 % zu akzeptieren. Die Ziele HOWARDS waren umfangreich und hochgegriffen, so daß zu fragen ist, ob die Gartenstadt wirklich mehr schaffen konnte als der paternalistische Siedlungsbau:

„Sie hat es nicht geschaffen. HOWARDS Hoffnung, daß einige Beispiele eine Kettenreaktion auslösen würden, welche die Struktur Englands und, wer weiß, der Welt verändern würde - a Peaceful Path to Real Reform, wie der Untertitel seines Buches sagt - hat sich nicht erfüllt. Die Frage, warum, ist vielleicht nicht müßig; aber ihre Antwort könnte nur nach einer tiefen und eingehenden Analyse der Geschichte dieses Jahrhunderts gegeben werden. Es mag etwas damit zu tun haben, daß HOWARD den Landmagneten zu groß gezeichnet hat. Vertreter des Gartenstadtgedankens werden sagen, daß die Menschen par-

tout nicht einsehen wollen, wo für sie das gute Leben liegt. Gegner der Gartenstadtbewegung werden genau das gleiche sagen. Sie unterscheiden sich voneinander erst, wenn der Mann der Gartenstadtbewegung sagt, daß sie es einsehen müssen, da es keine echte Alternative gebe, und daß sie es mithin einsehen werden, während der andere meint, sie würden es nie einsehen, der Gedanke selbst sei falsch" (POSENER, S. 35).

Die Gartenstadt ist aber keineswegs ohne Folgen geblieben, wenn auch der Name meistens zu wörtlich genommen wird und darunter so etwas wie „Schrebergartenstadt" verstanden wird. Nach dem „Praxistest" hat sich HOWARD nicht entmutigen lassen, seine Vorstellungen von Stadtstruktur und Stadtorganisation weiter und allgemeiner zu propagieren.

1913 wurde er zum ersten Präsidenten der „International Garden Cities and Town Planning Federation" (jetzt: „International Federation for Housing and Planning") gewählt. Er war es 15 Jahre lang und wurde 1927 als Sir Ebenezer Howard in den Ritterstand erhoben.
HOWARD starb 1928 in seiner zweiten Gartenstadt Welwyn. Nach dem Zweiten Weltkrieg wurde die Gartenstadtidee 1946 durch den New Town Act in anderer Form weitergeführt. Nach dessen Richtlinien entstanden mehr als 20 New Towns.

3.25 Idealplan von Welwyn, der zweiten Garden City von HOWARD. Mit der engen Verzahnung von Wohnen und Arbeiten an der Bahnlinie entsprach sie besser seinen Idealvorstellungen. HOWARD lebte selbst dort bis zu seinem Tode 1928.

Der Städtebau von Raymond Unwin

Der Architekt und Stadtplaner Raymond UNWIN (1863-1940) wirkte in Großbritannien nach der Jahrhundertwende durchaus im Sinne der SITTE'schen Erneuerungsbestrebungen, ohne daß er sich dessen aber von Anfang an bewußt war. Seine städtebauliche Praxis bei der Planung von größeren Wohnsiedlungen war eingebettet in theoretische Erörterungen, die er in seinem Buch „Grundlagen des Städtebaus" zusammenfaßte. Dabei folgte er einer damals in England wirksamen Gedankenströmung junger Planer, für die das Dorf mit seinem sozialen Zuschnitt und seinen überschaubaren Baulichkeiten noch am ehesten den Rahmen für ein menschliches Wohnen abgeben konnte.

„Diese Einstellung macht ohne weiteres verständlich, warum Unwin die Idee der Garden City, sobald sie von Ebenezer Howard formuliert worden war, positiv aufnahm und warum er sich zur Planung von Letchworth ohne Zögern bereitfand" (KIESS, S. 400). Bevor er sich aber mit seinem langjährigen Partner Barry PARKER (1867-1947) an diese Aufgabe machte, hatte er bereits Erfahrungen mit dem Bau von kleineren Siedlungen, wie z. B. New Earswick gesammelt. Der „Garten-Vorort" Hampstead, der etwas später als Letchworth begonnen und parallel dazu

gebaut wurde, kann durchaus als klassische „Garden City" betrachtet werden, obwohl die Initiative dazu nicht von HOWARD ausgegangen ist. Beide Siedlungen tragen die unverwechselbare Handschrift von UNWIN:

• **New Earswick**, ab 1902 bis nach dem Ersten Weltkrieg nördlich von York erbaut, war eine Gründung des Schokoladenfabrikanten Joseph ROWNTREE, der enge Kontakte zu CADBURY hatte und Bournville gut kannte. Die nicht nur den Arbeitern vorbehaltene Siedlung war im Sinne eines Dorfes konzipiert und sollte abwechslungsreicher als Port Sunlight und Bournville gestaltet sein. Deshalb wurde auf eine alleinige Straßenrandbebauung verzichtet und die Häuser um kleine Höfe an einer Stichstraße gruppiert. Wege erschlossen die rückwärtigen Gärten, die ebenso wie ein Wohnraum in ganzer Haustiefe die Außenräume für die Bewohner bewußt werden ließen (KIESS, S. 401/402).

• **Hampstead Garden Suburb**, 1908 bis in die 30er Jahre im Nordwesten von London entstanden, wurde von Henrietta BARNETT initiiert. Der 1905 gebildete Trust übertrug UNWIN die Planung, die wegen bewegter Topografie und der Einbeziehung vorhandener Grünbereiche mit Baumbestand nicht einfach war. Die Mitte der Siedlung bildet der auf einem leichten Hügel gelegene „Central Square" mit den angren-

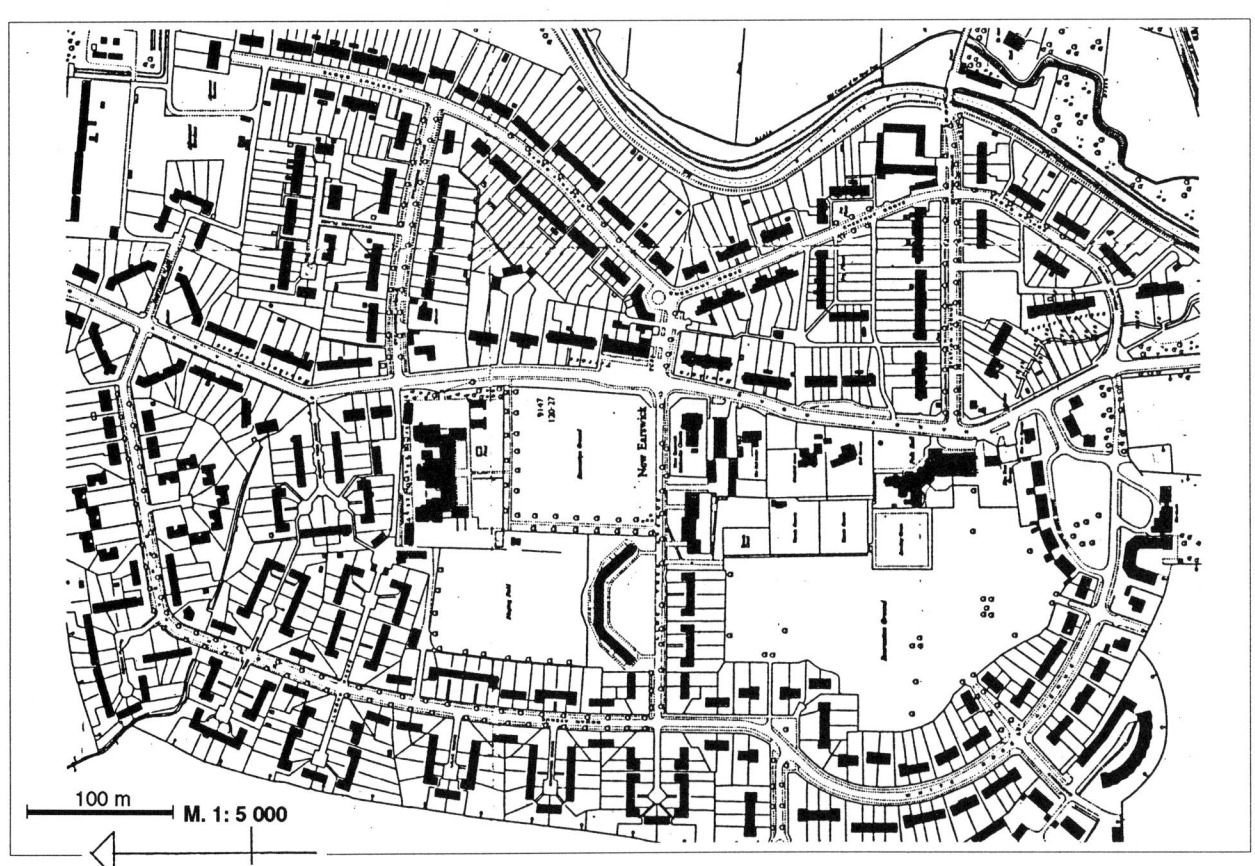

100 m — M. 1: 5 000

3.26 New Earswick bei York ab 1902, eine Modellsiedlung von ROWNTREE. Die Architekten Barry PARKER und Raymond UNWIN wechselten von einer straßenbegleitenden Bauweise (o.) später zu den typischen Wohnhöfen an Stichstraßen.

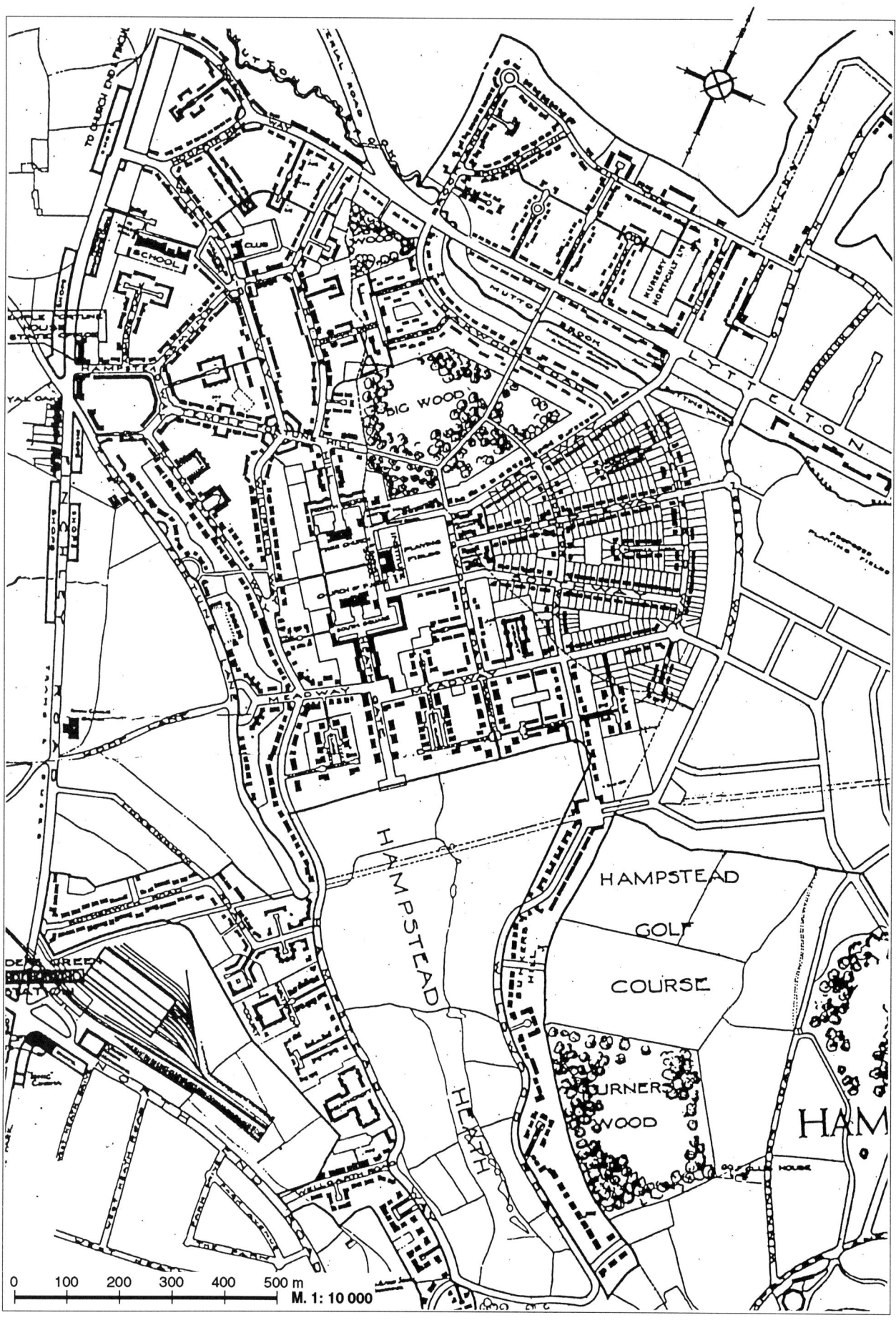

3.27 Hampstead Garden Suburb bei London ab 1908 (Bebauungstand um 1925). Die Siedlung von PARKER und UNWIN galt lange als erste englische Gartenstadt. Die Wohnhöfe um das offene grüne Zentrum bekamen eine urbane Gestalt.

zenden öffentlichen Einrichtungen. Umgeben ist sie von Wohngebieten mit einer lockeren und weiträumigen Bebauung, wobei nach außen die strenge axial-symmetrische Straßenführung, die auch das nordwestliche Nebenzentrum aufweist, aufgegeben wird. Charakteristisch sind in den Randgebieten die jetzt gegenüber New Earswick ausgeprägteren Hofbebauungen an Sackgassen, die von Bebauung umschlossen sind und auf diese Weise eine modifizierte Blockbebauung („Großblock"; s. S. 61) bilden (KIESS, S. 403/404).

UNWIN´s Vorliebe für den abgeschlossenen viereckigen Wohnhof war in New Earswick noch dörfliche Nachbildung und wird hier zu einer urbanen Nachbarschaftskonzeption weiterentwickelt. Diesen Einzelwohnbereichen ordnet sich das ganze Straßensystem unter und ist in seiner Abstufung bis zum Fußpfad ganz auf Verbindung und Erschließung, aber nicht auf Durchgangsverkehr abgestimmt. UNWIN bemerkte dazu: „To be obsessed with the idea of planning for traffic, is a mistake."

Die Folgen des aufkommenden Automobilverkehrs waren sicher bekannt, aber die Planer setzten wohl bewußt ein Beispiel gegen die Unrast und den Lärm des neuen Großstadtverkehrs. „Die offene Flachbauweise mit großen Gärten, die natürliche Markierung der Grundstücksgrenzen durch Ligusterhecken, die steilen Giebel und hohen Kamine, das einheitliche und natürliche Dachdeckungs- und Baumaterial, die berechneten Perspektiven der Straßenräume und die bauliche Behandlung der Plätze, das alles sind weitere Mittel, das soziale und ästhetische Ziel des Planungsansatzes zu erreichen" (KIESS, S. 406).

Hampstead wurde häufig als „erste Gartenstadt" angesehen. So auch 1920 von Albert Erich BRINCK-MANN, der die Siedlung wegen der in die scheinbare „Lockerheit der Gruppierung und Ungebundenheit

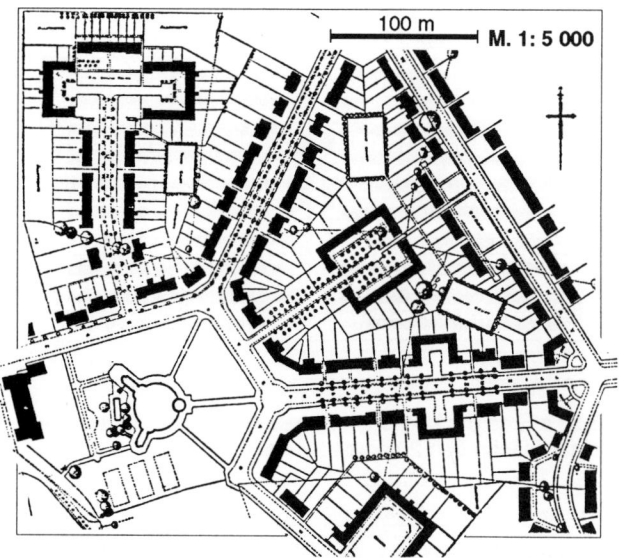

3.29 Nebenzentrum in Hampstead (Abb. 3.27 o. l.). Weiter Platz mit radialer Auffächerung der Wohnbebauung.

3.30 Zentralplatz in Hampstead. Monumentale Fassung eines Architekturplatzes mit öffentlichen Gebäuden.

3.28 Bebauung am Central Square in Hampstead nach einem Entwurf von Edwin L. LUTYENS. Der weite Zentralplatz auf einer leichten Anhöhe markiert mit seinen höheren Gebäuden die Mitte, wie es später als „Stadtkrone" bezeichnet wird.

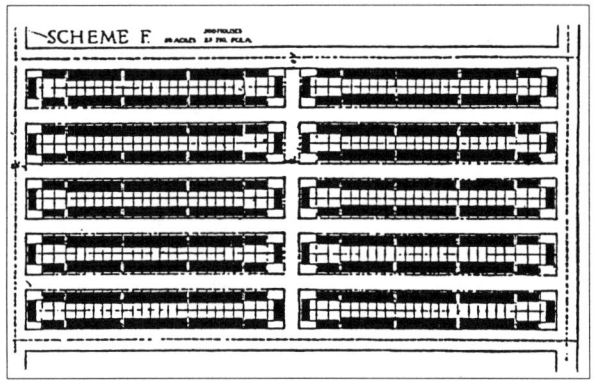

3.31 a Eine Back-to-Back-Bebauung mit 500 Häusern auf einer Fläche von 20 acres hat kaum Freiflächen, und ...

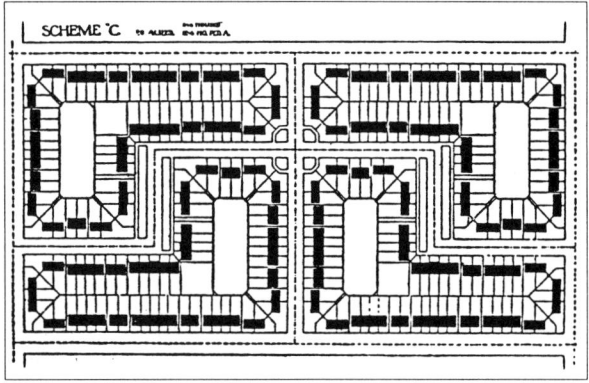

3.31b ... eine aufgelockerte Bebauung von R. UNWIN hat zwar nur 248 Häuser, dafür aber mit großzügigen Gärten.

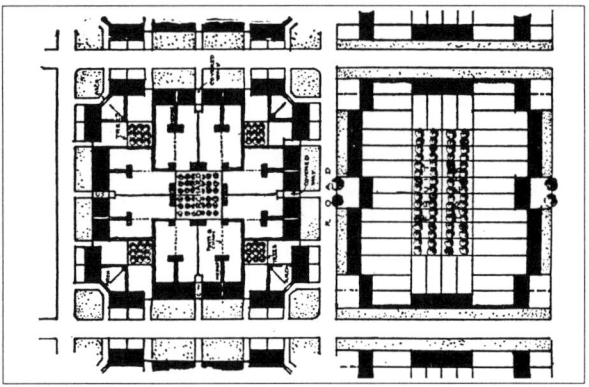

3.32 Vorschlag von Raymond UNWIN. „Gruppen kleiner Gärten, entworfen zur Erzielung einer Gesamtwirkung."

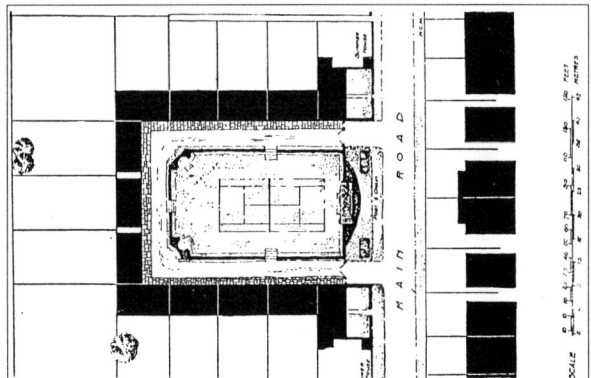

3.33 Gartenvorstadt Hampstead. „Häuserviereck mit Fahrweg um einen Tennisplatz herum" von UNWIN.

der Wegführung" eingefügten „festen Tektonik" für beachtenswert hielt. Er lobte besonders den zentralen Platz als „Anlage eines modernen Forums", das „an den Flanken festgefügt wird und sich in Fortsetzung des großen Hauptweges gegen den recreation ground (Erholungspark) gleich einer weiten Bühne öffnet". Dieser Platz ist die „Grüne Mitte", die, von HOWARD konzipiert, auch nach 1945 in vielen Stadtrandsiedlungen realisiert wurde (S. 114-118).

• Raymond Unwin „Grundlagen des Städtebaus"

Der Untertitel der englischen Originalausgabe von Raymond UNWINS „Town Planning in Practice" (1909) lautet „An Introduction to the Art of Designing Cities and Suburbs", womit der praxisbezogene Ansatz des Buches verdeutlicht wird. UNWIN plädiert für eine „klare Stadtstruktur", bei der „weder auf Symmetrie noch auf geradlinige Fluchten" verzichtet werden kann. Insofern stützt er nicht die malerischen Tendenzen in Deutschland, sieht aber in diesen Bestrebungen positive Ansätze:

„Die Pläne sind überaus geschickt der Geländeformation angepaßt, ebenso sind einzelne Punkte wirkungsvoll für bauliche Akzentuierungen genutzt, so daß in diesem Falle die Unregelmäßigkeiten tätsächlich begründet sind. Auch beeinflußt die Ausbildung architektonischer Gebäudegruppen das Stadtbild oft günstig" (KIESS, S. 408).

Als ein wichtiger Vertreter der Gartenstadt-Bewegung bemüht er sich, soziale Fragen wie das Problem des Wohnungsbaus zu lösen. Es genügt ihm nicht, „städtisches Dekor" zu ersinnen, sondern sein Interesse gilt den Elementen der Wohnarchitektur. „UNWIN führt Elemente ein, die bei SITTE nicht vorzufinden sind, wie z. B. die Vegetation, die bei SITTE bis auf einige ´dekorative´ Bepflanzungen den Blicken zu entziehen ist. Sein Hauptbeitrag besteht jedoch darin, bestimmte Formen von Wohnhausgruppen inventarisiert zu haben, insbesondere den ´Wohnhof´, den von Wohnungen umrahmten und von Verbindungswegen durchteilten kollektiven Raum, der eine

3.34 Perspektive zur Abb. 3.33. Ein „Viereck mittelgroßer Häuser" bildet einem kommunikativen Wohnhof.

Neuinterpretation des traditionellen Innenhofs des Bauernhauses oder des Landsitzes darstellt" (PANERAI u.a., S.169).

Für die Anordnung von Gebäuden zu städtebaulichen Einheiten macht UNWIN konkrete Vorschläge, die er detailliert in Illustrationen darstellt. Dabei befaßt er sich mit Zentren und Plätzen, Haupt- und Wohnstraßen, Bauplätzen und Gebäuden, aber auch mit sinnvollen Grundstückseinteilungen und Gebäudestellungen. Bei aller Genauigkeit im Detail läßt er den „Ausblick auf eine neue Gesellschaftsordnung" nicht unberücksichtigt, denn man müsse „das Leben und die allgemeine Wohlfahrt in Betracht ziehen". „Es ist charakteristisch für UNWIN, daß ´Town Planning in Practice´ in dieser sozialen Vision des Städtebaus gipfelt und damit nur die praktischen Bemühungen von Letchworth und Hampstead noch bekräftigt werden" (KIESS, S. 408/409).

3.3. Stadterweiterung und Stadtumbau

„So unvereinbar die beiden Grundprinzipien, das der *Regularität* und das der *individuellen Freiheit*, erscheinen, sind doch die höchsten Wirkungen der Städtebaukunst im Altertum und in der neuen Zeit aus einer Mischung der beiden entstanden."
Theodor FISCHER, 1901 (2, S. 237)

Gründerzeit: Massenwohnungsbau und Straßenbahn

Nach dem Ende des deutsch-französischen Krieges 1871 setzte in Deutschland etwa bis 1890 eine Wachstumseuphorie ein, die schon damals als „Gründerzeit" bezeichnet wurde. Im Zeichen weitgehenden Zollabbaus und der durch die französische Kriegsentschädigung ausgelösten Geldschwemme begleitete eine rege Bautätigkeit den eigentlichen Durchbruch der industriellen Revolution in Deutschland. In Berlin verdoppelte sich in diesem Zeitraum

die Bevölkerung von etwas über 800 000 auf 1,6 Millionen Einwohner. Der Wohnungsüberhang der späten sechziger Jahre war so sehr schnell abgebaut. Die Folgen waren großflächige Stadterweiterungen und einschneidende Stadtgrundrißveränderungen. Wie die Eisenbahn für die schnellen Städteverbindungen von größter Bedeutung war, so trug die Straßenbahn erheblich zur flächenmäßigen Ausweitung der Städte bei. Die ersten Straßenbahnen waren Pferdebahnen (1865 in Berlin) oder Dampf-Straßenbahnen (1877 in Kassel), die aber nur auf einzelnen Vorortlinien eingesetzt wurden. Nach der ersten Vorführung einer elektrischen Straßenbahn durch Siemens in Berlin konnte sich diese Bahn nach der Erfindung des Bügelstromabnehmers allgemein ab 1890 (erstmals in Bremen und Berlin) durchsetzen.

Die zentrifugale Wanderungsbewegung der Bevölkerung in den Großstädten Deutschlands setzte sich auch nach 1890 fort. Obwohl die Transportmöglichkeiten durch die Straßenbahnen erheblich verbessert worden waren, kam es nicht zu einem Verzicht auf das mehrgeschossige Mietshaus in hochverdichteter Bebauung. Dieser Haustyp, die sogenannte „Mietskaserne", war seit Mitte des 19. Jahrhunderts die charakteristische Wohnform der Mittel- und Arbeiterklasse in den meisten großen deutschen Städten geworden. Wichtige Gründe für die starke Verbreitung des Etagenwohnungsbaus waren die Bodenspekulation und die hohen Kosten, die dem Grundeigentümer durch die Stadterweiterungsplanung auferlegt wurden.

„In den 70er und 80er Jahren hatte sich außerhalb der Wohnungsbaureform-Kreise kaum jemand Sorgen um die ´Mietskaserne´ gemacht; aber schon in den 90er Jahren brachte man die ´Mietskaserne´ in Verbindung zu dem allgemeinen schlechten Gesundheitsniveau in den Städten und dem sozialen Problem im allgemeinen; das soziale Problem drängte sich der Mittelklasse in den zunehmenden Streiks und Unruhen unübersehbar auf, nachdem 1890 die Sozialistengesetze - die sozialdemokratische Partei und die Gewerkschaften betreffend - nicht weiter verlängert worden waren" (SUTCLIFFE, S. 156f).

3.35 „Berliner Zimmer" als Schlaf- und Heimarbeitsraum mit einem Eckfenster zwischen Haupt- und Seitenflügel.

3.36 Baracken von Berliner Obdachlosen vor dem Cottbusser Thor (Zeichnung von Georg Koch 1872)

3.37 Die erste Ulmer Straßenbahn 1897. Linien vom Ulmer Bahnhof zum Münster und zum Bahnhof Neu-Ulm.

Stadtregulierungen und technischer Städtebau

Auch in der zweiten Hälfte des 19. Jahrhunderts setzte sich der an HAUSSMANN´schen Straßendurchbrüchen orientierte Städtebau fort. Die zumeist geraden Fluchtlinien zwischen dem öffentlichen Straßenraum und dem privaten Blockinneren trennten die jeweiligen Interessensbereiche und bestimmten den Anteil der öffentlichen Planung. Von daher begrenzte sich der Städtebau häufig auf „Stadterweiterungen in technischer, baupolizeilicher und wirtschaftlicher Beziehung", wie Reinhard BAUMEISTER sein Buch von 1876 betitelte.

Im Sinne der reibungslosen Gewährleistung des Straßenverkehrs wurden städtebauliche Veränderungen oder Erweiterungen auch „Stadtregulierungen" genannt. Besonders der große Bauboom der Gründerjahre verlangte vor allem die Schaffung der technischen und sonstigen öffentlichen Voraussetzungen für die private Bautätigkeit. An eine differenzierte stadträumliche Ausformung der Freibereiche und der Straßen wurde nicht gedacht, wie später SITTE den Planern vorwarf (s. S. 63).

Erkennbar waren aber Bestrebungen, aus der Praxis der Stadterweiterungen allgemeingültige und möglichst umfassende Erkenntnisse über den Städtebau abzuleiten und, mit Beispielen versehen, publizistisch zu verbreiten. In der Tradition des „technischen Städtebaus", aber unter stärkerer Berücksichtigung der „künstlerischen Belange" als bei BAUMEISTER veröffentlichte Hermann Joseph STÜBBEN gegen Ende des Jahrhunderts, 1890, sein Buch „Der Städtebau". Es enthielt in der Einleitung wohl erstmals eine umfassende und differenzierte Definition der stadtplanerischen Tätigkeiten:

3.38 Baublöcke mit engen Höfen im „Bayrischen Viertel" in Berlin-Schöneberg aus den Jahren 1898 bis 1908.

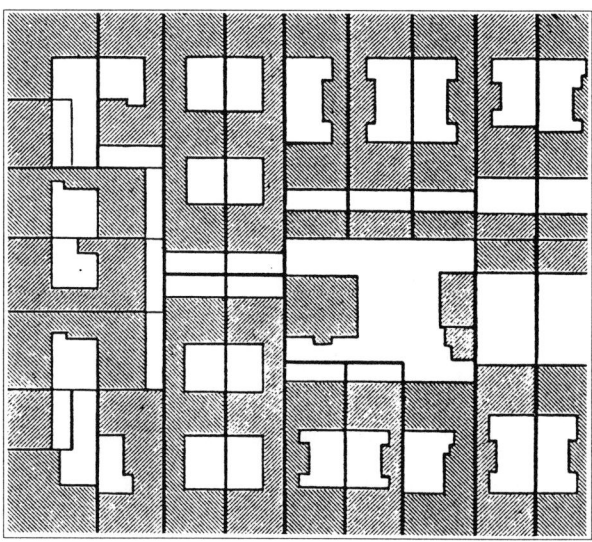

3.39 Häuserschluchten in Berlin-Tempelhof. „Mietskasernen" als Ursache für schlechtes Gesundheitsniveau.

3.40 Baublock in Berlin. „Das System der Seiten- und Hinterhäuser zum Nachteil der Bewohner oft wiederholt."

• „Der Städtebau in unserem Sinne hat alle diejenigen baulichen Anlagen zum Gegenstand, welche dazu bestimmt sind, einerseits der städtischen Bevölkerung die Errichtung zweckmäßiger Wohnungen und Arbeitsstätten, den Verkehr untereinander und die Erholung im Freien, andererseits dem Gemeinwesen die Errichtung der Baulichkeiten für Verwaltung, Gottesdienst, Unterricht, Gesundheits- und Krankenpflege, Lebensmittelversorgung, Sicherheit und Vergnügungen, Kunst und Wissenschaft, Verkehr und sonstige öffentliche Zwecke zu ermöglichen."

• „Der Städtebau bereitet also den allgemeinen Boden vor, auf welchem sich die bauliche Einzeltätigkeit entfaltet; er schafft die örtlichen Vorbedingungen, welche für das bürgerliche Wohnen, den städtischen Verkehr, die Besorgung der öffentlichen Angelegenheiten vorhanden sein müssen; er stellt den Rahmen auf, welcher die miteinander wetteifernden und sich bekämpfenden Einzelbestrebungen umfaßt, das Programm, nach welchem die private und öffentliche Bautätigkeit, sowie der große und kleine Verkehr sich einrichten sollen. Dabei treten technische und künstlerische, gesundheitliche und wirtschaftliche Rücksichten in Erscheinung; sie streiten nicht selten um den Vorrang und bedürfen der ausgleichenden Lösung."

• „Das städtische Wohnen, das bürgerliche Erwerbsleben, der Fern- und Ortsverkehr, die städtischen Gemeinsamkeitsanlagen sind daher die Ausgangs- und die Zielpunkte alles dessen, was unter den Begriff des Städtebaus fällt. Die Anlage einer neuen Stadt oder eines neuen Stadtteils, wie die Verbesserung alter Stadtviertel, hat auszugehen von den obwaltenden örtlichen Erfordernissen des Wohnens, der gewerblichen Tätigkeit, des Verkehrs und der Gemeinsamkeit; sie hat an die örtlichen Gepflo-

genheiten und Bestrebungen anzuknüpfen und sie verbessernd und umgestaltend einer vollkommeneren Entwicklung entgegenzuführen."

Der „Ausführung des Stadtbauplanes" widmet STÜBBEN das Abschlußkapitel. Neben Beschreibungen der „Aufgaben der Gemeinde und der Privaten", Enteignung oder die „Benutzung der Straßen durch die Anstößer für Privatzwecke" werden Bauordnungen verschiedener Städte dargestellt. Ein wichtiges Instrument sind dabei zur „Staffelung" der Bebauung in den einzelnen „Ortsbezirken" einer Stadt die **Bauzonen- oder Baustaffelpläne**:

„Die Ortsbezirke, nach welchen die Staffelung sich vollzieht, werden Zonen oder Bauzonen genannt, die Staffelungsgrade selbst heißen Klassen oder Bauklassen. Die Bezeichnung Zonen kommt daher, daß bei Einführung der Staffelung in den 1890er Jahren der leitende Gedanke war, die Baudichtigkeit geographisch in einer annähernden Zonenform nach außen abnehmen zu lassen."

„Die Entwickelung hat dahin geführt, daß man diese Zonen- und Klassen-Einteilung im großen Ganzen, soweit es sich um unbebautes Stadterweiterungsgelände handelt, als eine vorbereitende und prohibitive Maßnahme betrachtet und dieser die Vorschrift einer sehr lockeren, flachen Bauweise zu Grunde liegt, die endgültigen Staffeln der Bauordnung aber erst gleichzeitig mit den Einzelheiten des Bebauungsplanes feststellt. Dabei kann das Wesen der verschiedenen Stadtteile, Straßen, Plätze und Blöcke weit eingehender berücksichtigt werden" (STÜBBEN, S. 650).

Als Beispiele werden Wien, Köln und Frankfurt genannt, aber fast alle größeren Städte auch des Auslandes erhielten als „Stadtregulierungs- und Stadterweiterungspläne" ähnliche Bauzonen- oder Bau-

3.41 „Gemischte Bauweise" nach Theodor GOECKE 1891. Hohe Randgebäude mit niedriger Innenbebauung.

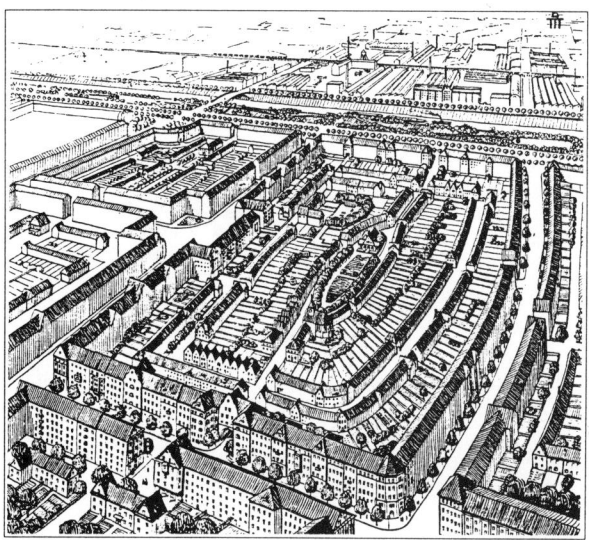

3.42 „Gemischte Bauweise" aus dem Entwurf für Groß-Berlin von B. MÖHRING, R. EBERSTADT. R. PETERSEN.

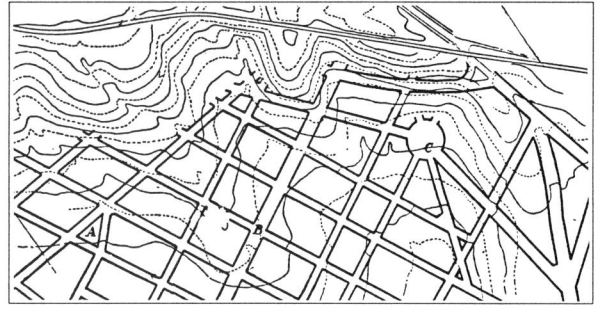

3.43 a Bebauungsplan für Stuttgart-West von 1860-70.

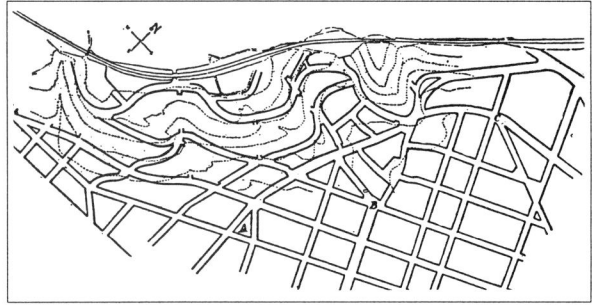

3.43 b Derselbe Plan mit Anpassung an das Gelände von Th. FISCHER aus dem Jahr 1902 (Vgl. die Punkte ABC).

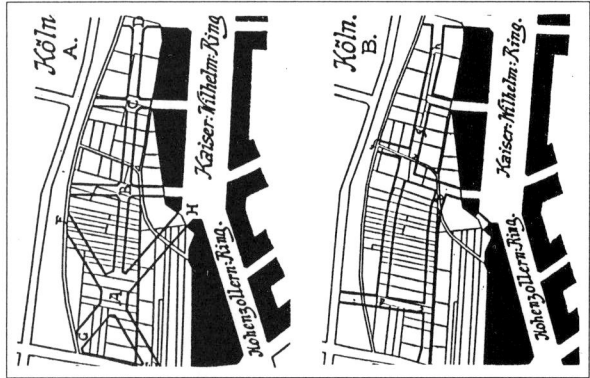

3.44 Plan ohne Rücksicht auf Grundstücksgrenzen (l.) und nach der von C. SITTE vorgeschlagenen Methode.

staffelpläne. Sie sind vielfach auch heute noch gültig, soweit sie nicht durch moderne Bebauungspläne ersetzt wurden. In München entwickelte Theodor FISCHER anstelle „einer Einteilung der Stadt in Bauzonen" eine **Staffelbauordnung**, die 1904 wirksam wurde. Mit ihr konnte „die Bebauung differenziert und doch pragmatisch klar vorgeschrieben werden".

Durch neun Baustaffeln, vier für offene und fünf für geschlossene Bebauung, legte Fischer fest, wie entlang der Hauptachsen eine Verdichtung weit über die Stadtmitte hinaus betrieben werden konnte, wobei gleichzeitig in den vom Verkehr abgewandten Bereichen eine Abstufung und Öffnung der Bebauung möglich wurde. Dadurch waren sowohl die „Interessen von Stadtverwaltung und Grundbesitzern" als auch die „Vorstellungen der Bürgerschaft vom Münchner Stadtbild" erfüllt (NERDINGER, S. 32).

Eine Detaillierung der Baustaffeln für Teilgebiete erfolgte in Plänen mit Angabe von **Baulinien**, die andernorts auch als **Fluchtlinien** (siehe ALBERS 2) bezeichnet wurden. STÜBBEN erwähnt dabei die Notwendigkeit der Rücksichtnahme auf die Grundbesitzverhältnisse und die Topographie.

Camillo Sitte und der künstlerische Städtebau

SITTE will in seinem Buch von 1889 „Der Städte-Bau nach seinen künstlerischen Grundsätzen", das bereits im selben Jahr die zweite und ein Jahr später die dritte Auflage erlebte, alte und neue Städte „rein kunsttechnisch" analysieren, „um die Motive der Komposition bloßzulegen, auf denen dort: Harmonie und sinnberückende Wirkung, hier: Zerfahrenheit und Langweiligkeit beruhen; und das Ganze zu

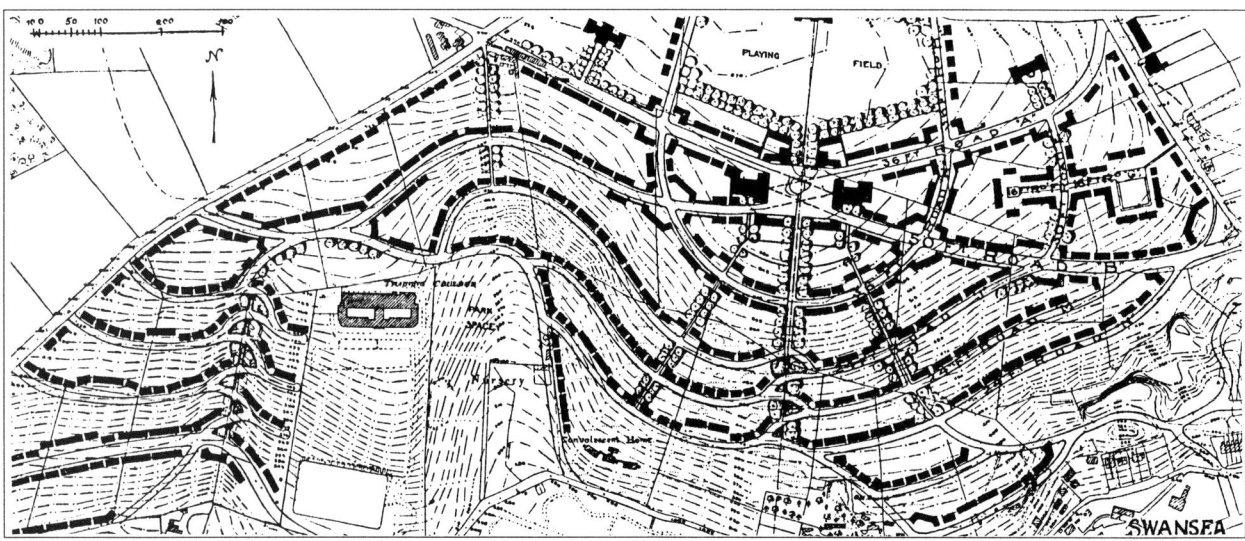

3.45 Erweiterung von Swansea am Küstengehänge (Entwurf R. UNWIN). Die Kenntnis der „Schönheit der Regelmäßigkeit und der Unregelmäßigkeit" wird davor bewahren, „vorhandene Züge der Landschaft unüberlegt zu vernichten".

dem Zweck, womöglich einen Ausweg zu finden, der uns aus dem modernen Häuserkastensystem befreit, die der Vernichtung immer mehr anheimfallenden schönen Altstädte nach Tunlichkeit rettet und schließlich auch selbst den alten Meisterleistungen ähnliches hervorbringen ließe" (S. 3/4, Einleitung).

Ihm kommt sicherlich das Verdienst zu, in einer Zeit der zweidimensionalen Erweiterungspläne der „Stadtregulierungen" die Dreidimensionalität des Städtebaus ins Bewußtsein der damaligen Fachwelt gebracht zu haben. Er beschäftigt sich vornehmlich mit der ästhetischen Wirkung öffentlicher Plätze, ohne daß er die verkehrsplanerischen und hygienischen Notwendigkeiten „moderner Stadtanlagen" unerwähnt läßt. Bei antiken, mittelalterlichen und barocken Stadtmitten erkennt er „künstlerische Grundsätze", die er auf „moderne Systeme" überträgt.

Dabei kritisiert er heftig die „schablonenmäßigen Vorrastrierungssysteme" des Straßennetzes mit ihrem „leidigen Blocksystem" „moderner Bauwürfel". Mehrmals erwähnt er in diesem Zusammenhang das Buch von BAUMEISTER. Er sieht aber auch die „Grenzen der Kunst bei modernen Stadtanlagen", da sich das „öffentliche Leben" unwiderruflich gewandelt habe und die „moderne Millionenstadt" zu „Wertsteigerungen des Baugrundes" und damit zur „möglichsten Ausnutzung" geführt habe (s. Auszüge S. 306).

SITTES Buch fand einerseits begeisterte Aufnahme, andererseits stieß es auf heftige Kritik. Zu seiner Anhängerschaft, die sich einer „SITTE-Schule" zugehörig fühlte, gehörten fast alle namhaften Städtebauer an, so Karl HENRICI, Friedrich PÜTZER und auch Theodor FISCHER, der allerdings auch Skepsis zum Ausdruck bringt. „Der Fehler ist nur vor allem zu vermeiden, dass wir in Bewunderung der historischen Form uns verlieren und der Altertümelei verfallen" (FISCHER 2). Kritische Distanz hielten A. E. BRINCK-

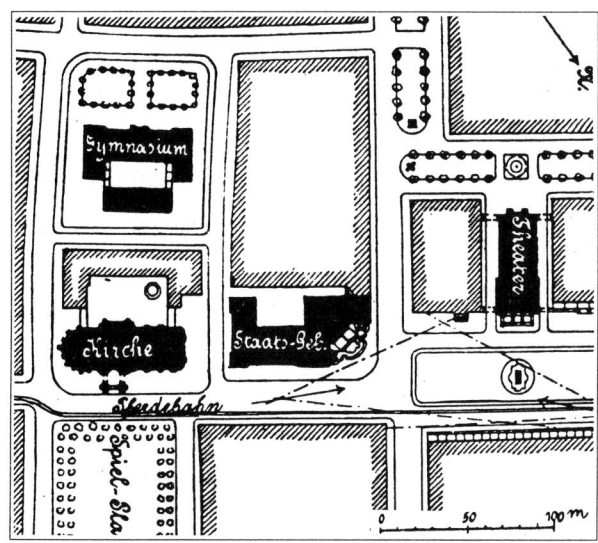

3.46 Platzanlage in München, Entwurf Karl HENRICI 1893. Dem Vermächtnis von Camillo SITTE verpflichtet.

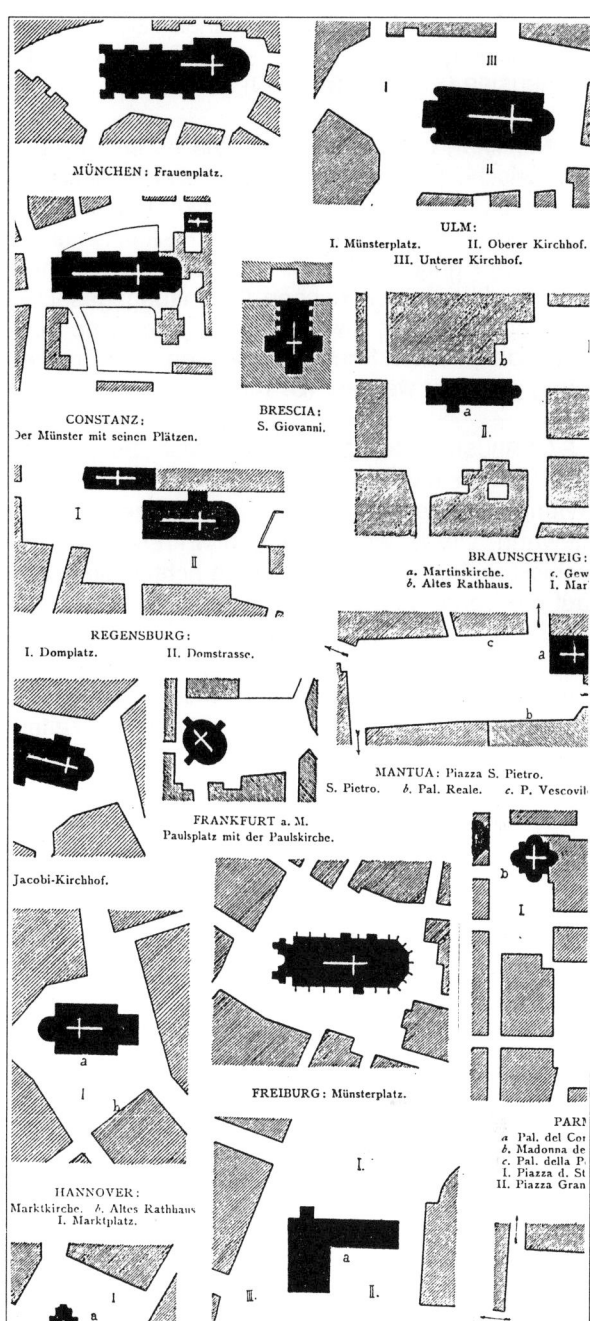

3.47 Camillo SITTE. Beispiele für Platzanlagen in Süd- und Nordeuropa und ihre Beziehung zu „Monumenten".

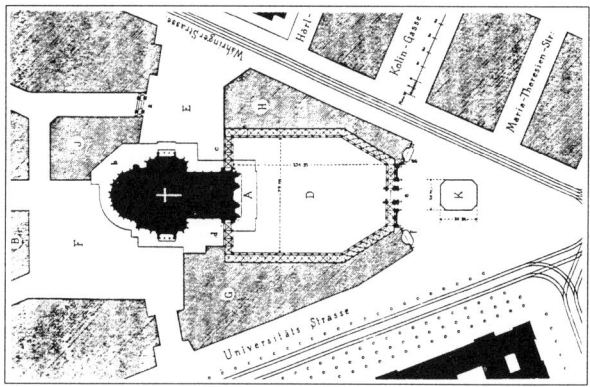

3.48 Entwurf von SITTE zur Umgestaltung des Platzes vor der Votivkirche am Wiener Ring mit einem Atrium.

MANN, Bruno TAUT und L. HILBERSEIMER sowie im Ausland Raymond UNWIN, Patrick GEDDES und LE CORBUSIER (KIESS, S.398/399).

BRINCKMANN bedauerte 1920, daß es immer noch „malerische Stadtplaner" gäbe, die nicht einsehen wollten, daß SITTE, „dieser Romantiker, die Baukunst auf ähnliche Abwege führte wie der Historizismus die gesamte Kunst". „Wir wollen vor allem versuchen, den stadtbaukünstlerischen Gestaltungsgesetzen beizukommen, die ewig gültig sind, wenn sie auch von jedem echten Schöpfer zu besonderer Erscheinung gebracht werden" (S. 105, 107).

LE CORBUSIER stellt 1925 für sich fest: „Es gab eine Zeit, zu der mich die Lektüre Camillo SITTES, des Wieners, hinterlistig für das malerische Stadtbild gewann. Die Beweisführungen SITTES waren geschickt, seine Theorien schienen richtig; sie waren auf die Vergangenheit gegründet. In Wahrheit waren sie die Vergangenheit selbst - die Vergangenheit auf kleinem Fuß, die gefühlsselige Vergangenheit, das ein bißchen unbedeutende Blümlein am Wegrain. Diese Vergangenheit war nicht jene der Blütezeiten; sie war die der Anpassungen" (S. X).

Fritz SCHUMACHER formulierte 1935 eine Einschätzung von Camillo SITTE und seiner „Städtebaubewegung", die schon die städtebaulichen Absichten der Nationalsozialisten einbezog:

„Die Reformatoren (SITTE und HENRICI) beschäftigten sich zuerst mit dem, was zu bewegen in ihrer Macht stand. Das waren die äußeren Dinge architektonischer Wirkung. Und sie beschäftigten sich teils aus Ohnmacht, teils aus Eifer oftmals zuviel mit ihnen. Es kam eine Periode, wo die Reize, die man alten Städten ablauschen konnte, eine nicht ungefährliche Rolle spielten, weil sie die Meinung aufkommen lassen konnte, daß die Ansprüche, die

der Architekt stellte, sich im Dekorativen erschöpfte und die Sache mit etwas Kulissenzauber abgetan sei" (SCHUMACHER, S. 99).

Auch heute noch gibt es begeisterte Anhänger, aber auch Kritiker, die SITTE Einseitigkeit vorwerfen, ihn aber in gleicher Weise interpretieren: „SITTE als Mitglied des mehr und mehr an gesellschaftlicher Bedeutung verlierenden, idealistische Vorstellungen bewahrenden Bildungsbürgertums suchte mit vielen anderen den gesellschaftlichen Anspruch seiner Klasse zu behaupten. Eine tragische Entwicklung, in die SITTE eingebettet war als Kind seiner Zeit."

„Und so sollten wir ihn auch heute sehen und nicht versuchen, uns an seiner ´Stadtbaukunst´ zu ´bereichern´, denn für einen Städtebau, der sich am Gebrauchswert von Wohnung und Stadt ausrichtet, der die brennenden sozialen Probleme in den Städten anzugehen versucht, der die Gegenwart im Auge hat und die Autoritäten ablehnt, weil die Stadtbewohner an den Konflikten um die Lösung dieser Probleme mit zu beteiligen sind, für einen solchen Städtebau bietet Sitte heute so wenig wie zu seiner eigenen Zeit eine Anregung" (FEHL, S. 217).

Trotzdem ist festzuhalten, daß SITTE das städtebauliche Denken um die Jahrhundertwende nachhaltig geprägt hat. In der damaligen Zeit begann sich die Polarität zwischen dem konservativen und dem fortschrittlichen Planungs- und Sozialdenken zu verschärfen, die sich schließlich zu unversöhnlichen Gegensätzen zwischen der Gartenstadtbewegung und den Anhängern des „Neuen Bauens" steigerte. Gerade vor diesem Hintergrund ist es auch heute noch wert, sich mit seinem Buch auseinanderzusetzen.

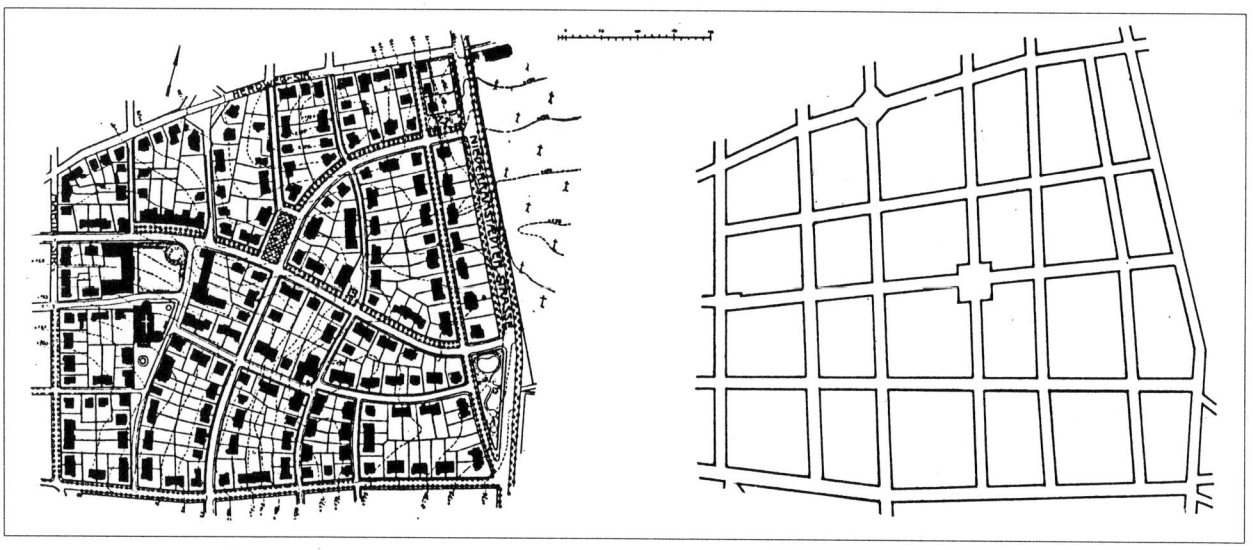

3.49 Entwurf des SITTE-Anhängers Friedrich PÜTZER für einen Vorort Darmstadts (l.) als Gegenvorschlag zu einem schematischen Bebauungsplan der Stadtverwaltung. Ein neues Städtebauverständnis durch künstlerischen Städtebau.

„Grundsätze des Städtebaus" 1906

Die Gegensätze zwischen den jeweiligen Vertretern des „technischen" und des „künstlerischen" Städtebaus wurden 1906 bei der lebhaften Diskussion um „Grundsätze des Städtebaus" offen angesprochen. Der Verband Deutscher Architekten- und Ingenieur-Vereine wollte damit bei seiner „Wanderversammlung" am 4. September 1906 in Mannheim seine „Grundzüge für Stadterweiterungen" von 1874 (s. S. 29) erneuern. In dem Entwurf von Reinhard BAUMEISTER, Bauingenieur aus Karlsruhe, der diesen in einem Referat vortrug, wurden verstärkt ästhetische und künstlerische Gesichtspunkte berücksichtigt, aber offensichtlich noch nicht ausreichend genug.

In einem Korreferat betonte Karl HOCHEDER, Architekt aus München, zwar, daß die „vorliegenden Grundsätze ästhetischen Vorschriften einen ziemlich breiten Raum gewähren" würden, während 1874 diese noch verworfen worden seien. Trotzdem sei dieser Aspekt nicht hinreichend berücksichtigt, denn es gelte, „zwei verschiedene Richtungen des Schaffens" zu vereinigen: „Hinter der einen Richtung steht die Erkenntnis, das technische Können, die Wissenschaft, hinter der anderen die Empfindung, die Kunst" (Deutsche Bauzeitung 1906, S. 577/578).

Wiederum in sieben Punkten, aber mit jeweils anderem Inhalt als 1874, trägt BAUMEISTER die neuen „Grundsätze des Städtebaus" vor (siehe Auszüge S. 67). Einleitend sagt er, es sei ihm eine „werte Pflicht, hier wenigstens aus dem *Baufach* die Mitarbeiter zu nennen, welche größere Beiträge zur Literatur des Städtebaues geliefert haben: STÜBBEN, SITTE, GOECKE, GURLITT, HENRICI, LASNE, NUSSBAUM, GENZMER, ABENDROTH, und noch viele andere für einzelne Gegenstände. Angesichts dieses umfassenden Materiales schien es mir, da mir wiederum die Ehre der Berichterstattung zuteil geworden, zweckmäßig, zu den Leitsätzen von 1874 nicht bloße Zusätze zu machen, sondern eine neue Fassung vorzunehmen".

Bei den „technischen, ästhetischen, gesundheitlichen, sozialen und wirtschaftlichen Rücksichten", die BAUMEISTER in „1. Allgemeiner Standpunkt" nennt, sei eine „Vermittlung" zu erstreben. „Glücklicherweise verbreiten sich mehr und mehr zwei allgemeine Regeln: die eine bezeichnet als wichtigste Aufgabe des Städtebaues die Lösung der *Wohnungsfrage*, die andere lautet: im Bauwesen beruht Schönheit auf *Zweckmäßigkeit*. Mit diesen beiden Sätzen lassen sich einseitige Ansprüche auf das richtige Maß beschränken, wie sie etwa im Namen der Hygiene oder im Zeichen des Verkehrs oder für künstlerische Gedanken erhoben werden mögen."

Er spricht sich zwar für „schöne Einzelbauten" und „schöne Gesamtbilder" aus, weshalb insbesondere

„das Vorhandene" zu schonen sei, worum sich die „Denkmalpflege und der Heimatschutz" bemüht. Aber „ästhetische Vorschriften" lehne er ab, da „die Frage der Schönheit wandelbar und die Autorität des Richters zweifelhaft bleibt". Allein die „*baupolizeilichen*, namentlich die hygienischen Vorschriften" ließen sich als „öffentliches Interesse" auch „wissenschaftlich und erfahrungsgemäß *begründen*" (S. 556/557).

Die „2. Anordnung des Planes" solle kein „Entwerfen in kleineren Bruchstücken", sondern die „Aufstellung eines *Gesamtplanes*" sein, um den „rechten Zusammenhang sowohl für den mannigfaltigen Verkehr als für den architektonischen Eindruck zu erzielen". Eine „weitere Aufgabe des Städtebaus" sieht BAUMEISTER in der „passenden *sozialen Gruppierung* der mannigfaltigen Baubedürfnisse". Sowohl mit „Zwangsmitteln" als auch mit „Lockmitteln" sollten für „gewisse Gruppen" Straßen und Bezirke festgelegt bzw. empfohlen werden.

„Als wichtige Bestandteile eines Entwurfes sind noch Baustellen für öffentliche Gebäude oder für Gruppen derselben anzuführen, gewählt teils mit bestimmten Zwecken, teils wegen geeigneter Lage. Sodann müssen gewisse Flächen rechtzeitig von der Ueberbauung frei gehalten werden, namentlich bestehende und beabsichtigte *Grünflächen*, als Parkanlagen und Stadtgarten, Erholungs- und Spielplätze, Squares und Pachtgärten, mit ihrem bekannten gesundheitlichen und moralischen Segen. Dabei kommt vielleicht die Entfestigung einer Stadt in Frage, das Bauverbot an sog. Panoramastraßen, ferner der Wunsch, die einzelnen Parkflächen durch Promenaden in gegenseitige Verbindung zu bringen, oder die ganze Stadt mit einem grünen Gürtel zu umschlingen" (S. 557).

Es folgen Grundsätze zu „3. Straßen", wobei er sich intensiv mit den „Gegensatz zwischen *geradliniger* und *krummliniger* Straßenführung" auseinandersetzt und ein „ungesuchtes *natürliches* Verfahren" befürwortet, „welches bald zu geraden, bald zu krummen Straßen führen wird". Bei „4. Plätze" favorisiert er eher „zahlreiche mäßige als wenige große Plätze" und unterscheidet nach dem Zweck „Verkehrsplätze, Nutzplätze, Monumentalplätze, Gartenplätze". Die „5. Formen der Bebauung" bilden „äußerste Gegensätze einerseits das Einfamilienhaus, andererseits das Massenmietshaus oder die ´Mietskaserne´" (S. 557/558, 568-570).

„Besonders wichtig ist es im Städtebau, wie eng und wie hoch gebaut werden darf, d. h. die *Baudichtigkeit* in waagrechter und in senkrechter Richtung. Sie muß nicht nur aus gesundheitlichen, sondern auch aus wirtschaftlichen Gründen beschränkt werden, weil infolge der *Wechselwirkungen* zwischen den Bodenpreisen und den Vorschriften über Baudichtigkeit die Wohnungsfrage vorzugsweise eine *Bodenfrage* ist." Es folgen Ausführungen über „6. Eigentumsverhältnisse" mit Enteignung, Umlegung und „wildem Bauen", sowie „7. Kostendeckung" mit den Erschließungsbeiträgen, wie wir heute sagen, und deren Bemessungsgrundlagen (S. 570-573).

In seinem Korreferat begrüßt Karl HOCHEDER, „daß die Kunst in der Frage des 'Städtebaus' ein *gewichtiges* Wort mitzusprechen habe. Es gebieten mir zunächst Dankbarkeit und Pflichtgefühl an dieser Stelle, den Namen Camillo Sitte als denjenigen zu nennen, dessen Träger den ersten wirkungsvollen Anstoß zu diesem wichtigen Umschwung in der Städtebaufrage gegeben hat. Seitdem hat sein Buch 'Die künstlerische Seite des Städtebaues' die Runde in der zivilisierten Welt gemacht und sein Name wird dauernd in der Geschichte der modernen Städtebaukunst einen Ehrenplatz einnehmen."

„Vorher hatte ein einseitig lehrhafter, bis weit in die 2. Hälfte des verflossenen Jahrhunderts hinein herrschender Nützlichkeitsstandpunkt unseren modernen Städten gleichmäßig den Stempel nüchterner Verstandesschöpfungen aufgedrückt. Forderungen, die da waren: Mindestaufwand an Material und Geldmitteln, geradlinige Wege als kürzeste und billigste galten als erstrebenswertes Ziel. Inzwischen hat aber die Praxis dargetan, daß diese vom reinen Nützlichkeitsstandpunkt eingegebenen Grundsätze sich nicht einmal für alle Falle bewährt haben" (S. 577).

Weiter betont HOCHEDER die große Bedeutung der „Göttin Kunst" in Architektur und Städtebau. Architekten und Ingenieure mit ihren „beiderseitigen Fähigkeiten" dürften es als ihre „vornehmste Pflicht ansehen, an der Hebung des Geschmacks hervorragend" besonders auf dem „Gebiet des Städtebaus" mitzuwirken.

„Diese unsere beiderseitigen Fähigkeiten spalten sich bekanntlich nach zwei verschiedenen Richtungen des Schaffens. Hinter der einen Richtung steht die Erkenntnis, das technische Können, die Wissenschaft, hinter der anderen die Empfindung, die Kunst. Selten sind diese beiden Fahigkeiten gleichmäßig entwickelt in *einer* Person vereinigt, vielmehr kann, von diesen seltenen Ausnahmen abgesehen, ganz allgemein der Ingenieur als Vertreter der Richtung, die vorwiegend auf dem Boden der Erkenntnis schafft, und der Architekt als derjenige, der vorwiegend auf dem Wege der Empfindung zum Gestalten gelangt, angesehen werden. Beide Fähigkeiten sind aber unerläßlich für das praktische Schaffen, und von ihrem richtigen Ineinandergreifen hängt der gewünschte Erfolg ab" (S. 578).

Die „*erste* gestaltende Kraft im Leben" sei der „Kampf ums Dasein", aber das „Bedürfnis nach Idealen, der Hunger nach Kultur", laufe gleichzeitig einher und trete nur in „Zeiten der tiefsten Not" zurück. „Damit ist gesagt, daß der Kunst der Vortritt, die Führerrolle überall da einzuräumen ist, wo das Gestalten nicht ausschließlich an die rein konstruktive Form gebun-

den ist. Für diese ist ja wohl auch eine sogenannte Zweckmäßigkeitsschönheit am Endpunkt der Entwicklung zu erwarten. Diese allein aber mache noch nicht das Wesen der Kunst aus. Eine nicht an die Konstruktion ausschließlich gebundene Gestaltungsfrage liegt aber beim Städtebau vor. Er ist deshalb zweifellos zunächst eine Angelegenheit der Kunst, und zwar, wie Th. FISCHER meint, eine Kunst, mit einer ganz gehörigen Last von Technik behangen" (S. 579/580).

Zur Ziffer 1 der Grundsätze machte HOCHEDER einen Ergänzungsvorschlag, der „im wesentlichen von Prof. HENRICI" herrührte: „Der Bebauungsplan hat unter Erfüllung aller in verkehrstechnischer, gesundheitlicher und sozialer Beziehung zu stellenden Bedingungen in erster Linie die Grundlage zu einem das Wohnbedürfnis voll befriedigenden Anbau darzubieten, derart, daß überall die Entstehung wohltuender Raumeindrücke und wirkungsvoller Stadtbilder gewährleistet wird" (S. 580).

Nach weiteren Ausführungen, so auch über „städtische Bepflanzungen", „Bebauungsdichtigkeit" und die Festlegung der Pläne fand eine Diskussion statt, an der sich auch Hermann Joseph STÜBBEN beteiligte. „Er führt aus, daß der Städtebauer eigentlich nicht zugeben dürfe, daß es einen berechtigten Utilitäts-Städtebau gebe, bei dem künstlerische Gesichtspunkte außer Betracht bleiben. Der Städtebau sei vielmehr eine hohe Kunst, Raumkunst unter freiem Himmel. Wie in jedem anderen Zweige der Baukunst seien dabei aber eine große Reihe praktischer, hygienischer und technischer Anforderungen in künstlerischem Rahmen zu erfüllen. Nur der sei ein Städtebaukünstler, der allen diesen Anforderungen in vollkommener Weise Rechnung trage. Wenn BAUMEISTER auch die praktische Seite betont habe, so stehe er doch nicht im Widerspruch mit HOCHEDER, dessen Ausführungen wohl vor allem darauf hinliefen, daß die künstlerische Phantasie nicht fehlen dürfe, denn ohne diese würde auch mit der Beachtung der Leitsätze noch kein guter Stadtbauplan zustande kommen" (S. 604).

Im Schlußwort blieb BAUMEISTER jedoch bei seinem Standpunkt: „Wenn er ein kleines Wort pro domo sprechen dürfe, so glaube er sagen zu dürfen, daß er selbst seit 1876 dem künstlerischen Moment im Städtebau die richtige Stelle angewiesen habe. Ebenso habe STÜBBEN gearbeitet. Sie beide hätten längst den Standpunkt vertreten, daß technische und ästhetische Rücksichten zusammen beachtet werden müssen. Diese Anschauung sei nicht erst das Verdienst späterer, aus Künstlerkreisen stammender Schriftsteller." Auch sei manches schon vorher vorgeschlagen worden, wie die „Trennung von Bauflucht und Hausflucht und anderes, was später Camillo SITTE angestrebt habe. Der Städtebau sei nicht neu geschaffen durch einen einzelnen Mann der neueren Zeit, sondern habe sich seit 1874 fortschreitend entwickelt" (S. 605).

Grundsätze des Städtebaus 1906 - Textauszüge -

aufgestellt für die Wanderversammlung des Verbandes Deutscher Architekten- und Ingenieur-Vereine in Mannheim 1906
von Hrn. Ob.-Brt. Prof. Reinhard BAUMEISTER in Karlsruhe

1. Allgemeiner Standpunkt

„Im Städtebau sind technische. ästhetische, gesundheitliche, soziale und wirtschaftliche Rücksichten zu beachten und zu vereinigen. In ästhetischer Beziehung handelt es sich um die architektonische Raumgestaltung und um die landschaftliche Wirkung, dabei insonderheit auch um Denkmalpflege und Heimatschutz."

2. Anordnung des Planes

„Es sollen alle voraussichtlichen Verkehrsmittel: Straßen nebst Gleisen, Reitwege, Radfahrwege. selbständige Fußwege, Eisenbahnen, Wasserwege, sowie die Anlagen zur Städtereinigung planmäßig festgestellt werden. Eisenbahnen dürfen irn Stadtgebiet nicht in gleicher Höhe mit Straßen, müssen daher in der Regel über oder unter dem Gelände liegen.
Nach Bedarf sind gewisse Straßen oder Bezirke vorherrschend für Geschäftshäuser, für Fabriken, für Wohnhäuser, für ländliche Wohnungen zu bestimmen; ferner sind Baustellen für öffentliche Gebäude vorzusehen und gewisse Flächen von der Ueberbauung frei zu halten. Als Hilfsmittel zu dieser Gruppierung dienen: geeignete Lage, zweckmäßige Verkehrsmittel, passende Blockgrößen, baupolizeiliche und gewerbliche Vorschriften.
Beide vorstehende Aufgaben erfordern eine beträchtliche Ausdehnung der Entwürfe, wenigstens in den Grundzügen, nach Umständen mit Einschluß von vorhandenen und von beabsichtigten Vororten."

3. Straßen

„Im Straßennetz sind möglichst klar Hauptstraßen und Nebenstraßen zu unterscheiden. Der Entwurf soll zunächst die ersteren enthalten, wobei vornehmlich radiale, ringförmige und diagonale Richtungen in Betracht kommen. Von Nebenstraßen sind nur solche aufzunehmen, welche durch örtliche Umstände bestimmt vorgezeichnet sind. Die sonstige untergeordnete Teilung mittels Wohnstraßen, Fabrikstraßen, Spazierwegen, ist erst nach dem Bedürfnis einer näheren Zukunft vorzunehmen oder der Privattätigkeit unter behördlicher Genehmigung zu überlassen." ...
„Die Breite und Ausstattung der Straßen richtet sich nach der Bedeutung des Verkehrs und nach der zulässigen Höhe der Häuser. In Hauptstraßen ist eine ansehnliche Breite zu wünschen, unter Umständen durch Vorgärten im öffentlichen oder Privatbesitz vorzubereiten, welche in Zukunft wieder entfernt werden. In Nebenstraßen genügt eine geringe Breite, wozu Vorgärten treten können bei voraussichtlich hohen Häusern, bei beabsichtigten Baumreihen oder in Landhausbezirken."

4. Plätze

„Von Plätzen ist eine reichliche Anzahl, aber nur teilweise eine erhebliche Größe derselben erforderlich. Nach dem vorherrschenden Zweck sind folgende Regeln im Verhältnis zu ihrer Bedeutung zu beachten:
Die Form der Plätze und die Lage der einmündenden Straßen sind so zu wählen, daß die Verkehrslinien vorzugsweise an die Ränder gelegt, sonst über die Fläche möglichst zerstreut, keinesfalls auf einen Mittelpunkt gerichtet werden.
Die Wände des Platzes sind tunlichst geschlossen zu halten, über Straßenmündungen vielleicht torartig zu vereinigen. Die Fläche kann in gewissen Fällen geneigt, das Mittelfeld vertieft werden.
Für die Stellung öffentlicher Gebäude und Denkmäler sind zu erwägen: etwaiger erhöhter Standpunkt, passende Sehweite (2-3fache Höhe), Zielrichtung aus der Ferne oder Ueberraschung aus der Nähe, geschlossener Hintergrund.
Pflanzungen, von einer bedeutenden Architektur beherrscht, sollten gewöhnlich geometrisch regelmäßig angeordnet werden; besitzen sie aber großen Umfang oder Selbstzweck innerhalb einer baulich einfachen Umgebung, so ist freie, malerische Anlage vorzuziehen. Manchmal eignet sich ein Uebergang oder eine Vermittlung zwischen beiden Arten des Gartenstiles."

5. Formen der Bebauung

„Von den drei Wohnformen: Einfamilienhäuser, Bürgerhäuser, Mietkasernen sind die beiden ersteren zu begünstigen, die letztere ist nur in älteren Stadtteilen, unter Milderung ihrer Uebelstände, zu erhalten, in neueren dagegen zu bekämpfen.
Die Baudichtigkeit in wagrechter und in senkrechter Richtung muß nicht nur aus hygienischen, sondern auch aus wirtschaftlichen Gründen gesetzlich beschränkt werden. Die hierzu dienenden Vorschriften sind in einem größeren Stadtplan *abzustufen*, nach Bezirken (Zonen), nach kleineren Flächenteilen oder nach Straßenstrecken. Die Stufen sind teils auf Grund der bestehenden Bodenwerte, teils mit Rücksicht auf die erwünschte Bauweise zu wählen." ...
„Die sogenannte offene Bauweise eignet sich sowohl bei kleinen als bei großen Baulichkeiten vor allem für Landhausbezirke, dagegen nicht für Geschäftsstraßen. Der gebotene Abstand soll in angemessenem Verhältnis zur Häuserhöhe stehen. Die hygienischen und ästhetischen Vorteile der offenen Bauweise lassen sich einigermaßen auch bei der halboffenen Bauweise erreichen und in demselben Grade die wirtschaftlichen Nachteile verringern. Statt der offenen Bauweise dient bei ringsum geschlossen bebauten Blöcken die Offenhaltung eines reichlichen Luft-Raumes im Inneren. Dieselbe Maßregel empfiehlt sich zwecks Herstellung eines öffentlichen Parkes oder Gebäudes im Inneren eines großen Blockes. Dagegen sind Hintergebäude tunlichst zu unterdrücken und lieber Zwischenstraßen durchzulegen."

6. Eigentumsverhältnisse

Das Enteignungsrecht der Gemeinde ist auf allen Privatbesitz zu erstrecken, welchen der Städtebau im öffentlichen Interesse erfordert. Für Grundstücks-Reste, welche infolge Durchlegung einer Straße entstehen, ist deren *Enteignung* und *Eineignung* gesetzlich zu erleichtern, ebenso die zwangsweise *Umlegung* von unbebauten Grundstücken, deren Form die Bebauung erschwert, sowie die *Zonenenteignung* im bebauten Gelände aus Gründen der Gesundheit oder des Verkehrs."
„Für vereinzelte Neubauten, welche außerhalb der vorhandenen Straßen errichtet werden sollen, sind bestimmte Bedingungen hinsichtlich ihrer Zugänglichkeit und Entwässerung aufzustellen; zugleich können derartige Neubauten auf bestimmte Zwecke: Fabriken, Landwohnungen, Ein- oder Zweifamilienhäuser beschränkt werden."

7. Kostendeckung

„In dem Beitrag oder Ersatz für Herstellung neuer Straßen, welchen angrenzende Eigentümer zu leisten haben, sind die Kosten für Grunderwerb, Planierung, Befestigung und für Entwässerung über die ganze Länge der beabsichtigten Straße zusammenzurechnen und auszuteilen." ...
„Von Beiträgen kann durch die Gemeinde ein Teil nachgelassen werden, wenn Woh nungen beabsichtigt werden, deren Förderung im allgemeinen Interesse liegt. Dabei sind jedoch gewisse Bedingungen über Größe und Bauweise der Wohnungen (Kleinwohnungen), über die.Art der Vermietung und des Verkaufes, über die Einschränkung des Gewinnes aufzustellen."

(Deutsche Bauzeitung 1906, S. 348 f.)

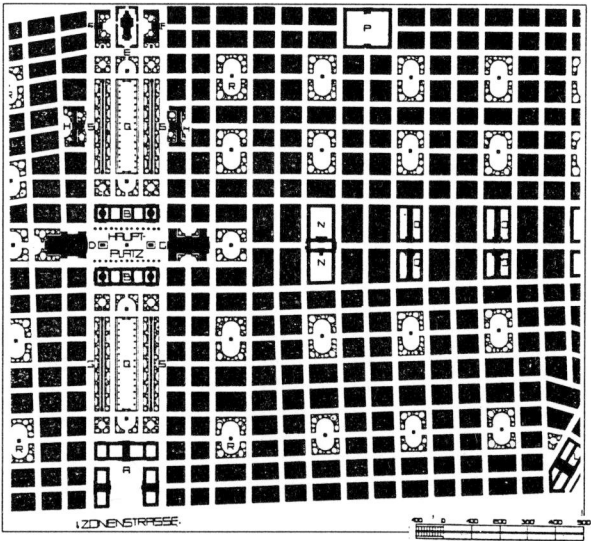

3.50 Wien als unbegrenzte Großstadt von Otto WAGNER 1911. „Freie Entwicklung für immerwährende Zeiten."

3.51 WAGNER- Entwurf für den XXII. Wiener Bezirk mit ca. 30 000 Wohnungen für 150 000 Einwohner (1911).

3.52 Vogelschau der Zentralachse aus Abb. 3.51 als Luftzentrum mit Monumenten, Wandelbahnen und Grün.

„Die Großstadt" von Otto Wagner

Otto WAGNER (1841-1918) wirkte bekanntlich überwiegend als Architekt, er betätigte sich aber auch als Städtebauer. 1893 erhielt er einen der beiden 1. Preise für seinen „Generalregulierungsplan für Wien". Ausführlich beschreibt er 1911 in seinem Buch „Die Großstadt" seine Vorstellungen von der Entwicklung großer Städte. Er plädiert für ungehinderte Wachstumsmöglichkeiten städtischer Strukturen und spricht sich deshalb auch gegen den damals geplanten „Wald- und Wiesengürtel" in Wien aus. Er steht damit im Gegensatz zu den zeitgenössischen Auffassungen von einer Auflösung der Städte durch separierte neue Stadteinheiten.

Die Mehrzahl der Großstadtbewohner würde es vorziehen, „in der Menge als Nummer zu verschwinden", setzte WAGNER voraus, denn in der Stadt zu leben bedeute, so frei wie möglich von jeder aufgezwungenen Gemeinschaft zu sein. Der Großstadt müsse „die freie Entwicklung für immerwährende Zeiten" gesichert werden. Ihr Wachstum wird daher in keiner Richtung eingeschränkt und in keiner Richtung beschleunigt, Wucherungen aber werden unterbunden. Zonen-(Ring- und Radial-) straßen gliedern die Großstadt in Bezirke mit je 100 000 bis 150 000 Einwohnern (GERETSEGGER/PEINTNER, S. 44/45).

WAGNER erläutert dazu: „Es ist selbstverständlich, daß bis zur Erreichung dieser Grenze ein, zwei, selbst drei solcher Bezirke einem Verwaltungszentrum angegliedert werden können. Die Bevölkerungszahl von 100 bis 150 Tausend entspricht bei erreichter zulässiger Höhe der Wohnhäuser eine Flächenausdehnung von zirka 500 bis 1 000 Hektar für jeden Bezirk... Da die einzelnen Bezirke eine Gruppe kleiner um das Zentrum sich lagernder Städte bilden werden, erscheint es richtiger, jedem einzelnen Bezirk seine genügenden Luftzentren in Gestalt von Parks, Gärten und Spielplätzen zu geben, als die Annahme eines Wald- und Wiesengürtels zu projektieren; ist doch die Anlage eines um die Stadt sich ziehenden Gürtels wieder nur eine festgestellte Einschließung, die sicher zu vermeiden ist" (WAGNER, S. 10).

Natürlich war WAGNER bekannt, welche Enttäuschung HAUSSMANN mit seinem 1859 bereits genehmigten Grüngürtelprojekt für Paris, das nie ausgeführt wurde, erlebt hatte. Auch die Einseitigkeit der „radicalen Regulirungen" HAUSSMANN´s in bereits bebautem Gebiet hat WAGNER vermieden, denn er wußte, daß dessen Boulevards nicht nur der „Zirkulation von Luft und Licht, sondern auch von Truppen" dienen sollten. Er stand deshalb den Umplanungen von Paris bewundernd, aber mit Zurückhaltung gegenüber (GERETSEGGER/PEINTNER, S. 46f).

Ganz ohne planerische Eingriffe sollte sich allerdings die Entwicklung der Großstädte nicht vollziehen.

Durch „Regelung der Grundpreise, Verpachtung etc."
sei der „Ausbau der Stadt in gewisse Bahnen zu lenken" und der „erforderliche öffentliche Grund für einzelne Bezirke zu reservieren". Auch in einem weiteren Punkt der Bodenfrage war WAGNER mit den
sozialorientierten Stadtplanern einer Meinung. Er
plädierte dafür, „die heute florierende Grund-
spekulation einzudämmen und mit dem resultierenden Gewinn die großartigsten Institutionen und
Stadtameliorierungen (Anm.: Stadtverbesserungen)
durchzuführen. ... Die reichlich fließenden Mittel
werden die Großstadtvertretungen in den Stand setzen, Volkshäuser, Volkswohnhäuser, Volkssanatori-
en, Bauwerke für Warenmessen und Musterlager,
Wandelbahnen, Monumente, Fontainen, Aussichts-
türme, Museen, Theater, Wasserschlösser, Walhallen
etc. zu errichten, durchwegs Dinge, an welche heute kaum gedacht werden kann, die aber im künftigen Großstadtbilde nicht vermißt werden können"
(WAGNER, S. 20).

3.4. Anfänge der Deutschen Gartenstadtbewegung

„Menschen von tüchtigem Sinne kommen mit jeder
Sache einmal soweit, daß mit Reden nichts mehr
getan ist; handeln sie, so dienen sie der Allgemeinheit. - Nachdem wir Jahrtausende lang die
Städte haben werden sehen, ohne auf ihre Entwicklung im Sinne unsrer Wünsche Einfluß üben zu
können, nachdem wir die *Gesetze der Städtentwicklung* seit einem Jahrhundert studiert haben,
warum sollten wir nicht den großen und umfassenden
Versuch machen, unsre Erfahrungen auf die planmäßige *Gründung* von Städten anzuwenden, statt
uns dauernd den Wogen der Entwicklung anzuver-
trauen, die so rauh mit uns umgehen?"
Abend-Post, Berlin, 7.3.1909 (in: DGG, S. 105)

Wegbereiter der Gartenstadtbewegung

Gedankliche Vorarbeit für die Deutsche Gartenstadt-
Bewegung leistete Theodor FRITSCH unabhängig von
HOWARD mit seinem Buch „Die Stadt der Zukunft",
das 1896 im Eigenverlag erschien. Er wurde von dem
schwedischen Schriftsteller Gustav F. STEFFEN angeregt, der die Nachteile unplanmäßiger Stadtentwicklung am Beispiel Londons aufzeigte. Fritsch plädierte in seinem Buch für „bessere Grundregeln für
die Städte-Bauten der Zukunft" und für die Umgestaltung der „wichtigsten Wohnsitze der Menschen
nach besseren Plänen".

Als Lösung schlug er eine kreisförmige Stadtanlage
vor, die in ihrem Grundriß stark an die Ideal-
stadtmodelle der Antike, des Mittelalters oder der
Revolutionsarchitekten erinnerte. Die Stadt sollte in

unterschiedliche Nutzungsbereiche unterteilt sein, die
sich entsprechend der sozialen Bedeutung der Bewohner wie die Jahresringe eines Baums aneinan-
derfügten. Den Mittelpunkt der Stadtanlage bildete ein
großer Platz mit einigen monumentalen öffentlichen
Gebäuden. Daran schlossen sich nach außen folgende „Nutzungshalbringe" an: Villen, gehobene Wohnhäuser, Arbeiterwohnungen, Industrieanlagen und als
Randzone Gärtnereien, landwirtschaftliche Nutzflä-
chen und Mietgärten (HAFNER, S. 178-183).

Über England als Umweg kam die Idee der Gartenstadt, angereichert mit den sozialreformerischen
Konzepten HOWARDS, wieder nach Deutschland.
Absolutistische Anlagen wie in Karlsruhe hatten sowohl für die räumliche Konzeption FRITSCHS als auch
HOWARDS Pate gestanden. Die Ähnlichkeit der
Grundrisse ist nicht nur eine äußerliche, sondern
verweist auf gleiche Grundgedanken der Zentralisierung, wie sie in den zweihundert Jahren zuvor verfolgt wurden.

Die Deutsche Gartenstadt-Bewegung wollte, wie ihr
englisches Vorbild, mit ihren wohnungs- und sozialreformerischen Anliegen ein neues urbanistisches
Leitbild verwirklichen. Darüber hinaus hatte sie auch
einen volkserzieherischen Anspruch, der allerdings
später oft als romantische „Zurück-zur-Natur-Bewe-
gung" interpretiert und in Zusammenhang mit einer
reinen Einfamilienhausideologie gebracht wurde.
Außerdem hatte sie ständig mit den nationalistischen und antisemitischen Thesen des notorischen
Antisemiten FRITSCH als Erblast zu tun. Und obwohl
die organisatorischen Anfänge eher von sozialistischem Gedankengut geprägt waren, konnte sie sich
davon nie richtig freimachen. Die Deutsche Gartenstadt-Bewegung wurde so zwischen Idee und Ideologie hin- und hergerissen, was nach einer euphori-
schen Anfangsphase auch ihren durchschlagen-
den Erfolg verhinderte.

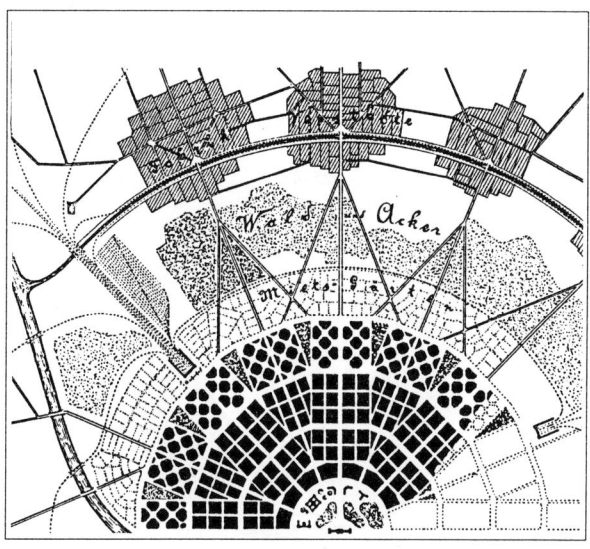

3.53 Theodor FRITSCH 1896. Stadt mit abgesonderten
Fabrikvorstädten, davor Wald, Äcker und „Miets-Gärten"

Deutsche Gartenstadt-Gesellschaft

Die Deutsche Gartenstadt-Bewegung begann 1890 mit dem Wohnprojekt einer romantisch-sozial gefärbten Dichter-Gemeinschaft um die Gebrüder HART, B. KAMPFFMEYER, B. WILLE, W. BÖLSCHE und anderen. Das gemeinsame Wohnprojekt und seine „Freie Volksbühne" mit anarcho-sozialistischen Utopien in Friedrichshagen bei Berlin und später in Schlachtensee scheiterte jedoch.

Dennoch wurde 1902 die Deutsche Gartenstadt-Gesellschaft gegründet, nachdem der Berliner Kaufmann H. KREBS die Gemeinschaft mit den Ideen HOWARDS vertraut gemacht hatte. Zu den Gründungsmitgliedern gehörten der Schriftsteller und Freidenker W. BÖLSCHE, der Kunstmaler und Lebensreformer H. HOEPPNER, die Schriftstellerin H. LYON, der Pädagoge P. FÖRSTER, die Volkswirtschaftler A. OTTO und Franz OPPENHEIMER und der Architekt P. R. TAUTZ (HARTMANN, S. 28).

Diese Enthusiasten waren beflügelt von den Idealen „Natur", „Kunst" und „Handwerk", in Deutschland in den 90er Jahren unter dem fernen Einfluß der englischen „arts-and-crafts-Bewegung" aufgekeimt, und strebten nach dem Howard'schen Ideal in seiner reinen Form. „Sie sahen Gartenstädte in erster Linie als eine demokratische und kooperative Gemeinschaft an, aber schon innerhalb weniger Jahre mußten sie sich dem Hauptstrom der Wohnungsbaureformbewegung anschließen" (SUTCLIFFE, S. 158).

Bereits vor dem Ersten Weltkrieg beschritt die Deutsche Gartenstadt-Gesellschaft zwei von einander abweichende Wege: Bürgerliches Wohnen in Villenkolonien und Werkssiedlungsbau. In den 20er Jahren (1925) wurde die Gesellschaft neu organisiert und reaktiviert. Die Tendenz war aber wesentlich konservativer, so daß gegenüber den Vertretern des „Neuen Bauens" eine sehr große Diskrepanz entstand. 1937 wurde die Gesellschaft „gleichgeschaltet", das heißt von den Nationalsozialisten aufgelöst.

3.54 Emblem der Deutschen Gartenstadt-Gesellschaft. „Völlige Umgestaltung der Siedlungs- und Wohnweise."

Gartenstädte und Gartenvorstädte

Die Deutsche Gartenstadt-Gesellschaft legte in ihren Anfangsjahren bis in den Ersten Weltkrieg hinein großen Wert auf ein breites Spektrum des Reformdenkens und zwar nicht nur in städtebaulicher Hinsicht. Sie übte auch Kritik an moralischen, hygienischen und kulturellen Mißständen in den Großstädten, wobei nationale Töne genauso zu hören waren wie sozialistische. Dadurch unterschied sich die Deutsche Gartenstadt-Gesellschaft von anderen zeitgenössischen Vereinen zur Wohnungs- und Städtebaureform. Im Laufe der Jahre nahm der Anteil der Städtebauer und Architekten in den Reihen der Mitglieder zu, so daß sich auch der thematische Schwerpunkt entsprechend verschob. In der Ergänzung der Satzung kommt dies deutlich zum Ausdruck. 1902 hieß es noch im § 1 der Satzung:

„Das Ziel der Gartenstadtgesellschaft ist die Gewinnung breiter Volksmassen für den Gedanken der Errichtung von Gartenstädten auf der Grundlage des Gemeindeeigentums am Stadt- und Landboden sowie die Förderung aller Maßnahmen, die diesem Ziel dienen." Bereits 1907 wurde jedoch der § 1a ergänzt: „Die Gartenstadtbewegung knüpft an die mehr und mehr hervortretende Tendenz der Abwanderung gewerblicher Betriebe aus der Großstadt an, in der die Industrie mit einer zu hohen Grundrente, sowie mit Produktions- und Transportschwierigkeiten belastet und die Beschaffung guter und billiger Wohnungen für Minderbemittelte zur Unmöglichkeit wird." Weiter wird jetzt als Ziel formuliert: „Planung von Wohnsiedlungen, Gartenvorstädten und Industriekolonien" (HARTMANN, S. 36).

Es entstanden in den ersten Jahren zahlreiche Projekte, die im nächsten Kapitel beschrieben werden. 1911 zog der Vorsitzende Hans KAMPFFMEYER eine erste positive Bilanz: „Die Deutsche Gartenstadt-Gesellschaft darf voll stolzer Freude auf die Erfolge ihrer neunjährigen mühsamen Arbeit zurückblicken. Wir haben bei allem unsern oft belächelten Optimismus und bei all' dem Vertrauen, das wir in die Zukunft der Gartenstadtbewegung setzten, noch vor wenig Jahren nicht zu hoffen gewagt, daß die ausgestreuten Saatkörner so rasch und kraftvoll keimen und so viele Blüten und Früchte bringen würden. Nichts liegt uns ferner, als diese überraschenden Erfolge allein als unser Verdienst und das unserer zahlreichen treuen Mitarbeiter in Anspruch zu nehmen. Der Gartenstadtgedanke lag gleichsam in der Luft, und wir hatten das Glück, unsere Arbeit und unsere Liebe einer Bewegung widmen zu dürfen, die dem bewußten oder unbewußten Sehnen zahlloser Menschen Erfüllung verspricht. Aus dieser Erkenntnis schöpfen wir aber auch die Gewißheit, daß diese ersten großen Erfolge nur den Anfang einer Entwikkelung bilden, die in einer völligen Umgestaltung unserer gegenwärtigen fehlerhaften Siedlungs- und Wohnweise ausmündet" (DGG, S. 14).

4. Umschwung:
Ursprünge des modernen Städtebaus (1910-1925)

„Als ich in meiner Jugend einmal von Großstadt-
wohnungselend eindringlich reden hörte, verstieg
ich mich zu dem Ausspruch: Ja, man hätte die Städte eben auf das Land bauen sollen! Ich wurde damals deswegen ausgelacht - und heute stehe ich
hier, um Bericht zu erstatten über den praktischen
Versuch, Städte auf dem grünenden Lande und in
Gärten zu bauen."
Hans THOMA, 1911
(„Kultur und Gartenstadt", DGG, S. 98)

4.1. Blüte der Deutschen Gartenstadtbewegung

„Die Gartenstadtbewegung dient der Genossenschaftsbewegung in dem Maße, indem sie in ihren
Gartenstädten die Genossenschaftsbewegung zu
fördern und den Besitz an Grundstücken, Han-
delsgütern und Produktionsmitteln soweit wie möglich in die Hand von Genossenschaften hin-
überzuleiten sucht. Zur Förderung der Baugenossenschaften dient es, wenn die Herstellung von Wohnungen in die Hand der Baugenossenschaften gelegt wird, wenn ferner verhindert wird, daß eine übergroße Zahl von Läden erbaut wird und zugleich der
Warenverkauf sowie die Herstellung der wichtigsten
Lebensmittel einer konsumgenossenschaftlichen Organisation zugeführt wird. Eine starke Genossenschaftsbewegung kann auch ihrerseits wieder die
Gartenstadtbewegung unterstützen, indem sie an der
Gründung von Gartenstädten sich durch Hergabe
von Mitteln und durch Errichtung von Baugenossenschaften, Konsumgenossenschaften und, wo die
Lage günstig ist, auch durch die Einrichtung von
Fabriken der Großeinkaufs-Gesellschaften beteiligt."
Heinrich KAUFMANN, 1911 (DGG, S. 89)

„Die häufigere Entstehung musterhafter Garten-
stadtsiedlungen wird überdies auch die private Bautätigkeit und Terrainunternehmung nötigen, sich - wie
wir dies schon jetzt beobachten - wenigstens äußerlich einigermaßen den Grundsätzen der Gartenstadtbewegung anzupassen. Angesichts alles dessen ist
es nicht zu kühn, von einer *neuen Aera unseres Städtebaues* zu sprechen, welche die Gartenstadtbewegung herausführen wird."
K. von MANGOLT, 1911 (DGG, S. 83)

Erste Bilanz der Deutschen Gartenstadt-Gesellschaft

Nach der Gründung waren die Mitglieder der Deutschen Gartenstadt-Gesellschaft überaus aktiv, obwohl der „Verein" Ende 1905 erst 200 Mitglieder hatte. Von dem englischen Beispiel der Garden City
Lethworth angespornt, konnte schon bald über konkrete praktische Ansätze berichtet werden. Hans
KAMPFFMEYER gelang es, in Karlsruhe nach der ersten Ortsgruppe auch 1906 die „erste Gartenstadt-
genossenschaft ´Gartenstadt Karlsruhe´" zu gründen.
Obwohl sich der Baubeginn lange Jahre verzögerte,
bedeutete dies „den Beginn der praktischen Betäti-
gung und wirkte günstig auch auf die Erfolge der
Propaganda ein". Es handelte sich „in Karlsruhe nur
um eine Gartenvorstadt, nicht um eine politisch und
wirtschaftlich selbständige Gartenstadt im Sinne von
HOWARD" (DGG, S. 6).

Der erste große praktische Erfolg der Gartenstadtbewegung in Deutschland war die Gründung der
Gartenstadt Hellerau bei Dresden durch den Inhaber der Deutschen Werkstätten für Handwerkskunst
Karl SCHMIDT im Jahre 1906. Von 1910 bis zum Beginn des Ersten Weltkriegs, 1914, wurden dann fast
alle Gartenstädte realisiert, so daß dieser Zeitraum
als die Blüte der Deutschen Gartenstadtbewegung
angesehen werden kann. Obwohl die Initiative für
eine Gartenstadt von unterschiedlichen Personen
oder Gruppierungen ausgehen konnte, gab es dafür
bestimmte Bedingungen, die der Vorsitzende Hans
KAMPFFMEYER so formulierte:

„Man versteht also unter einer Gartenstadt oder einer Gartenvorstadt nicht eine beliebige Stadt oder
Vorstadt mit ein paar Gärten in ihren Mauern. Sie
hat auch nichts zu tun mit den Villenkolonien, die
findige Terrainspekulanten mit dem Namen ´Garten-
städte´ schmücken, um die öffentliche Meinung für
ihre nichts weniger als gemeinnützigen Gründungen
zu gewinnen."

„Eine Gartenstadt ist eine planmäßig gestaltete Siedlung auf wohlfeilem Gelände, das dauernd im Obereigentum der Gemeinschaft (Staat, Gemeinde, Genossenschaft und dergleichen) erhalten wird, derart,
daß jede Spekulation mit dem Grund und Boden für
immer ausgeschlossen und der Wertzuwachs der

4.1 Titel „Deutsche Volksstimme" nach 1900: Bodenreform als „Dritter Weg" zur Lösung der Wohnungsfrage.

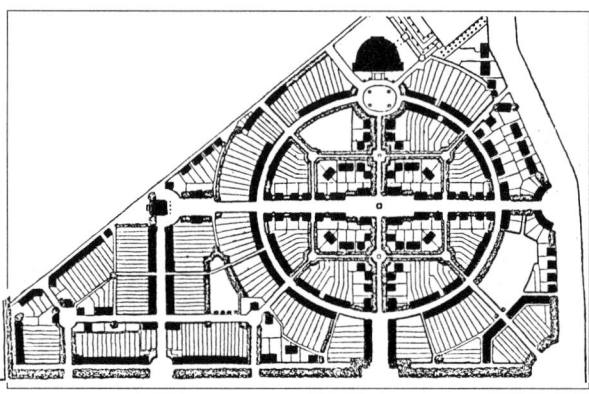

4.2 Gartenstadt Mannheim 1914. Der ornamentale Entwurf von ESCH und ANKE wurde viel einfacher realisiert.

4.3 Städtischer und „abwechselungsvoller" Straßenraum in der Gartenstadt Hüttenau von Georg METZENDORF.

4.4 Gebäude „Am Grünen Zipfel" in Hellerau von Richard RIEMERSCHMIDT. Teil einer „künstlichen Kleinstadt"?

Gemeinschaft gesichert bleibt. Diese soziale und wirtschaftliche Grundlage bringt und erhält der neu entstehenden Stadt auch den Garten - selbst für den Minderbemittelten -, macht sie zur 'Gartenstadt'" (DGG, S. 3).

Neben dieser „sozialen und wirtschaftlichen Grundlage" bestimmte aber auch die städtebauliche und freiräumliche Anlage einer Siedlung den Charakter einer Gartenstadt. Von großer Bedeutung war es deshalb, welcher Architekt und Städtebauer die Planung durchführte. Die Gartenstadt-Gesellschaft benutzte die Bezeichnung als „echte Gartenstadt" aber durchaus in einem weiten Rahmen der Organisations- und Finanzierungsformen, so daß sich folgende Gartenstadttypen unterscheiden lassen:

• Gartenstädte, die von der Deutschen Gartenstadt-Gesellschaft initiiert wurden, z.B. Karlsruhe-Rüppurr, Nürnberg, Mannheim u.a.
• Gartenstädte, die zwar von Privatpersonen initiiert wurden, aber im Sinne der Gartenstadt-Gesellschaft sozial orientiert und genossenschaftlich organisiert waren, z.B. Hellerau, Margarethenhöhe, Güstrow u.a.
• Wohnsiedlungen, die städtebaulich einen Gartenstadt-Charakter hatten, aber nicht der sozialen Orientierung und genossenschaftlichen Organisation entsprachen, z.B. Berlin-Staaken, Berlin-Fronau, Villenkolonie Zehlendorf-West u.a. (siehe HAFNER, S.200/201).

Echte Garten- und Gartenvorstädte

Von den genannten Gartenstädten sollen nachfolgend vier besonders beschrieben werden, weil sie Beispiele für den jeweiligen Typus sind. Karlsruhe-Rüppurr ist die erste Gründung der Gartenstadt-Gesellschaft, doch der Baubeginn erfolgte später als in Hellerau. Sie zeigt auch eine städtebauliche Geschlossenheit, die in Hellerau nicht zu finden ist. Die Unternehmer-Siedlung Margarethenhöhe in Essen kann da schon eher als „neue Stadt" angesehen werden. Dafür hat Hellerau eine ausgeprägte Sozialorientierung und eine beispiellose Reihe zeitgenössischer Architektenprominenz zu bieten. Deren Architektur markiert aber bereits das Ende eines „Heimatstils", der mit Staaken die Gartenstadtbewegung von der architektonischen Avangarde endgültig abkoppelte.

• Gartenstadt Karlsruhe 1911-19

Die „Gartenstadt Karlsruhe eGmbH", die noch heute existiert, wurde 1907 gegründet und hatte 27 Gründungsmitglieder. Bereits seit 1905 bemühte sich Hans KAMPFFMEYER um die Gründung einer „Ortsgruppe Karlsruhe" der Deutschen Gartenstadt-Gesellschaft. Warum aber gerade Karlsruhe?: Karlsruhe war keine Stadt der Industrie und des Proletariats wie etwa die Städte im Ruhrgebiet. Hier gab es jene Ballung von Armut, Krankheit, Wohnungsnot und Verbrechen nicht wie in den proletarischen Vierteln großer Industriestädte. Von diesen schrecklichen Dingen der Großstädte hatte man zwar gehört oder gelesen, aber die Konfrontation mit dieser Wirklichkeit fehlte den meisten, die am Aufbau der Gartenstadt-Siedlung beteiligt waren.

Vielleicht fiel die Wahl auf Karlsruhe, weil H. KAMPFF-MEYER hier sein Studium an der Kunstakademie fortsetzte. Zweiter Förderer der neuen Karlsruher Genossenschaft war der jüdische Fabrikant Dr. Friedrich ETTLINGER, ein typischer Vertreter des philanthropischen Mäzenatentums der damaligen Zeit. Sein Ziel war eher die Beseitigung des städtischen Wohnungselends, während KAMPFFMEYER der Idee einer sozialistischen Gesellschaftsveränderung folgte (HARTMANN, S. 32).

Der Hauptzweck der Genossenschaft war die *„Erstellung von Wohnungen mit Garten"* für die Genossen. Bereits im November 1906 hatte sich die großherzoglich-badische Forst- und Domänendirektion grundsätzlich bereit erklärt, ein rund 72 ha großes Gelände für die Gründung einer Gartenstadt abzugeben. Das Gartenstadtgelände war landschaftlich schön gelegen, von städtischem Wald umgeben, durch den zahlreiche Wege zu Ausläufern des Schwarzwalds führten. Der Boden war für Gartenbau geeignet und zugleich guter Baugrund. Vom neuen Karlsruher Hauptbahnhof war das Gelände nur 1,5 km entfernt, so daß man mit der halbstündig verkehrenden Albtalbahn in acht Minuten in die Stadt gelangte (DGG, S. 27).

Der erste Lageplan war ein Entwurf von Hans KAMPFFMEYER, der von dem Architekten Hans KOHLER ausgearbeitet wurde (Abb. 4.6). Durch die Bauausführung änderte sich die städtebauliche Form

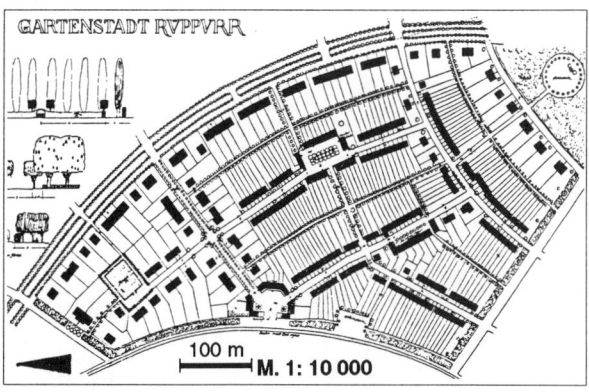

4.6 Erster Bebauungsplan, ausgearbeitet von Karl KOHLER nach einem Entwurf von Hans KAMPFFMEYER.

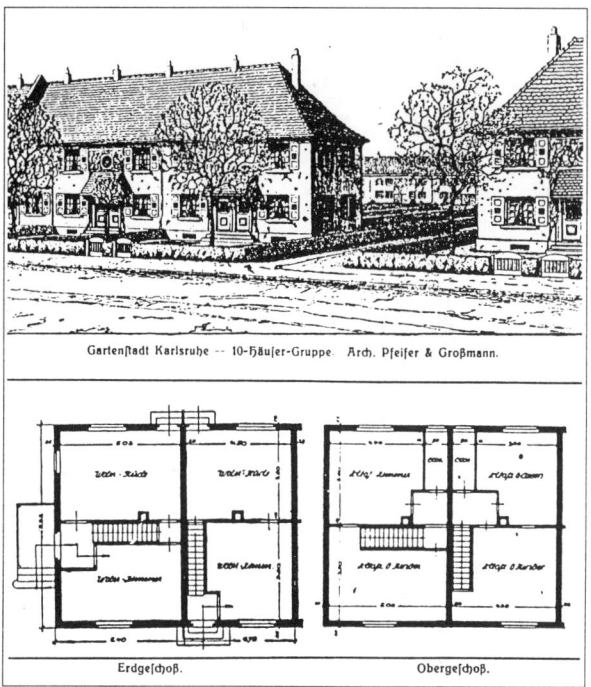

4.7 Eckbauten der 10-Häuser-Gruppe in der Gartenstadt Karlsruhe von den Architekten PFEIFER & GROSSMANN.

4.5 Die Gartenstadt Karlsruhe-Rüppurr Anfang der 60er Jahre. „Nicht aus einem Guß, dafür aus einem Geist. Durch Vor- und Zurücksetzen der Häuserzeilen und durch Plätze und Anlagen wurde für Abwechslung und Unterbrechung gesorgt."

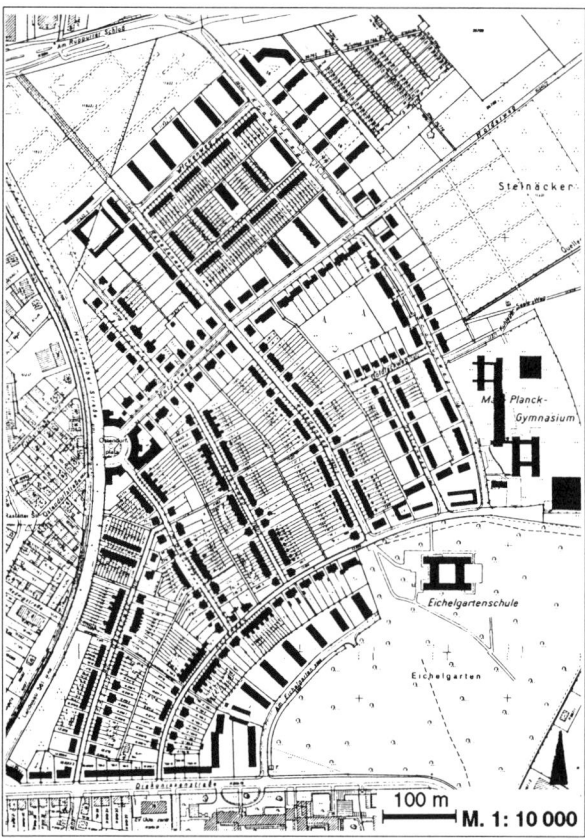

4.8 Lageplan der Gartenstadt Karlsruhe-Rüppurr 1994 mit der nördlichen Ergänzung um 1960. Die Bebauung ...

4.9 ... erfolgte nach dem Bebauungsplan von Friedrich OSTENDORF. Baulich gefaßte Straßen und grüne Höfe.

in einigen Punkten (Abb.4.8). Die Straßenbreiten sollten je nach Belastung variieren und entsprechend unterschiedlich gestaltet sein. Die Siedlung hatte eine biologische Kläranlage, da ein Anschluß an die städtische Kanalisation erst später erfolgen konnte.

Der Bebauungsplan sah ausschließlich Einfamilienhäuser vor, freistehend, in Gruppen oder Reihen, mit Gärten zwischen 200 und 1000 Quadratmeter zur Eigenversorgung mit Obst und Gemüse. Daneben gab es das sogenannte „Landhausviertel" mit größeren Häusern und Grundstücken. Dadurch ergab sich in der Siedlung eine soziale Segregation: Arbeiter und Handwerker bezogen die Reihenhäuser, gehobene Angestellte, Beamte und Akademiker wohnten in den freistehenden Einzelhäusern. Baubeginn war 1911 mit 42 Wohnungen und 24 Reihenhäusern, 1912 wurden 61 Häuser fertig. Es folgten weitere Abschnitte 1919 und zwischen 1924-27 (s. GARTENSTADT KARLSRUHE).

• **Gartenstadt Hellerau** bei Dresden 1909-14

Die Vergrößerung und Verlegung der bekannten Werkstätten für Handwerkskunst boten ihrem Inhaber, Karl Schmidt, den willkommenen Anlaß, die Gründung einer „wirtschaftlich und künstlerisch vorbildlichen Siedlung", einer Gartenstadt ins Auge zu fassen. Nach mühsamen Vorbereitungen gelang es im Jahre 1908, mit den 73 Besitzern des Gartenstadtgebiets Verkaufsverträge abzuschließen, durch die eine Fläche von rund 140 ha zum Preis von 1,- bis 1,50 M. pro qm gesichert wurde. Das Gelände war 6,5 km vom Stadtzentrum und 3,5 km von der Stadtgrenze Dresdens entfernt. Deshalb erklärte sich die Gartenstadtgesellschaft bereit, zur Schaffung besserer Verkehrsverhältnisse für jeden Quadratmeter Bauland 10 Pfg. als Beitrag zum Bau einer Straßenbahn abzuführen. Mit einem Stammkapital von 300 000 Mark wurde die „Gartenstadt Hellerau GmbH" gegründet, der das ganze Land gehörte. Die Dividende wurde auf 4% beschränkt, und der darüber hinaus anfallende Reingewinn mußte „zum Besten der Gesamtheit" verwendet werden.

Richard RIEMERSCHMID (München) entwarf den städtebaulichen Lageplan, nach dem die Bebauung ab 1909 im südöstlichen „Grünen Zipfel" und am Marktplatz begann. Diesen Teil mit gereihter und verwinkelter Bebauung von RIEMERSCHMID bezeichnete Julius POSENER jüngst bei einem Vortrag als „künstliche Kleinstadt" („Das Städtische", Stuttgart, 24.2.1994). Die übrigen Häuser wurden nach Plänen der ebenso bekannten Architekten Hermann MUTHESIUS, Heinrich TESSENOW und Theodor FISCHER gebaut. Neben den Landhäusern mit üppigen Grundrissen gab es auch sehr kleine Haustypen. Der kleinste Haustyp mit 52-55 qm hatte im Erdgeschoß Wohnstube mit Kachelofen und Küche sowie im Obergeschoß zwei Schlafzimmer und kostete eine jährliche Miete von 250-260 Mark. Bis Ende 1910

wurden 139 Häuser mit 149 Wohnungen fertiggestellt.

Die *Rechtsformen* des Bodens waren je nach Verwendung unterschiedlich:
• *Gewerbliche Unternehmen* konnten den Boden
kaufen, mit einem Wiederkaufsrecht, wenn auf dem
Gelände Wohnungen zum Vermieten oder Verkaufen errichtet werden sollten. Nur Betriebe waren zu-
lässig, von denen keinerlei Belästigung der Bewohner zu befürchten war.
• Der Bau der *Kleinhäuser* wurde von der dafür gegründeten „Baugenossenschaft Hellerau EGmbH"
durchgeführt. Sie kaufte das erforderliche Gelände
von der „Gartenstadt Hellerau GmbH" zum Selbst-
kostenpreis mit Eintragung des Wiederkaufsrechts.
Die Wohnungen wurden an Mitglieder auf unbe-
stimmte Zeit vermietet. Der Mietvertrag konnte durch
die Genossenschaft nicht gekündigt werden, solange der Mieter seinen Pflichten nachkam. Der Mietpreis konnte nur von der Generalversammlung erhöht werden.
• Bei den *Landhäusern* im Mietwert von 600-2000 M
gab es eine Erbmiete. Der Mieter stellte 4/10 des
Gesamtwerts von Haus und Grundstück der Genossenschaft als Darlehen mit einer Verzinsung von 4%
zur Verfügung. Der Mietvertrag wurde auf 30 Jahre
mit einer möglichen Verlängerung um weitere 30
Jahre geschlossen.
• Bei *Landhäusern* im Mietwert über 2000 M. wurde
der Boden verkauft.
Die *Straßenerschließung* erfolgte nach der jeweiligen „Verkehrslage" mit klarer Unterscheidung von
Verkehrsstraßen und Wohnstraßen sowie platzartigen Erweiterungen. Das Verhältnis von bebautem
zu unbebauten Land (ohne Straßen und Plätze) war
bei Kleinhäusern 1:5 (GRZ 0,2) und bei Villen 1:8
(GRZ 0,125).
Die *Infrastruktur* umfaßte im technischen Bereich
eine biologische Kläranlage sowie Gas- und Was-
serversorgung. Die „Kraftanlage der Werkstätten" lie-
ferte Strom für die elektrische Straßenbeleuchtung
und die Wohnungen. Als kultureller Mittelpunkt wirkte, wie in vielen Gartenstädten, ein *Volkshaus*. Weiter gab es ein Ledigenheim, ein Gasthaus mit Frem-
denzimmern und Saal sowie die „Bildungsanstalt
Jacques Dalcroze" von TESSENOW (DGG, S. 17-24;
s. HARTMANN, S. 46-101).

Es wurde eine einheitliche *Stadtgestalt* angestrebt.
„Während wir sonst fast in allen Städten sehen müssen, wie selbst tüchtige Architekten nur einzelne
Häuser bauen, ohne bei ihrer Gestaltung auf Form
und Farbenwirkung der Nachbarhäuser Rücksicht zu
nehmen, wird in Hellerau und erfreulicherweise auch
in anderen Gartenstädten von den verschiedenen
Architekten zielbewußt auf einheitliche Straßenbilder und Platzwirkungen hingearbeitet" (DGG, S. 24).
Der Städtebau in Hellerau beschränkt sich aber auf
die Ausweisung von Flächen für unterschiedliche und
von einander getrennte Wohnformen, so daß eine
räumliche Einheit fehlt.

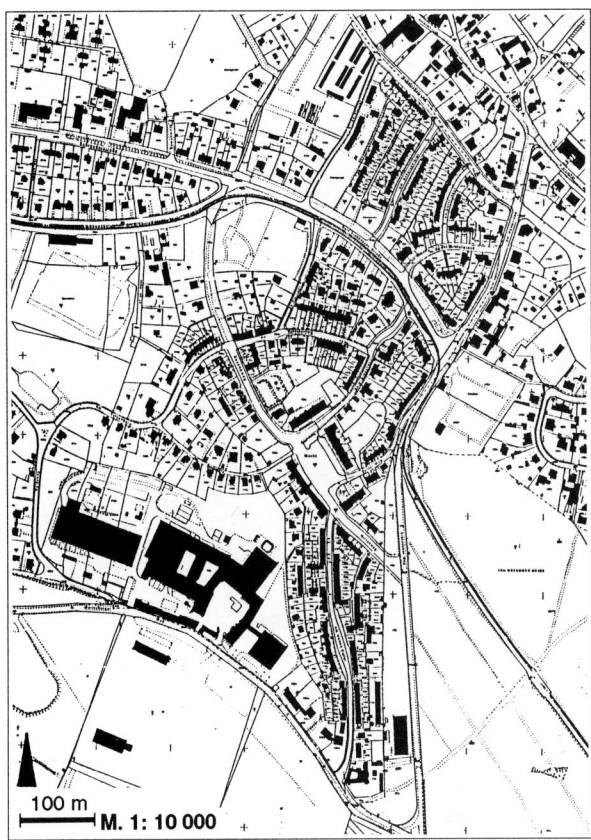

4.10 Lageplan der Gartenstadt Hellerau 1994 mit den
Werkstätten für Heimwerkskunst neben dem Teil ...

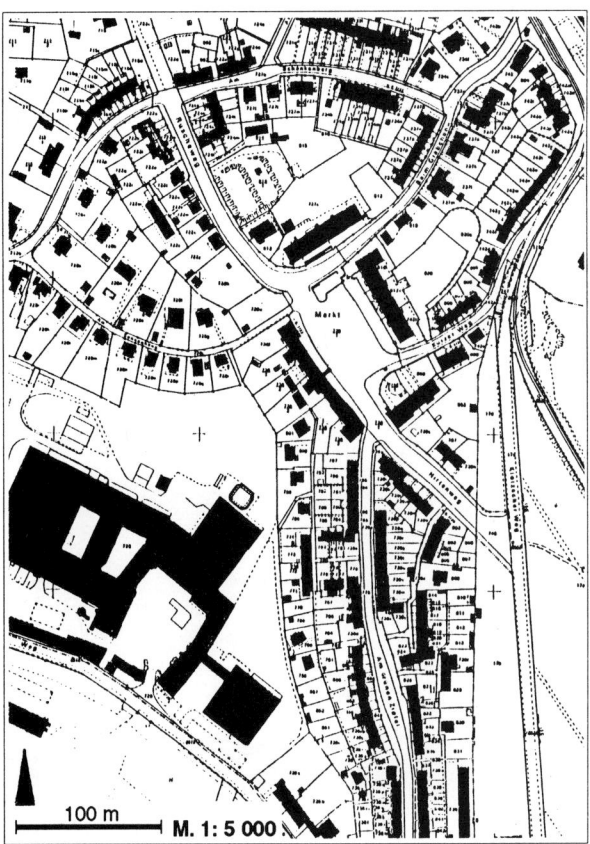

4.11 ... „Am Grünen Zipfel" (u.). Darüber der „Markt" und
Hausgruppen von H. MUTHESIUS und H. TESSENOW.

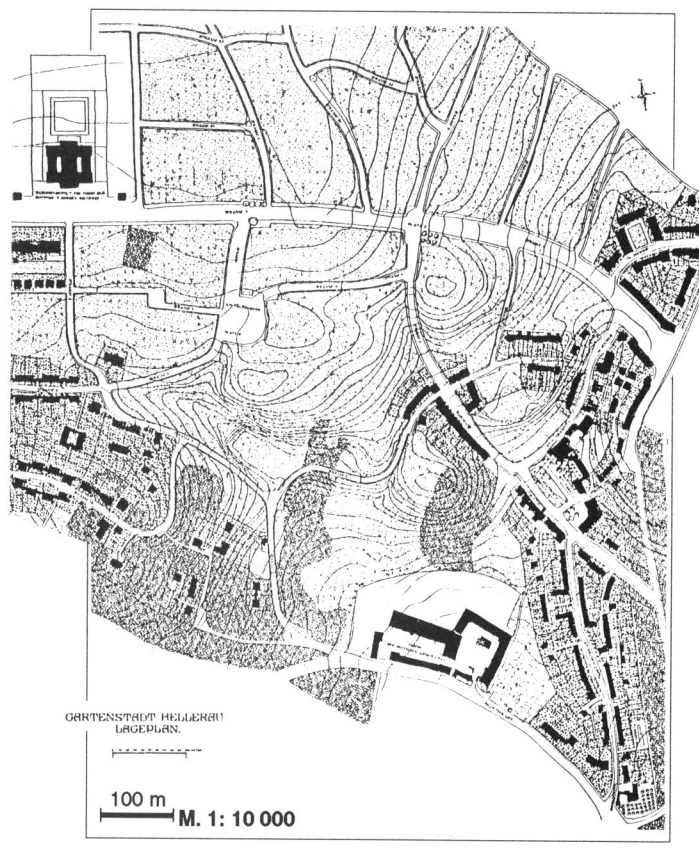

4.12 Bebauungsplan von Richard RIEMERSCHMID mit Landhäusern und der „Bildungsanstalt J. Dalcroze" (l.o.).

4.14 Die Häuser „Am Dorffrieden" von H. MUTHESIUS „scheinen stolze Besitzerempfindungen zu verkünden".

4.13 Die Gartenstadt Hellerau heute. BRINCKMANN 1920: "Hellerau läßt eine feste Tektonik vermissen, wie sie das Lokkerheit der Gruppierung und Ungebundenheit der Wegführung verlangende Gebilde einer Gartenstadt erfordert".

• Gartenstadt Nürnberg 1911-24

Eine ungewöhnlich starke Wohnungsnot führte 1908
in Nürnberg zur Gründung einer Gartenstadt-Ge-
nossenschaft, die bereits nach zwei Jahren 1 700
Mitglieder hatte. Recht bald wurde ein etwa 65 ha
großes Waldgelände südlich des Rangierbahnhofs
gefunden, auf dem rund 2 200 Einfamilienhäuser mit
Gärten gebaut werden sollten. Noch während der
Kaufverhandlungen wurde im Frühjahr 1909 das
Gelände vermessen und nivelliert und auf Grund dieser Unterlagen von Richard RIEMERSCHMID der Bebauungsplan entworfen. RIEMERSCHMID konnte hier
seine Erfahrungen bei der Planung von Hellerau einbringen, denn es sollte eine der größten Siedlungen
nach den Prinzipien der Deutschen Gartenstadt-
gesellschaft gebaut werden.

Nach den Grundstücksverhandlungen und einem
„schweren Kampf um die Bauordnung" wegen geringerer „Zimmerhöhen von 2,50 m" konnte aber doch
schon bald Erfolg gemeldet werden: „Die Pläne für
die erste Bauperiode, die von Prof. Richard RIEMER-
SCHMID und Architekt LOTZ entworfen wurden, sind
bereits genehmigt. Der Bau hat im Frühjahr 1911
begonnen. Es handelt sich dabei um die Errichtung
von 74 Wohnungen und eines Verwaltungsgebäu-
des im Gesamtwert von 480 000 M. Die Versiche-
rungsanstalt für Mittelfranken hat sich bereit erklärt,
66 2/3 % des Platz- und Bauwertes bei 3 1/2 % Verzinsung und 1 % Tilgung zu beleihen. Um Pläne für
die 2. Bauperiode zu gewinnen, wurde ein Preisaus-
schreiben erlassen. Den 1. Preis erhielt Architekt Hans
LEHR, Nürnberg. Die Genossenschaftshäuser sollen
ebenso wie der Boden dauernd im Eigenbesitz der
Genossenschaft verbleiben und an die Mitglieder nur
in Miete abgegeben werden" (DGG, S. 36-38).

Die Gartenstadt wurde als „ideale Form der Wohnungsfürsorge" auch staatlich unterstützt und bis
1924 von den Architekten LEHR und LEUBERT nach
dem ursprünglichen Konzept „mit stilistischen Ab-
wandlungen" weitergebaut. Bis 1939 wurden 1 350
Wohnungen realisiert, die im Südteil nach dem Krieg
in anderer Bauweise ergänzt wurden. Die Gartenstadt steht als Ensemble unter Denkmalschutz
(DASL, S. 18/19).

• Gartenvorstadt Margarethenhöhe
in Essen 1910-14

„Die erste Wohnsiedlung dieser Art in Deutschland.
1906 gestiftet von Frau Margarethe Krupp aus Anlaß der Hochzeit ihrer Tochter Bertha mit Gustav von
Bohlen und Halbach. Nach den Plänen des Architekten Georg METZENDORF im Charakter einer idylli-
schen Kleinstadt erbaut. Baubeginn 1910." Dies steht
auf einer Tafel am Eingangsbau zur Margarethenhöhe. Es wurde Startkapital und Land gestiftet, „um
vor den Toren der Industriemetropole Essen eine kleine Stadt für 16 000 sogenannte ´Minderbemittelte´

4.15 Gartenstadt Nürnberg mit ursprünglicher Bebauung
(o.) und der Ergänzung nach dem Zweiten Weltkrieg (u.).

4.16 Die Gartenstadt Nürnberg, von Norden gesehen, ist
eine der größten Siedlungen dieser Art in Deutschland.

zu errichten". Der damals 34jährige METZENDORF wurde unter mehreren Kandidaten noch vor Bruno TAUT ausgewählt, die Gartenvorstadt zu planen und auszuführen. „Die Straßen schmiegen sich vortrefflich dem abwechselungsreichen Gelände an. Bei der Gestaltung der Häuser läßt sich der Architekt augenscheinlich von der guten alten bergischen Bauweise anregen. Jedes Haus erhält einen Garten von 70-300 qm Größe (DGG, S. 47; Abb. 4.17-4.19).

Der Architekt Georg METZENDORF selbst hatte aber eigentlich ein anderes Idealbild für eine neue Stadt, wie er 1920 feststellte: „Als ich vor 11 Jahren mit dem Planen und Bauen der Margarethenhöhe begann, war mir die Aufgabe gestellt, auf dem stark zerklüfteten Baugelände einen Siedlungsplan auszuarbeiten. Als anzustrebendes Vorbild galt mir schon damals die gradlinige Straßenführung, wie sie die alten Straßenbilder des 18. Jahrhunderts zeigen. Leider konnte ich aber diesen Gedanken nicht restlos verwirklichen, denn das stark terrassenförmige Bauland ließ nur mit geschwungenen Straßen die Höhenunterschiede überwinden. Dort wo ich zur regelmäßigen Anlage übergehen konnte, geschah es. Ich weise auf die Lösung des Brückenkopfes, des Marktplatzes und des jetzt geplanten Schulplatzes hin. Ganz von selbst entstanden durch diese starken Höhenunterschiede im Straßenbild malerische Wirkungen. Erst auf der Höhe konnte eine straffere Linienführung einsetzen, die nach den Tälern und

4.17 Bebauungsplan der Gartenvorstadt Margarethenhöhe mit den Bauten der ersten Bauperiode (Juli 1909).

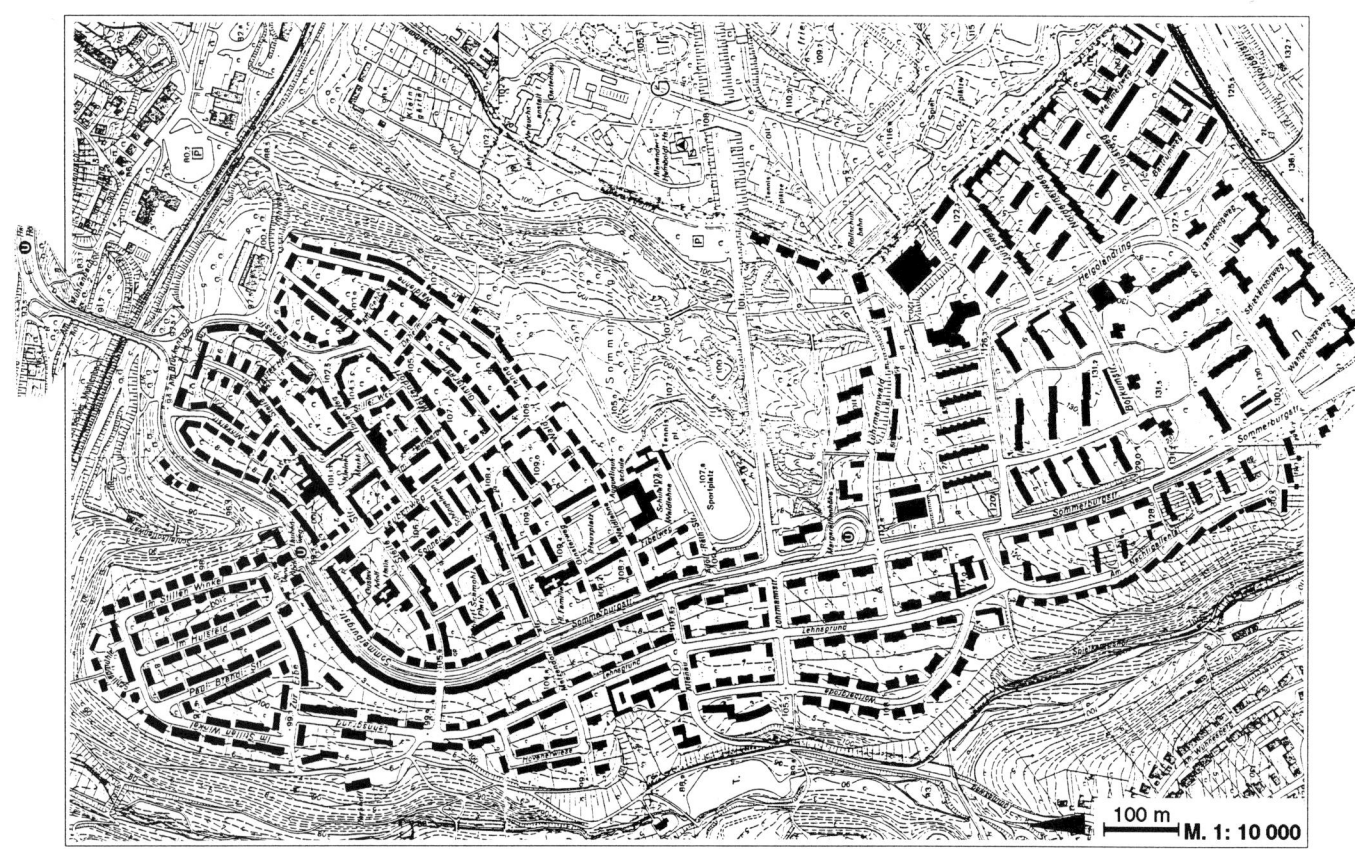

4.18 Gartenvorstadt Margarethenhöhe in Essen 1994. Die Siedlung mit der Bebauung bis 1914 (l.) wurde nach dem Zweiten Weltkrieg in mehreren Bauabschnitten nach Süden ergänzt (r.). „Unterschiedliche Zeitströmungen der Architektur."

4.19 Isometrie der Margarethenhöhe von Georg METZENDORF 1919. „Ein breiter, rings um die Siedlung gezogener Wald-streifen, der nach den Bestimmungen der Stifterin unbebaut bleiben sollte, erhöht die Stimmung des Geborgenseins."

4.20 Blick vom Eingangsgebäude mit dem Torbogen in die Steile Straße. Geplante und malerische Zufälligkeit.

4.21 Enge und Weite: Hinter den steinernen, städtischen Straßen befinden sich Gärten in dörflicher Idylle.

Waldungen hin in bewegtere Linien ausklingen muß-te" (Abb. 4.22).

Die Häuser hatten wenige verschiedenen Grund-rißtypen, und auch Türen, Fenster, Treppen, Hei-zungsanlagen und Installationen wurden aus Spar-samkeitsgründen auf nur wenige immer wie-derkehrende Formen beschränkt. Dagegen wurden die Hauseingangstüren und die Anstriche der Wohnräume und Flure in vielseitigster Ausgestaltung durchgeführt.

„Nach dem Willen der Stifterin sollte besonders die hygienische Seite der Wohnung stark betont werden. Um der Wohnküche (dem Hauptaufenthaltsraum) ihre gesundheitliche Bedeutung zu wahren, wird neben jeder Wohnküche eine sogenannte Spülküche durchgeführt, in der alle Arbeiten verrichtet werden, die mit Wasserdunst oder unangenehmen Gerüchen etwas zu tun haben. Durch diese Anlage wird es der Hausfrau des kleinen Mannes ermöglicht, den Koch-herd zu überblicken, in der Spülküche zu waschen und die Kinder im Garten zu beaufsichtigen. Der Dienstbote kann gespart werden. Herdanlage, Spül-küchenanlage und Waschkessel sind gut ventiliert, ebenfalls ein Speiseschrank, der in jeder Wohnung eingebaut ist (METZENDORF, G., Vorwort).

Als Hausform hatte sich die kubische Form mit dem einfachen, allseits abgewalmten Satteldach her-

4.22 Zeichnung des Eingangsbereichs zur Margarethenhöhe von G. METZENDORF: Einwände gegen die „bei aller Be-scheidenheit der Formen großartige Anlage, die steinernen Böschungen, die Freitreppe und die Gruppe der Torgebäude".

ausgebildet. METZENDORF schien „Schönheit, Zweckmäßigkeit und Billigkeit" in dieser Form vollständig
vereinigt zu sein. Die Geschlossenheit der Anlage
wahrte er durch die Einheit und Gleichheit der zur
Verwendung kommenden Baustoffe und Anstriche.
Die historische Siedlung, GRZ etwa 0,3 und GFZ
0,65, wurde nach dem Zweiten Weltkrieg wegen der
Wohnungsnot auch in Essen in anderer Form erweitert. Nach einem Bebauungsplan von 1960 wurden
zuerst 33 Einfamilienhäuser und dann 264 Wohnungen im Mittelhochbau bis Ende 1964 gebaut. Es folgten bis 1980 fast 500 Wohnungen in Wohnhochhäusern und dreigeschossigen Mietshäusern (KÖSTERS
2, S. 66/67).

„Vor dem Hintergrund trostloser Kasernierung der
Industriearbeiter war die ´Margarethenhöhe´ mit ihren Reformplänen, den menschlichen Wohnungen
und einem stimmungsvollen Städtebau Maßstab
späterer Siedlungspolitik. Serienmäßige Herstellung
von Fenstern, Treppen, Installationssäulen, Möbeln
und eine - trotz weniger Grundrißtypen - sich nie wie-
derholende äußere Gestaltung verbanden ökonomische und soziologische Aspekte. In der 25jährigen
Bauzeit zeichnen sich zwar Zeitströmungen in der
Architektur und unterschiedliche wirtschaftliche Voraussetzungen ab, doch machten die einheitliche
Materialwahl und die Verwendung bestimmter Grund-
formen die ´Margarethenhöhe´ zu einem einheitlichen Kunstwerk" (METZENDORF, R., S. 1170/1171).

Gartenstadtähnliche Siedlungen

Im städtebaulichen Sinne, aber nicht mit der propagierten Sozialorientierung und der genossenschaftlichen Organisationsform der Gartenstadt-Gesellschaft, sind auch einige gartenstadtähnliche Siedlungen entstanden. Von diesen sollen die beiden
staatlichen Wohnsiedlungen Staaken und Piesteritz,
die auch architektonische Verknüpfungen aufweisen,
vorgestellt werden.

• „Gartenstadt" Staaken in Berlin 1914-17

Die staatliche Wohnsiedlung „Staaken" bei Spandau,
ca. 12 km von Berlin entfernt, entstand während des
Ersten Weltkriegs als Reaktion auf die schlechten
Wohnbedingungen der Industriearbeiter der Span-
dauer Rüstungsbetriebe. Den Bebauungsplan und
die Häuser entwarf der Architekt Paul SCHMITTHEN-
NER, unter Mitarbeit von Otto Rudolf SALVISBERG.
Die gartenstadtähnliche Wohnanlage hat ein Zentrum für Versorgung und Bildung sowie eine Kirche
und andere soziale Einrichtungen (Abb. 4.23).
SCHMITTHENNER orientierte sich bei den Häusern in
Form und Materialverwendung an holländischer Architektur und „imitierte" die schiefwinkligen und geschwungenen Straßen- und Platzräume mittelalter-
licher Kleinstädte, obwohl das Gesamtgrundstück
rechteckig geschnitten ist.

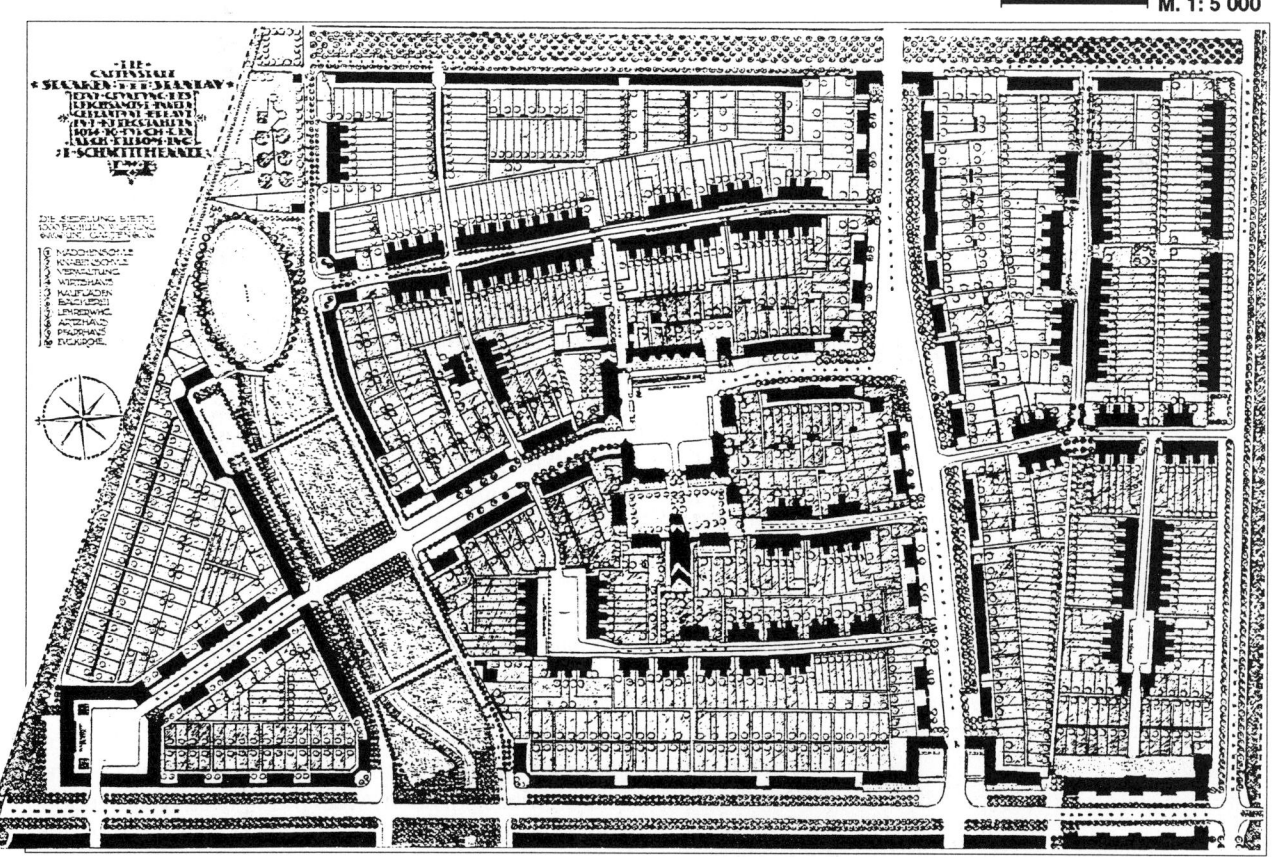

100 m   M. 1 : 5 000

4.23 Lageplan der „Gartenstadt" Staaken in Berlin von Paul SCHMITTHENNER, 1917. Im strengen Rahmen des durch
Bahnlinien begrenzten Grundstücks befinden sich mittelalterlich anmutende Stadtraumelemente und große Gartenhöfe.

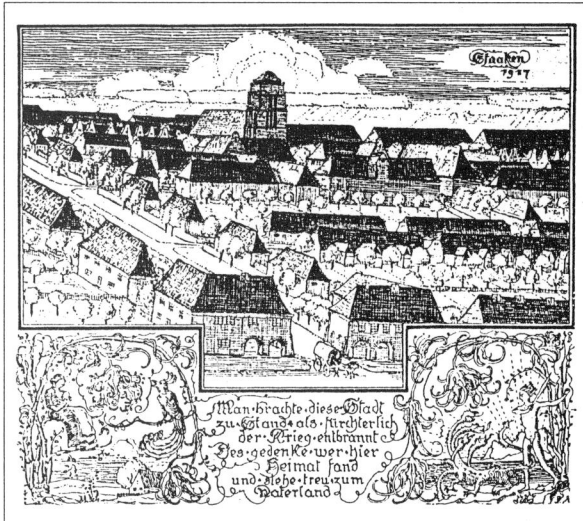

4.24 Blick vom östlichen Siedlungseingang (1917) auf den mittleren Teil von Staaken mit Zentrum und Kirche.

4.25 Straße in der „Gartenstadt" Staaken mit Häusern im „Heimatstil": „Man reiche mir den härtesten Gropius!"

4.26 Gartenweg in Piesteritz. Die Quergiebel der Reihenhäuser bilden in den Höfen eine ländliche Kulisse.

Die Siedlung ist ein im wesentlichen aus den örtlichen Gegebenheiten und aus historischen Vorbildern entwickeltes Gefüge, das nicht ohne Reminiszenzen an ornamentale Vorstellungen und mittelalterliche Einzelheiten ist. Nicht zuletzt deshalb sagte Walter SEGAL bei einem Besuch der Siedlung Anfang der dreißiger Jahre zu Julius POSENER, der durchaus von Staaken angetan war: „Man reiche mir den härtesten Gropius" (POSENER 1994 in Stuttgart). Wegen der städtebaulichen Form, den großen Gärten und der Organisation als Baugenossenschaft wird die Siedlung immer wieder als Gartenstadt bezeichnet. Die alleinige Finanzierung durch den Staat aus dem „Fond für Wohnungszwecke", seit 1901, unterscheidet sie allerdings erheblich davon.

Die Planung für etwa 1 000 Wohnungen konnte allerdings nicht in diesem Unfang realisiert werden. 1915 waren etwa 190 und 1917 etwas mehr als 600 Gebäude fertiggestellt. Ein Drittel der Wohnungen befand sich in Einfamilienhäusern (3 Zimmer mit Wohnküche) und der Rest in Vierfamilienhäusern mit 1- und 2-Zimmerwohnungen. Die Wohnungen waren mit Spülküche, Bademöglichkeit, WC, fließend Wasser, Gas- und Elektroanschluß ausgestattet. Zu den Häusern gehörten Gärten, die etwa 150 qm groß waren.

In mehr als national gefärbten Tönen rühmte Franz OPPENHEIMER 1917 die Siedlung von Paul SCHMITT-HENNER, der sich schon früh den Nationalsozialisten anschloß. Als Gegensatz sieht er die moderne Großstadt; sie sei vom ästhetischen Gesichtspunkt aus unheilbar *häßlich*, vom hygienischen Standpunkt aus *ungesund*, vom volksethischen Gesichtspunkt aus *Kriminalismus erzeugend*, vom Standpunkt der Politik aus *schwer gefährlich* und vom Standpunkt der Volkswirtschaft aus *unwirtschaftlich*.

„Die schlimme Wohnung in der Mietskaserne ist *teurer* als eine gleich große, gleich ausgestattete, unvergleichlich schönere, unvergleichlich gesündere, unvergleichlich heimatlichere, unvergleichlich sittlich bessere Wohnung auf dem Lande, in der Kleinstadt oder gar der *Gartenstadt*."

„Staaken ist schön. ... Staaken ist billig. ... Staaken hat *Nachbarschaft*, in der er als Mensch und Bürger das gilt, was er leistet."

„Und darum wird Staaken auch an Sittlichkeit und Vaterlandsliebe wie an physischer Gesundheit ein Musterbild sein. Alle Gartensiedlungen der Welt sind sittlich gesund, wie sie leiblich gesund sind."

„Hier also ist das Vorbild. Ist nur der Wille da, so kann es verhundertfacht sofort in vielleicht noch schöneren, vielleicht noch zweckmäßigeren Gestaltungen auf deutschem Boden erstehen. Die Erbbaugenossenschaft in der Gartenstadt, das ist das große Heilmittel unserer kranken Nation. Ans Werk! S o f o r t ans Werk!" (STAHL, S. 3-7).

• Gartenstadt-Werkssiedlung Piesteritz
bei Wittenberg 1916-19

„Von den größeren Kleinhaussiedelungen, die während des Krieges und nach demselben entstanden sind, ist eine der durchdachtesten und formvollendesten die 13 ha große Siedelung der mitteldeutschen Reichswerke in Piesteritz bei Wittenberg. ...

Geschlossene Straßen- und Platzbilder und zweckmäßige Parzellierung zeichnen diese für etwa 300 Familien bestimmte, mit Kaufhaus, Schule und zwei Kirchen ausgestattete, vorwiegend aus Einfamilienhäusern bestehende Siedelung aus." So charakterisiert Joseph STÜBBEN 1924 die Werkssiedlung (S. 555f).

Piesteritz verdankt seine Existenz einem neuen Wirtschaftsmodell im Ersten Weltkrieg, dem sogenannten „Etatismus", der „umfassenden, zielgerichteten Einflußnahme des Staates auf die private Wirtschaft", wie er sich in Staaken bereits angekündigt hatte. Zum Ersatz für die ausländischen Düngemittelimporte wurden Stickstoffwerke gegründet, darunter als eines der ersten Projekte das in Piesteritz. Die Wohnsiedlung wurde aber vom Staat bezahlt und nicht vom Werk, das gleichwohl als Wohltäter empfunden wurde, da es die Wohnungen vergab. Die „Stickstoffsiedlung", wie sie noch heute genannt wird, ist eine der Siedlungen des „In-

4.28 Platzbildende Kopfbauten am „Haupteingang" zur Siedlung Piesteritz von der Dessauer Straße (ca. 1920).

dustriellen Gartenreichs" zwischen Dessau, Bitterfeld und Wittenberg (Lutherstadt).

Als staatlicher Generalbeauftragter hatte Georg HABERLAND bereits beim Bau der „Gartenstadt" Staaken

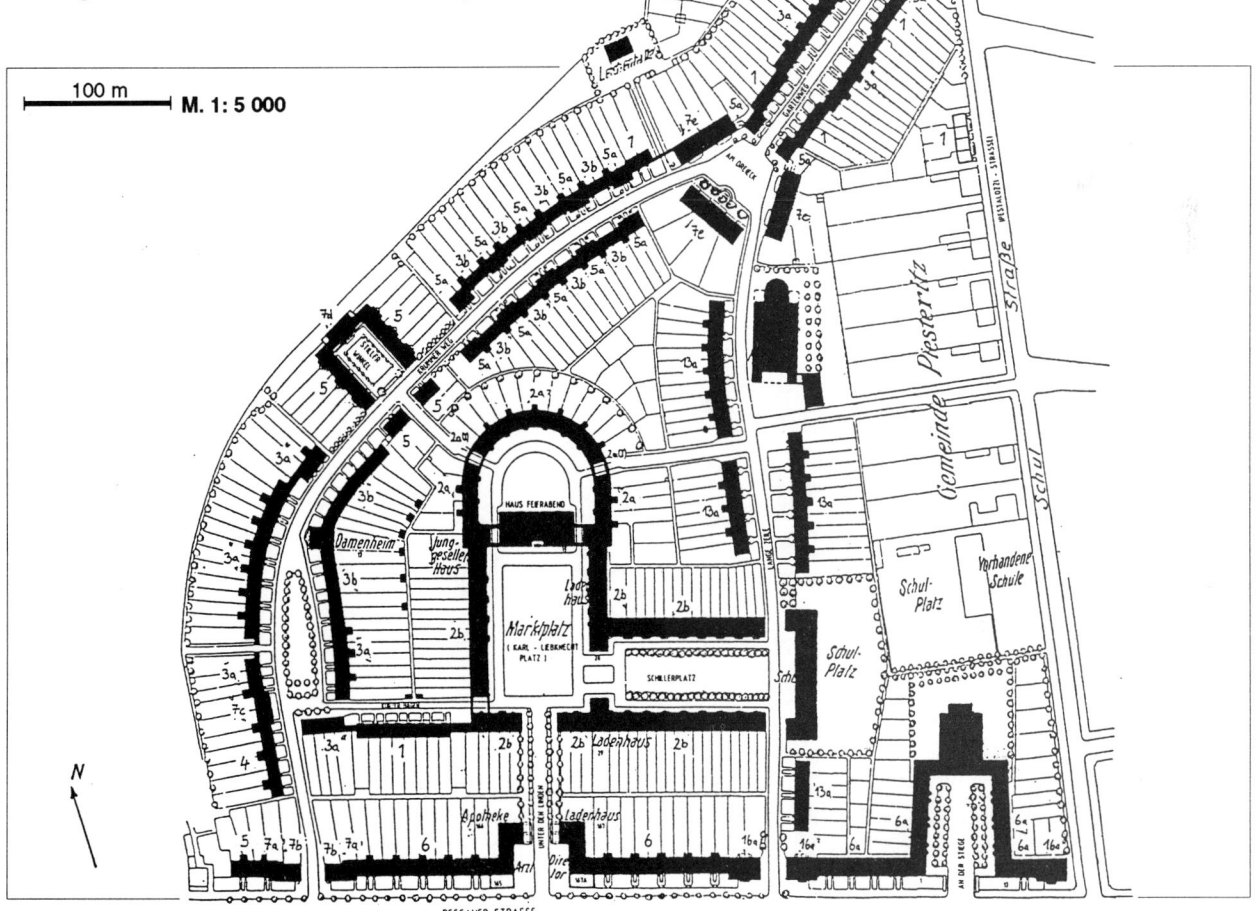

4.27 Gartenstadt-Werkssiedlung Piesteritz in Wittenberg von Friedrich GERLACH. Lehrbuchartige Anwendung der zeitgenössischen Städtebau-Erkenntnisse mit „gemischter Bauweise", Regeln Camillo SITTES und Wohnhöfen nach UNWIN.

Erfahrungen gesammelt und beauftragte in gleicher Funktion Friedrich GERLACH, Professor für Städtebau in Danzig, mit der Siedlungsplanung. Den jungen Schweizer Architekten Otto Rudolf SALVISBERG, der unter Paul SCHMITTHENNER bei Staaken mitgearbeitet hatte und hier sein erstes großes Werk verwirklichte, betraute er mit der architektonischen Ausbildung der Anlage. Später konzipierte und realisierte SALVISBERG mit Bruno TAUT zwischen 1926 und 1932 die Siedlung „Onkel Toms Hütte" in Berlin (s. S. 116).

GERLACH „brachte den gesamten Fundus der zeitgenössischen Städtebaudebatte in diese Planung ein" und „fügte alle wesentlichen städtebaulichen Erkenntnisse zu einer lehrbuchhaften Anlage zusammen" (Abb. 4.27):

• „Gemischte Bauweise" mit niedrigen Gebäuden innerhalb höherer, geschlossener Randbebauung (s. S. 61). Plätze und Grünanlagen sowie Gemeinschaftseinrichtungen im Inneren.

• „Stadtbaukunst" mit Gestaltung räumlicher Ensembles nach den Regeln Camillo SITTES.

• „Beruhigte Wohnhöfe" als Wohngruppenanlagen nach englischem Muster, z. B. nach Raymond UNWIN (KEGLER, S. 27).

Die Bebauung begann 1916 im Westen entlang des „Krummen Weges" und etwas später im Osten an der „Langen Zeile", bevor der zentrale Bereich um den Marktplatz folgte. Den Abschluß bildete 1919 ganz im Osten die Bebauung „An der Stiege", die 1925 um das Rathaus von SALVISBERG anstelle der vorgesehenen evangelischen Kirche ergänzt wurde. Eine Modifikation von Arbeiterwohnungen ergab 19 verschiedene Haustypen und 17 Sonderhäuser wie Damen- und Junggesellenheim, dazu Kaufhaus, Kir-

che und Schule. Die Lage der Siedlung war allerdings nicht günstig gewählt, da sie in der Hauptwindrichtung des Werks lag. Die Einwohner gehörten deshalb zu den Hauptbetroffenen, bei denen Haut- und Atemwegserkrankungen durch die Luftschadstoffe festgestellt wurden (KEGLER, S. 18, 41).

Obwohl fast 80% aller Gebäude Arbeiterhäuser sind, erweckte die Siedlung bei Zeitgenossen den Eindruck einer Anlage für „Bessergestellte". Dies ergab sich auch aus der Anordnung von Wohnungen für leitende Angestellte und Repräsentanten, wie Ärzte oder Apotheker, an der im Süden gelegenen und mit Platanen markierten Verbindungsstraße, der Dessauer Straße, nach Wittenberg. So grenzte sich die „kleine Stadt" mit einer „sozialen Mauer" nach außen ab. Seit 1987 steht die Siedlung unter Denkmalschutz (KEGLER, S. 24).

Während des Kriegs wurde in zahlreichen Publikationen und auf Postkarten eine „Traumwelt" verbreitet, die als städtebauliches Bild von den Initiatoren und Gestaltern der Siedlung so beabsichtigt war. In einem Artikel von 1917 wird dieses „Weltentrücktsein" artikuliert:

„In ernster Zeit, in ernster zielbewußter Arbeit geschaffen, wird die Siedelung ihren Bewohnern Segen, dem Reiche den erhofften Lohn bringen. Wer sie durchwandert, empfindet etwas von dem wohltuenden Gefühl des Weltentrücktseins. Unmittelbar neben dem geschäftigen Getriebe der Fabrik breitet sich hier ein Leben der Behaglichkeit aus, das dem Arbeiter nach getaner Arbeit die nötige Erholung verschafft, ihn stärken und im traulichen Heim mit dem Gefühl der Befriedigung erfüllen wird" (KEGLER, S. 38).

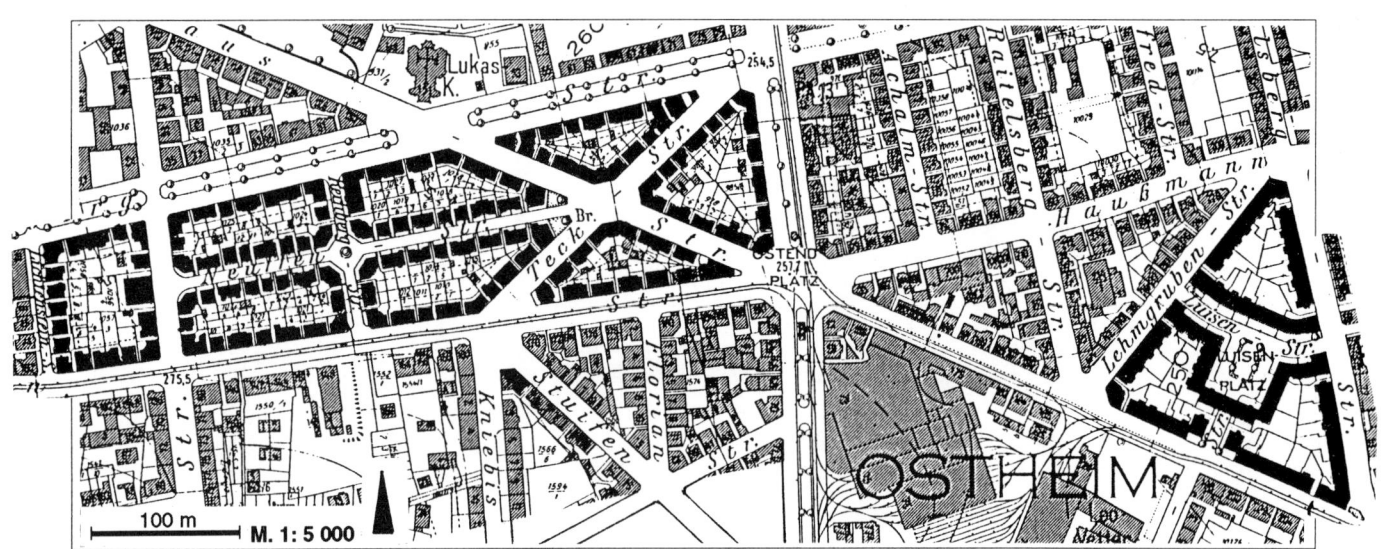

4.29 Die Wohnkolonie Ostenau (r.) und die Kolonie Ostheim in Stuttgart sind Beispiele für stadtnahe Wohnprojekte, die später vollständig in die Stadtstruktur integriert wurden. Hoher Standard der Wohnungen und geringere Miete als üblich.

4.2. Stadtnahe und sozial-
orientierte Wohnprojekte

„Man kann ohne weiteres zugeben, daß das Leben in unseren Städten anstrengender, ungesunder ist als in kleinen Orten und auf dem Lande. Man kann beklagen, daß der Städter dem Boden, den Pflanzen, den Tieren immer fremder wird und ihm damit viele Glücksmöglichkeiten genommen sind. Man muß auch eingestehen, daß unsere Gebäude zum größtenTeil trostlos langweilig, unlebendig und dabei protzig und anmaßend aussehen, aber daraus ergibt sich einmal die Aufgabe, die Bauart unserer Städte entsprechend zu ändern, weiträumiger, anständiger, künstlerischer zu bauen, und die andere, rascher zu erfüllende, jene Mängel durch anderes Genießen wieder wettzumachen."
Architekt August ENDELL, 1908
(„Die Schönheit der großen Stadt")

Block- und Hofbebauungen

Außer den Gartenstädten oder ähnlichen Siedlungen am Rande der Städte entstanden auch kompakte, mehrgeschossige und sozialorientierte Wohnanlagen. Diese innenstadtnahen Blockbebauungen können als Vorläufer der Wiener Hofbebauungen, zumindest aber in derselben städtebaulichen Entwicklungslinie gesehen werden.

• **Wohnkolonie Ostenau** in Stuttgart 1911-14

Die fünfgeschossige Wohnanlage im Stuttgarter Osten wurde für Familien der mittleren Einkommensschicht nach einem Bebauungsplan unter Beteiligung von Paul BONATZ gebaut. Die formale Modifizierung der Blockbauweise entsprach dem ornamentalen Städtebau mit Sternplätzen in diesem Stadtviertel, bewirkte aber auch durch den halböffentlichen Luisenplatz einen höheren Wohnwert (Abb. 4.29, 4.30). Die 261 Wohnungen mit ein bis fünf Zimmern hatten einen höheren Standard als sonst im Land oder z.B. bei der Margarethenhöhe in Essen.Träger dieser Wohnkolonie war der „Verein für das Wohl der arbeitenden Klasse", der bereits 1866 von Eduard von PFEIFFER (1835 - 1921) und anderen zum Zweck des Baus von Arbeiterwohnheimen in eigenen Siedlungen gegründet worden war. Der engagierte jüdische Geheimrat, Unternehmersohn und Bankier veröffentlichte 1896 das Buch „Eigenes Heim und billige Wohnungen", in dem er als Lösung der Wohnungsfrage nicht die Mietskaserne sah, sondern Gebäude in aufgelockerter Bauweise mit Gartenanteil. Angestrebt wurde auch ein qualitätvolles Wohnumfeld mit hohem Gestaltanspruch bei Straßen und Plätzen in den stadtnahen Siedlungen.

In diesem Sinne entstand unter anderen die **Kolonie Ostheim** 1891-1901 nach einem Wettbewerb für das „Projekt Schwarenberg" nach Plänen von GEBHARDT

4.30 Bebauung in der Wohnkolonie Ostenau mit Gestaltanspruch bei Architektur und Luisenplatz, 1912.

4.31 Darstellung der Kolonie Ostheim als städtische Siedlung „vor den Toren der Stadt Stuttgart", 1896.

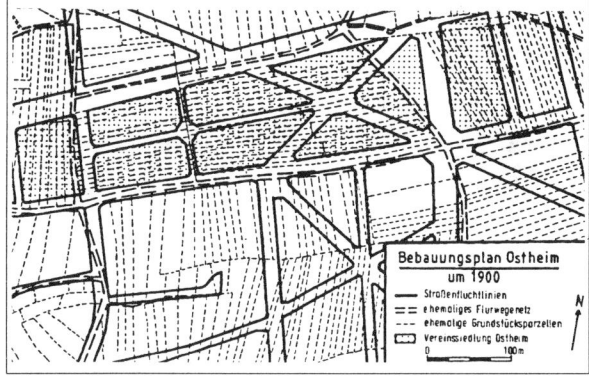

4.32 Der Bebauungsplan für Ostheim berücksichtigte stark die vorhandene Parzellenstruktur und Wegführung.

4.33 Die mittige Straße in der Kolonie Ostheim hat durch Vorgärten und einen Platz vorstädtischen Charakter.

4.34 Der Brüggemannhof in Hannover erinnert mit dem in das Blockinnere ausgerichteten Wohnen sehr stark ...

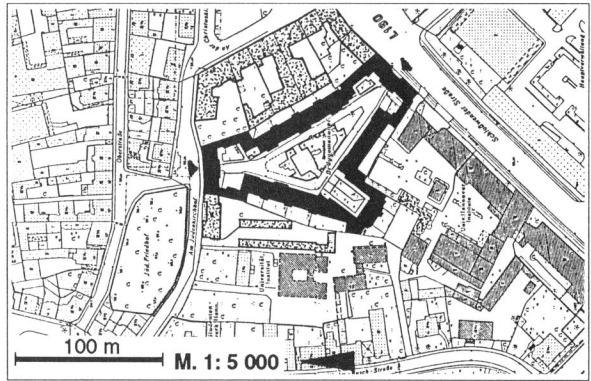

4.35 ... an die Wiener Höfe. Vom öffentlichen Raum der umgebenden Straßen sind nur geringe Teile erkennbar.

4.36 Die Reihenhäuser der Jörgstraße zwischen städtischer Geschlossenheit und heimeliger Architektur.

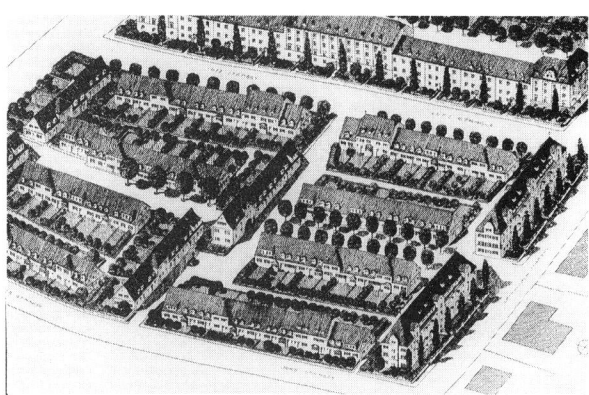

4.37 Städtische Wohnhausgruppe in München-Laim zwischen Jörg- (vorn) und Lutzstraße mit Gartenhöfen.

und HEIM/HENGERER, die zusammen den Auftrag für die Ausführung „auf der grünen Wiese" erhielten (Abb. 4.29, 4.31-4.33). Es wurden 383 Einzel- und Doppelhäuser mit überwiegend 2- und 3-Zimmerwohnungen zu Jahresmieten von 120 bis 432 RM gebaut. Damit waren sie ein Drittel bis um die Hälfte billiger als in der Stadt. Auch Mietkauf war möglich, aber als Maßnahme gegen Spekulation mit einem Rückkaufrecht auf 100 Jahre des Vereins (heute: „Gemeinnütziger Bau- und Wohlfahrtsverein").

• **Brüggemannhof** in Hannover-Nord 1912-24

Eine Tafel am Brüggemannhof liefert die wichtigsten Angaben zu der Anlage: „Diese Wohnsiedlung wurde in den Jahren 1912-1924 vom Spar- und Bauverein Hannover durch den Architekten Franz HOFFMANN erbaut und erhielt den Namen „Schloßwender Garten". 1947 wurde sie nach Heinrich Brüggemann, Senator der Stadt Hannover von 1913-1933, umbenannt. Sie gehört zu den schönsten Beispielen geschlossener Wohnsiedlungen ihrer Zeit."
Der Grundriß der Kleinwohnanlage wurde entscheidend von der unregelmäßigen Dreiecksform des Grundstücks zwischen zwei Straßen im Norden Hannovers geprägt (Abb. 4.34, 4.35). Der durch vor- und rückspringende Gebäude gebildete Innenhof wird von 22 Häusern umschlossen. Der dadurch entstehende „anheimelnde" Gedanke an kleinstädtisches Wohnen in vorindustrieller Zeit wird unterstützt durch Architekturversatzstücke, mit denen die Putzbauten an einen ortsständigen Baustil wie in den Altstädten Hannovers oder Hildesheim erinnern, wie es in einer zeitgenössischen Beschreibung heißt. Laubengänge, Erker, Loggien, Arkaden in Fachwerk und figürliche Bauplastik mit Szenen aus dem Handwerkerleben sind Elemente dieser Architektur. Gleichzeitig bieten die meist Drei-Zimmer-Wohnungen einen ungewöhnlich hohen Ausstattungsstandard mit Badenischen und teilweise Balkonen (MÖLLER, S. 112f).

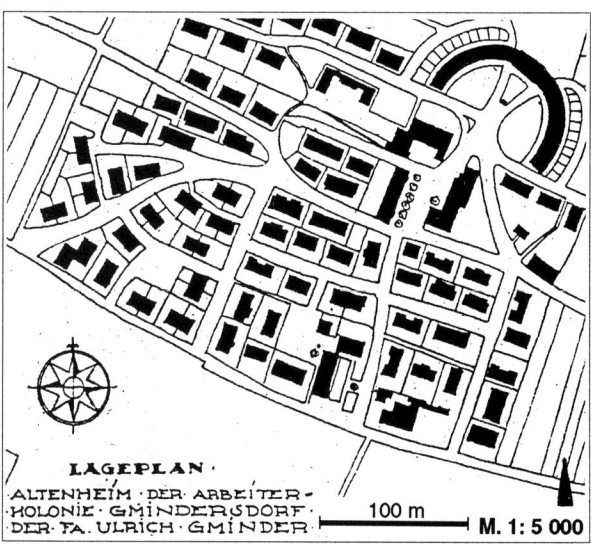

4.38 Die Arbeiterkolonie Gmindersdorf mit Marktplatz und halbrundem Altenheim (o. r.) von Theodor FISCHER.

Siedlungen Theodor Fischers

Theodor FISCHER (1862-1938) war für seine Schul-
und Kirchenbauten in seiner Zeit sehr bekannt. Seine Wohnhäuser dagegen zeigten sich architektonisch
wenig spektakulär und sollten in erster Linie dem
Wohnzweck dienen. Auch seine Siedlungen und
Wohnanlagen sind von einfachen natürlichen Bauformen gekennzeichnet. Den ersten Auftrag für eine
Siedlung erhielt er von einem Fabrikanten 1903. Es
folgten einige Wohnbauprojekte, die teilweise nicht
in vollem Umfang durchgeführt wurden, bis die Genossenschaftssiedlung „Alte Heide" ab 1918 mit starken Anklängen an das Neue Bauen einen Schluß-
punkt setzte.

• Siedlung Gmindersdorf
bei Reutlingen 1904-1915

Die Arbeiterkolonie Gmindersdorf wurde 1903 von
der Firma Ulrich GMINDER gegründet, um den Tex-
tilarbeitern „gesunde Wohnungen gegen billige Mieten gewähren zu können". Dem Reutlinger Fabrikanten schwebten die englischen Gartenstädte
und paternalistischen Arbeitersiedlungen wie
Bournville oder Port Sunlight als Vorbild vor. Theodor FISCHER entwarf mit diesen Planungsvorgaben
den Bebauungsplan und 19 verschiedene Gebäudetypen, „in dem Bestreben, den Arbeiterhäusern die
für einfache Verhältnisse denkbar zweckentspre-
chendste Ausbildung zu geben" (BAER, S. 2).

Auf einem leicht nach Süden geneigten Gelände
plante FISCHER ein organisch geschwungenes
Straßensystem, das auf eine kleine Senke, den natürlichen Mittelpunkt ausgerichtet war (Abb. 4.38,
4.39). Dort gestaltete er einen kleinen Marktplatz,
und die Straßenräume wurden mit Reihenhäusern
eingefaßt und geschlossen. Da ihm aber GMINDER
Einzelhäuser mit höchstens vier Wohnungen vor-

4.40 Die Wohnhäuser in der Stadtlohnerstraße mit Eck-
betonung bilden durch Vorgärten begrünte Stadträume.

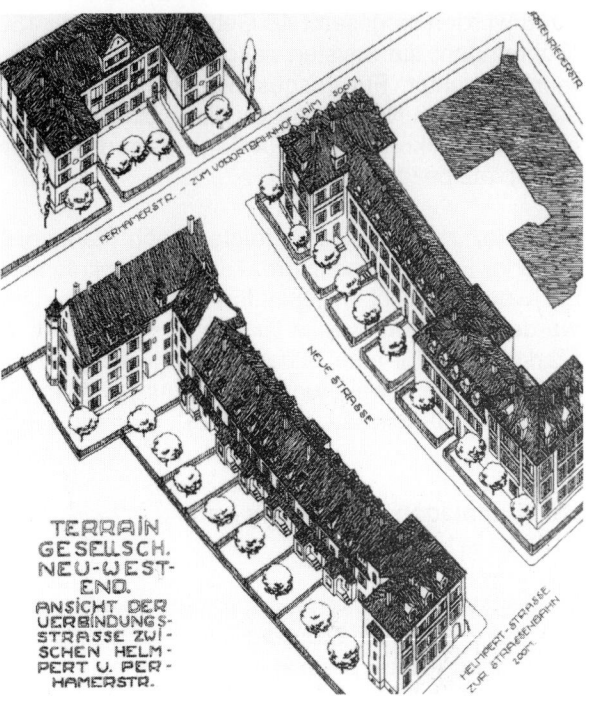

4.41 Wohnhausgruppe Stadtlohnerstraße in München-
Laim von Theodor FISCHER mit einfachen Bauformen.

4.39 Siedlung Gmindersdorf bei Reutlingen mit angrenzenden Fabrikanlagen (o.r.), um 1918. Für seine Arbeiter wollte der
Textilfabrikant Ulrich GMINDER gesunde Wohnverhältnisse nach dem Vorbild englischer Gartenstädte schaffen.

schrieb, versetzte er die Bauten „staffelförmig gegeneinander", um „keine klaffenden Durchblicke" zuzulassen und doch noch eine „einigermaßen ruhige Gesamtwirkung hervorzubringen". Nur am Marktplatz setzte FISCHER ein Reihenwohnhaus durch, das zusammen mit dem Geschäftshaus und einem Kinderhort einen Raum umgrenzt und und so eine architektonische Mitte schafft (NERDINGER, S. 114).

Bei der Gestaltung der Einzelhäuser galt für FISCHER, „daß nichts mehr zu vermeiden ist, als die Schaffung von verkleinerten bürgerlichen Landhäusern. Das Arbeiterhaus darf mit dem Typus der Villa so gut wie nichts gemein haben. Viel eher liefert der uralte mittel- und süddeutsche Bauernhausgrundriß brauchbare Vorbilder" (in: BAER, S. 2). Ab 1904 bis 1908 wurden insgesamt 48 Gebäude mit etwa 150 Wohnungen, die meisten davon mit 2 oder 3 Zimmern, errichtet. Für ausgeschiedene Arbeiter entstand 1915 im Norden der Siedlung ein Altenheim, das als halbkreisförmige Anlage genau auf den Marktplatz bezogen ist.

Bis zum Ersten Weltkrieg folgten nach Planungen Theodor FISCHERS noch drei Arbeiterwohnkolonien, die allerdings nicht im geplanten Umfang ausgeführt wurden: In Langensalza für die Firma Gräser, in Marktredwitz für eine Schamottefabrik und in Ludwigshafen die Erweiterung des Limburger Hofes für die BASF (NERDINGER, S. 118, 121).

• Wohnanlagen in München-Laim
1909-1911

Neben kleineren Wohnbauprojekten konzipierte Theodor FISCHER in München-Laim für die Terrain-Gesellschaft Neu-Westend zwei Wohnanlagen, die den gartenstadtartigen Baustil von Gmindersdorf fortführten. Beide wurden aber noch nicht einmal bis zur Hälfte des geplanten Umfangs realisiert.

- Die **Wohnhausgruppe Stadtlohnerstraße**, 1909-1911 geplant und teilweise gebaut, ist eine städtisch wirkende 3-4 geschossige Wohnbebauung mit Vorgärten (Abb. 4.40, 4.41). Die Gesamtanlage war in drei Bauzonen mit je zwei Hauszeilen aufgeteilt, die einen Innenhof mit Gärten begrenzten. Die Zeilen haben hohe und in den Straßenraum vorgezogenen Eckgebäude. Die dadurch geschlossene Raumwirkung der Straße läßt sich bei dem realisierten Teil an der Stadtlohnerstraße gut erkennen. Die Straßenkrümmung und ein u-förmiges Gebäude jenseits der Querstraße steigern noch die Qualität des Stadtraums (NERDINGER, S. 251-253).

- Die **Wohnhausgruppe Jörgstraße** aus den Jahren 1910/11 ist eine 1-2 geschossige Wohnbebauung in Form eines Großblocks (Abb. 4.36, 4.37). Innerhalb der umschließenden Randbebauung mit außenliegenden Vorgärten befinden sich zwei Nord-Süd-Zeilen an einer Anliegerstraße, die durch eine

senkrecht dazu gestellte Bebauung an einer Querstraße unterbrochen wird. Seitlich entsteht ein kleiner Platz, an dem Läden und eine Gaststätte liegen. Die inneren Straßenräume sind durch Bäume unterschiedlich gestaltet. Ausgeführt wurden nur 60 Wohnungen, etwa die Hälfte der Planung, in vier Hauszeilen.

Die Gesamterscheinung der Wohnzeilen wird immer wieder durch Varianten oder Zusammenfassungen zu einer Gruppe aufgelockert. Die Wohnungsgrundrisse in den Zeilen sind wechselweise nach Ost und West orientiert und die Wohngärten so einander zugeordnet, daß die blockartigen Wohnhöfe einerseits von Straßen gut erschlossen werden und andererseits ruhige Innenzonen entstehen. „Da die Kleinwohnhaus-Kolonie möglichst billig hergestellt werden sollte, entwarf Fischer Minimalgrundrisse, deren Qualität aber dadurch deutlich wird, daß sie auch heute noch gut funktionieren, bzw. den wechselnden Bedürfnissen problemlos angepaßt werden konnten" (NERDINGER, S. 121).

• Siedlung „Alte Heide"
in München 1918-1930

Kurz nach dem Ersten Weltkrieg erhielt Theodor FISCHER den Auftrag zur Planung einer Genossenschaftssiedlung mit Kleinstwohnungen und niedrigen Baukosten. In strenger Zeilenbauweise, die er allerdings nicht schematisch anwandte wie später viele Vertreter des Neuen Bauens, sah er eine wirtschaftliche Bauform. Durch gegeneinander versetzte Reihen oder Gemeinschaftsbauten in der Mitte von Blickachsen gelang es ihm auch, mit Wohnzeilen städtebauliche Räume zu schaffen (Abb. 4.42-4.44). Der öffentliche Verkehr wird an den Stirnseiten der Zeilen vorbeigeführt, wie es später häufig praktiziert wurde. Im Wohnbereich ergibt sich eine „Mischung aus privaten und halböffentlichen Flächen" durch Wohnwege, die kleine Privatgärten für die 786 Wohneinheiten erschließen (NERDINGER, S. 121/122).

FISCHER hatte sich seit 1919 mit grundsätzlichen Fragen wirtschaftlicher Bauformen und der Grundrißminimierung sowie der Typisierung im Bauwesen beschäftigt. Dabei unterschied er „Typus" und „Norm": „Typus ist also eine Gleichheit des Wesens und Ähnlichkeit der Form, die herangewachsen ist, Norm ist eine Gleichheit des Wesens und der Form, die diktiert wird." Die „Verbilligung" des Bauens durch „Normierung" könnte aber auch „mit Langeweile verbunden sein". „Hier kann der Architekt durch Raumdisposition im Großen seine Gewandtheit und Phantasie zeigen; überlange Reihen gleicher Häuser wird er zu vermeiden haben. Er muß sich daran erinnern, daß gleiche Einheiten nicht häufiger als sechs Mal in gleicher Funktion verwendet werden dürfen, nicht des Spaßes und der Abwechslung wegen, sondern der klaren und schnellen Auffassung wegen, welche die Voraussetzung künstlerischer Empfindung überhaupt ist" (in: NERDINGER, S. 123).

Wiener Hofbebauungen: Anfänge

Bis 1914 muß in Wien eher von einer „Obdachlosenpolitik" als von einer Wohnungspolitik gesprochen werden. Es gab zwar Werkssiedlungen großer Betriebe, der Bahnverwaltungen und von Versicherungen, aber erst mit zwei Gesetzen von 1892 und 1902 griff der Staat in den Bau von Arbeitersiedlungen ein, wenn auch mit geringem Erfolg.

Die 1896 gegründete „Kaiser Franz Josef I.-Jubiläums-Stiftung für Volkswohnungen und Wohlfahrtseinrichtungen" errichtete die **Jubiläumshäuser"** (Abb. 4.45) von 1898 als ein Geschenk des Kaisers für die Unterbringung Bedürftiger. „Mit den Haupteingängen zu dem innenliegenden großen Gemeinschaftshof und mit seinen Gemeinschaftseinrichtungen ist der Komplex ein direkter Vorläufer der Gemeindebauhöfe der Zwischenkriegszeit" (BRAMHAS, S. 13-15).

Die Verordnung von 1917 zum „Mieterschutz und damit zur Wohnungszwangswirtschaft" war eine erste wichtige Voraussetzung für das Wohnungsbauprogramm, das die Sozialdemokraten als Mehrheitspartei in der Stadtverwaltung 1919 einbrachten und schließlich beschlossen. Es beinhaltete unter anderem „eine neue Bauordnung und Wohnungsordnung als Grundlage für den Bau gesunder Wohnhäuser, die Vermehrung des Grundeigentums der Gemeinde durch Erwerbung unverbauter Grundstücke in großem Maßstab, die systematische Erschließung des Gemeindegebietes durch den zweckmäßigen Ausbau der Verkehrsmittel, vor allem aber die Errichtung von Häusern mit Kleinwohnungen und Werkstätten für Gewerbetreibende auf gemeindeeigenen Grundstücken in allen Gemeindebezirken aus städtischen Mitteln sowie die Förderung gemeinnütziger Baugenossenschaften durch pachtweise Überlassung von baureifen Grundstücken."

Dazu mußten zwei Voraussetzungen geschaffen werden: Der Erwerb zusammenhängender Bauflächen und die Finanzierung. Erst durch die 1923 beschlossene „zweckgebundene Wohnbausteuer" konnte das etwas später verabschiedete „Wohnbauprogramm der Stadt Wien" finanziert werden. Der sich anschließende Gemeindebau Wien mit seinen Wiener Höfen in konzentrierter und kompakter Bauweise war politisch durchaus eine Reaktion des „Roten Wiens" im „Schwarzen Niederösterreich".

Der kommunale und soziale Wohnungsbau war aber auch nicht zuletzt als wichtige öffentliche Aufgabe entstanden, da nach dem Ersten Weltkrieg private Investitionen in den Wohnungsbau trotz großer Wohnungsnot weitgehend unterblieben. Die spezifische Bauweise der Wiener Höfe wurde allerdings auch als bewußte Konzentration eines „Revolutionären Potentials" in „Arbeiterpalästen" kritisiert.

4.42 Siedlung „Alte Heide" in München. Beim reinen Zeilenbau werden durch Quergebäude Räume geschaffen.

4.43 Senkrecht zu den Hauszeilen verlaufende Straße in der „Alten Heide" mit Blick auf das Konsumgebäude.

4.44 Luftbild um 1925 der Siedlung „Alte Heide" in München von Theodor FISCHER in strenger Zeilenbauweise.

4.45 Entwurf zur „Concours-Ausschreibung" für „Jubiläumshäuser", die in einfacherer Form realisiert wurden.

4.3. Der Erste Weltkrieg und seine Folgen

„An die Bevölkerung Berlins!
Seit Jahren leidet das Berliner arbeitende Volk unter steigender Wohnungsnot und Arbeitslosigkeit. Das soziale Elend wird immer größer und unerträglicher. Was kann geschehen, um die schwersten Schäden zu mildern und allmählich in planvoller Arbeit dauernde Besserung zu schaffen? Es muß unter Anspannung aller Kräfte eine möglichst umfangreiche Neubautätigkeit und eine sachgemäße Erfassung und Verteilung des vorhandenen Wohnraums einsetzen, um Arbeitslose nutzbringend zu beschäftigen und Wohnungslose unterzubringen. ... Können diese Forderungen der werktätigen Bevölkerung heute erfüllt werden? Ja! Sie können es! Dann aber muß der Kurs heißen: Soziale Bauwirtschaft! ...

Wohnungsnot und Arbeitslosigkeit können nicht durch Städtebauplanung bekämpft werden. ... Um ein wohnungspolitisch gesünderes und auch ein städtebaukünstlerisch schöneres Berlin für alle Zukunft zu schaffen, bedarf es aber grundsätzlicher Abkehr von allen Maßnahmen, die nur auf äußerliche Wirkung berechnet sind. Es bedarf der Abkehr von undurchführbaren Planungen, von der Errichtung kulissenhafter Prachtgebäude, von der Anlage prunkender Straßenzüge mit ungesunder Häufung lebensvernichtender Wohnungen. Das war die Berliner Wohnungspolitik der letzten Jahrzehnte. Mit diesem System muß endgültig gebrochen werden. ..."
Berliner Proklamation vom Juni 1921 (UHLIG, S. 51)

Wohnungsnot und Förderung des Wohnungsbaus

Durch Kriegszerstörungen und Reparationszahlungen entstand nach dem Ersten Weltkrieg in Deutschland eine große Wohnungsnot. Der Wiederaufbau vollzog sich zunächst im wirtschaftlichen Sektor, wodurch sich eine zusätzliche Verschärfung der schlechten Wohnraumversorgung ergab. Während des Kriegs war der Wohnungsbau verboten, so daß nach einer Schätzung des Deutschen Städtetags 1918 etwa 800.000 Wohnungen fehlten, und 1921 gab es schon mehr als eine Million fehlende Wohnungen. Auf zwei Wegen wurden Lösungen versucht, durch
• *Wohnungszwangswirtschaft* mit Wohnraumbewirtschaftung, Mieterschutz (ab 1.6.1923) und gesetzlicher Mietpreisbindung (ab 24.3.1922), sowie durch
• *Förderung des Wohnungsbaus* durch Sozialisierungsversuche (im Anschluß an die revolutionäre Arbeiterbewegung), durch Neuordnung der Finanzierung (verlorene Baukostenzuschüsse, Baudarlehen) und mit Baudarlehen des Reichs.

Die Währungsreform Ende 1923 und die Regelung der deutschen Reparationen durch den Dawes-Plan 1924 führten zu einem Wirtschaftsaufschwung, der aber durch Rationalisierungen auch eine große Arbeitslosigkeit mit sich brachte. Gleichzeitig wurde bis 1928 schrittweise die Wohnungszwangswirtschaft gelockert und dann ganz aufgehoben. Dadurch entstand ein zusätzlicher Wohnungsbedarf bei 1 - 1,2 Mio fehlenden Wohnungen.

Während bis 1927 der größte Teil der Finanzmittel für den Wohnungsbau von den öffentlichen Haushalten aufgebracht wurde, gab es ab 1927/28 mit der Sättigung des Marktes für Industrieprodukte auch verstärkt private Investitionen in den Wohnungsmarkt. Neben der Wohnungsbaufinanzierung über die *Hauszinssteuer* von 1924-29 verstärkte sich das kommunale Wohnungsbauengagement. Durch die „Reichsrichtlinien für die Förderung des Wohnungsbaus" von 1926 wurden Baugenossenschaften bei der Vergabe von Darlehen bevorzugt.

Von der Selbsthilfe zum sozialen Wohnungsbau

Damit wurde eine Entwicklung unterstützt, die durch die Gründung neuer Bauträger letztlich von der Selbsthilfe zum sozialen Wohnungsbau führte:

• *Baugenossenschaften und Bauvereine*, die es schon seit der zweiten Hälfte des 19. Jahrhunderts gab und die man als „organisierte Selbsthilfe" bezeichnen kann.
• *Wohnungsgesellschaften der öffentlichen Hand*, die vorrangig Wohnungen für öffentliche Bedienstete, z.B. in Frankfurt, bauten.
• *Wohnungsgesellschaften der Gewerkschaften*, die sich sehr unterschiedlich betätigten, so z.B. in Berlin, wo es zwei Ausrichtungen gab:
- Die *Gehag* (Gemeinnützige Heimstätten Spar- und Bau-AG), die 1924 vom Allgemeinen Deutschen Gewerkschaftsbund ADGB gegründet wurde und u.a. an den Siedlungen Britz und Prenzlauer Berg, mit Bruno TAUT als Chefarchitekt, beteiligt war.
- Die *Gagfah* (Gemeinnützige AG für Angestelltenheimstätten), die 1919 vom Allgemeinen Freien Angestelltenbund AFA gegründet wurde und mit den Architekten Schmitthenner und Tessenow konservativ baute (STRATMANN, S. 40-46).

Selbsthilfe-Wohnungsbau am Beispiel Wiens

Die Entwicklung des Wohnungsbaus mit seinen unterschiedlichen Organisationsformen kann am Beispiel Wiens exemplarisch aufgezeigt werden. Die Wiener Siedlerbewegung von 1918-1934 begann mit Not- und Kleingartensiedlungen und führte schließlich zu kommunalen Wohnsiedlungen des „Wiener Gemeindebaus" (s. NOVY/UHLIG):

• Not- und Kleingartensiedlungen

Die 1. Phase von 1918-1920 war geprägt von Not-
siedlungen (wild - von „unten"), die den aller-
dringlichsten Bedarf befriedigten, also ein *„Dach
überm Kopf"* schufen. Diese Notprojekte von unten
durch 50 000 Siedlerfamilien waren durch illegale
Besetzung von Land, das Roden und Anlegen von
Gärten für eine Intensivgartenwirtschaft gekennzeichnet. In den Streusiedlungen durch „Wildes Siedeln"
schufen Nothütten erste Unterkünfte für die Wohnungssuchenden (Abb. 4.46).

Die 2. Phase von 1921-1924 ist gekennzeichnet von
genossenschaftlichen Kleingartensiedlungen, die
den Übergang von der wilden Siedelei zur Entwicklung eines Großsystems organisierter Selbsthilfe mit
einer Stadt-Land-Wirtschaft ermöglichten. Die Zielsetzungen orientierten sich sehr stark an der
Gartenstadtbewegung:

- *Dezentralisation der Großstadt:* Architektonisch-pla-
nerische Gestaltung nach Gartenstadtleitbildern -
Typ: Kleingartensiedlung mit 350 bis 400 qm großen
Gärten.
- *Lösung der Eigentumsfrage:* Erbbaurecht mit mi-
nimalem Pachtzins und genossenschaftliches Hauseigentum. Dabei gemeinnützige Bindung des Ge-
nossenschaftsvermögens ohne Möglichkeiten zur
Privatisierung.
- *Versorgung mit Gemeinschaftseinrichtungen:* „Dem
berechtigten Verlangen nach ruhiger und persönlicher Behausung, die der Entfaltung und Ausbreitung
der Individualitäten breiten Spielraum gewährte, war
durch eine Fülle von Gemeinschaftseinrichtungen
das Gegengewicht zu halten, um den notwendigen
Ausgleich, die Harmonie der Individual- und Sozial-
gefühle, durchzusetzen." Beim Entwurf wurden deshalb genügend große Plätze für Genossenschaftshaus, Kinderheim, Kindergarten, Konsumanstalt,
Bibliothek usw. vorgesehen.

„Ein *Genossenschaftshaus* ist das Herz und das Hirn
einer Siedlung. Rathaus, Erholungsheim, Klub, Theater, Konzerthaus, Volksuniversität zu gleicher Zeit.
Hier wächst der leicht zu verengende Sinn des Klein-
gärtners und Einfamilienhäuslers ins Soziale, Allgemeine, Bedeutsame. Die Vereinzelten werden hier
zur fühlenden Gemeinschaft. Die Ideologie der Siedlung als soziale Kategorie wird hier geboren und
strahlt wieder auf das Ganze und seine Teile aus.
Hier ist der Sitz der freigewählten Verwaltung, der
politischen Kämpfe, der Verbreitung des Wissens,
der künstlerischen Erlebnisse, der Feste" (NOVY/
UHLIG, o.S.).

- **Siedlung Friedenstadt** 1921 als Beispiel früher
Initiativen ging auf ein Bebauungskonzept von Adolf
LOOS zurück, das aber nur ansatzweise übernommen wurde (Abb. 4.47). „Der Planung war eine wilde Besiedelung vorausgegangen. Das Projekt ge-

4.46 Hütte in einer Wiener Notsiedlung nach dem Ersten
Weltkrieg. „Wilde Siedelei" für ein „Dach überm Kopf".

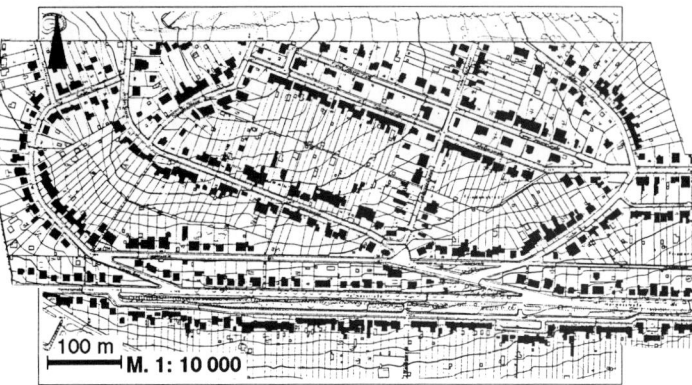

4.47 Siedlung Friedensstadt in Wien. Der Bebauungsplan
von Adolf LOOS wurde nur ansatzweise umgesetzt.

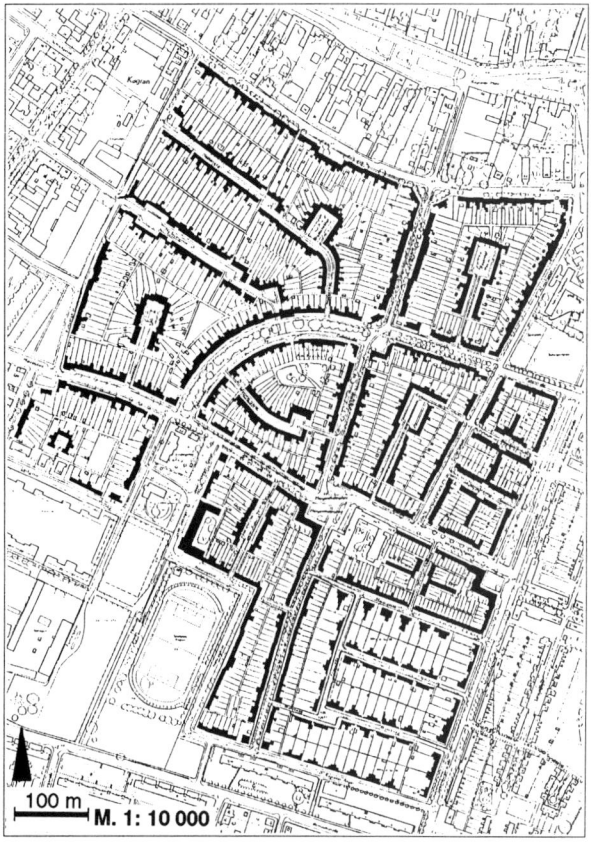

4.48 Die Freihofsiedlung von Karl SCHARTELMÜLLER ist
die größte, geschlossene Reihenhausanlage in Wien.

riet ins Schußfeld der öffentlichen Kritik, weil Teile des Lainzer Tiergartens beansprucht wurden. Noch während der Konzeptphase gab es illegale Rodungen, durch welche die Siedler ihren Forderungen Nachdruck verleihen wollten. Bezeichnend für die damalige Aufbruchstimmung ist weiters, daß in Anbetracht des Umfanges der Anlage eine eigene »Siedlerschule« eingerichtet wurde, an der auch Adolf LOOS unterrichtete" (BRAMHAS, S. 25).

- **Freihofsiedlung** 1923 vom Architekten Karl SCHARTELMÜLLER und den Siedlungsgenossenschaften »Mein Heim«, »Freihof« und Gemeinde Wien ist die größte in sich geschlossene Siedlungsanlage Wiens mit ca. 1100 Reihenhäusern (Abb. 4.48). „In Vorwegnahme späterer Tendenzen zeigt sich bereits das Schema geschlossener Randverbauung in einheitlicher Gestaltung. Die gestreckten Gartenparzellen mit eigenem, an das Straßennetz angeschlossenem Wirtschaftsweg weisen auf das Selbstversorgerprinzip hin" (BRAMHAS, S. 28).

• **Kommunale Wohnsiedlungen**

Die 3. Phase von 1924-1930 war, wie auch in Deutschland, durch kommunale Wohnsiedlungen geprägt. Die Gemeindesiedlungen verfügten über Gemeinde- statt Genossenschaftseigentum, und statt Selbstverwaltung der Genossenschaft gab es Mieter-

ausschüsse, also: „Kommunalsozialismus statt Genossenschaftssozialismus". Die Wohnsiedlungen basierten auf einer städtebaulich großzügigen, gartenstadtorientierten Planung, die das Konzept der Kleingartensiedlungen beendete. Architektonisch fanden die Ideen des Neuen Bauens breite Aufnahme. Schließlich forcierte die Gemeinde Wien den Bau städtischer Wohnanlagen, den sogenannten „Volkswohnpalästen" oder „Superblöcken" (s. S. 126).

- **Siedlung Lockerwiese**, ebenfalls von Karl SCHARTELMÜLLER geplant und von der Gemeinde Wien realisiert (Abb. 4.49). „Die Siedleridee selbstbestimmten Bauens ist hier bereits völlig domestiziert. Händische Eigenleistung war nicht mehr vorgesehen. Die ´Häuser´ sind gleichgeschaltet aneinandergereiht. Sie wurden wie andere Gemeindewohnungen vom Magistrat vergeben und von ihm auch verwaltet. Trotzdem weist die Anlage Gestaltungsmerkmale auf die, sie gegenüber anderen. gleichzeitig entstandenen Wohnhausanlagen architektonisch bemerkenswert und interessant erscheinen läßt" (BRAMHAS, S. 29).

Die 4. Phase von 1932-1934 führte wegen der großen Arbeitslosigkeit zu Erwerbslosensiedlungen. Es waren *Notprojekte von oben* als Folge der Weltwirtschaftskrise von 1929 (s. S. 139). Kennzeichen sind dabei die administrative Vorbereitung und Ausschreibung der Siedlungsprojekte sowie eine sorgfältige Auswahl der Siedlerbewerber nach ihrer Baufach-

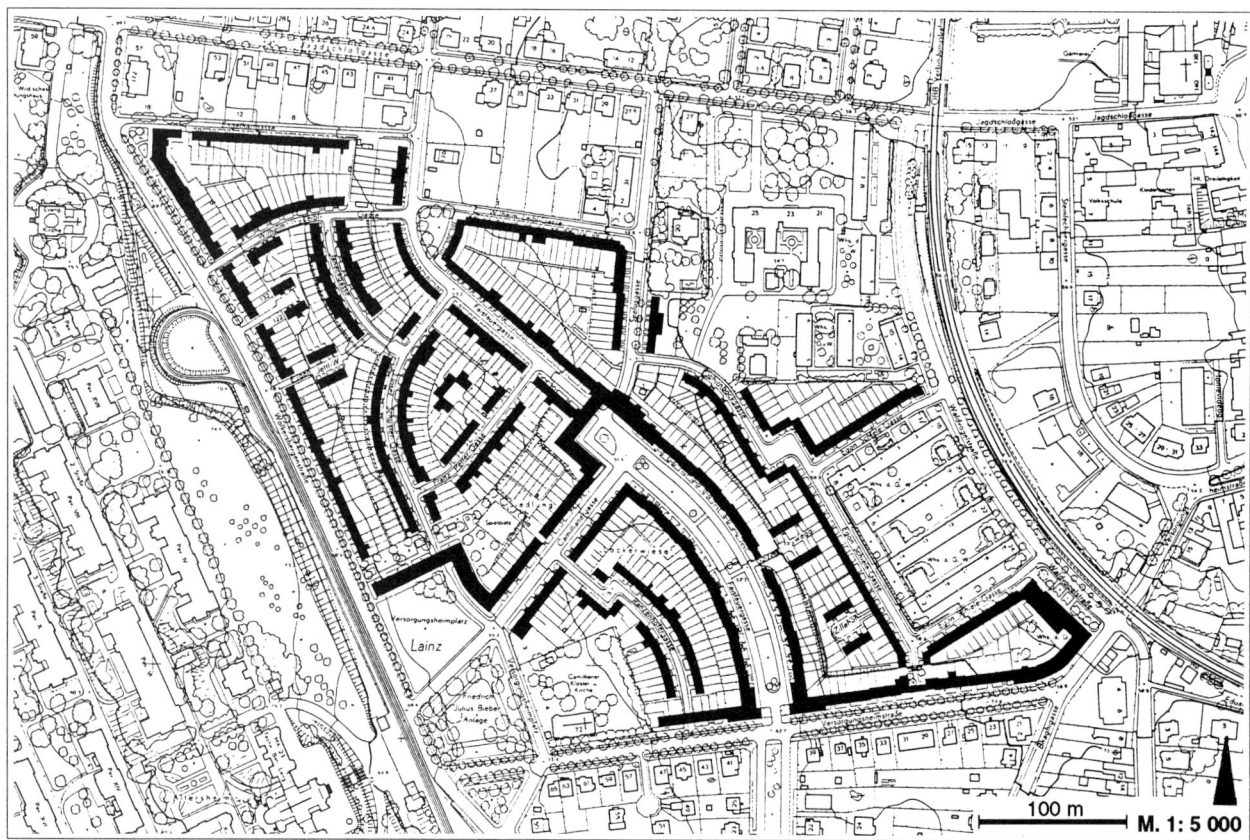

4.49 Die Reihenhaus-Siedlung Lockerwiese in Wien von Karl SCHARTELMÜLLER aus der Phase kommunaler Wohnsiedlungen ohne Eigenleistung. Die Frage „Siedlungsbau oder Wohnhausblock" wurde durch die Wiener Höfe beantwortet.

qualifikation. Die arbeitslosen Siedler, die ihre Häuser vollständig in Eigenarbeit erstellen mußten, waren in einer Erwerbs- und Wirtschaftsgenossenschaft zusammengeschlossen. Die Wohngebäude mit traditionellen Architekturformen wurden in offener Bauweise angeordnet und hatten zur Selbstversorgung einen 2 000 qm großen Garten (NOVY/UHLIG).

4.4. Neues Denken und neues Handeln

„Seht, das macht ja die größe unserer zeit aus, daß sie nicht imstande ist, ein neues ornament hervorzubringen. Wir haben das ornament überwunden, wir haben uns zur ornamentlosigkeit durchgerungen. Seht, die zeit ist nahe, die erfüllung wartet unser. Bald werden die straßen der städte wie weiße mauern glänzen. Wie Zion, die heilige stadt, die hauptstadt des himmels. Dann ist die erfüllung da."
Adolf LOOS, 1908 („Ornament und Verbrechen")

„Die goldenen 20er Jahre"

In der Rückschau verklären sich die 20er Jahre nach dem Ersten Weltkrieg zu einem „goldenen" Zeitabschnitt. Bei genauer Betrachtung bleiben als „goldene Jahre" allenfalls die Zeit von der Währungsreform 1923 bis zur Weltwirtschaftskrise 1929. Davor standen Not und Elend von vielen in einem scharfen Kontrast zum Luxus von wenigen. Diese Zeit war ebenso geprägt von neuen Tendenzen in Kunst und Kultur, die Ergebnis einer neuen, emanzipatorischen Geisteshaltung, aber auch eine Reaktion auf die fortschreitende Industrialisierung und damit Technisierung waren.

Der Niedergang der bisherigen Künste und des Handwerks durch die Massenfertigung von Gebrauchsgütern führte auch zu neuen Formgebungen und einfacheren Materialien. Das Schlichte und Zweckmäßige war neben der wirtschaftlichen Herausforderung auch eine künstlerische, die in der „Art deco" bei der angewandten Kunst durchaus zu hoher Qualität fand. Die Durchsetzung der „funktionalistischen Architektur" mit kubischen Baublöcken und einfachen Formen sowie mit Verzicht auf traditionelle Bauweisen und Ornamente konnte aber zunächst nicht auf die Protagonisten veränderter Formvorstellungen bauen.

„Angesichts des unbeschreiblichen Elends und der unvollstellbaren Wohnungsnot, die durch Notunterkünfte aus Lehm und anderen Hilfsmaterialien mehr schlecht als recht bekämpft wurde, zeichneten sie phantastische Gebilde, gläsern schimmernde Städte und Wohnräume, an deren Realisation vor dem Hintergrund materieller Not auch nicht einen Moment lang zu denken war" (WILHELM, S. 73). Die-

ses „scheinbar paradoxe Phänomen" löste sich auf, als das Grauen des Krieges einer humanen Aufbruchstimmung wich, bei der Architektur und Städtebau eine soziale Funktion zugesprochen wurde.

„Wie von selbst wird das kulturpolitische Interesse für die 20er Jahre und ihre Tendenzen parteilich. Ob es gilt, den kulturellen Reichtum einer von inneren Feinden zerstörten Metropolen-Gesellschaft zu beschwören, die Wachheit von Künstlern und ihr Engagement gegen Not und Elend abstrakt zu begrüßen, auf die Freiheit der Künste gegen eine Vereinnahmung und Gefährdung durch Propaganda zu pochen oder in den 20ern Momente einer - damals wie heute - woanders verwirklichten sozialistischen Kultur aufzusuchen: die soziale Verpflichtung der Künstler wird, und sei es in ihrer Negation, akzeptiert. Dem entspricht die zunehmende Einsicht, daß die 20er Jahre in Deutschland golden allenfalls schillerten" (NGBK, S. 8).

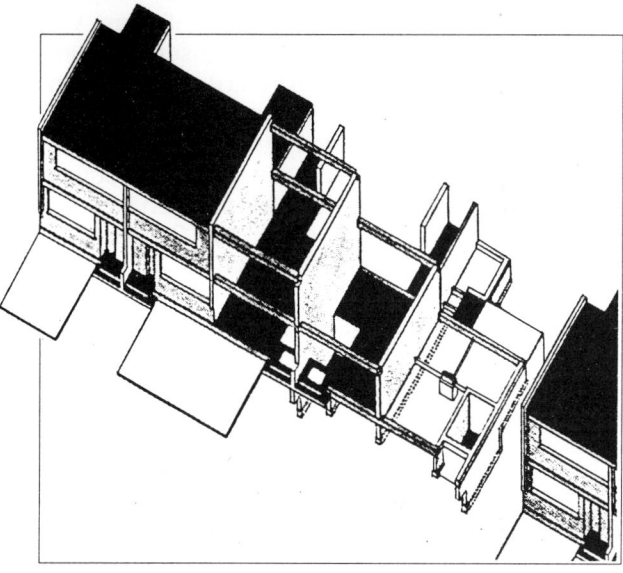

4.50 Konstruktionssschema der vorgefertigten Bauelemente für die Siedlung Törten von Walter GROPIUS 1926.

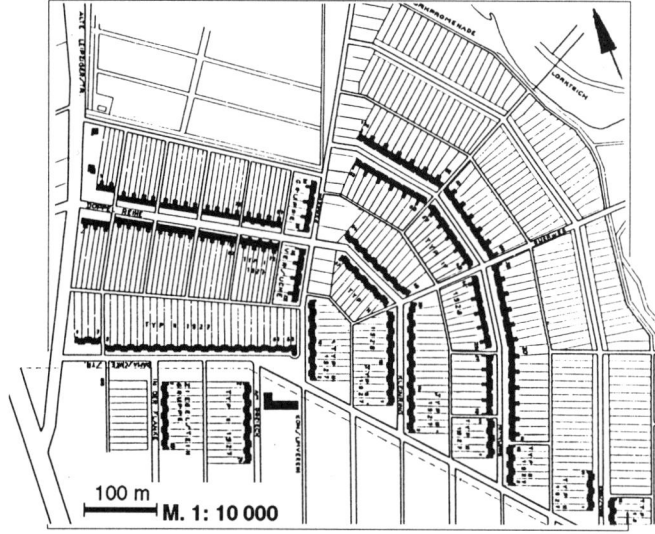

4.51 Die Bauhaussiedlung Dessau-Törten, 1926-1928, als Versuch der Umsetzung fortschrittlicher Bauweisen.

Neues Bauen mit sozialem Anspruch

„Die neue Zeit fordert den eigenen Sinn. Exakt geprägte Form, jeder Zufälligkeit bar, klare Kontraste, ordnende Glieder, Reihung gleicher Teile und Einheit von Form und Farbe werden entsprechend der Energie und Ökonomie unseres öffentlichen Lebens das ästhetische Rüstzeug des modernen Baukünstlers werden."
Walter GROPIUS 1913

Die Industrialisierung hatte selbstverständlich auch auf das Bauen einen erheblichen Einfluß, zuerst auf den Ingenieurbau und bald schon auf andere Gebäude. Neue Techniken und Materialien, wie Stahl und Stahlbeton, wirkten sich nicht nur konstruktiv, sondern auch gestalterisch aus. Das Motto „Form follows Function", bereits 1890 von L. H. SULLIVAN und der sog. „Chicagoer Schule" formuliert und praktiziert, hatte mit dem Londoner Kristallpalast von Joseph PAXTON (1851) und dem Pariser Eiffelturm von Gustave EIFFEL (1887-89) frühe und weltbekannte Demonstrationsobjekte der neuen Ingenieurbaukunst. Aber erst die Anwendung des Stahlbetons bei Wohn- und sogar Sakralbauten, wie von Auguste PERRET 1902/3 und 1922/23 sowie anderen Protagonisten praktiziert, führte schließlich zum Stil des „Neuen Bauens" (LAMPUGNANI, S. 36-39).

Das neue Baumaterial Stahlbeton eignete sich für einfache Formen und ihre „Dekomposition" - mit ineinandergeschobenen Raumvolumen, frei stehenden Wandscheiben und kühnen linearen Auskragungen. Es entwickelte sich eine Architektursprache, die in dreifacher Hinsicht gerade auch einem ökonomischen Grundprinzip folgt:

• *Soziale Ökonomie*, da Einfachheit, Klarheit und Kargheit der Formensprache angesichts des Massenproblems im Wohnungsbau und einer gerechteren Verteilung der Güter zwingend und üppiger Gestaltreichtum und Ornament als Verschwendung erschien.

• *Konstruktive Ökonomie*, da eine Reduktion der tragenden Teile auf einzelne Punkte oder Flächen durch die Materialien Stahl und Stahlbeton ermöglicht wurde. Die Umhüllung des Raums, die „Bauschachtel", konnte freieren Formen folgen.

• *Stilistische Ökonomie*, als „formaler Rigorismus", der die klare, asketischen Form, die Allgemeingültigkeit und Objektivität repräsentiert, als künstlerisches Ziel hat (LAMPUGNANI, S. 36).

Das Bauhaus - Kristallisationspunkt der baukünstlerischen Avantgarde

Die Verbindung von Kunst und Architektur als eine funktionale und gestalterische Einheit des „Neuen Bauens" hatte sich das Bauhaus zum Ziel gesetzt.

Es entstand 1919 in Weimar unter der Leitung von Walter Gropius aus der Großherzoglich-Sächsischen Kunstgewerbeschule, die Henry van de Velde 1906 gegründet hatte, und der Großherzoglich-Sächsischen Hochschule für bildende Kunst. Die Anfangsjahre waren noch deutlich geprägt vom introvertiert-schwärmerischen Nachkriegsexpressionismus, wie sich aus dem ersten Programm von 1919 unschwer ablesen läßt: „Bilden wir also eine neue Zunft der Handwerker ohne die klassentrennende Anmaßung, die eine hochmütige Mauer zwischen Handwerkern und Künstlern errichten wollte! Wollen, erdenken, erschaffen wir gemeinsam den neuen Bau der Zukunft, der alles in einer Gestalt sein wird: Architektur und Plastik und Malerei ... kristallenes Sinnbild eines neuen kommenden Glaubens."

Wenige Jahre danach zeigte sich jedoch eine Polarisierung, die bauhaus-intern als Auseinandersetzung zwischen ITTEN und GROPIUS empfunden und beschrieben wurde. ITTEN wurde dabei gleichgesetzt mit „Indienkult, Wandervogelbewegung, Vegetarismus", GROPIUS mit „Amerikanismus, Fortschritt, Wunder der Technik und Erfindung". Die Bauhausgrundsätze von 1925 zeugen nicht mehr von „gotischer Bauhüttenmystik", sondern propagieren ein zukünftiges Handwerk, das von Technik und Form gleichermaßen bestimmt wird, als „Träger der Versuchsarbeit für die industrielle Produktion" (GÖSSEL/LEUTHÄUSER, S. 137):

„Das Bauhaus will der zeitgemäßen Entwicklung der Behausung dienen, vom einfachen Hausgerät bis zum fertigen Wohnhaus. In der Überzeugung, daß Haus und Wohngerät untereinander in sinnvoller Beziehung stehen müssen, sucht das Bauhaus durch systematische Versuchsarbeit in Theorie und Praxis - auf formalem, technischem und wirtschaftlichem Gebiet - die Gestalt jedes Gegenstandes aus seinen natürlichen Funktionen und Bedingtheiten heraus zu finden"

„Ein Ding ist bestimmt durch sein Wesen. Um es zu gestalten, daß es richtig funktioniert - ein Gefäß, ein Stuhl, ein Haus -, muß sein Wesen zuerst erforscht werden. ... Diese Wesensforschung führt zu dem Ergebnis, daß durch die entschlossene Berücksichtigung aller modernen Herstellungsmethoden, Konstruktionen und Materialien Formen entstehen, die, von der Überlieferung abweichend, oft ungewohnt und überraschend wirken."

Von 1925 bis 1932 war das Bauhaus dann in Dessau (Abb. 4.50, 4.51), bevor es 1933 von den Nationalsozialisten aufgelöst wurde. Die strenge Formensprache, besonders von MIES VAN DER ROHE und GROPIUS geprägt, setzte sich als *Internationaler Stil* etwa ab 1930 in ganz Mittel- und Nordeuropa sowie Amerika, aber auch mit etwas Verspätung in Osteuropa, durch. In Deutschland und Italien wurde diese Entwicklung politisch unterbrochen.

Städtebau und Architektur als Einheit

Der „ideologische Überbau" des Neuen Bauens reichte „vom skeptischen humanistischen Sozialismus eines Ludwig Mies van der Rohe bis zum radikalen Kommunismus eines Hannes Meyer. Der Glaube an eine bessere Gesellschaft in einer besseren Welt war der Motor, der die Bemühungen um eine bessere Architektur vorantrieb: nicht individualistisch, sondern kollektiv, nicht auf Einzelbauwerke beschränkt, sondern in vervielfältigbaren architektonischen und städtebaulichen Eingriffen, nicht national begrenzt, sondern international."

Folgende Aspekte waren für den Städtebau der 20er Jahre wichtig und wirksam:

• Städtebau, Architektur und industrielle Produktion werden als Mittel des sozialen Fortschritts und der demokratischen Erziehung verstanden. Damit ist Entwerfen nicht länger ein „persönliches Vergnügen der Suche nach einer Form, sondern ethische *Verpflichtung für eine bessere Gesellschaft*".

• Die Berücksichtigung der Ökonomie wirkt sich auf die Gebäude, die Siedlungsstrukturen und den Landschaftsverbrauch aus. "Die Bemühung, Wohnungen für alle zu schaffen, führt in der wirtschaftlich geschwächten Nachkriegszeit notgedrungen zur *Wohnung für das Existenzminimum* mit rationeller Grundstücksausnützung, billigen Bauweisen, minimierten Grundrissen und karger Formensprache."

• Der systematische *Rückgriff auf industrielle Technologien* führt zur Standardisierung und Vorfertigung vom Städtebau bis zum Industriedesign. Die Bauindustrie war aber auf eine solche radikale Umstellung nicht vorbereitet und produzierte weiterhin zumeist konventionell.

• Der massenhafte Wohnungsbau bewirkt eine *Priorität des Städtebaus* vor der Architektur. Räumlich umfassende Maßnahmen zur Behebung der Wohnungsnot bewirken eine „Blüte der Siedlungen" (Lampugnani, S. 91).

Stadt-Visionen zwischen Technik- und Sozial-Utopie

Nach den eher sozialstrukturell und funktionell geprägten Stadt-Utopien und Stadt-Konzepten des 19. Jahrhunderts zeigen die „modernen" Stadtvisionen des beginnenden 20. Jahrhunderts ein starkes Eingehen auf die Möglichkeiten zunehmender Technisierung. In unterschiedlicher Weise sind damit aber auch gesellschaftliche Veränderungen und Sozial-Utopien verknüpft. Die amerikanischen Großstädte sind für Antonio Sant'Elia Beispiele einer neuen Stadt der Zukunft, die auch in der Gestaltung industriell ausgerichtet ist. Dagegen betont Bruno Taut

stärker die neuen Lebensbedingungen der Menschen, die sich aber auch an den technischen Gegebenheiten orientieren. Die kompakte Stadt wird dabei zur naturraumgreifenden Stadtlandschaft. Le Corbusier entwickelt neue Stadtvorstellungen aus den technischen Möglichkeiten, die ebenfalls zu einer Auflösung der Städte führen. Die Technik bestimmt dabei die Gestaltung der „Stadt der Gegenwart" bis hin zu der „Stadt im Haus" seiner Unités. Ludwig Hilberseimer schließlich schematisiert die Gebäudeanordnungen zu Mustern, die erst viel später zu Realität, zu stark kritisierter Realität werden.

• Antonio Sant'Elia: „Città Nuova"

Der junge italienische Architekt Antonio Sant'Elia begann 1913 mit seinem großen Projekt der Città Nuova, da ihn die Erneuerung der Baukunst im „kulturell schläfrigen Italien" bewegte. Die Perspektiven und skizzierten Visionen einer „Zukunftsmetropole" orientierten sich an den expandierenden industriellen Großstädten der USA (Abb. 4.52): „Terrassierte Wolkenkratzer mit nach oben hin freigelegtem Innengerüst und vom Baukörper losgelösten Aufzugsschächten; grandiose Verkehrsadern, deren Fahrbahnen einander auf verschiedenen Ebenen kreuzen; schlanke Brücken aus Stahl oder Beton, die Schächte, Wohnblöcke und Trassen miteinander verbinden; kühne, monumentale schräg abgestützte Baukörper ohne klare Funktionsbezeichnung."

Zusammen mit Bildern des Architekten und Malers Mario Chiattone werden die „graphisch virtuosen Zeichnungen" 1914 ausgestellt. Ein leidenschaftlicher Aufruf von Sant'Elia im Katalog als Proklamation für eine neue, revolutionäre Architektur erscheint einige Monate später redigiert als *Manifesto dell'Architettura Futurista*. Die Normen der Vergangenheit werden darin abgelehnt und eine Architektur gefordert,
- „die sich der neuen Materialien bedient;

4.52 Vision „Città Nuova" von Antonio Sant'Elia 1913/ 14, an den industriellen Großstädten der USA orientiert.

4.53 „Stadtkrone" von Bruno TAUT, 1919. „Die großartigsten Bauten wuchsen aus der Stadt heraus. Der Zukunftsstadt habe ich eine Bekrönung und Loslösung des Bauwerks inmitten einer weit ausgebreiteten Siedlung zu geben versucht."

- die Ausdruck besitzt und Kunst bleibt;
- die schräge und elliptische Linien bevorzugt, weil sie emotionsbeladen sind;
- die dem Ornament absagt;
- die ihre Inspiration aus der Maschinenwelt schöpft;
- die keine vorgefaßten Entwurfsmaximen akzeptiert;
- die ihre Umgebung mit dem neuen Menschen in Einklang bringt;
- die leicht, vergänglich und dynamisch ist, so daß jede Generation ihre eigene Stadt bauen kann und muß."

Das Manifest war ein theoretisches Dokument, das Italien an der europäischen Architekturdiskussion beteiligte. „Ansonsten blieb es beim - heftigen - Wort. SANT´ELIA starb zwei Jahre nach der Publikation des Aufrufs an der Front" (LAMPUGNANI, S. 42,44).

• Bruno Taut: Die „Stadtkrone" und „Die Auflösung der Städte"

Bereits seit 1915 arbeitete Bruno TAUT an dem Projekt *„Stadtkrone"*, „das seine sozialistische Bau-

sehnsucht stillen sollte" und 1920 mit über 70 Illustrationen als Buch erschien (Abb. 4.53): „Wenn es nun wirklich der soziale Gedanke ist, der ans Licht strebt und noch unter der Oberfläche vergraben ruht, ist es dann überhaupt möglich, etwas Latentes zu gestalten? Die Antwort lautet: *Die Kathedralen*, die *Riesentempel* sind auch einmal entstanden." Jede große Bauaufgabe entstünde aus einer Idee, aus einem Wunsch heraus; heute, so Taut, hieße dieser Wunsch: *Die Stadtkrone* (TAUT 1, S. 61).

Auch die zahlreichen, expressionistisch bewegten Skizzen und Entwürfe für das große *Volkshaus* von TAUT (Abb. 4.54) hatten die 1919 vorgestellte und propagierte Stadtkrone zum Inhalt. Sie sind ein geometrisches Gefüge von Höfen, Arkaden, Gebäuden, Aquarien, Kaskaden, Wasserkünsten, Sommertheatern, Pflanzenhäusern und Fischteichen mit erlesenen Gewächsen und Tieren.

Die gedeckten Säulenhallen, Saulengänge und Galerien mit Mehrfach-Treppen über einem ebenfalls arkadenumschlossenen Teichhof erinnern in ihrem

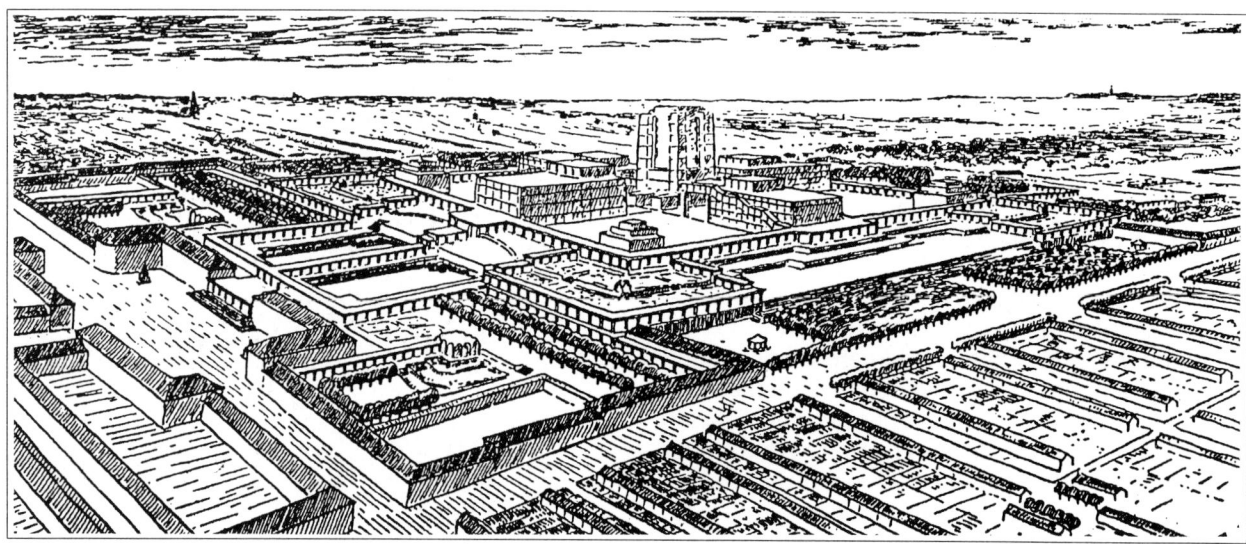

4.54 „Volkshaus" von TAUT, 1919. „Wie man einen Verbrecher nicht durch Strafe bessern kann, so auch nicht die Stadt durch Pläne, sondern nur dadurch, daß man aus dem Nebeneinander ein Zusammenleben, eine Gemeinschaft macht."

barocken Einheitsbild an den Sozialpalast des utopischen Sozialisten Charles FOURIER.

Das Stadtkrone-Projekt wurde eine „konservative Utopie" genannt, dessen „sakrale Erlebnismuster" auf Grund „göttlicher Eingebung" und „übernatürlicher Gaben" des „inspirierten Baukünstlers" (PEHNT) geprägt seien. Der Faschismus-Vorwurf wurde bekräftigt durch die bedenkenlose Übernahme des „Stadtkrone-Konzepts" durch den Nationalsozialismus.

Trotz aller Kritik an dem „Absolutheitsanspruch der Architektur innerhalb des gesellschaftlichen Wandels" können die „überpointierten und zuweilen mystifikativen Interpretationen" nicht nur in ihrer „Rückwärtsgewandtheit", von ihrem „konservativen Charakter" her gesehen werden. „Die Hoffnung auf jene andere, bessere Zukunft im Sinne eines humanistischen Sozialismus wurde, wenn auch mit religiös gefärbtem Pathos, der nicht nur TAUT, sondern vielen seiner Mitstreiter eigen war, unablässig aufgerufen" (AKB, S. 61/62).

Als sozialreformerisches Anliegen fordert Taut mit der „Auflösung der Städte" 1920 etwas, was siebzig Jahre später materiell Wirklichkeit geworden ist (Abb. 4.55). Dabei muß allerdings bedacht werden, daß die Formulierungen in seinem Buch eher ideell, also im Sinne einer Aufhebung der geistigen Begrenzung, gemeint sind. Darauf deuten auch die Untertitel hin: „Die Erde eine gute Wohnung", oder auch: „Der Weg zur Alpinen Architektur". Bereits 1919 formulierte er in einem Aufsatz (Die Volkswohnung 4/1919):

„´Auflösung der Städte´ - das ist eine Negation. Aber im Grunde ist es vielmehr Bejahung als Verneinung. Der Mensch hat seine Erde wieder, er wird nicht mehr bloß Spaziergänger auf ihr sein, er wird sie bewohnen. Mag diese neue, in der Zukunft liegende Tatsache zunächst nur wie die Erfüllung materieller Wün-

sche aussehen, die ein gesundes Leben und bessere Ernährung verheißen, sie birgt viel mehr in sich: eine von Grund auf völlig neue und anders geartete Kultur, als wir sie in der Gegenwart und Vergangenheit kennen. ...Arbeite ich als Architekt nun nicht gegen meine eigene Kunst, wenn ich die Auflösung der Städte fordere? Die großartigsten Bauten wuchsen doch aus der Stadt heraus und ich habe selbst in meiner ´Stadtkrone´ eine Bekrönung der Zukunftsstadt zu geben versucht."

Bruno TAUT möchte eine andere Stadt, die Stadt der Sozialreformer des 19. Jahrhunderts, die eine Verschmelzung von Stadt und Land sein sollte. Seine „Schwärmereien" von 1919 sollten nach 1925 auch Leitbilder für seine Siedlungen werden: „Wir wollen uns entschlossen das neue Angesicht der Erde vor Augen stellen: große Güter wie heute, genossenschaftlich und so bewirtschaftet, daß mehr Menschen als heute sie beackern und von ihnen leben. Alle Ödländereien mit Kleingütern und Gärten bedeckt, dazwischen Wälder, Wiesen und Seen."

„Dann eingestreut weit ausgedehnte Siedlungen mit kleinen Häusern, mit Hütten und Gärten. Die Industrie folgt von selbst diesem Bilde: auch sie ist zerstreut in viele Werkstätten, damit sie dem Bedürfnis leicht dienen kann. Der Vorgang wird beschleunigt durch neue Formen des Verkehrs: die großen Bahnlinien gehen zurück, an ihre Stelle tritt ein engmaschiges Netz von leichteren Verkehrslinien mit Kraftfahrzeugen, und für die Zufuhr von Rohstoffen sorgen fast nur die Fluß- und Kanalläufe."

„Die Märkte werden beinah überflüssig, da die Bevölkerung sich fast ganz selbst versorgt und im natürlichen Eintausch des Selbsterzeugten lebt. Die Macht des Geldes geht zurück, verschwindet... Die Ferienreise hört auf. ... Und man begegnet sich in der Gesamtheit nur da, wo man sich immer nur be-

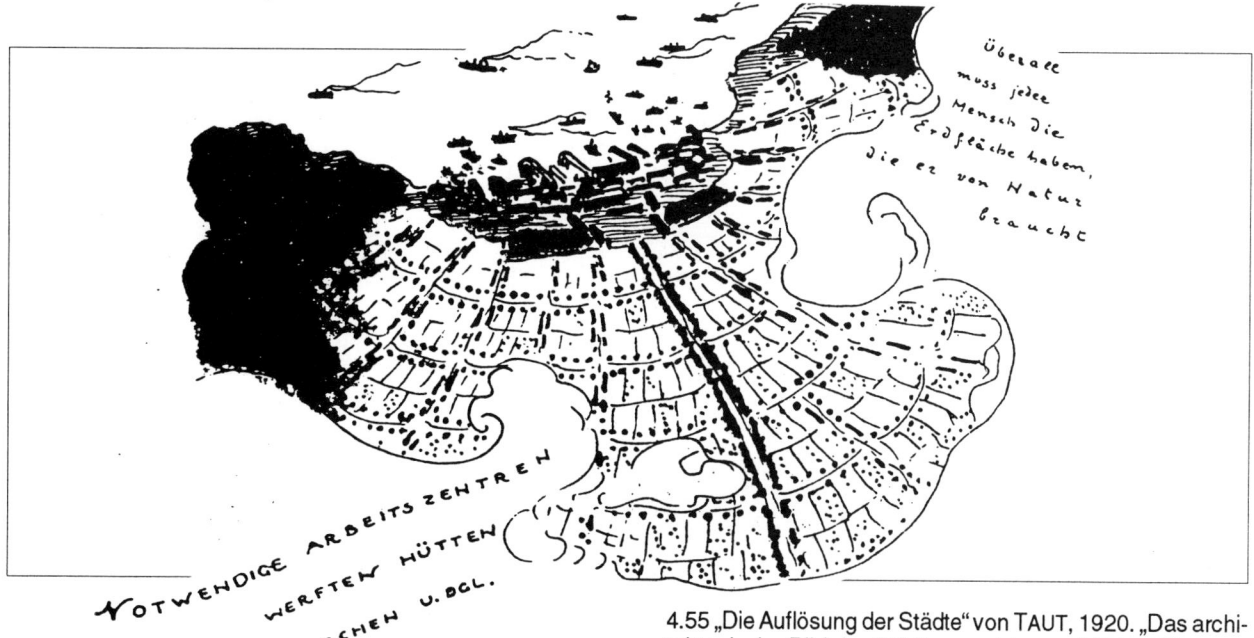

4.55 „Die Auflösung der Städte" von TAUT, 1920. „Das architektonische Bild der Städte - wo ist es geblieben?"

97

gegnen sollte, im Kultusbau. ... Die Seltenheit der Reise wird ihren Wert erst schaffen, und im übrigen wird es heißen nach Scheerbart: ´Reise zu Hause!´"

• Le Corbusier: „Stadt der Gegenwart"

In seinem ersten Buch von 1925 „Urbanisme" (1929 „Städtebau") beschäftigt sich LE CORBUSIER, wie auch später, in erster Linie mit der Großstadt. „Die Großstadt befiehlt alles, Frieden, Krieg, Arbeit. Die Großstädte stellen die geistigen Werkstätten dar, in denen das Werk der Welt ersteht. Die Lösungen der Großstadt gelten in den Provinzen: Moden, Stile, Gedankenströmungen, Technik. Darum: Sobald das Stadtbauproblem der Großstadt gelöst sein wird, wird das Land mit einem Schlage in Blüte stehen" (S. 74).

Die „Mittel" für Lösungen sieht er in der Technik und Wissenschaft, im „Maschinismus der neuen Zeit" (S. 25). Aber auch allgemeine und planerische Belange beschäftigen ihn sehr. So setzt er sich gleich eingangs mit der Stadtstruktur auseinander. Er sieht in der von Deutschland ausgehenden, von SITTES Buch („Werk voll von Willkürlichkeit") initiierten Bewegung eine „Verherrlichung der geschwungenen Linie und Scheinbeweis ihrer nicht zu überbietenden Schönheiten". Das „widersinnige Verkennen im Zeitalter der Automobile" (S. 9) bringt er auf eine polemische Formel:

„Der Weg der Esel, der Weg der Menschen:
Der Mensch schreitet geradeaus, weil er ein Ziel hat; er weiß, wohin er geht, er hat sich für eine Richtung entschieden und schreitet in ihr geradeaus.

Der Esel geht im Zickzack, döst ein wenig, blöde vor Hitze und zerstreut, geht im Zickzack, um den großen Steinen auszuweichen, um sich den Anstieg

sanfter zu machen, um den Schatten zu suchen. Er strengt sich so wenig wie möglich an. ...
Der Esel hat alle Städte des Kontinents gezeichnet. Auch Paris, leider." ...
"Die gekrümmte Straße ist der Weg der Esel, die gerade Straße ist der Weg der Menschen. Die gekrümmte Straße ist Ergebnis der Laune, der Lässigkeit, der Ermüdung, des Erschlaffens, der Tiernatur. Die Gerade ist ein Widerstehen, ein Tun, ein bewußtes Handeln, das Ergebnis der Herrschaft über sich selbst. Sie ist gesund und edel. ...

Der rechte Winkel ist das zum Handeln notwendige und ausreichende Werkzeug, weil er den Raum mit vollkommener Eindeutigkeit zu bestimmen dient." (LE CORBUSIER, S. 5, 6,10, 13).

Ville Contemporaine - Stadt der Gegenwart

In seinem Buch wird auch der bereits 1922 erarbeitete Plan der *Ville Contemporaine*, der Stadt der Gegenwart für drei Millionen Einwohner ausführlich erläutert (Abb. 4.56-4.58). LE CORBUSIER „baute dabei auf dem Konzept der Cité Industrielle von Tony GARNIER und der Ästhetik der Città Nuova von Antonio SANT'ELIA auf. Anders als GARNIER steuerte er jedoch nicht die Industriestadt, sondern die komplexe ´Stadt des Austauschs´ an, wie er sie später nannte: eine Metropole mit vielfältigen Funktionen." Die Ville Contemporaine enthält bereits alle wesentlichen Komponenten der Urbanistik von LE CORBUSIER:

- geometrisches und orthogonales Grundrißraster;
- scheibenförmige Hochhäuser als Wohnmaschinen mit integrierten Gemeinschaftseinrichtungen;
- zwischen den einzeln stehenden Bauten grüne, parkähnliche Freiflächen;
- getrennte Verkehrserschließung für Fahrzeuge und Fußgänger.

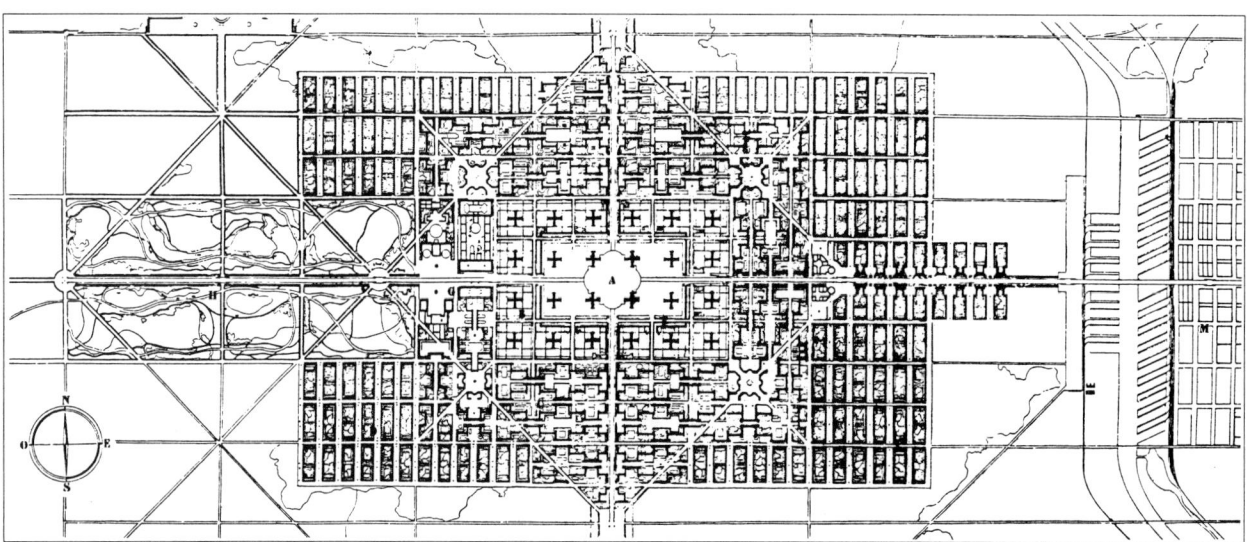

4.56 „Stadt der Gegenwart" von LE CORBUSIER, 1922. Das Zentrum mit Flugplatz, Bahnhof und Straßenkreuzung in mehreren Ebenen liegt inmitten kreuzförmiger Wolkenkratzer. Außen befinden sich Gartenstädte und Industrieviertel (r.).

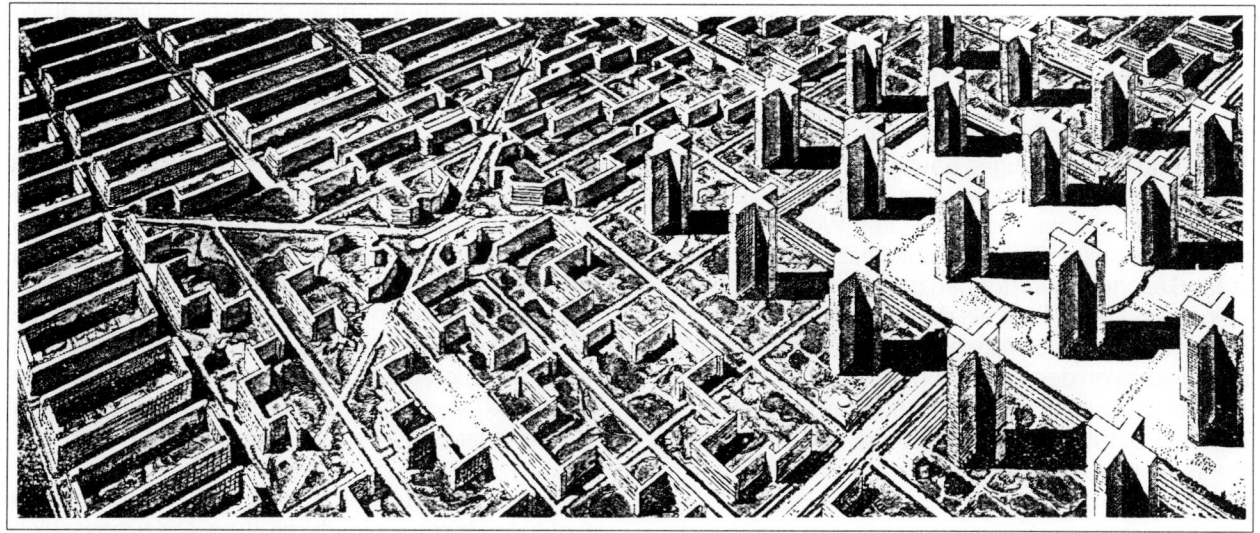

4.57 „Stadt der Gegenwart", LE CORBUSIER 1922. Den 24 Wolkenkratzern, „gebadet in Licht und Luft", für Büros, Hotels usw. folgen Baublöcke in Zahnschnittform und geschlossene Blocks mit „Stadtwohnungen" für 600 000 Einwohner.

Die Trennung der Hauptfunktionen der Stadt - Wohnen, Arbeiten, Erholung, Verkehr - ist eine konzeptionelle Forderung, wie sie 1933 in der „Charta von Athen" formuliert wird. Durch die große Höhenentwicklung der Gebäude sollen die Wege minimiert und dadurch Fahrverkehr vermieden werden. „1925 wandte LE CORBUSIER diese theoretische, standortungebundene Studie auf den besonderen Fall des Zentrums von Paris an: Es entstand der *Plan Voisin*, der die historische urbane Struktur durch 18 jeweils 200 m hohe Superwolkenkratzer ersetzte. Die erforderlichen Abbrüche hätten die ein Jahr früher begonnenen Zerstörungen, die Rom unter der Repräsentationssucht des faschistischen Regimes erlitt, um ein Vielfaches übertroffen." Es folgten weitere stadtplanerische Entwürfe, darunter der Plan Obus für Algier, 1930-34, mit einer kilometerlangen Hochhauszeile an der Küste für 180 000 Einwohner,

4.59 Wolkenkratzer mit 3000 Einwohner/ha am Zentrum einer „Stadt der Gegenwart" inmitten von Parkanlagen.

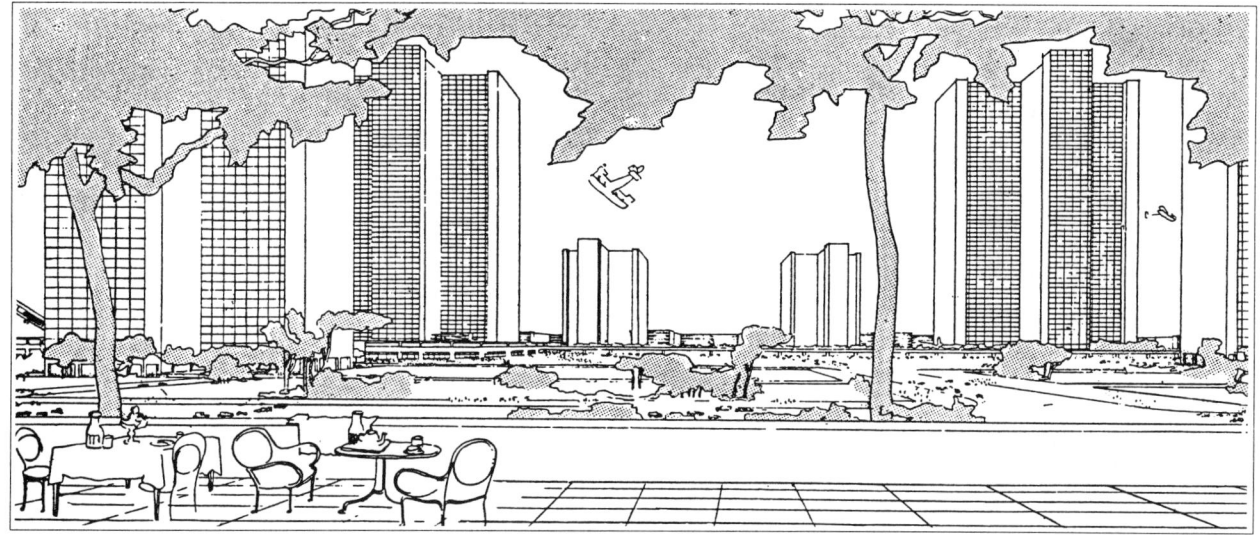

4.58 Blick vom Zentrum einer „Stadt der Gegenwart", auch „vertikale Gartenstadt" genannt. „Bei Licht betrachtet ist die Stadt nur ein unermeßlicher Park mit größter Mannigfaltigkeit architektonischer Ansichten, ein ewig wechselndes Bild."

deren Dach als Autobahn ausgebildet ist, sowie das 1930-36 entstandene Projekt der *Ville Radieuse, der 'strahlenden Stadt'*" (LAMPUGNANI, S. 118/119).

Mit der „Stadt der Gegenwart", mit dem „Wohnen im Park" und der gewaltigen baulichen Verdichtung um den „Zentralbahnhof" formulierte LE CORBUSIER eine Stadtvision, die nach dem Zweiten Weltkrieg Realität werden sollte. Dieses Leitbild hat das städtebauliche Geschehen in der ganzen Welt wohl mehr inspiriert und beeinflußt als die von ihm erst 1943 publizierte „Charta von Athen". Die Zusammenfassung der Diskussion des CIAM Kongresses 1933 in Athen konnte angesichts der konkreten Konzepte leicht zu einem Postulat der Verdichtung und Funktionstrennung werden.

• **Ludwig Hilberseimer:**
  „Modell einer Hochhausstadt"

Das *Modell einer Hochhausstadt*, von Ludwig HILBERSEIMER 1926 vorgestellt, übertraf in seiner Radikalität die Ville Contemporaine (Abb. 4.60). Wie

4.60 a Das „Modell einer Hochhausstadt" von Ludwig HILBERSEIMER,1926. Der radikale Vorschlag für das ...

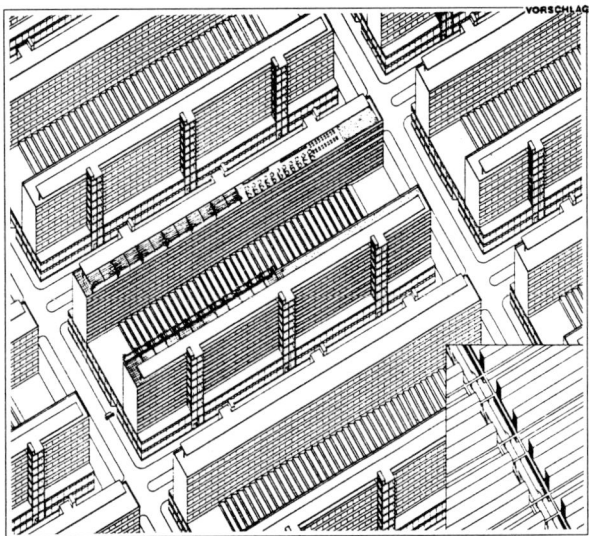

4.60 b ... Geschäftsgebiet Berlins sah ein geschichtetes Stadtgefüge von Geschäftsstadt und Wohnstadt vor.

zwei riesige, horizontale Scheiben bilden unterschiedliche Schichten ein komplexes Stadtgefüge: die Geschäftsstadt mit dem Autoverkehr unten und darüber die Wohnstadt mit dem Fußgängerverkehr.

Bis auf kleine Dachgärten ist die Natur und jedes mit ihr verbundene Freizeitangebot „mit kühler Konsequenz aus dem städtischen Bereich verbannt, um das Entflechtungsprinzip bis ins Letzte aufrechtzuerhalten". Kein Baum und keine Grasfläche stört „die prismatische, orthogonale Artifizialität. Die strenge Ordnung und die bewußte gestalterische Zurückhaltung, die auch die Monotonie nicht scheut, sind bestechend; doch das Ergebnis ist klirrende Kälte" (LAMPUGNANI, S. 119/120, s. auch HILBERSEIMER 1)

HILBERSEIMER selbst hat in den 60er Jahren seine vertikale Hochhausstadt mit ihrer Nutzungsschichtung von Produktion, Dienstleistungen und Wohnen als Irrtum bezeichnet und zurückgenommen. „Als ich anfing, die Probleme der heutigen Stadt zu untersuchen, machte ich auch die ersten städtebaulichen Studien. Diese befaßten sich jedoch größtenteils mit den technischen Faktoren der Stadt. Das führte zu einer mechanistischen städtebaulichen Konzeption, die die Anforderungen und Bedürfnisse des Menschen ignorierte. Ich mußte entdecken, daß der Mensch wichtiger ist als die Technik; daß es der Zweck der Technik ist, dem Menschen zu dienen, und nicht, ihn sich unterzuordnen."

Die Überbetonung des technisch Möglichen führte bei HILBERSEIMER schließlich zu Vorstellungen von einer humaneren Stadt, wenn auch die Nüchternheit des technisch Planenden unverkennbar bleibt.

„Meine Ideen über die Stadt veränderten sich. Ich ging nun vom Menschen aus, von seiner Umgebung und von der Beziehung, die zwischen Mensch und Umgebung besteht. Wie sollte diese sein? Was für Möglichkeiten bestehen? Wie können wir sie mit den technischen Mitteln, die wir zur Verfügung haben, verwirklichen?" ...

„Städtebau erfordert nicht nur Imagination, sondern auch eine wissenschaftliche Grundlage. Ich glaube, ich war einer der ersten, der das für die physische Planung erkannte und danach handelte. Ich versuchte, sie von allem Historisch-Romantischen und von allem Subjektiven zu befreien und sie, gemäß ihrer Natur, objektiv und unmittelbar zu entwickeln" (HILBERSEIMER 2, Vorwort, S. 5).

5. Aufschwung:
Der Städtebauboom der 20er Jahre (1925 - 1935)

„Die Stadtplanung des vergangenen Jahrhunderts, meist einseitig ästhetisch orientiert, ließ die Erfüllung elementarster Forderungen vermissen. Fünfstöckige Mietskasernen mit zementierten Höfen, von Rückgebäuden beschattet, ohne Gartenanlage entsprechen nicht den Lebensbedingungen des Menschen. Die Erhaltung der menschlichen Gesundheit, als des kostbarsten Gutes einer Stadt, hat aber alle Verwaltungsmaßnahmen zu beeinflussen."
Ernst MAY (DNF 5/1926-27)

5.1. Das Neue Frankfurt:
Von der Gartenstadt zum
Neuen Bauen

„Das konzentrische, homogene Wachstum der Großstädte hat die gesundheitlichen Bedingungen der Stadtbewohner auf das schwerste gefährdet. Die Stadt muß aufgelockert, die einzelnen Stadtkomplexe in sich abgeschlossen in Freiland eingebettet werden. Eine solche Dezentralisation ermöglicht eine Entlastung der Kernstadt von unnötigem Verkehr, schiebt die Bebauung hinaus in billiges Außengelände und ermöglicht daher eine gesündere Bauart. Der neue Generalplan von Frankfurt am Main ist unter diesen Gesichtspunkten gestaltet."

„Man mag über Vor- und Nachteile der Zwangswirtschaft im Wohnungswesen geteilter Meinung sein, eines ist unleugbar, daß sie große Bauaufgaben in die Hände gemeinnütziger Bauherren, seien es nun Kommunen, Wohnungsfürsorgegesellschaften oder Genossenschaften, legt und damit ein nach wirtschaftlichen, sozialen und städtebaulichen Gesichtspunkten hin großzügiges Arbeiten ermöglicht, das richtig geleitet, unseren Volkswohnungsbau ein gutes Stück vorwärtsbringen muß."
Ernst MAY (DNF 5/1926-27)

Stadtentwicklung und
Wohnungsbau

In wenigen Jahren, es waren eigentlich nur die fünf bis sieben Jahre von 1925 bis 1930/32, wurde mit dem „Neuen Frankfurt" ein Städtebau- und Woh-

nungsbauprogramm vollzogen, das auch heute noch beispielgebend ist und allen Respekt abnötigt. Es war ein Wohnungsbauprogramm, mit dem die materielle und kulturelle *Wohnungsnot* beseitigt werden sollte. Fünf Jahre später wohnten tatsächlich über 10% der Frankfurter nicht nur in neuen, sondern auch in völlig neuartigen Wohnungen und Stadtteilen.

Aber auch eine *„neue räumliche Aufteilung der Stadt"* wurde angestrebt, deren Grundideen mit Abstrichen bis heute gültig sind:
• Industriezonen entlang des Mains und der Eisenbahnen;
• Kultur- und Verwaltungszentrum in der Innenstadt;
• Reduzierung der Bevölkerung in der Innenstadt;
• Besiedlung des Umlandes in Stadtrandsiedlungen und Trabantenstädten;
• stadtstrukturierende Grünzüge mit Promenaden, Volksparks, Sportstätten sowie Gärtnereien und landwirtschaftlichen Betrieben und schließlich
• ein abgestuftes Verkehrswegenetz mit Straßenbahnen und anbaufreien Schnellstraßen.

Diese Konzeption war eine Absage an eine konzentrische, flächige Entwicklung und hatte eine doppelte Intention: Neben der Bildung von Stadtrandsiedlungen (Trabanten) sollte die bestehende Siedlungsfläche durch Grünzüge aufgelockert werden. Damit knüpft Ernst MAY an seine Erfahrungen bei Raymond UNWIN (1910-12) mit Gartenstadtprinzipien an und versucht eine Synthese mit Elementen der modernen Architektur (Abb. 5.1, 5.2).

Ferner war damit der Versuch verbunden, gesellschaftlich und kulturell neue und emanzipatorische Akzente bei Theater und Musik sowie den neuen Medien Kino und Radio zu setzen. Die Einheitsschule und mobile Volksbüchereien, Freikörperkultur und Arbeitersportolympiade, Kurse für neues Sehen und Gestalten, internationaler Künstleraustausch sowie die Herausgabe der Monatszeitschrift „Das Neue Frankfurt" waren weitere Elemente dieser Politik. Die materielle Not und die Folgen der Krise sollten durch Selbsthilfeeinrichtungen gemildert und behoben werden:
• Herstellung zeitgemäßen Hausrats in Arbeitslosenwerkstätten,
• genossenschaftliche Gemüseproduktion oder
• Ernährung in Volksküchen und Schulspeisung (DREYSSE, S. 3).

Das **Wohnungsbauprogramm** war sehr erfolgreich. Statt, wie geplant, in zehn Jahren 10 000 Wohnungen wurden in fünf Jahren schon etwa 12 000 Wohnungen fertiggestellt. Dabei spielte die Bauträgerschaft und die Finanzierung eine wichtige Rolle. Die Realisierung der Wohngebäude erfolgte zu

- 25% von der Stadt selbst (Hochbauamt),
- 30% von städtischen Gesellschaften und
- 45% von genossenschaftlichen und privaten Baugesellsschaften.

Finanziert wurden diese im allgemeinen zu
- 50% über die Hauszinssteuer
  (Verzinsung 1926: 1%; 1929: 3%),
- 30% über Darlehen der Stadtsparkasse
  (7-8% Verzinsung),
- 20% über Eigenkapital
  (freier Zinssatz, 1929 z.B. 11,5%).

Auch die Beschaffung von Grund und Boden war von großer Wichtigkeit, denn es wurden große zusammenhängende Bauflächen benötigt.
Sie kamen aus:
- Bodenvorratspolitik von Baugesellschaften,

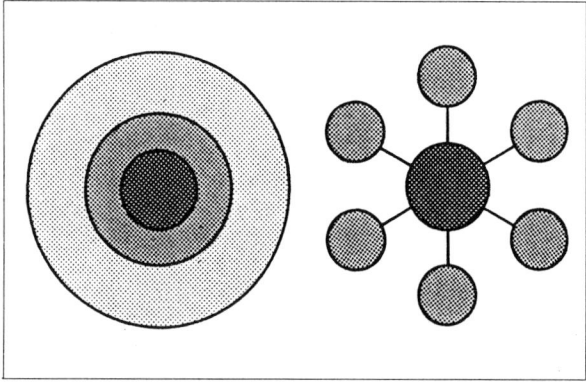

5.1 Frankfurt 1930: Schema der bisherigen (l.) und der zukünftigen Stadtentwicklung mit Trabantensiedlungen.

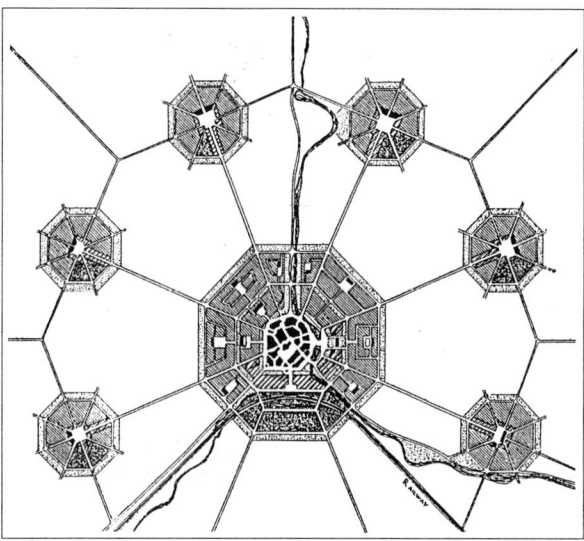

5.2 „Satellite Town"-Schema von Raymond UNWIN um 1910 (veröff. 1930). Anregung für Ernst MAY in Frankfurt.

- freiem Erwerb durch das städtische Liegenschaftsamt und
- Enteignung unter Baulandpreis (DREYSSE, S. 4f.).

In den ersten Jahren entstanden so bei günstiger Finanzierung jährlich 3.000 Wohnungen. Als dann aber ab 1929 die Finanzierungsbedingungen schlechter und daher Kapital knapp wurden, beschränkte sich die Wohnbautätigkeit drastisch. Ein Beispiel, wie sich dadurch städtebauliche Konzepte veränderten, ist die Siedlung Goldstein. Ursprünglich als Trabantenstadt mit 8.500 Wohnungen konzipiert, wurde sie 1932 wegen der steigenden Arbeitslosigkeit als Nebenerwerbssiedlung mit etwa 800 Wohnungen realisiert (s. S. 141).

Ernst May und das „Niddatal-Projekt"

Zur Realisierung des ehrgeizigen, auf zehn Jahre angelegten Wohnungsbauprogramms wählte die Stadtverordnetenversammlung von Frankfurt 1925 auf Vorschlag des neugewählten Oberbürgermeisters Ludwid LANDMANN, vorher Wirtschaftsdezernent, Ernst MAY zum Stadtbaurat. Er wurde dadurch „allmächtiger" Dezernent für das gesamte Bauwesen, von der Stadt- und Regionalplanung über Hoch- und Tiefbau bis hin zum Garten- und Friedhofwesen. Durch diese Machtkonzentration konnte er das ganze städtische Baugeschehen im Sinne des „Neuen Bauens" beeinflussen.

1926 gründete er mit anderen die Zeitschrift „Das Neue Frankfurt" als Sprachrohr und zur breiten öffentlichen Information. Es sollte keine Fachzeitschrift „mit weitausholender wissenschaftlicher Darlegung der behandelten Dinge" sein, sondern in „einer anschaulichen, leicht verständlichen Behandlungsweise" die „Entwicklung der neuen Großstadtgestaltung" aufzeigen (MAY, DNF 1/1926-27). Das Titelbild der ersten Ausgabe (Abb. 5.4) suggeriert zwar einen Umbau der Städte, die neuen Siedlungen entstanden aber, nach dem erklärten Willen MAYS, am Rande Frankfurts. „Die Architekten des Neuen Bauens eint über alle Grenzen der Länder hinaus ein warm empfundenes Herz für alle Menschen in Not, sie sind ohne soziales Empfinden undenkbar, ja man kann geradezu sagen, daß diese Schar die sozialen Momente bewußt in den Vordergrund des Neuen Bauens stellt" (MAY, DNF 1928).

Dieses soziale Engagement war Grundlage auch für den Städtebau. In diesem Sinne wurde für Frankfurt ein Generalplan erstellt, der „die Mängel der Großstadtentwicklung alten Stils" vermeiden sollte. „Der Irrsinn der Menschenzusammenpferchung in den steinernen Massen der Mietskasernen weicht einer weiträumigen Auflockerung der Städte. Der moderne Städtebau ist Funktion der neuen Einstellung des Menschen zum Leben" (MAY, DNF 1/1926).

Ein Kernstück der Stadtentwicklungsplanung war das „Niddatal-Projekt" mit den bekanntesten größeren Siedlungen „Römerstadt", „Praunheim" und „Westhausen", aber auch kleineren wie „Höhenblick", „Raimundstraße" und „Miquelallee" (Abb. 5.5). Die Vorstädte Frankfurts reichten 1925 noch nicht an das flache und zum Teil überschwemmungsgefährdete Tal der Nidda und ließen so bis zu den angrenzenden Dörfern Rödelheim, Hausen, Praunheim und Heddernheim ein weites, offenes Feld.

Obwohl sich der Frankfurter Architekten- und Ingenieurverein ausdrücklich für eine Freihaltung des Niddatals von Bebauung ausgesprochen hatte, setzte MAY seine Konzeption durch. Wichtige Argumente waren das billige Bauland und ein rationelleres und damit billigeres Bauen in einem größeren Komplex, aber wohl auch die sich sehr in die landschaftlichen Gegebenheiten einpassende Bauweise.

Die Siedlungen des Niddatals bilden quasi die Ränder eines Parks, der an das „Vorbild der großen Londoner Parks" anknüpfen sollte. MAY war vor allem bemüht, die Grenzen des Parks baulich klar zu bestimmen. Im Norden begrenzen die Siedlungen Römerstadt, Praunheim und Westhausen zwar den Park , doch sah das Projekt vor, den Park von den Vorstädten des 19. Jahrhunderts durch einen Gürtel kleiner Siedlungen abzusondern. Die Siedlungen Höhenblick, Raimundstraße und Miquelallee sollten die Grenzen der Stadt bilden und sind nur aus dieser Gesamtsicht verständlich: An der äußersten Verstädterungsgrenze gelegen, bilden sie die Ansatzpunkte zu einer neuen „Front" zum Park.

„Die heutige Stadt vermittelt nur einen schwachen Eindruck dessen, was vorgesehen war. Die nördlichen Teile der Siedlungen Praunheim und Römerstadt wurden nicht verwirklicht, und das Einkaufszentrum der Nordweststadt stimmt nicht mit

5.4 Titelbild der ersten Nummer mit Teilen der Siedlung Praunheim als Beispiel für „neue Großstadtgestaltung"

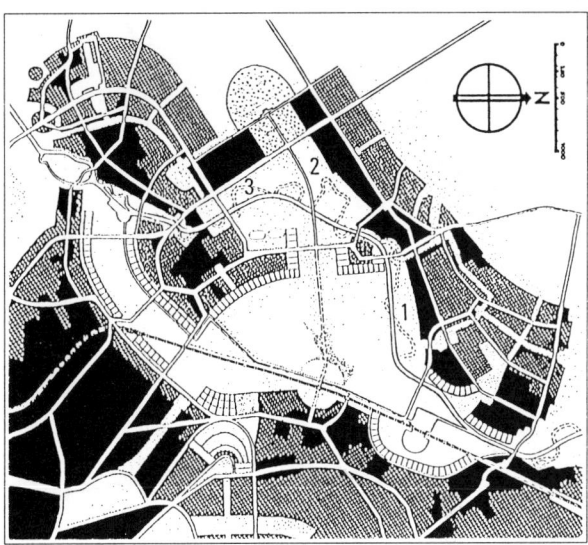

5.5 Der „Park" des Niddatals mit den Siedlungen Römerstadt (1), Praunheim (2) und Westhausen (3) am Rande.

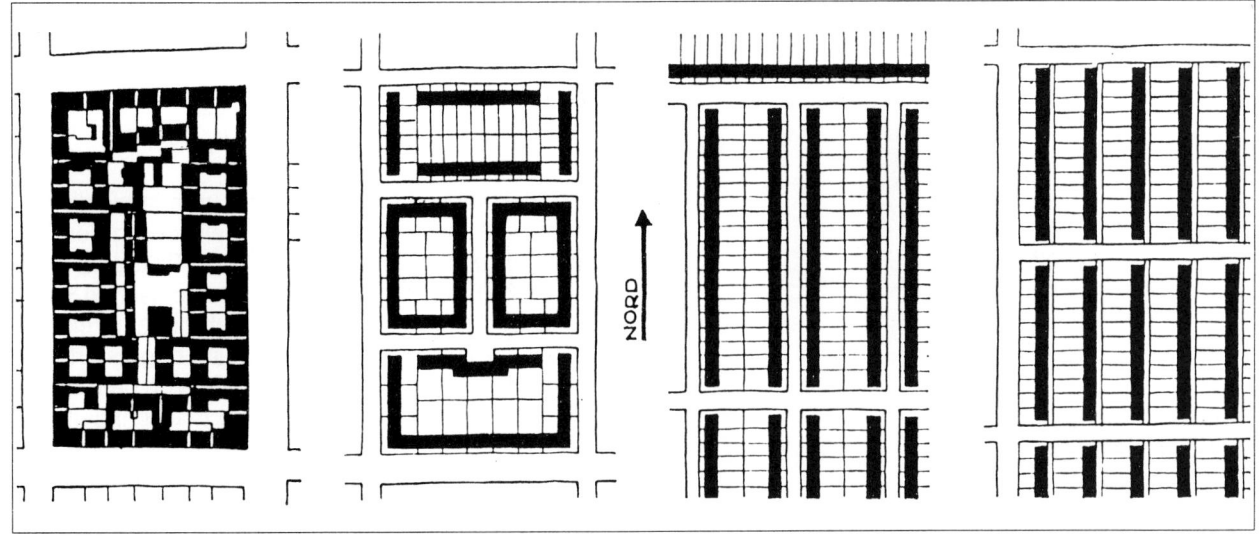

5.3 Ernst MAY: „Zeilenbauschema als konsequente hygienegeleitete Formreduktion", Das Neue Frankfurt 1930. Vom dichten Baublock über grüne Innenhöfe und „offene" Blöcke zum reinen Zeilenbau mit Bebauung senkrecht zur Straße.

5.6 Frankfurter Standardbeschläge, Reklame 1928. „Die neue Wohnung, das neue Möbel haben uns zu dienen."

5.7 Plattenbauweise für zehn Versuchshäuser in Praunheim. 18 Arbeiter montierten ein Haus in 1 1/2 Tagen.

5.8 Römerstadt: Geschwungene Wohnzeile an der Hadrianstraße. Einfacher Kubus mit Balkons zum Garten.

dem Projekt von MAY überein. Vor allem ist das freie Innengebiet ein Niemandsland geblieben, das planlos den Angriffen der Verstädterung ausgesetzt wurde. Nur die Gestaltung des rechten Nidda-Ufers auf einer Breite von höchstens 500 m ermöglicht die gedankliche Rekonstruktion der Gesamtanlage" (PANERAI u.a., S. 116).

Entwicklung der Siedlungsformen

Die städtebauliche Konzeption wandelte sich von Projekt zu Projekt, jedoch in recht kurzer Zeit. So weist die Römerstadt 1927/28 noch einen differenzierten straßenbegleitenden Zeilenbau mit klarer Trennung von öffentlichen und privaten Bereichen auf. Einen konzeptionellen Übergang stellt die Siedlung Praunheim (1926-29) in ihren drei Baustufen dar.

Die anfänglichen Anklänge an Gartenstadtprinzipien der straßenraumbildenden Gebäudeanordnung im Ost- und Mittelteil folgen im Westen die strengen Zeilen. Die Siedlung Westhausen 1929/30 ist dann bereits durch einen kompromißlosen Zeilenbau geprägt mit gleichen Abständen und Negation des Straßenraums durch senkrecht dazu angeordnete Gebäude. Hier wurde konsequent das Schema der „hygienegeleiteten Formreduktion" vom Baublock zur Zeile in die Realität umgesetzt (Abb. 5.3).

In nur wenigen Jahren und in engster räumlicher Nähe werden die malerischen Prinzipien der Gartenstadt von rationalistischen Motiven der Moderne abgelöst. Die architektonische Gestaltung orientierte sich unverkennbar an den Regeln des „Neuen Bauens". Dadurch ergab sich eine kompromißlose Formgebung der Bauten und Altagsprodukte:

- pure, nackte Formen ohne Monumentalität,
- Ästhetik als Ausdruck der Gleichheit aller Individuen,
- keine handwerkliche Fertigung und eklektizistische Ornamentierung,
- industrielle Massenfertigung sowie
- hoher Gebrauchswert (Abb. 5.6, 5.7).

Eine Vielzahl von Architekten mit unterschiedlichen Handschriften wurden mit der Realisierung der Gebäude in den Siedlungen beauftragt. Trotzdem blieb eine große Einheitlichkeit der architektonischen Sprache gewahrt, was auch heute noch die zahlreichen Besucher aus aller Welt erstaunt und begeistert. Die Architekten waren bereit, eine Reihe von gemeinsamen Gestaltungselementen zu berücksichtigen:

- einfacher Kubus mit vorgesetzten Betonscheiben für Vordächer, Trennwände und Balkone (Abb. 5.8-5.10),
- geradlinige Gebäudereihen und flaches Dach,
- spannungsreiche Proportionierung von ge-

schlossenen zu geöffneten Wandteilen,
- liegende Fenster oder bei Stockwerksbauten horizontale Fensterbänder mit senkrechten Treppenhausverglasungen,
- farbkräftiger Mineralfarbenputz sowie
- abgestufter, pflanzlicher Schmuck durch Blumen, Rankpflanzen, Hecken und Bäume.

Der öffentliche Raum war einfach gestaltet. Der Straßenraum wurde meistens durch begrenzende Gebäudereihen gebildet und beinhaltete sowohl Verkehrs- als auch Aufenthaltsflächen. Als Vegetationselemente waren Gemeinsschaftsrasen, Baumalleen und Pappeln als weithin sichtbares Signale eingefügt. Die Kritik reichte von begeisterter Zustimmung („Verheißung einer neuen, menschlichen Zivilisation") bis zur absoluten Verdammung („bolschewistisches Machwerk", „undeutsche Architektur", „Kollektivismus") (DREYSSE, S. 5).

Siedlungen des Neuen Frankfurt

Von den etwa 20 Frankfurter Siedlungen sind die größten und bekanntesten die „Römerstadt", „Praunheim" und „Westhausen". Sie liegen dicht beieinander und dokumentieren in einmaliger Weise einen städtebaulichen Leitbildwandel innerhalb von nur drei Jahren. Die nach Wohnungen größte Siedlung „Bornheimer Hang" ist mit ihrer bis zu 5-geschossigen Straßenrandbebauung die „städtischte".

Die Siedlung „Niederrad" ist wegen eines besonderen Baublocks mit Gemeinschaftshaus, danach auch „Zick-Zackhausen" genannt, bemerkenswert. Schließlich soll noch die „Heimatsiedlung" mit ihrer durch Endgebäude raumbildenden Zeilenbebauung erwähnt werden. Das Besondere dieser Siedlungen beschreibt der Architekt DREYSSE im Vorwort zu seinem „Führer durch die MAY-Siedlungen" knapp und anschaulich :

„Anfang der 60er Jahre gingen wir als Studenten hin und wieder mit Ernst May durch seine Frankfurter Siedlungen. Wir waren fasziniert von seiner Person und begeistert über das, was wir um uns entdeckten. Die Wohnungen waren zwar klein und die Straßen der Motorisierung in keiner Weise gewachsen, aber die Siedlungen erschienen heiter und weltoffen - das Gegenteil dessen, das uns sich beim Anblick vieler Nachkriegssiedlungen bot."

„Die eigentlichen Qualitäten, damals nur empfunden, erkannten wir erst später im Vergleich zu den (auch von MAY mitgeplanten) Großsiedlungen der 60er Jahre: die betonte Gestaltung des öffentlichen Raumes, die sich gegenseitig bedingende Verknüpfung von sozialem und formalem Projekt, die intensive Verbindung von Stadt, Haus und Natur sowie die Aneigenbarkeit der Räume" (S. 3).

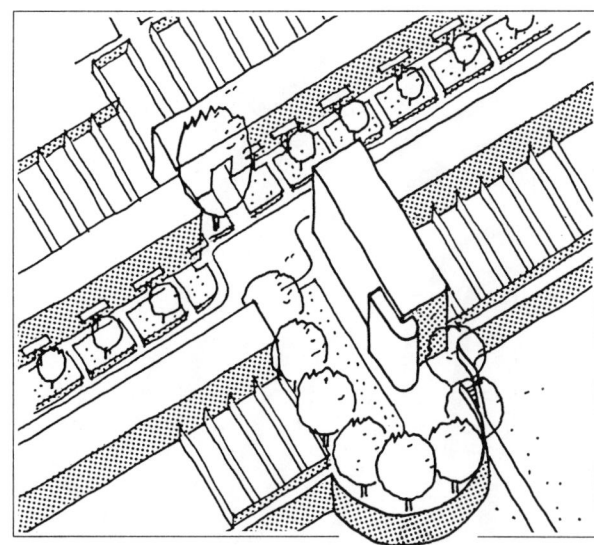

5.9 Römerstadt: Baulich markierte „Bastione" als Unterbrechung der Zeile öffnen die Siedlung zum Niddatal.

5.10 Vor den Häusern in der Römerstadt Betonscheiben als Vordächer und einfacher pflanzlicher Schmuck.

5.11 Frankfurter Siedlung Römerstadt 1930. Gelungene Anpassung an Topografie und Landschaft im Niddatal.

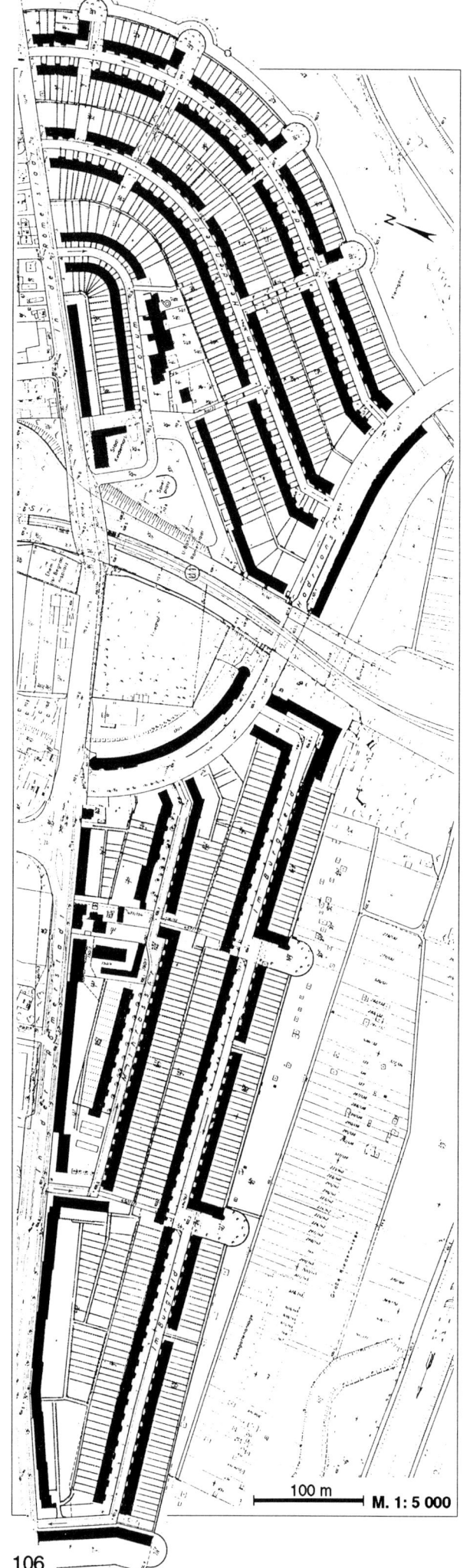

100 m ⊢————⊣ **M. 1: 5 000**

• Siedlung Römerstadt 1927-28

Die Topografie des leichten Südhangs bestimmte die formale Ausprägung der Siedlung mit ihrer raumbildenden Straßenrandbebauung und den rückwärtigen Gärten (Abb. 5.11). Die versetzten oder gekrümmten Straßenräume, die im Gegenschwung verlaufenden Zeilen in der Mitte und die in die Landschaft vorgeschobenen „Bastionen" (Abb. 5.9) mit ihrer besonderen baulichen Betonung sind eindeutig Elemente, die den Gartenstadtprinzipien entsprechen. Das verwundert nicht, denn Ernst MAY hatte das 1910 bis 1912 bei Raymond UNWIN im Büro intensiv studiert.

Der Gesamtplan wurde von Ernst MAY, Herbert BOEHM und Wolfgang BANGERT mit einer Freiflächenplanung von Leberecht MIGGE erstellt (Abb. 5.12. Der Bau der etwa 1 200 Wohnungen und öffentlicher Einrichtungen erfolgte nach Plänen von acht Architekten durch die Aktienbaugesellschaft für Kleine Wohnungen (ABG; früher Mietheim AG bzw. Gartenstadt AG).

Von den Wohnungen befinden sich 581 in gereihten Einfamilienhäusern mit meistens 4 Zimmern, 50 in Zweifamilienhäusern mit 3 und 4 Zimmern und 551 in Mehrfamilienhäusern mit zumeist 2 und 3 Zimmern. Sie waren in Ziegelbauweise mit Flachdächern in Holzkonstruktion ausgeführt und verfügten über Hauszentralheizung, Bad, „Frankfurter Küche" und Elektrizität. Es gab eine Volksschule und 10 Läden, aber der Kindergarten und das Kirchenzentrum wurden nicht ausgeführt (DREYSSE, S. 13-18; UNGERS, S. 87-94).

Nach Norden schließt unmittelbar die „Nordweststadt" aus den 60er Jahren an (s. S. 249). Richtung Süden haben die Häuser zumindest aus dem oberen Stockwerk einen Blick auf das Niddatal. Leider wird die ehemalige, gerade auch formale Geschlossenheit der Siedlung heute durch eine vielspurige Straßenschneise, die nach dem Krieg über die mittige Grünzone gebaut wurde, empfindlich gestört.

• Siedlung Praunheim 1926-29

Die erste der Frankfurter Großsiedlungen markiert, zwischen der Römerstadt und Westhausen gelegen, den städtebaulichen Übergang von der Gartenstadt zum „konsequenten Zeilenbau". Praunheim selbst verdeutlicht diesen Wandel, als Übergang „vom Block zur Zeile", in seinen drei Bauabschnitten (Abb. 5.13):

- Der 1. Bauabschnitt im Osten, Richtung Römerstadt, erbaut 1926/27 mit 173 Wohnungen, ist eindeutig stadtraumbetont mit straßenbegleitender

5.12 (links) Die Römerstadt mit stadtraumbildender Straßenrandbebauung orientiert sich an Gartenstädten.

Randbebauung. Besonders der sich verengende Straßenraum des „Damaschke Angers" bildet einen zentralen Stadtraum in diesem Siedlungsteil. Die einseitig gestaffelte Bebauung am Anfang und Ende bildet der Topografie entsprechend eine erlebnisreiche Schräge durch das Quartier. Der zum Dorf Praunheim gelegene östliche Teil wurde erst im nächsten Bauabschnitt fertiggestellt.

- Der 2. Bauabschnitt in der Mitte neben einem alten Hofgut, erbaut 1927/28 mit 569 Wohnungen, ist ebenfalls noch straßenbetont, aber rechtwinklig in Ost-West-Zeilen ausgerichtet. Die kleinen Platzräume am Ende der Stichstraßen sind durch Gebäude räumlich geprägt und lassen noch Ansätze der vorigen Gestaltungsphase erkennen.

- Der 3. Bauabschnitt im Westen, in den Jahren 1928/29 mit 699 Wohnungen erbaut, ist als senkrecht zu den Fahrstraßen gestellter Zeilenbau ausgebildet. Die Nord-Süd-Zeilen an Wohnwegen lassen noch eine gewisse raumbildende Absicht erkennen. Die Gebäude stehen beidseitig dicht am Wohnweg und haben dadurch unterschiedlich ausgerichtete Wohnungen. Wie bei Dammerstock in Karlsruhe (s. S. 131) sind die Wohnzimmer wechselnd nach Westen oder nach Osten zum Garten ausgerichtet.

Den Gesamtplan von Praunheim, teilweise eine Versuchssiedlung für vorfabrizierte Bauweise, haben Ernst MAY, Herbert BOEHM und Wolfgang BANGERT mit einem Freiflächenplan von Leberecht MIGGE und Max BROMME aufgestellt. 450 Wohnungen im zweiten und dritten Bauabschnitt wurden aus Bimsbetonplatten für die Wände und aus Betonhohlbalken für die Dächer erbaut. Interessant ist auch die freiräumliche Konzeption des langsamen Übergangs vom Reihenhaus mit Dachgarten über einen Gartenhof bis zum Nutzgarten am „Mistweg" (Abb. 5.14). Bauherren der Siedlung mit etwa 1 500 Wohnungen waren die Stadt Frankfurt, das Hochbauamt und die Aktienbaugesellschaft für Kleine Wohnungen (ABG). Neben fast 1 000 Eigentumshäusern entstanden 322 Mietwohnungen (ABG) und 123 Einliegerwohnungen (DREYSSE, S. 7-12; UNGERS, S. 79-86).

• **Siedlung Westhausen 1929-1931**

Im Sinne des „Zeilenbauschemas" von Ernst MAY aus dem Jahr 1930 (Abb. 5.3) ist die Siedlung Westhausen eindeutig die Endstufe einer „konsequenten hygiene-geleiteten Formreduktion". Entsprechend haben die fast nord-süd-gerichteten, zweigeschossigen Zeilen einen Wohnweg im Osten und den Garten nach Westen (Abb. 5.15). Die Reihenhäuser konnten wegen der Wirtschaftskrise nur als rückbaubare Zweifamilienhäuser gebaut werden. Die „Übergangskleinstwohnungen" waren jeweils etwa 40 qm groß.

5.13 (rechts) Die Siedlung Praunheim mit den drei Übergangsstufen von der Gartenstadt zum reinen Zeilenbau.

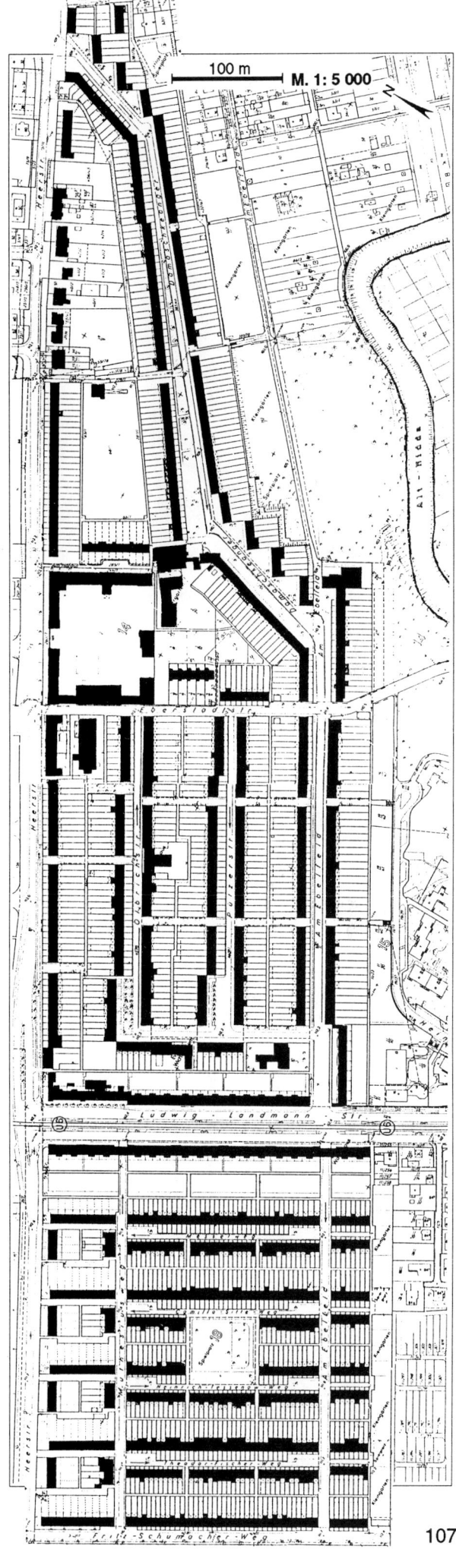

107

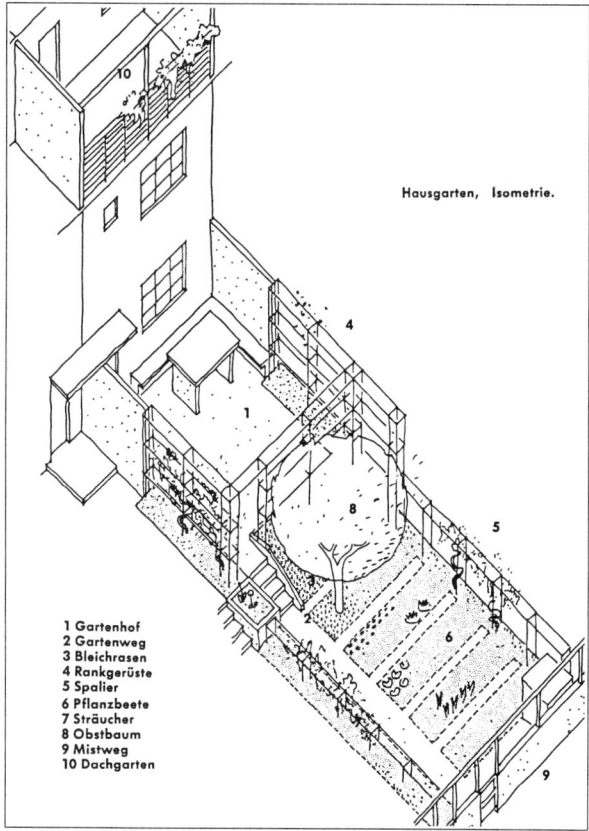

Hausgarten, Isometrie.

1 Gartenhof
2 Gartenweg
3 Bleichrasen
4 Rankgerüste
5 Spalier
6 Pflanzbeete
7 Sträucher
8 Obstbaum
9 Mistweg
10 Dachgarten

5.14 Siedlung Praunheim: Übergang vom Dachgarten über einen Gartenhof am Haus zum kleinen Nutzgarten.

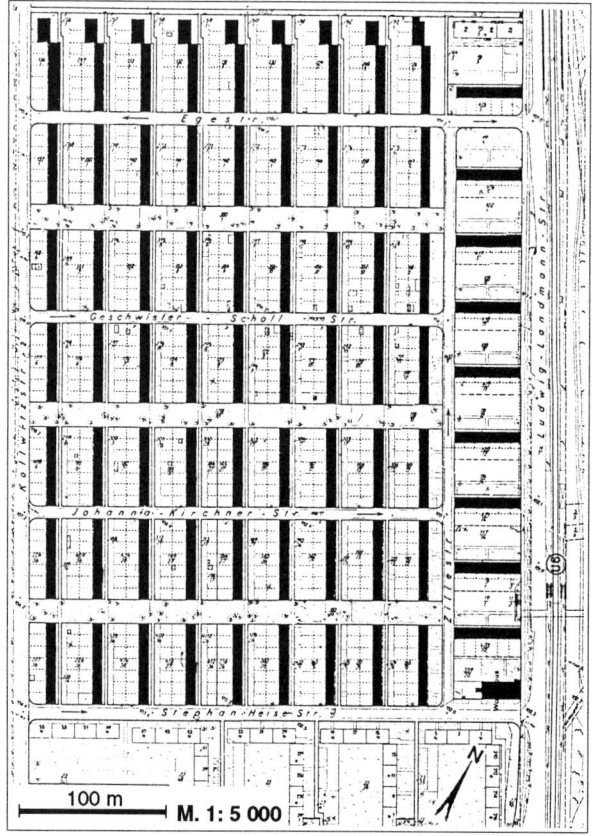

100 m
M. 1: 5 000

5.15 Siedlung Westhausen: Grünstreifen und Straßen unterbrechen die langen, gleichartigen Wohnzeilen.

Die sonst zu langen Gebäudezeilen werden senkrecht wechselnd von Straßen oder schmalen Grünbereichen unterbrochen. Den Ostrand der Siedlung bilden viergeschossige Laubenganghäuser, die um 90 Grad gedreht angeordnet sind. Das geplante Programm von 1532 Wohnungen wurde mit 1116 Wohnungen nicht ganz erreicht. Die Realisierung erfolgte durch die Aktiengesellschaft für Kleine Wohnungen (ABG) mit 426 Wohnungen im ersten Bauabschnitt 1929/30 und die Nassauischen Heimstätte mit 690 Wohnungen im 2. Bauabschnitt 1930/31. 400 Wohnungen davon entstanden in Plattenbauweise.

Jede Wohnung hatte einen eigenen Garten, entweder direkt angrenzend oder als Parzelle am Wohnweg für die Obergeschoßwohnungen. Durch die einfache Bauweise wurde das soziale Ziel, Wohnungen für Arbeiterfamilien zu bauen, erreicht. Heute wird die schematische Bauweise (Abb. 5.16) durch Bäume und andere Begrünung stark abgeschwächt, ja sogar optisch positiv verändert. Die Siedlung wird auch weiterhin wegen der ruhigen Lage, der guten Nahverkehrsanbindung, der günstigen Mieten und wegen der guten Grundrisse sehr geschätzt. Die heute weniger als 3.000 Einwohner (ursprünglich 5 000) sind überwiegend Erstmieter oder deren Nachkommen (DREYSSE, S. 19-22; UNGERS, S. 103-108).

• **Siedlung Bornheimer Hang 1926-1930**

Von einer ganz anderen stadtstrukturellen Situation als die „Stadtrandsiedlungen" an der Nidda ist die Siedlung Bornheimer Hang geprägt. Die dichte städtische Bebauung wird hier durch eine 4- bis 5-geschossige Straßenrandbebauung fortgesetzt. Mehrere Baublöcke bilden mit Teilen einen großzügigen, auch an den Seiten baulich bewußt gefaßten Stadtraum an der Wittelsbacher Allee (Abb. 5.17, 5.18). Die durch einen Hang exponierte Topografie und die geschlossene Bebauung des Stadtrandes bewirken eine städtebauliche Einheit von hohem Rang.

Nach einem Gesamtplan von Ernst MAY und Herbert BOEHM wurden von der Aktiengesellschaft für

5.16 Luftbild 1932. Westhausen wirkt durch viele Bäume und Begrünung heute weniger schematisch als damals.

Kleine Wohnungen (ABG) ca. 1540 Mietwohnungen gebaut. In fünf Bauabschnitten entstanden zwischen 1926 und 1930 in Mehrfamilienhäusern anfangs überwiegend 3-Zi-Wohnungen mit 65 qm, später 2-Zi-Wohnungen mit 55 qm. 63 Einfamilienhäuser im Inneren eines Großblocks hatten 105 qm bzw. 86 qm Wohnfläche mit Garten. Alle Wohnungen waren mit Zentralheizung, Bad und einer „Frankfurter Küche" ausgestattet (DREYSSE, S. 23-26).

• Siedlung Niederrad 1926-27

Als Abschluß der Stadterweiterung von Niederrad entstand diese Siedlung um die „Buchfeldstraße", wie sie auch genannt wird, auf zum Teil bestehendem Stadtgrundriß. Die überwiegend dreigeschossige Bebauung in Blockbauweise an „Korridorstraßen" ist gekennzeichnet durch die betonte Eckbebauung eines Blockes und durch die gestaffelten Gebäude eines Blocks (Abb. 5.19, 5.20). Daher kommt der Name „Zick-Zackhausen", der nicht nur diesen Teil der Wohnanlage mit einer Gartenanlage und einem Gemeinschaftshaus bezeichnet. Dort waren mehrere Säle und Gruppenräume, Kindergarten und -krippe, Leseraum, Gesundheitsamt und Schlafsaal untergebracht.

„Zick-Zackhausen, das ist der geschlossene Block an der Breubergstraße. Er ist das einzige Beispiel des Neuen Frankfurt für eine zentralperspektivische Monumentalanlage, ausgerichtet auf ein Gemeinschaftsgebäude - ebenfalls das einzige seiner Art. Charakteristisch ist auch der sägezahnartige Versatz der Wohnhäuser - dies, um eine bessere Besonnung zu gewährleisten; aber nicht nur: denn erstens wurden sämtliche Küchen und Wohnzimmer, gleich welcher Himmelsrichtung, auf die Blockinnenseite gelegt, und zweitens wurden sie so ausgerichtet, daß die Hauptblickrichtung auf das Zentralgebäude führt. Dies weist darauf hin, daß dem Blockinnern eine besondere gesellschaftliche Rolle zugedacht war, ähnlich wie den Kollektivräumen der Wiener Höfe" (DREYSSE, S. 36).

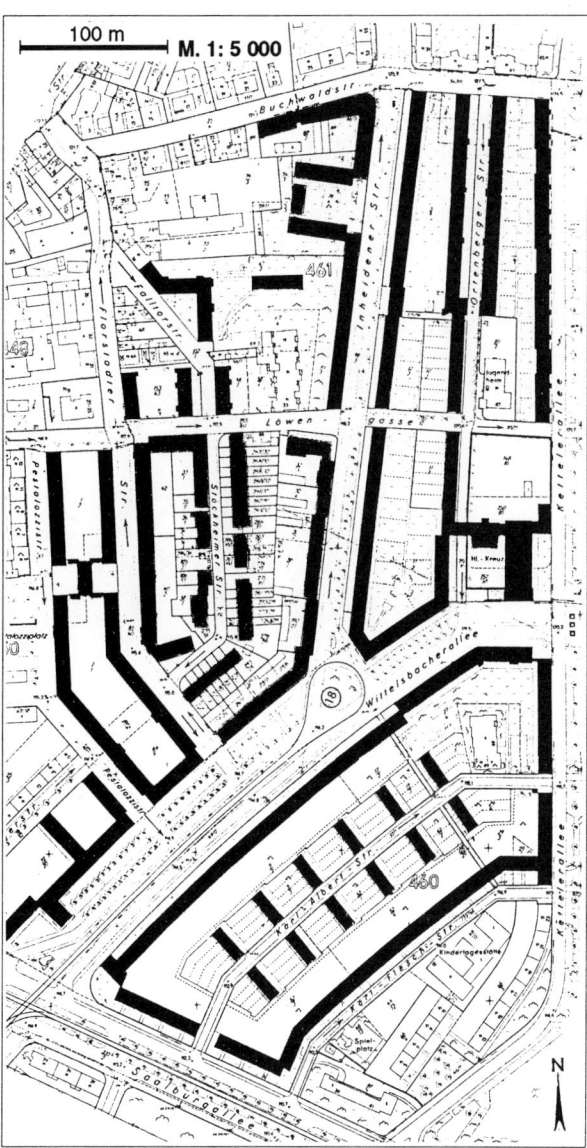

5.18 Siedlung Bornheimer Hang: Die fünfgeschossige Bebauung bildet im Osten eine „Mauer" als Stadtrand.

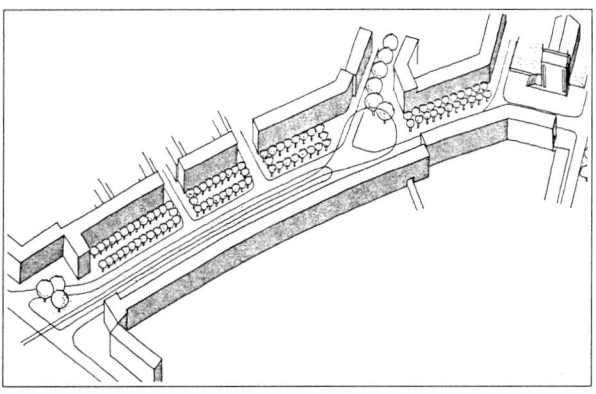

5.17 Großstädtischer Raum der Wittelsbacher Allee mit hoher Randbebauung in der Siedlung Bornheimer Hang.

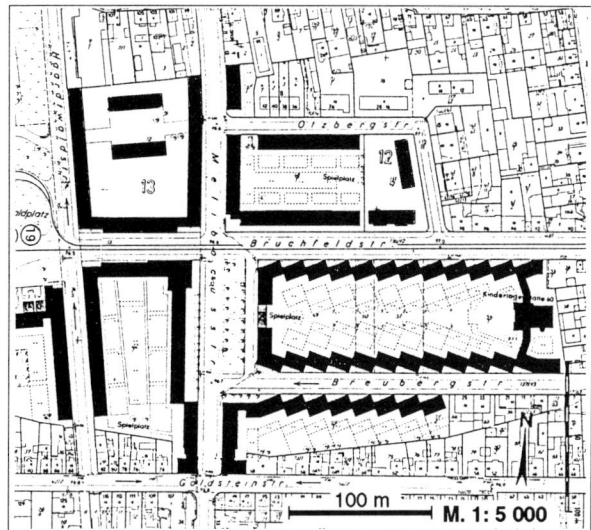

5.19 Siedlung Niederrad, „Zick-Zackhausen": Sägezahnartige Blockbebauung mit großem Gemeinschaftshaus.

109

Die räumliche Aufteilung des Blockinnern, Teil der Freiflächenplanung von Max BROMME, ist auch heute noch beachtenswert (Abb. 5.22). An die hausweise, durch Hecken abgetrennten vier Nutzgärten für die Mieter des Erd- und 1. Obergeschosses schließt ein Spiel- und Bleichrasen sowie in der Mitte ein gemeinschaftlicher Rasenstreifen an (DREYSSE, S. 33-38; UNGERS, S. 73-78).

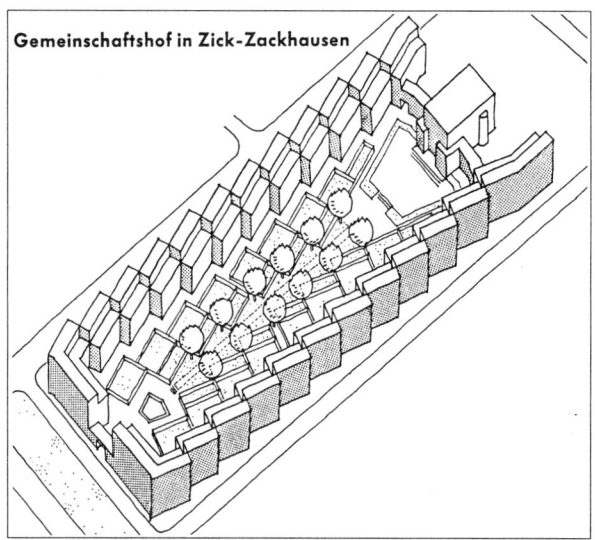

5.20 Die symmetrische Monumentalanlage in Zick-Zackhausen ist für das Neue Frankfurt eine Ausnahme.

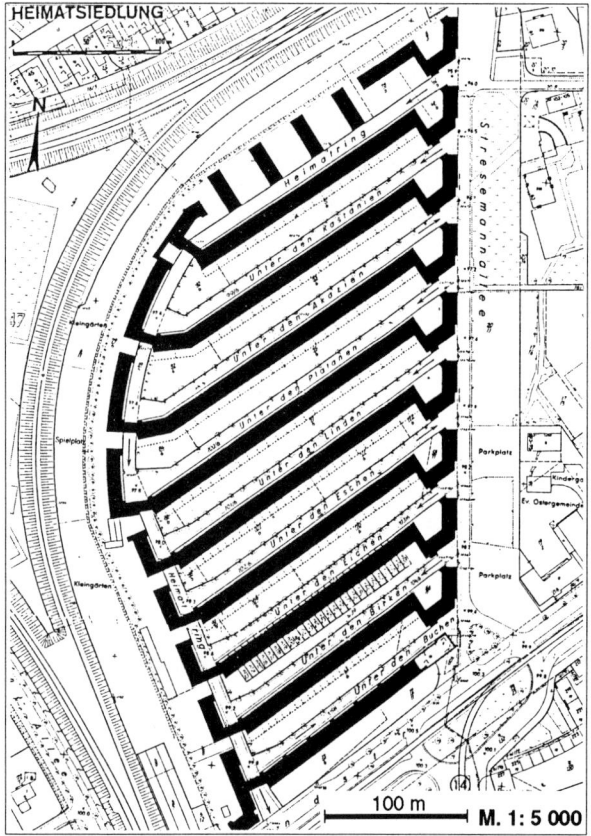

5.21 Die Heimatsiedlung: Viergeschossiger „Außenring" als Lärmschutz für zweigeschossige Zeilenbebauung.

• Heimatsiedlung 1927-34

Die eigentlich konsequent ausgerichteten dreigeschossigen Zeilen mit einer im Nordwesten gelegenen Erschließungsstraße und den nach Süden vorgelagerten Gärten bzw. Grünflächen bekommen durch einen 4- bis 5-geschossigen „Außenring" einen räumlichen Abschluß. Die Heimatsiedlung ist das einzige von einer Gewerkschaft finanzierte Wohnquartier. Gebaut wurde sie von der „Heimat", Gemeinnützige Bau- und Siedlung AG, Berlin (Gesellschaft des Gewerkschaftsbundes der Angestellen, GdA); später übernommen von der Neuen Heimat (DREYSSE, S. 39-42).

• Siedlung Goldstein 1929, umgeplant 1932

Die letzte von Ernst MAY (zusammen mit BÖHM, SCHWAGENSCHEIDT u.a.) geplante, aber nicht ausgeführte Siedlung war die „Trabantenstadt" Goldstein im Jahr 1929 mit 8 500 Wohnungen. In Zeiten der wirtschaftlichen Depression wurde sie 1932 zu einer Stadtrand-Selbsthilfesiedlung mit 800 Wohnungen umgeplant (s. S. 141).

Die neue Wohnung

Die Größe und Grundrißgestaltung der Wohnungen orientierte sich, anders als beim Gemeindebau in Wien (s. S. 126), an alten Forderungen der Arbeiterbewegung nach individueller Behausung der Kleinfamilie. Das konfliktreiche Zusammenleben mehrerer Generationen in einem Haus, die Ausbeutung in Mietskasernen und die disziplinierende Abhängigkeit und Kontrolle in Werkssiedlungen sollten beendet werden. In diesem Sinne wurde ein Typus „Kleinwohnung" für Familien mit zwei bis drei Kindern entwickelt.

„Raum und Zeit geben - diesem Ziel diente vornehmlich die mit wissenschaftlicher Methode entwickelte Funktionalität des Wohnungsgrundrisses

5.22 Gartenhof in Zick-Zackhausen, 1930. Blick vom Spielplatz mit Wasserbecken zum Gemeinschaftshaus.

und der Wohnungsausstattung. Gegenseitige Beeinträchtigungen sollten vermieden, emotionale Bedürfnisse befriedigt und der Aufwand für die Haushaltsführung verringert werden." Die „Frankfurter Küche" war dabei ein sehr wichtiges und für die damalige Zeit ein revolutionäres Element. Für jedes Familienmitglied sollte möglichst ein eigenes Zimmer mit guter Belüftung und Belichtung vorhanden sein. Schlafzimmer sollten Morgensonne und Wohnzimmer Abendsonne bekommen, so daß die ost-west-orientierte Wohnung in Nord-Süd-Zeilen bevorzugt wurde (s. Abb. 5.3).

Die Wohnungen befanden sich zu 28% in gereihten Ein- und Zweifamilienhäusern, was sonst nur bessergestellten Bewohnern vorbehalten war. Die Ausstattung der Wohnungen war ausgezeichnet, alle hatten Bad und Küche und waren zu 75% mit Zentralheizung versehen. Der angestrebte Mietpreis sollte einen Wochenlohn, d. h. 25% eines Monatslohns nicht übersteigen. Tatsächlich betrug die Miete für ein durchschnittliches Einfamilienhaus 37% des Tariflohns eines Bauarbeiters, weshalb sich Arbeiter normalerweise diese Häuser nicht leisten konnten (DREYSSE, S. 4).

Die Frankfurter Küche

Ein wesentliches Element der Funktionalität der „neuen Wohnung" war die rationale Durchorganisation der Handlungsabläufe und die daraus resultierende Neugestaltung der Küchenmöbel, die übrigens erstmals als komplette Einrichtung zur Wohnung gehörten. Die sogenannte Frankfurter Küche war 1926 von der Wiener Architektin Grete SCHÜTTE-LIHOTZKY wie ein industrieller Arbeitsplatz nach ergonomischen und praktischen Erwägungen gestaltet und mit einer Vielzahl von Gerätschaften ausgerüstet worden.

„Das Problem, die Arbeit der Hausfrau rationeller zu gestalten, ist fast für alle Schichten der Bevölkerung von gleicher Wichtigkeit. Sowohl die Frauen des Mittelstandes, die vielfach ohne irgendwelche Hilfe im

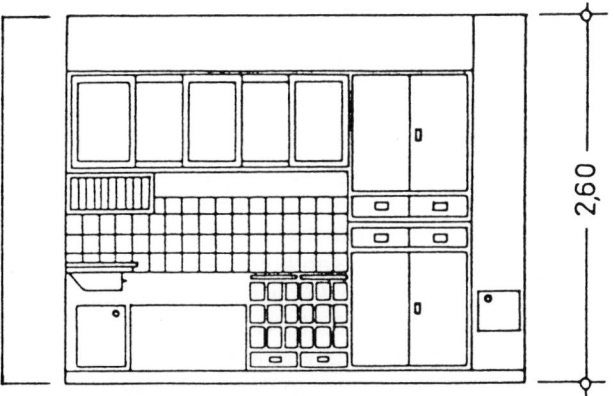

5.24 Die Frankfurter Küche mit Spülenseite, von Grete SCHÜTTE-LIHOTZKY 1926. Die erste Einbauküche für ...

5.25 ... den Massenwohnungsbau war auf kurze Wege, rationelle Handgriffe und leichtes Arbeiten ausgerichtet.

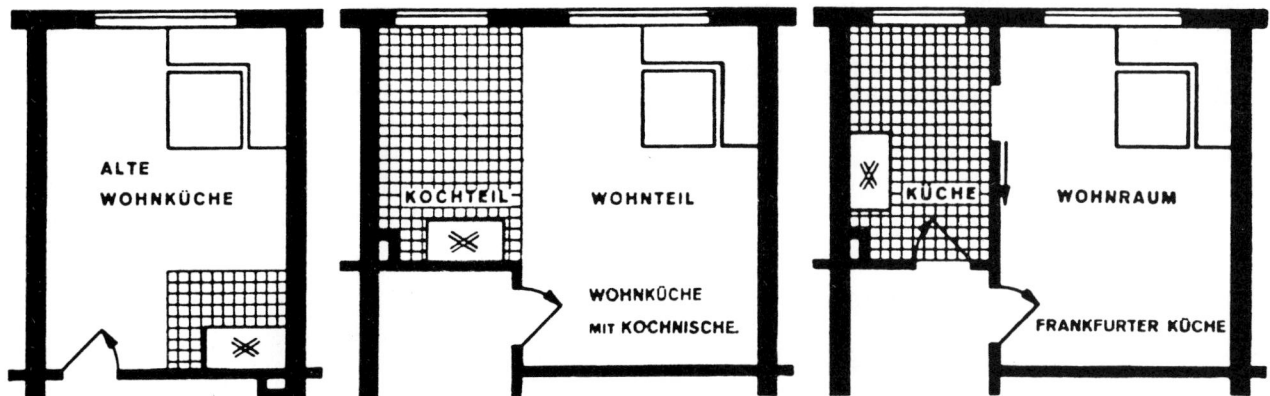

5.23 Von der alten Wohnküche zur Frankfurter Küche: „Das Wirtschaften vollzieht sich in dem gänzlich abgetrennten Kochteil: die Küche. Die enge organische Verbindung mit dem Wohnraum ist durch eine Schiebetür aufrecht erhalten."

Hause wirtschaften, als auch Frauen des Arbeiterstandes, die häufig noch anderer Berufsarbeit nachgehen müssen, sind so überlastet, daß ihre Überarbeitung auf die Dauer nicht ohne Folgen für die gesamte Volksgesundheit bleiben kann" (SCHÜTTE-LIHOTZKY, DNF, 5/1926-27).

Diese reine „Arbeitsküche", die auch in ihrer Größe den optimalen Arbeitsabläufen angepaßt war, wurde entgegen der sonst üblichen „Wohnküche" entwickelt (Abb. 5.23-5.25; SCHÜTTE-LIHOTZKY, in: NOEVER, S. 7 ff.). So plädierte noch Adolf LOOS, bei dem SCHÜTTE-LIHOTZKY in Wien von 1921-25 gearbeitet hatte, für eine Wohnküche, „denn eine Frau hat ein Anrecht, ihre Zeit nicht in der Küche, sondern im Wohnzimmer zu verbringen". Auch eine Musterküche für das Bauhaus, 1923 von J. J. OUD entworfen und 1927 in der Weißenhofsiedlung vorgestellt, war ein Komplex aus Arbeitsküche und Eßplatz.

Durch eine Schiebetür getrennt lag unmittelbar neben der Küche das neue, in Arbeiterhaushalten bis dahin unbekannte Wohnzimmer, der größte und für das Zusammenleben wichtigste Raum der Wohnung (DREYSSE, S. 4).

Die Frankfurter Küche mit ihren vielfältigen, fest installierten Möbeln, mit Schränken, Schubfächern, Arbeitsflächen und Geräten, vom Herd, über die Dunstabzugshaube bis hin zum Bügelbrett, blieb aber nicht ohne Kritik. Über die Zweckmäßigkeit der Einrichtung waren die Frauen durchaus schon in den zwanziger Jahren geteilter Meinung und auch die Reduktion der Handlungsabläufe auf ein industrielles Maß wurde nicht einhellig begrüßt.

„Indem man nun jede einzelne dieser Zellen serienmäßig mit einer rationalisierten Küche ausstattete, wurde dem Ruf nach Effizienz geradezu enthusiastisch gefolgt. Dabei haben die Architekten des Neuen Bauens das Paradoxon der rationalisierten Hausarbeit übersehen, das darin liegt, daß die einzelnen Arbeitsgänge zwar aufgesplittert und auf den geringstmöglichen Zeitaufwand reduziert wurden, daß aber das Grundprinzip der industriellen Produktionsweise im Individualhaushalt entfällt, nämlich die Arbeitsteilung. Die Hausfrau vereinigt nach wie vor in ihrer Person die organisatorischen und planerischen Aufgaben des Kleinhaushalts mit seinen eigentlich manuellen wie Nähen, Kochen usw. in sich" (STAHL, S. 104).

Rationalisierung beim Bauen

Die hochgesteckten Ziele des Frankfurter Wohnungsbauprogramms konnten nur erreicht werden durch die Schaffung neuer Baukapazitäten, die Definition einheitlicher Wohnstandards und durch die Senkung der Bau- und Finanzierungskosten. Daher war die Rationalisierung beim Bauen von ausschlaggebender Bedeutung für die Realisierung, die darüber hinaus auch in sehr kurzer Zeit erfolgte. Die Herstellung der Wohnungen war von folgenden Bedingungen geprägt:

• Kommunalisierung über städtische Baubetriebe,
• Rationalisierung des Bauablaufs (Frankfurter Plattenfabrik, Vorläufer der Großtafelbauweise, 18 Arbeiter montierten in 1 1/2 Tagen ein Haus; s. Abb. 5.7),

• Normierung von Ausbauteilen,
• Typisierung der Wohnung und Gruppierung in Reihen- und Stockwerkshäusern (gängige 3-Zi-Wohnung mit 65 qm statt 75 qm, ab 1929 „Kleinstwohnungen" mit 40-43 qm für 4 Personen) (DREYSSE, S. 4).

Erste Versuche mit einer Bauplattenproduktion gab es 1926 bei zehn Versuchshäusern in Praunheim; im 2. Bauabschnitt wurden dann 204 und im 3. Bauabschnitt 265 Plattenhäuser errichtet. In der Siedlung Westhausen entstanden 400 Wohneinheiten im Frankfurter Montageverfahren, wobei dort das Prinzip der Rationalisierung in allen Bereichen vom Städtebau bis zum Fenstergriff am konsequentesten durchgeführt wurde. Die Mieten waren dementsprechend gering und Westhausen wurde zu 75% von Arbeitern bewohnt.

Im Laufe der Zeit ergaben sich aber immer mehr Nachteile: Die Plattenfabriken konnten nur bei Großaufträgen gewinnbringend arbeiten, und die Plattenbauweise war wegen der großen Formate unflexibel. Der Dämmwert der Platten war zu gering und ihr Feuchtegehalt zu hoch, so daß es zu späteren Bauschäden kam. Die stagnierende Bautätigkeit infolge der Weltwirtschaftskrise führte schließlich nach dem Winter 1929/30 zur Einstellung der Frankfurter Plattenbaufabrik.

„Die Vorfabrikation gleicher, miteinander verknüpfbarer Einzelteile schuf, was die Entwicklung dazu notwendiger Typen anging, ein bestimmtes, normiertes Formenarsenal, das in seiner montierten Zueinanderfügung die Reihung gleicher immer wiederkehrender Teile ergab. Dieses Reihungsprinzip setzte nun äußerlich Gleichheit, die Fassadenbildung von Häuserzeilen ergab ein unterschiedsloses Bild gleichartiger Hauseinheiten. Man verzichtete auf die Besonderung, die Hervorhebung des einen vor dem anderen, die Individuierung" (WILHELM, S. 79).

5.2. Berliner Großsiedlungen: Wohnungsbau in neuer Dimension

„Was ist eine Groß-Siedlung und welche Bedeutung hat sie für die Gartenstadtbewegung?" fragte und beantwortete Bruno TAUT 1931:
„Eine Siedlung, die nicht nur zufällig, sondern die deshalb groß ist, weil in ihr die gesamten Lebensbedürfnisse der Bewohner organisch gegliedert sind. Die Größe also nicht nur als ein Gebot rationeller Errichtung und Verwaltung, sondern ebenso und mehr noch als eine Notwendigkeit, um die Beziehungen zwischen Gemeinschaft und Individuum zu ordnen. Unter Ordnung verstehen wir einen gesellschaftlichen Zustand, in dem die für alle gleichartigen Bedürfnisse gemeinschaftlich, zentral, kollektiv, oder wie man es nennen will, erfüllt werden, so daß das eigentlich individuelle Bedürfnis um so größeren Spielraum erhält."

„In dieser Definition der Groß-Siedlung sind natürlich nicht allein zentrale Wäschereien, zentrale Kinderkrippen, Kindergärten u. dgl. enthalten, sondern darüber hinaus muß die Versorgung mit Nahrung genauso wie der regulierte Konsumabsatz gemeinschaftlich geregelt werden, mit anderen Worten: die Eigenbrutzelei der immer weniger zu Hause sitzenden Frau wird durch das gemeinschaftliche Speisehaus ersetzt. Darüber hinaus aber können viele zum eigentlichen Wohnen gehörende Funktionen durch gemeinschaftliche Bibliotheken, Übungs- und Vortragsräume und Säle, durch Volkshäuser u. dgl. ersetzt werden, so daß von hier aus wahrscheinlich eine andere Gestaltung des Wohnungsgrundrisses einsetzen wird; denn anders als bei dem zusätzlichen Reichswohnungsbauprogramm schneidet man jetzt nicht mehr von der Wohnung lebenswichtige Teile weg, ohne sie sonst zu ersetzen, sondern man ersetzt sie durch jene gemeinschaftlichen Anlagen in reichlichem Maße. Das Problem darf nicht lauten: Wie werden die Wohnungen kleiner gemacht?, sondern: Wie wird das Leben der Gesamtheit und des einzelnen reicher und produktiver?"
(Gartenstadt 1/2-1931, in: AKB 2, S. 236)

Der Zwang zum Wohnungsbau

In Berlin gab es nach dem Ersten Weltkrieg, von 1918 bis 1923, wegen ungünstiger politischer und wirtschaftlicher Bedingungen kaum bauliche Veränderungen. Dabei hatte Berlin bereits vor dem Krieg mit 750 Menschen je Hektar die größte Bewohnerdichte in der Welt; in London waren es acht und selbst in New York 200 Einwohner je Hektar. Die Wohnungen waren hoffnungslos überbelegt, was offiziell erst dann galt, wenn eine Einzimmerwohnung mit Küche von mehr als fünf Personen bewohnt wur-

de (UNGERS, S. 20). Nach der Währungsreform 1923 erforderten Wohnungsnot und neue politische Entwicklungen städtebauliches Handeln:

• Ein Fehlbestand von 100 - 130 000 Wohnungen war durch Bevölkerungszuwachs, vor allem durch den Zuzug von Landbevölkerung entstanden. Die Einwohnerzahl wuchs von 1,9 auf 3,8 Millionen, besonders auch durch das 1920 gebildete Groß-Berlin mit Eingliederung von fünf vorher selbständigen Stadtgemeinden (Charlottenburg, Schöneberg, Spandau, Neukölln, Wilmersdorf) und 59 Landgemeinden sowie 27 Gutsbezirken.

• Der Anspruch Berlins als „Weltstadt" erzeugte auch beim Wohnungsbau Handlungsbedarf. Bis 1919 war Wohnungsbau hauptsächlich durch Privatinvestoren in Form von „Spekulationsobjekten" betrieben worden, was Berlin zur größten Mietskasernenstadt Europas gemacht hatte.

1921-28 entstanden zahlreiche neue Baugenossenschaften, die auch sozialreformerische Ansätze verfolgten, sowie Bauträger in Form von Kapitalgesellschaften mit Finanzmitteln aus Industrie, Gewerkschaften und von der Stadt. Wichtigste Gesellschaften waren die GAGFAH (Gemeinnützige AG für Angestellten-Heimstättenbau), die GEHAG (Gemeinnützige Heimstätten AG), die GSW (Gemeinnützige Siedlungs- und Wohnungsbaugesellschaft Berlin mbH), die GEWOBAG (Gemeinnützige Wohnungsbau AG, Groß-Berlin) und die DEGEWO (Deutsche Gesellschaft zur Förderung des Wohnungsbaus Gemeinnützige AG).

Das Reichsheimstättengesetz von 1924 schuf die Grundlage für den Sozialen Wohnungsbau und führte zur Gründung von Wohnungsfürsorgegesellschaften, wie die WFG (staatliche Wohnungsfürsorge Gesellschaft Berlin mbH) und die DEWOG (Gewerkschaftliche Deutsche Wohnungsfürsorge Aktiengesellschaft). In den Jahren 1924-31 wurden in Berlin insgesamt 146 000 Wohnungen gebaut, was eine Bauleistung von etwa 30 000 Wohnungen pro Jahr bedeutete. Der Zeilenbau mit guter Belichtung und Belüftung war dabei vorherrschend (UNGERS, S. 20).

Martin Wagner und Bruno Taut

Die Berliner Großsiedlungen sind eng verbunden mit der intensiven Zusammenarbeit von Martin WAGNER und Bruno TAUT seit 1918. Seit ihrer engen Kooperation bei der Errichtung der ersten Berliner Groß-Siedlung in Berlin-Britz, der legendären Hufeisensiedlung, war das Team Taut-Wagner bei aller persönlicher Verschiedenartigkeit ein nicht mehr wegzudenkendes Markenzeichen für den Berliner Siedlungsbau der Zwischenkriegszeit. Wichtig für ihre Erfolge war die Tatsache der Veröffentlichung ihrer

5.26 Zentrale Allee in Falkenberg. Konzentration des örtlichen Lebens an der platzartigen, 40m breiten Straße.

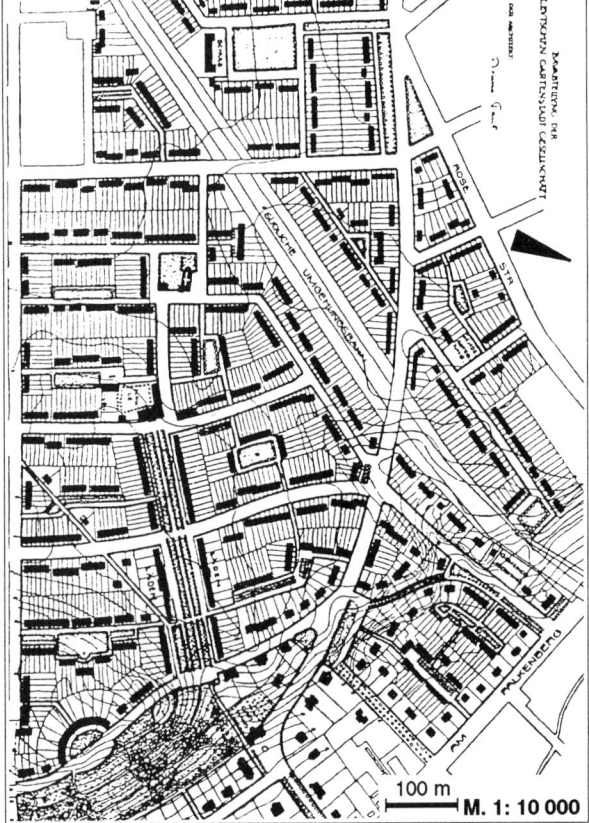

5.27 Gartenstadt Falkenberg von Bruno TAUT, 1913, mit Wohnhöfen in Baublöcken nach englischem Vorbild.

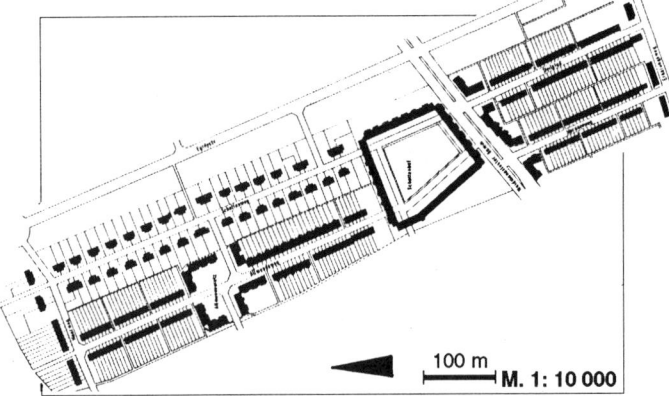

5.28 Siedlung „Freie Scholle" von Bruno TAUT, Berlin-Tegel 1924-32. Doppelhäuser mit Satteldach und ...

Aktivitäten und Erfahrungen im DEWOG-eigenen Publikationsorgan, der „Wohnungswirtschaft". „Die glückliche Verbindung zwischen politischem Verantwortungsbewußtsein, organisatorischem Durchhaltevermögen und Geschick, sowie künstlerischem und gestalterischem Können hat jene geschichtsprägenden Leistungen erbracht, die Berlin zu einem bisher nicht mehr erreichten Wallfahrtsort für interessierte Bau- und Wohnungspolitiker, Architekten und Planer, Praktiker, Theoretiker und Nutzer gemacht hat" (BOLLEREY, HARTMANN, S. 72).

Martin WAGNER, studierter Architekt, war ab 1927 Stadtbaurat von Groß-Berlin und wollte „in Umfang und Stil" ein ähnliches Wohnungsbauprogramm durchführen, wie er es von Ernst MAY in Frankfurt kannte und bewunderte. Es war keine leichte Aufgabe, denn „häufig waren es bis zu 30 Instanzen, die ein Projekt durchlaufen mußte, bevor es schließlich genehmigt wurde". Neben vielen Architekten, die an der Planung und Realisierung der Wohnungen beteiligt wurden, war es besonders Bruno TAUT, der auch die städtebauliche Gestaltung maßgeblich bestimmte. Er war 1924 aus Magdeburg nach Berlin zurückgekehrt, wurde beratender Architekt („Chef-Architekt") der GEHAG und arbeitete auch mit anderen gemeinnützigen Wohnungsbaugesellschaften zusammen.

Seine Vorkriegserfahrungen mit der Gartenstadtbewegung („Gartenstadt Falkenberg" bei Berlin-Grünau; Abb. 5.26, 5.27) erweiterte er jetzt bei den Großsiedlungen. „TAUT hatte nun den Adressaten für seine architektonische Energie gefunden: Der arbeitende Mensch. Für ihn plante und baute er während seiner bauproduktivsten Periode über 10 000 Wohnungen in Berlin. Die Bauaufgabe war geklärt, der Adressat war bekannt. Der entsprechende Bauherr war meist die staatliche oder institutionelle Wohnungsbaugesellschaft" (BOLLEREY, HARTMANN, S. 72).

5.29 ... kubische Mietshäuser mit Flachdach. „Schollenhof" (m.) als „Möglichkeit zur lebendigen Gestaltung".

114

Städtebauliche Prinzipien
der Siedlungen

Über die städtebauliche Gestaltung schreibt Bruno TAUT in den GEHAG-Nachrichten : „Bei der Vielseitigkeit der Voraussetzungen für die städtebauliche Gestaltung ist es von größter Bedeutung, einen Gesichtspunkt zu finden, der den speziellen Prinzipien und Theorien, die als sogenannte Fachwissenschaft auftauchen, übergeordnet ist." Um „aus jeder Lösung die größtmögliche konkrete Schönheit zu gewinnen", „wird jedes vorhandene Element, das die Lage bietet, als eine Möglichkeit zur lebendigen Gestaltung begrüßt werden, die Randbebauung an vorhandenen Straßen also ebenso wie der Zeilenbau. ... Wie z.B. die großen Höfe der Flachsiedlung ´Freie Scholle´ in Tegel (Abb. 5.28, 5.29) und des Dreiecks in Britz, die durch die Straßenführung und Bauplatzverhältnisse gegeben waren, durch keine Zeilenbauanlage übertroffen werden können, so kann umgekehrt der Zeilenbau in seiner Öffnung ins Freie wiederum bei vollendeten Lösungen durch keinen Randbau erreicht werden" (1/2 1931, S.9 ff).

Für TAUT war der „Außenwohnraum" als Ergänzung zur Wohnung von großer Bedeutung und sollte deshalb durch gegliederte und farbige Fassaden, Wohnhöfe, breite Straßen, Baumalleen, Grün in den Gärten und in Anlagen bewußt gestaltet werden. Er beschreibt den Begriff so: „Wir sind der Meinung, daß die unmittelbare äußere Umgebung der Wohnung für die Wohnung selber von großer Bedeutung ist, den Wohnwert der Wohnung erhöhen und vermindern kann. Wenn also das Gefüge der eigentlichen Räume der Wohnung ein Gefühl der Wohnlichkeit und Behaglichkeit vermitteln kann, so gilt das in gleichem Maße von dem Außenwohnraum. Hierbei ist mit dem Außenwohnraum nicht nur der eigentliche Wohngarten oder die Loggia der Stockwerks-

wohnung gemeint, sondern mehr noch im städtebaulichen Sinne der Raum, den die Hauswände der Siedlungen im wesentlichen in sich schließen" (AKB 2, S. 224).

Im Serienbau sieht TAUT durchaus „architektonische Schönheit". „Da die bevorstehende Entwicklung des Serienbaus im historischen Sinne eine neuartige Erscheinung ist, so muß auch die endgültige Form eine neuartige sein, und damit wird naturgemäß eine Bereicherung der architektonischen Formenwelt eintreten." Diese Formenwelt „muß dem Produktionsprozeß entsprechen und auf der Aneinanderreihung weniger Elemente beruhen, sowohl was das Hausganze betrifft wie seine Einzelheiten". Die neue Architektur müsse „weniger die Spezialempfindungen des Einzelnen als die Entwicklungslinie der Gesamtheit prägen" (Aufbau 1/1926, S. 106; in: AKB 2, S. 222).

Planung und Realisation
von Berliner Großsiedlungen

Für Berlin wurde 1925 eine neue Bauordnung erlassen, die durch Einteilung Berlins in unterschiedliche Bauklassen zu enge Bebauung mit kleinen Hinterhöfen verhindern sollte. Auf dieser Grundlage entstanden 17 Großsiedlungen am Rande Berlins, mit relativ hoher Dichte, aber besseren Wohnbedingungen. Jede von ihnen hatte etwa 4 000 Wohnungen für 30 000 Einwohner. Zu den bekanntesten zählen:

• **Siedlung Britz - „Hufeisensiedlung"** 1925-31

Die Hufeisensiedlung ist eine Mischung aus stadtraumbetonter Gartenstadt und zeilengeprägter Wohnsiedlung. Der Name leitet sich von einer ent-

5.30 Großsiedlung Britz, „Hufeisensiedlung", um 1930, von Bruno TAUT und Martin WAGNER. Die Großform öffnet sich zu einer Allee mit der langen Bebauung „Rote Front". WAGNER 1952: „Ein städtebauliches und ökonomisches Glanzstück."

5.31 Die Hufeisensiedlung mit späteren Ergänzungen heute. Wechselnde Gestaltung der Straßenräume mit ...

5.32 ... zurückgesetzten Reihenhäusern, die mit abgeknickten Hauszeilen an das Hufeisen anschließen.

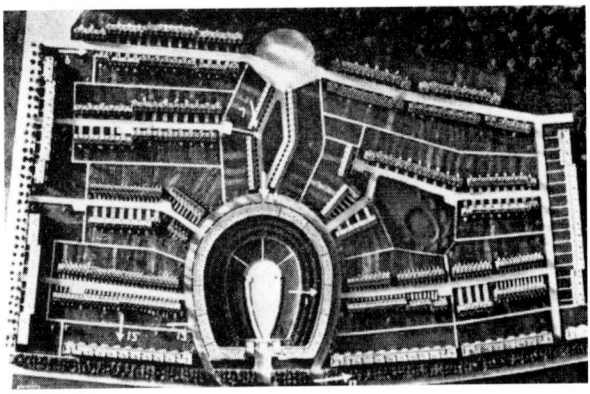

5.33 Die ursprüngliche Anlage im Modell. Eine städtebauliche Nähe zu den Gartenstädten ist unverkennbar.

sprechend geformtem Bebauung ab, die einen kleinen Teich umschließt (Abb. 5.32). Auf der anderen Seite der Fritz-Reuter-Allee setzt sich die zentrale Großform mit dreigeschossigen Gebäuden in „hofartiger" Gestaltung fort. Nach beiden Seiten schließen sich Nord-Süd-Zeilen an, die differenzierte Straßenräume und Gartenbereiche bilden. Die Zeilen wirken keineswegs starr, da sie formal auf die Großform reagieren, unterbrochen und versetzt sind sowie durch eine umschließende Randbebauung der Siedlungsteile räumlich gefaßt werden (Abb. 5.30-5.33).

Die Gesamtplanung wurde von Bruno TAUT und Martin WAGNER auf dem Gelände des ehemaligen Ritterguts Britz entworfen und von der GEHAG bis 1931 umgesetzt. Von den 1 072 Wohnungen befinden sich 472 WE in gereihten 2-geschossigen Einfamilienhäusern und 600 WE in dreigeschossigen Miethäusern mit Wohnungsgrößen von 49 qm (1 1/2 Zi) bis 100 qm (3 1/2 - 4 1/2 Zi). Die durch vertikale Treppentürme gegliederte Zeile an der mittigen Allee hieß im Volksmund „Rote Front", da sie .blutrot gestrichen war.

Durch gegliederte und farbige Fassaden sowie die Freiraumelemente um das Haus und im Straßenraum wollte TAUT auch in dieser Siedlung den „Außenwohnraum" bewußt gestalten. Die Farbgestaltung rief viel Kritik hervor, und auch die mangelnde Bauqualität, die gerade heute erkennbar ist, war ein ernsthaftes Problem. Außerdem gab es Bestrebungen, die Flachdächer in Giebeldächer umzuwandeln, was glücklicherweise verhindert werden konnte. Die Siedlung wurde vor einigen Jahren unter Denkmalschutz gestellt und gehört noch heute der GEHAG (UNGERS, S. 21-28).

• **Waldsiedlung Zehlendorf „Onkel Toms Hütte" 1926-32**

Wenn der Waldsiedlung Zehlendorf, nach einem benachbarten Gartenlokal „Onkel Toms Hütte" genannt, auch eine prägnante Großform fehlt, so sind auch heute noch das Erproben neuer Wohnformen und die Wirkung von Farben deutlich erkennbar. Die in der Mitte des Gebiets im Einschnitt verlaufende U-Bahn bildet, durch lange viergeschossige Hauszeilen betont, eine starke Zäsur (Abb. 5.34). Der „Peitschenknall" an der Argentinischen Allee, das damals mit 490 m längste Gebäude der Stadt, ist Kennzeichen für eine neue Dimension im Städtebau. Wie eine Klammer verbinden zwei Straßenzüge die beiden Siedlungsteile, die durch unterschiedliche Formen von gereihten, zweigeschossigen Einfamilienhäusern gekennzeichnet sind. Durch quergestellte, ebenfalls straßenbegleitende Zeilen werden sowohl die Straßen- als auch die privaten Grünbereiche abgeschlossen (Abb. 5.35, 5.36). Im Nordwesten wurde in der Nazizeit ein Gebiet mit freistehenden Einfamilienhäusern angefügt.

Die Siedlung im Westen Berlins, am Rande des Grunewalds, ist die direkte Nachfolgerin der Siedlung Britz. Erste Planungen gab es bereits 1924/25 von Fred FORBAT und Adolf SOMMERFELD, die in abgeänderter Form übernommen wurden. Bauträger war ebenfalls die GEHAG, die das Gelände 1926 erwarb. Das Bebauungskonzept von Bruno TAUT und Martin WAGNER war keineswegs unumstritten, denn es gab amtlicherseits andere Pläne. „Es wurde beschlossen, den Villenbau nicht nach den Plänen des Bezirksamts weiterzuführen, sondern zu einer Bebauung überzugehen, die vorwiegend aus Mietshäusern bestehen sollte."

Der Bebauungsplan wurde von einer Architektengruppe im Auftrag des Bezirksamts nach dem „Ortsgesetz zum Schutz der Stadt Berlin vor Verunstaltung" begutachtet und aus verschiedenen Gründen abgelehnt:

- Keine Rücksichtnahme auf das landschaftlich reizvolle Fischtalgelände,
- ungenügende Straßenführung zum zukünftigen U-Bahnhof,
- zu lange Hausreihen,
- Einfamilienhäuser wirkten wie dreigeschossiger Wohnungsbau und
- unpassende Flachdächer.

Martin WAGNER ordnete trotzdem ohne Baugenehmigung die Erdarbeiten an. Die Polizei ließ die Baustelle schließen und gegen Wagner wurde ein Bußgeld oder Haft verhängt, wozu dieser sagte: „Ich würde es im Interesse eines gesünderen beamtenmäßigen Geschäftsverfahrens vorziehen, die mir zur Wahl gestellten 10 oder 15 Tage Haft zu verbüßen, um der Allgemeinheit zu zeigen, wie ein bisher völlig unbestrafter Bürger von der Gemeindeverwaltung Groß-Berlin angefaßt wird, wenn er sich bemüht, die Wohnungsnot auf beschleunigtem Wege abzustellen." Wagner zahlte schließlich das Bußgeld über 250 RM.

Um den U-Bahnhof „Onkel-Toms-Hütte" herum wurden in den Jahren 1926-1928 und 1929-1932 in sieben Bauabschnitten insgesamt fast 2 000 Wohnungen in 2-4-geschossigen Gebäuden fertiggestellt. Die Architekten Bruno TAUT, Otto Rudolf SALVISBERG, Hugo HÄRING bauten 1926-28 354 Geschoßwohnungen und 391 Einfamilienreihenhäuser. Es folgten 1928-32 754 Geschoßwohnungen und 419 Einfamilienreihenhäuser von TAUT. Am U-Bahnhof entstand ein Ladenzentrum mit Kino.

Das **Farbkonzept** von Bruno Taut für „Onkel-Toms-Hütte" gründet sich auf seiner Überzeugung, daß Farben räumliche Wirkungen erzeugen. „Da die Farbe die Fähigkeit hat, die Abstände zwischen den Häusern zu vergrößern oder zu verkleinern, den Maßstab der Bauten so oder so zu beeinflussen ..., die Bauten mit der Natur in Zusammenhang oder in

5.34 Waldsiedlung Zehlendorf, „Onkel Toms Hütte", von Bruno TAUT und Martin WAGNER im heutigen Zustand.

5.35 Straßenraum, „Außenwohnraum", in Onkel Toms Hütte 1932. Neue Wohnungstypen, neue Farbwirkung.

5.36 Modell des ersten Bauabschnitts in Zehlendorf mit „bewegten Zeilen" und Raumbildungen durch Querzeilen.

Gegensatz zu bringen, ... muß mit ihr ebenso logisch und konsequent wie mit jedem anderen Material gearbeitet werden" (TAUT, in: AKB 2, S. 228). Danach wurden *Grundprinzipien* der Farbgebung entwickelt:
- An engen Straßen sollen Häuser niedriger erscheinen durch horizontale Gliederung im Dachgeschoß und gelbe Farbe.
- Die Farbe soll die Himmelsrichtung betonen: Im Osten grün, wegen des kühlen Vormittagslichts, und im Westen dunkelrot, passend zum warmen Nachmittagslicht.
- Fenster und Türen werden durch abgestufte Farbgliederung in die übrige Farbgebung eingebunden (UNGERS, S. 29-38).

Kurz nach Fertigstellung der Siedlung schrieb ein französicher Journalist: „Die Gebäude sind ... von einer ganz unmittelbaren Modernität, und sie sind darüber hinaus außerordentlich freundlich. Jede Straße hat - hinter ihrer Reihe von Kiefern - ein eigenes Gesicht und eine eigene Farbgebung. Zugegeben, diese Häuser besitzen nicht die Fähigkeit per se, Glück zu vermitteln, aber sie laden ihre Bewohner dazu ein, glücklich zu sein" (nach: UNGERS, S.. 37).

• **Wohnanlage Prenzlauer Berg
„Wohnstadt Carl Legien" 1928-30**

Als Kontrast zu den beiden beschriebenen Siedlungen mit überwiedend niedriger Bebauung am

5.37 Geöffnete und begrünte Innenhöfe in der „Wohnstadt" von Bruno TAUT bieten Häusern Licht und Luft.

5.38 „Wohnstadt Carl Legien", Prenzlauer Berg. Die architektonische Sicherheit verhindert Mietskasernen.

Rande der Stadt soll eine Wohnanlage innerhalb bestehender dichter Bebauung vorgestellt werden. Die „Wohnstadt Carl Legien" von Bruno TAUT besteht aus dreiseitig umschließender Blockbebauung mit fünf Geschossen und ähnelt in der Art der Wohnblockgestaltung durchaus der Hamburger Jarrestadt von Fritz SCHUMACHER aus denselben Jahren (s. S. 123; Abb. 5.37, 5.38). Die hohen Grundstückskosten der zentraleren Lage hatten die hohe Dichte erfordert. Trotzdem stellt eine zeitgenössische Beschreibung fest, „daß auch hier dem Bestreben der Auflockerung der Wohndichtigkeit in denkbar größtem Maße Rechnung getragen worden ist".

„Die freudigen Farben der Außenwände und Balkone wirken angenehm und lebensbejahend gegenüber dem toten Grau, das uns von den vielen Mietskasernen her bekannt ist. ... Jede Wohnung besitzt einen geräumigen Balkon, der den Wohnraum erheblich erweitert und den gärtnerischen, geräumigen Hofanlagen zugekehrt ist. Quergebäude und Seitenflügel sind nicht vorhanden; es haben Licht, Luft und Sonne überall freien Zutritt."

„Die Gefahr der Mietskaserne lag nahe. Aber in der ´Wohnstadt Carl Legien´ ist sie durch die architektonische Sicherheit Bruno TAUTS völlig vermieden worden. ... Dem modernen Charakter des Äußeren der Siedlung entspricht auch die Inneneinrichtung der Wohnungen: Überall frohe Farben und Neuerungen, die sich für die Hausfrau angenehm bemerkbar machen" (AKB 2, S. 232).

Das 1928 bis 1930 erbaute Wohnquartier ist nur eine Anlage von mehreren Wohnblöcken in diesem und anderen Stadtbezirken Berlins, die von TAUT konzipiert wurden. Sie alle kennzeichnet das Bestreben, neben der erforderlichen Wirtschaftlichkeit bei begrenzten Mitteln eine hohe Wohnqualität zu erreichen.

5.39 Siemensstadt, 1977. Strenge Zeilen, durch lange Querzeile gefaßt und durch Grünzug unterbrochen.

• Siedlung Siemensstadt 1929-32

Im Gegensatz zu vielen Siedlungen dieser Jahre gab es in der von Hans SCHAROUN und Martin WAGNER geplanten „Siemensstadt" keine Einfamilienhäuser, sondern nur eine homogene viergeschossige Zeilenbebauung (Abb. 5.39, 5.40). Die nach damaligem Muster erschlossenen Nord-Süd-Zeilen an Wohnwegen und senkrecht dazu geführten Straßen werden durch einen langen, geschwungenen Querriegel formal zuammengefaßt. Die im Volksmund „Langer Jammer" genannte Ost-West-Zeile von Otto BARTNING schirmt außerdem von der nahen Bahnlinie ab.

Die Planung der Siedlung an der Endhaltestelle einer 1928 fertiggestellten S-Bahnlinie im Westen Berlins, Charlottenburg-Nord (westlich der 1955 bis 1961 von SCHAROUN konzipierten und gebauten Siedlung) erfolgte 1929 gleichzeitig mit dem Bau der Waldsiedlung Zehlendorf („Onkel-Toms-Hütte"). Damit sollte ein Wohnungsfehlbestand ausgeglichen werden, der durch die Erweiterung der Siemenswerke nach 1923 noch verschärft worden war. Von den 1.800 geplanten Wohnungen wurden 1678 von verschiedenen Architekten wie Hans SCHAROUN, Walter GROPIUS, Hugo HÄRING, Fred FORBAT, Paul Rudolf HENNING und Otto BARTNING, alle Mitglieder der Architektenvereinigung „Der Ring" (s. S.134), geplant und durch die Gemeinnützige Baugesellschaft Berlin-Heerstraße gebaut (UNGERS, S. 39-48).

„Die Zeilen wurden in einem relativ geringen Abstand von 28 m bei einer Höhe von 16 m angelegt. Diese Verdichtung ist bewußt vorgenommen worden, um eine möglichst große Freifläche in der Mitte der Siedlung zu gewinnen. Die Grünfläche war von SCHAROUN als Ort gedacht, an dem sich sowohl die Kinder auf den hier angelegten Kinderspielplätzen als auch die älteren Bewohner der Siedlung begegnen und kennenlernen sollten. Über seine Idee der Nachbarschaft schreibt er in seinem Erläuterungsbericht zum Lageplan 1929/30: ´Nachbarschaft ist eine geistige Energie - eine Qualität und nicht nur eine Quantität. Sie ist ein Raum, den ein Fußgänger in etwa einer Viertelstunde durchquert, ein Raum, der der Erlebnisfähigkeit des Kindes entspricht, groß genug, um Abenteuer darin anzusiedeln, klein genug, um das Gefühl der Heimat aufkommen zu lassen´" (UNGERS, S. 40).

• Siedlung Schillerpromenade „Weiße Stadt" 1929-30

Die 1929 begonnene Siedlung Schillerpromenade wurde auch „Weiße Stadt" genannt, da die vier- bis fünfgeschossigen Wohngebäude einheitlich weiß verputzt waren. In Reinickendorf, im Norden Berlins, wurde eine vorhandene Planung mit Blockbebauung von Otto Rudolf SALVISBERG, Wilhelm BÜNING und Bruno AHRENDS in Richtung Zeilenbauweise abgemildert (Abb. 5.41-5.43). Durch schmale und längsgerichtete Nord-Süd-Blöcke gelang es, die Wohnun-

5.41 Überbauung der Schillerpromenade von Otto R. SALVISBERG in der „Weißen Stadt" als Straßenabschluß.

5.40 Siemensstadt (Nr. 3-10, punktiert) von Hans SCHAROUN und Martin WAGNER als Teil des nördlichen Siedlungsbands in Berlin. Von der Blockbebauung um 1900 (l.u.) bis zum Zeilenbau der 50er Jahre (Charlottenburg-Nord, Nr. 12).

5.42 Die aufgefächerte Zeilen der „Weißen Stadt" zeigen noch deutlich die Blockbebauung der alten Planung, ...

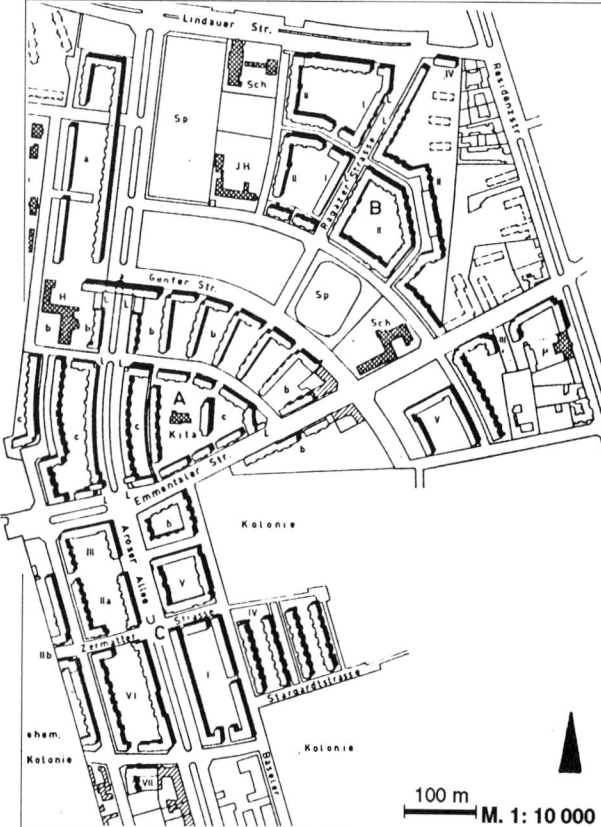

5.43 ... aber durch schmale Nordsüdblöcke erhielten die meisten Wohnungen eine gute Ost-West-Ausrichtung.

5.44 Siedlung Haselhorst: Der 1. Bauabschnitt 1932 mit strengem Zeilenbau wurde nach 1955 gemildert ergänzt.

gen hauptsächlich ost-westlich zu orientieren. Deutlich sind aber noch die straßenraumbildenden Blöcke, die aufgebrochen wurden, erkennbar. Lediglich an der Genfer Straße ist die Bebauung in Zeilen aufgefächert. Diese bilden aber im Norden mit kleinen Winkeln und einer Überbauung der 40 m breiten Schillerpromenade einen Straßenabschluß.

Die „Gemeinnützige Heimstättengesellschaft ´Primus´ mbH" errichtete auf dem stadteigenen Gelände 1 200 überwiegend kleine Wohnungen. 30% der Wohnungen hatten nur 48 qm, 50% 54 qm und der Rest 63 bzw 70 qm Nutzfläche. An Gemeinbedarfseinrichtungen wurden 27 Läden, eine Kindertagesstätte, fünf Gemeinschaftswaschküchen und ein Heizwerk erstellt. Auch heute hat die Siedlung durch die Art der Bebauung sowie die großzügigen und durch Bäume begrünten Straßen einen großstädtischen Charakter. Die große Nachfrage nach Wohnungen in diesem Quartier macht den hohen Wohnwert deutlich (UNGERS, S. 49/50).

• **Reichsforschungssiedlung Haselhorst** 1931-32

Westlich der Siemensstadt sollte auf Initiative der „Reichsforschungsgesellschaft für Wirtschaftlichkeit im Bau- und Wohnungswesen", RfG, eine Siedlung mit Wohnungen überwiegend für Arbeiter und Angestellte der nahen Siemens-Werke entstehen. Die RfG war 1927 gegründet worden zur Förderung von bestimmten Wohnungsbauvorhaben und zur Erprobung von neuen technischen und organisatorischen Verbesserungen zur Verbilligung und Rationalisierung des Wohnungsbaus. Sie schrieb 1928 einen Reichswettbewerb für 4 000 Wohnungen und Infrastruktureinrichtungen aus, bei dem 221 Entwürfe eingingen und 13 Arbeiten prämiert wurden.

Der 1. Preis ging an Walter GROPIUS und Stephan FISCHER mit vier Varianten, die wegen ihrer

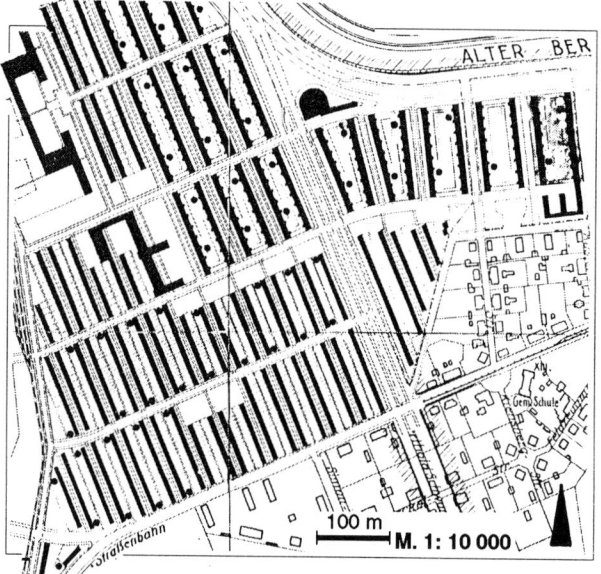

5.45 Berlin-Haselhorst: Der 1. Preis von Walter GROPIUS und Stephan FISCHER wurde weniger „starr" realisiert, ...

„wissenschaftlchen Gründlichkeit" besonders gelobt wurden (Abb. 5.45, 5.46). Auch Otto HAESLER war unter den Preisträgern. Dem Preisgericht gehörten Otto BARTNING, Ernst MAY, Fritz SCHUMACHER, Martin WAGNER und andere bekannte Architekten an.

Sie stellten zur Auswahl Kriterien auf, die „in städtebaulicher Hinsicht unzulänglich gewordene alte Anschauungen endgültig beseitigen" sollten. Das entsprach auch einem wesentlichen Teil des Forschungsprogramms der RfG: „Untersuchung des Zeilenbaus mit Ost-West-Belichtung der Hauszeilen und verschiedenen Hausabständen und Haustiefen sowie die Entwicklung von verschiedenen Grundrißtypen."

Der Entwurf GROPIUS/FISCHER mit hauptsächlich Nord-Süd-Zeilen und ost-west-gerichteten Wohnungen wurde nicht so starr ausgeführt, um der Monotonie zu begegnen. In zwei Bauabschnitten wurden 1931/32 insgesamt 1224 Wohnungen, die aber keine Zentralheizungen hatten, gebaut. Von den Gemeinschaftseinrichtungen wurde nur das Zentralwaschhaus errichtet. Die Siedlung (Kosten 40 Mio RM) wurde nicht von der RfG finanziert, sondern über eine erste Hypothek, Hauszinssteuerhypotheken und eine dritte Hypothek des Reiches (1,75 % Zinsen) (UNGERS, S. 57-65).

Heute ist die Bebauung dicht mit Rasen, Büschen und Bäumen eingegrünt, die Gebäude sind in Pastelltönen gestrichen. Alle Wohnungen sind zu den Grünflächen orientiert, was von den Bewohnern als großer Vorteil empfunden wird. „Die Siedlung wird, obgleich sie fast 50 Jahre alt ist, wegen ihrer städtebaulichen Konzeption von den Bewohnern auch heute noch als ´modern´ im positiven Sinne empfunden. Unter dem mit negativen Gefühlen beladenen Begriff ´Altbau´ verstehen sie die großen Blocks in der Innenstadt mit Hinterhöfen und ohne Ausblick auf Bäume und Grün" (UNGERS, S. 64).

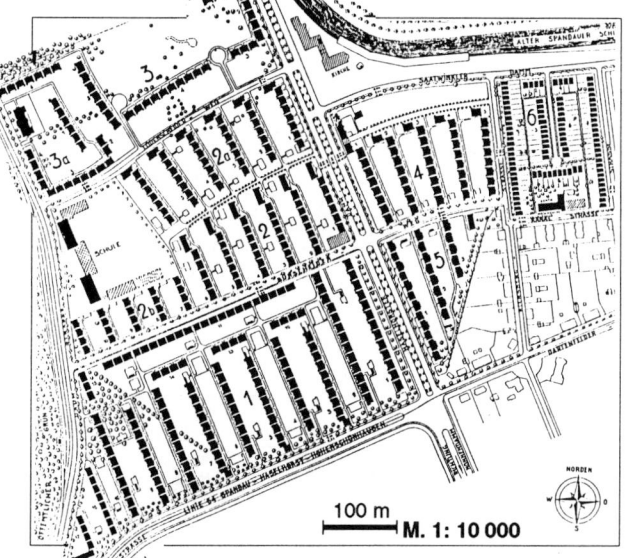

5.46 ... die Zeilen wurden kürzer, die Abstände größer und Querzeilen bilden Räume. Ergänzung nach Norden.

5.3. Wohnungsbau zwischen Idee und Ideologie

„Die gesamte Bauwirtschaft befindet sich in der Umstellung. Bedeutende Kräfte regen sich in allen Teilen des Landes, um der chronischen Wohnungsnot, die uns überfallen hat, energisch zu Leibe zu gehen. ... Die Zeit der Manifeste für das neue Bauen, die die geistigen Grundlagen klären halfen, ist vorüber. Es ist höchste Zeit, in das Stadium nüchterner Rechnung und exakter Auswertung praktischer Erfahrung zu treten."

„Das Wohnhaus ist ein betriebstechnischer Organismus, dessen Einheit sich aus vielen Einzelfunktionen organisch zusammensetzt. Während der Ingenieur seit langem bewußt für die Fabrik und das Erzeugnis, das aus ihr hervorgeht, die knappste Lösung sucht, die mit möglichst geringem Aufwand an mechanischer und menschlicher Arbeitskraft, an Zeit, Material und Geld ein Maximum an Leistung ergibt, beginnt die Bauwirtschaft erst seit kurzem ihren Kurs auf ein gleiches Ziel für den Bau von Wohnhäusern zu richten."

„Bauen bedeutet Gestaltung von Lebensvorgängen. Die Mehrzahl der Individuen hat gleichartige Lebensbedürfnisse. Es ist daher logisch und im Sinne eines wirtschaftlichen Vorgehens, diese gleichgearteten Massenbedürfnisse einheitlich und gleichartig zu befriedigen. Es ist daher nicht gerechtfertigt, daß jedes Haus einen anderen Grundriß, eine andere Außenform, andere Baumaterialien und einen anderen ´Stil' aufweist. Dieses bedeutet Verschwendung und falsche Betonung des Individuellen. ... Jedem Individuum bleibt die Wahlfreiheit unter den nebeneinander entstehenden Typen."

„Das Endziel der Entwicklung wird erst dann erreicht sein, wenn alle berechtigten Wünsche des Individuums für seine Wohnung erfüllt werden können, ohne daß der wirtschaftliche Vorteil der serienhaften Herstellung verlorengeht: Die Häuser und ihre Einrichtung werden in ihrer Gesamterscheinung entsprechend der Zahl und Art ihrer Bewohner verschieden sein, dagegen die Einzelteile, aus denen sie zusammengesetzt sind, die gleichen."
Walter GROPIUS („Systematische Vorarbeit für rationellen Wohnungsbau", aus: Zeitschrift „bauhaus" (Dessau), 1. Jhg., Nr. 2, 1927)

Blockbauweise in neuer Form

Die Siedlungen der großen Wohnungsbauprogramme in Frankfurt und Berlin der 20er Jahre entstanden aus Kosten- und Bauflächengründen vorwiegend am Rande der Großstädte, also „auf der grünen Wiese", wie auch später die großen Stadterweiterungen nach dem Zweiten Weltkrieg. Dabei darf

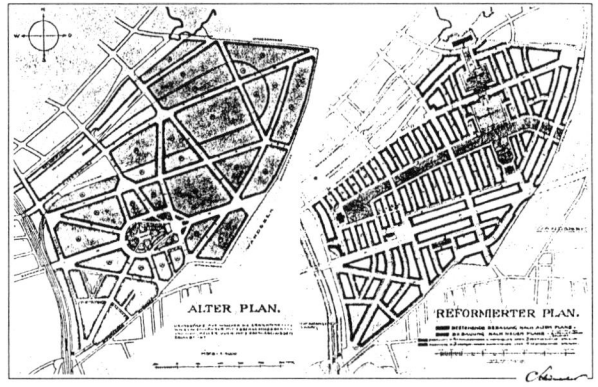

5.47 Die „radikale Umformung" eines Plans für das „Duls-berg-Gelände" mit Grünzug und kleineren Blöcken.

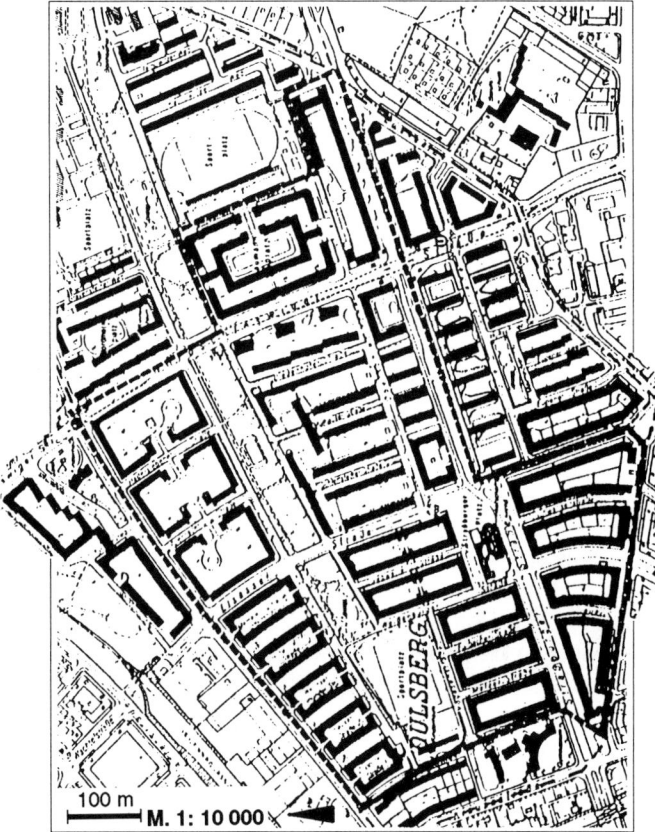

5.48 Siedlung Dulsberg in Hamburg-Barmbeck, heute. Beziehung von Bebauung und nutzbaren Freiflächen.

5.49 Dulsberg-Siedlung um 1930. Grünzug mit „mannigfachsten sozialen Grüneinrichtungen" von einer ...

nicht vergessen werden, daß neben diesem „Trabantenkonzept" auch große Stadtergänzungen im direkten Anschluß an den „Gründerzeitgürtel" realisiert wurden. Als Beispiele sollen genannt werden: Hamburger Siedlungen von Fritz SCHUMACHER, die Südstadt Hannovers, die Borstei in München und der Wiener Gemeindebau.

In allen Fällen handelt es sich um Blockbebauungen mit meistens vier- bis fünfgeschossigen Gebäuden, während sich in Frankfurt und auch in Berlin der Wechsel zum Zeilenbau vollzog. Allerdings waren die Blockinnenhöfe nicht mehr gewerblich verbaut, sondern begrünt und als Freifläche für die Bewohner nutzbar gemacht. In vielen Fällen reichten die Planungen in die Zeit vor dem Ersten Weltkrieg zurück, wurden aber erst während des Wohnungsbaubooms ab etwa 1925 realisiert.

• Hamburg und Fritz Schumacher

Fritz SCHUMACHER hat sich in Hamburg zwischen 1924 und 1933 sehr intensiv mit dem Baublock auseinandergesetzt und darauf hingewiesen, daß der „Außenraum einer Stadt" nicht „als etwas Selbständiges anzusehen" sei. Der öffentliche Straßenraum sei „nur die Folgeerscheinung einer Struktur, der Struktur der Baumassen". „Nicht mehr die Reform eines Raumes, also dessen, was die Baumassen der umgebenden Straßenblöcke zwischen sich übriglassen, war der alleinige Ausgangspunkt der Behandlung, sondern man erkannte umgekehrt die Baumasse, den Bautenblock, in dem diese Baumasse sich entwickelte, als den eigentlich Erzeugenden des jeweiligen Zustandes. Denn aus dem Zuschnitt des Blockes und seiner mit diesem Zuschnitt eng verbundenen Aufteilung der Bauplätze entstehen Hand in Hand mit den Gesetzen über die jeweilige Ausnut-

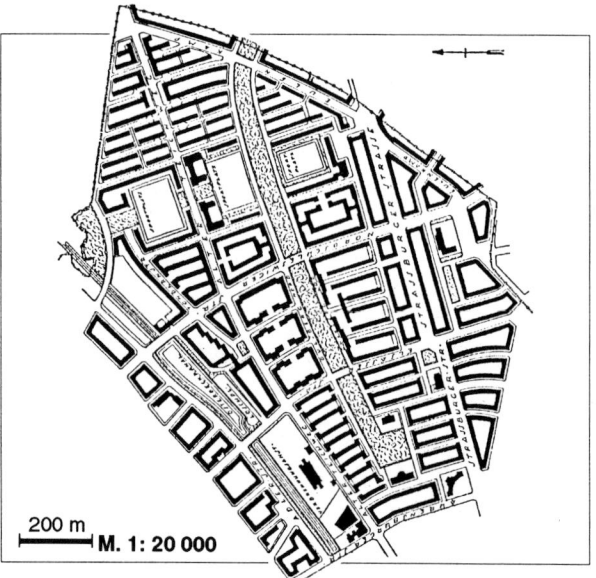

5.50 ... großen Spielwiese über Gärten bis hin zu einem quergestellten Sport- und Spiel-Komplex. Gesamtplan.

zungsmöglichkeit des Bodens die Baumassen mit einer gewissen zwangsläufigen Notwendigkeit."

Die Baumassen seien nicht etwa nur eine „ästhetische Angelegenheit", sondern sie bestimmten neben dem „Wirkungsbild im Straßen- und Platzraum" zugleich den „soziologischen Typus des Bauwerks" selbst. „Die fürchterliche Hinterhofentwicklung von Hunderttausenden von Wohnungen in Berlin und die engen Hinterflügelbauten Hamburgs - um nur unsere beiden größten Städte zu nennen - sind nicht nur die Folge willkürlicher Erfindungen von verantwortungslosen Bauunternehmern, sondern ihr Keim liegt im unbedachten und sinnlosen Zuschnitt der Baublöcke der betreffenden Stadtteile. Ebenso wie dieser Keim fast unabwendbar zum Unheil zu führen vermag, kann man den Blockzuschnitt so einrichten, daß er den Keim enthält, aus dem praktischerweise nur eine vernünftige Formung der Wohnbaumassen hervorgeht."

„Erst mit dieser Erkenntnis berührte man die Wurzel der städtebaulichen Aufgabe: neben das rein äußerliche Betrachten der ästhetischen Wirkung, von der aus man in Wahrheit nicht zu reformieren, sondern höchstens einiges zu ´retuschieren´ vermochte, trat das Betrachten der soziologischen Formung der eigentlichen Baumaterie.
Ehe es sich um Kunst handeln konnte, handelte es sich um Anstand." (SCHUMACHER 3, S. 10)
An typischen Hamburger Beispielen dieser Zeit sind zu nennen: die Kleinwohnungssiedlung Dulsberg in Barmbeck , quasi als ein Vorläufer, und die Jarrestadt in Westerhude:

- Kleinwohnungssiedlung Dulsberg 1919

Der vom Amt für Ingenieurwesen der Stadtverwaltung aufgestellte, traditionelle Bebauungsplan konn-

5.51 Die „Jarrestadt" in Hamburg-Winterhude um 1930. Hofartig abgeschlossene Zeilen um einen Zentralplatz

te von Fritz SCHUMACHER 1919 mit Hilfe von Umlegungen „modellhaft revidiert werden" (Abb. 5.47-5.50). Ein 50 Meter breiter, über einen Kilometer langer, leicht gekrümmter Grünzug mit Spielplätzen, Planschbecken, Gärten und Sportanlagen bildet das Rückgrat seines Gegenentwurfs. Gegenüber dem ursprünglichen Plan wurden dadurch die Grünflächen stark vergrößert und eine Verminderung der Gebäudehöhen von fünf auf drei Geschosse erreicht. Die quer zum Grünzug angelegte streifenförmige, durchlüftete Blockaufteilung mit geringen Blocktiefen machte die Verwendung von Hinterflügeln von vornherein unmöglich. Trotz der Herabsetzung der Geschosse erreichte Schumacher etwa die gleiche Wohnfläche des alten Plans und damit auch dessen Wirtschaftlichkeit (FRANK, S. 256).

- Jarrestadt 1926-28

Die neue Wohnstadt mit zehn Blöcken und insgesamt 1 800 Wohnungen wurde vom Hochbauamt unter Fritz SCHUMACHER geplant. Die Realisierung erfolgte nach einem Wettbewerb von zehn Architekten auf der Grundlage der vorgegebenen städtebaulichen Grundlage (Abb. 5.51, 5.52). Die Wettbewerbsbedingungen sahen eine vier-, fünf- und auch sechsgeschossige Bauweise vor, was gegenüber dem

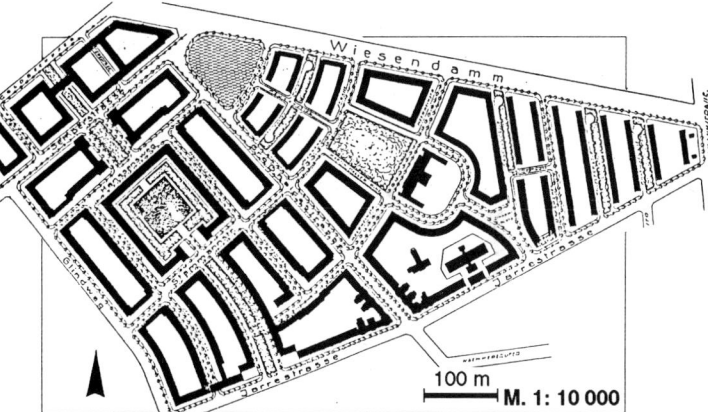

5.52 Die Bebauung in der Jarrestadt zeigt von Westen nach Osten eine Entwicklung „vom Block zur Zeile".

5.53 Jarrestadt um 1930: Gekrümmte Zeilen oder flache Querbauten schaffen begrünte, gut nutzbare Innenhöfe.

123

gesetzlichen Bebauungsplan eine Heraufsetzung um bis zu drei Geschosse bedeutete. Als Material für die Siedlung, die weitgehend erhalten ist, war Klinker vorgeschrieben (FRANK, S. 272). Die langgestreckten Blöcke sind seitlich nur mit zweigeschossigen Bauten geschlossen, so daß der Eindruck einer zeilenartigen Bebauung entsteht. Die große Länge der Straßen wird durch die leichte Krümmung der Gebäude auf einer Seite optisch verkürzt (Abb. 5.53). In der Mitte der Anlage befindet sich ein großer Platz, der mit Wegen und Pflanzen ornamental gestaltet ist.

SCHUMACHERS Vorliebe für den roten Backstein in der Großstadtarchitektur Hamburgs verfolgte ästhetische Ziele. Sein Wunsch nach der beruhigenden Wirkung eines einheitlichen Baumaterials im baulichen Durcheinander der Großstadt wurde durch die breite Zustimmung, die die Forderung nach der Wiederbelebung des Backsteinbaus in Hamburger Reformerkreisen bereits fand, unterstützt.

„Neben den herkömmlichen Instrumenten der Stadtplanung wie Festlegung von Bauklassen und Baulinien sah er in der Festschreibung eines einheitlichen Baumaterials ein weiteres Mittel zur Bändigung der grundsätzlich nach individuellem Ausdruck strebenden privaten Bauherren und ihrer Architekten. Der rote Backstein war für ihn vor allem eine Waffe gegen den herrschenden ́Stil- und Materialkarneval ́ der modernen Großstädte" (FRANK, S. 30).

Zum Übergang „Vom Block zur Zeile", mit Bezug auf die Jarrestadt und die Siedlung Britz in Berlin, stellt SCHUMACHER fest: Die Aufgabe der Blockgestaltung „ist ästhetisch betrachtet noch verhältnismäßig einfach, wenn man es mit allseitig geschlossenen Blöcken zu tun hat, sie wird dadurch noch schwieriger, daß dies häufig durchaus nicht der Fall ist, ja, bei Wohnhausbebauung überhaupt vermieden werden muß. Die Forderung der Blockdurchlüftung hat sich beim heutigen Kleinwohnungsbau verbunden mit den Versuchen, den Grund und Boden unter Wahrung aller hygienischen Ansprüche zwecks Erzielung niedriger Mieten so vorteilhaft wie möglich auszunutzen. Dabei sind die mannigfachsten, oft höchst geistreichen Systeme herausgekommen, aber es ist bemerkenswert, daß ihnen allen das am wenigsten Geistreiche, nämlich die Aufschlitzung der Fläche in einfachen ́Zeilenbau ́, den Rang abgelaufen hat."

„Das kann vom Standpunkt der Gestaltung recht gefährlich werden, denn nur einer sehr geschickten Hand gelingt es, den Zeilenbau durch kleine liebevolle Hilfsmittel zu einer erträglichen Wirkung zu bringen. Im allgemeinen kann man wohl sagen, daß seine Wirkungen nur dann befriedigend behandelt werden können, wenn er auf nicht zu große Flächen beschränkt bleibt. Dann lassen sich die Kopfenden der Zeile wie eine Folge rhythmisch verteilter Hauskörper an einer durchgehenden Straße reihen; am liebsten nur auf ihrer einen Seite" (SCHUMACHER 3, S. 42).

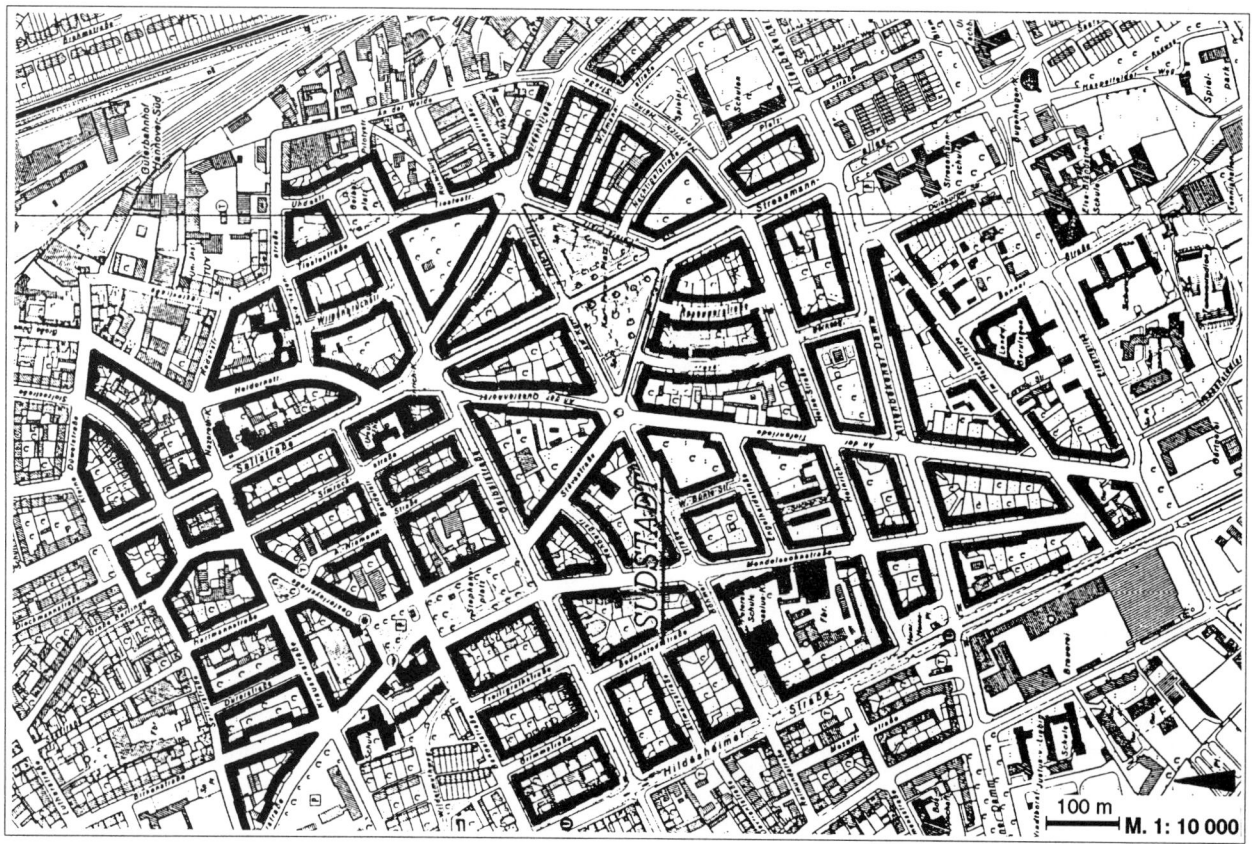

5.54 Die Bebauung der Südstadt in Hannover um 1930 ist ein Beispiel für eine Blockbauweise in neuer Form. Das Straßenraster der Fluchtlinienpläne um 1900 wird modifiziert übernommen. Die Blöcke werden kleiner und innen begrünt.

• **Hannover Südstadt** um 1930

Auch in Hannover herrschte bis Mitte der 20er Jahre große Wohnungsnot, die erst ab 1926 verstärkt bekämpft werden konnte, als private Finanzmittel zur Verfügung standen. Durch den Wohnungsbau von privaten Bauherren und Genossenschaften wurden danach statt 500 - 1000 Wohnungen jährlich etwa 3 500 erstellt. Das gelang, weil die Stadt Hannover in mehreren Stadtteilen, so auch im Süden, größeren Grundbesitz hatte. Aufbauend auf einem Straßenraster zwischen der Hildesheimer Straße und der Bahnlinie aus den neunziger Jahren, das 1906 ergänzt wurde, wurden südlich davon weitere Gebiete beplant. Unter der Leitung von Karl ELKART wurde im Stadtbauamt ein Bebauungsplan aufgestellt, der sich an der bisherigen Blockbebauung orientierte (Abb. 5.54).

„Das Gesamtgebiet erfuhr entsprechend den Vorstellungen des ´Neuen Bauens´ eine einfache, klare Aufteilung durch Bildung von langgestreckten, überwiegend rechteckigen und nord-süd-gerichteten Baublöcken. Die Blockrandbebauung war geschlossen, die Innenbereiche von Bebauung gänzlich freigehalten. Die Bauausführung, überwiegend in der zweiten Hälfte der zwanziger und Anfang der dreißiger Jahre, orientierte sich mit geringen Abweichungen an der vorgegebenen Planung" (MÖLLER, S. 124).

Gut erkennbar ist eine auf Straßenachsen aufbauende und mit wirkungsvoll angeordneten Plätzen (Karl-Peters-Platz, Geibelplatz) versehene Grundrißgestaltung (Abb. 5.55, 5.56). Die von verschiedenen Architekten erbauten Gebäude haben dekorative, dunkelbraune Klinkerfassaden und sind vier- bis fünfgeschossig. Die stadträumlichen Bedingungen der Achsen und Plätze werden durch entsprechende architektonische Gestaltung (höhere Gebäude, Giebel, plastische Fassaden) und durch Baumpflanzungen unterstrichen. Dieses Beispiel zeigt die große Anpassungsfähigkeit der Blockbauweise an verschiedene Architekturauffassungen sowie veränderte Wohnansprüche und Verkehrsbedingungen.

• **München: Borstei** 1924-30

Die in privater Initiative vom Architekten und Bauunternehmer Bernhard BORST geplante und gebaute Wohnanlage Borstei ist eine der „städtebaulich bedeutsamsten Großsiedlungen im Geschoßwohnungsbau in München". Auf dem etwa sieben Hektar großen Gelände, das die Stadt zeitlich befristet zur Verfügung stellte, wurden von 1924 bis 1930 776 Wohnungen errichtet. Das „gehobene Mietwohnen" für „bürgerliche Schichten", die stadtnah wohnen wollten, ohne auf Komfort zu verzichten, zeigt sich daran, daß bereits in der Mitte der

5.55 Der Geibelplatz in der Südstadt von Hannover, 1992. Dunkelbraun geklinkerte und dekorative Hausfassaden.

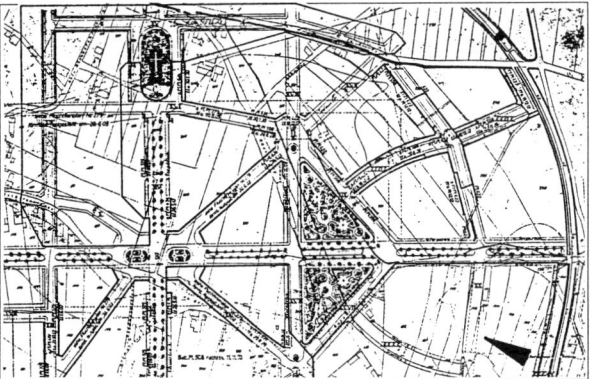

5.56 Der alte Plan der Südstadt mit Alleen, dem dreieckigen Karl-Peters- und dem Geibelplatz mit Kirche.

5.57 Borstei in München. Die Konzeption der Wohnanlage vermittelt den Eindruck eines frühen Wiener Hofes.

zwanziger Jahre Garagen eingebaut, eine Fernwärme-versorgung und zahlreiche Geschäfte sowie andere Gemeinschaftseinrichtungen vorgesehen wurden.

Der hohe städtebauliche Anspruch ist an verschiedenen Elementen ablesbar (Abb. 5.57-5.59). So bekommt die Anlage durch die Anordnung der Häuser um grüne Innenhöfe eine ruhige Atmosphäre, die durch gartenarchitektonische Gestaltung und die integrierten Skulpturen verstärkt wird. Der Verzicht auf Balkone schafft klare Baukörper und erhöht die ästhetische Wirkung wie auch die Funktion der Gartenhöfe für das Gemeinschaftsleben.

Die Aufteilung der Wohnanlage in abgegrenzte Wohnquartiere bewirkt Raumformen von sehr unterschiedlicher Gestalt und Größe. Sie unterscheiden sich auch durch die Farbe und die einfachen Details der Architektur bis hin zu den in die Häuser integrierten Garagen.

Die in den letzten Jahren entstandenen größeren Wohnanlagen, z. B. an der Berliner Straße in Schwabing oder am Wintrichring in Nymphenburg, stehen in der Tradition der Borstei und stärken deren städtebauliche Bedeutung. Sie folgen in groben Zügen dem historischen Beispiel und gruppieren um grüne, verkehrsberuhigte Innenhöfe drei- oder vierstöckige Häusergruppen (GEIPEL u.a., S. 571/572).

5.58 Borstei: Begrünte Innenhöfe, in Form und Gestaltung verschieden, gewährleisten ein ruhiges Wohnen.

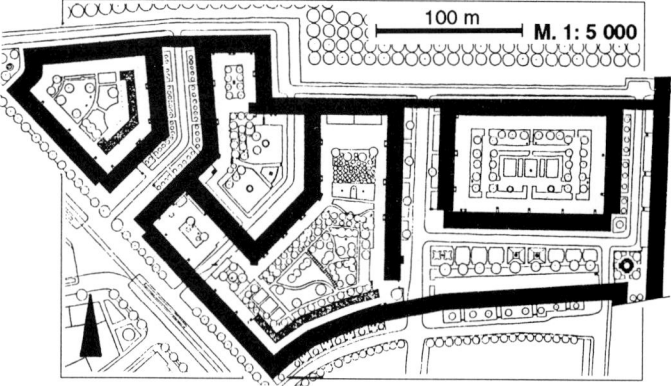

5.59 Die Borstei schließt sich nach außen baulich ab und wird nur durch Toreinfahrten über Straßen zugänglich.

• Wiener Höfe

Die verschiedenen Beispiele für „moderne" Blockbebauungen in anderen Städten relativieren etwas die „Einmaligkeit" der Wiener Höfe, denn durch Publikationen und Besichtigungen waren sie bekannt, und die Planungen beeinflußten sich gegenseitig. Herausragend ist aber die Vielfalt der städtebaulichen Ausformungen in Wien, obwohl die sehr städtische, kompakte Bauweise der differenzierten Wohnanlagen zunächst selten dem direkten Umfeld entsprach, denn die Höfe entstanden vielfach auf der „grünen Wiese". Sie wurden aber meistens schon bald von der sich schnell vergrößernden Stadt eingeholt, so daß sie heute in die übrige Bebauung eingebunden sind. Was die Höfe ferner gegenüber den anderen Blockbebauungen auszeichnet war der soziale Anspruch, indem mannigfaltige Gemeinbedarfseinrichtungen in die Anlagen integriert wurden. Diese gingen über die übliche, meistens sehr geringe Ausstattung weit hinaus. Waschhäuser ermöglichten die Entlastung von der Hausarbeit und Kindergärten waren die Voraussetzung für zumindest Teilzeitarbeit der Frauen.

„Gegen die vorhandene, sozial oftmals anders strukturierte Umwelt schlossen sich die vielgeschossigen Superblocks burgartig ab. Die Autarkie dieser um innere Höfe gruppierten ´Volkswohnungspaläste´, die mit Geschäften, Spielplätzen, Bädern, Gesundheitsberatungsstellen und Klubräumen versehen waren, bildete sich in ihren monumental-abweisenden Fassaden ab. Wie in Amsterdam stand der formale Aufwand in groteskem Mißverhältnis zu den bescheidenen Wohnungen, deren Quadratmeterzahl anfangs zwischen 38 und 48, nach 1927 zwischen 40 und 57 lag. Auch der Wunsch nach einer politischen Selbstdarstellung in bedrängter Situation mag die Gemeinde bewogen haben, zahlreichen Bauten fortifikatorischen Charakter zu geben. Die auf gelockerte Zeilenbauweise der neuen Siedlungen in der Weimarer Republik hätte den in Wien gegebenen räumlichen wie politischen Bedingungen nicht entsprochen. Der Expressionismus - hier aus dritter und vierter Hand - wurde als der adäquate Ausdruck der konfliktreichen Situation empfunden" (PEHNT 2, S. 196).

Die „Superblocks" waren nach außen das sichtbare Zeichen für ein gewaltiges Wohnungsbauprogramm des „Roten Wiens" und zogen deshalb auch, bei aller Würdigung der Leistung, die geballte Kritik auf sich. Aber sie machten nur einen geringen, wenn auch spektakulären Teil der Anlagen aus, denn in der Zeit von 1919 bis 1934 wurden in 379 Bauten und Komplexen etwa 64 000 Wohnungen für mehr als 200 000 Menschen errichtet. In der Zeit tiefster wirtschaftlicher Depression wurden die politischen und finanziellen Voraussetzungen für ein soziales Bauprogramm geschaffen, das durch gesellschaftliche und wirtschaftliche Einwirkungen von außen in drei Perioden unterteilt war:

- von 1919 bis 1923 die Zeit des „Aufbruchs" und der Planungen,
- von 1923 bis ca. 1929 der Fünfjahresplan für 25.000 Wohnungen, der bereits 1927 erfüllt war, und
- von 1929 bis zum Bürgerkrieg 1934 die Jahre wirtschaftlicher Rezession (MANG, o.S.).

Strenge Mieterschutzbestimmungen sowie sehr niedrige Preise für Wohnen und städtische Dienstleistungen Anfang der 20er Jahre reduzierten die Einnahmequellen der städtischen Monopolbetriebe für den Wohnungsbau. Da auch die Mietzinssteuer wegen der niedrigen Mieten wenig einbrachte, wurden neue Steuern zur Wohnbaufinanzierung eingeführt:

- Luxussteuern auf Autos, Pferde, teure Lokale, Hauspersonal usw.; und eine
- Wohnbausteuer ab 1923, nach dem Grundsatz, daß die Wohnungsbesitzer denen helfen sollten, die noch keine hatten.

Eine weitere Maßnahme war die gezielte Bodenpolitik, so daß sich um 1930 ein Viertel der Fläche Wiens in kommunalem Besitz befand. Damit vervollständigten sich die Grundlagen für die umfangreichen Sozialinvestitionen des Roten Wiens. „Grundbesitzverwertung, Steuerhoheit und Zwangsbewirtschaftung des Wohnungsbestandes stellten in ihrer Verbundwirkung einen Regelmechanismus dar, der sich, halbautonom, in das kapitalistische Wirtschaftssystem nicht nur einfügte, sondern in ihm auch reüssierte" (BRAMHAS, S. 35).

Auch die Vielfalt der Architektur, die städtebauliche Einbindung und die infrastrukturelle Ausstattung der Anlagen entsprachen den politischen Absichten nach einer sozialen Ein- und Unterordnung in das übrige Stadtgefüge. An einigen Beispielen soll das im folgenden kurz beschrieben werden. Daran wird deutlich, daß auch die bauliche Planung als Gemeinschaftswerk verstanden wurde.

„Die Architekten der kommunalen Wohnbauten - obwohl auf Marmortafeln in der Hofeinfahrt (wenn auch in der untersten Reihe) verewigt, erscheinen in unserer Zeit nicht als Meister der modernen Architektur, nicht als Helden des Fortschritts in Funktion und Material. Aber sie waren Mitarbeiter in einem imaginären Team, das im Wesen seiner Arbeit anonym bleiben sollte und sich einer politischen Idee unterordnete" (MANG, o.S.).

• **Sandleiten-Hof**, 1924-28, von den Architekten Emil HOPPE, Otto SCHÖNTHAL, Franz MATUSCHEK, Siegfried THEISS, Hans JAKSCH, Franz KRAUSS, Josef TÖLK. Bei den um 1924 beginnenden Großprojekten des Wiener Gemeindebaus bekommen die „Höfe" einen neuen, raumgestaltenden Charakter. So auch bei der mit 1 587 Wohnungen größten Wohnhausanlage in Sandleiten (Abb. 5.60, 5.61).

Neben der Einfügung in das Stadtbild ist die Gruppierung der einzelnen Wohnanlagenteile und Höfe um einen zentralen Platz abwechslungsreich, zum Teil sogar romantisch und damit für weitere Projekte von beispielgebender Bedeutung. Das aus einem Wettbewerb hervorgegangene Grundkonzept lockert sich nach Norden gegen die Hügel des Wienerwaldes zu einer sehr offenen Anlage auf. In Anpassung an die Nachbarschaft bekommt sie die Form einer Mietvillen-Siedlung im Park (BRAMHAS, S. 49).

Unterschiedliche städtebauliche Elemente wie romantische Plätze, gekürzte Straßenfluchten, Blickpunkte und wechselnde Perspektiven sind das Ergebnis der Bemühungen, „Erlebnisbereiche gewachsener Städte der ´Rasterstadt´ des 19. Jahrhunderts entgegenzusetzen".

Obwohl gleichzeitig mit dem Entwurf der Anlage Sandleiten vor allem von den Wagnerschülern Heinrich SCHMID und Hermann AICHINGER (Rabenhof) ähnliche Versuche realisiert wurden, konnten weder vorher noch nachher bei ähnlich großen Anlagen vergleichbare räumliche Qualitäten erreicht werden (MANG, o. S.).

5.60 Zentralplatz im Sandleiten-Hof. Größere Öffentlichkeit durch einige Geschäfte und die querende Straße.

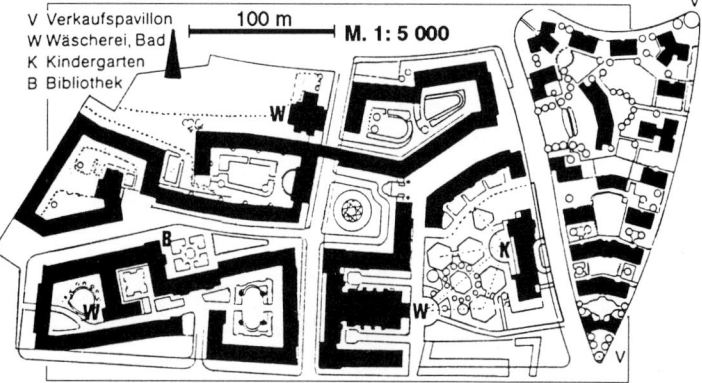

V Verkaufspavillon
W Wäscherei, Bad
K Kindergarten
B Bibliothek

100 m   M. 1: 5 000

5.61 Sandleiten-Hof. Die verschieden geformten Teilblöcke mit ruhigen Innenhöfen schaffen Raumqualität.

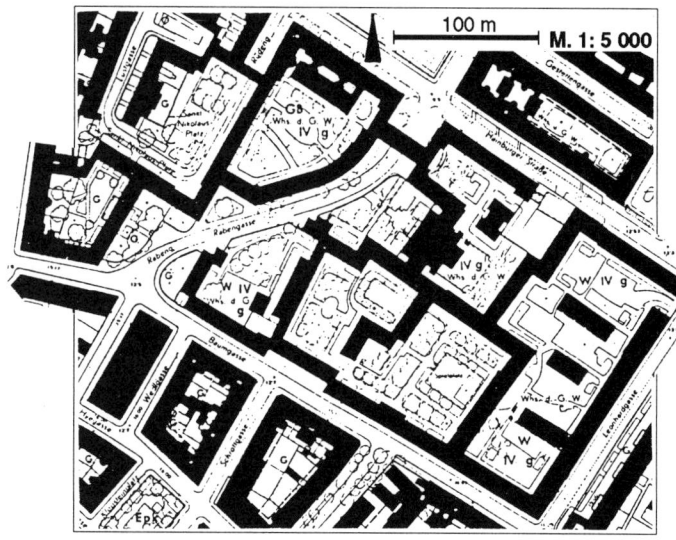

5.62 Wohnanlage Rabenhof: Mit neuen Stadträumen fast nahtlos in vorhandene Baustruktur eingebunden.

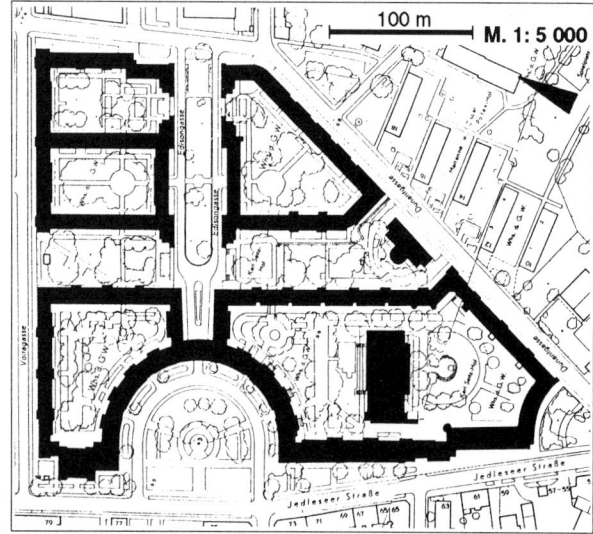

5.63 Karl Seitz-Hof: Außen ein monumentales Halbrund an der Zentralachse und innen luftige, grüne Wohnhöfe.

• **Rabenhof**, ab 1925 mit 1 109 Wohnungen von Heinrich SCHMID und Hermann AICHINGER gebaut. Die riesige Anlage ist so perfekt in die Stadtstruktur eingefügt, daß die Nahtstellen zum Altbestand kaum erkennbar sind (Abb. 5.62). Die Architektur ist „konservativ/brav", aber trotzdem zeigen die Gebäude eine „sympathische historische Collage" von modernen Fensterbändern und mittelalterlichen Stufengiebeln (BRAMHAS, S. 39, 46).

• **Karl Seitz-Hof**, geplant und ab 1926 gebaut von Hubert GESSNER mit 1 173 Wohnungen. Anders als bei seinem Reumannhof von 1924, der die Monumentalität der Wagnerschule hat, wirken die seitlichen Innenhöfe luftig und durchaus menschlich (Abb. 5.63, 5.70). Der überdimensionierte, halbrunde Eingangsbereichs, der zu der Bezeichnung „Volkswohnungspalast" führte, erweckt von außen allerdings einen monumentalen Eindruck (MANG, o.S.).

• **George Washington-Hof**, 1927 von den Architekten KRIST und OERLEY mit über 1 000 Wohnungen (Abb. 5.64). Die weitläufige Anlage bildet eine eigene Stadt in einer mit Bauten versehenen Parklandschaft, weshalb hier keineswegs von einer sonst bei Wiener Höfen festzustellenden „Abkapselung von der Umwelt" gesprochen werden kann. Die „urbane Stadtrandsiedlung" ist außerdem zu einem Vorstadtbereich mit Schrebergärten und anderen Freiflächen geöffnet.

• **Wohnanlage Engelsplatz (Engelshof)**, 1930, ein Spätwerk des Wagnerschülers Rudolf PERCO, übertrifft mit 1 467 noch die Wohnungsanzahl des Karl-Marx-Hofes. Wegen der Größenordnung folgt die Anlage bewußt anderen städtebaulichen Prinzipien (Abb. 5.65, 5.69). Die exponierte Lage des Baus führte sowohl zu platzbildenden Gebäudeformen mit höheren Torbauten im inneren als auch zur Ausgestaltung des Gesamtkomplexes als Blickpunkt vom

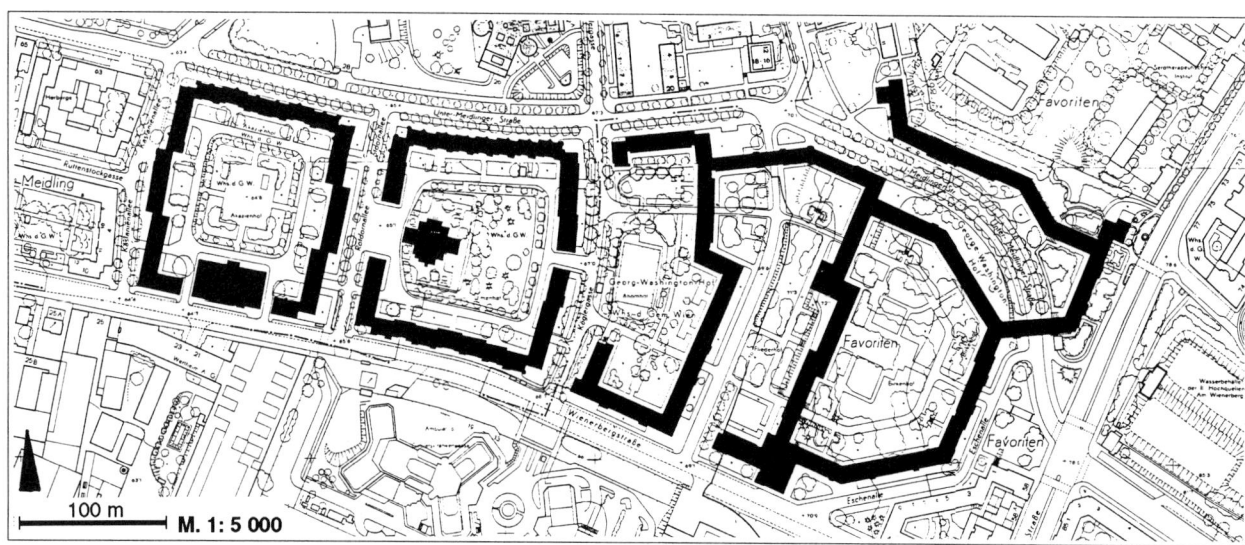

5.64 George Washington-Hof: Die sehr großen Blöcke, wodurch die Randbebauung mit Satteldach niedriger wirkt, haben parkähnlich gestaltete Innenhöfe mit unterschiedlicher Bepflanzung: Akazien-, Ulmen- , Birken-, Flieder- und Ahornhof.

anderen Ufer der Donau aus. „Monumentalität und Axialität im Sinne Otto WAGNERS sind stark ausgeprägt in der Abfolge der Plätze - auch hier die weiten Seitenhöfe parkähnlich genutzt, reduzieren die Höhenentwicklung auf erträgliche Maße" (MANG).

• **Karl-Marx-Hof,** 1927-1930, wurde als imposante Anlage von dem Architekten Karl EHN aus dem Stadtbauamt entworfen (Abb. 5.66-5.68). Sie umfaßte ursprünglich 1325 Wohnungen für ca. 5 000 Einwohner, heute etwa 2 200 Einwohner, und hat eine gute Anbindung an den öffentlichen Nahverkehr mit Stadtbahn, U-Bahn und Bussen. Die eher kleinen Wohnungen bilden einen merkwürdigen Gegensatz zur monumentalen Außengestaltung. Mehr als die Hälfte davon bestehen nur aus „Wohnküche", Zimmer und einer Kammer, ergänzt durch Vorraum und WC mit insgesamt etwa 41 qm. (REPPÉ, S. 21 ff.)

In den Höfen gab es zahlreiche *Gemeinschaftsbauten*: 2 Wäschereien, 2 Badehäuser, 2 Kindergärten, Jugendheim, Gesundheitseinrichtungen, 25 Geschäftslokale, Bibliothek und Postamt. Trotzdem kam nur auf 96 Einwohner ein Waschplatz, auf 200 EW eine Dusche, auf 300 EW eine Wanne.

Der Karl-Marx-Hof wurde zum Symbol für das Rote Wien. 1934, bei den blutigen Auseinandersetzungen mit der „Heimwehr", verschanzten sich dort die Arbeiter und konnten erst nach mehrtägigen Kämpfen besiegt werden. Ende der 80er Jahre wurden die Wohnungen modernisiert und teilweise zusammengelegt. Auch das Äußere wurde renoviert (BRAMHAS, S. 61-64).

Anerkennung und Kritik

Der wichtige Beitrag der Wiener Höfe zur städtebaulichen Versöhnung mit dem im 19. Jahrhundert

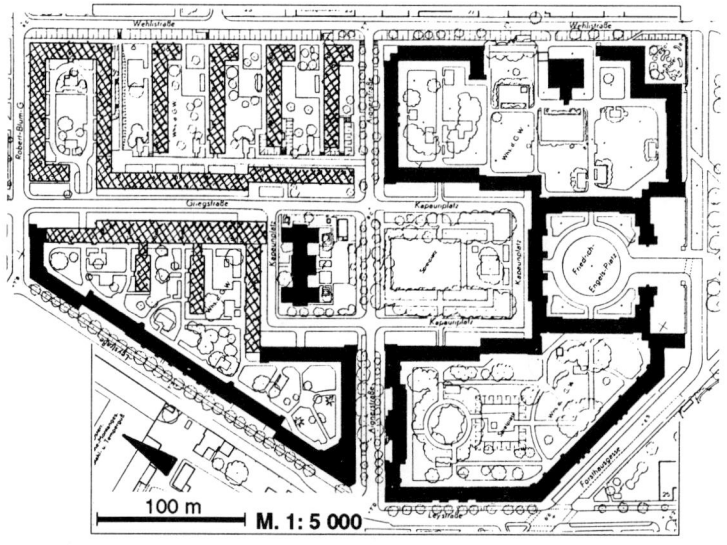

5.65 Engels-Hof mit späterer Ergänzung (schraffiert). Monumentalität und Axialität im Sinne Otto WAGNERS.

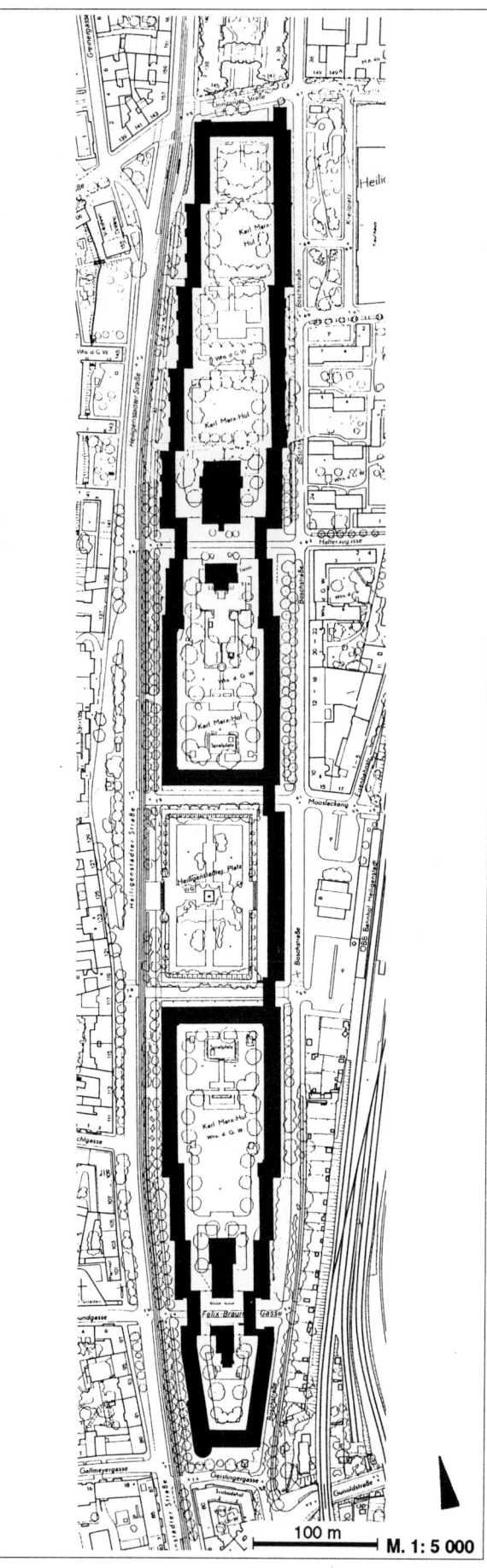

5.66 Karl-Marx-Hof: Ein öffentlicher Platz zwischen zwei länglichen Höfen gliedert das über 1 km lange Gebäude.

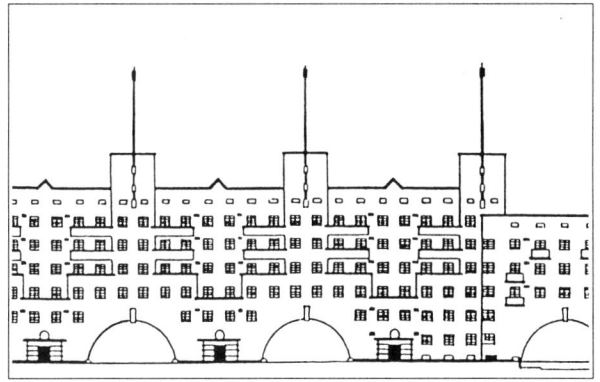

5.67 Karl-Marx-Hof. Die Monumentalität des zentralen Gebäudeteils wurde zum Symbol für das Rote Wien ...

5.68 ... und kontrastierte mit den sehr kleinen und einfachen Wohnungen für damals etwa 5 000 Bewohner.

5.69 Eingang zum Engels-Hof mit markanten Torbauten. Herrschaftsarchitektur für die „Volkswohnungspaläste".

5.70 Der halbrunde Eingangsbau des Karl Seitz-Hofes als selbstbewußte Anspielung auf die Wiener Hofburg.

in Verruf geratenen Baublock wurde einerseits als Ansatz zur Lösung des Wohnungsproblems gelobt und andererseits wegen der hohen baulichen Dichte auch kritisiert. So äußerte sich der Stadtoberarzt Dr. STEPHAN aus Mannheim 1931 auf der Tagung der Österreichischen Gesellschaft für Volksgesundheit, ohne dabei allerdings auf die damals bekannten Beispiele Frankfurt und Berlin einzugehen: „Es ist heute in der ganzen Welt anerkannt, daß Wien in der Wohnungshygiene führt. Anfangs vielfach kritisiert, erweist sich heute die Lösung des Wohnungsproblems durch die Gemeinde Wien als der einzig gangbare Weg, als eine bewunderungswürdige Tat, die einzig dasteht."

Adolf LOOS, der direkt nach dem Ersten Weltkrieg für den Siedlungsbau am Rande Wiens eingetreten war (s. S. 97), hielt um 1926 dagegen: „Die Gemeindehäuser sind gebaut worden, um den Parteigeist zu züchten. Man pfercht die Menschen zusammen, damit sie für die Partei wählen."

Mit besonderem Bezug auf den Karl-Marx-Hof wurde sogar von einem „Tummelplatz asiatischen Unterdrückungswahns, sarmatischer Herrschsucht, erbarmungsloser Machtziele" gesprochen, der sich „zumeist blutigrot, dunkelrot wie frisch vergossenes Blut" zeige. „Diese ganze Stadt ist eine einzige furchtbare Festung!" (Sozius, alias Eli Rubin, „Lenin in Wien", 1930; nach BRAMHAS, S. 65)

Bei heutiger Betrachtung überwiegen zweifellos die positiven Aspekte, gerade auch in städtebaulicher Hinsicht. Während die Gartenstädte und die Großsiedlungen der 20er Jahre den landschaftsverzehrenden Prozeß der Stadtentwicklung bis heute in Gang setzten, markieren die Wiener Höfe einen flächensparenderen Weg der Siedlungstätigkeit, der in unserer Zeit zumindest in Ansätzen eine Renaissance erfährt

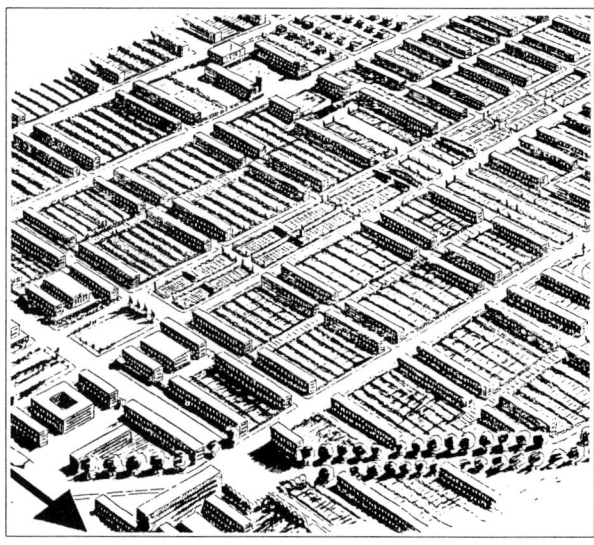

5.71 „Genossenschaftsstadt" 1929, Großsiedlungs e.V., von C. LÖRCHER als Gegenplan zu W. GROPIUS.

Die Zeile als ideale Wohnform

In Deutschland führte die Entwicklung der rationalistischen Architektur zu einer Abkehr von der alten Stadt und ihren städtebaulichen Grundlagen. Zunächst bleibt indirekt der Baublock als Beziehung von Gebäude und Baugrund erhalten, da lediglich zwei Seiten der umschließenden Bebauung entfielen. Die Wohnzeilen bilden noch die Kanten des Stadtraums beidseits der Straße, bevor sich der Baublock etwa um 1928 ganz auflöste und die Zeilen sich von der Straße sogar abwendeten. Die Erfahrungen der Avantgarde bezogen sich auf den Maßstab der Stadt und vereinfachten das formale Vokabular immer mehr.

„Die Beseitigung von Unterschieden zwischen den Gebäudeseiten und den Stockwerken - eine Folge der Homogenisierung des Raumes - äußert sich in der ähnlichen Behandlung der Fassaden, in der modulen Wiederholung eines Zellentyps, bei dem die einmal festgelegten Durchbrüche keinen Dialog mehr mit dem städtischen Raum artikulieren. Das Gebäude wird zum Objekt, das die vollständige Auflösung des städtischen Gefüges vorbereitet" (PANERAI u.a., S. 181f).

Diese Entwicklung „vom Block zur Zeile" ergibt sich aus den Überlegungen zu einer idealen Wohnform, die zu einem „Zeilenbauschema als konsequente hygienegeleitete Formreduktion" führt (Abb. 5.3). Die nord-süd-orientierten Hauszeilen sollen Wohnungen beinhalten, die ihren Eingang nach Osten und die Wohnräume, am besten mit Terrasse, nach Westen ausgerichtet haben. Obwohl viele Siedlungen, die angeblich nach diesem Prinzip städtebaulich ausgerichtet wurden, doch häufig damit brechen, so auch die Siedlung Dammerstock, hat sich diese Vorstellung von einer idealen Wohnform als „Städtebau-Doktrin" bis heute erhalten.

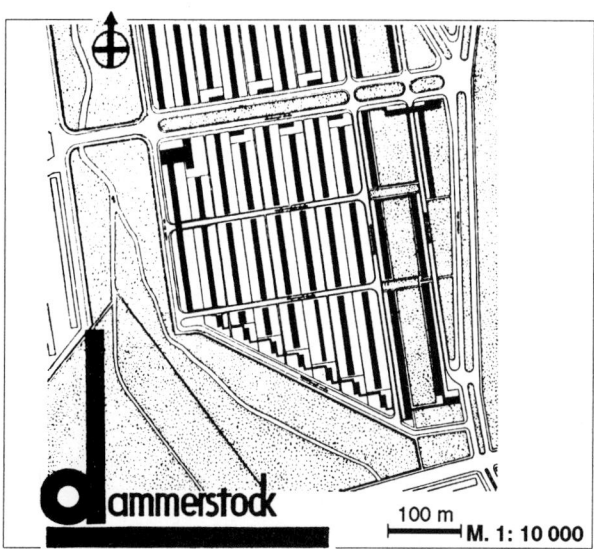

5.72 Lageplan für Dammerstock 1929 aus den preisgekrönten Entwürfen von W.GROPIUS und O. HAESLER.

Die Wohnformen der „funktionalen Architektur" sind von einem sozialen Engagement ihrer Protagonisten geprägt, das sich „an den unwürdigen Lebensbedingungen des städtischen Proletariats, der überbelegten Mietskasernenwohnung entzündet. Licht, Luft, Sonne wurden jene Maximen, die Voraussetzungen eines gesünderen, freieren Lebens zu sein schienen, die schließlich in der Zeilenbauweise ihre Verabsolutierung erfuhren. Die Raumorganisation vermittelte sich so, daß sämtliche Lebensäußerungen eines ´Durchschnittsindividuums´ gesplittet, einzeln betrachtet, sodann den jeweiligen Funktionen gemäß wieder zusammengesetzt wurden. Das ging in die Grund- und Aufrißgestaltung ein, die gegenüber der ornamentierten Mietskasernenfassade als Reduktion auf Wahrhaftigkeit auftrat" (WILHELM, S.80).

Die Folgen davon waren für den Städtebau gravierend, denn die Stadt wurde in Funktionsteile zerlegt: Fabrik, Wohnung, Volkshaus, Straße, Garten. Der Zeilenbau reduzierte den Städtebau auf ein technisches Prinzip, ohne Raumbildung. Der gesellschaftliche Sinn war das „biologisch richtige Wohnen" und die „ästhetische Überhöhung der gesellschaftlichen Rationalisierung" (UHLIG, S. 57).

Siedlung Dammerstock
in Karlsruhe 1928/29

Wenn eine Siedlung als Synonym für den Zeilenbau schlechthin gilt, so ist das Dammerstock in Karlsruhe. Die Nord-Süd-Zeilen mit immer gleichem Abstand schaffen für die Wohnungen identische Bedingungen. Noch nicht einmal wenige gedrehte Zeilen wie in Westhausen bewirken eine räumliche Spannung. Es ist sicherlich auch der Name GROPIUS, der als Etikett für das Neue Bauen steht und in dieser Kombination von Städtebau und Architektur am konsequentesten die Realität gewordenen neuen Ideen dokumentiert. Aber auch Kritik ist nicht ausgeblieben, wenn die Anlage als „schematisch" und ohne „erlebbare Außenräume" (LAMPUGNANI, S. 122) bezeichnet wurde, die von einer quasi wissenschaftlichen Kälte gekennzeichnet sei.

„Diese Sozialtechnologie - worin sich der Architekt scheinbar wertfrei wie der Naturwissenschaftler verhält, läßt sein Auge ungetrübt und unbestechlich, aber auch genauso kalt - gerät im Moment der Bauerstellung zur Sozialmontage. Wie jene zunächst zergliedert, um dann additiv zusammenzusetzen, so verfährt auch diese als Addition, entspricht der Reihung gleicher, vorgefertigter Bauteile, die Reihung gleicher, vorprogrammierter Lebensräume" (WILHELM, S. 81).

Begonnen hatten die Überlegungen für diese Siedlung, wie viele in der zweiten Hälfte der zwanziger Jahre, als Maßnahmen zur Überwindung der Woh-

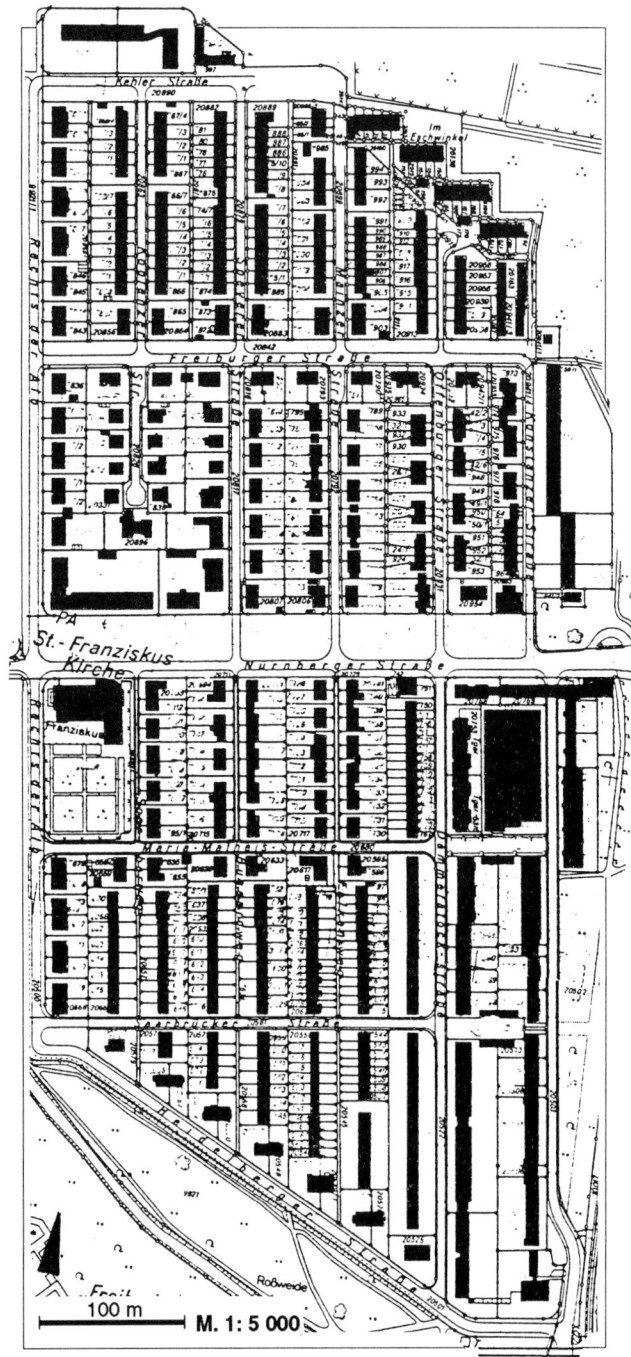

5.73 Siedlung Dammerstock 1994 mit nördlicher Ergänzung nach 1945 durch Doppel- und Reihenhäuser, ...

nungsnot und der Arbeitslosigkeit. Bereits im Mai 1928 forderte Bürgermeister Schneider in einer Stadtratsitzung: „Der südliche Teil des Dammerstocks soll bis Mitte des Jahres 1929 mit Baublöcken bebaut werden, die eine Art Mustersiedlung darstellen und das Problem der Volkswohnung auf Grund der neuesten Erfahrungen und Gesichtspunkte zu fördern geeignet sind. Es handelt sich um Wohnungen, die eine Familie von 6 Köpfen (Eltern, 2 Knaben, 2 Mädchen) fassen können und die unter äußester Nutzung des Raumes je nach Größe und Ausstattung doch nicht mehr Miete erfordern als 50 RM (gehobener Arbeiter) bis höchstens 100 RM (mittlerer Beamter, Kleinbürger)." Dazu sollte eine neue Wohnungsbaugesellschaft gegründet werden.

Für das etwa drei Kilometer südlich der Stadtmitte liegende Gebiet Dammerstock, fast neben der Gartenstadt Karlsruhe, wurde im Juli 1928 ein Wettbewerb ausgeschrieben. Von den 43 eingegangenen Arbeiten prämierte das Preisgericht (MAY, MIES VAN DER ROHE, SCHMITTHENNER u.a.) die von Walter GROPIUS mit dem ersten und die von Otto HAESLER mit dem zweiten Preis.
Bis auf wenige Arbeiten hatten sich alle an den vorgeschriebenen Zeilenbau gehalten. Den endgültigen Bebauungsplan erarbeitete GROPIUS mit HAESLER, dessen strenges Zeilenschema mit gleichen Abständen weiterverfolgt wurde (Abb. 5.72). Allerdings wurde aus Kostengründen bei den Reihenhäusern auf jede zweite Erschließungsstraße verzichtet, so daß die Wohnungen wechselnd nach Westen und Osten orientiert sind. Wirtschaftlichkeit siegte vor reiner Lehre.

Mit dieser Erschließung wurde das Konzept von GROPIUS übernommen, der allerdings noch eine beidseitige straßenbegleitende Zeilenbebauung vorgeschlagen hatte (Abb. 5.73). Diesem Entwurf entsprachen ebenfalls die Anzahl der Zeilen, die drei zur Zeilenrichtung quer liegenden Straßen und die im Osten vorgesehenen viergeschossigen Hauszeilen mit größerem Abstand. Trotzdem bleibt festzuhalten, daß das graphisch faszinierende Grundrißmuster doch eindeutig vom HAESLER-Entwurf geprägt ist.

5.74 ... die an den ersten Bauabschnitt (Luftbild 1929) für die Ausstellung „Die Gebrauchswohnung" anschließt.

5.75 Die Dammerstock-Straße mit Miet-Reihenhäusern von damals (l) und späteren Mehrfamilienhäusern (r).

An der Realisierung unter der Oberleitung von GROPIUS waren acht weitere Architekten beteiligt, was überrascht, denn architektonisch macht die Siedlung einen geschlossenen Eindruck, wie aus einer Hand. Das gelang durch strenge Richtlinien für sämtliche Bauten: Flaches Dach (tatsächlich flachgeneigtes Satteldach mit vorgeblendeter Attika), gleiche Fensterelemente, weißer Fassadenputz mit grauen Sockeln, glatte Türen und einheitliche Gärten. Bereits im September 1929 war der erste Bauabschnitt mit 228 von insgesamt 750 geplanten Wohnungen fertiggestellt, so daß die Ausstellung „Die Gebrauchswohnung" für einen Monat eröffnet werden konnte (Abb. 5.74, 5.75).

Wegen Finanzierungsschwierigkeiten gelang es nicht, die Mieten so niedrig zu halten, daß überwiegend der vorgesehene Personenkreis, nämlich Arbeiter, kleine Angestellte und kinderreiche Familien, Wohnungen erhielt. Auch der Weiterbau stockte sehr bald aus wirtschaftlichen und nach 1933 aus politischen Gründen. Nach dem Zweiten Weltkrieg wurde zwar der Lageplan in der begonnenen Form weiterverfolgt, doch die gebauten Doppelhäuser mit Satteldach vermitteln einen ganz anderen Eindruck (Abb. 5.76). Es darf aber nicht übersehen werden, daß die Siedlung Dammerstock mit der vorher und auch nachher entstandenen Siedlung Weinerfeld, jenseits des Grünzuges am Flußlauf der Alb, einen städtebaulichen Zusammenhang bildet (Abb. 5.77).

Trotz überwiegend positiver Resonanz in der Presse gab es auch lebhafte Kritik. Die neuen Baumethoden und Bauformen stießen nicht immer auf Verständnis, so daß die Siedlung bald auch „Jammerstock" hieß und auch eine „Dammerstock-Hymne" entstand:
„Du kannst mich mal im Dammerstock besuchen,
Doch ganz allein, mein Schatz, es fehlt an Platz.
Dort lernen selbst die frömmsten Menschen fluchen,
Dreht man sich einmal um, fällt man gleich um!
Wenn ich nicht da bin, und es fehlt der Schlüssel,
So lehn' dich nur einstweilen an das Häuschen hin,
Und dauert's dir zu lang, dann drück ein bissel,
Dann gibt die Wand schon nach - und du liegst drin."

5.76 Fortführung der Dammerstock-Siedlung mit Reihen- und Doppelhäusern auf dem alten Städtebau-Konzept.

Werkbund: Wohnbauexperimente

Die Arbeit des 1907 von Hermann MUTHESIUS gegründeten Deutschen Werkbunds, dem später entsprechende Vereinigungen in Nachbarstaaten folgten, bezog sich in erster Linie auf „die Veredelung der gewerblichen Arbeit im Zusammenhang von Kunst, Industrie und Handwerk, durch Erziehung, Propaganda und geschlossene Stellungnahme zu einschlägigen Fragen" (§2 der Satzung). Doch angesichts der Wohnungsnot nach dem Ersten Weltkrieg wurde neben dem künstlerischen Anliegen auch eine soziale Aufgabe gesehen.

„Es gab eine Reihe von theoretischen und auch praktischen Bemühungen, die sozialen, wirtschaftlichen, technischen, organisatorischen und hygienischen Probleme des Wohnungsbaus zu einer Lösung zu führen; dies reichte jedoch nicht aus, die Entwicklung und die neuen Ideen auf diesem Gebiet durchzusetzen und weiten Bevölkerungskreisen nahezubringen. Aus diesen Überlegungen heraus entstand der Gedanke, Architekten, die entweder Werkbundmitglieder waren oder den Bestrebungen des Werkbunds nahestanden, die Gelegenheit zu geben, ihre Vorstellungen an einer praktischen Aufgabe zu verwirklichen" (UNGERS, S. 157).

Begonnen wurde 1927 mit der Werkbund-Ausstellung „Die Wohnung" in Stuttgart. Es folgten Aus-

5.77 Dammerstock bildet mit Weinerfeld (l.), durch die grüne Albaue verknüpft, eine städtebauliche Einheit.

stellungen und Siedlungen in Breslau 1929, in Wien 1930 und Neubühl bei Zürich 1932, ebenso die tschechischen Siedlungen bei Prag und Brünn (s. UNGERS, S. 159-221). Alle Siedlungen sind weniger aus städtebaulichen Gründen von Bedeutung als von den beschriebenen neuen Ansätzen zum Wohnungsbau her interessant. Am Stuttgarter Beispiel läßt sich auch der ideologische Streit unter den damals führenden Architekten, sogar im Werkbund selbst, aufzeigen: Nebeneinander entstanden die Weißenhofsiedlung 1927 von der avantgardistischen Architektengruppe „Der Ring" und als konservative Reaktion darauf die Kochenhofsiedlung 1933 von der Gruppe „Der Block".

• Werkbundsiedlung Weißenhof
in Stuttgart 1927

Paul BONATZ entwarf einen ersten Lageplan für den Werkbund, nachdem der Gemeinderat Stuttgarts Anfang 1926 beschlossen hatte, aus dem ordentlichen Wohnbauprogramm „zu Versuchszwecken 60 Dau-

5.78 Weißenhofsiedlung in Stuttgart 1927. Das Neue Bauen wurde an einem Ort der Öffentlichkeit vorgestellt.

5.79 Weißenhofsiedlung von Osten, 1927: "Was sonst in Deutschland gebaut wurde, sah völlig anders aus."

erwohnungen zu errichten". Gegen die „konventionelle Lösung der Überbauung des Osthanges mit Giebelhäusern" erhob sich Widerstand der Gruppe um Richard DÖCKER, weshalb Mies VAN DER ROHE hinzugezogen wurde. Nachdem kein gemeinsamer Entwurf zustandekam, zog sich BONATZ und mit ihm SCHMITTHENNER zurück, und Mies VAN DER ROHE arbeitete einen Bebauungsplan aus.

An der Ausführung der 60 Wohneinheiten in der sehr kurzen Bauzeit von März bis Juli 1927 (Abb. 5.78, 5.79) waren 15 Architekten aus fünf europäischen Ländern unter der Leitung von Richard DÖCKER beteiligt: MIES VAN DER ROHE, OUD, LE CORBUSIER, GROPIUS, POELZIG, SCHAROUN, Josef FRANK, DÖCKER, Bruno und Max TAUT, HILBERSEIMER, BEHRENS, STAM u.a. Sie gehörten fast alle der fortschrittlichen Architektengruppe „Der Ring" an. Die moderne Architektur rief zum Teil wütende Proteste hervor. Die Siedlung wurde in den dreißiger Jahren als „Arabersiedlung" diffamiert und entsprechende Fotomontagen in Umlauf gebracht (Abb.5.80; KIRSCH, UNGERS und JOEDICKE/PLATH).

„Im Gegensatz zu anderen Siedlungen dieser Zeit, in denen durch Minimierung der Grundrisse, durch Rationalisierung der Baumethoden und durch Typisierung und Normierung Wohnungen für das Existenzminimum geschaffen werden sollten, war die Weißenhofsiedlung als Experiment gedacht, in dem verschiedene Typen von Wohnungen und Einfamilienhäusern aufgrund der neuen Erkenntnisse im Wohnungsbau entwickelt und der Öffentlichkeit vorgestellt werden sollten" (UNGERS, S. 157).

MIES VAN DER ROHE berichtet 1927 über den Bau der Weißenhofsiedlung: „Bei Übernahme dieser Arbeit war mir klar, daß wir sie im Gegensatz zu der landläufigen Auffassung zur Durchführung bringen mußten, da jedem, der sich ernsthaft mit dem Problem des Wohnungsbaus auseinandergesetzt hat, der komplexe Charakter desselben sichtbar wurde. Das Feldgeschrei ´Rationalisierung und Typisierung´ und auch der Ruf nach der Wirtschaftlichkeit des Wohnbetriebes trifft nur Teilprobleme, die zwar sehr

5.80 Nazi-Diffamierung der Weißenhofsiedlung als „Araberdorf" um 1933. „Schandfleck Deutschlands".

wichtig sind, aber nur dann eine wirkliche Bedeutung erlangen, wenn sie in der richtigen Proportion stehen. Neben oder besser über diesen steht das räumliche Problem, die Schaffung einer neuen Wohnung. Das ist ein geistiges Problem, das nur mit schöpferischer Kraft, nicht aber mit rechnerischen oder organisatorischen Mitteln zu lösen ist" (Die Form 8/1927, S. 257).

• **Reaktion: Kochenhof-Siedlung**
  in Stuttgart 1933

Die Siedlung und die Ausstellung am Weißenhof zogen zahlreiche Besucher aus aller Welt an. Diese und andere überraschenden Erfolge des Neuen Bauens verschärften jedoch die Spannungen zwischen den Architekten unterschiedlicher Bauauffassungen: Baumeister wie Paul SCHULTZE-NAUMBURG, die ein traditionsgebundenes, handwerks- und landschaftsbezogenes Bauen forderten, polemisierten gegen die kulturelle „Minderwertigkeit der neuen Werke" einer internationalen Architektur. Auf der anderen Seite schlossen sich die Protagonisten der modernen Bewegung zu Gruppen zusammen, um „unsachliche und behördliche Widersprüche" zu bekämpfen.

„Die Konflikte zwischen Architekten unterschiedlicher Richtung wurden durch politische Propaganda und den Rückgang an Bauaufträgen bald noch verschärft: 1928 gründete der NS-Parteiideologe Alfred ROSENBERG den ´Kampfbund für deutsche Kultur´, in dem ab 1930 der ´Kampfbund Deutscher Architekten und Ingenieure´ gegen das Neue Bauen auftrat" (DURTH/ NERDINGER, S. 24/25).

Wenige Jahre nach der Weißenhofsiedlung errichteten 23 konservative Architekten unter der Bauleitung von SCHMITTHENNER 25 Holzdoppelhäuser als „Bau-Ausstellung Deutsches Holz für Hausbau und Wohnung, Stuttgart 1933, unter Mitwirkung des Kampfbundes für deutsche Kultur" (Abb. 5.81, 5.82). Das Vorbild für die in Fachwerk-, Block-, Tafel- und Skelettbauweise erbauten Häuser, in unmittelbarer Nähe des Weißenhofs, war „Goethes Gartenhaus".

Der Anspruch, das Bild des deutschen Wohnhauses endgültig zu fixieren, versandete in einer „Blut- und Boden-Architektur" (LAMPUGNANI, S. 132). Diese „Antwort der Nationalsozialisten" auf die „Schande Stuttgarts" (Weißenhof) wurde von der Architektengruppe „Der Block" („Völkischdeutsche") unter Führung von BONATZ und SCHMITTHENNER getragen. „Sie unterstützten in der Folge auch den geplanten Abriß der Weißenhofsiedlung, zu dem es aber nicht kam" (HACKELSBERGER 3).

Ideologiestreit in Architektur und Städtebau

Die unterschiedlichen Auffassungen von Architektur und auch Städtebau nach 1900 werden von HACKELSBERGER in „drei unterschiedliche Stämme" eingeteilt:

1. *Völkische Architektur* im Zeichen der Jugendbewegung und von Forderungen der Gartenstadtbewegung. „Hinzu trat der sich akzentuierende Nationalismus bis hin zum sozialdarwinistischen Chauvinismus und Rassismus. Unverkennbar ist die romantische Seite dieser Bewegung, ihre traditionell handwerkliche Tendenz, dies im Gegensatz zu Technik, Masse, Modernität und Internationalität.

2. *Internationale, industrielle und sozial-humane Architektur* mit formalen Vorstellungen aus Technik, Material und Funktion. Funktion bedeutet dabei mehr als das „reine Funktionieren" und bezieht ganz wesentlich die Komponenten Freiheit, Gleichheit, Gesundheit und der Entfaltungsmöglichkeiten des Individuums" ein. „Wir dürfen diese Richtung auch getrost als die utopisch demokratische, den nie erreichten Zielen von 1789 (Französische Revolution) verpflichtete, ansprechen. Zu Beginn war diese Richtung rein elitär, avantgardistisch und entweder von schmalsten und unintegrierten Gruppen, oder später zwischen 1924 und 1933 im wesentlichen von progressiven Kommunen getragen."

5.81 Kochenhof-Siedlung, Stuttgart 1933. Kampfbund Kultur: Deutsches Holz für Hausbau und Wohnung.

5.82 Kochenhof: Das „Bild des deutschen Wohnhauses" als Antwort der Nazis auf die Weißenhofsiedlung.

3. *Architektur des bereinigter Klassizismus* mit Symmetrie, Reihung und regelhaft Formalem. „Es fanden sich jene Riesenportale mit Türgriffen in einer Höhe, die nur für Götter erreichbar waren, Endlosigkeiten, die den Durchschreitenden zum Nichts machten, und was der architektonischen Distanzwaffen einschüchternder Herrschaft mehr sind."

„Die großen Kommunen, allen voran Frankfurt, dazu Berlin, auch Magdeburg, Breslau, Karlsruhe und gegen Ende Stuttgart brachten Deutschland, ein nie dagewesener Vorgang, auf die vorderen Seiten der Architekturgeschichte."

„Parallel zu dieser großen Bewegung hatte es immer die verhemmt-völkische beziehungsweise klassizistisch-traditionelle gegeben. Die völkischen Architekten, zusammengefaßt in der sogenannten ´Stuttgarter Schule´, BONATZ und SCHMITTHENNER, oder um SCHULTZE-NAUMBURG, um nur einige zu nennen, verfeindete, rechtskonservative Werkbundfreunde der nach links tendierenden, aber ebenso bürgerlichen Moderne, standen längst bereit mit ihrem spitzgiebeligen Ahnenerbe, ihrer kultivierten Verzagtheit, welche im Weimar der Schieber, Spekulanten und der sogenannten jüdisch versauten Intelligenzija den frustierten, um ihren angeschlagenen Besitzstand fürchtenden Bürgern mittels Replika-Architektur des Goetheschen Gartenhauses zu ständischer Tradition und klassischer Protestfreiheit verhalfen."

„Intoleranz und Überheblichkeit gab es auf beiden Seiten. Die Bösartigkeit der Argumentationen, die tödliche Gefährlichkeit war aber Sache der völkischen Traditionalisten, den Trittbrettfahrern der Nazis. So stand der kosmopolitische Geist des 20. Jahrhunderts denunziert als jüdisch-bolschewistisch gegen die traditionelle Enge und Rechthaberei eines sich für auserwählt haltenden Deutschtums."
(HACKELSBERGER, 2)

5.4. Stadtumbau und Selbstversorgungssiedlungen

„Meinerseits möchte ich betonen, daß ich in der Altstadt nicht einzelne Häuser und Denkmäler schützen und pflegen möchte, sondern den weiteren Begriff, das Räumliche und das Einheitliche. Aus der Schätzung des Einzeldings sind wir allmählich fortgeschritten zur Schätzung des Ganzen. Wir haben eingesehen, daß das schöne Einzelne seine runde volle Schönheit erst gewinnt in seiner Einpassung in das schöne Ganze, und daß das mit seiner Umgebung in Widerspruch gestellte schöne Einzelne widerwärtig wirkt, wie in vielen Fällen das Museumstück. Damit will ich durchaus nicht in Abrede stellen, daß gelegentlich das Einzelhaus, das Einzeldenkmal geschützt werden muß, hier aber handelt es sich, wie gesagt, um das Ganze - in erster Linie das Räumliche."
Theodor FISCHER
(3, Altstadt und neue Zeit, 1931)

Kritik an der historischen Stadt und Stadtumbau

Neben den Stadtrandsiedlungen des Neuen Bauens und einigen innerstädtischen Entwicklungen, wie sie aufgezeigt wurden, vollzogen sich auch Veränderungen mit der bestehenden Stadt. Fragen nach der „Einpassung in das schöne Ganze" und der Denkmalschutz bekamen größere Bedeutung. Dabei spielten besonders auch funktionelle Anpassungen, wie die Verbesserung der Wohnverhältnisse und die mit den neuen Verkehrsmitteln erforderliche „Verkehrsreform", eine große Rolle. Fritz SCHUMACHER sprach 1951 in der Rückschau von der „Umentwicklung" der Städte.

„Wenn man die Baugeschichte einer Stadt im einzelnen verfolgt, erkennt man, daß sie sich in einer ununterbrochenen Umentwicklung befunden hat.

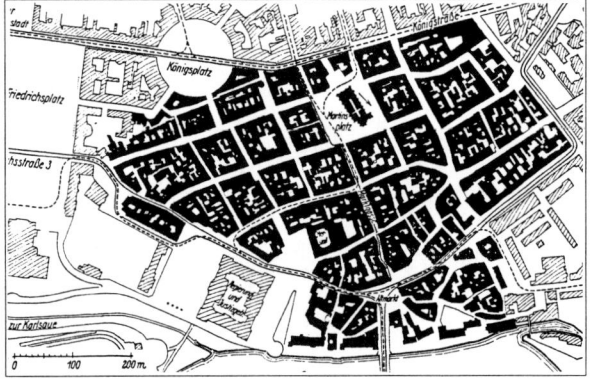

5.83 a Sanierung der Altstadt von Kassel: Als Maßnahme zur „Beseitigung von Elendsquartieren ...

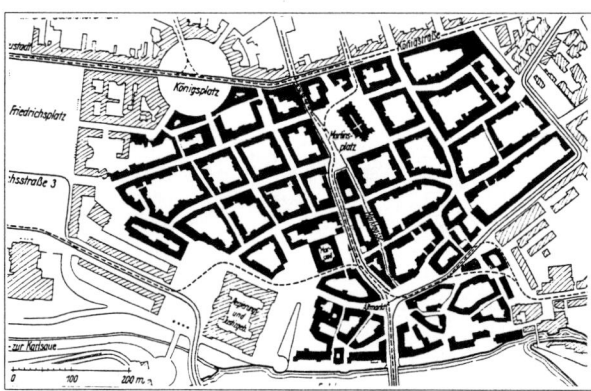

5.83 b ... wurden nach einer Planung von G. JOBST von 1926-33 die Baublöcke im Inneren „ausgelichtet".

Dieser Teil der Aufgabe erscheint deshalb im ersten Augenblick nicht als etwas besonders Neues. Und doch ist er es. Die Umentwicklung glücklicherer historischer Zeiten ging gleichsam von innen heraus vor sich, Kräfte des Wachstums entfalteten sich wie bei einer Pflanze, und die Umgestaltung führte oft genug zu einer neuen Schönheit. Solches halb unbewußte Wachsen von Form zu Form können wir heute nicht mehr abwarten.

Die Einwirkungen, die zur Umgestaltung zwingen, kommen in der Hauptsache nicht von innen, sondern von außen, sie rütteln an der alten Struktur. Denn in der Hauptsache sind es die Forderungen des heutigen Verkehrs, denen diese Struktur nicht mehr gewachsen ist, er fordert Erweiterungen, Durchbrüche, vor allem Umleitungen, die oft ihre Wirkungen weit hinaus erstrecken"

„Diese Vorstöße einer neuen Macht in alte Stadtgebilde können oft sehr schmerzliche chirurgische Eingriffe nötig machen, sie können aber auch genutzt werden zum Heilen, nämlich um neben dem Verkehrsinteresse soziale Notwendigkeiten zu erfüllen, die man ohne diesen Antrieb vielleicht nicht so bald anzupacken wagen würde. Es ist eine besondere Kunst, die ´Sanierung´ unhaltbar gewordener Wohnverhältnisse mit Verkehrsreformen zu verbinden. Das bringt zugleich den Vorteil einer leichteren Finanzierung durch das Entstehen hochwertiger Geschäftslagen in der Verkehrsstraße mit sich" (Fritz SCHUMACHER 3, „Umformung der vorhandenen Stadt", S. 12).

Die 1928 in Würzburg beim „Tag für Denkmalpflege und Heimatschutz" stattfindende Diskussion machte dann auch den Konflikt beim Stadtumbau deutlich: Einerseits funktionale Anpassung an das Neue und andererseits gestalterische Einpassung des Neuen (Abb. 5.83). Karl GRUBER, der wie Theodor FISCHER und Ernst MAY referierte, wurde vorgeworfen, seine Vorschläge für eine Baulückenschließung in Danzig als Gegenüberstellung zur „neuen Baukunst" seien „zwar taktvoll", aber nicht frei von „falscher Romantik" (Abb. 5.84). Darin zeigten sich Tendenzen, die später von den Nationalsozialisten aufgegriffen und ideologisiert wurden.

Besonders der Kunsthistoriker Wilhelm PINDER wirkte durch seinen Beitrag beim „Tag für Denkmalpflege" 1933 in diese Richtung. Die im Rahmen des „Ersten Reichstreffens des Reichsbundes Volkstum und Heimat" stattfindende Veranstaltung sollte ein Auftakt zu einer „Bereinigung des Stadtbildes" nach dem Motto „Einschäumen, Rasieren" sein. PINDER will die Stadt und ihre Gestaltung ganz für die „Bewegung": „Ganzheitsphilosophie steht hinter den Gedanken unseres großen Führers - Ganzheits- und Gestaltphilosophie. Das zerfetzte Bild der Neustädte ist das unwillkürliche Selbstporträt der liberalistischen Haltung. Es ist der Kampf aller gegen alle unter staatlichem Schutze, der hier sein Bildnis gefunden hat. Eine Zeit, die vom Volke aus für das Volk denkt, kann nur Ganzheit wollen."

Auch die strukturellen Veränderungen der alten Stadtgrundrisse, die als „Auslichtung der Baublöcke unter Beibehaltung der historischen Baufluchten" etwa Mitte der 20er Jahre in vielen Städten begonnen hatten, wurden nach 1933 zur Schaffung von „Gauhauptstädten" im Sinne der „Neuen Deutschen Baukunst" umfunktioniert (DURTH/GUTSCHOW 1, S. 238-242).

Charta von Athen und Funktionstrennung

Der Stadtumbau, aber besonders der starke Wohnsiedlungsbau muß auch im Zusammenhang mit einer zunehmenden Entmischung der Funktionen gesehen werden. Der Begriff „Funktionstrennung" ist in der Zwischenzeit - auch bei Nicht-Stadtplanern - aufs Engste mit der „Charta von Athen" aus dem Jahre 1933 verbunden. Die Charta von Athen faßt die Ergebnisse der CIAM-Tagung IV von 1933 in Athen über die „Grundsätze des Städtebaus" zusammen. Es gibt vier Fassungen, eine davon wurde 1941 von LE CORBUSIER (2 a.a.O.) herausgegeben. Die

5.84 a Schließung einer Baulücke in Danzig als „Sieg der neuen Baukunst" (a) und ein Gegenvorschlag von ...

5.84 b ... Karl GRUBER 1928: „Erhaltung des Rhythmus der Straßenwände und der Stadtraumwirkung".

Das Abschreckende durch die Maske der Schönheit verdeckt

Das Elend hinter der historischen Fassade

Lichtfülle und Finsternis

Ordnung — Unordnung

Die Naturgegebenheiten: Sonne, Weiträumigkeit, Grünfläche

5.85 Charta von Athen: Illustrierte Forderungen aus der Nachkriegsplanung für Mainz „Section du Plan" 1947.

CIAM (Congrès Internationaux d´Architecture Moderne / Internationale Kongresse für neues Bauen) wurden 1928 beim ersten Treffen auf Anregung von LE CORBUSIER auf Schloß La Sarraz in der Westschweiz gegründet. Der zweite CIAM-Kongreß fand 1929 in Frankfurt/Main zum Thema „Untersuchung des Wohnungs-Minimums" statt.

Es heißt, die Charta habe die „konsequente Trennung" der städtischen Funktionen als ihr Hauptanliegen propagiert. Die wesentlichen analytischen und programmatischen Ansätze zur Erklärung der Stadtentwicklung werden bei dieser Umfunktionierung der Charta von Athen aber einfach beiseite gelassen. Die historische Analyse und die Beschreibung der damaligen Situation der Städte zeigen eine bemerkenswerte Aktualität auch für die heutige Zeit, so daß es erforderlich ist, auf sie einzugehen (s. Textauszüge S. 309).

Die Charta von Athen stellt in ihrem analytischen Teil - mit den wohl wesentlicheren Aussagen - folgendes fest:

• Stadtentwicklung ist ökonomisch bedingt.
Durch die Industrialisierung ist die alte Harmonie des Stadtgefüges zerstört worden. Maschinen bestimmen die Arbeitsbedingungen und diese wiederum die Anordnung von Arbeitsstätten und deren Lage in der Stadt.

• Wohnungen sind spekulatives Ausbeutungsobjekt, parteiisch verteilt und schlecht mit Freiflächen ausgestattet.
Die Wohnungen als Ware des freien Marktes - obwohl zur Befriedigung eines menschlichen Grundbedürfnisses unabdingbar - finden sich mit hoher Dichte in ungünstigen Stadtvierteln, aber mit geringer Dichte in begünstigten Vierteln. Die Freiflächen sind zumeist weitab von den Wohnvierteln der Masse.

• Wirtschaftsentwicklung ist Improvisation von Einzelwesen bzw. Spekulanten.
Art, Umfang und Lage von Industriebetrieben werden unkoordiniert von Einzelnen festgelegt. Ebenso vollzieht sich die Anhäufung von Büros in Geschäftsvierteln nach dem Gesichtspunkt der Renditenmaximierung.

• Nomadentum der Arbeitsbevölkerung durch Funktionstrennung.
Zwischen Wohnung, Arbeitsstätte und Freiflächen sind durch die große Flächenausdehnung der Städte beträchtliche „Zwangswege" („erzwungene Mobilität") entstanden. Gleichzeitig stellt der dadurch erzeugte Verkehr eine Gefährdung der Fußgänger dar.

• Chaotische Städte durch Brutalität einiger Privatinteressen.
Die ökonomischen Kräfte setzen sich gegenüber administrativer Kontrolle und sozialer Solidarität durch, so daß die rücksichtslose Brutalität einiger

Privatinteressen das Unglück zahlloser Menschen bewirkt, die in den benachteiligten Teilen der zumeist ungeplanten und chaotischen Städte leben müssen. Aus dieser - verkürzt dargestellten - Analyse werden für den zukünftigen Städtebau dann Forderungen abgeleitet:

- Die Stadt muß bei Gewährleistung individueller Freiheit kollektives Handeln begünstigen.
- Die Stadt darf nur als funktionelle Einheit mit den städtebaulichen Hauptfunktionen, wohnen, arbeiten, sich erholen (in der Freizeit), sich bewegen, betrachtet werden.
- Die Wohnung muß das Zentrum aller städtebaulichen Bestrebungen sein.
- Der Arbeitsplatz muß von der Wohnung minimal entfernt sein.
- Freiflächen müssen den Wohngebieten zugeordnet und als Freizeitanlagen der Gesamtstadt angegliedert werden.
- Der Verkehr hat als Verbindung der städtischen Schlüsselfunktionen nur eine dienende Aufgabe.
- Das Gemeinschaftsinteresse muß Vorrang vor dem Privatinteresse bekommen, wobei besonders das schmutzige Spiel der Bodenspekulation zu verhindern ist.

Ähnliche Aussagen finden sich schon 1898, mehr als drei Jahrzehnte zuvor, in dem Buch von Ebenezer HOWARD „Gartenstädte von morgen" (s. S. 46 ff.). Trotz der realisierten Beispiele Letchworth und Welwyn wurde das Howard'sche Gartenstadt-Konzept seiner sozialpolitischen Komponenten entledigt und als Konzept der „Gartenvorstädte" mit meist eingeschossiger, lockerer und durchgrünter Bauweise zu Wohnvierteln für begüterte Bevölkerungsschichten „umfunktioniert".

Auch die Hauptgedanken der Charta von Athen wurden umgedeutet, indem die sozialkritischen Analysen und gesellschaftspolitischen Forderungen einfach „übersehen" bzw. verschwiegen wurden. Was aufgegriffen und verkündet wurde, waren die sehr kritisch zu bewertenden funktionellen, zum Teil sogar funktionalistischen Ansätze für den Städtebau.

Obwohl die Charta die großräumige Funktionstrennung wegen der weiten Zwangswege gerade für die Arbeiterbevölkerung anprangerte, wurde diese aber als das eigentliche Ziel der Charta von starken Interessengruppen propagiert und in die Realität umgesetzt. Die kleinräumige Funktionstrennung im Sinne von Stadtbezirksdifferenzierung, um z.B. störende Betriebe aus Wohngebieten herauszuhalten, wurde einfach auf die Gesamtstadt übertragen und im Sinne von „Funktionalismus" als städtebauliches Programm verkauft (REINBORN, S. 9-13).

Zusammenbruch des Wohnungsbaus

Die Weltwirtschaftskrise in der Folge des New Yorker Börsenkrachs vom 25. Oktober 1929 („Schwarzer Freitag") brachte auch in Deutschland große Arbeitslosigkeit und Wohnungsnot. Die Produktion wurde stark gedrosselt, Kurzarbeit eingeführt und Massenentlassungen vorgenommen, so daß die Arbeitslosenzahlen von 2,8 auf über 8 Millionen im Jahre 1932 anstiegen. Weil die Bevölkerung insgesamt und die Zahl der Erwerbstätigen jedoch deutlich kleiner war als heute, lag der Anteil der Arbeitslosen damals bei über 30 Prozent. Auf dem Höhepunkt der Krise waren über 40% der arbeitsfähigen Bevölkerung arbeitslos.

Der Boom im Wohnungsbau währte nur kurze Zeit, nachdem der Kapitalüberschuß der Industrie seit 1928 in diesen Bereich investiert worden war. Wegen der Herstellungszeit von etwa zwei Jahren wirkte sich das erst etwa 1930 mit über 300 000 fertiggestellten Wohnungen aus. Der Wohnungsbau wurde aus wirtschaftlichen Gründen gedrosselt, so daß 1932 nur noch 140 000 Wohnungen erstellt wurden. Obwohl die Wohnungsnot, besonders der „kleinen Leute", bereits sehr groß war, wurden die Bedingungen für den Wohnungsbau und die Mieter ständig verschlechtert. Es erfolgte ein Abbau der öffentlichen Finanzierung, die bis zu 85% betragen hatte, und des Mieterschutzes, was die Wohnungsnot nur noch steigerte.

Damit wurde deutlich, daß die vielfältigen Bestrebungen zur Senkung der Mieten nicht die angestrebten Erfolge hatten. Nur wenige, die in den Genuß der zwischen 1924 und 1928 erstellten Kleinwohnungen kommen sollten, Arbeiter, einfache Angestellte und andere Bevölkerungsgruppen mit niedrigem Einkommen, konnten die geforderten Mieten aufbringen. Zahlreiche Versuche, die Produktionskosten der Wohnungen durch Typisierung, Normung, Serienproduktion und Großbauvorhaben zu senken, ermöglichten es nur in wenigen Ausnahmefällen, „tragbare Mieten" zu erzielen. Die Vermutung, daß Kosteneinsparungen nicht in vollem Umfang an die Mieter weitergegeben wurden, sondern als Gewinnerhöhung bei den Bauunternehmern blieben, scheint nicht unbegründet. Durch Arbeitslosigkeit und Kurzarbeit, als Folge von Rationalisierungen der Wirtschaft nach 1928, verschlechterte sich die Zahlungsfähigkeit der Mieter noch einmal.

Als Reaktion auf diese Situation wurden nur noch „Kleinstwohnungen" mit einer Fläche von 32-45 qm nach den „Reichsgrundsätzen für den Kleinwohnungsbau" von 1930 gefördert. Auch die Verlagerung des Wohnungsbaus auf das Land war eine Krisenmaßnahme. Für Erwerbslose und Kurzarbeiter wurden kleine Häuser oder Baracken errichtet, die oft ohne Kanalisation, Wasser- oder Elektroinstallation blieben. „Zu jedem Haus gehörte ein klei-

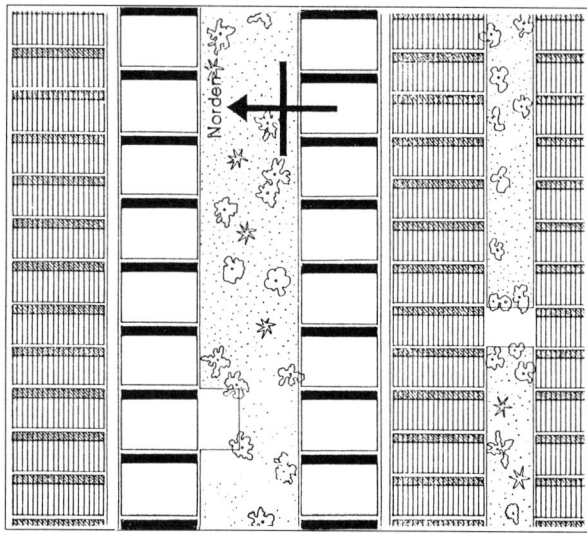

5.86 Siedlung Goldstein 1929. Das ursprüngliche Bebauungsschema mit höheren Zeilen an einem ...

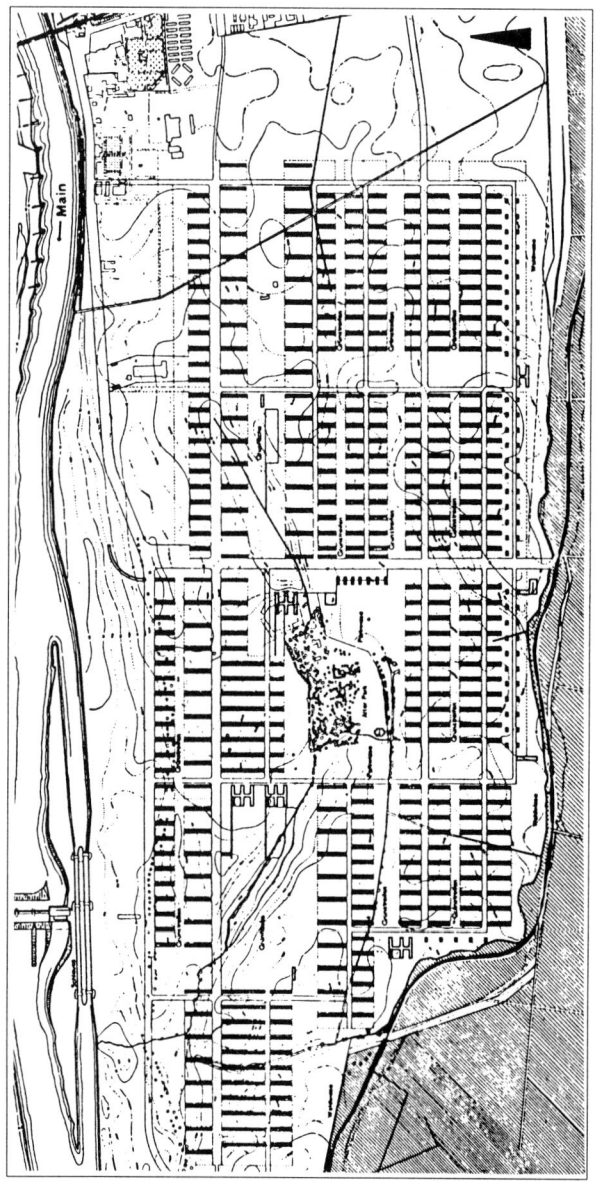

5.87 ... Grünzug und daneben Reihenhausbebauung wie in Westhausen wurde 1932 total verändert (5.91).

nes Stück Land, auf dem die Siedler Nahrungsmittel für den eigenen Bedarf produzieren konnten. So wurde versucht, die Arbeiter ´krisenfester´ zu machen. Großstadtnahe ´Nebenerwerbssiedlungen´ hatten auch die Funktion, den Industriebetrieben eine Stammarbeiterschaft zu erhalten, da man unter den Bewerbern für eine Siedlerstelle die Facharbeiter bevorzugte" (STRATMANN, S. 46/47).

Nebenerwerbssiedlungen mit Gartenstadtideen

Die „Lösung der Arbeitslosenfrage" wurde auch im Städtebau gesehen, obwohl bei der Konzeption der „Nebenerwerbssiedlungen" davon keine Rede sein konnte. Die „Rücksiedlung der arbeitslosen Massen von den Städten aufs Land" war im Ansatz mit Gartenstadtideen vereinbar, aber die realisierten Siedlungsformen entsprachen dem in keiner Weise. Zudem wurden diese Bemühungen schon bald durch nationalsozialistisches Gedankengut durchsetzt. So wird bereits 1932 in den „Monatsheften für Baukunst und Städtebau" ein Beispiel einer Nebenerwerbssiedlung als „Zelle der Volksgemeinschaft" bezeichnet. Hinter den um einen „Anger" gruppierten Häusern liegen die Felder für den Nebenerwerb. Durch diese Zuordnung entstünde eine neue „Lebens- und Wirtschaftsgesinnung, die die Einheit zwischen Landschaft und Mensch, zwischen Wirtschaft und Mensch" erzielt (Abb. 5.88; SÄUME/HAFEMANN).

Neben Vorschlägen zu kleinbäuerlichen Siedlungen des Arbeitsministeriums propagierte das Finanzministerium die **Stadtrandsiedlung**, auch als „Primitivsiedlung", als „Notsiedlung" oder gar als „Krisensiedlung" bezeichnet. Der staatliche „Baraufwand" für eine Siedlerstelle wurde mit bis zu 1 500 RM als ausreichend angesehen. Die „Dritte Verordnung des Reichspräsidenten zur Sicherung von Wirtschaft und Finanzen und zur Bekämpfung politischer Ausschreitungen" sah folgende Maßnahmen vor:

• Errichtung „vorstädtischer Kleinsiedlungen",
• Bereitstellung von Kleingärten für Erwerbslose,
• Zuschüsse der Reichsregierung.

In den Siedlungen sollten im Sinne einer „´geldlosen Wirtschaft´, Lieblingsidee des Reichsbankpräsidenten Luther, einer Hilfswirtschaft, Arbeitslose sich gegenseitig in der Anlage der Siedlung helfen und gärtnerisch tätige Arbeitslose Nahrungsmittel gegen gewerbliche Erzeugnisse industrieller Arbeitsloser austauschen" (UHLIG, S. 62/63). Die Siedlung Dammerstock in Karlsruhe wurde in diesem Sinne, insbesondere nach 1945, als Stadtrandsiedlung weitergeführt. Ebenso wurde das letzte Projekt von Ernst MAY in Frankfurt (zusammen mit BÖHM, SCHWAGENSCHEIDT u.a.), die Gartenstadt Goldstein aus dem Jahr 1929, drei Jahre später umgeplant.

• **Stadtrand-Selbsthilfesiedlung Goldstein** in Frankfurt 1932. Die ursprüngliche Größe der Siedlung, eine Trabantenstadt mit 8 500 Wohnungen im strengen Zeilenbau senkrecht zu den Straßen (Abb. 5.86, 5.87), wofür sich Walter SCHWAGENSCHEID im Sinne seiner „Raumstadt" (s. S. 187) eingesetzt hatte (PREUSLER, S. 79/80), wurde auf 800 „Nebenerwerbsstellen" reduziert (Abb. 5.91). „Dazu organisierte die Stadt Kurzarbeiter und Arbeitslose zu Selbsthilfegruppen, verpachtete an sie das Bauland und gab jedem Siedler 3 000 Mark in bar, Baumaterialien, einen Bauplan für ein Primitivhaus, sowie eine Anleitung zur Anpflanzung des Gartens und zur Kleintierhaltung, die die Ernährung sichern sollte.

Der Rückfall hinter die Errungenschaften der 20er Jahre war total: freistehende Doppelhäuser ohne fließendes Wasser, ohne Einrichtungen, ohne befestigte Straßen. Der ursprünglich erhoffte Raum- und Zeitgewinn für kulturelle und politische Betätigungen mußte der Arbeit auf der Scholle geopfert werden" (DREYSSE, S. 5). Jede Familie mußte 4 000 Stunden arbeiten. Die gemeinsam fertiggestellten Siedlerstellen mit Haus, Stall und Gebäude wurden anschließend unter den Siedlern verlost.

Auch in anderen Städten entstanden zu dieser Zeit zahlreiche Nebenerwerbssiedlungen am Rande der Stadt. So gab es z.B. in Stuttgart Ende 1931 mit etwa 40.000 Arbeitslosen (ca. 20%) große Wohnungsnot, der mit Kleinsiedlungen 1932-35 begegnet werden sollte: Steinhaldenfeld, Hoffeld, Seelachwald, Wolfbusch und Neuwirtshaus; zusammen 1.012 Nebenerwerbsstellen von jeweils 600-800 qm.

• **Siedlung Steinhaldenfeld** in Stuttgart wurde 1932-35 als Stadtrandsiedlung mit 411 Einfamilien- und Doppelhäusern an zwei parallelen Straßen begonnen (Abb. 5.89, 5.90) und später, 1950-70, mit Mehrfamilienhäusern erweitert. Die Planung erfolgte durch das städtische Hochbauamt, die Grundstücke wurden im Erbbaurecht vergeben. Auch hier waren Eigen- und Gemeinschaftsleistungen beim Bau der Häuser und Selbstversorgung durch einen großen Garten vorgesehen.

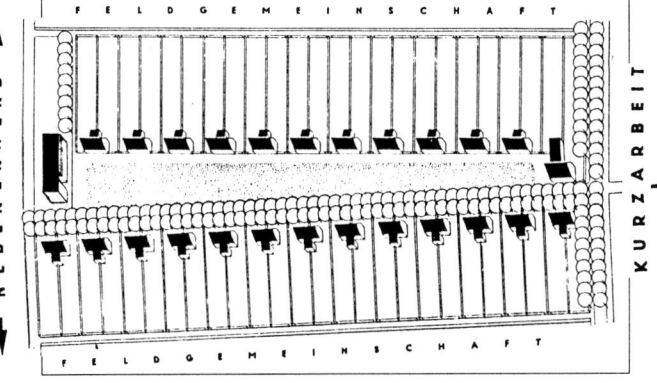

5.88 „Formgebung" einer Nebenerwerbssiedlung 1932. „Angergemeinschaft" als Zelle der Volksgemeinschaft".

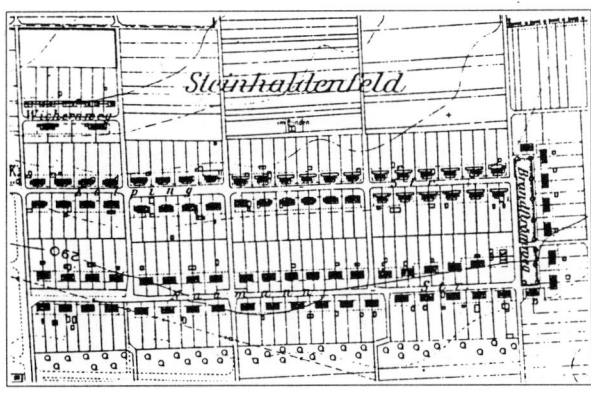

5.89 Siedlung Steinhaldenfeld in Stuttgart. Beispiel einer Selbstversorger-Siedlung der 30er Jahre (Plan 1951).

5.90 Steinhaldenfeld: Arbeitsbeschaffung durch Bau der Häuser und Selbstversorgung durch große Gärten.

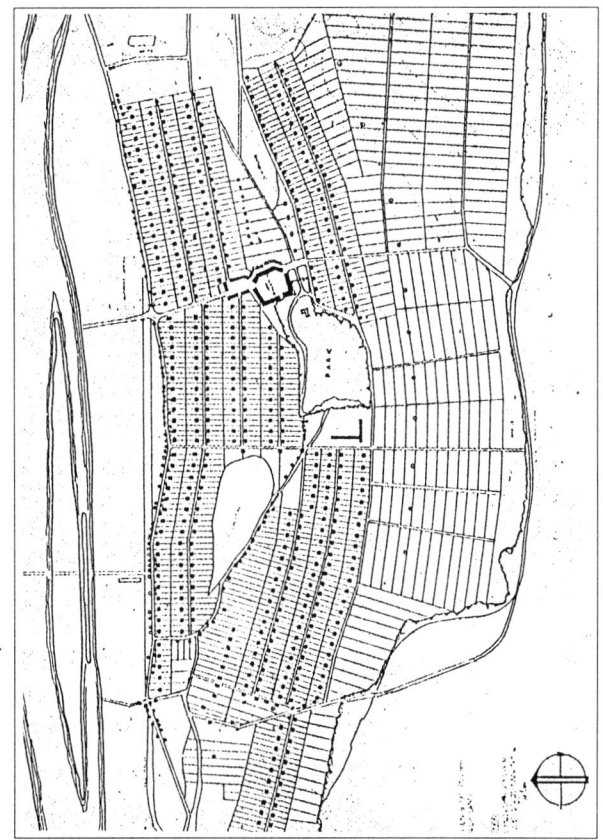

5.91 Die Stadtrand-Siedlung Goldstein in Frankfurt 1932. Plan für den Bau von „Primitivhäusern" in 4000 Stunden.

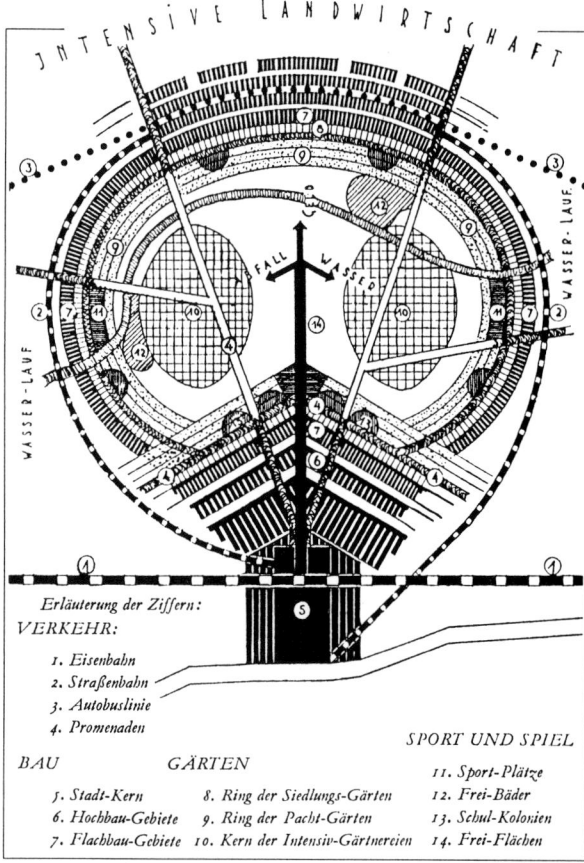

5.92 Der „bodenproduktive Trabant" von L. MIGGE, 1929. Wohn- und Siedlungsform im Einklang mit der Landschaft.

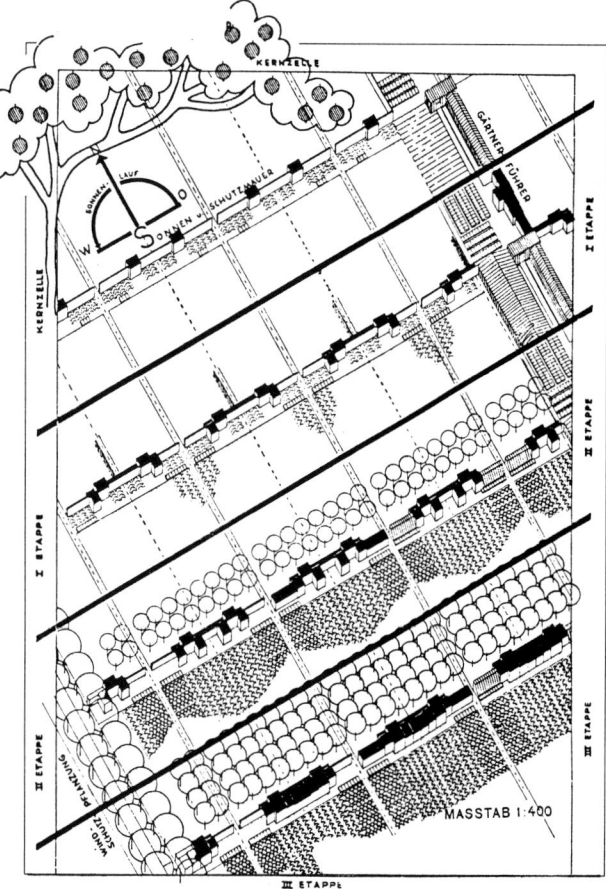

5.93 Die wachsende Siedlung von L. MIGGE 1932. Aus einem Hauskern (o.) entwickelt sich nach und nach...

Das Einfamilienhaus als „Ideologieträger"

Für die Wohnungsreformer war das Einfamilienhaus bis in die Mitte der 20er Jahre unbestritten ihr Ideal gewesen, obwohl auch vorher schon sozialreformerische Anliegen im Geschoßwohnungsbau verwirklicht wurden (spätere Krupp-Siedlungen). Danach aber führte der Zwang zur Senkung der Baukosten wegen der wenig zahlungsfähigen Wohnungssuchenden dazu, im Geschoßwohnungsbau neue Wege zu beschreiten, wie sie zuvor geschildert wurden. Dabei darf aber nicht vergessen werden, daß ein großer Teil der Wohnungen in den neuen Vorstadtsiedlungen in Reihenhäusern realisiert wurde.

Nach 1930 bekam das Einfamilienhaus eine zusätzliche Bedeutung als „Arbeitsbeschaffungsmaßnahme" (Abb. 5.95). Die „Selbsthilfe", die in den Jahren nach 1918 schon einmal große Bedeutung hatte (s. S. 96f), dann aber Mitte der 20er Jahre aus wirtschaftlichen Gründen nicht mehr erforderlich war, wurde jetzt wieder zu einem finanziellen und politischen Anliegen. Zahlreiche Bücher informierten über die praktische Seite dieser Frage, so auch 1932 „Das Eigenheim: Kleinhaus, Anbauhaus, Wohnlaube", das im Untertitel detaillierte Angaben machte zum „Bau von Ein- und Mehrfamilienhäusern, Wochenendhäusern, Garten- und Wohnlauben, deren Anlage und Einrichtung unter Berücksichtigung des ´wachsenden Hauses´ und des ´staatlich geförderten Selbsthilfehauses´, Berater für Bauausführungen, Rechtsfragen, Finanzierungsmöglichkeiten und Kostenanschläge" (GROBLER u.a.).

Auch die Deutsche Gartenstadt-Gesellschaft beteiligte sich an der ihr naheliegenden Diskussion um das eigene Haus als „gemeinschaftliches Eigentum" in genossenschaftlichen Siedlungen. So schrieb der Generalsekretär Adolf OTTO: „Diese Form der Siedlung, die in den letzten dreißig Jahren, namentlich durch die Arbeit der Deutschen Gartenstadtgesellschaft, einen sehr erfreulichen Fortschritt genommen hat, eignet sich vorzugsweise

5.94 ... ein vollständiges, ebenerdiges Wohnhaus mit Nebenräumen zur Tierhaltung und großem Garten.

für solche Freunde der Wohnungsreform, die zwar ein Einfamilienhaus mit Garten wünschen, es aber nicht als Eigentum besitzen möchten. ... Die Arbeit der Gartenstadtfreunde und der Bodenreformer hat es zuwege gebracht, daß die Heimstätte als Eigentum oder zur Miete ein höheres Ansehen gewonnen hat; beide Bewegungen arbeiten für die Durchführung ganzer Heimstättengebiete überall" (GROBLER u.a., S. 9).

Es konnte aber nicht ausbleiben, daß schon bald die Nationalsozialisten das Einfamilienhaus für ihre „Blut-und-Boden-Politik" vereinnahmten. Das „Kleinhaus mit Garten" wurde in den ersten Jahren als „ideale Wohnform für den 'Volksgenossen'" propagiert. „Diese sog. Siedlerstellen sollten durch eine (genau vorgeschriebene) Bewirtschaftung zur Selbstversorgung beitragen, die Ernährung auch im Krieg sichern sowie den Arbeiter mit der 'Scholle' verbinden und ihn zu einem politisch zuverlässigen Träger des NS-Staates machen. Die 'Siedlerauslese' erfolgte deshalb nach 'Parteizugehörigkeit, Rassereinheit, Erbgesundheit und Fortpflanzungsfähigkeit" (DURTH /NERDINGER, S. 42). Aber sogar nach 1945 spielte das Eigenheim eine Rolle als Ideologieträger, als Mittel gegen kommunistische Anfälligkeiten der Bevölkerung (s. S. 230).

Sozialorientierte Konzepte von Kleinsiedlungen

Die Probleme der Kleinsiedlungen und der damit verbundenen Wohnungsversorgung wurden auch von sozialorientierten Planern des linken Spektrums durchdacht und in entsprechenden Konzepten ausformuliert. Dabei spielte sowohl die gesamte Siedlung als auch das Einzelgebäude als „wachsendes Haus" eine Rolle.

• Leberecht Migge: Bodenproduktiver Trabant und wachsende Siedlung

Der Worpsweder Gartenarchitekt Leberecht MIGGE machte 1929 „Vorschläge zur Ablösung einseitiger

5.95 Einfamilienhäuser bei Dortmund, 1930. Ideologieträger mit „Wirkung durch Reihung gleicher Haustypen".

von Industriearbeit abhängiger Wohn- und Siedlungsweisen". Dazu entwickelte er das Konzept eines „bodenproduktiven Trabanten", der im Sinne von ökologischen Kreisläufen - wie wir heute sagen - eine arbeitsteilige Wechselwirkung von Siedlung und umgebener Landschaft bewirken soll (Abb. 5.92). So soll der Abfall und das Abwasser aufbereitet und in Intensiv-Gärtnereien für die Siedler zur Nahrungsmittelproduktion verwertbar gemacht werden. Das Schema erinnert sehr stark an die Gartenstadt HOWARDS (Der Städtebau 1929, S. 43).

An den „bodenproduktiven Trabanten" knüpft MIGGE 1932 mit seiner „wachsenden Siedlung" (Die Neue Stadt 3/1932; Abb. 5.93, 5.94) an, die davon ausgeht, daß das „Bodenwerk" bei der „grenzenlosen Armut" wichtiger ist als das „Bauwerk". „Migge sieht in einer neuen perspektivischen Stadt-Land-Kultur eine im Gegensatz zur kapitalistischen Stadt-Kultur stehende kommende humanere Entwicklung. In seinem Modell denkt er sich eine Mischung von Schrebergartensiedlern, Wohngartensiedlern und Nebenerwerbssiedlern, aus denen sich eine 'Arbeitszelle' bildet. Mehrere solcher 'Arbeitszellen' bilden eine 'Produktionsgemeinschaft'. Daraus entstehen neue, intensive 'Fruchtlandschaften', die die zukünftige Landesentwicklung bestimmen werden" (UHLIG, S. 66).

• Martin Wagner: Neues Stadt-Land und wachsendes Haus

An der allgemeinen Diskussion um die Neuordnung der Beziehungen zwischen Stadt und Land beteiligt sich Martin WAGNER mit zahlreichen Artikeln und 1932 mit 24 Thesen zu einem „Neubau des Wirtschaftsraumes von Berlin". Es sei nötig, wegen der Rationalisierungen die Arbeitszeit zu verkürzen und einen „Halb/Halb-Arbeiter" zu schaffen, der als Industriearbeiter im Nebenerwerb auch als Gärtner

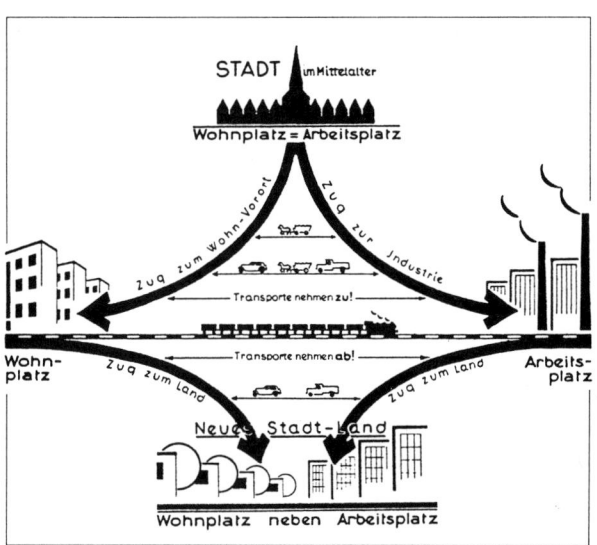

5.96 M. WAGNER, 1932: Verkehr als Ursache der Funktionstrennung und Lösung durch „Neues Stadt-Land".

arbeite. In einer Illustration zeigt WAGNER auf, „wie die von innerstädtischen Standorten unabhängig gewordenen Industriezweige in das flache Land ziehen ´und dort von Gartenstadtkolonien umgeben werden´". Die mittelalterliche Stadt mit der räumlichen Einheit von Wohn- und Arbeitsplatz habe sich mit Zunahme der Transporte in den Funktionen auseinanderentwickelt (Abb. 5.96). Durch ein „neues Stadt-Land" von etwa 50 000 Einwohnern könnten die Wohnplätze wieder neben den Arbeitsplätzen liegen und so die Transporte abnehmen (heute als „Stadt der kürzeren Wege" bezeichnet) (UHLIG, S. 66/67).

Die stadtstrukturelle Debatte konkretisiert Martin WAGNER 1932 mit seinem Vorschlag zu einem „wachsenden Haus" (Abb. 5.97). Es kann sich dem Vermögen und dem Bedarf der Besitzer laufend und mit geringem technischen Aufwand anpassen. Der Wohnungsbau müsse sich entschieden weiter an die gesunkene Kaufkraft heranarbeiten, aber nicht in der Form der Selbsthilfe, die eher volkswirtschaftlicher Betrug sei, sondern mit erhöhter Industrialisierung des Bauens, die nur eine echte Preissenkung herbeiführe. Mit seinen Planungsleitbildern einer „neuen Stadt" und dem „wachsenden Haus" greift Martin WAGNER auf die Thesen und Modelle der Gartenstadtbewegung zurück, die er noch wenige Jahre zuvor eher polemisch behandelte (UHLIG, S. 65, 67).

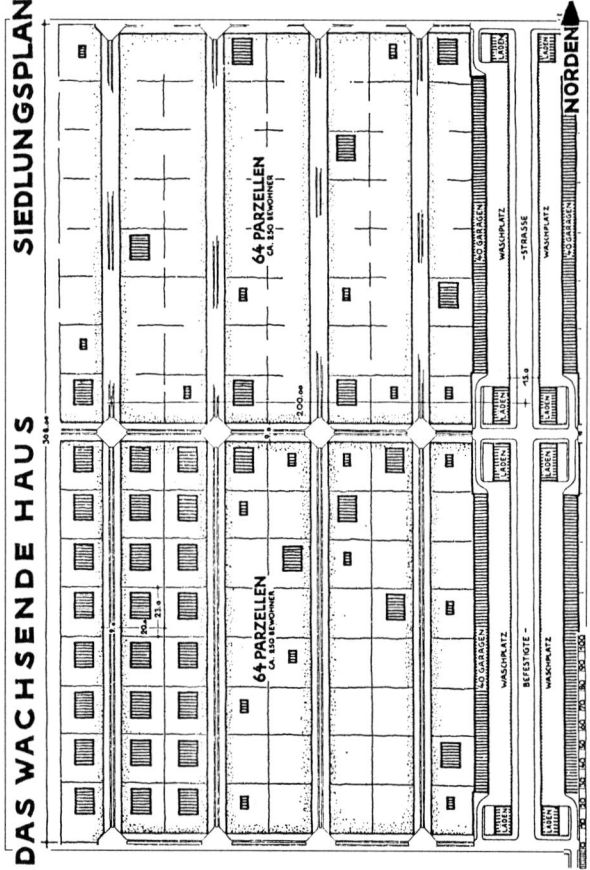

5.97 Siedlungsplan „Das wachsende Haus" von Martin WAGNER, 1932. „Anpassung an Vermögen und Bedarf".

144

5.5. Die Entdeckung der regionalen Dimension

„Ja, je lebendiger ein Gemeinwesen selbst ist, um so lebendiger sind die Beziehungen zu dem Stück Welt, in das es eingebettet ist. Diese Beziehungen müssen gewahrt, umgestaltet, entwickelt werden, wenn man sich nicht willenlos und tatenlos jenem sinnlosen Durcheinander ergeben will, das unserer Zeit seinen vernichtenden Stempel aufzudrücken sucht. Nicht die sinnvolle städtebauliche Planung des Gesamtkörpers der Stadt allein genügt, die städtebauliche Planung muß von viel weitergreifenden Zusammenhängen ausgehen, wenn sie die Nervenstränge des Lebens wirklich ganz erfassen will."

„*Landesplanung ist* das Wort für die Verwirklichung dieser Erkenntnis geworden. Das Wort bedeutet die Forderung, daß die planvolle Gliederung großer Lebenszusammenhänge sich über das Gemeinwesen hinaus auf ganze *Lebensräume* erstrecken muß. Die Zusammenhänge des ganzen Stückes Welt, in das eine Stadt gebettet ist, bedürfen einer planvollen Ordnung. So schreitet die Entwicklung weiter vom organischen Städtebau zur Landesplanung."
Fritz SCHUMACHER (3, S. 21)

Städtebauliche und regionale Gegebenheiten

Die im 19. Jahrhundert aufkommende und sich schnell vergrößernde räumliche Mobilität durch die Eisenbahn führte zu der Erkenntnis, daß die Planung einer Stadt nicht an ihren Grenzen aufhört. So schlug Ebenezer HOWARD für seine Gartenstadt auch einen Verbund von einzelnen Städten zu „Städtegruppen" vor, die durch ein „Eisenbahn-*System*" verknüpft werden müßten, da bisher nur ein „Eisenbahn-*Chaos*" vorhanden sei:

„Es lag in der Natur der Dinge, daß das erste Eisenbahnnetz nicht nach einheitlichen Gesichtspunkten gebaut werden konnte. Jetzt aber, bei dem ungeheuern Fortschritt auf dem Gebiet des Schnellverkehrs, ist es die höchste Zeit, daß wir uns diese Mittel in ausgedehnterem Maße zu nutze machen und unsere Städte nach einem ähnlichen Plan aufbauen, wie ich ihn vorher in den Grundzügen entworfen habe. Wir würden dann, dank der schnellen Verkehrsmöglichkeiten, einander näher gerückt sein als in unsern übervölkerten Städten und doch zu gleicher Zeit unter den gesündesten und vorteilhaftesten Bedingungen leben" (HOWARD, nach POSENER, S. 144; s. S. 48f.).

Andere Beispiele zeigen ebenfalls eine Auseinandersetzung mit der regionalen Dimension bei der räumlichen Planung, die zunehmend stärker durch die Forderung nach Schonung der Landschaft geprägt wurde. Waren es zunächst Bestrebungen zur Erhaltung großer landwirtschaftlich genutzter Flächen für die Nahrungsversorgung, so waren es bereits in den 20er Jahren unseres Jahrhunderts die unbebauten Ausgleichsflächen für die verdichteten Siedlungsteile, die zu einem „regionalen Grünflächensystem" vernetzt werden sollten.

„Unter Landesplanung verstand man damals die Zusammenführung aller Lebensfunktionen in einer Gesamtplanung für einen größeren Raum, die planmäßige Ordnung des Nebeneinanders von Wohnstätten, Arbeitsstätten, Grünflächen, Verkehrswegen, Industriestandorten und Erholungsgebieten. Man erkannte, daß eine solche Planung nicht nur eine Frage der Planungstechnik war, sondern daß damit wirtschafts-, sozial- und kulturpolitische Entscheidungen getroffen oder doch zumindest vorbereitet wurden" (BPB).

Es gab unterschiedliche Organisationsformen, von der Planungsgemeinschaft, über Vereinbarungen zwischen kommunalen Körperschaften zu Arbeitsgemeinschaften, in denen auch staatliche Behörden und Wirtschaftsgemeinschaften vertreten waren. Die Landesplanung entwickelte sich zu einer Gemeinschaftsaufgabe von Kommunen, Staat und anderen Beteiligten, z.B. aus der Wirtschaft. Die 1929 gebildete „Reichsarbeitsgemeinschaft der Landesplanungsstellen" umfaßte bereits 29% des Reichsgebiets und 54% der Bevölkerung. Mit der Schaffung der „Reichsstelle für Raumordnung" 1935 wurde auch die Landesplanung unter den Nationalsozialisten zentralisiert und direkt der Regierung untergeordnet (BPB).

Erste Siedlungsverbände und Großstadtplanungen

Besonders in und um die Großstädte, den städtebaulichen Brennpunkten, wurde in den 20er Jahren offensichtlich, daß die Planung einer Stadt ohne Einbeziehung ihres Umlandes nicht vollständig sein konnte. Die „Stadt-Umland-Problematik", wie wir heute sagen, verlangte nach einer planerischen Entsprechung für die vielfältigen räumlichen Verflechtungen in der Region einer Stadt. Drei Beispiele für die damalige regionale Kooperation, die immer auch eine besondere Betonung auf der Grün- und Freiflächenversorgung hatte, sollen kurz beschrieben werden.

• Siedlungsverband Ruhrkohlenbezirk 1920

Dieser regionale Planungsverband war das Ergebnis langjähriger Überlegungen zu einer zweckmäßigen räumlichen und organisatorischen Ordnung im Ruhrgebiet, das sich im 19. Jahrhundert planlos und mit zunehmender Siedlungsdichte entwickelt hatte. Ein

wichtiges Anliegen war die Erhaltung von ausreichenden Grün- und Freiflächen innerhalb und zwischen den zahlreichen Gemeinden und Städten. 1910 wurde deshalb unter der Leitung von Robert SCHMIDT, Beigeordneter von Essen, eine „Grünflächenkommission" vom Düsseldorfer Regierungspräsidenten einberufen. Die 1912 fertiggestellte „Denkschrift betreffend Grundsätze zur Aufstellung eines Generalsiedlungsplanes für den Regierungsbezirk Düsseldorf (rechtsrheinisch)" machte deutlich, daß eine isolierte Grünflächenplanung nicht ausreichte und eine umfassende regionale Entwicklungsplanung erforderlich war (s. FRORIEP, Sp. 2914).

„Nach heutiger Auffassung handelte es sich um einen gesamträumlichen, d. h. den Städtebau, den Verkehr, die Wirtschaft, die Versorgung und die Erholung einschließenden regionalen Entwicklungsplan. Auf dieser Grundlage schuf Preußen durch Sondergesetz 1920 einen Zweckverband besonderer Art, den Siedlungsverband Ruhrkohlenbezirk, dem Selbstverwaltungs- und Auftragsangelegenheiten vor allem in den Bereichen der städtebaulichen Planung, der Siedlung, des Verkehrs und der Freiflächen (Erholungsflächen) übertragen wurden" (BPB; Abb. 598). Die Kompetenzen des Verbandes wurden in den 80er Jahren auf die Funktionen eines Zweckverbands reduziert.

• Groß-Berlin 1910/20

Die regionale Zusammenarbeit der zahlreichen selbständigen Gemeinden im Umland Berlins stand im Spannungsfeld zwischen gemeindlicher Kooperation und Eingemeindung zu einer größeren Stadt. 1910 brachte ein Wettbewerb für die Entwicklung Groß-Berlins Vorschläge für eine städtebauliche Gesamtgestaltung. Die preußische Regierung lehnte aber Eingemeindungen ab und schuf 1912 durch ein Sondergesetz den Zweckverband Groß-Berlin. Der Verband hatte insbesondere Befugnisse auf dem Gebiet des Verkehrs, der städtebaulichen Planung sowie der Sicherung und des Erwerbs von Erholungsflächen.

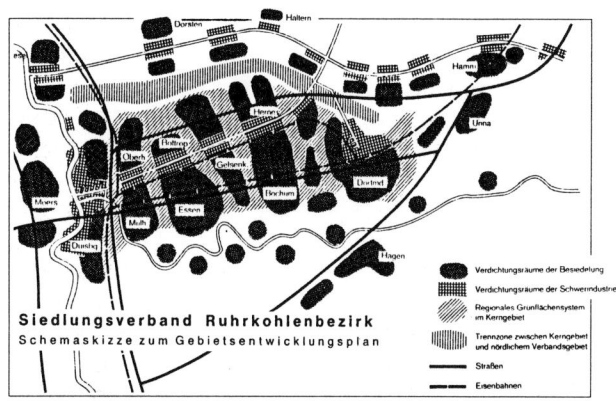

5.98 Siedlungsverband Ruhrkohlenbezirk. Regionale Entwicklungsplanung zur Erhaltung von Grünflächen.

„Dieser Verband ist vor allem an dem echten Willen zur Zusammenarbeit gescheitert. Die Stadt Berlin verfolgte ihre Eingemeindungspläne weiter, und die Umlandsgemeinden waren nicht immer bereit, die übergeordneten Erfordernisse anzuerkennen. So entstand 1920 mit der Auflösung des Verbandes die Einheitsgemeinde Groß-Berlin" (S. 113; BPB; Abb. 5.99).

• **Groß-Hamburg** 1937

Angrenzend an die preußischen Großstädte Altona, Wandsbeck und Harburg-Wilhelmsburg fiel es dem selbständigen Hamburg schwer, auf eigenem Gebiet seine Siedlungsprobleme zu lösen. Außerdem führten die Städte bis in die 20er Jahre hinein einen erbitterten wirtschaftlichen Konkurrenzkampf. Nach der Revolution von 1918 wurden die „leitenden Herren Oberbeamten", unter ihnen Fritz SCHUMACHER, vom Senator aufgefordert, sich zur Groß-Hamburg-Frage zu äußern. Für SCHUMACHER waren dabei neben der Frage nach Flächen für neue Wohngebiete auch Parks und Grünflächen wichtige Planungsaspekte. 1921 legte er eine Denkschrift vor, in der er mit dem berühmten Schaubild des „Straußenfächers" (Abb. 8.126) das „Achsenmodell" einer „natürlichen Entwicklung Hamburgs" aufzeigte. Dieses Achsenkonzept in aktualisierter Form ist bis heute die raumplanerische Grundlage für Hamburg (s. S.301).

Aber noch immer war es nicht möglich, zu einer Kooperation zu kommen, denn erst nach weiteren, langwierigen Verhandlungen wurde Ende 1928 der Staatsvertrag zur Bildung des „Hamburgisch-Preußischen Landesplanungsausschusses" geschlossen. „Diese Dezentralisierung ist möglich, weil innerhalb unseres Bezirkes an entscheidenden Stellen bereits namhafte städtebauliche Instrumente vorhanden sind. Ihnen soll die Arbeit nicht weggenommen werden, sondern sie soll vereinigt werden und unter große Gesichtspunkte gestellt werden." Diese Einschätzung von SCHUMACHER erwies sich als falsch, denn es gelangen - bis auf wenige Ausnahmen - keine Vereinbarungen über die Ausführung der Planungen. Das führte 1937 zur Eingemeindung einiger angrenzender Städte nach Hamburg (BPB).

Das Zentrale-Orte-System von Walter Christaller

Die Theorie der Zentralen Orte wurde 1933 von Walter CHRISTALLER (1893-1969) in seiner Dissertation „Die zentralen Orte in Südddeutschland: Eine ökonomisch-geographische Untersuchung über die Gesetzmäßigkeit der Verbreitung und Entwicklung der Siedlungen mit städtischen Funktionen" entwickelt. Aber erst nach 1960 findet Christallers „Zentrale-Orte-System" allgemein Anerkennung und wird in der Praxis der Landes- und Regionalplanung umgesetzt.

Die *Kernaussagen* der Zentrale-Orte-Theorie sind: Die Zentralität eines Ortes wird nach seinem Bedeutungsüberschuß bemessen, der nach Abzug der von den Ortsbewohnern benötigten Gütern und Diensten besteht. Grundlage sind die sog. LAUNHARDT'schen „Preistrichter". Die Ortspreise steigen um die Transportkosten, bis ein Gut oder eine Dienstleistung nicht mehr nachgefragt wird. Durch Schwellenwerte legte er neun Zentralitätsstufen, vom „Hilfszentralen Ort" bis zum „Reichshauptort", fest (KLÖPPER, Sp. 3853).
CHRISTALLER hat *drei Grundprinzipien* unterschieden:
1. *Das Versorgungsprinzip* ist charakteristisch für die Verteilung der zentralen Orte.
Der zentrale Ort nächstniederen Rangs liegt stets im Mittelpunkt eines gleichseitigen Dreiecks, das aus den zentralen Orten höheren Rangs gebildet wird, und diese Dreiecke schließen sich zu Sechseckverbänden zusammen.
2. *Das Zuordnungsprinzip* ändert nichts an der Verteilung der zentralen Orte, aber an der „hierarchischen Stufenfolge", etwa der Zuordnung zu einem Verwaltungszentrum.
3. *Das Verkehrsprinzip* hat als Hauptmerkmal die „konsequente Lage der nächstniederen zentralen Orte auf der Mitte der Verkehrslinien, die zwei höherrangige zentralen Orte miteinander verbinden" (LAUSCHMANN, S. 46-48).
Die Anwendung des „Zentrale-Orte-Systems" mit Überlagerung von linienförmigen Verkehrs-Infrastrukturen führte zum punktaxialen System mit zentralen Orten und Entwicklungsachsen (s. S. 298) als Grundlage der großräumigen Raumplanung.

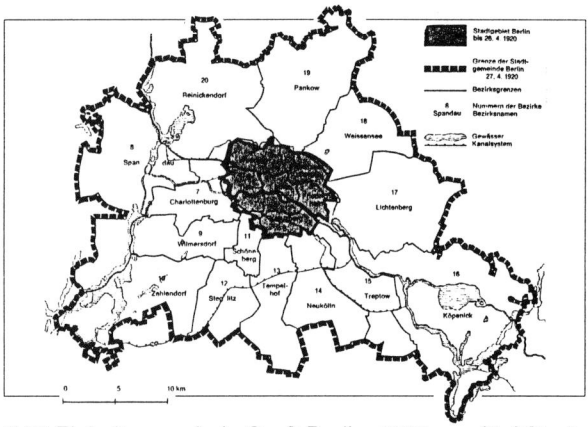

5.99 Einheitsgemeinde Groß-Berlin, 1920, aus fünf Stadt- und 59 Landgemeinden und 27 Gutsbezirken.

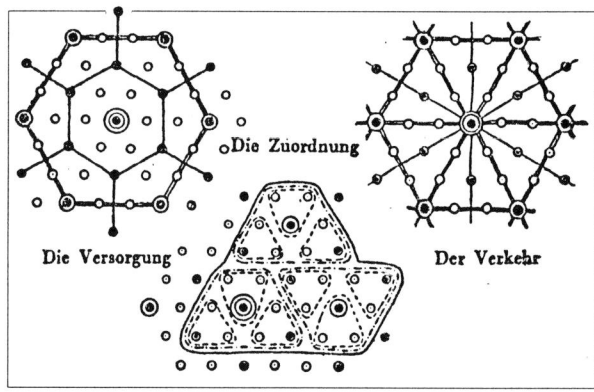

5.100 W. CHRISTALLER 1933. „Zentrale Orte" nach dem Versorgungsprinzip: Versorgung, Verwaltung, Verkehr.

6. Rückschritt:
Stadtplanung und Bauen im „Dritten Reich" (1935-1945)

„Unter den Bauaufgaben des Großdeutschen Reiches nimmt die Neugestaltung deutscher Städte eine besonders wichtige Stelle ein. Eine Reihe von großen Städten wird nach dem Willen des Führers durch die Anlage repräsentativer Plätze und Straßenzüge neue Mittelpunkte bekommen, an denen sich das Bauen für die kommende Zukunft orientieren soll. An erster Stelle steht die Neugestaltung der Reichshauptstadt. Ebenso werden München als Hauptstadt der Bewegung, das Reichsparteitaggelände in Nürnberg, Hamburg als Stadt des Außenhandels und Linz im gleichen Sinne neugestaltet. In den vergangenen zehn Jahren seit der Machtergreifung durch Adolf Hitler ist das neue Bild der deutschen Städte bereits in einer Reihe von großen Bauten sichtbar geworden."
Albert SPEER, 1943
„Generalbauinspektor für die Reichshauptstadt"

6.1. Ideologisches Leitbild im Städtebau

„Die vorstehende Arbeit soll sich vielmehr in aller Schlichtheit damit begnügen, den Weg zu bereiten und die Saat der Erkenntnis auszustreuen, daß die soziale Struktur der Bevölkerung als neues formgebendes Prinzip in den Gesichtskreis der zukünftigen Städtebauer treten muß. Liebevolle und verständnisinnige Anpassung des Linienflusses der Straßen in die landschaftlichen Gegebenheiten ist dem kommenden Städtebauer schon inneres Gebot geworden. Das seelenlose Schachbrettsystem der amerikanischen Riesenstädte und die völlig planlosen Stadterweiterungen der liberalistischen Epoche müssen überwunden werden. Der Mensch selbst, sein Leben und seine Arbeit wird als Dominante Form und Inhalt der Städte der Zukunft bestimmen."

„Wir hoffen, daß aus dieser Saat blühendes kulturelles Leben neu ersprießen und damit unsere Arbeit brauchbare und der deutschen Volksgemeinschaft segensreiche Frucht tragen wird. Gesät werden aber muß vollwertiges Saatgut, auf geeignetem Boden zur rechten Zeit. Daß unser Saatgut der Kritik standhält, hoffen wir. Welche Zeit aber

sollte günstiger sein, als die Zeitenwende, die der Nationalsozialismus heraufgeführt hat, und welcher Acker könnte wohl fruchtbarer und zukunftsträchtiger sein als der heilige Boden des Dritten Reiches aller Deutschen - Großdeutschlands -, das unser Führer Adolf Hitler aus jahrtausendaltem Traume zur kraftbewußten stolzen Wirklichkeit erweckt hat?"
Gottfried FEDER, „Die neue Stadt", 1939

Ideologie als Grundlage von Städtebau und Architektur

Die Wirtschaftskrise zu Beginn der 30er Jahre bereitete dem Städtebau des Neuen Bauens nach kurzer Blüte ein jähes Ende. Der Schwenk zu einem anonymen „ländlichen Siedlungsbau" war abrupt und total, wie an dem Beispiel Goldstein in Frankfurt (s. S. 146 f.) illustriert wird. Aber der städtebauliche Rückschritt in frühindustrielle Stadtfluchtkonzepte, denen die soziale Motivation nicht abgesprochen werden soll, bereitete den ideologischen Boden auch für eine „städtebauliche Machtergreifung" der Nationalsozialisten. Die Protagonisten des „modernen Städtebaus" wurden „ausgeschaltet", und die Anhänger der Gartenstadtbewegung ideologisch umarmt und schließlich verdrängt. Die nationalistisch und „völkisch" gesinnten Architekten und Städtebauer setzten sich durch und fügten damit den Gartenstadtideen einen Makel zu, der ihnen noch heute anhaftet.

„Das Wesentliche an der in dieser Zeit mit aller Schärfe ausbrechenden Großstadtfeindschaft war, daß man eigentlich nur mehr von Großstadt-Haß reden kann, wenn man sich die Radikalität, die veralteten Leitbilder und die bewußte Katastrophen-Beschwörung vor Augen hält, mit der die Argumentation geführt wurde. Bemerkenswert war aber auch, daß die NSDAP mit Großstadtfeindschaft und Landsehnsucht sowohl demagogisch als auch in der seriösen Argumentation der bürgerlichen Parteien auf Stimmenfang ging. Sie verstand es, sowohl die Land- wie die Stadtbevölkerung gegen die Großstadt einzustimmen und die kulturelle Avantgarde als Ausdruck der Wurzellosigkeit und Ruchlosigkeit der Großstadt hinzustellen" (SCHNEIDER, S. 13).

Das Buch des führenden nationalistischen Rassenideologen Hans F. K. GÜNTHER „Verstädterung -

Ihre Gefahren für Volk und Staat vom Standpunkt der Lebensforschung und der Gesellschaftswissenschaft", 1934 erschienen, wurde wohl zum Hauptwerk der nationalsozialistischen Großstadtablehnung. Den Begriff „Entwurzelung" definiert er darin als Vorgang, in dem „der menschliche Geist sich von den Lebensgrundlagen der Gattung Mensch entfernt". Verstädterung bedeute „gesellschaftskundlich (soziologisch) gesehen, die Gefahr der Entwurzelung durch eine Entfaltung technischer und geistiger Kräfte, deren Wert für das Gedeihen des Ganzen nicht mehr überprüft werden kann". Die Städte hätten die Eigenart, höherwertige Erbanlagen zu verzehren, „während sie andererseits immer dazu neigen, minderwertige Erbanlagen zu züchten" (SCHNEIDER, S. 13).

Die Nationalsozialisten strebten nicht nur nach einer ideologischen Manifestation bei Neuplanungen und Neubauten. Städte und Dörfer sollten nach ihren Vorstellungen umgestaltet werden, damit ihr Machtanspruch auch äußerlich und dauerhaft sichtbar werden konnte (Abb. 6.1, 6.2). So wird in dem Buch „Neue deutsche Baukunst", 1943 herausgegeben vom „Generalbauinspektor für die Reichshauptstadt" Albert Speer, formuliert:

„Mit dem Gesetz über die Neugestaltung deutscher Städte hat der Führer die rechtlichen Mittel zur Verfügung gestellt, die für den Neuaufbau unerläßlich sind. Denn es handelt sich nicht mehr zunächst um Einzelbemühungen: Verkehrsregelung, Altstadtsanierung, Siedlung, Grünplanung u. ä., für die notfalls auch das geltende Recht genügen konnte. Es geht vielmehr um die Schaffung neuer Stadtzentren, neuer baulicher Mittelpunkte von einer Größe, die jedes private Bauen beherrschen soll. In der Neugestaltung der Stadtmitten aber liegt die Lösung aller übrigen städtebaulichen Fragen notwendig beschlossen. Die Form, die äußere Gestalt der neuen Bauten geht aus ihrem Inhalt, ihrem Sinn und Zweck hervor. Die-

se Bauten dienen dem Volksganzen: Saalbauten, Theater- und Feierräume. Alle übrigen neuen Gebäude des Staates und der Bewegung werden mit diesen zusammengefaßt in geschlossener Wirkung zu großen repräsentativen Straßen- und Platzräumen. Diese sollen unsere neuen *Stadtkronen*, die Mittelpunkte unserer heutigen Städte sein" (SPEER/WOLTERS, S. 9/10).

Selbst in den kleinsten Dörfern wurde die Ideologie der Volksgemeinschaft baulich und optisch zum Ausdruck gebracht. Schulbauten und Feierabendhallen betonten den totalitären Anspruch des Staats im Alltag ebenso wie die Fabriken vom Amt „Schönheit der Arbeit", in deren „Kameradschaftsräumen" das Bild des „Führers" über dem Kamin hing. „Die Allgegenwart des Herrschaftsanspruchs noch in den unscheinbarsten Bauten bildete einen geschlossenen Hintergrund, vor dem auch die Bänder der Reichsautobahnen als ´Straßen Adolf Hitlers´ ihren ideologischen Auftrag hatten" (DURTH/NERDINGER, S. 14).

Phasen des Wohnungsbaus im „Dritten Reich"

Während in den Boomjahren des Wohnungsbaus der Weimarer Republik, etwa von 1924-1929, fast die Hälfte der Wohnungsbauten durch „Hauszinssteuerhypotheken" finanziert wurde, reduzierte sich dieser öffentliche Anteil der Finanzierung 1933 auf 20% und 1937 sogar auf 10%. Trotz aller Bekundungen der Nationalsozialisten, sich für den Wohnungsbau einzusetzen, blieb der öffentliche Beitrag dazu eher bescheiden. Wenn auch die große Anzahl neuer Wohnungen der 20er Jahre nicht erreicht wurde (Jahresdurchschnitt 340 000 WE), so

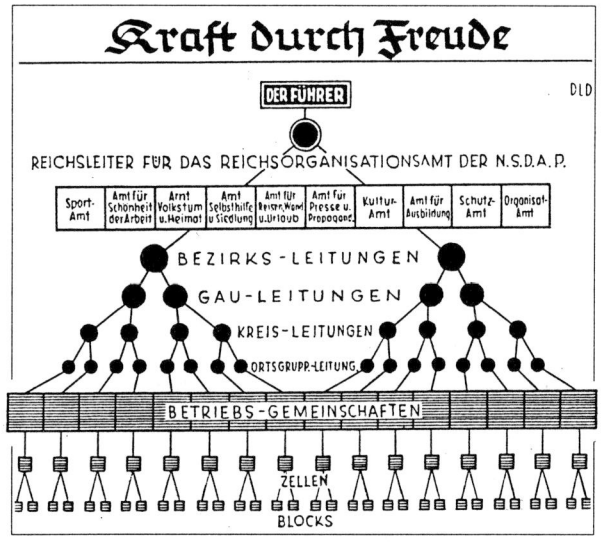

6.1 Hierarchie der KdF-Organisation. Die ideologischen Parteiinteressen drangen bis in einzelne Baublocks vor.

6.2 Die Kleinstadt als städtebauliches Leitbild zur Vermeidung der Nachteile des Dorfes und der Großstadt.

konnten doch durch private Finanzierung von 1933 bis zum Kriegsbeginn 1939 jährlich etwa 300 000 Wohnungen erstellt werden. Der Wohnungsbau im „Dritten Reich" vollzog sich in ganz verschiedenen Phasen, die vereinfacht etwa so charakterisiert werden können:

• 1933-1935: Fortsetzung des Kleinsiedlungsbaus entsprechend den Notverordnungen der Republik. Verlagerung der Haupttätigkeit von den Großstädten auf kleine und mittlere Gemeinden sowie dünn besiedelte Land- und Grenzgebiete.

• 1936-1939: Gartenstadtähnliche Siedlungen und vereinzelte Neustädte mit „Heimstätten" für die „Gefolgschaften" der Wehrmacht und für „Stammarbeiter" der Vierjahresplanbetriebe.

• 1940-1943: Vorbereitung des „sozialen Wohnungsbaus" nach dem Kriege im Rahmen der „totalen Planung und Gestaltung" in Erwartung einer Osterweiterung des „Deutschen Lebensraumes" (Abb. 6.3).

Alle drei Phasen kennzeichnet das Bestreben der nationalsozialistischen Regierung, die Kontrolle und Lenkung des Wohnungsbaues in zunehmendem Maße an sich zu ziehen. Die Lasten wurden aber nach Möglichkeit auf private Bauträger (Sparer, Wohnungsbaugesellschaften, Industrie) abgewälzt, deren Investitionsbereitschaft sich durch die generelle Senkung der Zinssätze von ca. 9 auf 5 %, die Gewährung von „Reichsbürgschaften" sowie den allgemeinen Konjunkturaufschwung spürbar belebt hatte (TEUT, S. 252).

Wichtige Grundlagen der damaligen Siedlungstätigkeit wurden von Gottfried FEDER, der schon vor HITLER der NSDAP angehörte, maßgebend beeinflußt, ja sogar bestimmt. In seinem Buch „Die neue Stadt", einem „Standardwerk der Städtebauliteratur in den 40er Jahren" (TEUT, S. 311), faßte er diese zusammen. Als „Reichskommissar für das deutsche Siedlungswesen" sagte FEDER in einer Rede:

„In meinen zahlreichen öffentlichen Verlautbarungen und Reden habe ich die Wichtigkeit der Siedlung als bevölkerungspolitisches Problem immer mit allem Nachdruck unterstrichen, aber vor der Romantik derjenigen Siedlungen gewarnt, die den in solchen Siedlungen angesetzten Menschen nicht auch gleichzeitig die Garantie für dauernde Beschäftigung geben. Siedlungen, und zwar Neusiedlungen, neue Landstädte sollen nur dort entstehen, wo die wirtschaftlichen Voraussetzungen für die weitere Existenz gegeben sind, für dauernde Beschäftigung der angesiedelten Bevölkerung auf Grund örtlicher Rohstoffquellen, die an Ort und Stelle veredelt werden oder durch Schaffung neuer Industrien oder durch Verlagerung schon vorhandener."

Stadtrandsiedlungen mit ihren oft übermäßig weiten Entfernungen zum Stadtmittelpunkt und zur Arbeitsstätte könnten nur zur „Niederlegung" ungesunder Altstadtquartiere gebilligt werden, damit die Großstädte Licht und Luft - gewissermaßen also frische Lungen - bekämen. Siedlungsneubau und Stadtumbau waren also die wesentlichen städtebaulichen Programmpunkte, die aber eindeutig ideologisch motiviert waren:

„Diese neuen Siedlungen und Städtchen werden Musterbeispiele bester deutscher Baukunst sein in ihrer Einfügung in die Landschaft, in ihrer Eingliederung in den großen Rhythmus des neuerwachten deutschen wirtschaftlichen Lebens, in ihrer Begründung gesunder sozialer Verhältnisse, in Kameradschaft und Erdverbundenheit mit der deutschen Muttererde und ihrem Wiedererwecker und Neugestalter Adolf Hitler" (nach TEUT, S. 313 f.).

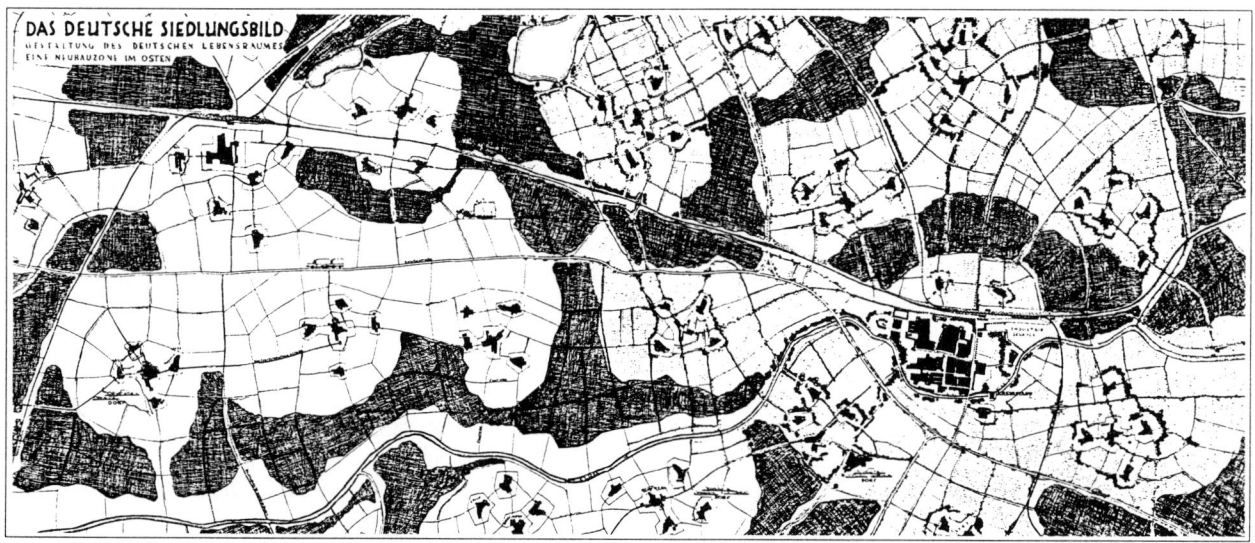

6.3 Reichsheimstättenamt 1940: Das Deutsche Siedlungsbild. Gestaltung des deutschen Lebensraumes - Eine Neubauzone im Osten. Ordnung und Gestaltung der Siedlungskörper, Dorf, Marktflecken, Kreisstadt, nach CHRISTALLER.

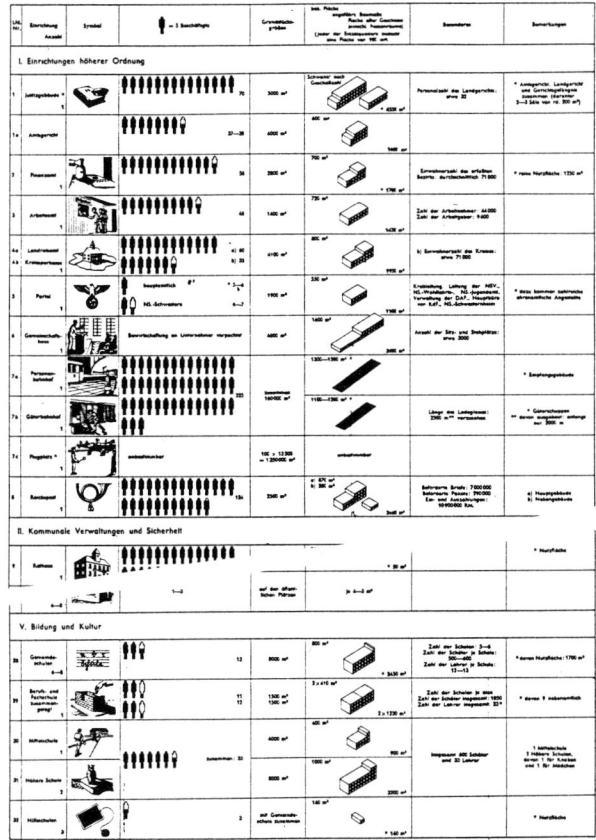

6.4 Gottfried FEDER: Richtwerte für die Öffentlichen Einrichtungen in einer Stadt von 20 000 Einwohnern.

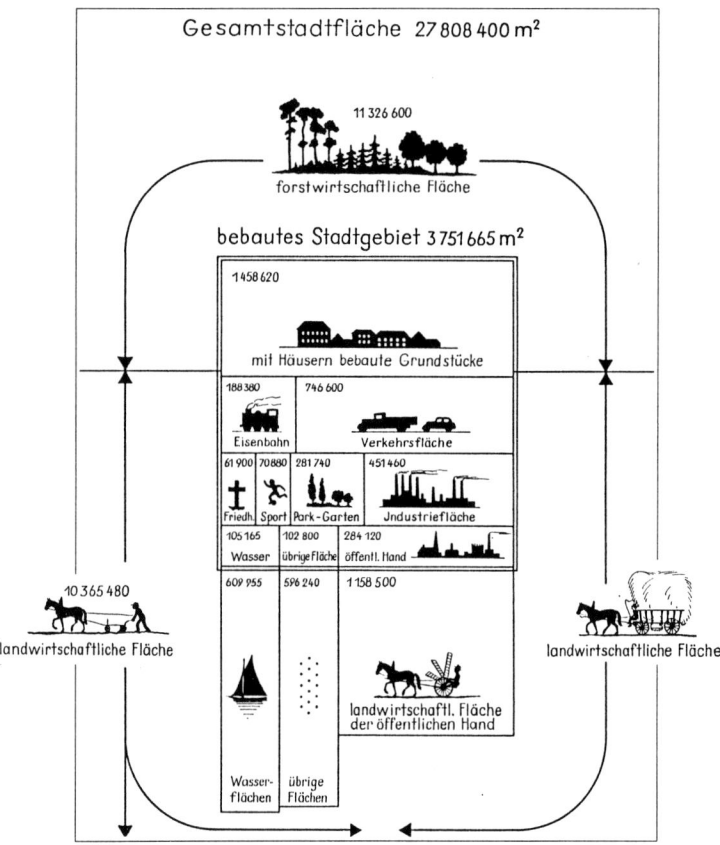

6.5 Flächengliederung einer Stadt mit 20 000 Einwohnern. Schlußfolgerungen für die zukünftige Stadt. 1939

Städtebauliche Richtwerte und „Ordnungsprinzipien"

Die erste Arbeit, die sich umfassend und wissenschaftlich mit der Größe und Zuordnung von „öffentlichen und privatwirtschaftlichen Einrichtungen" in einer Stadt beschäftigte, war das Buch „Die neue Stadt" von Gottfried FEDER aus dem Jahr 1939. Bis Ende der 60er Jahre blieb es das Standardwerk für Stadtplaner, die es allerdings wegen der eindeutig nationalsozialistischen Intention in Planungsämtern und Büros nur versteckt benutzen. Erst 1968 kommen mit den „Orientierungswerten für städtebauliche Planung" von Klaus BORCHARD und 1972 „Funktionelle Erfordernisse zentraler Einrichtungen als Bestimmungsgröße von Siedlungs- und Stadteinheiten in Abhängigkeit von Größenordnung und Zuordnung" von Friedrich SPENGELIN u. a. neuere Arbeiten zu diesem Thema heraus.

Gottfried FEDER und sein Assistent Fritz RECHENBERG untersuchten bei 120 Städten, alle um 20 000 Einwohner groß, die Fragen
• *Was* gehört alles in eine Siedlung hinein,
• *Wieviel* von dem Was,
• *Wie groß* sind die einzelnen Einrichtungen und
• *Wohin* gehören sie? (S. 431).

„Dem praktischen Leben abgelauscht, überall fußend auf den wirklichen Zuständen, immer kritisch den gefundenen Ermittlungen gegenüberstehend, ob sie in ihrer derzeitigen oder gewordenen Form auch wirklich den Bedürfnissen und dem Leben der Allgemeinheit richtig und gut zu dienen vermögen, sind unsere Richtzahlen ermittelt worden" (S. 2). Das sei ein „Versuch der Begründung einer neuen Stadtplanungskunst aus der sozialen Struktur der Bevölkerung", wie es im Untertitel des Buches heißt.

Da jede Stadt ein „Organismus" sei, wie zu Beginn in den „allgemeinen Betrachtungen" ausgeführt wird, lag es nahe, in Analogien zu verfallen. „Das uns vorschwebende Bild von der Harmonie und inneren Ordnung eines gut gewachsenen Menschen oder eines sonstigen wohlgeformten Lebewesens hat uns die Überzeugung gegeben, daß wir auf dem richtigen Wege sind, wenn wir uns bemühen, für alle Organe und Bedürfnisse des täglichen, öffentlichen, privaten und wirtschaftlichen Lebens Richtwerte und Normen festzulegen. Wie wichtig und notwendig die Arbeit war, wird am klarsten, wenn wir uns am Bild des menschlichen Körpers Rechenschaft ablegen über Größe und Zahl, über die gegenseitigen Beziehungen und Funktionen der einzelnen Organe und Glieder des menschlichen Körpers" (S. 2; Abb. 6.4).

Für „Flächengliederung und Strukturbild" wurden zehn Städte untersucht, um „etwas über die Verteilung der Flächen in einer Stadt" zu erfahren. Die einzelnen Werte wurden in einer Tabelle zusammengestellt und die Durchschnittswerte in einem

Schaubild verdeutlicht (Abb. 6.5). Da das Idealbild der Mittelstadt mit etwa 20.000 Einwohnern aus ideologischen Gründen vorgegeben war, sollten die Untersuchungen der verschiedenen Einrichtungen gar nicht dazu dienen, daraus eine optimale Stadtgröße abzuleiten. Im ersten Teil des Buches wird diese Vorgabe nur begründet: „Warum 20 000er Städte?" Die Aufzählung der Nachteile der Großstadt und des Dorfes führen dabei zwangsläufig zur positiven Beurteilung der „kleinen Stadt", die alle Nachteile vermeidet und nur die Vorteile in sich vereint. Die so formulierten städtebaulichen Leitbilder ähneln sehr dem Fazit von HOWARD, das sich aus seinem Drei-Magneten-Vergleich (s. S. 47) ergibt.

Städtebauliche Leitbilder für „Die neue Stadt"

Als Nachteile der Großstadt sieht FEDER (S. 24 f.) „Kinderarmut, keine Seßhaftigkeit" und die „Opfer des Verkehrs". Beim Dorf sei nachteilig: „Mangelhafte oder gänzlich fehlende zivilisatorische Einrichtungen, keine Mittelpunktbildung des kulturellen Lebens, keine Entwicklung des verwaltungsmäßigen organisatorischen Lebens und kein umfassendes geschäftliches und gewerbliches Leben". Die Vorteile der Großstadt und des Dorfes würden aber in der kleinen Stadt glücklich vereint.

- Die meisten staatlichen und fast alle kommunalen Behörden seien in einfacher Form vorhanden.
- Es gäbe dort auch kulturelle Einrichtungen.
- Eine gewisse Arbeits- und Absatzmarktbildung sei in genügendem Umfang gegeben.
- Der eigene Garten beim Haus oder das Ackerland vor der Stadt brächten unmittelbare Bodenverbundenheit mit sich.
- Die kleine Stadt sei notfalls immer in der Lage, sich von ihrem sie unmittelbar umgebenden Land zu versorgen. Zu den Dörfern der Umgebung bestünden nahräumliche und kurzwegige Beziehungen.
- Durch die unmittelbare Nähe des offenen Landes mit seinen Wiesen und Feldern, Wäldern und Wasserflächen würden selbst die Schäden und Gefahren an und für sich ungesunder, enger und dumpfer Wohnungen abgeschwächt. Diese Naturnähe wirke „fördernd auf das Gedeihen eines gesunden Nachwuchses" und ließe schon dadurch den „Willen zum Kinde zur Selbstverständlichkeit" werden.

„Aus all den oben angeführten Gründen haben wir uns bemüht, die Struktur der vorhandenen kleinen Städte zu erforschen und sind dabei zu dem Ergebnis gekommen, daß, volkspolitisch gesehen, eine Landstadt von rd. 20 000 Einwohnern die gesundesten Lebensbedingungen aufweist" (S. 27). Diese „Landstadt" ist als „Organismus" einerseits in einzelnen „Zellen" mit verschiedenen Unterkernen um den Stadtmittelpunkt gruppiert und andererseits in einer strengen Hierarchie an den „höheren Organismus

des Landes und des Reiches angeschlossen". Damit wird auch auf das raumanalytische Konzept von CHRISTALLER zurückgegriffen (s. S. 146), das im Buch erwähnt wird. Die organischen Vorstellungen, die auch in den Einzelbegriffen zum „Stadtkörper" zum Ausdruck kommen, sind eindeutig ideologisch geprägt und werden in Bezug zur „Deutschen Volksgemeinschaft" gebracht. Eine Gemeinschaftsform müsse gesucht und gefunden werden, „in der sozusagen jeder durch und für den anderen lebt". Oft würden mehrere Unterkerne zu einem Zellverband höherer Ordnung zusammentreten, in dem dann die einmaligen, der ganzen Gemeinde dienenden Einrichtungen Platz fänden. Der einzelne Zellkern müsse so gestaltet werden, daß sich das Leben jedes Ortsteils klar auf seinen Mittelpunkt und erst dann auf die nächsthöheren Kernbildungen bis zum Stadtmittelpunkt orientiere (Abb. 6.6). Von hier aus erst müsse die Stadt an den wiederum höheren „Organismus des Landes und des Reiches" angeschlossen sein (S. 19).

FEDER sah in der Volksschule eine „kernbildende Kraft" für den kleinsten, vollständigen, nach 1945 „Volksschuleinheit" genannten Siedlungsteil. „Zu einer Volksschule mit zwei Lehrgängen (einer für Mädchen, einer für Knaben) gehören etwa 500-600 Kinder. Da ungefähr 15 v. H. der Bevölkerung schulpflichtige Kinder sind, können etwa 3500 Einwohner zu einer Gemeinschaft zusammengefaßt werden. In diese Gemeinschaft gehört natürlich auch eine ganze Reihe von Läden und sonstigen Einrichtungen. Dabei kommt es auch auf die Art der Bebauung an, ob man diese Einrichtungen mit der Schule auf einen Kern vereint, oder ob dann die Einkaufswege der Hausfrau zu weit würden. Sind die Entfernungen von den Häusern zum Kern größer als 500 oder 600 m, so ist es besser, man schafft außer dem Schulkern noch einige kleinere Unterkerne, in denen die häufiger notwendigen Läden, z. B. für Lebensmittel usw., angesetzt werden" (FEDER, S. 19).

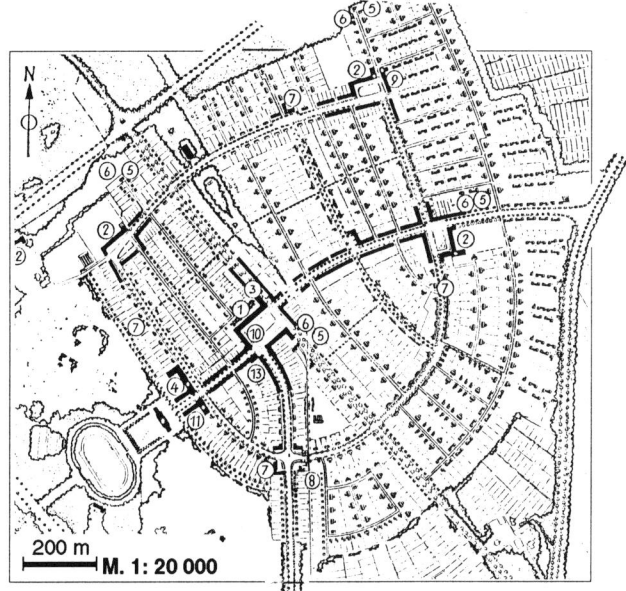

6.6 G. FEDER: Beispiel einer Großsiedlung. „Planmäßige und organische Entwicklung aus der sozialen Struktur."

151

6.2. Siedlungen für die „Deutsche Volksgemeinschaft"

„Der Städtebauer muß eben seine künstlerische Gestaltungskraft in Zukunft viel mehr von der inneren Struktur der sozialen Gemeinschaft leiten lassen: Das neue Stadtbild muß den Ausdruck dieser lebendigen Notwendigkeiten zeigen, denen der Stadtorganismus zu dienen hat, und darf nicht nur als die leere Form rein architektonischen Gestaltungswillens in Erscheinung treten." (FEDER, S.19)

Siedlungen in Anlehnung an Gartenstädte

Nach den Vorstellungen FEDERS sollten *tausend Landstädte* in Anlehnung an Gartenstadtideen gebaut werden. So erwähnt er in seinen „Schlußfolgerungen für die zukünftige Stadt" die Margarethenhöhe in Essen ausdrücklich als „vorbildliches praktisches Beispiel". Die Gartenstadt als formales Vorbild hatte auch H. RIMPL bei seinem Idealplan für die Hermann-Göring-Stadt von 1938, die eine auffallende Ähnlichkeit mit dem Vorschlag von Bruno TAUT aus dem Jahr 1919 für eine vergrößerte Gartenstadt mit 300 000 bis 500 000 Einwohnern zeigt (Abb. 6.7). FEDER zählt allerdings auch damals neuere italienische Stadtgründungen auf, die er als „faustische Kulturtat Mussolinis" glorifiziert.

Konkretisiert werden die Ansätze zu einer „Neuen Stadt" mit 20 000 Einwohnern durch mehrere Studienentwürfe. „Es handelt sich hier nicht um die Ausstellung von Plänen für sog. ´Idealstädte´, sondern um praktische Einzelfälle" (S. 459). Bei dem Entwurf von Heinz KILLUS (Abb.6.8) sticht die strukturelle Nähe zu Gartenstädten deutlich ins Auge. Da bei der Studienarbeit kein konkretes Planungsgebiet vorgegeben war, wird die idealtypische Ausprägung der Stadtanlage sehr deutlich. Bis in einzelne Details lassen sich Parallelen zu dem Diagramm einer Gartenstadt von Ebenezer HOWARD finden, so die ringförmige Besiedlung mit einer mittigen breiten Straße, die ausgelagerten störenden oder platzgreifenden Einrichtungen und die tangierende Bahnlinie. Die hierarchische Gliederung der Versorgungseinrichtungen ist ganz von der Partei geprägt: vom „Unterkern, Tagesbedarf, Zelle der NSDAP", über den „Kern, Wochenbedarf, Ortsgruppe der NSDAP" bis zum „Hauptkern, Monatsbedarf, Kreis der NSDAP".

Nicht nur Neugründungen von Städten kamen für FEDER in Betracht, nach seinen Leitbildern „schöpferisch" gestaltet zu werden, sondern auch für bestehende Städte könnten die „angegebenen Standortzahlen als Richtlinien gelten". Selbst für Großstädte seien sie anwendbar. „Die Großstädte sind aus dem bisherigen gesellschaftlichen und wirtschaftlichen Leben heraus entstanden und insofern begründet. Die Großstadt kann also nicht überhaupt abgelehnt werden, sondern sie ist lediglich in der heutigen Form ungenügend und entspricht nicht mehr den modernen Auffassungen, die an eine Gemeinschaft von Menschen gestellt wird, in der jeder ein gleichberechtigtes lebensfähiges Einzelglied der großen Volksgemeinschaft ist. Erst der Umbau des Reiches (auch der Großstädte) zu organischen Zellengemeinschaften mit größtmöglichster Selbständigkeit wird uns allmählich zu einer neuen Gemeinschafts- und Lebensform hinführen" (FEDER, S. 471 f.).

6.7 Das Konzept für die Hermann-Göring-Stadt von Herbert RIMPL, 1938, wurde bei Bruno TAUT, 1919, kopiert.

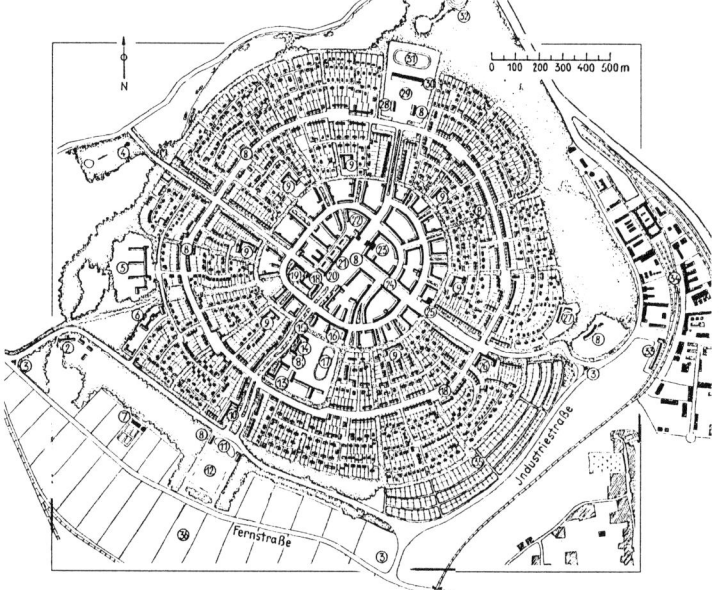

6.8 Studienentwurf einer Stadt von Heinz KILLUS nach den Vorstellungen für „Die neue Stadt" von G. FEDER.

Siedlungsplanung und „Reichsheimstättenamt"

Den Leitbildern für eine „neue Stadt", die FEDER in seinem Buch formulierte, waren bereits praktische Siedlungsplanungen vorausgegangen. Als „Reichskommissar für das Siedlungswesen", seit Anfang 1934, hatte FEDER großen Einfluß auf die landesweite Wohnungsbaupolitik, und seine Vorstellungen waren wesentlich mehr als nur Ergebnisse einer kleinen „Gelehrtengruppe". Schon vorher waren die Wohnungsfürsorgegesellschaften „gleichgeschaltet" und etwas später dem bereits bestehenden „Heimstättenamt der Deutschen Arbeitsfront" eingegliedert worden (SCHNEIDER, S. 116). In den Richtlinien für die Heimstättensiedlungen von 1934 formulierte das Reichsheimstättenamt sehr allgemein, aber mit ideologischer Diktion über deren „Wesen und Bedeutung":

„Die *Heimstättensiedlung* ist die Wohn- und Werkform des deutschen Arbeiters, die es ihm ermöglicht, von dem heiligsten Recht auf ein Stück der Heimaterde einen solchen Gebrauch zu machen, daß der Familie daraus gesunde Kräfte für Leib und Seele erwachsen. Durch die Bewirtschaftung soll ihre Lebenshaltung wesentlich verbessert und in Krisenzeiten drükkendste Not von ihr ferngehalten werden." Zur „Planung der Heimstättensiedlung" wird ausgeführt:

„Die Siedlung als Ganzes muß sich dem Charakter der Landschaft harmonisch einordnen und darf ihre Eigenart und Schönheit nicht beeinträchtigen. ... Nicht Gleichheit der Stellen, sondern Mannigfaltigkeit bestimmt das Wesen einer organischen Siedlung und eines guten Bebauungsplanes. Die Notwendigkeit des sozialen Aufbaues sind zugleich Ansatzpunkte der Gestaltung. ... Neben dem Typ der Wirtschaftsstelle werden Wohnstellen mit kleiner Landzulage, ferner Handwerkerstellen und Läden notwendig sein." (nach SCHNEIDER, S. 117). In diesem Sinne wurden auch zahlreiche Siedlungen konzipiert und realisiert, so z.B. die folgenden Siedlungen:

• **„Mustersiedlung" München-Ramersdorf**, wurde ähnlich wie die Kochenhof-Siedlung in Stuttgart als architektonische und siedlungspolitische Alternative Ende 1933 nach Entwürfen von 17 Architekten errichtet (Abb. 6.9). Die 192 Häuser waren einzeln an den Straßen aufgereiht und hatten nur einen kleinen Garten. Der Wohnungsreferent von München wollte damit „Maßstäbe für die zukünftige ´nationalsozialistische Wohnform´ sowie für die neuen Siedlungen im Reich setzen. Das Wohnen im eigenen Haus mit eigenem Grund sollte im Gegensatz zur Geschoß- und Mietwohnung den ´Volksgenossen´ wieder mit der ´Scholle´ verwurzeln und zur Heranzucht der ´kinderreichen, rassereinen deutschen Familie´ dienen. Da die Siedlung aber nicht den offiziellen Vorgaben für eine Reichskleinsiedlung entsprach, bei der Minimalgrundrisse und die Bewirtschaftung eines

6.9 Siedlung München-Ramersdorf. Wohnen im eigenen Haus auf eigenem Grund zur Bindung an die „Scholle".

6.10 Siedlungsprojekt Fasanenhof in Stuttgart, 1941. Kleinstadt-Anlage mit Volkshalle am zentralen Platz.

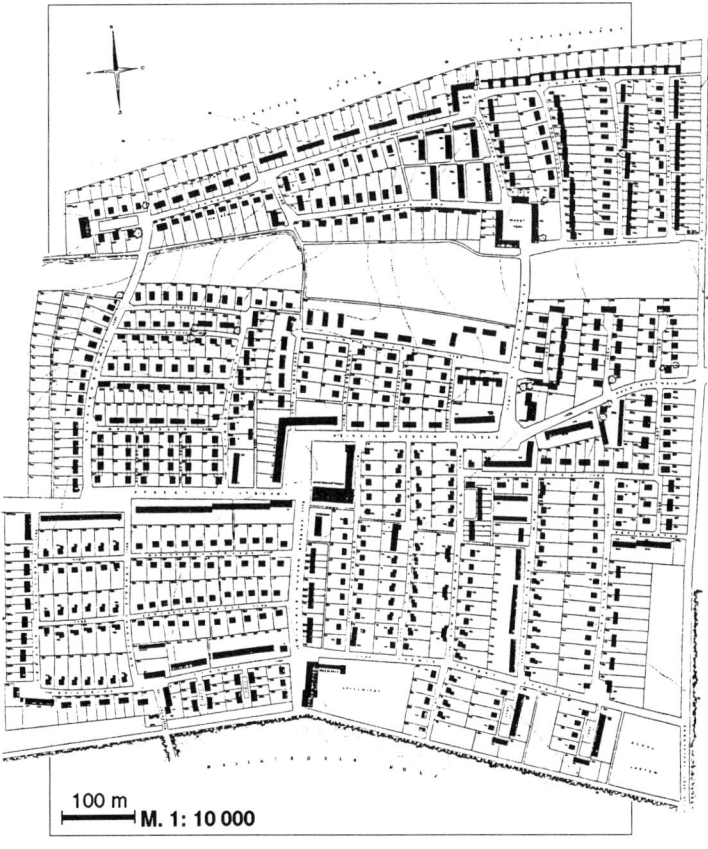

100 m · M. 1: 10 000

6.11 „Lehrsiedlung" Braunschweig-Mascherode, 1936. Verbindung von Gartenstadt und Familienhausreihung.

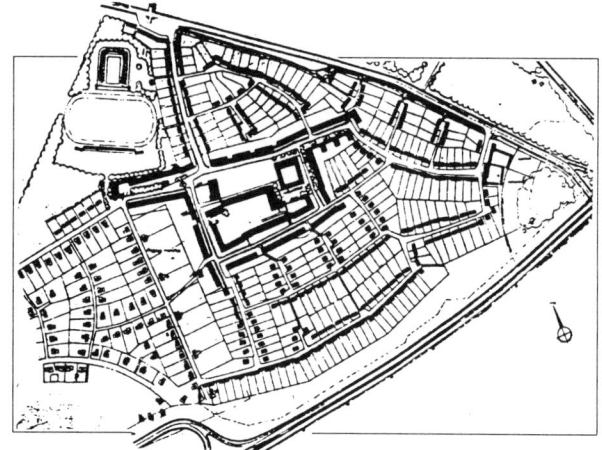

6.12 Streicher-Siedlung in Nürnberg, 1939. Geschlossene Bebauung im Zentrum mit auflockerten Rändern.

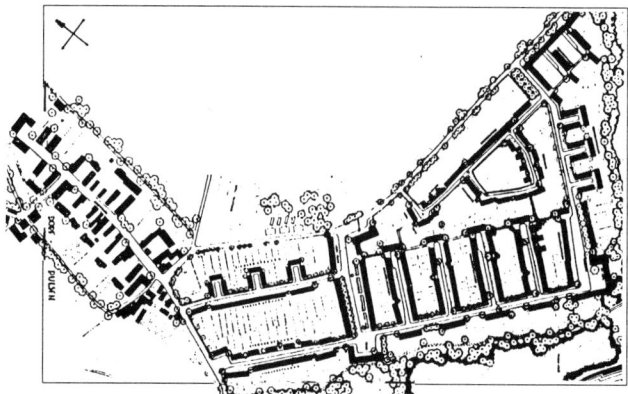

6.13 Pulsen in Sachsen, 1939. Mit geschlossenen, städtischen Baustrukturen wird das Dorf (l.) erweitert.

6.14 Regensburg als Vorbild. Die Schottenheimsiedlung, 1933-39, mit „malerischer, bodenständiger Gestaltung".

Gartens zur teilweisen Selbstversorgung vorgeschrieben waren, erhielt die Anlage trotz großen propagandistischen Aufwands keine Unterstützung der Partei." Die Siedlung ist vollständig erhalten und steht heute unter Ensembleschutz (DURTH/NERDINGER, S. 74).

• **Siedlung Braunschweig-Mascherode**, die als „Lehrsiedlung" 1936 unter der Leitung des Baubüros der Deutschen Arbeitsfront, Architekt Julius SCHULTE-FROHLINDE, angelegt wurde (Abb. 6.11). Bei ihr sind einige Elemente beispielhaft zu erkennen. Der zentrale Bereich mit dem „Gemeinschaftshaus" und die Nebenzentren sind als weitgehend geschlossene Gebäudekanten klar räumlich begrenzt. Die offene Einfamilien- und Reihenhausbebauung beidseits der Straßen findet an den Enden meistens einen baulichen Abschluß. Auch die „Wohnhöfe" an kurzen Stichstraßen erinnern als städtebauliche Elemente sehr stark an Gartenstädte.

Die Ähnlichkeit der Anlage und der äußeren Erscheinung der damaligen Siedlungen ist aber keineswegs zufällig (Abb. 6.12-6.14). Das Reichsheimstättenamt nahm durch Beratung und Weiterbildung der Architekten Einfluß auf Form und Gestalt der Siedlungen. Dabei war der Einfluß der „Stuttgarter Schule" mit Paul BONATZ, Paul SCHMITTHENNER und dem Städtebauer Heinz WETZEL nicht zu unterschätzen.

Der Einfluß von Heinz Wetzel und seinen Schülern

Heinz WETZEL (1882-1945) wurde während seines Architekturstudiums in München und Stuttgart entscheidend von Theodor FISCHER geprägt. Nach seiner Zeit als Leiter des Stuttgarter Stadterweiterungsamts seit 1919 und Lehrbeauftragter für Städtebau seit 1921 wurde er 1925 als Professor an die Stuttgarter Hochschule berufen. „WETZELS Bedeutung liegt primär in seiner Lehrtätigkeit, die er in geistigem Einklang mit den Architekten Paul BONATZ und Paul SCHMITTHENNER entfaltete" (OSTERWOLD, Sp. 3721). Im Gegensatz zu SCHMITTHENNER und auch BONATZ blieb er auf der fachlichen Ebene und ließ sich nicht politisch-ideologisch einbinden, was von einigen seiner Schüler nicht gesagt werden kann.

Für WETZEL war Städtebau in erster Linie „Stadtbaukunst", das „Gestalten aus den Bedingungen der Landschaft und der optischen Ordnung". Seine Prinzipien versuchte er aus den mittelalterlichen Beispielen abzuleiten, wobei er bewußt auch auf SITTE und dessen Forderung, „bei den Alten in die Schule gehen", zurückgriff (Abb. 6.15, 6.16). Zwangsläufig standen dabei für ihn nicht die Großstadt mit den monumentalen Umgestaltungen im Blickfeld, sondern eher die kleineren Siedlungseinheiten: „Entscheidend ist das Geschehen in den Dörfern und in den kleinen und mittleren Städten." Die „beiden wesentlichen Elemente Wetzelscher Stadtbaukunst" sind als soziales Element die „Nachbarschaft" und als städtebauliches Element der „Raum" (SCHNEIDER, S. 120):

Die „Nachbarschaft" leitete WETZEL aus der Zuordnung von Person und Familie, Wohnung und Haus zueinander ab, woraus sich die äußere Gestalt, der Raum der Nachbarschaft entwickelt. Dieser „Raum" sollte als Platz- oder Straßenraum wegen der besseren Überschaubarkeit von einer begrenzte Zahl von Baukörpern gebildet werden. „Raumabschlüsse" oder Aufweitungen des inneren Bereichs könnten die räumliche Wirkung erhöhen. So konnte ein „Anger" gebildet werden, „auf dem die Begegnungen der Nachbarn stattfinden sollten und auf dem die Bewegungen der Fußgänger bestimmend, und die der Kraftwagen untergeordnet sein sollten. Daß diese Räume - als Ruheräume aufgefaßt - nur parallel zu den Höhenlinien liegen konnten, bedarf keiner näheren Begründung."

Diese Lage der Ortsmitte auf dem höchsten Geländepunkt zeigt bereits Theodor FISCHER in seinen „Sechs Vorträgen" beispielhaft an Priene auf. Sein Schüler WETZEL lehrte, daß „Brennpunkte" die Zielpunkte und „Knoten" im Gefüge von Siedlungsflächen und Schnittlinien seien, die nach ihrer Wertigkeit geordnet und den besonderen Bauten für die Allgemeinheit vorbehalten werden müßten (SCHNEIDER, S. 12; OSTERWOLD, Sp. 3721-3725).

Einige Schüler WETZELS waren in wichtigen Positionen an Siedlungsplanungen beteiligt. So Willy KIRCHNER, der 1936 Mitarbeiter im Reichsheimstättenamt wurde und später unter Josef UMLAUF in der Planungsabteilung arbeitete. UMLAUF war später verantwortlich für die Stadtplanung in der Hauptabteilung Planung und Boden beim Reichsführer SS und Reichskommissar für die Festigung des deutschen Volkstums (TEUT, S. 330). Er wurde 1965 Professor für Raumordnung und Landesplanung in Stuttgart und blieb es bis 1969.

„Nachbarschaft", „Stadtkrone" und Führerprinzip

Die Siedlungen des „Dritten Reichs" zeigten zwar nicht die formale Geschlossenheit der deutschen Gartenstädte zu Beginn des Jahrhunderts, orientierten sich aber an deren räumlichen Vorstellungen. In diesem Sinne wurden nach historischen Vorbildern Gebäudegruppen gebildet, die den Vorstellungen WETZELS von „Nachbarschaften" entlehnt wurden. Neben der formalen Ausprägung der Siedlungselemente waren die politischen Zielsetzungen überdeutlich, die in den Richtlinien zur Heimstättensiedlung festlegten, aus den Siedlungen „organische Lebensgemeinschaften wachsen zu lassen" (Abb. 6.19, 6.20).

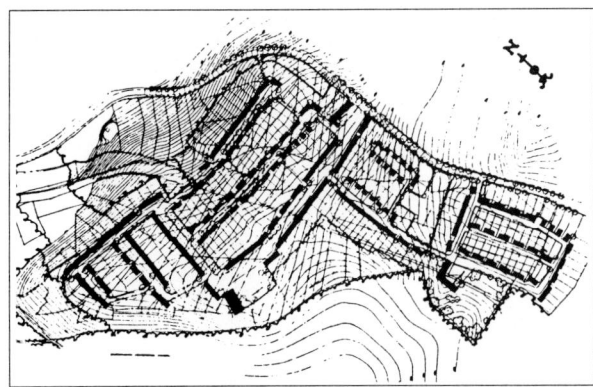

6.15 Siedlung Zschopau in Sachsen. Der Entwurf von 1938 wurde nach Prinzipien von Heinz WETZEL ...

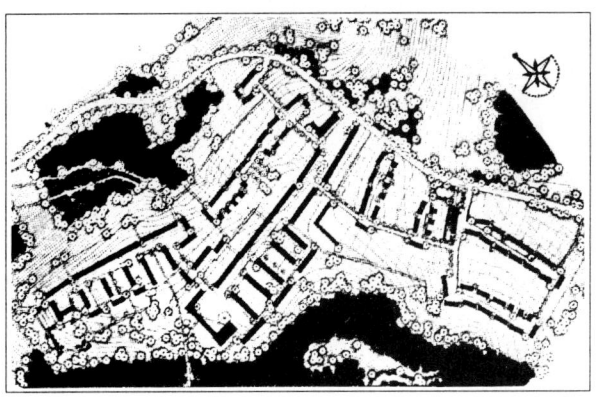

6.16 ... bis 1940 verändert: Der „Platz" (M. u.) wird baulich gefaßt, die Siedlungsflächen wirken geschlossener.

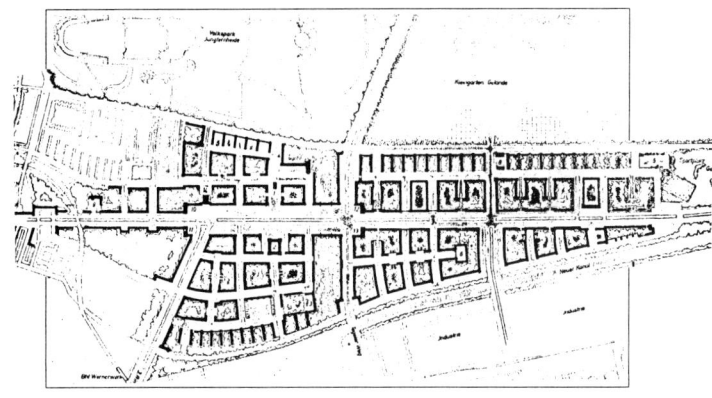

6.17 Planung einer Wohnsiedlung Charlottenburg-Nord in Berlin, ca. 1942. Neben der Siemensstadt (l.) sollte ...

6.18 ... eine großstädtische Anlage mit Prachtstraße entstehen. Realisiert wurde ab 1955 SCHAROUNS Plan.

6.19 Arbeitersiedlung eines Rüstungswerkes in der Mark von Herbert RIMPL, ca. 1940. Bindung an das Werk.

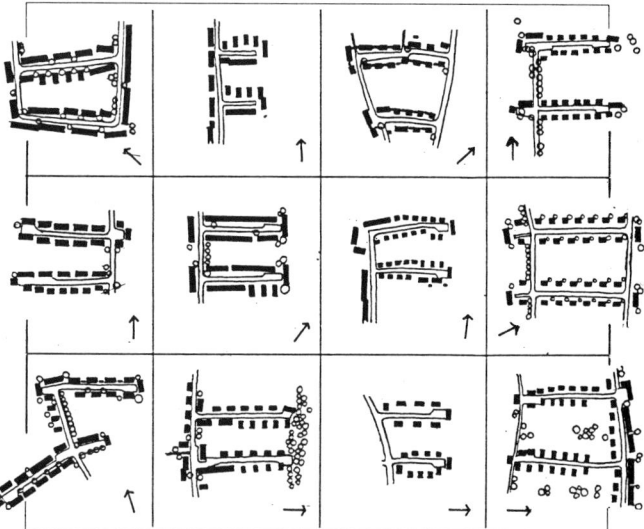

6.20 „Nachbarschaften" in Bebauungsplänen als baulicher Ausdruck für „organische Lebensgemeinschaften".

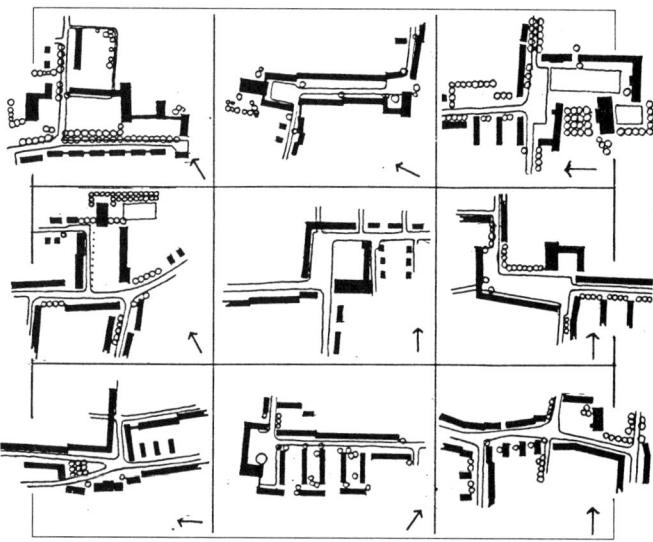

6.21 Die „Volkshalle" als Gemeinschaftsanlage an zentral gelegenen Plätzen in einigen „Heimstätten-Siedlungen".

Ein weiteres kennzeichnendes Element der Siedlungen war eine zentrale, von Gebäuden gefaßte Platzanlage mit „Volkshalle" (Abb. 6.21). Dieses Versammlungshaus bildete oft in Verbindung mit einer Schule, HJ-Heim und einem Parteibau die „neue Mitte". Dies entsprach dem Ziel, „Anlagen zu schaffen, die in ihrer städtebaulichen Erscheinung, vor allem in dem Vorherrschen der Gemeinschaftseinrichtungen, weltanschaulicher Ausdruck unserer Zeit sind", wie der Stuttgarter Oberbürgermeister Dr. Karl STRÖLIN bemerkte (SCHNEIDER, S. 122). Damit benutzten die Nationalsozialisten die Einrichtung „Gemeinschaftshaus" der Gartenstadt- und Siedlerbewegung und die damit verknüpften städtebaulichen Vorstellungen nicht nur begrifflich, sondern mißbrauchten sie auch für ihre Ideologie.

„Die Form eines von öffentlichen Bauten umgebenen, auf die Halle ausgerichteten Versammlungsplatzes hat sich schon bei den ersten Umgestaltungsmaßnahmen in den Gauhauptstädten als Typ herausgebildet. Nur in Einzelfällen wird auf Grund landschaftlicher Gegebenheiten unter Umständen eine abgesonderte Lage der Halle begründet sein. Die Hallen müssen nach ihrer inneren Bedeutung den Schwerpunkt im Bilde künftiger neuer Städte oder Stadtteile bilden. Um dieser städtebaulichen Aufgabe gewachsen zu sein, müssen sie entweder mit baulichen Mitteln oder durch die Ausnutzung landschaftlicher Gegebenheiten ihrer Bedeutung entsprechend aus der Umgebung herausgehoben werden" (Josef UMLAUF, 1941, „Die Bauten der Gemeinschaft", zit. nach TEUT, S. 330).

Die topografisch exponierte Lage einer Gruppe von Gemeinschaftseinrichtungen in einer Stadt war schon viel früher für einige Architekten der geeignete Standort für eine „Stadtkrone", die von Bruno TAUT schließlich begrifflich bestimmt wurde (s. S. 102 f.). Anfänglich handelte es sich um die zentrale Anordnung der wichtigsten öffentlichen Einrichtungen, wie zum Beispiel beim Gartenstadt-Schema von Ebenezer HOWARD und auch bei Raymond UNWIN, der 1910 formulierte: „Es gilt, ein Heim zu planen für die Gemeinschaft, die ein bestimmtes Gemeinschaftsleben hat. Für dieses Leben ist ein Mittelpunkt notwendig, der von Verwaltungsgebäuden, Museen, Schulen, Gesellschaftshäusern, Andachtsstätten gebildet wird."

1919 beschreibt dann Bruno TAUT in seinem Buch die „Stadtkrone" als Idee einer Stadt, deren Wohngebiete in gartenstadtartiger Bebauung gedacht sind und die von einer Stadtkrone überragt werden. Sie besteht aus einer Gebäudegruppe, in der die Oper, das Schauspielhaus und ein Volkshaus untergebracht sind, und die von einem „Kristallhaus gekrönt" wird. In ihm sollen „alle innigen und alle großen Empfindungen wachwerden". Es folgen 1920 Skizzen von Hans SCHAROUN von einem „Volkshausgedanken", die er als Traum beschrieb, „sich selbst und erwartungsheißer Volksmenge Aufstieg und Krone weisend" (SCHNEIDER, S. 104).

Die „Volkshalle" war im Städtebau des „Dritten Reiches" Mittelpunkt der Planungen als „Ausdruck der Volksgemeinschaft" und des „Führerprinzips". Dies war begründet in der Vorstellung vom autoritären „Führerstaat" und in der Bedeutung von Massenveranstaltungen im politischen Leben. „Das organisatorische Erfassen einer möglichst großen Zahl von Menschen war einerseits das Ziel der inszenierten ´Massenerlebnisse´, andererseits kamen diese Veranstaltungen aber auch dem allgemeinen Wunsch nach Teilnahme am gesellschaftlchen und nationalen Leben entgegen." Sowohl Peter KOLLER für Wolfsburg als auch Herbert RIMPL für Salzgitter griffen die Stadtkrone, zumindest in Form einer erhöht gelegenen „Volkshalle", aufgrund entsprechender geografischer Gegebenheiten auf (SCHNEIDER, S. 104).

6.3. Idealstadtkonzepte und Neue Städte

„Die Stadtlandschaft stellt keine neue Idealstadt formaler Art dar, sondern ist zunächst eine abstrakte Organisationsidee im Dienste der Wiedergewinnung der ´Lebenseinheit´ auf der Grundlage einer neuen weltanschaulichen und politischen Ausrichtung. Ihr liegt die Erkenntnis zugrunde, daß seit Jahrtausenden die Kultur unserer Städte durch Übervölkerung, mangelnde Folgerichtigkeit und Elastizität in einer nicht mehr biologisch vertretbaren Entwicklung zerstört wurde, ja großen Reichen das so entstehende Großstadtelend einerseits und die Landflucht andererseits zum Verhängnis wurde. Ihr zufolge wird in der Stadtlandschaft die Stadtform erstrebt, die alle bisher den Großstädten zur Last gelegten Schäden und Mängel vermeidet. Und in der ´Landgemeinschaft´ wird vom landesplanerischen und städtebaulichen Standpunkt aus ein Mittel zur wenigstens teilweisen Bekämpfung der Landflucht zu entwickeln sein."
Hans Bernhard REICHOW, 1941
(„Grundsätzliches zum Städtebau im Altreich und im neuen deutschen Osten", zit. nach: TEUT, S. 340)

„Auflösung der Stadt" und Stadtlandschaft

Die Bestrebungen nach einer „Auflösung der Stadt" im Sinne einer Auflockerung der Stadtstruktur bestanden schon seit der Kritik an der historischen, „steinernen Stadt" (HEGEMANN) und den seit der Jahrhundertwende in vielfältiger Ausformung propagierten Stadt-Land-Modellen. Der schon bei HOWARD vorhandene „Stadtverband" von einzelnen kleineren Siedlungseinheiten um eine zentrale, etwas größere Stadteinheit wurde immer wieder variiert. Das

Postulat von Fritz SCHUMACHER 1935, „die Dezentralisation der großen Städte durch Abspalten neuer kleiner in sich geschlossener Lebenszentren weist über den Städtebau im engeren Sinne hinaus", wurde von nationalsozialistischen Stadtplanern zu einer „Festigung und Stärkung der Familie, der lebendigen Urzelle der Volksgemeinschaft" in kleinen Einheiten hierarchischer Ordnung einer totalitären Planung umgemünzt. Etwa 20 000 Einwohner sollten in der „neuen Stadt" (Gottfried FEDER), der *Siedlungszelle* (Friedrich HEUER, Konstanty GUTSCHOW) oder der „Kreisstadt" (Reichsheimstättenamt) leben. Das Konzept der Siedlungszelle wurde 1944 im Arbeitsstab Wiederaufbauplanung unter der Leitung von Albert SPEER als prinzipielles Leitbild anerkannt (DURTH/ GUTSCHOW 1, S. 175-186).

Zur „Kampfzeit" und in den Anfängen der nationalsozialistischen Herrschaft entstand der Eindruck, als ob die hochentwickelte deutsche Industrie-Nation (68 % der Bevölkerung wohnten 1932 in Städten) durch „Auflösung" der „die Volkskraft angeblich auslaugenden Städte" in ein Volk von Bauern und Ackerbürgern zurückverwandelt werden sollte. Das fragwürdige Postulat wurde aber bereits 1935 mit der ideologischen Anerkennung des „Primats der Wirtschaftlichkeit" in eine „Auflockerung" der Städte abgeschwächt.

Eine aufgelockerte Struktur entsprach auch der erstmalig in der nationalen Stadtbaugeschichte erhobenen Forderung nach umfassendem „Luftschutz" im Zusammenhang mit der „Wehrhaftmachung des deutschen Volkes". Damit verband sich das typische, nicht nur auf Deutschland beschränkte Mißverständnis der Gartenstadtidee als einer aus gleichförmigen und überschaubaren Siedlungszellen zusammengesetzten Stadtlandschaft. Es war eine Vorstellung, „die ihren Sinn und ihre ´Mitte´, wenn nicht aus den Analogon ´Führer und Gefolgschaft´, so doch aus dem Vorhandensein einer dem einzelnen übergeordneten zentralen Staatsgewalt bezieht" (TEUT, S. 311).

In Anlehnung an historische Vorbilder wird auch die großräumige Verflechtung der Siedlungseinheiten gefordert. Hans Bernhard REICHOW schlägt 1941 vor, die „beiden Grundtypen der zentralen und linearen Stadt (Bandstadt)" (Abb. 6.22, 6.23) in die Entwicklung von „Stadtlandschaften" zu überführen (DURTH/ GUTSCHOW 1, S. 189). Besonders dieses in der Tendenz stark regional- und landesplanerisch geprägte Konzept wird unbestrittene Grundlage für die verschiedenen Leitbilder des Nachkriegsstädtebaus. Wilhelm WORTMANN beschreibt es 1941 so:

„Die künftige Stadt kann nicht die historische Stadt zum formalen Vorbild nehmen, denn sie unterscheidet sich wesentlich durch die weit größere Masse und die dadurch bedingte Weiträumigkeit und durch den völlig veränderten soziologischen Aufbau. Die Aufgabe heißt, die in der Stadt gegebene Häufung von Menschen und Arbeitsstätten so zu gestalten, daß die gegen die Stadt erhobenen Vorwürfe entkräftet werden; das Leben des Städters muß wieder gesund und lebenswert werden. Der Gedanke der Stadtlandschaft will diese Forderung erfüllen. Dieser Begriff ist mit Herabzonung der Baudichte und -höhe, mit Auflockerung und reicher Durchsetzung der Baugebiete mit Grünzügen nicht erfaßt. Die Stadtlandschaft will einen neuen zellenförmigen Aufbau der Stadt in bewußter Anlehnung an die politische Gliederung unseres Volkes, im Gedanken der Volksgemeinschaft und in lebendiger Beziehung zur Landschaft. In der Siedlungszelle steht der einzelne Mensch wieder in einem für ihn erfühlbaren Zusammenhang mit dem Ganzen" (Der Gedanke der Stadtlandschaft, in: Raumforschung und Raumordnung 1/1941 - zit. n.: DURTH/GUTSCHOW 1, S. 192).

Sämtliche Planungsgedanken und -konzepte dieser Jahre finden sich nach 1945 - allerdings in leicht veränderter Sprache, die auf ausgediente und als besonders anrüchig empfundene Schlagworte der Nazi-Propaganda verzichtet - in den Planungen zum Wiederaufbau der zerstörten Städte wieder. Das ist eine „Kontinuität, die sich nicht allein mit der Lebensgeschichte der beteiligten Planer und einer zunehmenden restaurativen Politik erklären läßt, die den Experten von einst auch unter den neuen Verhältnissen führende Positionen einräumt" (DURTH/GUTSCHOW 1, S. 193).

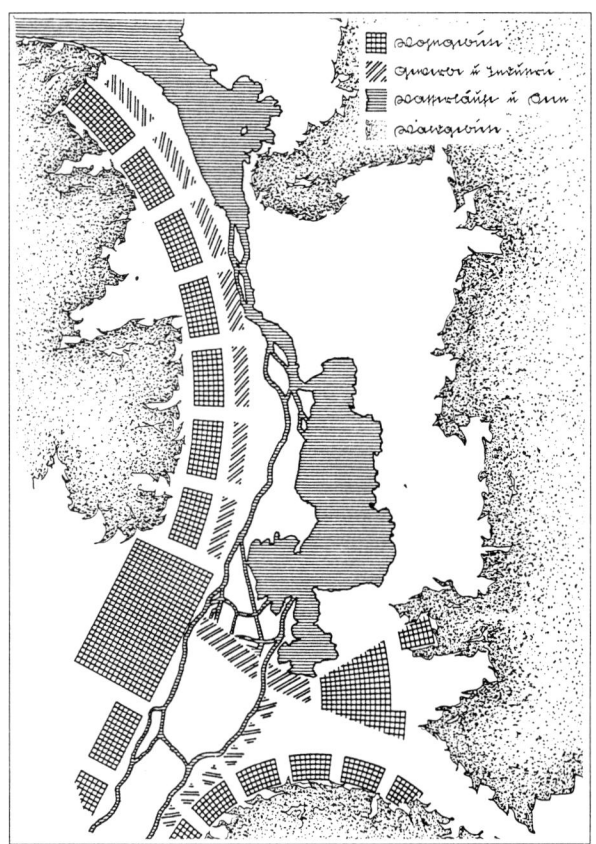

6.22 Bandstadt zur Entwicklung des Stettiner Raums von H. B. REICHOW, 1940. Siedlungsbänder als ...

Idealstadtvorstellungen und „Stadt X"

Die städtebaulichen Elemente von Stadtrandsiedlungen folgten im wesentlichen historischen Leitbildern der mittelalterlichen Stadt mit gekrümmten Straßen- und unregelmäßigen Platzräumen sowie kleineren Wohngruppen mit niedriger Bebauung. Daneben gab es auch Idealstadtvorstellungen, die sich eher an der Axialität und der Blockbauweise der Stadterweiterungen des ausgehenden 19. Jahrhunderts orientierten, aber trotzdem bei der Größenordnung einer Mittelstadt blieben.

Ein Schema für eine Idealstadt wurde unter dem Einfluß von Albert SPEER „aus vielen einzelnen Erwägungen und Besprechungen oder Stellungnahmen gerafft und komprimiert", wie sich Peter KOLLER, der Planer von Wolfsburg, erinnerte. Die Zeichnung (Abb. 6.25), die aber nicht von SPEER stammte, ging verloren und wurde 1976 von KOLLER rekonstruiert und so erläutert:

„Ich will es beschreiben, wie wir es damals sahen: Die ´Achse´ wird von etwa gleich breiten Zonen von Bebauung, deren Höhe und Dichte nach außen abfällt, begleitet. Je nach Bedarf und Anwachsen der städtischen Bevölkerung kann man die einzelnen Zonen verschieden weit oder schnell vorwärts treiben (wie die Pfeile zeigen). Die ´Achse´ führt auf den ´Platz´ vor der ´Halle´. Die Bebauung der Achse ist so hoch wie möglich; sie eröffnet mit ihren Vor- und Rücksprüngen die Möglichkeit kleiner untergeordneter Neben- oder Quer-Achsen, an denen alles andere an gemeinsamen oder öffentlichen Einrichtungen steht. Die Nebenachsen B und C werden u. U. technisch und örtlich notwendig, aber sind unwesentlich (eher störend)" (SCHNEIDER, S. 94).

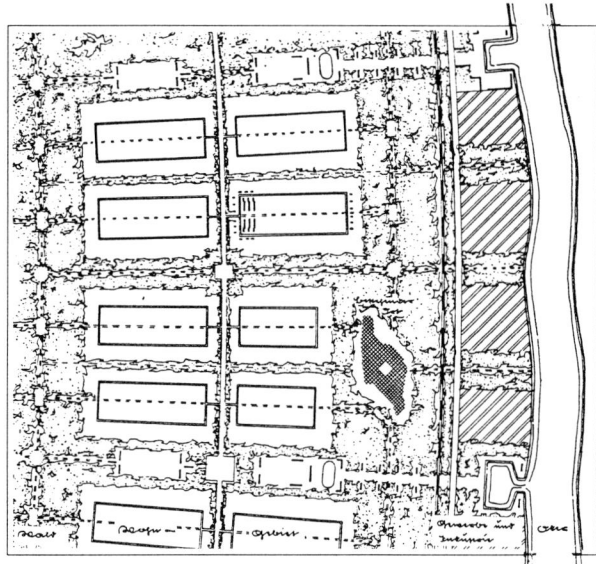

6.23 ... „neuzeitliche" Stadterweiterung: Industrie zwischen Oder und Verkehrsband, nach Westen Wohnen.

KOLLER dazu weiter: „Das Leitbild ist in sich voll-kommener Ausdruck der Aufgabe *des* Architekten *des* absoluten Herrschers. Das Ziel und der Aus-gangspunkt ist der Herrscher, sein Wille, seine Ver-kündigung, die in der Halle erfolgt; der Platz erinnert bei jeder anderen Gelegenheit daran, die Achse führt auf sie zu, wieder von ihr zurück bis ins letzte Haus. Die räumliche Anordnung ist ′Merkzeichen′ oder noch mehr ′Hinweis′ auf den Herrscherwillen: Die Gerade der Achse ist sein ′Merkzeichen′ für die Zwangsläufigkeit, der rechte Winkel ein ′Hinweis′auf das Fehlen, die Ausschaltung, die Ausmerze jeder anderen Richtung (konkret und im übertragenen Sin-ne)" (SCHNEIDER, S. 94/95).

Dieser „Idealstadtentwurf" (Abb. 6.24, 6.26) war eine nicht unwesentliche Grundlage für die „Stadt X" auf Usedom, die vom Architekten H. EGGERSTEDT und dem Architekturbüro der Deutschen Arbeitsfront 1943 unter SPEERS Leitung geplant wurde. Von den 6 000 Wohnungen für etwa 20 000 Menschen wurde ab 1936 nur eine kleine Siedlung im Zusammenhang mit der Versuchsstelle für Waffen realisiert. Die ein-zelnen Baublöcke der „Stadt X" messen etwa 700 mal 400 Meter, und die Entfernung zwischen dem runden Platz und der „Halle" am anderen Ende der zentralen Achse beträgt etwa 2 400 m, doppelt so viel wie in München zwischen Feldherrenhalle und Siegestor (SCHNEIDER, S. 96).

KOLLER urteilte 1976 : „SPEER war ohne Zweifel ′Künstler′ in dem Sinne, daß er die Fähigkeit hatte, ganz unbewußt, nicht reflektierend, rational un-kontrolliert, einfach intuitiv und spontan in der Zei-chensprache seines Herrn zu sprechen." Zum Plan der „Stadt X" äußert sich SPEER im selben Jahr: „Mich hat damals vor allem die Schönheit des Ornaments interessiert, der Gegensatz zwischen Strenge und Lockerheit" (SCHNEIDER, S. 96).

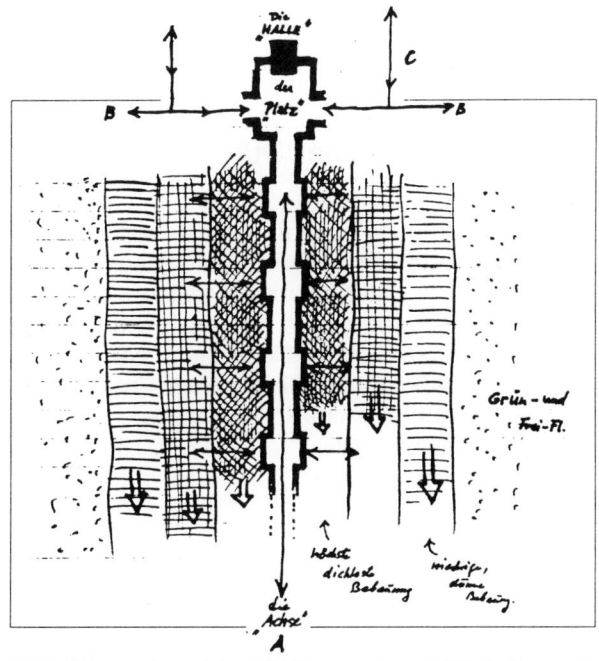

6.25 Skizze eines Idealstadtkonzepts mit Einfluß von A. SPEER, 1938, die Peter KOLLER 1976 rekonstruierte.

6.26 Modell des zentralen Bereichs der Stadt X. Ach-senkonzept und Blockbauweise des 19. Jahrhunderts.

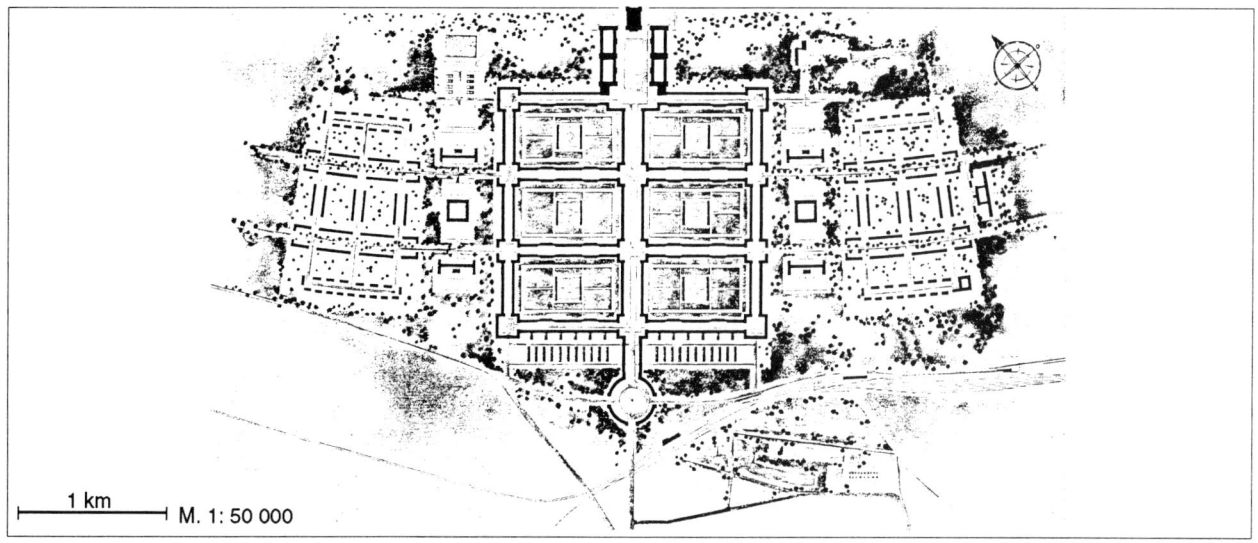

1 km   M. 1: 50 000

6.24 Stadt X bei Trassenheide auf Usedom, 1936. Planung einer Stadt mit 20 000 Einwohnern nach Vorstellungen von A. SPEER mit einer 120 Meter breiten Mittelachse zum „Platz" vor der „Halle": „Der Herrscher als Ziel und Ausgangspunkt".

159

Grundlagen und Bedingungen neuer Städte

Sicherlich hatten die formalen, rechtwinklig-axialen Idealstadtvorstellungen ihren Einfluß auf die Gestaltung neuer Städte, die im Zusammenhang mit großen Industriebetrieben geplant wurden. Aber mehr noch wirkten die ideologischen Leitbilder, die schließlich die Grundlage für Form und Funktion des neuen „Stadtorganismus" bilden sollten. Gottfried FEDER formulierte dazu:

• „Die Städte der Zukunft werden ein anderes Gepräge tragen. Sie werden wie die einzelnen Bauten aus dem Geist der neuen Zeit gestaltet werden müssen. Diese neuen Städte einer neuen Weltanschauung werden der sichtbarste und dauerndste Ausdruck eines neuen Gemeinschaftswillens sein. Sie werden und müssen organisch aus der sozialen Struktur der Bevölkerung herauswachsen. Ihr Plan, ihre Gebäude, ihre Straßen und Plätze werden dem neuen Lebenswillen, dem Rhythmus der Arbeit und der neuen Gemeinschaft zu dienen haben."

• „Die Stadt der Zukunft wird dem Leben und der Arbeit der Bevölkerung in ganz anderer Weise dienen als es die chaotisch gewachsenen Häuseransammlungen unserer modernen Großstädte tun können. Ein neues Gestaltungsprinzip für die Stadt- und Siedlungsplanung mußte erst erkannt und wissenschaftlich erforscht werden, um zu den Grundlagen einer neuen Städtebau- und Stadtplanungskunst vorzudringen."

• „Die Städte der Zukunft müssen in Plan und Aufbau, in ihrer harmonischen Eingliederung in Landschaft und Umgebung, in ihrem Verhältnis zu Kreis, Gau und Reich ein lebendiger Ausdruck des neuen Zeitgeistes und des Lebens- und Arbeitswillens des neuen von Adolf Hitler geschaffenen Großdeutschland sein. Aus der lebendigen Struktur des Lebens und der Arbeit der Bevölkerung werden die einzelnen Gebäude, deren Zahl und Lage im Stadtplan, herausentwickelt" (FEDER, S. 1/2).

Der Bau von riesigen Industriewerken, wie dem Auto-Werk in Wolfsburg und dem Eisenhüttenwerk in Salzgitter, stand in direktem Zusammenhang mit der forcierten Rüstungsproduktion. Die Errichtung der Industrieanlagen erforderte viele Arbeitskräfte, die aus verschiedenen Landesteilen kamen und deshalb Unterkünfte benötigten. Daraus entwickelte sich schnell die Überlegung, die Werksanlagen mit einer eigenen Stadt zu ergänzen. Das bot sich auch deshalb an, weil damit das ständige Propagieren der „neuen Stadt" endlich auch eine Verwirklichung erfahren konnte. Vom Verfahren her war das einfach, da rechtliche Zwänge nicht bestanden und demokratische Entscheidungsprozesse durch den Befehl Hitlers ersetzt wurden. „Dieser´ Führerbefehl´ wurde wie ein ´Fetisch´, an dem zu zweifeln Frevel wäre,

jedem Widerstrebenden, jedem Zögernden entgegengehalten und begeisterte Unterstützung, mindestens aber Unterwerfung verlangt" (SCHNEIDER, S. 27).

„Eine oberflächliche Betrachtung könnte dazu führen, aus den beiden begonnenen und den übrigen beabsichtigten neuen Städten den Anfang einer Entwicklung abzuleiten, die unter Umständen nur durch die Kriegseinflüsse abgebrochen wurde. Bei genauerem Hinsehen zeigt sich jedoch, daß die genannten Projekte ausschließlich der Initiative Einzelner entsprangen und damit keine ´Gesetzmäßigkeit´ andeuten, es sei denn die einer ´autoritär gelenkten Anarchie´" (SCHNEIDER, S. 92).

Stadt der Hermann-Göring-Werke - Salzgitter-Lebenstedt 1937

„Die Planung der Hermann-Göring-Stadt ging von folgenden Grundlagen aus. Wichtig war zuerst die Lage der Stadt zum Werk. Sie bestimmte die Ausrichtung des Verkehrsnetzes für den Verkehr zwischen Arbeitsstätte und Wohnstätte nach Osten, zu den beiden wichtigsten Werkseingängen im Süden und Norden des Hüttengeländes. Zweitens war zu beachten die Lage der nördlichen Bergbaubetriebe zur Stadt, deren Gefolgschaft ebenfalls in der Stadt untergebracht werden muß. Dies erforderte günstige Verkehrsbänder nach den Lichtenberger Höhen, in denen die Bergwerke liegen. Diese Straßen verbinden zugleich das waldreiche schöne bergige Erholungsgebiet mit der Stadt" (Architekt Herbert RIMPL, 1939; zit. n. TEUT, S. 325).

Mit der Gründung der „Reichswerke A.G. für Erzbergbau und Eisenhütten ´Hermann Göring´ Berlin"

6.27 Modell des Standorts I für die Stadt der Hermann-Göring-Werke mit den Industrieanlagen im Osten (l.).

in Salzgitter am 15.7.1937 hatte es begonnen. Es
folgte die Bestimmung eines Standorts für ein
Eisenhüttenwerk „Reichswerke Hermann Göring"
durch Göring in der Nähe von Salzgitter-Lebenstedt
und der erste Spatenstich schon im Dezember 1937.
Das Eisenerz wurde dort abgebaut, und die Kohle
sollte aus dem Ruhrgebiet kommen, wozu ein Stich-
kanal zum Mittellandkanal gebaut werden mußte. Für
das Gesamtprojekt wurden 22 000 ha Gelände benötigt.

Die bisher ländliche Gegend mit 28 dörflichen Gemeinden und zusammen etwa 20 000 Einwohnern
veränderte sich schlagartig, konnte den Zustrom von
Arbeitern aber nicht aufnehmen, denn bis Ende 1938
waren es bereits 17 000 Menschen. Dazu äußerte
Staatsrat Meinberg: „Freilich birgt die Unterbringung
solcher Arbeitermassen, losgelöst von ihren Famili-
en, massiert in Lagern von 1000 bis 2000 Mann, eine
Unmenge von Gefahren in sich" (SCHNEIDER, S. 62).

Ebenfalls noch im Jahre 1937 erfolgte die Gründung
der Wohnungs-Aktiengesellschaft der Reichswerke
„Hermann Göring" Braunschweig, und ein Wohnungsbauprogramm wurde beschlossen. Der Architekt Herbert RIMPL erhielt den Auftrag, sämtliche
Wohn- und Verwaltungsbauten für die Reichswerke
abzuwickeln. Zunächst wurde der Wohnungsbau an
den bestehenden Siedlungen realisiert, doch die
Gesamtzahl der geplanten Wohnungen wurde mit
10 000 beziffert, so daß bald die Idee von einer „neu-
en Stadt", einer „nationalsozialistischen Musterstadt"
aufkam.

Fünf Standorte wurden von RIMPL vorgeschlagen,
von denen im November 1938 der Standort I bei
Lebenstedt von Göring festgelegt wurde (Abb. 6.27).
RIMPL äußerte sich 1939 dazu: „Es zeigte sich, daß
die Standorte im Südwesten der Hütte den Vorteil
bester Windlage und günstigster verkehrsmäßiger

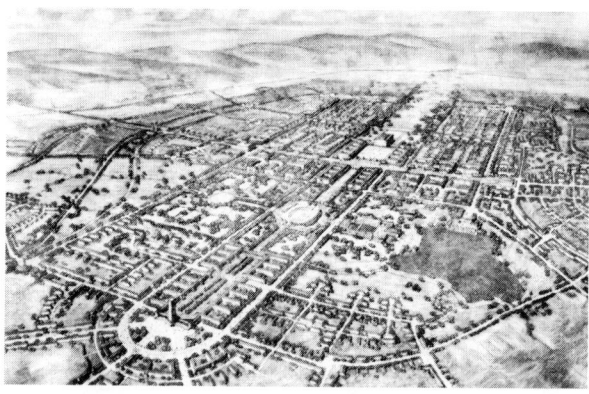

6.29 Schaubild des ersten Planungsvorschlags. Das Sta-
dion liegt noch im Schnittpunkt der beiden Achsen.

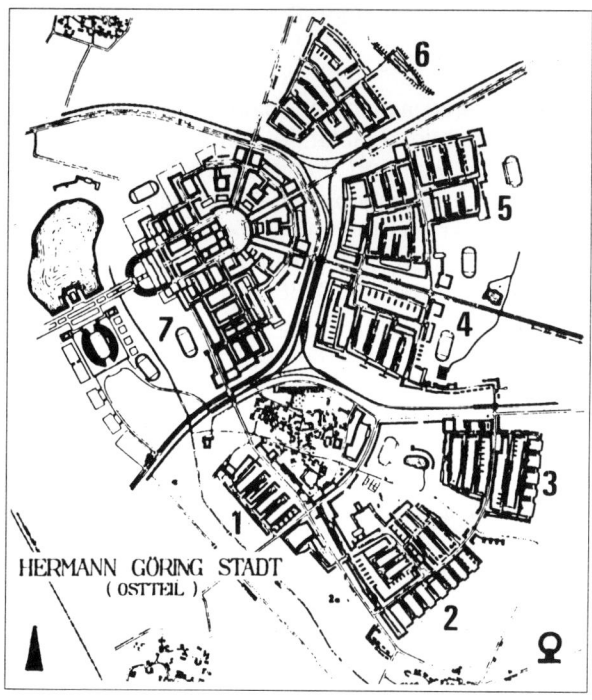

6.30 Der Ostteil der neuen Stadt, der bis auf den Abschnitt
7 weitgehend nach den Plänen realisiert wurde.

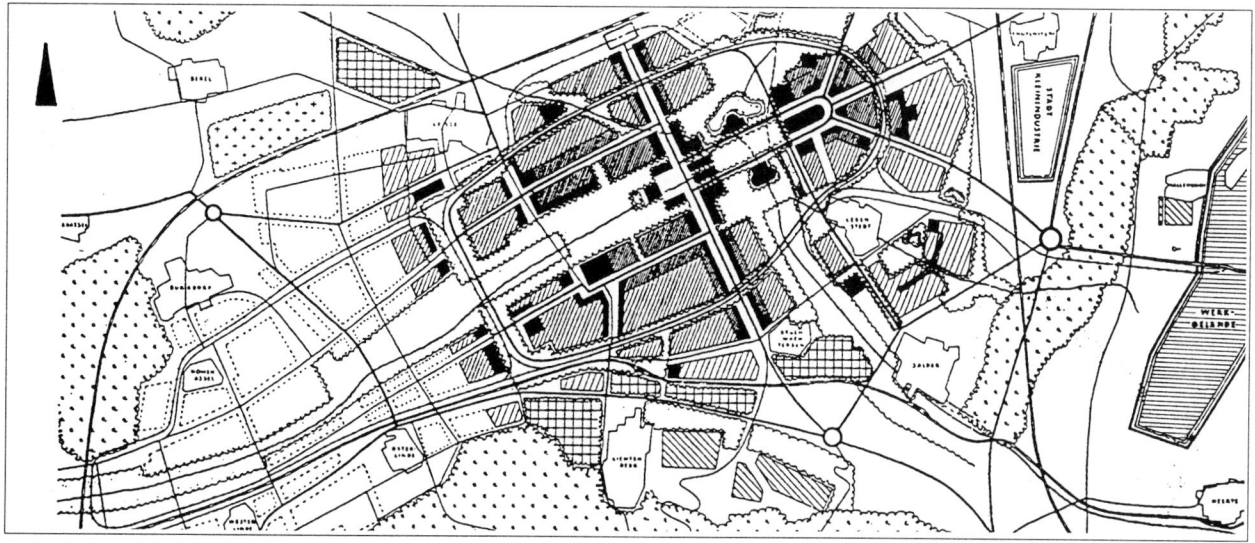

6.28 Flächenverteilungsplan der Stadt der Hermann-Göring-Werke mit der mittleren „Grünachse" und der „Stadtkrone" mit
„Volkshalle und Platz" an der Ost-West-Querachse. Im Osten das Werksgelände, im Westen Erweiterungsflächen.

Verbindung zum Industriegebiet und zum Bergbaugebiet boten. Der Standort bei Steterburg hat den großen Vorteil der unmittelbaren Nähe der beiden Städte Braunschweig und Wolfenbüttel." ...

„Diese Feststellungen und die Ergebnisse der Untersuchungen über die Entwicklungsfähigkeit der neuen Stadt in bezug auf ihre gemeindliche, kulturelle und wirtschaftliche Selbständigkeit, die Fragen günstiger Be- und Entwässerung, die Lage der Wohnstätten zu den natürlichen Erholungsgebieten, die Fragen des Fern- und Nahverkehrs und nicht zuletzt die Gesichtspunkte der späteren gesunden und gedeihlichen Weiterentwicklung und Vergrößerung des Stadtgebietes, führten zu dem Ergebnis, daß der Standort I im Westen der Hütte von den fünf näher untersuchten Standorten der günstigste ist" (TEUT, S. 325).

Die Lage erwies sich aber bald als sehr ungünstig, da das baumlose Gelände den Winden schutzlos ausgesetzt war und Immissionen des Werks bei Ostwind die Wohngebiete beeinträchtigen konnten. KOLLER, der Planer von Wolfsburg, dazu: „Von Siedlungsfragen hatten Rimpls Architekten keine Ahnung" (SCHNEIDER, S. 68-74).

Die erste Ausbaustufe der Stadt sollte etwa 2 000 ha für 130 000 Menschen umfassen. Für die im Endausbau geplanten 300 000 Einwohner war eine Stadtanlage konzipiert, die von einer zentralen, fast zwei Kilometer langen „Hauptachse" in Ost-West-Richtung mit einer kleineren Querachse dominiert wurde (Abb. 6.28, 6.29). Entlang dieser Achse waren wegen des schlechten Baugrundes im Flothe-Tal nur wenige Gebäude, überwiegend Verwaltungsbauten und öffentliche Einrichtungen, vorgesehen. Die „Volkshalle" und der „Hauptplatz" der Stadt bildeten den Höhepunkt der gesamten Anlage, und als Übergang zur Tallandschaft war hinter der Volkshalle ein Wasserbecken von etwa den gleichen Ausmaßen wie der Hauptplatz vorgesehen (SCHNEIDER, S. 103).

Zu der im Erläuterungstext besonders erwähnten „Stadtkrone" äußerte sich RIMPL: „Im Aufriß der Stadt tritt die Volkshalle als wichtigstes Gebäude der Stadt stark hervor. Die zweite wichtige Betonung erhält die gesamte Anlage durch die Sportbauten in dem breiten Grünzug des Fuhsetales. Diese öffentlichen Bauten und Anlagen werden, sobald eine genügende Einwohnerzahl sie rechtfertigt, dem Wohn-, Schul- und Geschäftshausbau bald folgen, damit die aus Bewohnern des gesamten Reichsgebietes sich zusammensetzende Bevölkerung zu einem neuen Gemeinwesen verschmolzen wird" (TEUT, S. 328).

Der Baufortschritt bei der Errichtung der Wohnungen entsprach aber nicht den Erwartungen von jährlich 6 - 10.000 Wohnungen, was auf drei wesentliche Gründe zurückzuführen war:

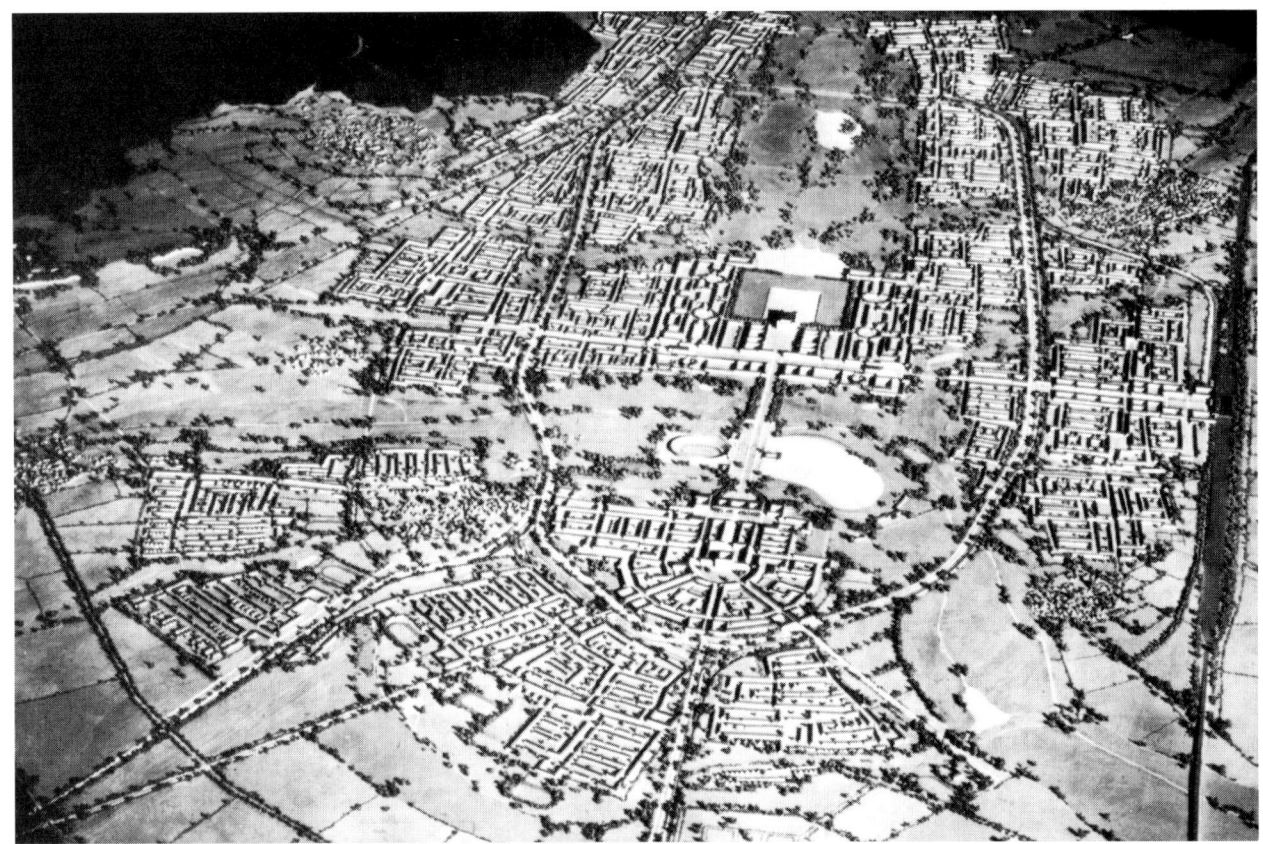

6.31 Stadt der Hermann-Göring-Werke, Modell der Stadtanlage, 1941, von Osten. Die beiden „Grünachsen" werden durch die große, quadratische Volkshalle verbunden und kreuzen sich in einer „Vergnügungsanlage" am großen See

- Bereits im Jahr 1938 waren Material und Bauarbeiter knapp,
- mit Ausbruch des Krieges 1939 erfolgte eine Konzentration auf die Waffenproduktion, und
- 1942 gab es einen Baustopp und ein Verbot von „Friedensplanungen". 500.000 Bauarbeiter wurden in die Rüstungswerke geschickt.

Bis 1943 wurden aber trotzdem mehr als 10 000 Wohnungen (Abb. 6.30) und nach dem Krieg bis 1961 fast 19.000 Wohnungen und Eigenheime, allerdings nach neuen städtebaulichen Konzepten, errichtet. In Salzgitter-Lebenstedt entstand ein Einkaufsbereich für die ganze Stadt, da hier ein Bezug zu den fertiggestellten Wohngebieten am direktesten war (s. S. 196, Abb. 7.46). Die Einwohnerzahl stieg auf über 100 000 Menschen, aber das Ziel von 250 000 Einwohnern wurde nicht erreicht.

„Vergleicht man nun die Planung für Watenstedt-Salzgitter mit der für die ´Stadt des KdF-Wagens´, so drängt sich der Gedanke auf, in Salzgitter habe im Gegensatz zu Wolfsburg ein im Sinne des Nationalsozialismus ´strenggläubiger´ Stadtplaner gearbeitet. RIMPL war aber nachweislich nicht politisch gebunden. So kann das Eingehen auf die vermuteten Tendenzen des Auftraggebers auf dem Bemühen basieren, die Durchführung dieses bedeutenden Auftrags nicht zu gefährden" (SCHNEIDER, S. 104; Abb. 6.31, 6.32).

„Stadt des KdF-Wagens" - Wolfsburg 1938

„Der Wagen soll den Namen der Organisation tragen, die sich am meisten bemüht, die breiten Massen unseres Volkes mit Freude und damit mit Kraft zu erfüllen. Er soll KdF-Wagen heißen. Wenn wir dieses gewaltigste deutsche Automobilwerk errichten, dann soll mit ihm zugleich auch eine vorbildliche deutsche Arbeiterstadt entstehen. Sie soll eine Lehrstätte sowohl der Stadtbaukunst wie der sozialen Siedlung werden. Wir wollen damit zeigen, wie der Nationalsozialismus solche Probleme sieht, wie er sie anfaßt und wie er sie löst."
Adolf HITLER, 1938 bei der Grundsteinlegung
(zit. n. SCHNEIDER, S. 41)

Wie der Name schon zum Ausdruck bringt, war das Werk des „KdF-Wagens" („Kraft durch Freude") die Keimzelle für eine neue Stadt. HITLER selbst hatte sehr früh großes Interesse am „Motorisierungsproblem", das er mit einer „Volksmotorisierung" lösen wollte. Bereits kurz nach der „Machtergreifung" 1933 verkündete er bei der Eröffnung der 23. Automobilausstellung in Berlin vier Punkte dazu:

1. „Herausnahme der staatlichen Interessenvertretung des Kraftwagenverkehrs aus dem Rahmen des bisherigen Verkehrs,

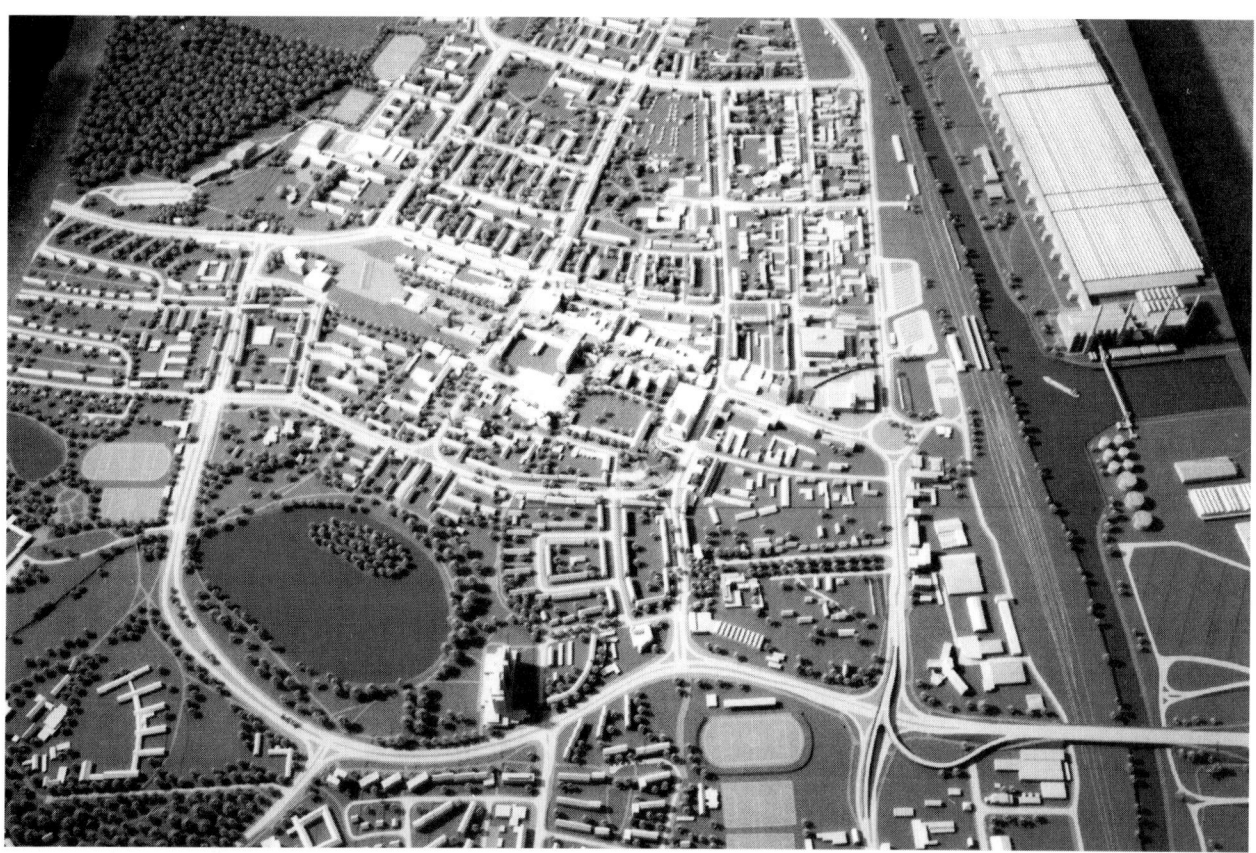

6.32 Wolfsburg, ehemals „Stadt des KdF-Wagens", 1988, Modell der Stadtanlage. Das Volkswagenwerk (hier nur ein Teil) beherrscht nicht nur baulich die Stadt. Die Porschestraße (M.) als unvollkommener Ansatz für ein „Stadtzentrum".

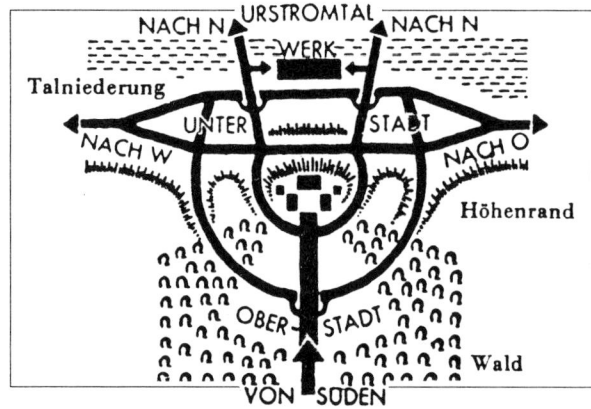

6.33 Schematische Grundidee des Plans der Stadt des KdF-Wagens von 1937, gezeichnet 1949 von P. KOLLER.

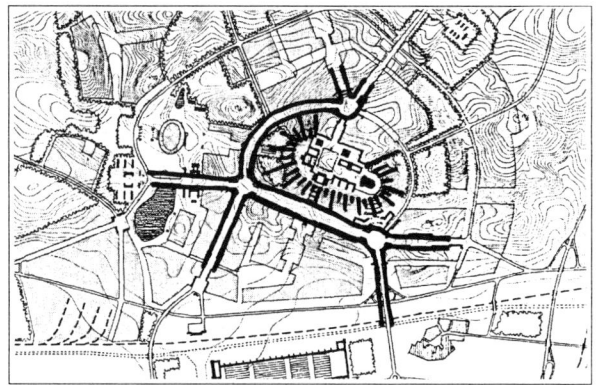

6.34 Stadt des KdF-Wagens. „Das springende Pferd" als Hervorhebung von wichtigen Straßen um die „Stadtkrone".

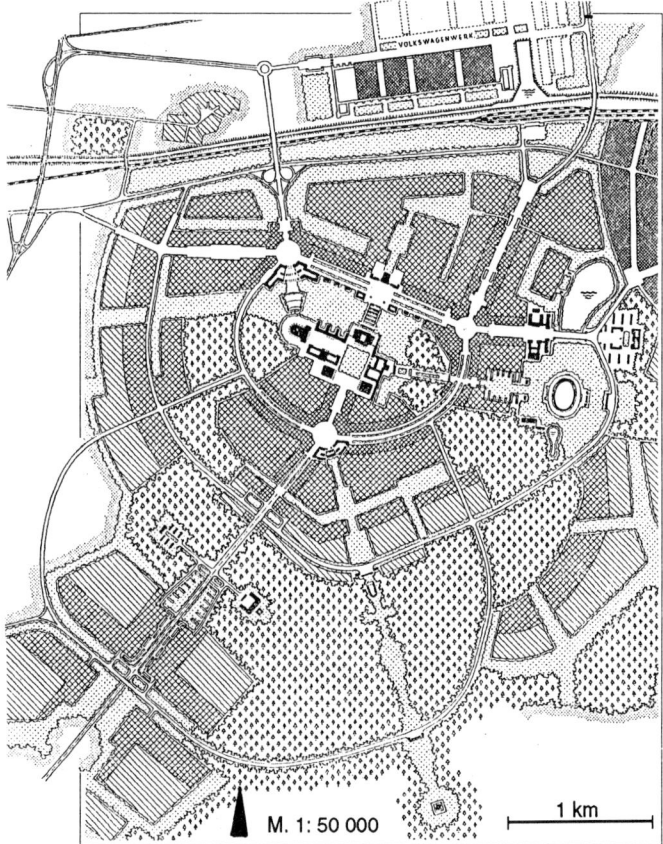

M. 1: 50 000   1 km

6.35 Umzeichnung des Stadtentwurfs von 1938. Die Anlage zeigt den sorgsamen Umgang mit der Topografie.

2. allmähliche steuerliche Entlastung des PKW,
3. Inangriffnahme und Durchführung eines großzügigen Straßenbauplanes,
4. Förderung motorsportlicher Veranstaltungen."

Die deutsche Automobilindustrie stand dem sehr reserviert gegenüber, so daß sich nur Ferdinand POR-SCHE 1934 bereitfand, eine Konzeption für einen Kleinwagen, „ähnlich dem Volksempfänger", zu entwickeln. Bereits 1923 wurden erste Skizzen von ihm in einer Fachzeitschrift „Volkswagen" genannt, der jetzt folgende Bedingungen erfüllen sollte: 100 km/h Dauergeschwindigkeit auf den „Straßen des Führers", Kraftstoffverbrauch 7 Liter/100 km (Fahrtkosten unter 3 RM/100 km), 4 bis 5 Sitze, Luftkühlung und ein Verkaufspreis unter 1 000 RM. Das Modell war drei Jahre später produktionsreif und die Grundsteinlegung des Volkswagenwerks bei Fallersleben, nördlich von Braunschweig, konnte am 26.5.1938 erfolgen, nachdem verschiedene andere Standorte untersucht worden waren (SCHNEIDER, S. 29).

„Fast naive Automobil-Begeisterung ebenso wie Aggressivität zur Eroberung des Raumes kamen bei Hitler zusammen mit dem Gespür für die Sehnsüchte der Massen nach einem eigenen Wagen, welcher nicht nur die ´Schönheit der Geschwindigkeit´ zu empfinden, sondern auch ein Gefühl von Reichtum und Herrschaft zu vermitteln versprach" (KAUTT 1, S. 18). Als das Werk 1940 fertiggestellt war, wurden dort aber militärische Fahrzeuge produziert, was nicht ausdrücklich vorgesehen, aber auch nicht ausgeschlossen worden war. In einem Aktenvermerk hatte es 1934 zu den Sitzplätzen für drei Erwachsene und ein Kind geheißen: „Die Bedingung entspricht auch den militärischen Erfordernissen, da sich nach Entfernung des Aufbaus drei Mann, ein Maschinengewehr und Munition unterbringen lassen."

Bereits 1937 gab es Richtlinien für die Planung der Stadt, „die auf eine ausgesprochen städtische Gestaltung mit großen und breiten Straßen hinzielten". Am 1.7.1938 erfolgte der Erlaß des Oberpräsidenten der Provinz Hannover zur Gründung der „Stadt des KdF-Wagens bei Fallersleben" auf dem Grund und

6.36 Die „Stadtkrone" nach einem Gemälde von H. NEU-MEISTER, ca. 1938, wie sie hätte werden sollen.

Boden des alten Dorfes Heßlingen und des seit 1928 dazugehörenden Gutsbezirks Wolfsburg mit Gebietsteilen anderer Gemeinden. Den Planungsauftrag erhielt der Architekt Peter KOLLER, den SPEER aus der gemeinsamen Studienzeit kannte, nachdem Konzepte von Braunschweiger Professoren verworfen worden waren.

Zusammen mit seinen Freunden Herbert NEUMEISTER und Norbert SCHLESINGER hatte KOLLER vorher verschiedene Alternativen entwickelt, von denen eine „das springende Pferd" (Abb. 6.33, 6.34) bezeichnet wurde. Es ähnelte in wesentlichen Teilen dem späteren Plan, so die Straßenführung mit dem Ring um den Klieversberg, die Ausrichtung der Hauptstraßen auf die Werkseingänge und die Gegenüberstellung der Schauseite des Werks zur „Stadtkrone". Die Parteibauten auf dem Klieversberg wurden als „Stadtkrone" oder sogar „Akropolis" bezeichnet und sollten das bauliche Gegengewicht zum Werk bilden (Abb. 6.35, 6.36). Dieses stadtbildprägende Baukörper-Ensemble war der „Volkshaus-Idee" entlehnt und von den Nationalsozialisten aufgegriffen und umgewandelt worden. Das Werk war die Sphäre der Arbeit; die Stadtkrone sollte die Sphäre der Freizeit bilden.

„Die ´Ortsburg´ aus Granit zur Repräsentation der NSDAP hätte als Pendant zur 1 500 m langen Schaufront des VW-Werkes über der Stadt herrschen sollen. Die Stadt wäre zwischen Werk und Stadtkrone gleichsam in die Zange genommen worden. Ein wahrhaft erdrückendes Symbol der Parteiherrschaft" (KAUTT 1, S. 45). In mehreren Ausbaustufen sollte die Stadt in der waldreichen Landschaft von 30 000 über 60 000 auf 90 000 Einwohner anwachsen. Zur Sicherheit ließ SPEER prüfen, ob auch eine größere Stadt bis zu 400 000 Einwohner möglich wäre (STRACKE/SCHUSTER, S. 34,40).

„Das städtebauliche Konzept hatte dem Geist der Zeit zu folgen. Mit ´Gestaltung des Lebens im Raum´, die Teil der allgemeinen Lebensaufgabe sein sollte, wollte man das Leben des Volkes gestalten. Dies lief parallel zur ´Gestaltung´ des Volkes durch die

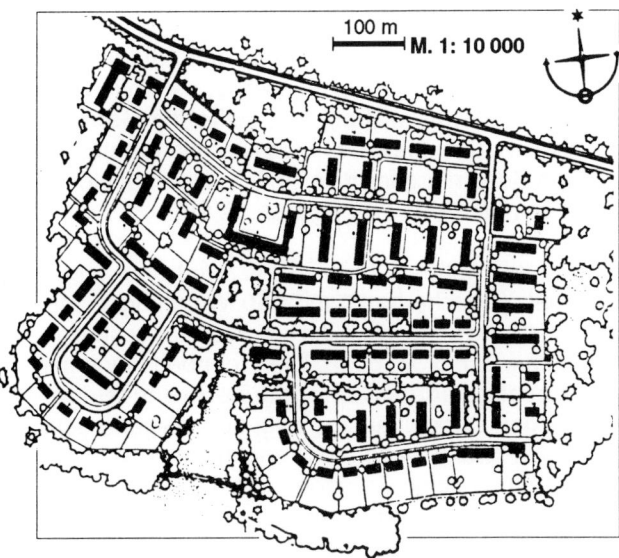

6.38 Steimkerberg, das erste Wohngebiet im Osten der neuen Stadt mit „grünem Rückgrat" und Einrichtungen.

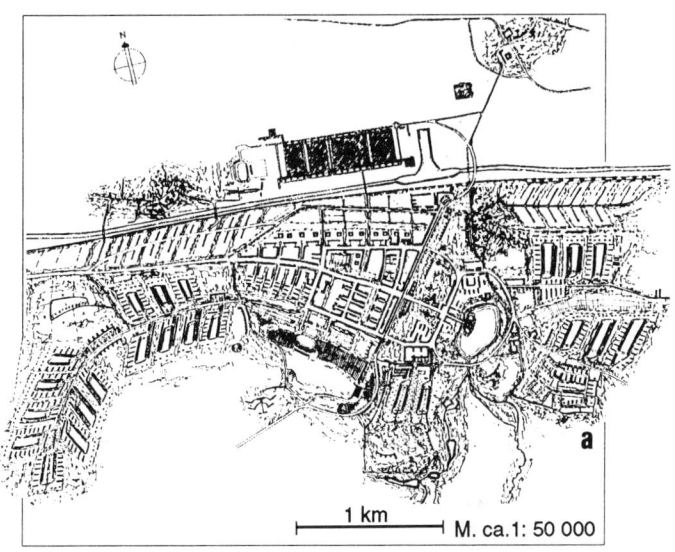

6.39 Entwurf einer linearen Entwicklung von Wolfsburg, 1947, von H. B. REICHOW und F. EGGELING bildete ...

6.37 Straße in der Siedlung Steimkerberg, 1940, mit straßenbegleitenden und quergestellten Wohnzeilen.

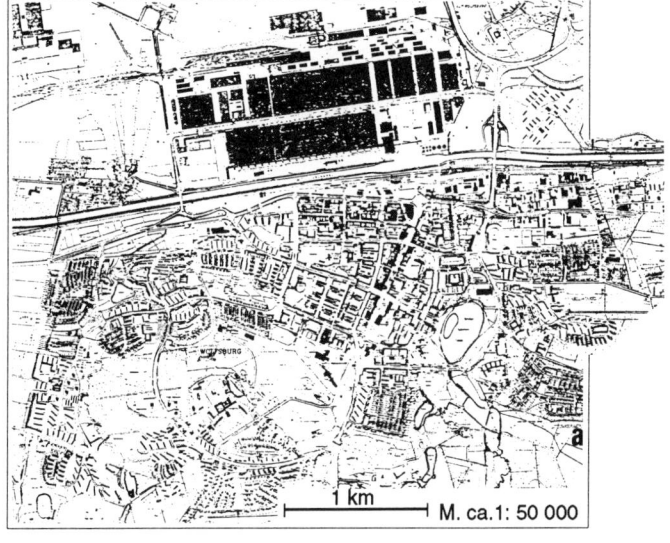

6.40 ... die Grundlage für den Weiterbau nach dem Krieg, wie der Plan von 1985 zeigt (a = Steimkerberg).

politische Organisation. Der ´zellenmäßige´ Aufbau der Stadtlandschaften arbeitete mit ´Siedlungsgebilden´, die in sich künstlerisch gestaltungs- und erlebnisfähig waren; trotzdem sollte die Gemeinschaftsform über die Siedlungszelle hinaus natürlich auch im Gesamtorganismus einer ´Landschaftsform´ erfüllt sein" (STRACKE/SCHUSTER, S. 29).

Bereits von Mitte 1938 bis 1939 wurde ein erster Stadtteil „Steimkerberg" mit 450 Wohnungen fertiggestellt und ausschließlich von Werksangestellten bezogen (Abb. 6.37, 6.38). Die Wohnbebauung mit zweigeschossigen Reihenhäusern und eingeschossigen Doppelhäusern folgt überwiegend dem Straßenverlauf, ist aber auch senkrecht dazu angeordnet. Eine mittige Grünzone, die nur zweimal von Straßen gequert wird, nimmt als „grünes Rückgrat der Siedlung" den „ganzen täglichen Fußgängerverkehr fast sämtlicher Bewohner" (KOLLER) auf und

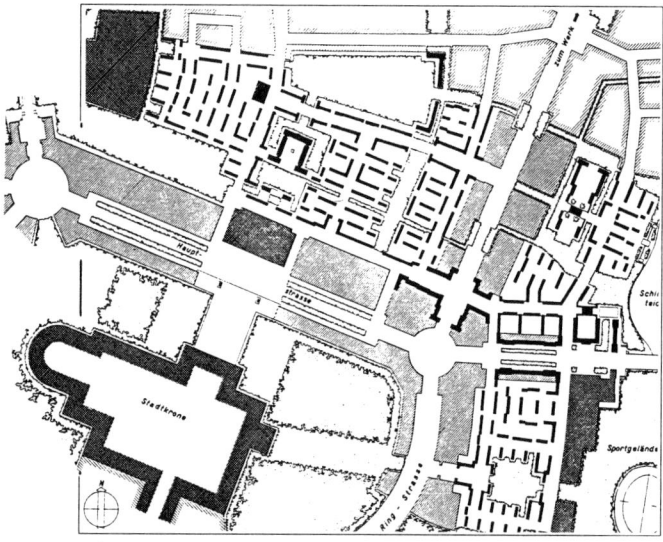

6.41 Aufbauplan der Stadtmitte mit Wohnbebauung um die „Stadtkrone". Die nach Nordosten zum Werk ...

6.42 ... führende Porschestraße entwickelte sich zum Zentrum mit Kultur und Rathaus am Marktplatz (1968).

stellt die Verbindung zur umgebenden Landschaft her. In dieser „ruhigen Mitte" befinden sich auch die Läden und andere Einrichtungen. Eine vollständige Trennung von Fußgängern und Fahrverkehr, wie sie sich nach dem Krieg durchsetzte, bezeichnete KOLLER allerdings als „übertrieben". Gegen Ende 1939 wurde über weitere 600 Wohnungen ein „Bauverbot für nichtkriegswichtige Projekte" verhängt (SCHNEIDER, S. 47-50).

Wesentlich dichter war die Bebauung der zentralen Bereiche, aber mit überwiegend drei Geschossen nicht besonders hoch (Abb. 6.41). Die Blockbauweise mit teilweise innenliegenden Zeilen bildete geschlossene Straßenräume, die mit Baumreihen stark durchgrünt waren. Insgesamt konnten trotzdem bis 1942 durch die Baugesellschaft „Neuland" etwa 3 000 Wohnungen gebaut werden, bevor der Wohnungsbau ganz eingestellt wurde. Bis zur fast vollständigen Zerstörung des Volkswagenwerks 1945 war die Stadt auf etwa 25 000 Einwohner angewachsen.

Der von REICHOW 1950 entwickelte Generalbebauungsplan (Abb. 6.39, 6.40) sah 65 000 Einwohner vor, war aber schon bald von der Entwicklung überholt, so daß ab 1957, mit KOLLER als Stadtbaurat, das Flächenkonzept auf 130 000 Einwohner ausgeweitet wurde (SCHNEIDER, S. 50-54). Das Grundkonzept von 1938 blieb, wenn auch mit zahlreichen Veränderungen im Detail, erhalten. Trotzdem tat sich Wolfsburg schwer, eine „Stadtmitte" herauszubilden, weil das Werk nicht nur durch die Konzentration vieler Arbeitsplätze, sondern auch durch seine gemeinschaftlichen Einrichtungen eine „Mittelpunktsfunktion" hatte.

„Der nationalsozialistische Gründungsplan Wolfsburgs zeigt eine funktionalistisch gegliederte Stadt, die als Manifest von politischer Macht und der Ideologie einer neuen Gesellschaftsform eine Stadtkrone als Mitte aufweist. Genau diese konnte in den Jahren des Stadtwachstums nach dem Kriege nicht neu formuliert werden, ob aus Unvermögen, Unsicherheit oder Berührungsängsten mag dahingestellt sein. Entlang einer historischen Landstraße entstanden Versorgungseinrichtungen für die ganze Stadt, jedoch nur in begrenztem Umfang, während Stadtteilzentren als sog. Nebenzentren die Wohngebiete versorgten."

„Relativ früh siedelten sich im Bereich dieser ehemaligen Landstraße (heute Porschestraße) aber auch jene Einrichtungen an, die traditionell Stadtmitte bedeuten: ein Rathaus, ein Kulturhaus, ein kirchliches Zentrum und ein Markt, jenes klassische Ensemble von Wirtschaft, Kultur und Verfassung. Dennoch blieb dieser Bereich in seiner baulichen Gestalt und in seiner Bedeutung für den Bürger ein Unort, der erst in jüngster Zeit mit Fleiß ´gestaltet´ wird, so, als gälte es plötzlich, ein Defizit auszugleichen, das aber bezeichnenderweise jetzt erst als solches empfunden wird" (STRACKE/SCHUSTER, S. 12; Abb. 6.42).

6.4. Stadt- Neuordnungen und Machtdemonstration

„Die Revolution des Jahres 1933 ist ein Umbruch für Deutschland auf allen Gebieten des volklichen Lebens. Neben der politischen und sozialen Erneuerung läuft der Aufbruch auch auf dem kulturellen Gebiet. Der Führer Deutschlands, Adolf HITLER, wendet sich selbst dieser Aufgabe zu. Seine besondere Liebe gilt der Baukunst. Ordnung und Klarheit sind die Ziele, die erstrebt werden. Grundlegendes wird angepackt. Es geht zunächst nicht um den 'Stil', die Form. Es geht vielmehr um das Grundsätzliche: die neue deutsche Baukunst soll aus dem Inhalt des neuen Lebens erwachsen. Sie soll in steinernen Bauten das Volk und seine Zeit versinnbildlichen. Sie muß daher aus der Aufgabe heraus mit dem eigenen Inhalt von selber die eigene Form gewinnen."
Albert SPEER, „Neue deutsche Baukunst", 1943

Städtebauliche Strukturvorstellungen

Die anfänglich kleinstädtisch geprägten Strukturvorstellungen für die Umgestaltung der Städte, die sich an heimeligen Gartenstadtausprägungen mit mittelalterlichen Versatzstücken orientierten, bekamen schon bald hypertrophe großstädtische Dimensionen: platzgreifende Stadträumlichkeit mit beherrschender Axialität und martialischer Monumentalität. Als Vorbilder dafür wurden von Adolf HITLER Paris und Wien, die noch übertroffen werden sollten, benannt. „Berlin ist eine Großstadt, aber keine Weltstadt. Sehen Sie Paris an, die schönste Stadt der Welt! Oder selbst Wien! Das sind Städte mit einem großen Wurf! Berlin ist aber nichts als eine ungeregelte Anhäufung von Bauten. Wir müssen Paris und Wien übertrumpfen" (SPEER 2, S. 88).

Das Interesse an Architektur und Städtebau war bei Hitler zwar ausgeprägt, aber qualitativ nicht entwickelt. Trotzdem war er über die Vorbildstädte bestens informiert, wie SPEER berichtete: „Die Pläne von Wien und Paris hatte er in frühen Jahren genau studiert, bei unseren Diskussionen standen sie seinem Gedächtnis mit allen Details zur Verfügung. In Wien bewunderte er die städtebauliche Schöpfung der Ringstraße mit ihren großen Bauten, dem Rathaus, dem Parlament, dem Konzertsaal oder der Hofburg und den Museen. Er konnte diesen Teil der Stadt maßstäblich richtig auftragen und hatte gelernt, daß man repräsentative Großbauten ebenso wie Monumente frei von allen Seiten sichtbar planen müsse. ... Mehr noch war er von den großen Straßendurchbrüchen, von den neuen Boulevards beeindruckt, die Georges E. HAUSSMANN in Paris 1853 bis 1870 mit einem Kostenaufwand von 2,5 Milliarden Goldfrancs errichtet hatte. Er hielt HAUSSMANN für den größten Städtebauer der Geschichte, hoffte aber, daß ich ihn übertreffen würde" (SPEER 2, S. 89 f.).

Damit erklären sich die großen Platzanlagen, überbreiten Straßenachsen und gewaltigen öffentlichen Gebäude („Bauten für die Ewigkeit"), die in den fünf „Städten des Führers", Berlin, München, Nürnberg, Hamburg und Linz, geplant waren. Besonders die „Achsen" sind städtebauliche Elemente der Machtdemonstration, die neben militärischen Aufmarschschneisen durchaus auch als friedfertige Promenaden dienen können, aber dies war untergeordnet: „Im Mittelpunkt steht die Visualisierung des Führerprinzips als Zentralmotiv nationalsozialistischer Herrschaft. ... Formen, Proportionen und Dimensionen der Baukunst dienen dazu, durch architektonische Größe zu beeindrucken und zu imponieren und durch 'düstere, steinerne' Atmosphäre die Menschenmassen einzuschüchtern" (PETSCH, n. SCHNEIDER, S. 105).

Neben diesen Großstadt-Umplanungen seit 1937 wurden auch für alle „Gauhauptstädte" entsprechende Pläne vorbereitet. Die Rechtsgrundlage bildete das „Gesetz über die Neugestaltung deutscher Städte" vom 4.10.1937, nach dem auch andere Städte neu geordnet werden sollten. Neben Berlin und Weimar, für die es bereits weitreichende Pläne gab, wurden auch für diese gigantische Planungen in Angriff genommen, die auf riesigen Plätzen die Anlage eines „Gauforums" mit neuer „Stadtkrone" durch dominierende „Bauten der Gemeinschaft" vorsahen. „In monumentalen Formen und Ausführungen in beständigen Baumaterialien, zumeist in Stahlbeton mit Natursteinverkleidung, sollten die 'Bauten für die Ewigkeit' den Bewohnern der Städte alltäglich die Stabilität des 'tausendjährigen Reiches' vor Augen führen. Nach den militärischen Erfolgen des Jahres 1940 wuchs noch die Zahl der Städte, die unter die sogenannten Neugestaltungserlasse fielen. ... Die Architekten trieben ihre Planungen weiter voran, bis die Bombenangriffe der Alliierten erste Einschränkungen und schließlich ab 1943 den Übergang zur Vorbereitung des Wiederaufbaus zerstörter Städte erzwangen" (DURTH/NERDINGER, S. 28).

Neuordnungsplanungen

Mit dem „Gesetz über die Neugestaltung deutscher Städte" sollten in den durch „Führererlaß" festgelegten Städten „bleibende Zeichen des Nationalsozialismus auf städtebaulichem Gebiet" gesetzt werden. In der Gesetzesbegründung hieß es: „Nach dem Willen der Staatsführung soll als äußeres Zeugnis für die große Epoche des deutschen Wiederaufstiegs der planmäßige Ausbau einiger großer Städte des Reiches vorgenommen werden. An der Spitze wird die großzügige Ausgestaltung der Reichshauptstadt stehen." Neben Stadterweiterungen sowie neuen Verkehrs-, Grün- und Sportanlagen für die umzuplanenden Städte waren besonders Umgestaltungen der Innenstädte

6.43 Neugestaltung der Gauhauptstadt Weimar, 1942.
Beispiel für den Einfluß der Ideologie auf den Städtebau.

6.44 Das Gauforum in Weimar mit „Halle des Volkes" am
„Platz Adolf Hitlers". Die einzige damals gebaute Anlage.

ohne große Rücksicht auf vorhandene Strukturen
vorgesehen. Eine sakrale Überhöhung der Anlagen
(„Worte aus Stein") war dabei ganz im Interesse der
„Bewegung": „Die Bauten des Glaubens, deren Bestimmung es ist, dem weltanschaulichen Erleben
sichtbaren Ausdruck zu geben, stehen über allen
anderen Bauten groß und einmalig vor uns. Sie werden zu einem geheiligten Bezirk unseres Volkes"
(„Das Bauen im Neuen Reich", 1938, nach DURTH/
NERDINGER, S. 14).

• **Weimar** ist ein besonderes Umgestaltungs-Beispiel,
das sowohl in der flächenhaften Gesamtanlage als
auch detailliert in der Innenstadt von Hermann GIESLER
u. a. 1942 neu konzipiert wurde (Abb. 6.43, 6.45). Im
wahrsten Sinne des Wortes zentrale Anlage war das
im Norden der Altstadt gelegene Gauforum mit dem
„Platz Adolf Hitlers", das verkehrlich mit einer Straßen-
achse sowohl an den Bahnhof als auch an zwei parallele Autobahnzubringer angebunden war. Die baulichen Stadterweiterungsflächen sind durch Grünzüge
mit Freizeit- und Sporteinrichtungen unterbrochen.

Das bereits 1933 angeregte Gauforum wurde 1938
fertiggestellt (Abb. 6.44). Die einzige in Deutschland
gebaute Anlage dieser Art, für die ein Park und fast
500 Wohnungen geopfert wurden, blieb vom Krieg
weitgehend verschont. Der durch sie gebildete „Platz
Adolf Hitlers" war als „Aufmarschplatz für 20 000
Menschen" gedacht. Er wird im Osten von der Halle
der Volksgemeinschaft, im Süden vom Haus der
Gauleitung und im Norden vom Gebäude für die Gliederung der NSDAP begrenzt. Im Westen steht dem
Haus der Deutschen Arbeitsfront das Haus der Polizei gegenüber. „Weite Teile des kleingliedrigen Stadtgrundrisses werden durch rigide Baufluchten über-
formt, im Südwesten sind breite Durchbruchstraßen
mit langgestreckten Platzanlagen vorgesehen, die
die axiale Struktur der neuen Stadt betonen" (DURTH/
NERDINGER, S. 10, 28, 58).

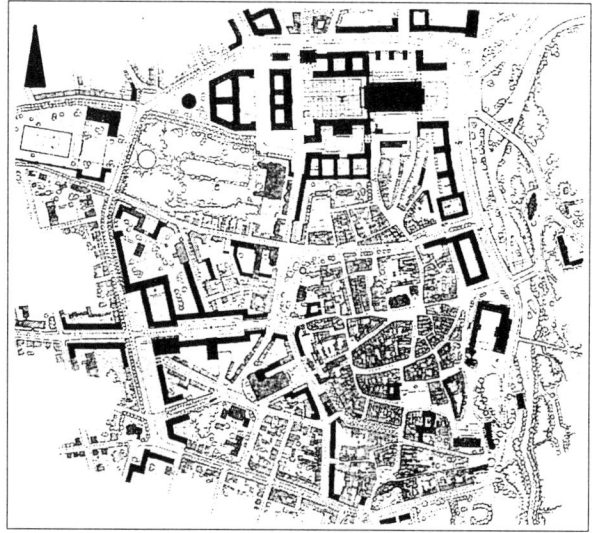

6.45 Neugestaltung der Innenstadt von Weimar, 1942, mit
Gauforum (o.). Rigide Baufluchten im Stadtgrundriß.

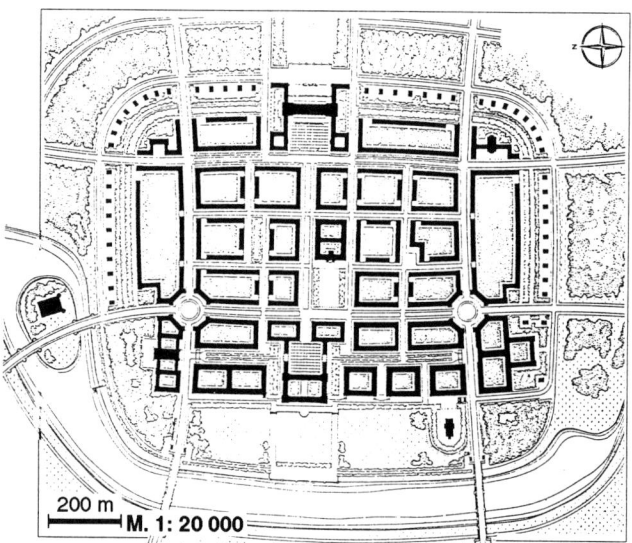

200 m
M. 1: 20 000

6.46 Neugestaltung der Innenstadt Zichenau von A. RECK.
Eine Stadt „mit starker Mitte und klarem Straßennetz".

Monumentale Großanlagen und Bauprojekte

Die gewaltigen Planungen für „Prachtstraßen" in München und Berlin sollten am augenfälligsten die ideologischen Anforderungen an Architektur und Städtebau erfüllen. Die Gigantomanie gipfelte in besonders großen Hallen, so in Berlin die „Große Halle", die 180 000 Menschen fassen sollte und in die der daneben stehende Reichstag gleich mehrmals hineingepaßt hätte. In München war eine Kuppel für den neuen Hauptbahnhof geplant, die höher als die Berliner Halle und sogar als die Cheopspyramide werden sollte (SCHNEIDER, S. 14,98).

• Die **„Prachtstraße" in München**, die schon im Abschnitt zwischen Karlsplatz und neuem Hauptbahnhof eine Länge von mehr als 3 000 Meter haben sollte, war als Denkmal für die „Hauptstadt der Bewegung" gedacht (Abb. 6.47-6.49). Hinter der Kuppel des Bahnhofs, von GIESLER (Generalbaurat von München) und BONATZ geplant, sollte die „Prachtstraße" in gleicher Länge fortgeführt werden. Die Kuppel sollte der „größte Stahlbetonskelett-Kuppelbau der Welt" werden (SCHNEIDER, S. 98).

• Die **„Große Straße" in Berlin** war als Nord-Süd-Achse unter SPEER als Generalbauinspektor für die Neugestaltung der Reichshauptstadt, die später „Germania" heißen sollte, zwischen 1937 und 1941 projektiert worden (Abb. 6.50-6.52). Sie sollte 7 km lang und 120 m breit und damit breiter als ihr Vorbild in Paris werden: „Die Champs-Elysées sind hundert Meter breit. Auf alle Fälle machen wir unsere Straße 20 m breiter", soll HITLER gesagt haben (SPEER, S. 90).

6.48 Modell der „Prachtstraße" in München, die sich vom alten Bahnhofsplatz mit einem 200 m hohen „Denkmal ...

6.49 ... der Bewegung" als Obelisk bis zum größten Stahlbetonskelett-Kuppelbau der Welt erstrecken sollte.

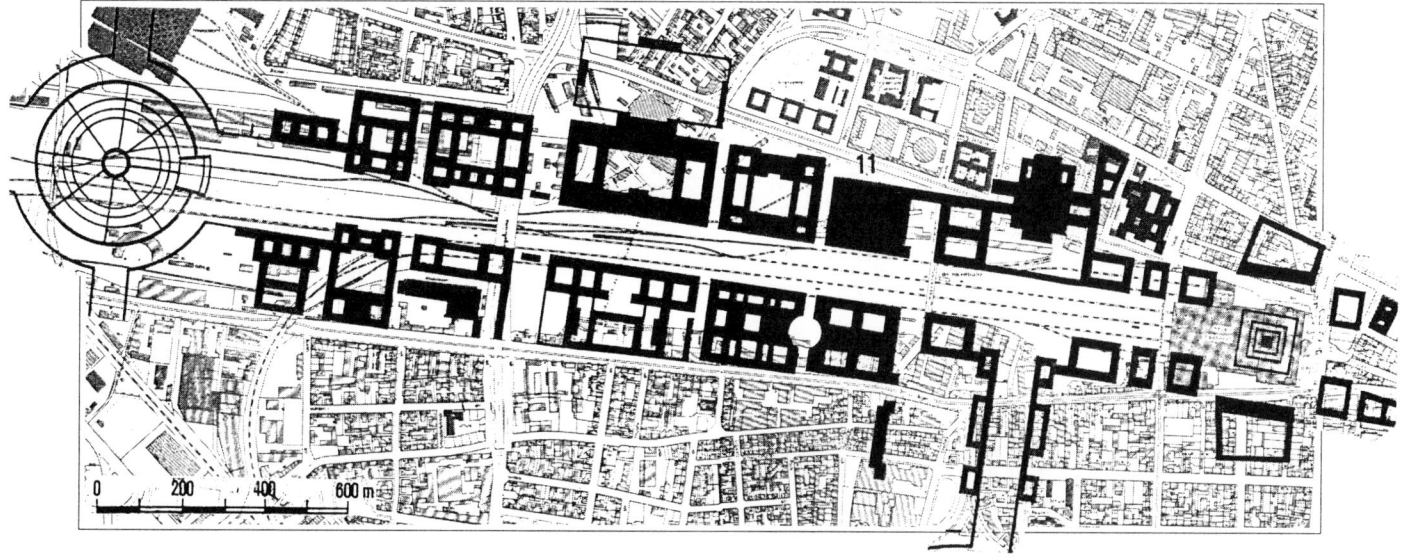

6.47 Die „Prachtstraße" in München durch Rückverlagerung des vorhandenen Bahnhofs (r.), 1937. Hermann GIESLER plante eine bis zu 120 Meter breite „Große Achse" mit öffentlichen Gebäuden und hoher Bahnhofskuppel als Abschluß.

Auch die Länge der „Großen Straße" in Berlin hätte mit 7 km das Pariser Vorbild um 5 km übertroffen. Zwischen der „Großen Halle" im Norden und dem neuen, von SPEER entworfenen Südbahnhof sollte ein Triumphbogen mit einer Höhe von 117 m, weit mehr als die 70 m des Arc de Triomphe in Paris, und 170 m Breite stehen. Das nach Skizzen HITLERS entworfene Bauwerk hätte einen „Bahnhofsvorplatz" von 330 mal 1 000 m abgeschlossen, der als „Trophäenallee mit eroberten Panzern und Kanonen" ausgebildet werden sollte. Diese „Hommage an den militärischen Charakter der Großen Straße" sollte durch flankierende monumentale Bauten des Staats und der Wirtschaft ergänzt werden, so das Außenministerium, die Oberkomandos von Heer und Marine, die Oper, das Rathaus und der Nordbahnhof.

„Alle Bauten sollten Würde, Macht und Prunk ausstrahlen und orientierten sich am Neoklassizismus, wenn auch nicht ohne eklektische und romantische Ausschweifungen. Sie hätten unter Ausschaltung der Privatspekulation innerhalb einer umfassenden Planung im Stil Haussmanns realisiert werden sollen. 1941 wurde ein Firmenkonsortium gegründet. Im gleichen Jahr verbot SPEER alle nicht kriegsnotwendigen Bauarbeiten, so daß das immense Projekt, mit welchem sich HITLER in die Tradition der römischen Kaiser und Napoleons stellen wollte, im Anfangsstadium blieb" (LAMPUGNANI, S. 142 f).

6.50 Die Kuppel der „Großen Halle" in Berlin für 180 000 Menschen läßt den Reichstag (Kreis) winzig erscheinen.

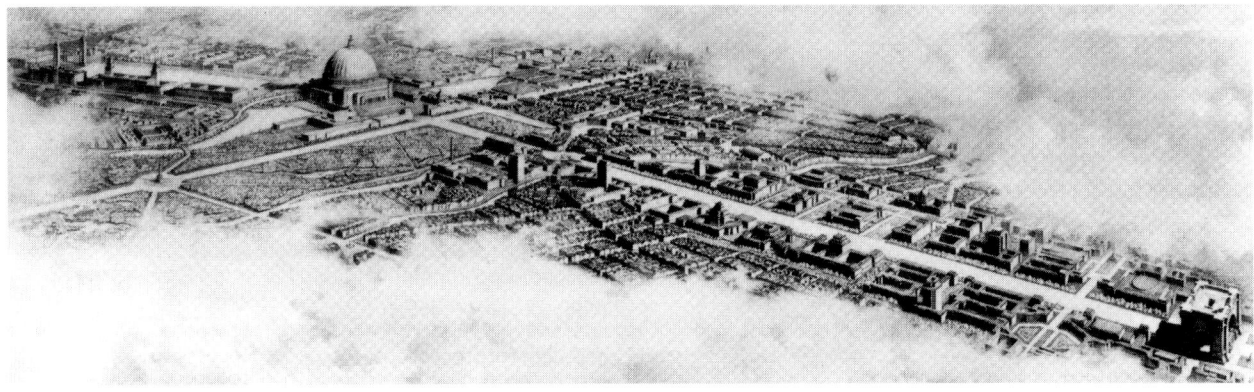

6.51 Neugestaltung der Reichshauptstadt Berlin unter Albert SPEER. Der Stahlstich von Alexander FRIEDRICH zeigt die Nord-Süd-Achse zwischen der „Großen Halle" und dem Triumphbogen (r.). Die „Große Straße" sollte breiter als die ...

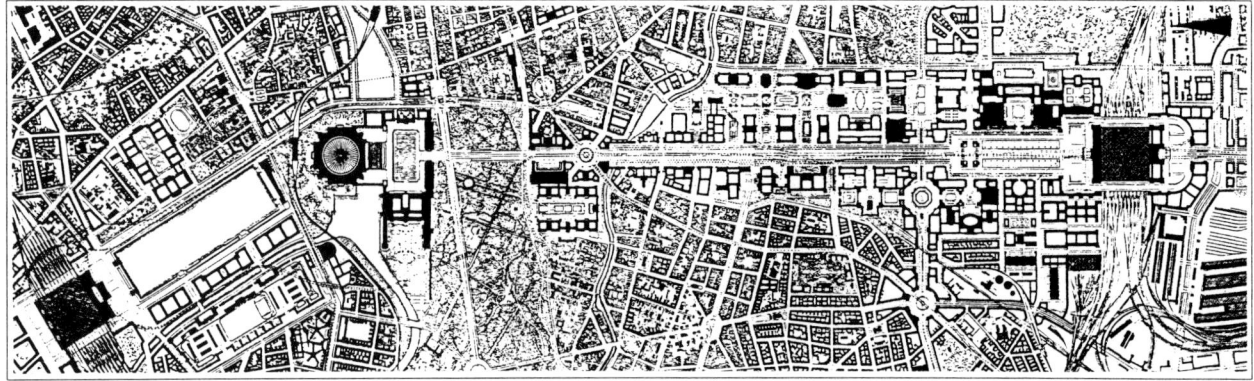

6.52 ... Champs Elysées werden und zwischen Triumphbogen und einem neuen Südbahnhof (r) eine „Trophäenallee" bilden. „Eine grundlegende Neuordnung aller technischen, soziologischen und wirtschaftlichen Städtebaufragen."

6.5. Zerstörung der Städte und erste Wiederaufbaukonzepte

„Dass das Wort Wiederaufbau an sich geradezu ein konservatives Programm enthalten könnte, bemerke ich am Rande; ein Programm, das dem Wieder-Aufbau des vorher Dagewesenen in dem Sinne ´Neues genau so wie zuvor das Alte´ meinen könnte. Es ist eine glückliche Voraussetzung zu nennen, dass der Begriff einer Neugestaltung unserer Städte vorher geboren war und damit der Wiederaufbau unserer Städte auf den Charakter einer zeitlich bedingten und zeitlich beschränkten äusseren Veranlassung zurückgewiesen wird, ihm jedenfalls von vornherein eine geistige Federführung abgesprochen wird. Es ist deshalb umso mehr zu untersuchen, inwieweit der den Wiederaufbau veranlassende Luftkrieg nun Auswirkungen für die Neugestaltung in sich trägt. Jedenfalls aber wollen wir festhalten, dass der Luftkrieg und damit der so gern und bequem zitierte Vater aller Dinge der Vater der Neugestaltung unserer Städte nicht ist."
Rudolf HILLEBRECHT, Februar 1944
(zit. n. DURTH/GUTSCHOW, S. 94)

Wiederaufbau-Planungen im Krieg

Durch einen Erlaß HITLERS wurde SPEER, seit Anfang 1942 Rüstungsminister, 1943 mit der „Vorbereitung des Wiederaufbaus zerstörter Städte" beauftragt. Er bildete aus bekannten Architekten und Planern in Berlin einen Arbeitsstab, dem ein „aufs Sparsamste" reduzierter Wiederaufbau vorgegeben war, nachdem die bisher verfolgten Leitvorstellungen repräsentativer Neugestaltung der Städte und monumentaler Bauten aufgegeben waren. Eine große Anzahl von Mitarbeitern und Korrespondenten überarbeitete grundlegend vorhandene Pläne und zeigte anhand möglichst exakter Schadensstatistiken künftige Entwicklungen auf. „Ihre gemeinsame Grundlage hatten die neuen Pläne in dem Gedanken, die ´mechanische Auflockerung´ der Städte durch den Bombenkrieg zu einer Auflockerung der Einwohnerdichte zu nutzen und die städtische ´Siedlungsmasse´ in überschaubare ´Siedlungszellen´ zu gliedern, die nach Größe und Struktur der politischen Gliederung der NSDAP in Ortsgruppen entsprechen sollten. Übergreifendes Leitbild war dabei das seit 1940 propagierte Konzept der ´Stadtlandschaft´, nach dem die landschaftlichen Besonderheiten der Städte deutlicher sichtbar gemacht, durch weiträumige Grünzüge und anbaufreie Verkehrsstraßen verstärkt werden sollten" (DURTH/ NERDINGER, S. 34).

Die Wiederaufbauplanungen gegen Ende des Krieges griffen in dem genannten Sinne alle mehr oder weniger in die vorhandene Grundrißstruktur der Städte ein. In Darmstadt entwickelte Karl GRUBER Anfang

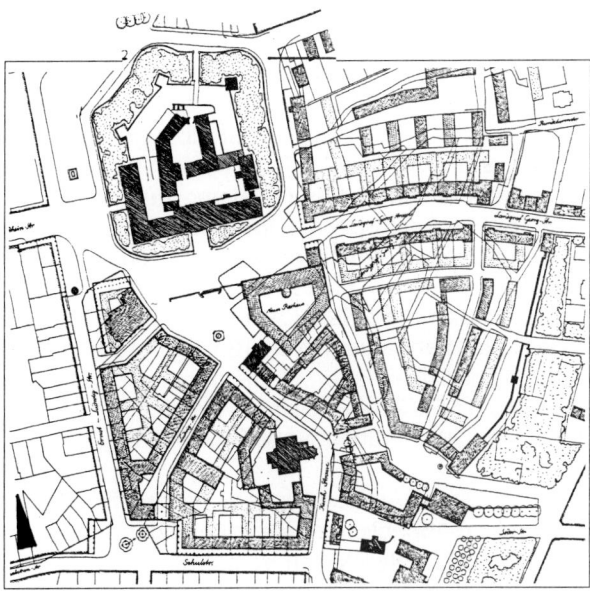

6.53 Wiederaufbauplan der Stadtmitte Darmstadts von Karl GRUBER, 1945. Der alte Grundriß wird aufgegeben.

6.54 Hannover mit axialem Durchbruch vom Bahnhof bis zur Marktkirche und weiter zum Waterlooplatz, 1938.

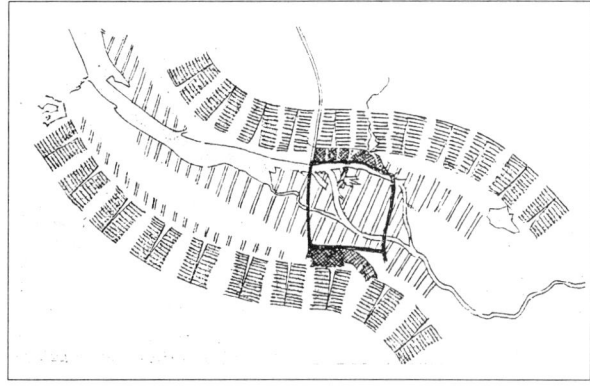

6.55 Siedlungsschema Groß-Hamburg von REICHOW, 1944, als ein „organisch wachsendes" Siedlungsband.

1945 ein neues Konzept für die Altstadt mit völliger Aufgabe des Straßennetzes und der Bebauungsstruktur (Abb. 6.53). Die Wiederaufbauplanung von Hannover entwickelte das Konzept von Karl ELKART zur städtebaulichen Neugestaltung aus dem Jahr 1938 (Abb. 6.54) fort. Sie hätte starke Eingriffe in die bestehende Stadtstruktur erfordert, um eine Neugliederung zu erreichen. Für Hamburg skizzierte schließlich Hans Bernhard REICHOW ein neues Siedlungsschema zur bandartigen Neuordnung der zerstörten Stadt mit gänzlich neuen Elementen der Stadtstruktur (Abb. 6.55). Soweit einige - vielleicht - typische Beispiele (DURTH/GUTSCHOW, S. 389, 615, 711).

„Die meisten der Architekten des Wiederaufbaustabs blieben in maßgeblichen Positionen tätig; und viele ihrer vor 1945 entwickelten Vorstellungen flossen in die Lehrbücher zum künftigen Städtebau ein: Die aus Erfahrungen der Hamburger Neugestaltungsplanungen entwickelte Schrift ´Organische Stadtbaukunst. Von der Großstadt zur Stadtlandschaft´ von Hans Bernhard REICHOW war das erste und damit sehr aufschlußreiche Lehrbuch des Städtebaus der Nachkriegszeit in Deutschland" (DURTH/NERDINGER, S. 34).

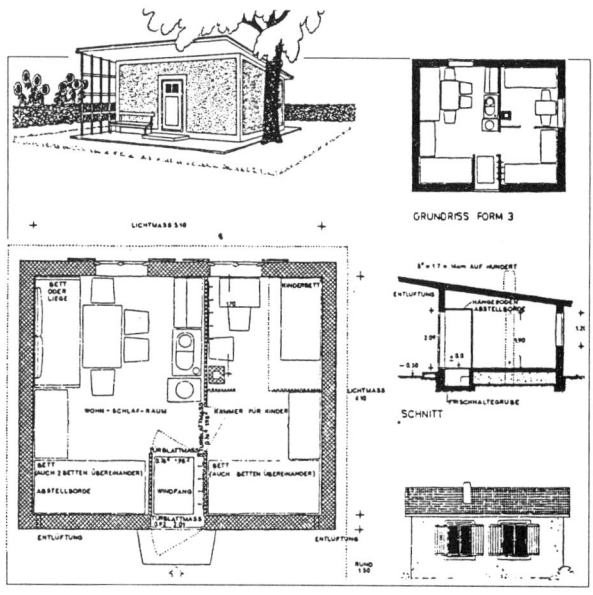

6.56 Behelfsheim für Bombengeschädigte, Reichseinheitstyp 001. Im ersten Jahr schon eine Million Stück.

Bautätigkeit am Ende des Krieges

Die zunehmende Konzentration auf die Kriegsproduktion hatte 1941 zur Einstellung auch „kleinster Bauvorhaben" geführt, die nicht kriegswichtig waren. Die Bombenschäden hatten aber erhebliche Unterbringungsprobleme zur Folge, so daß trotzdem Wohnungen gebaut werden mußten. In SPEERS Erlaß zur „Durchführung von Wohnungsbauten im dritten Kriegswirtschaftsjahr" von 1942 werden „alle nicht notwendigen Aufwendungen, wie für architektonische Gestaltung, Ausstattung u.dgl." untersagt. Gleichzeitig wurden die „Richtlinien für den baulichen Luftschutz im Städtebau" erheblich verändert. Sie machten deutlich, daß die Auswirkungen, die der Luftschutz auf den Städtebau haben sollte, auch den propagierten städtebaulichen Leitbildern entsprach:

„Die Erfordernisse des Luftschutzes stellen dem Städtebau die Aufgabe, die Luftempfindlichkeit der Städte und Siedlungen durch geeignete Maßnahmen soweit als möglich zu mindern. Das geschieht durch:

a) weiträumige Gestaltung der Städte und Siedlungen,
b) Trennung der stark luftgefährdeten Anlagen und Betriebe von der Wohnbebauung,
c) Auflockerung der Bebauung"
(zit. n. DURTH/GUTSCHOW, S. 24/25).

Für mehrgeschossige Gebäude hatte Ernst NEUFERT bereits 1941 im Auftrage von SPEER eine Studie „Bombensicherer Luftschutz im Wohnungsbau" erarbeitet. Dort wird eine „Wohnzeile mit Geschoßbunkern in Hausmitte" vorgeschlagen (Abb. 6.57). Die über mehrere Geschosse gestapelten Bunker werden normalerweise als Bad genutzt und sind von außen nicht sichtbar. Außerdem werden ab 1942 Planungen für „Behelfsheime für Bombengeschädigte" gemacht, bei denen „industrielle Fertigung" vorausgesetzt wird, um „Baustoffe und Arbeitskräfte" zu sparen. Zunächst wird ab Anfang 1943 der von NEUFERT entwickelte „Kriegseinheitstyp", danach der „Reichseinheitstyp 001" (Abb. 6.56) hergestellt. Der Behelfsheimbau wird vom generellen Bauverbot ausgenommen (DURTH/GUTSCHOW, S. 27).

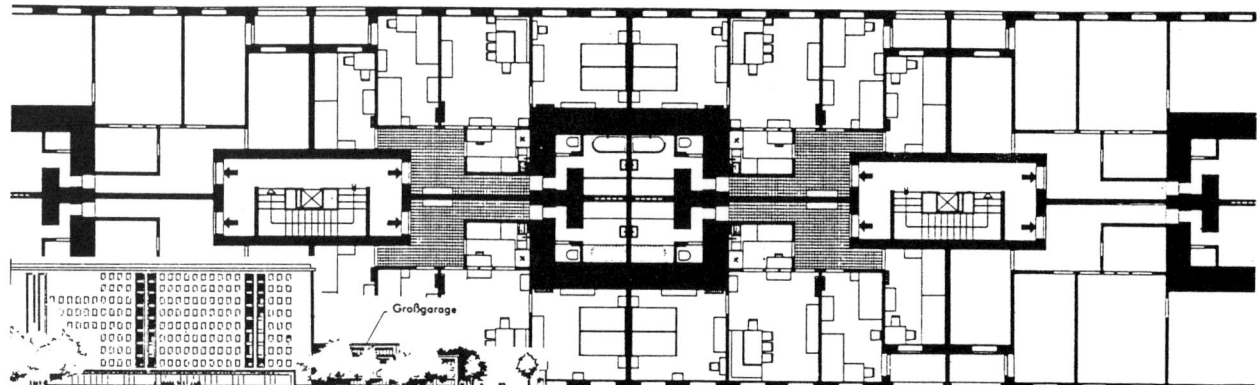

6.57 Bunker als Hauskern. Planungen zur Studie „Bombensicherer Luftschutz im Wohnungsbau" von Ernst NEUFERT, 1941. „Bunker und Treppenhäuser wechseln ab. In der Front erscheinen nur gleiche Wohnhausfenster und Lauben."

Aber schon bald mußten selbst die bescheidenen Standards des Typs 001, etwa 20 qm groß und aus Mauerwerk, reduziert werden. Baracken wurden erwogen, wie aus einem privaten Protokoll der Tagung des Arbeitsstabes Wiederaufbau im August 1944 hervorgeht: „Behelfsbau muss echter Behelf sein: 1. räumlich beschränkt, 2. konstruktiv primitiv, 3. aufs äußerste genormt. Es muss sowohl die Einzelbaracke als auch die Barackengruppe geplant werden. WOLTERS ist der Meinung, daß der Barackenbau kommen wird trotz aller Bedenken der Fachleute und daß deshalb die Frage gründlich untersucht werden muß" (DURTH/GUTSCHOW, S. 110).

Ausmaß der Zerstörung der Städte

„Halten wir also fest, dass der durch den Luftkrieg verursachte Wohnungsschwund für die heutige Nutzung weniger als 10% der Substanz, bei den Großstädten über 100 000 Einwohner allerdings über 30% beträgt und dass der effektive, auch nach dem Kriege verloren bleibende Totalverlust bis heute etwa 4% der Gesamtsubstanz, in den Großstädten allerdings 20% der dortigen Wohnungssubstanz beträgt. Dieser in den Großstädten empfindliche vorläufige und echte Totalverlust an Wohnungen wirft ausser der Unzahl von Gegenwartsproblemen das Problem der städtischen Zukunft des Stadtlebens und der Neugestaltung überhaupt auf."

Diese Schadensbilanz von Rudolf HILLEBRECHT (zit. n. DURTH/GUTSCHOW, S. 96), die er Anfang 1944 nach einer „Rundreise durch 24 luftkriegsbetroffene Städte" im Rahmen seiner Tätigkeit im „Arbeitsstab Wiederaufbauplanung" aufzeigte, sollte nur ein Anfang vom Ende des „totalen Krieges" sein. Von den 24 Millionen Wohnungen, die es in Deutschland 1939 gegeben hatte, waren bis Anfang 1944, aus den Schäden der 24 Städte hochgerechnet, „nur" etwa 1 Millionen total zerstört worden. Am Ende des Krieges, im Mai 1945, waren von den über 10 Millionen Wohnungen auf dem Gebiet der westlichen Besatzungszonen etwa 2.3 Mio zerstört und ebensoviel schwer beschädigt, so daß der ehemals vorhandene Bestand auf fast die Hälfte reduziert worden war.

Besonders stark waren die Städte, in erster Linie die Großstädte zerstört worden. Dort lag der Anteil der Wohnraum-Zerstörungen zumeist über 50% (Abb. 6.58). Dieser war etwa in Berlin 50%, Hamburg 60%, München 45%, Köln 70%, Bremen 60%, Hannover 65%, Stuttgart 60%, Nürnberg 60% und in anderen Städten in ähnlicher Größenordnung. „Im Herbst 1945 setzt der Rückstrom in die Städte ein. Hier versuchen sich die Menschen in Kellern und Trümmern ein erstes notdürftiges Obdach zu schaffen" (DURTH/GUTSCHOW, S.144).

6.58 Kriegszerstörungen in deutschen Städten. Noch größerer Verlust an Wohnungen in den Innenstädten.

6.59 Dresden als Trümmerfeld, von der Balustrade des Rathauses gesehen. Brände vier Tage und Nächte lang.

6.60 Die Stuttgarter Innenstadt in Trümmern, 1944 (hinten der Rathausturm). „Der Himmel ist rot bis in den Morgen hinein. Wo man hinkommt in der Stadt - Rauch, Brand und aufgeregte Menschen. Zu Tausenden fliehen die Obdachlosen.“

7. Neubeginn:
Wiederaufbau nach dem Zweiten Weltkrieg (1945-1960)

„Statt 'Wiederaufbau' Neuordnung: Die kritische Überprüfung der auf unsere Zeit überkommenen Haus- und Stadtformen zeigt Fehlbildungen und Entartungserscheinungen, die mit den bisher üblichen technischen, baulichen und städtebaulichen Mitteln wohl verbessert, aber nicht behoben werden können. Ein 'Wiederaufbau' nach den Zerstörungen des Krieges, der sich auf die Beseitigung der gröbsten Fehler beschränkte, würde die von neuem erstehende Stadt nicht von den Grundfehlern aus der Zeit ihrer unorganischen Wucherung befreien. Daher muß die nicht wiederkehrende Gelegenheit zu einer bis an die Wurzel gehenden Neuordnung des gesamten Städtewesens benutzt werden."
Johannes GÖDERITZ,1945
(zit. n.: DURTH/GUTSCHOW, S. 234)

7.1 Rekonstruktion als Sachzwang der technischen Infrastruktur

„Der Aufbau der zu 70 Prozent zerschossenen Stadt (über 50 Prozent Totalschaden!) nahm alle Kräfte in Anspruch: Die Feststellung, wieviel brauchbaren Wohnraum es überhaupt gab, wo mit primitivsten Mitteln am schnellsten Wohnungen geschaffen werden konnten. Notunterkünfte, Versorgungsanlagen usw.; sonntags putzten wir Ziegel mit ausgehungerten Frauen und Kindern. Ich stieg auf den gewonnenen Ziegelhaufen und hielt begeisterte Reden über die neue Freiheit, über die Welt, die wir uns jetzt aufbauen würden - und abends hielt ich Vorträge über die kommende Stadt, in der die Fehler der alten verbessert werden, das neue Dorf, das keine Feudalherren mehr kennt, über Kunst, die allen zukommt. Wir machten Ausstellungen, die ersten Konzerte, Opernaufführungen (in der Zuckerfabrik)".
Hubert HOFFMANN 1987 über Dessau 1945
(zit. n.: DURTH/GUTSCHOW, S. 152)

Pragmatische Befriedigung von Grundbedürfnissen

Die starke Zerstörung der deutschen Städte hatte zu einer erheblichen Verminderung der Einwohnerzahlen in den Zentren und angrenzenden Stadtgebieten geführt. Die Menschen, die in ländliche Bereiche gezogen waren oder in Behelfsunterkünften am Rande der Stadt lebten, bemühten sich nach dem Ende des Krieges, möglichst schnell wieder in ihre Wohnungen in der Stadt zu gelangen. Außerdem kamen Millionen von Menschen aus dem Osten Deutschlands, die auch mit Wohnraum versorgt werden mußten. Ein Großteil von ihnen strebte in die Städte, da dort am ehesten eine wirtschaftliche Existenzgrundlage zu schaffen war.

Soweit es möglich war, wurden Wohngebäude und Betriebsstätten, die nur beschädigt oder teilzerstört waren, notdürftig wiederhergestellt. Gleichzeitig wurden die Verkehrswege und Versorgungsleitungen repariert, so daß ein Leben in den Städten wieder möglich wurde. Dabei mußten Unmengen von Trümmern und Schutt weggeräumt werden. Baumaterialien, die noch verwendet werden konnten, wurden aussortiert und der Rest zu großen Trümmerbergen am Stadtrand aufgeschichtet. Wohl jede größere Stadt hat solch einen „Monte Scherbelino" (Abb. 7.1).

Diese Aufräumarbeiten wurden überwiegend von den Frauen geleistet, da viele Männer im Krieg gefallen oder noch in Kriegsgefangenschaft waren (Abb. 7.2). So begann der Wiederaufbau in den Städten als teilweise verzweifelter Akt der Befriedigung von elementaren Grundbedürfnissen: Beschaffung von Wohnraum und Lebensmitteln.

In der Zeitschrift „Baukunst und Werkform" wurden schon sehr bald (Heft 1/1949) die damit verbundenen planerischen Fehler aufgezeigt: „Die Taten der nackten Selbsterhaltung, des krassen Egoismus, der unsozialsten Einstellung, die Reaktion auf allen Gebieten, die Wahrung und Verteidigung alter Besitzpositionen, 'Wiederherstellung' und 'Wiederaufbau' um jeden Preis. Das sind die Gegebenheiten unseres Aufbaus, das ist die wirtschaftliche, das ist die moralische Lage, die bis in die letzte Verästelung des Bauens und des Städtebaus wirkt. Neben der siechen offiziellen Wirtschaft, die abgeschnürt ist, reglementiert und kontrolliert, die nicht fähig ist, dem sozial Bedrängten das Notwendigste zu geben, besteht eine andere, unkontrollierte, vom Faustrecht bestimmte Wirtschaft. Was diese tut und an 'Aufbau' schon geleistet hat, ist vielerorts durch keinen noch so schönen Plan wiedergutzumachen."

7.1 Birkenkopf in Stuttgart. Bis 1957 wurden 1,5 Millionen cbm Trümmergestein 40 Meter hoch aufgeschüttet.

7.2 „Trümmerfrauen" suchen nach verwertbarem Baumaterial zum Wiederaufbau der Häuser. Dortmund 1946.

7.3 Nach der Rückkehr der Menschen in die Stadtkerne wanderten ab 1950 viele in Vororte und das Umland ab.

Die Rückkehr der Menschen in die Städte führte allerdings nicht sofort zu einem Anwachsen der Bevölkerungszahlen in den zentralen Bereichen. Eine Übersicht über die Bevölkerungsentwicklung und Bevölkerungsverteilung in Stadtregionen über 80 000 Einwohner verschiedener Zeitabschnitte zeigt starke Veränderungen (Abb. 7.3, 7.4).

• **1939-1950**: Die Kriegszeit und die ersten Nachkriegsjahre waren gekennzeichnet von einer Bevölkerungsabnahme der Kernstädte, zunächst stärker durch die Kriegszerstörungen und dann etwas schwächer, trotz des starken Flüchtlingsstroms. Die ländlichen Gebiete und kleineren Städte nahmen die Stadtflüchtlinge auf, die bei ihrer Rückkehr aber nur zu einer massiven Besiedlung der Außenzonen der Großstädte beitrugen.

• **1950-1956**: In dieser Zeit kehrte sich die Bevölkerungsbewegung um. Bei einem geringeren Zuwachs stand einer „rasanten Auffüllung der Kernstädte" eine „Schrumpfung der Außenzonen" gegenüber. Da noch keine neuen Wohnungen am Rande der Städte zur Verfügung standen, wurden in den Stadtkernen Wohnungen notdürftig hergerichtet, die zu 77% den Zuwachs in den Stadtregionen aufnahmen.

• **1956-1961**: Mit der Fertigstellung von zahlreichen Wohnungen in neuen Siedlungen am Rande der Städte vollzog sich abermals eine Umkehrung der räumlichen Bevölkerungsentwicklung. Die Kernstädte hatten ihren Vorkriegsstand annähernd erreicht und nahmen geringer zu als die angrenzenden Ergänzungsgebiete. In den Außenzonen begann die Bevölkerungzahl anzusteigen.

• **1961-1966**: Bei reduzierter Bevölkerungsentwicklung in den Stadtregionen erlitten schließlich die Kernstädte wieder Verluste. Die funktionale Umwandlung der Innenstädte in Richtung Dienstleistungen („Tertiärisierung") zeigte erste Folgen. Die verstädterten Zonen und sogar die Randzonen nahmen dank der Wohnungsbautätigkeit stark zu. Die Gesamtentwicklung glich weitgehend der Ausgangsphase.

Am Beispiel der Stadtregion München läßt sich die aufgezeigte Bevölkerungsentwicklung auch räumlich aufzeigen (Abb. 7.5). Die „funktionale Erweiterung des Agglomerationsraumes" hatte nicht zwangsläufig eine Zunahme der Bevölkerungsdichte zur Folge. Selbst in den verstädterten Zonen, die zahlenmäßig zunahmen, fand kein eigentlicher „Verdichtungsprozeß" statt. „Im Gegenteil, die Stadtregionen dringen in Gebiete vor, wo zumindest äußerlich in der Wohn- und Siedlungsform nicht mehr von 'städtischen' Einheiten gesprochen werden darf" (BOUSTEDT, Sp.3222-3231).

Auch in der wirtschaftlichen Entwicklung lassen sich erhebliche Veränderungen feststellen. Die Reallöhne der Industriearbeiter begannen bereits ab 1948 zu steigen und erreichten 1950 das Vorkriegsniveau, obwohl sie davor noch unter dem Existenzminimum gelegen hatten. 1971 hatten sie sich dann sogar gegenüber 1950 verdreifacht. „Mit der zügigen Einkommenssteigerung ging eine Steigerung der Nachfrage nach Konsumgütern und eine spürbare Verbesserung der Wohnverhältnisse einher, wie etwa die Vergrößerung der durchschnittlichen Wohnfläche pro Kopf der Bevölkerung zeigt, die sich von 14,9 qm 1950 auf 23 qm im Jahr 1968 vermehrte" (DURTH 3, S. 14).

Bestimmungsfaktoren für den Stadtgrundriß

Entscheidend für den Wiederaufbau der Städte nach dem Zweiten Weltkrieg waren häufig Bestimmungsfaktoren für den Stadtgrundriß, die nicht oder nur wenig sichtbar sind. Das waren Straßen, Grundbesitzverhältnisse und Baubestand (Abb. 7.6):
• **Straßen** stellten mit ihrer unterirdischen, technischen Infrastruktur die wichtige Ressourcen für die Revitalisierung dar, da sie weitgehend erhalten geblieben waren.
• **Grundbesitzverhältnisse** bestimmten entscheidend die Möglichkeiten einer Umplanung der Städte und besonders deren Zentren. Der entscheidende Faktor der Stadtentwicklung war seit dem Liberalismus des 19. Jahrhunderts der Besitz an Grund und Boden. Die unsichtbaren Linien der Grundstücke beeinflußten damals wie auch heute noch planerische Entscheidungen in erheblichem Ausmaß.

Mit der „Einführung der Demokratie", diese Gesellschaftsform wurde von den Siegern des Kriegs quasi von außen wiederhergestellt, wurden auch neue Formen der Grundbesitzverhältnisse diskutiert. Die Vergesellschaftung von Grund und Boden sowie von Produktionsmitteln war kein Tabuthema. Die notwendige Versorgung mit elementaren Gütern und Dienstleistungen führte aber auch in dieser Frage zu eher pragmatischen Lösungen. Damit nicht durch ungeregelten Wiederaufbau sinnvolle Umplanungen konterkariert werden konnten, grenzten einige Städte, so zum Beispiel 1946 Stuttgart, in Bereichen mit mehr als 50% Zerstörung sogenannte „Bausperrgebiete" ab (Abb. 7.7). Vornehmlich in den Innenstädten sollte den Stadtplanern so Zeit gegeben werden für die Entwicklung von Aufbaukonzepten, die den neuen Anforderungen an die Stadtstruktur gerecht werden konnten.

Überlegungen dazu hat es fast in allen Städten bereits während der letzten Kriegsjahre gegeben. Mit deren Zielen und Maßnahmen setzten sich die Stadtplaner, die teilweise extrem unterschiedlicher Auffassung waren, vehement auseinander. Schon in den 60er Jahren wurden die Grundbesitzverhältnisse als Hemmnis einer wirklichen Neuordnung der Städte beklagt. „Es wird wohl von niemandem ernstlich bestritten, daß die Misere des deutschen Wiederaufbaus eng mit der Zufälligkeit der Besitzverhältnisse,

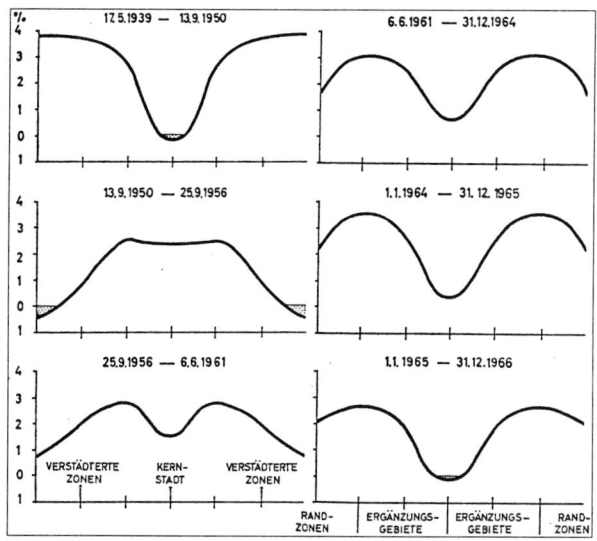

7.4 Jährliche Veränderung der Bevölkerungszahlen (in %) in Zonen der Stadtregionen über 80 000 Einwohner.

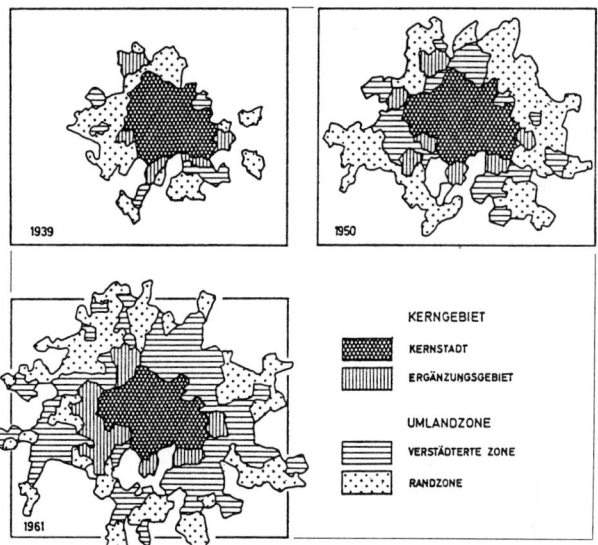

7.5 Räumliches Wachstum der Stadtregion München 1939-1961. Geringere Dichten durch Flächenexpansion.

7.6 Notunterkünfte (Nissen-Hütten) auf Straßen in Hamburg. Technische Infrastruktur bestimmt Wiederaufbau.

den spekulativen Bodenpreisen und dem ausgebliebenen Versuch zu räumlicher Neuordnung der Stadtareale zusammenhängt. Denn Privatbesitz, unbeschadet seiner unter Umständen für die Gemeinschaft tödlichen Auswirkungen, ist ein Tabu, ein Fetisch, an den niemand zu rühren wagte. Keine der gesetzgebenden Körperschaften, keine der Parteien" (MITSCHERLICH, S. 19/20).

Gerade in der Notzeit unmittelbar nach dem Krieg war die Bereitschaft der Bevölkerung, neue städtebauliche Konzepte zu akzeptieren, doch recht begrenzt. Deshalb war der
• **Baubestand** eine wichtige Determinante der Planung und Bautätigkeit. Viele Grundeigentümer setzten sich über die Regelungen von Bausperrgebieten hinweg und errichteten „Schwarzbauten", womit sie die Möglichkeiten der Durchsetzung neuer städtebaulicher Strukturen reduzierten. Die Wohnungsnot diktierte den Wiederaufbau, auch wenn dieser an vielen Stellen städtebaulich in der realisierten Form nicht richtig war. Immerhin waren beispielsweise die 60 000 Wohnungssuchenden, die es noch Anfang der 50er Jahre in Stuttgart gab, ein stichhaltiges Argument für die pragmatische Bautätigkeit.

Neben der reinen Zweckmäßigkeit eines „Dachs über dem Kopf" wurden aber die erhalten gebliebenen Gebäude, die häufig nach den Vorstellungen der Stadtplaner an den „falschen Stellen" der Zerstörung entgangen waren, eher gering geschätzt. In Berlin gingen deshalb zahlreiche Bautrupps daran, Dekorationen und Verzierungen der klassizistischen Gebäude abzuschlagen und sie damit der „neuen Sachlichkeit" anzupassen. Besonders öffentliche Gebäude fanden nur geringe Wertschätzung und mußten häufig Straßen und anderen Verkehrsbauten weichen. So mußte z.B. das Prinzenpalais in Stuttgart Anfang der 60er Jahre einem mehrgeschossigen Verkehrsbauwerk weichen, das mit eingeschossigen

Ladenpavillons überdeckelt wurde. Heute empfinden die Stuttgarter diesen „Kleinen Schloßplatz" als Schandfleck im Herzen der Stadt (s. S. 228).

Restaurative Tendenzen in der Wiederaufbaupolitik

Die Wiederaufbaupolitik war gekennzeichnet von einer Ambivalenz der städtebaulichen architektonischen Vorstellungen: Einerseits sollte das kulturelle Erbe gewahrt werden, aber andererseits sollten die wiedererstehenden Städte auch neuen Anforderungen gerecht werden. Eine Aussage von Philipp RAPPAPORT in seinen „Leitgedanken" zum „Wiederaufbau der deutschen Städte" von 1945 gibt prägnant die damalige Stimmung der Planer wieder, macht aber auch die Schwierigkeiten der Umsetzung dieses „Leitgedankens" deutlich: „Im einzelnen ist die Eigenart der alten Stadt nach Möglichkeit zu wahren. Das darf freilich nicht so weit gehen, daß winkelige und überenge Gäßchen aus der Zeit des Mittelalters neu erstehen. Der Bebauungsplan soll vielmehr im Sinne unserer Zeit und unserer Bedürfnisse gestaltet werden" (DURTH/GUTSCHOW 1, S. 247).

Ab Mitte der 70er Jahre werden dann die großangelegten „Flächensanierungen" vieler Altstädte mit „unseren Bedürfnissen" begründet, während die „Eigenarten der alten Städte" dem vermeintlichen Fortschritt geopfert und vielfach der Abrißbirne preisgegeben werden. Aber es gab auch Städte, bei denen das „Bewahren" im Vordergrund des Wiederaufbaus stand. Dabei wurden aber durchaus auch stadtstrukturelle und architektonische Veränderungen gegenüber dem früheren Zustand in Erwägung gezogen. In diesem Sinne bemühte sich Karl GRUBER um eine angemessene Anpassung des Neuen ohne Zerstörung des Alten. „Seine Planungen wollen Gewesenes

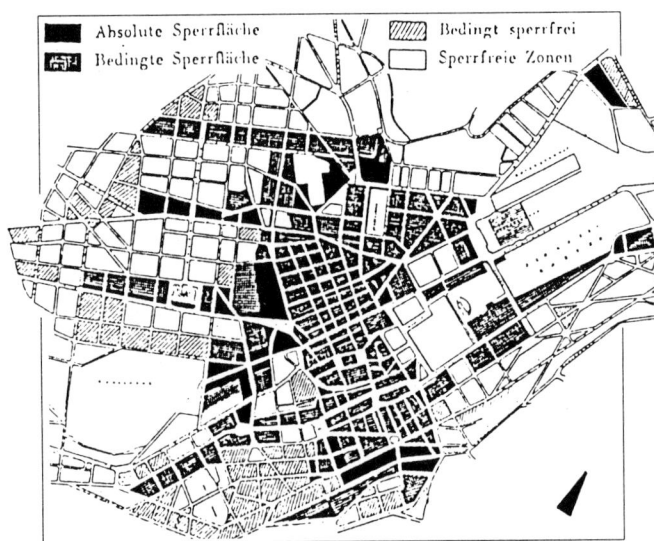

7.7 Bausperrzonenplan Stuttgart 1946. Neuplanungen sollten durch planloses Bauen nicht erschwert werden.

7.8 Innenstadt Freiburg 1946. Rücksicht auf den historischen Stadtgrundriß beim Wiederaufbau (heller Teil).

178

nicht wiederherstellen, wie seine Widersacher es gerne verstehen, sondern neu gestalten - freilich unter Berücksichtigung einer ´Rangordnung der Werte´, die das ´Heilige´ über das ´Profane´ stellt. Mit diesem Konzept mußte er zwangsläufig scheitern. Seiner Vorstellung entsprechend sollte allein in Freudenstadt nach dem Entwurf Ludwig SCHWEIZERS vom August 1949 (Abb. 7.9) eine ganze Stadt in einheitlichem Bilde entstehen." Weitere typische Beispiele für die weitgehende Erhaltung historischer Stadträume sind Münster, Freiburg (Abb. 7.8) und - natürlich - Rothenburg ob der Tauber, als „mittelalterliche Puppenstube" (DURTH/GUTSCHOW 1, S. 248).

In der baulichen Umsetzung der städtebaulichen Wiederaufbaukonzepte gewannen dann jene Strömungen an Bedeutung, die in Kontinuität der Heimatschutz-Bewegung auf eine Erneuerung des handwerks- und landschaftsbezogenen Bauens abzielten. Obwohl solche Strömungen von ihren Gegnern leicht als „Verlängerung der NS-Siedlungsgestaltung im Sinne der ´Blut und Boden´-Ideologie" angegriffen werden konnten, waren sie in der auf Eigentumsbildung und Familienhaus orientierten Wohnungspolitik der Nachkriegszeit erfolgreich."

„Obgleich viele Industriebauten des ´Dritten Reichs´ anschauliche Belege für die Kontinuität der Moderne zwischen 1933 und 1945 lieferten, galt das von den Nazis offiziell als ´Kulturbolschewismus´ diffamierte Neue Bauen als unbeschädigtes Erbe der neuen Republik, mit dem jedoch durch massenhafte Banalisierung in den sechziger Jahren bald auch Mißbrauch betrieben wurde. Nur wenige der exponierten Vertreter des Neuen Bauens der zwanziger Jahre fanden im Nachkriegsdeutschland Gelegenheit zur Weiterentwicklung ihrer Konzepte. Viele waren gestorben, vertrieben, psychisch zerbrochen in den Wirren der Zeit" (DURTH/GUTSCHOW 2, S. 235).

Dieser architektonische „Banalismus" wurde schon bald heftig kritisiert, so auch von Karl GRUBER, der 1952 schrieb: „Leider steht auch der Wiederaufbau unserer Städte weitgehend unter dem Gesichtspunkt, möglichst viele Mietwohnungen in Massenmiethäusern aufeinanderzuschichten. Wenn dabei auch weit bessere Resultate entstehen als im Zeitalter der Bodenspekulation, so ist doch der Querschnitt dessen, was heute in allen Gegenden Deutschlands entsteht, erschütternd. Auch kleine, völlig unzerstörte Städtchen wissen keine andere Lösung ihres Wohnproblems als die Reihung fünfgeschossiger Zeilen, bei deren Anblick man an Kartothekkästen oder an Karnickelställe erinnert wird" (S. 192).

Dieses Ausweichen „auf die grüne Wiese" war auch eine Reaktion auf den stockenden Wiederaufbau der Stadtzentren. Die heftigen Diskussionen um die geeignetsten Konzepte waren dabei stark von restaurativen Tendenden geprägt. Das Grundeigentum erzwang vielfach Verzögerungen, die aber durchaus auch positive Effekte hatten: Viele Altstädte sind in wesentlichen Teilen erhalten geblieben, obwohl weitgehende Neuordnungspläne deren Beseitigung vorgesehen hatten.
GRUBER bemängelte 1952 den „widersinnigen Zustand, daß an den Stadträndern sich vielgeschossige Massenmiethäuser häufen, daß sogar neue Straßen gebaut werden, während die Stadtmitten samt ihrem tiefbautechnischen Inventar unbebaut bleiben. Diese heutige Menschenballung an den wenigen noch unbebauten Straßen der Randgebiete ist die Folge davon, daß es bisher noch nicht gelungen ist, die zerstörten Stadtmitten wieder aufzubauen. Den Grundbesitzern fehlen die Mittel, sie halten jedoch zäh an jedem Quadratmeter der alten Grundstücksgrenzen fest und wollen nicht einsehen, daß eine lichtere und bessere Bebauung als vor der Zerstörung, und damit eine Umlagerung der Grundstücksgrenzen notwendig ist" (S. 192).

7.9 Zentrum von Freudenstadt nach dem Wiederaufbau, um 1980. Die Bebauung um den Marktplatz erfolgte nach dem Entwurf von Ludwig SCHWEIZER, 1950, aus Kostengründen traufständig und nicht mit den historischen Giebelhäusern.

7.2 „Stadtlandschaft" und „Nachbarschaft"

„Auch der Einwand, daß eine Großstadt, deren Wohnungsbauten weitgehend aus zweigeschossigen Reihenhäusern bestehen, nicht in angemessener Weise *gestaltet* werden könne, ist nicht stichhaltig, wenn man sich den Gedanken der zellenhaften Gliederung zu eigen macht und daraus den Maßstab für die Gestaltung gewinnt: Über den anheimelnden niedrigen Wohnhäusern erheben sich die ebenfalls maßvollen Bauten des städtischen Gemeinwesens jeder Zelle. Die größere Stadt hat dann noch ein zentrales Geschäftsviertel sowie den einzelnen Zellen übergeordnete, hervorragende Mittelpunkte des Gemeinschaftslebens, und an der bedeutendsten, auch landschaftlich bevorzugten Stelle wird sich die ´Stadtkrone´ durch absolute Größe hervorheben. Bei der Gliederung sind weitgehend die natürlichen Gegebenheiten als Gestaltungselement zu benutzen. Zusammen mit den der Bebauung gleichwertigen Nutzgärten und sonstigen Grünflächen ergibt dies eine ´Stadtlandschaft´. Eine solche Stadtform ist offenbar der Lebensauffassung unserer Zeit, die den biologischen Forderungen große Bedeutung beimißt, mehr gemäß als die aus dem Geiste anderer Epochen gebildeten Stadtanlagen."
Johannes GÖDERITZ, 1945
(zit. n.: DURTH/GUTSCHOW 1 , S. 235)

Möglichkeit zur Umsetzung neuer Leitbilder

Die Zerstörung der Städte war nicht nur Anlaß für Überlegungen und Planungen zum Wiederaufbau. Sie bot für viele Stadtplaner auch die Chance, neue städtebauliche Leitbilder zu realisieren. Seit den 20er Jahren hatten sich Gruppen von Stadtplanern mit der „Modernisierung der Städte" beschäftigt. Die damalige Zeit war offensichtlich noch nicht reif für eine Umstrukturierung der bestehenden Stadtanlagen aus verschiedenen Stadtbauepochen. „Nicht zufällig liegen die wichtigsten Projekte des Siedlungsbaus der Weimarer Ära in den Außengebieten; Vorschläge zur Gliederung der Städte und der Abgrenzung ihrer Teile durch eine gezielte Freiflächenpolitik, wie sie Fritz SCHUMACHER in Hamburg, Karl ELKART in Hannover und Martin WAGNER in Berlin fordern, lassen sich nur in Ansätzen realisieren. Unerfüllt bleiben in der jungen Republik viele der Hoffnungen, die sich aus der Kritik am ´liberalistischen´ Städtebau der Kaiserzeit ergaben." Zahlreiche sozialreformerische Ideen wurden später von Stadtplanern, die sich entweder bereits vorher in einer unheilvollen völkischen bis antisemitischen Gedankenwelt bewegten oder der vermeintlichen Aufgeschlossenheit des Regimes für neue städtebauliche Leitbilder erlegen waren, in nationalsozialistische Diktion übertragen. „Viele der zuletzt Genannten bestimmten nach dem Krieg

entscheidend die Städtebaudiskussion und die Planungen für den Aufbau. Dabei vollzog sich quasi eine Entnazifizierung des städtebaulichen Sprachgebrauchs" (DURTH/GUTSCHOW 1, S. 175).

Die Zeit für die Umsetzung neuer Leitbilder war nach dem Krieg unter städtebaulichen Gesichtspunkten günstig. Einerseits erforderte die Wohnungsnot große neue Bauflächen, die in möglichst kurzer Zeit bebaut werden mußten. Hier konnten die „Experimentierfelder der Moderne" (IRION/SIEVERTS) entstehen und eine neue Stadtbaukunst ihre Vorteile dokumentieren. Andererseits waren die Städte so stark zerstört, daß es erforderlich schien - jedenfalls für „fortschrittliche" Planer -, sie gänzlich neu aufzubauen. Jahrzehntelange Stadtkritik und die verschiedenen Vorstellungen von einer „humaneren Stadt" hatten es bisher nicht vermocht, bestehende Städte wirklich umzubauen, total zu verändern. Aber selbst für die zerstörten Stadtzentren erwies sich dieses als kaum machbar, deshalb sollten wenigstens - gewissermaßen als erster Schritt wie schon so oft in der Stadtbaugeschichte - die Stadterweiterungen nach neuen Leitbildern entstehen.

„Dem sichtbaren Ende des ´Tausendjährigen Reichs´ der Nazis sollte ein neuer Anfang auch im Bild der Städte entgegengesetzt werden. Nach dem Alpdruck des Krieges schien nun ein alter Traum Wirklichkeit werden zu können, der seit dem Entstehen der großen Industriestädte schon vor diesem Krieg - und auch in anderen Ländern - immer wieder in farbigen Bildern ausgemalt worden war: Durchdringung von Stadt und Natur, Auflösung der Großstädte in ´Stadtlandschaften´ mit breit ausschwingenden Freiräumen zwischen den Bauten als Kontrast zur steinernen Stadt des 19. Jahrhunderts mit Mietskasernen, Hinterhöfen und Korridorstraßen" (DURTH/GUTSCHOW 3, S. 28).

Die Stadt und „organischer Städtebau"

Schon lange hatten Planer die Stadt als Organismus empfunden, bevor das Leitbild des „organischen Städtebaus" zu einer wesentlichen Tendenz der Nachkriegsstadterweiterungen wurde. Seit der Gartenstadtbewegung intensivierte sich ein biologistischer Sprachgebrauch, der durch Begriffe wie „zellenförmiger Aufbau", „Gesundung der Stadt", „natürliches Wachstum" und schließlich als Konsequenz der konzipierten „Auflösung der Stadt" in kleinere Einheiten das „Schrumpfen der Stadt" verdeutlicht wird. Besonders ausgeprägt war diese Tendenz in der Nazizeit. „In der Tradition solcher Diktion brauchten nur einige Vokabeln ausgetauscht zu werden, um die Konzepte sprachlich zu entnazifizieren" (DURTH/ GUTSCHOW 1, S. 194).

Aber gerade auch die „gestalterische ´Entnazifizierung´ und der demonstrative Verzicht auf Achsen,

Monumente und symmetrische Stadtanlagen" - gegenwärtig aus rein formalen Gründen wieder in Mode gekommen - führte zu einer „Enthistorisierung des Denkens der Architekten und Verdrängung der jüngsten Geschichte" (DURTH/GUTSCHOW 1, S. 217). In der Rückschau erinnert sich Thomas SIEVERTS an die damalige Zeit: „Wir wußten sehr wenig über die historischen Wurzeln unseres Metiers - wir waren eben antihistorische Positivisten, und unsere Beziehung zur eigenen Geschichte war eher gefühlsmäßig und machte sich an den wenigen modernen ´Kirchenvätern´ und ihren Werken fest, wie LE CORBUSIER, MIES VAN DER ROHE und GROPIUS, der während seiner Zeit als Professor in Harvard alle Baugeschichtsbücher aus der Fachbibliothek verbannt hatte, um seine Studenten nicht der Verführung durch historische Vorbilder auszusetzen" (SIEVERTS, S.9).

Beim Fehlen des historischen Rückhalts wird das Zurückgreifen auf vermeintlich unideologische Analogien und gedankliche Gerüste verständlich. „Vor allem im Bild der Stadt als Organismus läßt sich Planung nun - ganz im Sinne der materialistischen Definition von Ideologie - als Stabilisierung einer natürlichen Ordnung vorstellen und der Planer als dem Leben verpflichteter Chirurg, als Fachexperte autonom gegenüber der Gesellschaft und ihrer Geschichte, in unverdächtiger Kontinuität tätig" (DURTH/GUTSCHOW, 1,S. 217).

• Reichow: „Organische Stadtbaukunst"
Von der Großstadt zur Stadtlandschaft" ist der Titel des Buches von Hans Bernhard REICHOW, in dem 1948 diese Richtung des Nachkriegsstädtebaus am prägnantesten verdeutlicht wird. Er entwickelt ein Siedlungsschema, das sich an dem Stadtzellen-Konzept orientiert und den Nachbarschaftsgedanken integriert (Abb. 7.10) und schreibt dazu:

„Bei aller Schärfe und Eindeutigkeit, mit der das Schema die Gesetzmäßigkeiten organischer Siedlung zum Ausdruck bringt, trägt es dennoch der natürlichen Freiheit im Dienste letzter Lebensgesetze Rechnung. Wie sich etwa die Blüten einer sonst regelmäßig gewachsenen Pflanze zuweilen entgegengesetzt der pflanzlichen Gesamtstruktur der Sonne zukehren, so und nicht anders - um nur ein Beispiel zu nennen - die freistehenden Einfamilienhäuser hier am Rande der Siedlungseinheit. Sind sie doch alle derart gestellt, daß sie den Blick in die Tiefe des Gartens und die Sonne für die Hauptwohnräume gewinnen und der jeweilige Winkelanbau, Flügel oder dergleichen die Terrasse vor lästigem Einblick schützt. In solchem Detail berührt sich schon - wie bei aller Planung Haus und Bebauungsplan sinnvoll aufeinander bezogen sein müssen - die Organik unserer stadtlandschaftlichen Siedlungspläne mit der unserer Grundrisse. ... Hier beginnt aber auch schon die Überwindung der Starrheit, die zunächst jedes Schema haben muß, die aber vollends durch die organische Anpassung an die historischen, nicht zuletzt die geo- und topographischen Gegebenheiten zur Eigenform alles Organischen führen muß" (REICHOW 1, S.32).

REICHOW macht die Stadtlandschaft zum städtebaulichen Gestaltungsprinzip und propagiert eine Wende
• von der kompakten zur ´gebauten´ Stadt in der Landschaft als naturräumlich bestimmte Stadtlandschaft;
• von der geometrischen, starr und anorganisch wirkenden zur sich eigengesetzlich entwickelnden, wachsenden oder schrumpfenden Stadt in einer organischen Stadtlandschaft;
• von der dreidimensionalen Stadtbaukunst als statische Konzeption zur - auch zeitlich - dynamisch wirkenden Kunst der stadtlandschaftlichen Gestaltung und Organisation (KAUFFMANN, Sp. 3205 f.).

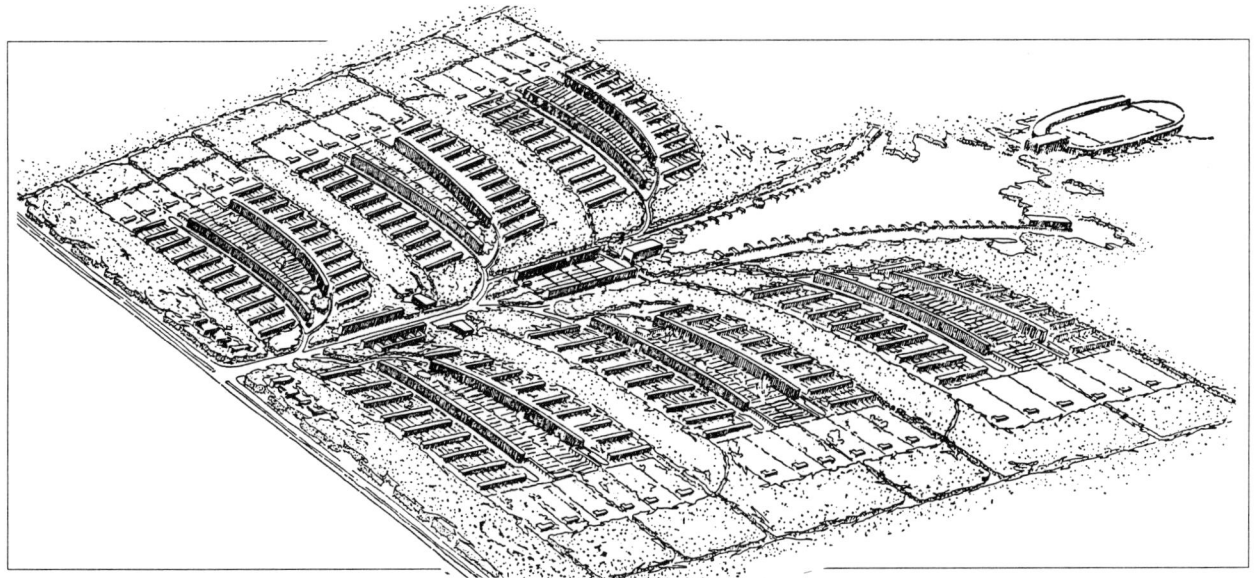

7.10 Nachbarschafts-Schema aus „Organische Stadtbaukunst" von Hans Bernhard REICHOW, 1948. Das neue Leitbild ist die organische Stadt als naturräumlich bestimmte Stadtlandschaft im Kontrast zur historischen, kompakten Stadt.

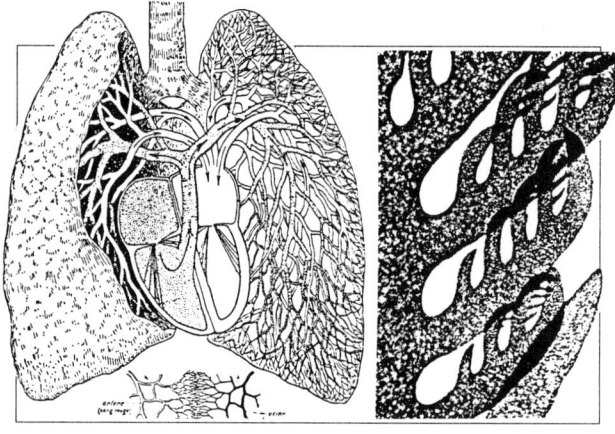

7.11 REICHOW: Die Bewegungsformen der organischen Natur sind „ideales Vorbild und Ziel" des Städtebaus.

7.12 „Die natürlich gewachsenen Verkehrslinien der Feldflur und kleiner Dörfer" als „Spuren des Lebens".

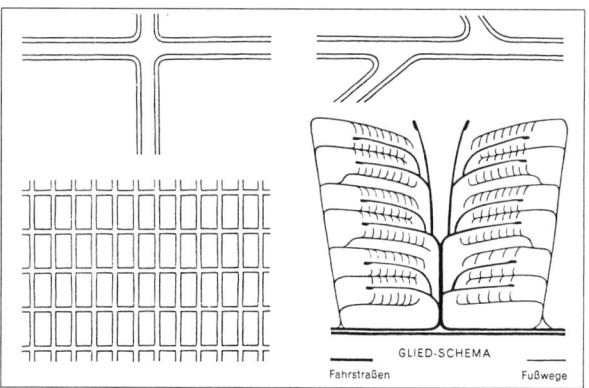

GLIED-SCHEMA
Fahrstraßen   Fußwege

7.13 Grundelemente des hyppodamischen (l.) und des organischen Städtebaus. Verästelung mit Knotenarmut.

7.14 „Organischer" Entwurf für die Erweiterung der Gartenstadt Margarethenhöhe in Essen von H. B. REICHOW.

Städtebauliche Leitbilder für neue Stadtteile

Das Leitbild von der „organischen Stadtbaukunst" nimmt einerseits in seinen Illustrationen die Grundrisse der Siedlungen von REICHOW vorweg, stellt aber durchaus für andere Leitbilder einen abstrakten, gedanklichen „Überbau" dar. Er selbst fügt später in einem weiteren Buch einen zusätzlichen, immer wichtiger werdenden Aspekt hinzu: Die Auswirkungen des Autoverkehrs auf die Stadtstruktur und die daraus zu ziehenden Konsequenzen. Der Untertitel lautet deshalb auch „Ein Weg aus dem Verkehrs-Chaos".

• Die autogerechte Stadt
- so der Titel des 1959 erschienen Buches von Hans Bernhard REICHOW - ist in ihrer Intention gründlich mißverstanden worden, wie der Autor selbst mehrfach beklagte. Der Begriff wird auch heute noch als Synonym für die Beherrschung der Stadt durch das Auto verstanden, während der Autor sich für ein Nebeneinander von Mensch und Autos in einem „neuen Stadtgrundriß" ausspricht:

„Die Entwicklung einer dem Wesen des Menschen und des Autos gleichermaßen gerecht werdenden Stadt bleibt also das dringlichste Anliegen der Stadtbau-Wissenschaft. Die innerstädtischen Auto-Schnellstraßen, wie sie in vielen Großstädten zwingend geworden sind, stellen nur die großen ´chirurgischen Eingriffe´ in den Verkehrs-Organismus einer Stadt dar. Von ihnen ist aber keineswegs eine grundsätzliche und allgemeine Behebung der Verkehrsnöte zu erwarten, wie ja auch in der Medizin ein chirurgischer Eingriff kein organisches Leiden beheben kann. Im gleichen Sinne bedürfen unsere total kranken Stadtkörper einer umfassenden ´psychosomatischen´ Therapie. Das heißt den Verkehrsablauf, die Straßenplanung, die Verkehrsordnung, -erziehung und -lenkung nach menschlichem Verhalten, nach menschlichem Auffassungs- und Reaktionsvermögen als Einheit sehen und dafür das autogerechte Verkehrssystem mit allen seinen städtebaulichen Konsequenzen entwickeln" (S. 5).

Ausgangspunkt für die Überlegungen REICHOWS ist unser „Chaotisches Erbe" mit einem Städtebau mit Rasterplänen in mannigfacher Abwandlung (Abb. 7.13). „Sie waren für Gespanne, Sänften, Fußgänger und Reiter bestimmt. Da das Auto nicht rechtwinklig um die Ecke fahren kann, sind sie schon aus dieser rein technischen Unzulänglichkeit für den modernen Großstadtverkehr ungeeignet. Dennoch werden sie aus klassischem Formkult noch immer neuen Stadtgründungen zum Verhängnis. ... Die vorhandenen Stadtstraßennetze wirken wie Schnittmusterbogen, deren Linien nur jede für sich Anfang und Ende finden, die aber als Ganzes ein völlig verwirrendes Bild ergeben. Das gilt auch noch von den neuen Straßennetzen am Rande unserer großen Städte, also von den neueren Stadterweiterungen.

...So betrachtet erweist sich die Dekadenz der städtischen Straßennetze seit Jahrhunderten über die Schachbrettpläne der Renaissance bis zum ´System der Systemlosigkeit´ in neuester Zeit als fortlaufend, wenn sie sich auch erst in den letzten hundert Jahren ins Maßlose steigerte" (S. 6/7).

Ein „ideales Vorbild und Ziel" sieht REICHOW in „Fließvorgängen in lebenden Organismen" (S. 19) und in natürlich gewachsenen Verkehrslinien (Abb. 7.11, 7.12): „Für Flächenerschließungen finden wir in der belebten Natur stets die Verästelung, etwa im Blatt- und Blutgeäder. Weil sie die Erschließung mit dem geringsten Aufwand erfüllt, kommt auch der Kulturingenieur bei Drainagen und Wasserversorgungsanlagen zum gleichen Prinzip - ähnlich den Gerinnen und Wasseradern eines Flußdeltas... Zum anderen erkennen wir Symtome einer einfachen und natürlichen Verkehrsgestaltung, wenn wir den Blick weit genug rückwärts wenden. Nicht zu den Anfängen bewußter Stadtbaukunst, sondern zu den natürlich gewachsenen Verkehrslinien der Feldflur und kleinen Dörfer" (S. 12, 8).

Daraus leitet REICHOW das „organische Verkehrs- und Erschließungssystem" ab (Abb. 7.14),
- „das mit dem Minimum an Knotenpunkten Sicherheit, Wirtschaftlichkeit und Leistung steigert, jedoch Lärm, Kosten und gesundheitsschädliche Gase mindert,
- das völlig kreuzungsfrei ist und mit nur einem Knotenpunkt, der Einmündung statt der Kreuzung des Rastersystems, die sprichwörtliche ´Todesfalle Kreuzung´ beseitigt, ...
- das mit sinnfälligem Richtungsgefälle den Verkehr vom Rand zur Stadtmitte übersichtlich und fließend führt, ...
- das an seinen Stichstraßen oder Sackgassen ruhige Wohnlagen bietet mit günstigen Fahr- und Fußwegen zu beiden Polen gesunden Stadtlebens, zur Stadtmitte und zur Natur,
- das zur Vermeidung von Bürgersteigunfällen sowie von Geruch- und Lärmbelästigung der Fußgänger die Fahr und Fußwege auch räumlich voneinander trennt, ...
- das menschlichem Verhalten und Maß sowie dem technischen Wesen des Autos durch Anpassung der Kurven an tragbare Stadtgeschwindigkeiten gleichermaßen gerecht wird und damit der Sicherheit und Flüssigkeit zugleich dient" (S.24).

Zum „Schluß" geht REICHOW auf die Mißverständlichkeit des Buchtitels ein: „Vielleicht hätte ich noch treffender statt von der autogerechten Stadt von der Autostadt nach menschlichem Maß sprechen sollen. Denn solange unsere Autos von Menschen gesteuert werden, ist deren Verhalten, Maß und Vermögen ausschlaggebend für das Verkehrs- und Straßensystem... Das besagt natürlich nicht, daß wir der kontrollierenden Vernunft entsagen. Aber es verschiebt die Rangfolge der Bindungen unseres Denkens und Gestaltens. Und in diesem Sinne ist das hier behandelte Thema nur Teil einer organischen Lebens- und Umweltgestaltung, als einer vordringlichen Aufgabe unseres mechanisierten Zeitalters" (S. 88).

• **Die gegliederte und aufgelockerte Stadt**
- von Johannes GÖDERITZ, Roland RAINER und Hubert HOFFMANN, 1957 - war das Zukunftsbild einer in einzelne Siedlungs- und Nutzungsbereiche gegliederten, baulich und durch Grünzüge aufgelockerten sowie mit der Naherholungslandschaft eng verbundenen Stadt (Abb. 7.20, 7.21). Der Titel wurde zum Inbegriff für ein neues städtebauliches Leitbild, das schon damals so neu nicht mehr war, denn eine erste Fassung des Buches war bereits 1944 entstanden. Anfangs sollte es „Organischer Städtebau" heißen, wurde aber wegen eines bereits bekannten, gleichlautenden Projekts von REICHOW umbenannt. GÖDERITZ war für Statistik und begriffliche Systematik zuständig, und HOFFMANN arbeitete an den Grundlagen einer künftigen „ökologischen" Stadtplanung: „Man könnte sagen im Versuch, den Morgenthau-Plan ins Positive zu wenden und die Bevölkerung auf dem Land zu lassen" (HOFFMANN, zit. n. DURTH/GUTSCHOW, S. 221).

Bei diesem Konzept verschmelzen im Sinne der Stadtlandschaft „Stadt" und „Landschaft" zu einer Einheit, die, wie es schon HOWARD propagiert hatte, beider Vorteile miteinander vereinigt. Mit der Abbildung 7.15 wird das Prinzip verdeutlicht: „Aufgelockerte Bebauung verlangt eine zweckmäßige Gliederung des Stadtkörpers. An die Stelle des uferlosen Häusermeeres mit einer dichtbebauten Mitte (1) und des sternförmigen Wachstums entlang den Ausfallstraßen (2) tritt ein organisches Gefüge mehr oder weniger selbständiger Stadtzellen mit eigenen örtlichen Mittelpunkten (3)" (S. 19).

„Ebensowenig wie weiteres Wachstum der Städte selbstverständlich ist, muß ihre heutige Form als gültig für die Zukunft angesehen werden. Sie ist vielmehr ebenso zeitgebunden wie das Städtewachstum der letzten 80 Jahre und sollte daher ebenfalls nicht für unabänderlich gehalten werden. Ballung von Wohn- und Arbeitsstätten um einen hoch und dicht

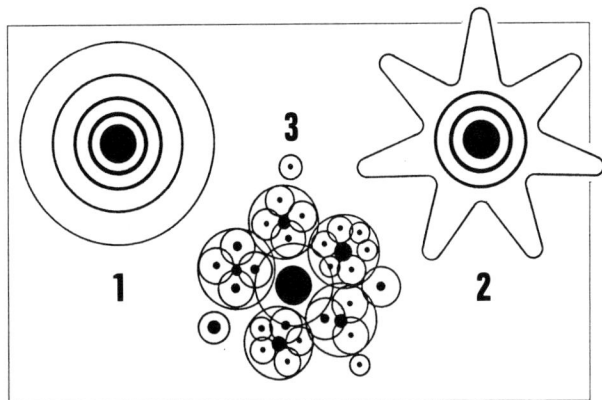

7.15 Stadterweiterung: Konzentrisch (1), sternförmig (2) oder als organisches Gefüge (3) um die dichte Mitte.

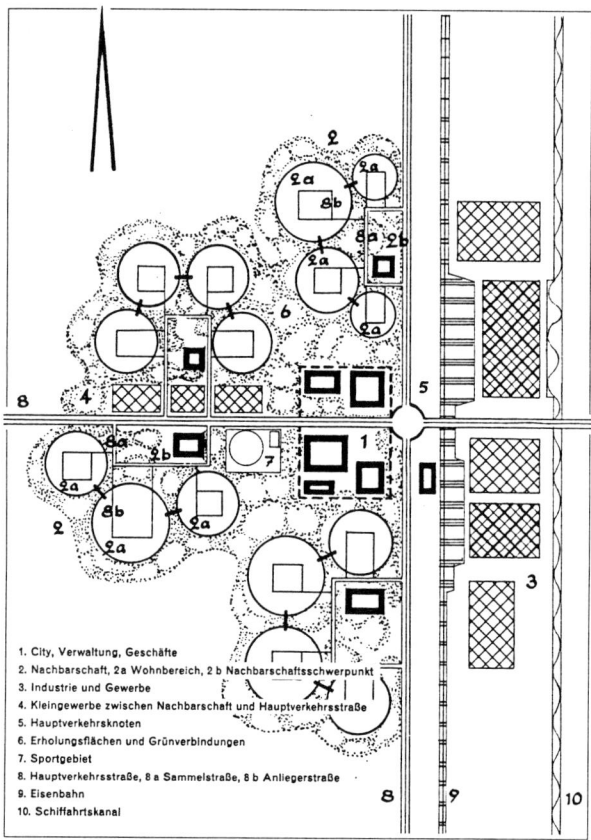

7.16 Schemaskizze der „gegliederten und aufgelockerten Stadt" von J. GÖDERITZ, R. RAINER, H. HOFFMANN.

1. City, Verwaltung, Geschäfte
2. Nachbarschaft, 2a Wohnbereich, 2 b Nachbarschaftsschwerpunkt
3. Industrie und Gewerbe
4. Kleingewerbe zwischen Nachbarschaft und Hauptverkehrsstraße
5. Hauptverkehrsknoten
6. Erholungsflächen und Grünverbindungen
7. Sportgebiet
8. Hauptverkehrsstraße, 8 a Sammelstraße, 8 b Anliegerstraße
9. Eisenbahn
10. Schiffahrtskanal

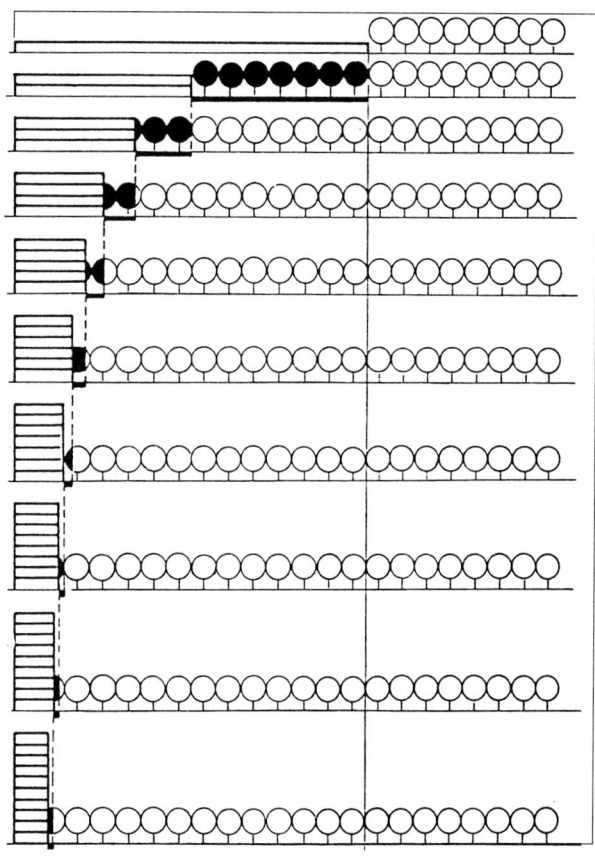

7.17 Die Flächengewinne bei Geschoßhäufung werden oberhalb des 4. und 5. Geschosses äußerst gering.

bebauten Stadtkern, Wohnen in vielgeschossigen Großhäusern, zeit- und kraftraubender täglicher Berufsverkehr in kostspieligen Verkehrsmitteln, riesiger Transportaufwand auch für die tägliche Ernährung und sonstige Versorgung, endlich für die nötige Erholung teure künstliche Grünflächen und lange Anfahrten, um die freie Landschaft zu erreichen: all das wird fälschlicherweise als sinnvoller Organismus angesehen, auf dessen reibungsloses Funktionieren man auch noch stolz ist, wie auf die ´Größe´ der Stadt, die ihn nötig macht" (S. 9; Abb. 7.18).

Die „Schemaskizze der gegliederten und aufgelockerten Stadt" (Abb.7.16) zeigt die räumliche Verteilung der Nutzungen und ist gleichzeitig eine Untergliederung in Organisationsbereiche:

- Das „Verteilungsschema der Nutzungsbereiche" basiert auf einer strikten „Funktionstrennung" (s. S. 213). Die unterschiedlichen Nutzungen, Wohnen, Arbeiten und Erholen, werden durch Straßen verbunden und durch Grünstreifen gegliedert. Die „Aufgliederung der Städte und eine klare räumliche Trennung der einzelnen Glieder durch Grünstreifen" sei aus verschiedenen Gründen vorteilhaft. Die Grünzüge würden neben der Gliederung der Siedlungsteile auch wichtige Freiraumfunktionen, von der Landwirtschaft bis zu Sport- und Freizeiteinrichtungen, übernehmen. „Wird so nicht nur das bebaute, sondern auch das unbebaute Gebiet wieder als wertvoller Teil des städtischen Lebensraums gewertet, so ergeben sich aus der Eigenart der Landschaft für eine biologisch verantwortungsbewußte Stadtplanung wichtige Hinweise. ... Aus der sterilen Wüste oder Steppe der Stadt wird dann eine lebensvolle ´Stadtlandschaft´" (S. 25).

- Das „Gliederungsschema der Organisationsbereiche" beginnt bei der „Nachbarschaft", der „Volksschuleinheit", mit 1 000 - 1 500 Wohnungen mit 4 - 6.000 Einwohnern, die zu einer „Stadtzelle", als mitt-

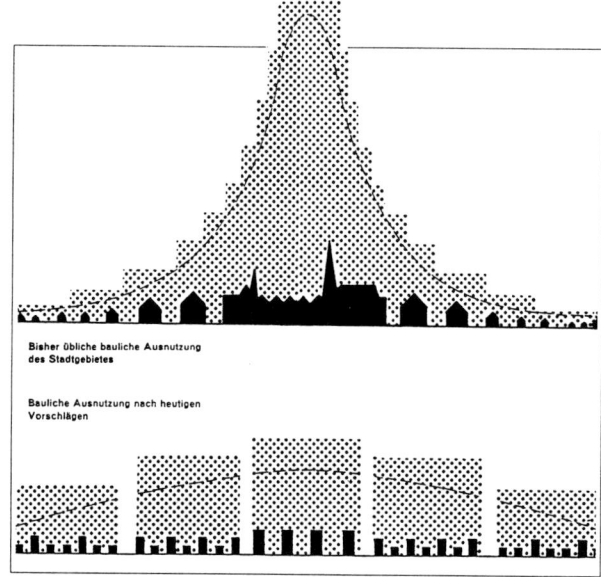

Bisher übliche bauliche Ausnutzung des Stadtgebietes

Bauliche Ausnutzung nach heutigen Vorschlägen

7.18 Hohe Dichten in den inneren und geringe Dichten in den äußeren Stadtteilen (o.) sollen ausgeglichen werden.

lere Einheit mit „Haupt- oder Oberschule", mit 4 000 Wohnungen = 16 000 Einwohner ergänzt werden sollte. „Stadtbezirke" ergeben sich aus einer Zusammenfassung bis 50 000 Einwohner. „So entsteht eine übersichtliche Gliederung in Dreier- und Vierereinheiten: 4 Nachbarschaften bilden eine Stadtzelle, 3 Stadtzellen einen Stadtbezirk, 4 Stadtbezirke einen Stadtteil usw." „Die band- oder linienförmige Anordnung von Stadtzellen bietet besondere verkehrstechnische Vorteile durch Vermeidung jeder zentralen Verkehrsballung und durch möglichst kurze Wege zwischen Wohn-, Arbeits- und Erholungsstätten" (S. 24/25, 27).

Der Zusammenhang von „Hausformen und Freiflächen" und der „Flächenbedarf der gegliederten und aufgelockerten Stadt" werden intensiv untersucht. „Die durch Geschoßhäufung erzielbaren Flächengewinne haben schon oberhalb des 4. und 5. Geschosses kaum mehr praktische Bedeutung" (Abb. 7.17). Die Frage „Wie groß ist eine aus ebenerdigen Häusern bestehende Stadt?" wird beantwortet mit der Feststellung (Abb. 7.19): „Wenn alle Wohnungen als Einzelhäuser auf 600 bis 1000 qm großen Grundstücken (Beispiel b) stehen, muß die Stadt uferlos groß werden; durch die allzu lockere Bebauung der Randgebiete sind die heutigen Städte trotz ihrer dicht bebauten inneren Stadtteile sehr ausgedehnt."
„Würde dagegen jede Wohnung als ebenerdiges Gruppen- oder Reihenhaus auf einem bescheidenen Grundstück von der Größe eines Schrebergartens stehen (Beispiel d), so würden die Städte insgesamt nicht größer, sondern eher kleiner sein als heute und auch nicht größer als eine aus weiträumig gebauten Hochhäusern bestehende moderne Stadt, weil die dann ebenfalls nötigen zusätzlichen Schrebergärten die geringfügige Ersparnis an bebauter Fläche wieder aufheben würden (Beispiel c). Jedenfalls kann von uferloser Ausdehnung einer richtig organisierten aufgelockerten Stadt nicht gesprochen werden" (S. 37).

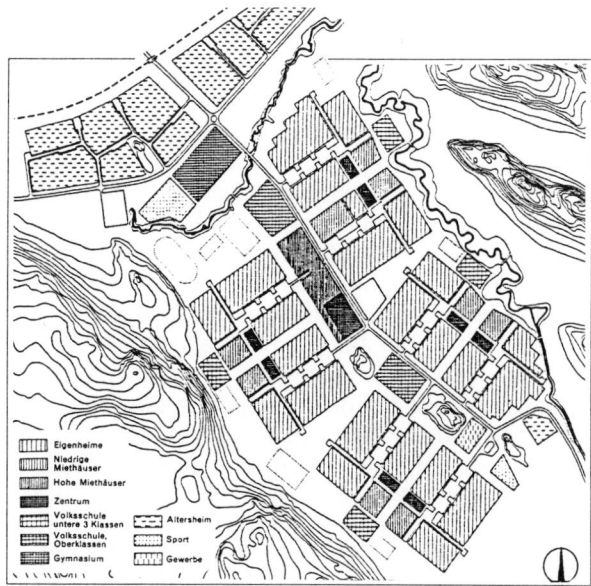

7.20 F. FORBAT: Stadteinheit für 10 000 Einwohner in einer Mittelstadt in Schweden mit 67 % Einfamilienhäusern.

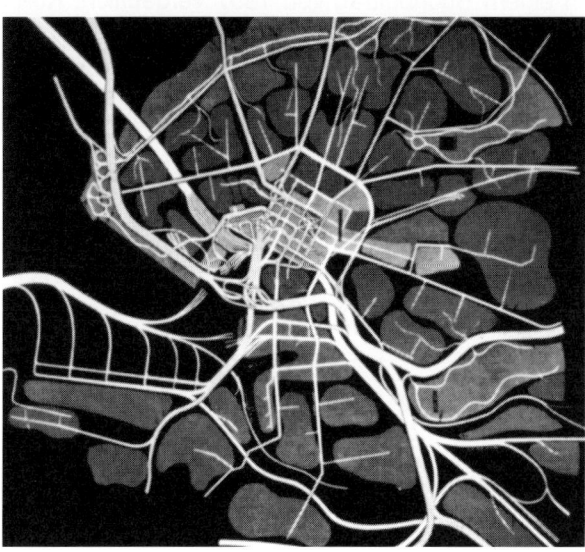

7.21 Leitbild: „Ein lockeres, aber funktionell eng verflochtenes Gewebe einzelner Zellen menschlichen Maßes."

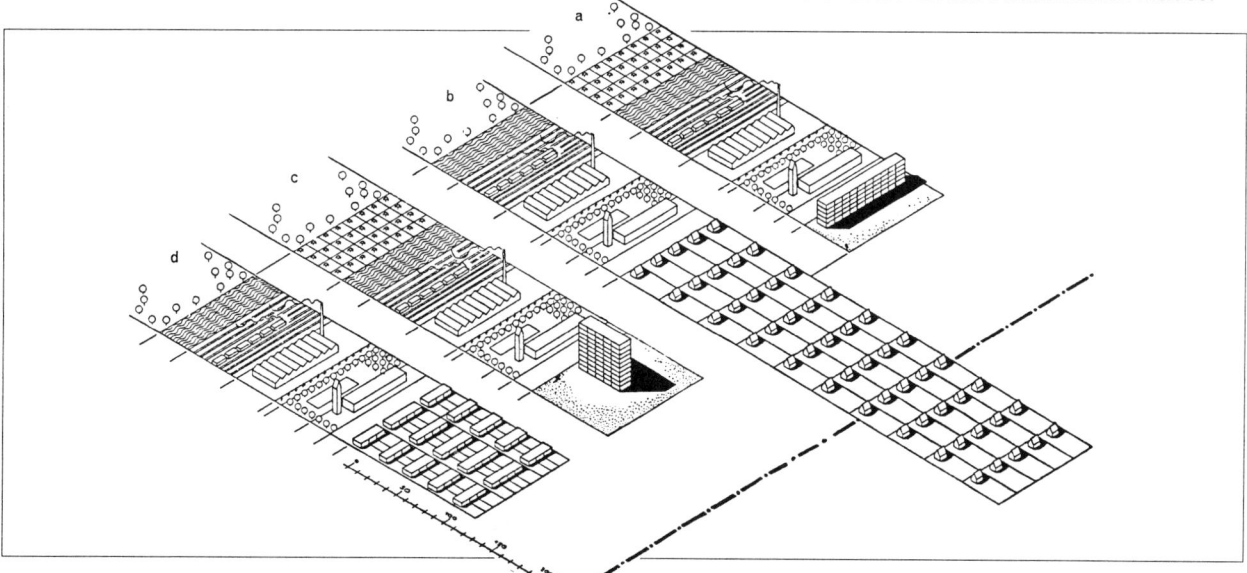

7.19 Flächenvergleich zwischen Einzelhausbebauung (b), viergeschossigen Häusern (a), Hochhausbebauung (c) und verdichtetem Flachbau. Bei Flachbau „keine uferlose Ausdehnung in einer richtig organisierten, aufgelockerten Stadt".

185

• **Die Stadt von Morgen** - Erich KÜHN 1957 - war ein Beitrag für die Interbau Berlin, die sich auf die Suche nach neuen Leitbildern für die „Stadt von Morgen" machte. Es werden überwiegend alte Vorschläge in modernisierter und modifizierter Form als neue Leitbilder vorgestellt. So zeigt das Planungsschema einer Stadt von 200 000 Einwohnern von Erich KÜHN (Abb. 7.22) eine bandstadtähnliche Struktur mit deutlich voneinander abgegrenzten Wohngebieten, wobei das „Grün", der Zeit entsprechend, große Bedeutung bekommt: „´Die Grünfläche´ als ´Mitte´ der Stadt tritt an die Stelle der gebauten, städtebaulichen Mittelpunkte früherer Zeit (Kirche, Schloß usw.). Die Gestaltung der grünen ´Mitte´ kann verschiedenartig sein, an ihren Rändern entwickeln sich die Bauten der Regierung, Verwaltung, Kirche und Gesellschaft. Diese grüne ´Mitte´ ist durch breite, grüne Flächen und Streifen mit dem freien Land verbunden" (DURTH/ GUTSCHOW 1, S. 218).

In einem Buchbeitrag von 1957 verdeutlicht KÜHN seine Vorstellungen „Vom Wesen der Stadt und des Städtebaus", die sich einerseits theoretisch von anderen Leitbildern abgrenzen, aber in der räumlichen Umsetzung, wie das Schema zeigt, diesen sehr nahe kommen:

- Gegen die „Stadt als Organismus":
„Mit Nachdruck muß betont werden, daß die Stadt kein organisches Gebilde, schärfer gesagt, kein Or-ganismus ist. Das Bemühen, Organismen auch dort zu suchen, wo sie nicht vorhanden sind - etwa in der Volkswirtschaft, indem Fabriken als Organismen bezeichnet werden -, ist zwar als Ausdruck einer allgemeinen Hinwendung zum Natürlichen verständlich; es liegt darin aber die Gefahr unzutreffender Schlußfolgerungen, der Vermengung wesensfremder Elemente. ... Der gern gezogene Vergleich der Straßenführung mit den Rippen eines Blattes etwa ist kurzgeschlossene Verbindung wesensverschiedener Eigenschaften" (S. 203).

- Gegen die „Stadtlandschaft":
„Stadtschaft und Landschaft ergänzen sich; nie aber kann die Stadt zur Landschaft werden, nie die Landschaft zur Stadt. Eine wirkliche Durchdringung würde Stadt und Landschaft aufheben. In dem heute gern verwendeten Begriff ´Stadtlandschaft´ liegt die Gefahr der Überschreitung jener Grenze, an der städtisches Wesen aufgehoben wird" (S. 205).

- Für „wissenschaftliche Grundlagen":
„Das Ziel des Städtebaues ist heute nur durch wissenschaftliche Arbeit zu erreichen: Die bewußt gestaltete Stadt, in der unsere Mitmenschen gesund, sicher und froh leben können. ´Leben´ meint die ganze Fülle und Breite des Daseins, Leben meint das Wohnen, die Arbeit, die Unterhaltung, die Erholung, das Fest, die Freude, die Erhebung, die Verantwortung, die Ordnung, die Gemeinschaft. Diesem Le-

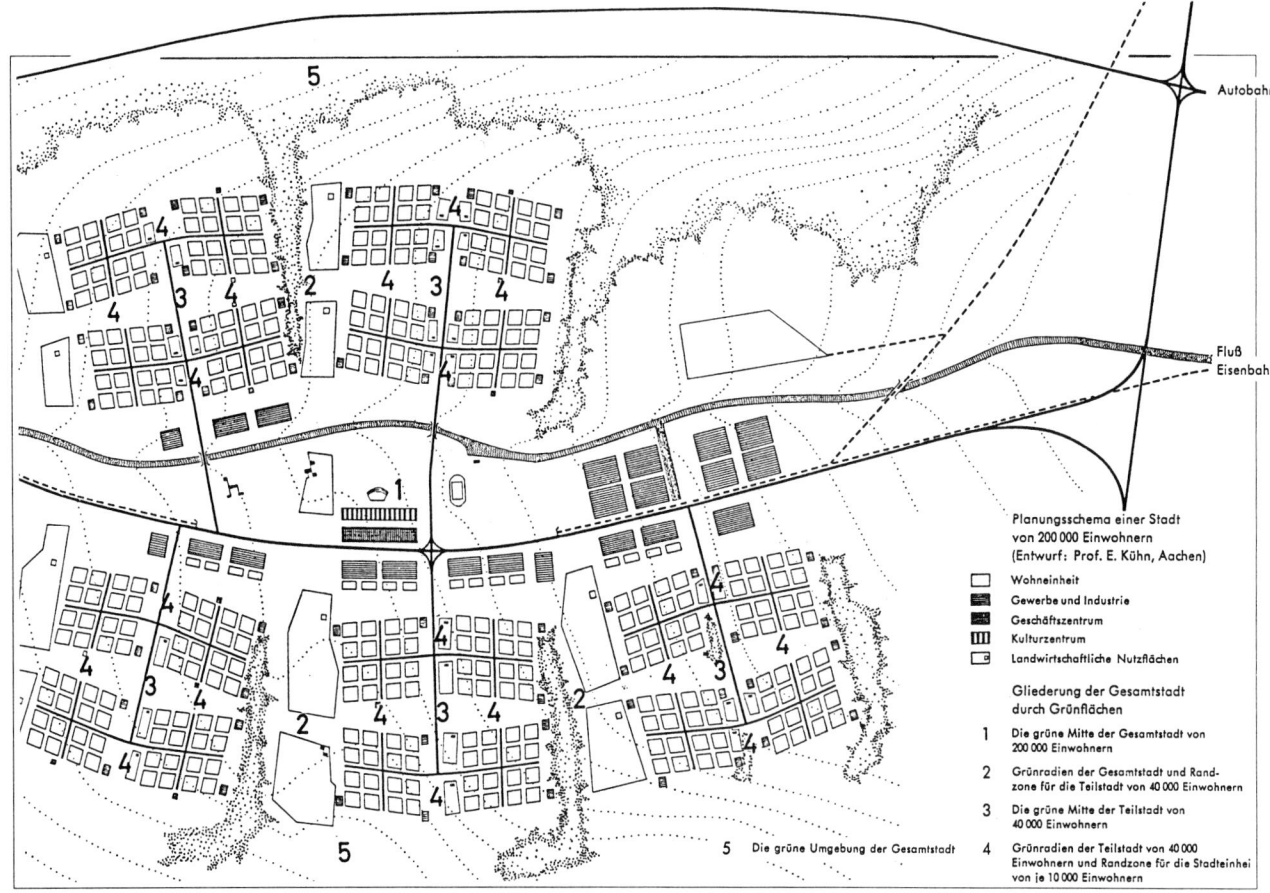

7.22 Schema einer Stadt von 200 000 Einwohnern von E. KÜHN als Beitrag zur Austellung „Die Stadt von Morgen" in Berlin 1957. „Stadtschaft und Landschaft ergänzen sich; nie kann Stadt zur Landschaft und Landschaft zur Stadt werden."

ben in der Stadt Ausdruck und Form zu geben, heißt Städtebau" (S. 210).

- Für die „gegliederte Stadt":
„Wie nahe der Städtebau der Weltanschauung steht, hat sich in unseren Tagen dreimal mit besonderer Deutlichkeit erwiesen. Einmal, als wir vor der Entscheidung standen, die Städte ungehemmt weiterwachsen zu lassen oder sie durch gelenkte Maßnahmen zu gliedern und nach Möglichkeit zu dezentralisieren. Die Entscheidung ist - von der Soziologie vorbereitet - aus vielerlei Gründen zugunsten der gegliederten Stadt gefallen" (S. 208).

• **Die Raumstadt** - Walter SCHWAGENSCHEIDT 1949 - hat als Leitbild mit vielen einzelnen Elementen einen Einfluß auf den Nachkriegsstädtebau gehabt oder zumindest vorhandene konzeptionelle Leitlinien zu einer Gesamtvorstellung zusammengefaßt. Der Stadtraum, als „Außenraum" bezeichnet, ist nicht länger der öffentliche Straßenraum im Bewußtsein der Städtebauer, sondern der grüne Raum innerhalb einer Bebauung, die sich von der Straße abschließt. Den Begriff „Raumstadt" erklärt SCHWAGENSCHEIDT indirekt bereits 1921: „Die notwendigen Straßen mit starkem Durchgangsverkehr sind außerhalb der Räume gelegt; die Straßen mit schwächerem Verkehr können durch die Räume geführt werden, ohne

sie zu zerstören. Man wohnt nicht an der Straße, sondern an und in Räumen" (PREUSLER, S. 44).

Mit den Inhalten des ganz handschriftlich und in deutscher Schrift („Sütterlin") verfaßten Buchs mit eigenen Zeichnungen hatte sich SCHWAGENSCHEIDT schon in den 20er Jahren beschäftigt. Zunächst unter dem Begriff „Wohnstadt" und später „Raumstadt" veröffentlichte er in Fachzeitschriften mehrere Artikel, die auch Bebauungsschemata enthielten (Abb. 7.23), und konzipierte 1923 eine Wanderausstellung. Nach dem Krieg vergehen einige Jahre, bevor 1949 „Die Raumstadt", mit dem Untertitel „Hausbau und Städtebau für jung und alt, für Laien und was sich Fachleute nennt. Skizzen und Randbemerkungen zu einem verworrenen Thema", erscheint.

„Die Versuche, mit naiv gefärbter Sprache und zurückhaltenden Zeichnungen aufzutreten, gelegentlich die befreiende Distanz der Ironie zu nutzen, um affektive Bindungen herzustellen, also in diesem Fall Menschen zu finden, die ein städtebauliches Konzept wie die Raumstadt durchzusetzen helfen, sind zunächst wenig erfolgreich." Erst der Bau der Nordweststadt in Frankfurt nach seinem Konzept brachte 1959 im hohen Alter den Erfolg, obwohl die Arbeit nur einen dritten Preis erhalten hatte. Der Stadtbaurat Hans KAMPFFMEYER hatte wohl auch sein politisches Geschäft im Sinn, als er formulierte: „Die SCHWAGENSCHEIDT'sche Raumstadt im Entwurf für

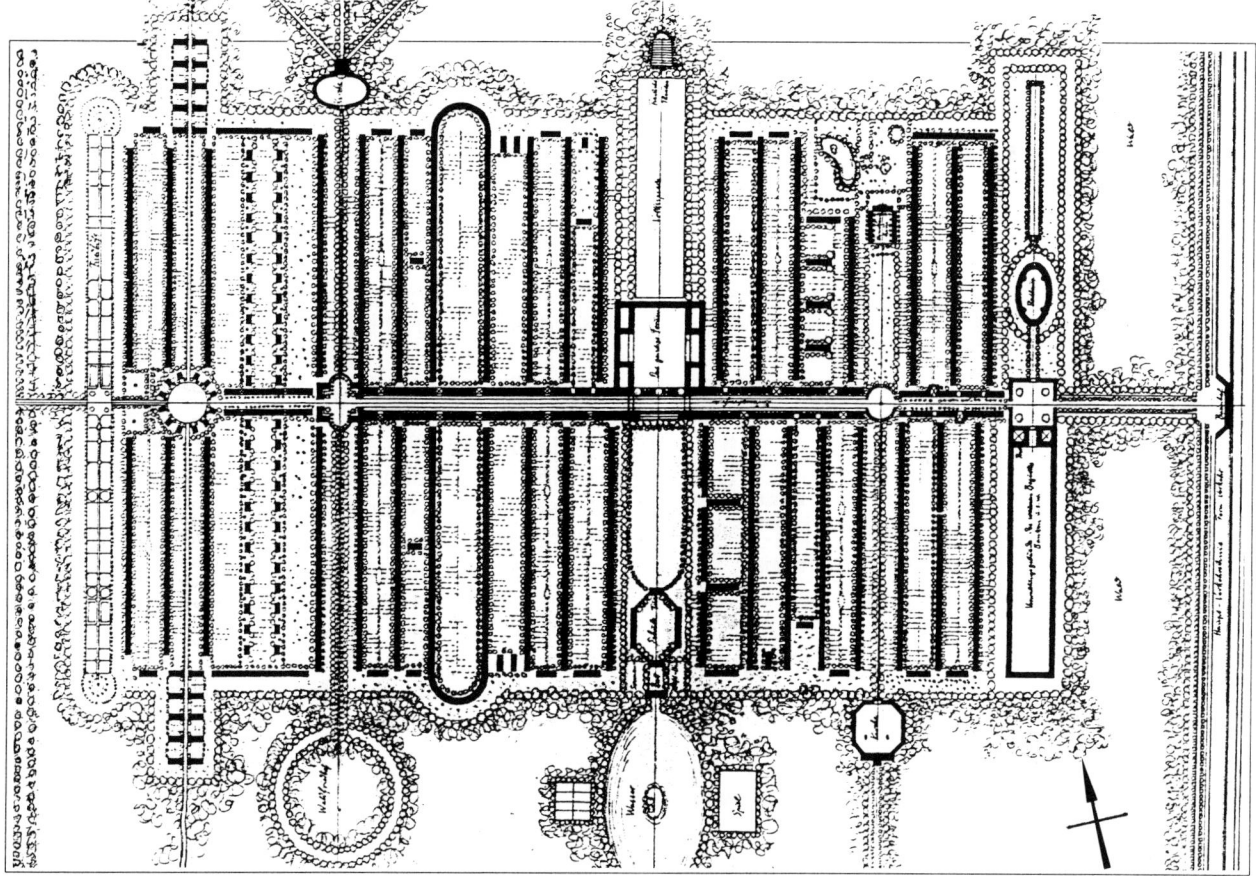

7.23 Bebauungsschema der „Raumstadt" von Walter SCHWAGENSCHEIDT aus den Jahren 1920-1923. Die Wohn- und Geschäftsstadt wird durch das „System der Mittelachse mit beiderseits angehängten Räumen" in ihrer Größe begrenzt.

7.24 a Walter SCHWAGENSCHEIDT: „Ich gestaltete die Räume nach Vorbildern, die mir die Natur gab: ....

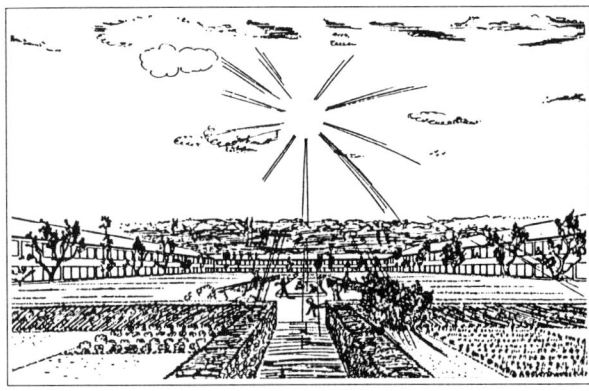

7.24 b ... Rechteckige, quadratische und auch runde Räume! Ich nannte meine Arbeit: die Raumstadt."

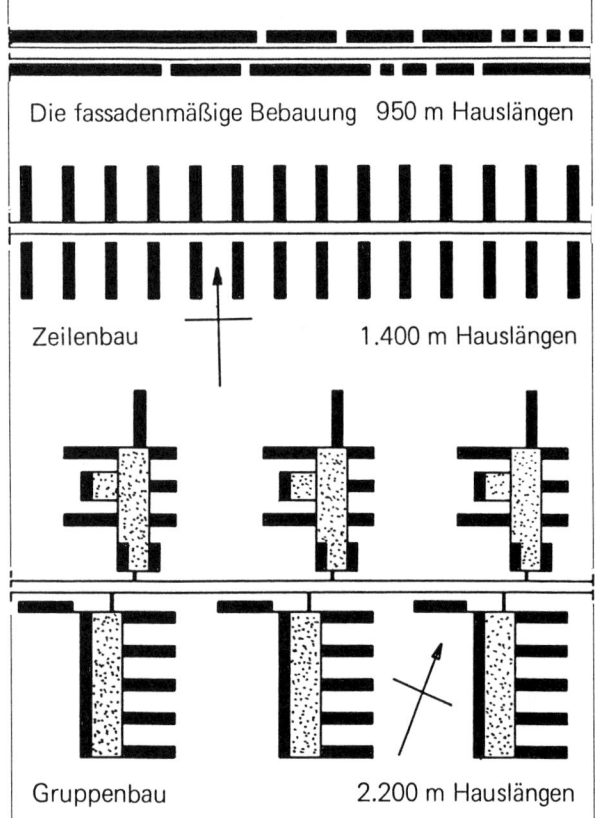

Die fassadenmäßige Bebauung 950 m Hauslängen

Zeilenbau   1.400 m Hauslängen

Gruppenbau   2.200 m Hauslängen

7.25 Vergleich der „Aufschließungssysteme" für Straßenrandbebauung, Zeilenbau (o.) und Gruppenbau (u.)

die Nordweststadt war ein Ansatz für ein offenes städtebauliches System, ein System der Wahlmöglichkeiten, ... wie gesagt, die Vorstellung einer offenen, demokratischen, pluralistischen Gesellschaft" (PREUSLER, S. 136, 16/17).

Nach SCHWAGENSCHEIDTS Tod 1968 werden seine ersten Ideen zur Raumstadt und konzeptionellen Vorstellungen durch Zeichnungen illustriert und - besser lesbar - 1971 in „Mein letztes Buch: Die Raumstadt und was daraus wurde" von Ernst HOPMANN und Tassilo SITTMANN noch einmal formuliert und dokumentiert. Daraus sind die folgenden Auszüge:

= Die ersten Ideen zur Raumstadt:

„Auf meinen Spaziergängen durch Wälder und Wiesen habe ich gegrübelt, wie man wohl Häuser für Menschen bauen müßte. Wenn ich auf eine Waldwiese hinaustrat oder nur auf eine Schneise, dann empfand ich das als etwas Anheimelndes, Bergendes. Da fiel mir ein, man müßte einfach Häuser im Karree stellen! Von dieser Idee wurde ich augenblicklich gefesselt. Ich zeichnete einen Hof, der einen Raum bildete. Diesen bepflanzte ich mit Obstbäumen. Es entstand eine Obstbaumwiese. Gegenüberliegende Hausreihen sollten einen Raum bilden! 1920 hatte ich so viele Raumgruppen aufgezeichnet, daß ich selbständige Vorträge und Ausstellungen machen konnte: rechteckige, quadratische und auch runde Räume! Ich nannte meine Arbeit: die Raumstadt" (S. 16).

„Der erste Raum, den ich machte, umschloß natürlich eine Obstbaumwiese, wie ich sie in den Schulferien bei Onkel und Tante erlebt hatte. Man bedenke die Pracht in den verschiedenen Jahreszeiten: die Blüten, die herbstliche Färbung! Auch ein mit Rauhreif bedeckter und mit Schnee beladener Obstbaum hat meine Bewunderung. Der Außenraum ist nach Süden offen. Die Kinder auf dem Spielplatz können von der Wohnung beobachtet werden" (S. 17; Abb. 7.24).

„Alle diese Räume, die Außenräume, waren von Anfang an in einem bestimmten Zusammenhang gedacht, den ich in einem Bebauungsplan dargestellt hatte. Dieser war aber nur ein Leitbild, wie man heute wohl sagen würde, das jeweils den natürlichen Gegebenheiten und den immer wechselnden Anforderungen anzupassen sein würde" (S. 19). Dabei sollten folgende **Grundsätze** gelten:
- völlige Trennung von Wohnen und Verkehr,
- günstige Lage der Gebäude zur Sonne,
- unerschöpflich viele Möglichkeiten zur Gestaltung der Außenräume.

= Aufschließungssysteme:

„Eine der wichtigsten Aufgaben im Städtebau ist die ´Aufschließung´, d.h. die Aufteilung eines Geländes mit Straßen nebst Zubehör und die Anordnung der Häuser an diesen Straßen. Straßen kosten in der

Anlage, Unterhaltung und Erneuerung viel Geld. Also so wenig Straßen wie möglich! Es gilt, mit dem kleinsten Aufwand an Straßen den größten baulichen Nutzen zu erzielen" (Abb. 7.25).

- Die fassadenmäßige Bebauung einer Straße:
„Die straßenfressende Aufschließung. Straße, links und rechts die Häuser. Ob Reihen-, Gruppen- oder Einzelhäuser: beiderseits stehen, mit der „Fassade" zur Straße, die Häuser. Auf diesem Prinzip sind die Städte der ganzen Welt aufgebaut. Keine Ausrichtung zur Sonne. Grundrisse sind gewöhnlich spiegelbildlich. Wenn auf der einen Seite zufällig zur Sonne gelegen, dann auf der anderen genau falsch."

- Zeilenbau:
„Die straßensparende Aufschließung. Die Hauszeilen stehen, um Straßenstaub und Lärm von den Wohnungen wegzuhalten, senkrecht zur Straße. Fußwege führen von der Fahrstraße zur Haustüre. Die Zeilen sind Nord-Süd zur Sonne ausgerichtet, in gleichen Abständen. Alle Wohnungen unterliegen den gleichen Bedingungen."

- Gruppenbau:
„Die straßenarme Aufschließung. Hier ist der Versuch gemacht, mit dem nach der Sonne Nord-Süd und Ost-West ausgerichteten und von der Straße abgewandten Zeilenbau und dem Urbegriff allen Bauens, dem Raum, zu arbeiten. Das einzelne Haus verliert gegenüber der Gemeinschaft von Häusern seine körperliche Wichtigkeit, es dient einer höheren Idee, dem Raum. Der Zeilenbau hängt noch sehr fest an der Straße - bei der Gruppenbauanlage und den nach der Tiefe angeordneten Außenräumen macht man sich weitgehend von der Straße frei. Die Gruppen hängen lose, gewissermaßen mit einem Faden, an der Straße. Die Häuser sind über Fußgängerwege zugänglich. Die Wohnungen sind zum Höchstmaß der Besonnung ausgerichtet" (S. 30; Abb. 7.26, 7.27).

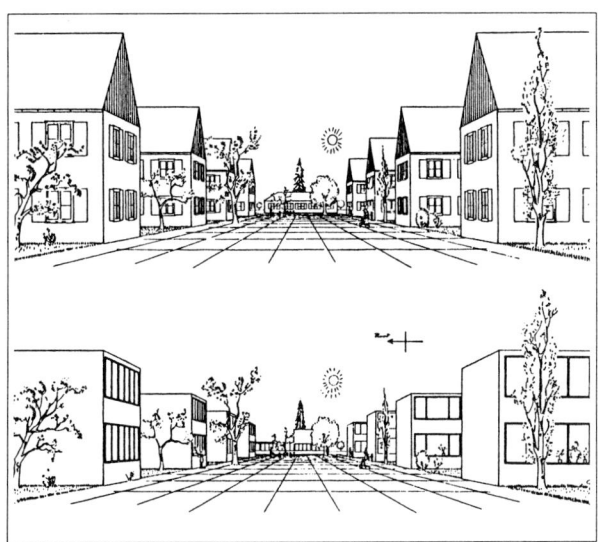

7.26 Verschiedene Dachformen für Hauszeilen. „Die Frage des Daches ist eine Geschmacksangelegenheit."

O. E. Schweizer: Städtebaulehre in Karlsruhe

Die Lehrtätigkeit von Otto Ernst SCHWEIZER in den Jahren 1930 bis 1960, dokumentiert in dem Buch „Forschung und Lehre", umfaßt zwei Abschnitte, die nicht nur durch den Krieg getrennt wurden, sondern auch inhaltlich unterschieden werden können.

• „Die neue Stadt: Idealplan einer Großstadt"

entwickelte er 1931 (Abb. 7.29). Sie besteht aus vielen bandstadtartig an Bahnlinien aufgereihten „in sich abgeschlossenen Siedlungen im Flach-, Mittel- und Hochbau mit 10 000 bis 20 000 Einwohnern". „Mittelpunkt des gesamten Stadtorganismus ist ein langgezogenes Forum, das die wirtschaftlichen und kulturellen Intensivitätsströme eindeutig zum Ausdruck bringt. Die Wohngebiete sind von der Industrie durch einen breiten Gürtel mit hohem Baumbestand als Schutzstreifen getrennt. Der Arbeiter soll die Möglichkeit haben, seine Arbeitsstätte in 20 bis 30 Gehminuten zu erreichen. Dieses Zeitmaß bestimmt die Ausdehnung der Wohnzone in ihrer Tiefe" (2, S. 13).

Der Monumentalität der Stadtanlage, die sicherlich in dieser Form nur als Schema zu verstehen ist, entspricht keineswegs die gerade heute wichtige städtebauliche Leitlinie SCHWEIZERS: „Ziel jeder Stadtpla-

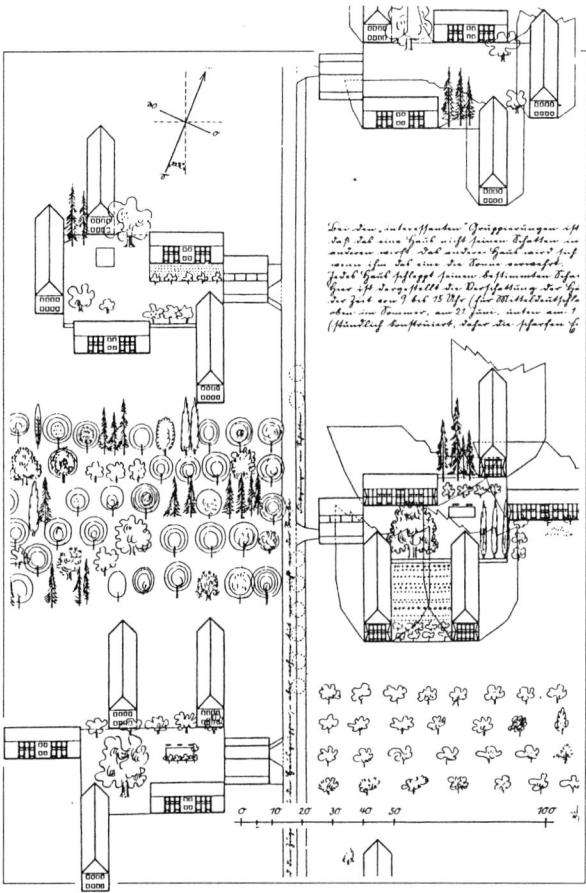

7.27 Hausgruppen aus verschieden ausgerichteten Gebäuden. Vorarbeiten für die Nordweststadt Frankfurt.

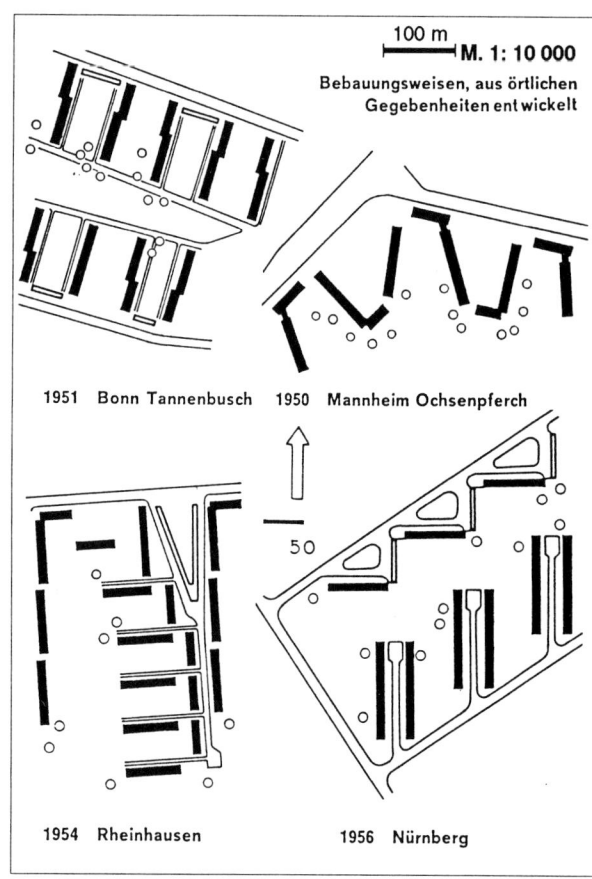

1951 Bonn Tannenbusch   1950 Mannheim Ochsenpferch

1954 Rheinhausen   1956 Nürnberg

7.28 SCHWEIZER: Unterschiedliche Bebauungsweisen mit Abwendung von der Straße und Öffnung zum Grün.

nung muß es sein, nicht nur aus wirtschaftlichen Gründen der Erhaltung und Pflege der Landschaft für alle festen, baulichen Anlagen so wenig Gelände wie nur möglich in Anspruch zu nehmen. Die Disposition über den Gesamtflächenbedarf einer Stadt ist so zu treffen, daß ein Maximum an Grün und Freiflächen erhalten und dabei immer eine elastische Beanspruchung offen bleibt" (Beziehungen zwischen Architektur und Natur, 1935; 2, S. 9).

• **Über die Bebauungsweise,**

diese Ausführungen von 1962 sind quasi der „Erfahrungbericht" von Planungen der 50er Jahre und „Programm" für die Fortführung einer „Karlsruher Städtebauschule der 60er Jahre" (Abb. 7.28).

„Das Blocknetz der Vergangenheit steht heute als Großordnungssystem einer völlig veränderten Welt gegenüber und ist in seiner architektonischen Gestaltung überholt. ...
Neue Lebensformen einer natur- und weltoffenen und mehr nach außen hin lebenden Gesellschaft zeichnen sich ab. Die Lebensräume sprengen in ihrer Entwicklung den Bereich des Gebauten in seinem bisherigen Umfang und in seiner Geschlossenheit. Weite Gebiete der Landschaft müssen in die Städte einbezogen werden. Gebautes und Gewachsenes treten in enge Verbindung zueinander. Diesen Vorstoß in neue Dimension gilt es, auch gestalterisch

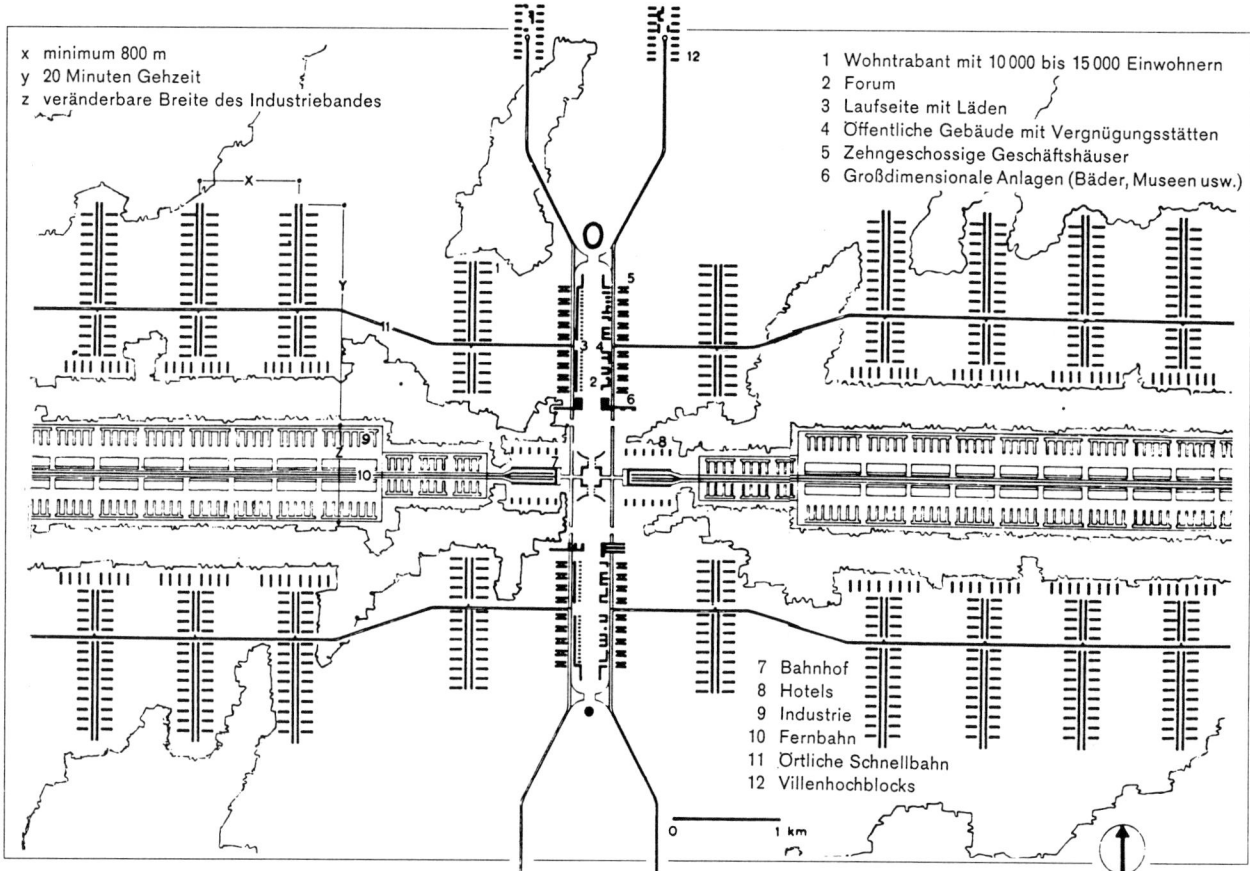

7.29 Otto Ernst SCHWEIZER: „Idealplan einer Großstadt", 1931. „Mittelpunkt des gesamten Stadtorganismus ist ein langgestrecktes Forum. Die Wohngebiete sind von der Industrie durch einen breiten Gürtel mit hohen Bäumen getrennt."

zu bewältigen. Die Mittel dazu sind schon angedeutet in der Hinwendung zu einer Ordnung, die sich auf den Menschen beziehen muß." ...

„Zum anderen bringt die Blickwendung für das Wohnen ein Abwenden der Wohnräume von dem steinernen Bereich der Straße und eine Orientierung in das vom Verkehrslärm geschützte Grün (Abb. 7.32). ... Infolge der verschiedenartigen Gesetzlichkeit von Bebauung und Verkehr muß das starre System der Steinstadt mehr und mehr einem elastischen System weichen. Die Erkenntnis setzt sich durch, daß die Koppelung der Verkehrsflächen mit dem architektonisch-räumlichen Aufbau sowohl den Gesetzen des Verkehrs wie denen der Bebauung widerspricht, daß also der Verkehrsfluß unabhängig von der Art der Bebauung bleiben muß. ... Durch die Kehrtwendung wird der innige Kontakt des Wohnens mit den grünen Freiräumen erreicht, die in Form einer schon vorhandenen Landschaft oder einer neu zu gestaltenden mit Baumbewuchs und Wasser gegeben sind" (2, S. 16-18).

Die Strenge und Eindeutigkeit der Bebauungspläne und der darin enthaltenen Reihung von gleichen Gebäudeeinheiten bleibt nach 1945 erhalten, wenn auch in abgemilderter Form. Das zeigt der Lageplan von Rheinhausen, der eine Addition von gleichen „Baugruppen" enthält (Abb. 7.30, 7.42). Dieses Kennzeichen der Entwürfe von SCHWEIZER, das in vielfacher Variation auch bei den Studienarbeiten

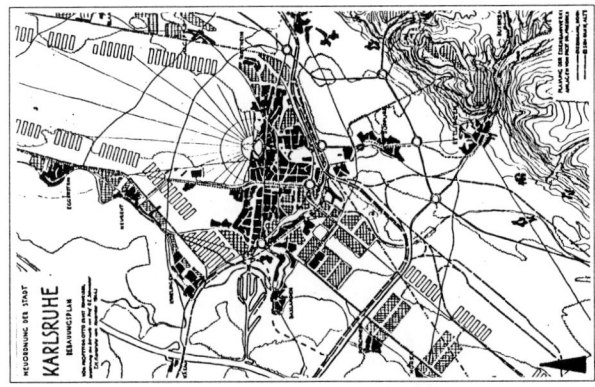

7.31 Neuordnung der Stadt Karlsruhe von SCHWEIZER. Bandartige Erweiterung ins Umland mit Grünzäsuren.

7.32 Städtebauliches Leitbild: Orientierung der Wohnungen zum naturgeprägten Grünraum mit „Wohnruhe".

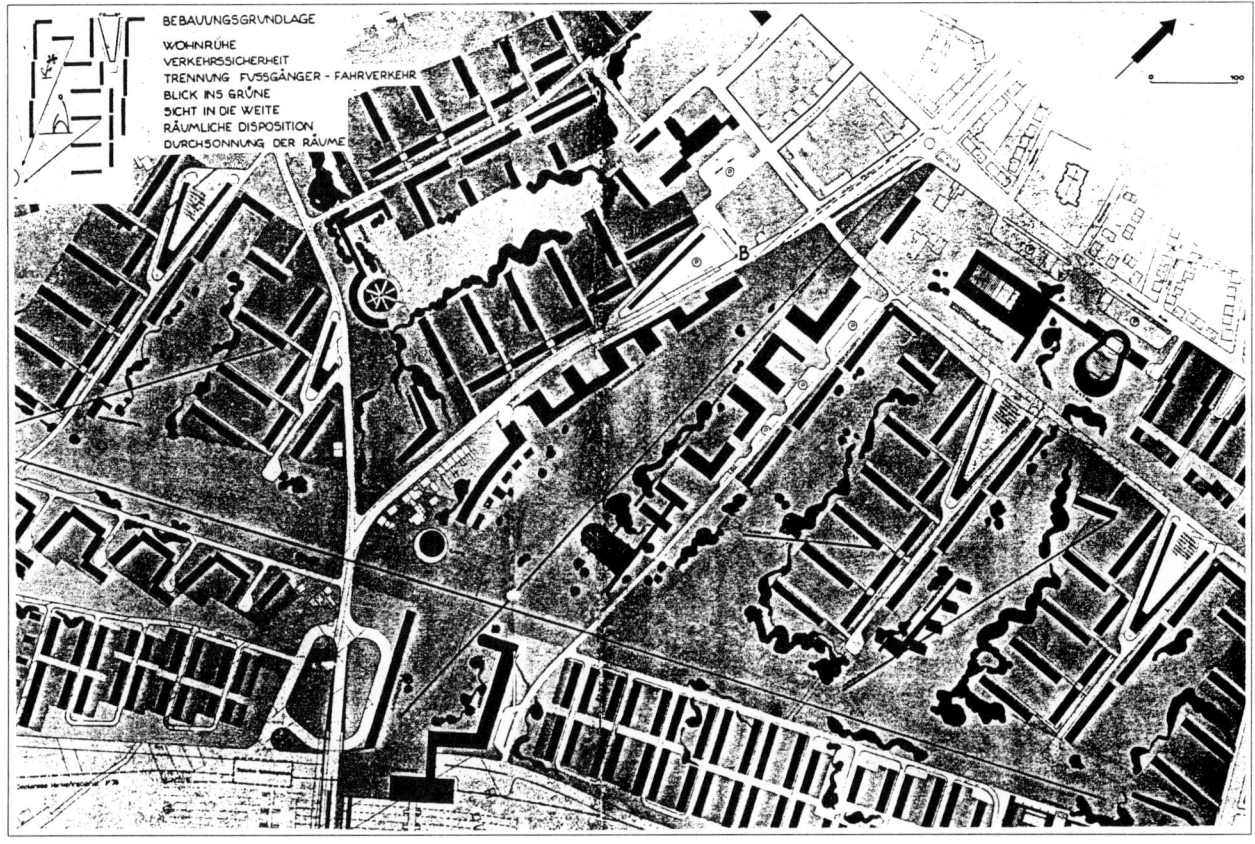

7.30 Wettbewerbsentwurf für ein Wohngebiet mit Stadtzentrum in Rheinhausen, 1954. Gruppierung von Stadteinheiten mit Zeilen (s. Abb. 7.42) um eine „grüne Mitte" (Bildmitte) mit angrenzenden Ladenzeilen und öffentlichen Einrichtungen.

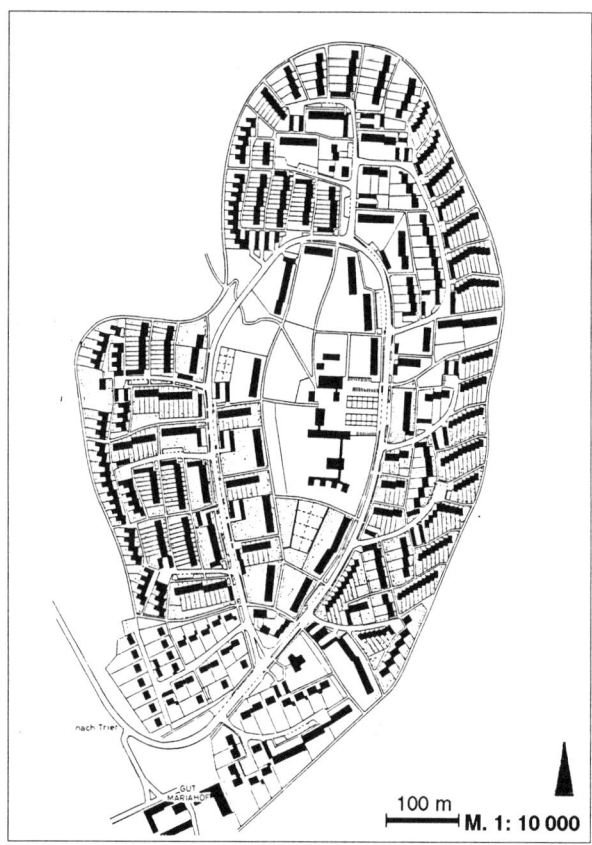

7.33 Siedlung Trier-Mariahof von E. KÜHN. Grüne Mitte mit höherer Bebauung, umgeben von Flachbau am Hang.

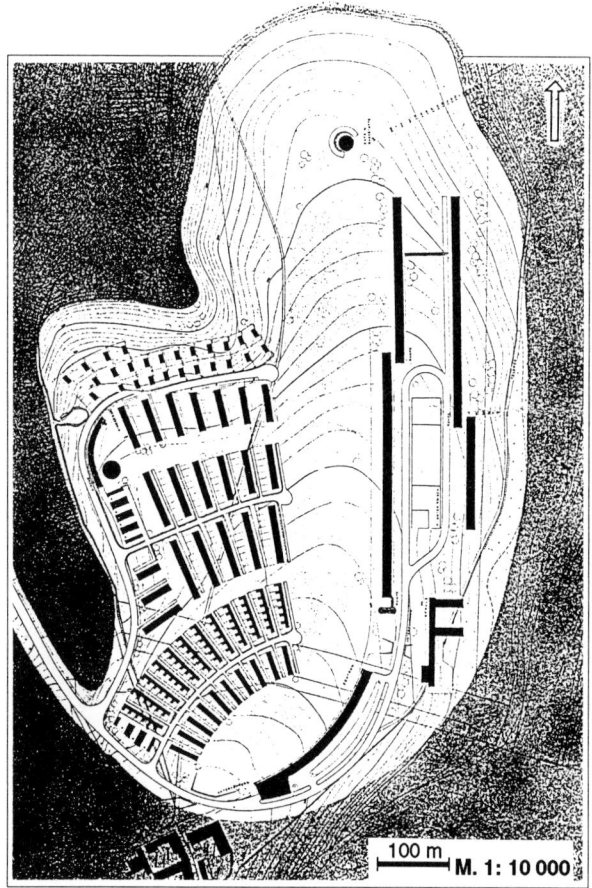

7.34 Entwurf von O. E. SCHWEIZER zu Trier-Mariahof. Flachbau und Hochhausscheiben mit Stadtblick als ....

anzutreffen ist, wird von seinen Schülern und Nachfolgern Adolf BAYER und Karl SELG weiterverfolgt, wie z.B. bei der Waldstadt in Karlsruhe. Bezeichnend ist aber auch die „grafische Eleganz" vieler Entwürfe, wie sie beispielhaft bei der Planung für die Gartenstadt Mariahof in Trier gezeigt werden kann. Die Wettbewerbsarbeit (Abb. 7.34, 7.35), deren Aufgabenstellung unter dem Titel „Trabantenstadt" auch von Studenten bearbeitet wurde, konnte das Preisgericht trotzdem nicht überzeugen. Nach Plänen von Erich KÜHN, Aachen, die nicht so schön, aber pragmatischer sind, wird der neue Stadtteil erbaut (Abb. 7.33).

• **Idealzentrum einer Großstadt**

beruht auf der Vorstellung von einer „grünen Mitte" (Abb. 7.36, 7.37). Das Zentrum sollte direkt an den „modernen Schnellverkehr" mit Autos angebunden, aber davon nicht durchschnitten werden. Deshalb sollte um die Innenstadt herum ein „Schnellverkehrsring in Form eines länglichen Rechtecks oder einer Ellipse" gelegt werden, der es ermöglicht, „den ganzen Zielverkehr aufzunehmen und den Ab- und Zufluß des Zielverkehrs zur Innenstadt zu lenken". Eine entsprechende Verkehrskonzeption findet sich später beim Nord-West-Zentrum in Frankfurt (s. S.283).

„Um einen etwa 100 m breiten Grünraum, der nur dem Fußgänger vorbehalten ist, entwickeln sich Läden und Geschäftsbauten sowie öffentliche Gebäude und Kulturbauten. Die Architektur verbindet sich mit dem Grün des Freiraums zur neuen architektonischen Großform. Die ganze Anlage wird vom Autofahrer auf einem Schnellverkehrsring umfahren, an dem große Parkplätze und Hochgaragen den ruhenden Verkehr aufnehmen. Von hier aus ist jeder Punkt des Zentrums zu Fuß erreichbar. Für die Belieferung der Läden ist ein Tunnel vorgesehen, der sich längs unter der Ladenzone hinzieht (2, S. 83).

• **Städtebau und Siedlungswesen nach 1960**

an der TU Karlsruhe folgten der Tradition von SCHWEIZER, die insbesondere Karl SELG, als ehemaliger

7.35 ... Erlebnis der Situation und in „Verbindung von Architektur und Landschaft ein Dokument unserer Zeit".

192

Schüler und Mitarbeiter, übernimmt und weiterentwickelt. Einmal sind es die Überlegungen für bandartige Siedlungsentwicklungen im Rheintal bei Karlsruhe (Abb. 7.31), und zum anderen werden Wohn- und Siedlungsformen auch in der Praxis umgesetzt, beispielsweise in der Waldstadt in Karlsruhe (s. S. 206). Die Anordnung der Gebäude zu einzelnen Baugruppen orientiert sich an der Ausrichtung der Wohnung zum Grünbereich. Die weitgehend offene Fassade vor dem Wohnzimmer ermöglicht von allen Wohnungen einen freien, wenn auch schrägen Blick in die „Rest-Landschaft"(Abb. 7.38). Wie stark die „Schweizer-Schule" in Karlsruhe gewirkt hat, zeigt die Systemskizze des Karlsruher Stadtplanungsamts als Vorgabe für den Wettbewerb (Abb. 7.66), die sich bei dem Entwurf von SELG wiederfindet.

Neudefinition der Stadträume

Bei aller Intensität, mit der sich die Nachkriegsplaner mit den Problemen des Autoverkehrs und der Straßenführung auseinandergesetzt haben, haben sie den Straßenraum in neuen Siedlungen eher als „Unraum" betrachtet. Er sollte eigentlich nur als technisches Band für die motorisierte Erschließung dienen, denn Fuß- und Radwege waren völlig separat davon angeordnet. In kammartiger Zuordnung führten die Wege, in Grünzüge eingebettet, zum Stadtteilzentrum, zu den Sport- und Freizeiteinrichtungen oder einfach nur in die Landschaft. REICHOW ging sogar so weit, daß er Fußwege an Straßen weglassen wollte (Abb. 7.41), da dadurch bis zu „40% Ersparnisse" erzielbar seien. In vielen neuen Stadtteilen sind solche „fußgängerfreien" Straßen gebaut worden (2, S.61).

„In Kontrast zu den strengen Straßenräumen der Stadterweiterungen des 19. Jahrhunderts steht der ´fließende´ Raum weit ausschwingender Verkehrsbänder: An die Stelle der beidseitig mit Fassadenwänden geschlossenen Korridorstraßen tritt die Straße als Freiraum, eingebettet in Grünanlagen, aus denen sich in asymmetrischer Streuung Einzel-

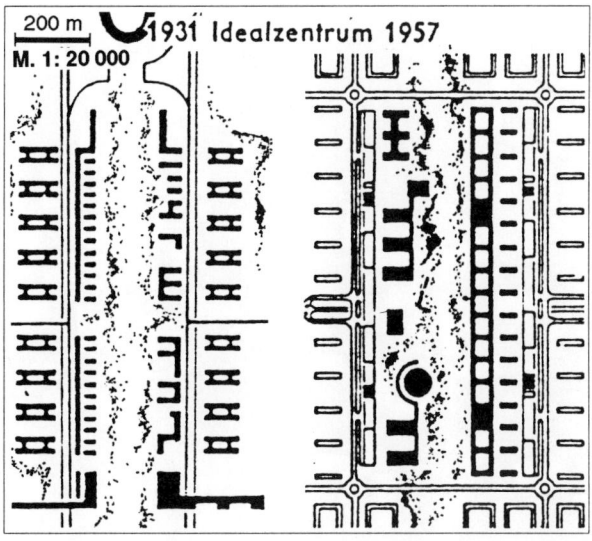

7.37 Gegenüberstellung der Idealzentren von 1931 (l.) und 1957. Weiterentwicklung des räumlichen Prinzips.

7.38 Die „Wohnung im Wohnpark" mit freiem, schrägem Blick in den Grünraum und in die Weite (Lageplan unten).

7.36 O. E. SCHWEIZER: Idealzentrum 1957 als „Grüne Mitte" mit Ladenzeile zum Grünraum und öffentlichen Gebäuden auf der anderen Seite. „Die Architektur verbindet sich mit dem Grün des Freiraums zur neuen architektonischen Großform."

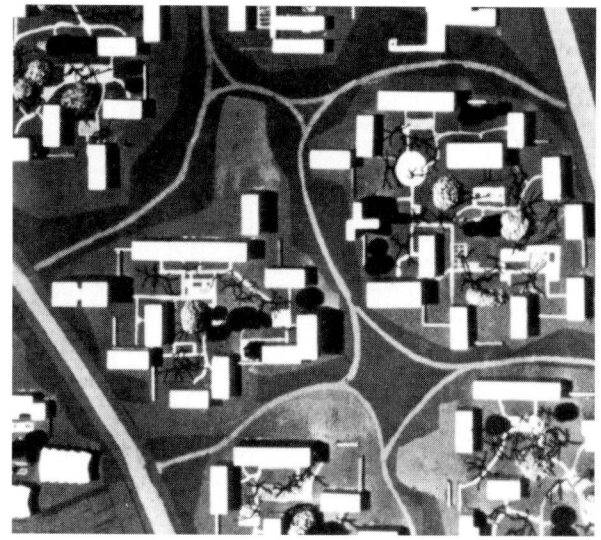

7.39 Hausgruppen in der Nordweststadt: Gebäude umschließen einen begrünten und verkehrsfreien „Raum".

7.40 „Zu Fuß von und zu jedem Punkt der Nordweststadt, ohne mit einem Auto etwas zu tun zu haben."

bauten als ´städtebauliche Dominanten´ erheben. Das Zurücktreten der Gebäude vom Straßenrand und die kreuzungsfrei ineinander verflochtenen Verkehrsbänder zeigen ein neues Verständnis von Zeit und Geschwindigkeit" (DURTH/GUTSCHOW, 3, S. 33).

Damit verlor der Straßenraum aber auch seine Funktion als eigentlicher „öffentlicher Stadtraum" mit vielfältiger Nutzung. Das Augenmerk der Planer konzentrierte sich nun auf einen „neuen Stadtraum", den von Wohngebäuden umschlossenen, von der Straße abgewandten Grünbereich, mit oder ohne direktem Anschluß an die freie Landschaft.

Bei SCHWAGENSCHEIDTS „Raumstadt" verliert das einzelne Haus gegenüber der Gemeinschaft von Häusern seine körperliche Wichtigkeit, es dient einer höheren Idee, dem „Raum", denn „man wohnt nicht an der Straße, sondern an und in Räumen" (Abb. 7.39, 7.40). Auch O. E. SCHWEIZER stellt fest, die Erkenntnis setze sich durch, „daß die Koppelung der Verkehrsflächen mit dem architektonisch-räumlichen Aufbau sowohl den Gesetzen des Verkehrs wie denen der Bebauung widerspricht, daß also der Verkehrsfluß unabhängig von der Art der Bebauung bleiben muß".

Durch die „Kehrtwendung" der Wohngebäude von der Straße weg „wird der innige Kontakt des Wohnens mit den grünen Freiräumen erreicht" (SCHWEIZER). Abgekehrt von den technischen Notwendigkeiten der Straßen sowie der zunehmenden Parkplätze und Garagen sollen die Menschen die Illusion haben, „im Park" oder gar „im Wald" zu wohnen. Nicht mehr die Schaffung städtischer Räume ist das Ziel des Städtebaus, sondern die Ausformung privater, grüner Räume, die, zu „Grünzügen" verbunden, jeden Eindruck von Stadt verhindern.

So lobte SCHWEIZER an der Waldstadt in Karlsruhe (s. S. 206), daß der „Wald als beherrschendes landschaftliches Element" das Gesamtgebiet in „kleine Bezirke" voneinander optisch trennen wird. „Daher wird niemand spüren, daß bis zu 20 000 Einwohner dort wohnen werden."

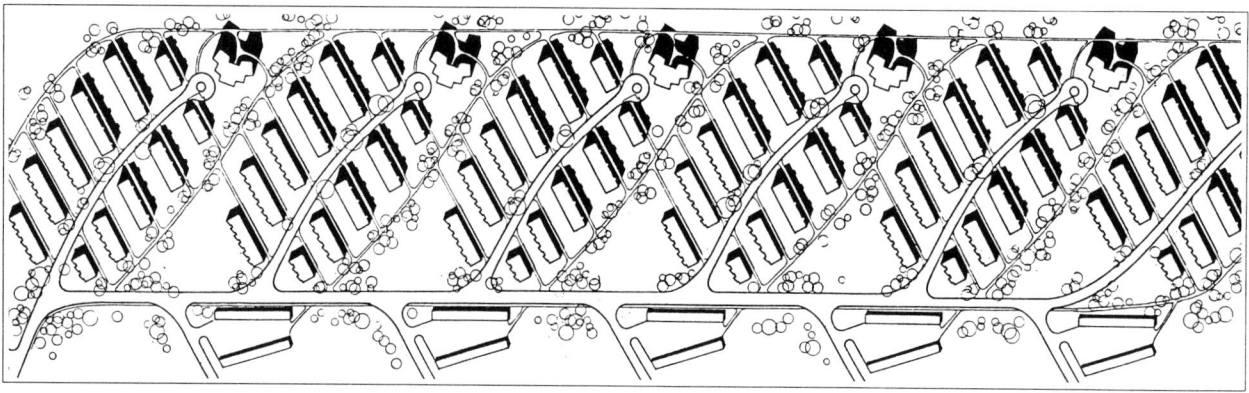

7.41 H. B. REICHOW: „Das Weglassen der gefährlichen Bürgersteige an den Fahrbahnen erbringt 40% Ersparnis. Wirtschaftliche Überlegenheit für diese angenehme, ruhige und sichere Fußwegführung im Grünen bei Neuerschließungen."

Autoverkehr als Organisationsprinzip der Stadt

Schon 60 Jahre nach seiner Erfindung durch Gottlieb Daimler im Jahre 1886 wurde das Automobil zu einem bestimmenden Faktor im Städtebau. Diese Entwicklung wurde 1938 mit dem Bau der Werke für den KdF-Wagen („Kraft durch Freude"), dem späteren Volkswagen, in der neugegründeten „Stadt des KdF-Wagens" (später Wolfsburg; s. S. 163 ff.) in Deutschland eingeleitet und schon bald nach 1945 forciert (Abb. 7.42, 7.43). So stand der erwartete Anstieg des Pkw-Verkehrs im Mittelpunkt städtebaulicher Überlegungen, denn der Straßenverkehr galt schlechthin als „Sinnbild städtischen Lebens und wirtschaftlicher Dynamik" und „ihm war nach der Überzeugung der Planer nahezu uneingeschränkt Raum zu verschaffen" (DURTH/GUTSCHOW, 3, S. 40).

Das Auto wurde bewundert, ja verherrlicht und setzte dadurch strukturgebende Maßstäbe für die Gestaltung der Städte. „Die neue Verkehrsmaschine, deren Lauf ganz in der Hand des Menschen liegt, bedarf psychologischer Sicherungen, da ihr die mechanischen und schienengebundenen fehlen. Sie verhilft zwangsläufig einem neuen Raumgefühl zum Durchbruch und gibt uns, den Anbetern der Technik, sogar den Mut, uns dazu zu bekennen. ... Die krumme Straße ist nicht nur der Weg der Esel, sondern der der Menschen, und sogar der ihrer Automobile. Die gerade Straße entsteht durch den Strich an der Reißschiene und wird durch den verteidigt, der ihn gezogen hat" (Roland RAINER, S. 133). Damit nimmt RAINER polemisch Bezug auf LE CORBUSIER: „Die gekrümmte Straße ist der Weg der Esel, die grade Straße ist der Weg der Menschen" (S. 10).

Die Fahrdynamik der Autos bestimmte die Straßenführung, denn ganz im Sinne der „organischen Stadtbaukunst" war der „Verkehrsfluß" zu garantieren, „da das Auto nicht rechtwinklig um die Ecke fahren kann". Die Bedingungen des Autoverkehrs setzten sich in der „autogerechten Stadt" durch, obwohl REICHOW auch eine „dem Wesen des Menschen

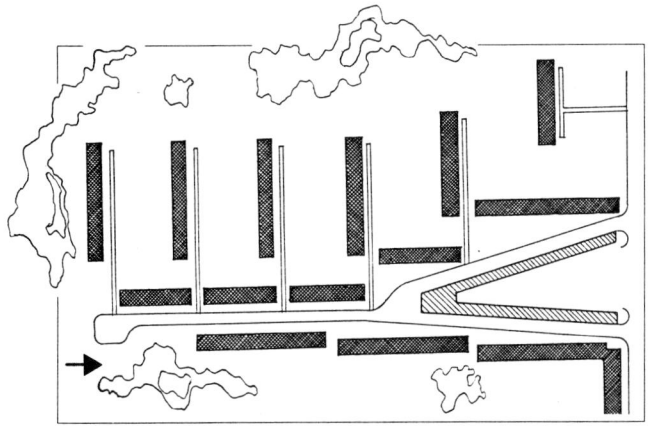

7.42 Rheinhausen: Vorschlag von O. E. SCHWEIZER zum „Einigeln" des Motorenlärms in Garagenhöfen (r.).

7.43 Dynamische Straßenführung: Neue Schnellstraßen und Nord-Rheinbrücke in Düsseldorf um 1950 (Modell).

7.44 Walter SCHWAGENSCHEIDT: Auch beim Wiederaufbau sollte die alte, historische Straßenrandbebauung ...

7.45 .... zugunsten einer abgewandten Zeilenbebauung mit niedrigen Läden an der Straße aufgegeben werden.

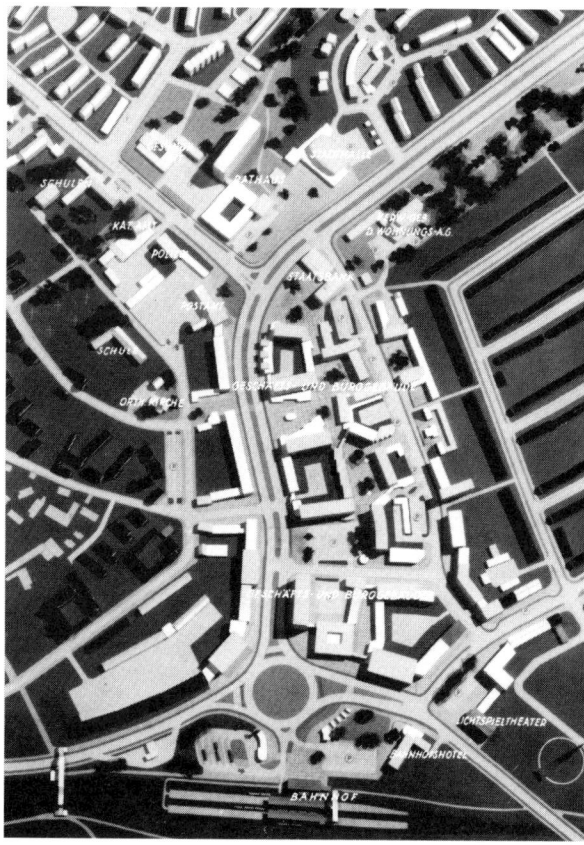

7.46 Stadtkernmodell von Salzgitter um 1955. Einkaufszentrum (M.r.) und öffentliche Gebäude an Schnellstraßen.

7.47 Der „Durchbruch" der Ost-West-Straße in Hamburg
(um 1955) wurde durch die großen Kriegsschäden ... (r.u.)

gerecht werdende Stadt" wollte (2, S. 5). Der PS-
Stärkere setzte sich im Städtebau durch, und die
nichtmotorisierten Menschen wurden auf separate
Wegführungen verwiesen, während dem Auto immer
mehr Raum zugestanden wurde.

„´Raum´ jedoch nicht mehr im Sinne räumlich gefaßter,
sogenannter ´Korridorstraßen´, sondern im Sinne dynamisch ausschwingender Verkehrsbänder in einem
unbegrenzten Kontinuum ineinanderflutender Freiräume, die nur punktuell durch Bauten gegliedert sein
sollten. Gestaltete Architekturräume in geschlossenen
Formen waren durch die repräsentativen Planungen
und Platzgestaltungen des ´Dritten Reichs´ als
Selbstdarstellung staatlicher Macht verrufen. Die Zukunft galt dem aufgelösten, fließenden Raum, in dem
auch die steinerne Großstadt zunehmend von Grünzügen durchsetzt werden sollte. Folglich wandten sich
die Bauten kammartig nur mit ihrer Schmalseite zur
Straße hin" (DURTH/GUTSCHOW 2, S. 40).

SCHWAGENSCHEIDT hatte diese Gebäudezuordnung
zu den Straßen schon vor 1945 zu einem wesentlichen Aspekt seiner „Raumstadt" gemacht. Er propagierte dieses „Muster" auch für den Wiederaufbau
oder die Neuordnung bestehender Quartiere (Abb.
7.44, 7.45). Die straßenbegleitende Bebauung sollte zugunsten einer kammartigen, senkrecht zur Straße stehenden Bebauung aufgegeben werden. Auf
den alten Fundamenten könnten dann eingeschossige Läden stehen und die Keller nutzen. In vielen
Städten wurde dieses Konzept sogar zum bestimmenden Element von Aufbauplanungen der Innenstadt, das aber nur in einzelnen Straßenzügen realisiert werden konnte. Die zunehmende Motorisierung führte schon bald in unmittelbarer Nähe von
Wohnsiedlungen zu breiten Schnellstraßen- oder
Autobahnbändern mit großen, flächenbeanspru-
chenden Kreuzungsbauwerken. Besonders die
Siedlungen nach 1960 sind von diesen gewaltigen
Straßen umgeben, wie Mannheim-Vogelstang oder
Nürnberg-Langwasser, oder werden davon gar
durchschnitten, wie Bremen-Neue Vahr oder Düsseldorf-Garath. (s. S.244 ff.)

Aber auch die Innenstädte blieben nicht verschont
und mußten im Interesse des Fortschritts dem Autoverkehr Tribut zollen (Abb. 7.46). Ein typisches
Beispiel ist die Ost-West-Straße in Hamburg (Abb.
7.47, 7.49) vom Deichtor zum Millerntor (Reeper-
bahn). Schon vor dem Zweiten Weltkrieg war diese
Umfahrung des Stadtkerns durch bestehende Baublöcke geplant worden. Die Kriegszerstörungen min-
derten die Widerstände und führten schließlich in den
50er Jahren zum „Straßendurchbruch" (TAMMS/
WORTMANN, S. 250). Nicht selten wurden solche Projekte noch durch Hochstraßen - zumindest planerisch - ergänzt. In Stuttgart stellte der SPD-
Fraktionsvorsitzende im Gemeinderat fest, „in
Spitzenzeiten des Verkehrs stehe Stuttgart heute
schon vor dem Verkehrschaos und dem Zusammenbruch des normalen Verkehrsflusses", wie die Stutt-

garter Zeitung am 28. 4. 1962 berichtete. Deshalb könnten an einigen Punkten in der Innenstadt „auf die Dauer gesehen keine anderen Lösungen als mit Hochstraßen eine wirkliche Entlastung bringen".

Soziale Mischung und Nachbarschaften

Das lang angestrebte städtebauliche Leitbild von der Durchdringung von Stadt und Natur, der Entstädterung der Stadt wurde durch eine soziale Komponente ergänzt. Durch eine Mischung der Bauformen, vom Einfamilienhaus über den viergeschossigen Mittelhochbau bis zu Hochhäusern, sollte eine soziale Mischung der Wohnbevölkerung bewirkt werden. Diese wurde mit dem Konzept der „Nachbarschaften" verbunden, das bereits 1929 der Amerikaner Arthur PERRY in Form der „Neighborhood Units" als „neue Grundlage der Stadtplanung" vorgestellt hatte. Für ihn war die Großstadt ein „in sich harmonischer psychophysischer Organismus", wenn das „freie Wachstum" durch städtebauliche Planung korrigiert wird.

Da besonders die kleinen Kinder durch den Autoverkehr gefährdet seien, sollten um jede Volksschule eine „geschützte Zone" („protected area") geschaffen werden. Dieses Gebiet mit „reinem Wohncharakter" würde etwa 4 800 Einwohner umfassen. Die Maßnahmen, die vorrangig der Verbesserung des Wohnen dienen sollten, erinnern sehr an die „Environmental zone" von Colin BUCHANAN und die in den 70er Jahren diskutierte, darauf aufbauende „Verkehrsberuhigung" (s. S. 280). Neben dem an dem Gebiet vorbeigeführten Durchgangsverkehr sollte das „innere Straßennetz"
- in seiner Aufnahmefähigkeit durch entsprechend schmale Straßen auf die Bedürfnisse des örtlichen Verkehrs bemessen und
- durch Kurven und Versetzungen für den schnellen Verkehr unpassierbar sein (KLAGES, S. 18-20).

Für den deutschen Nachkriegsstädtebau bis in die 60er Jahre war die „Nachbarschaft" ein Allheilmittel gegen die großstädtische „Anonymität" und „Massenhaftigkeit" sowie die damit verbundenen „Vereinsamungs- und Entfremdungs-Phänomene" (Abb. 7.48). Für die Städtebauer war die „Nachbarschaft" gleichzeitig eine „ideale Elementareinheit der räumlichen Stadtgliederung", die sich - durch Grünzäsuren getrennt - zu einer „organischen Stadtstruktur" addieren ließ und damit dem Leitbild von der Auflockerung und Entballung entsprach. Dieses war scheinbar das „ideale Baukonzept humanen Städtebaus", denn Humanität im Städtebau hieß doch „ganz unbestreitbar soziale Integration des Menschen, Gemeinschaft, Geborgenheit, Überschaubarkeit und mitmenschliche Nähe, das eben, was dem Menschen beim überstürzten Exodus aus der ´heilen Welt´ seiner ländlichen Herkunftsräume verloren gegangen war" (KLAGES, S. 5/6).

7.48 Modell einer „räumlichen Gruppe" in der Nordweststadt als kleine „Nachbarschaft" mit „Geborgenheit".

7.49 ... politisch erleichtert. „Großzügige Straßendurchbrüche" für viele leistungsfähige Durchgangsstraßen.

Unter dem Begriff der „Volksschuleinheit", einer Stadteinheit von etwa 5 000 Einwohnern, wie sie schon von PERRY 1929 konzipiert worden war, wurden „Wohnzellen" mit fußläufiger Größenausdehnung an bestehende Siedlungen angelagert oder zu Stadtteilen zusammengefügt. Ziel war es, daß die Schule „Kern einer Nachbarschaftseinheit wird", um so den Heranwachsenden „eine unmittelbare Erfahrung der Umwelt zu geben" (PFEIL 1, S. 211). Besonders die Städtebauer, die schon während des Kriegs die „Siedlungszelle" als Teil der „neuen Stadt" propagiert hatten, beteiligten sich lebhaft an der Diskussion. Neben der Mischung unterschiedlicher sozialer Gruppen, für die jeweils besondere Bauformen vorgesehen wurden, waren die Ausstattung mit Gemeinbedarfseinrichtungen und eine starke Durchgrünung der Wohnbereiche konzeptionelle Bestandteile für eine „ausgewogene und soziale Nachbarschaft" (REICHOW).

Die Hoffnungen allerdings, durch einen neuen Städtebau auch ein neues Stadt- oder Wohngebietsbewußtsein zu bewirken, erfüllten sich in der Wirklichkeit nicht. In den neuen Wohngebieten wurde die Bevölkerung zwar sozial gemischt, aber eine Integration von vornherein wenn nicht verhindert, so doch erschwert. „Wegen der Wohnungsnot blieb den Mietern so gut wie keine Wahlfreiheit, sie nahmen die Wohnung, die sie bekamen, wenn sie nur einigermaßen paßte. Als sich aber die Wohnungsnot lockerte, als auch nur Möglichkeiten einer freien Wohnungswahl sich zeigten, begann auch schon eine ´Entmischung´". Vor allem an den beiden sozialen Randlagen der Mieterschaft sei der Wunsch, „unter sich" zu sein, am größten gewesen. Dagegen hätten sich die Unterschiede im Wohn- und Lebensstil in der „nivellierten Mittelstandsschicht" der Facharbeiter und Angestellten eingeebnet (PFEIL, 2, S. 45).

Elisabeth PFEIL konstatiert deshalb: „Es ist gar nicht nötig, den Großstädter von der Großstadt zu erlösen, indem man die große Stadt in eine Reihe von Kleinstädten auflöst; aber es ist nötig, ihm unter allen Umständen eine ´lebbare´ Stadt zu geben." Auch Hans Paul BAHRDT nannte es einen Denkfehler, daß Gelegenheit für Kontakte auch Nachbarlichkeit schaffe. Nachbarschaft entstehe aber nicht automatisch als Ergebnis von Gebäudezuordnungen, sondern dort, wo sie gebraucht werde.

Es müßten also bestimmte soziologische Voraussetzungen vorhanden sein, wenn die bauliche Anordnung wirksam werden solle. „Als normative Vorstellung ist Nachbarschaft in der Großstadt sicherlich nicht überzeugend. Wohl aber wächst eine gewisse Vertrautheit und innere Sozialisation des Stadtbezirks mit dem längeren Wohnen von selbst infolge des Nachziehens von Verwandten und Bekannten und der Aufnahme von Nahkontakten; für die nächste Generation kommt sie aus der gemeinsamen Aufwuchszeit und den gemeinsamen Jugenderlebnissen" (PFEIL 2, S. 52/53).

7.3 Erste Stadterweiterungen und neue Siedlungen

„Wir fordern:
Fort von der steinernen Stadt,
    hin zur durchgrünten Stadt.
Fort vom Riesenpolypen der Millionenstadt,
    hin zum Gruppenverband einzelner Stadtteile.
Fort von der Verfilzung von Industrie und
    Wohnungen,
    hin zur lagebedingten Trennung.
Fort vom gleichwertigen Rastersystem der
    Straßen,
    hin zur sinnvollen Verästelung.
Fort von der Straßenrandbebauung,
    hin zur sonne-gerichteten Zeile.
Fort vom umschlossenen Hinterhof,
    hin zum grünen Freigelände.
Fort von der Straßen-Schaufassade,
    hin zur vollplastischen Hausgruppe.
Fort von der eintönigen Reihung,
    hin zur Belebung durch Akzente.
Fort von der starren Stockwerkszahl,
    hin zum plastischen Stadtbild.
Fort von der sechsstöckigen Mietkaserne,
    hin zur dreigeschossigen Zeile.
Fort vom Notbehelf des Dachausbaues,
    hin zum bestmöglichen Vollgeschoßgrundriß.
Fort vom Primat der Rendite,
    hin zum Primat gesunden Wohnens."
Heinrich STROHMEYER, 1953
(„Gesundung der Stadt durch Auflockerung", bei der BDA-Tagung; zit. n.: DURTH/GUTSCHOW 2, S. 660)

Wohnraumversorgung und Städtebau in „Neuen Städten"

Die Verheißung der neuen, der besseren Stadt sollte in den geplanten Siedlungen am Rande der alten, der unmenschlichen Stadt Wirklichkeit werden. Aber die Wohnungsnot diktierte zunächst die Form der Stadterweiterungen und die Architektur der Gebäude. Die Ergänzungen bestehender Bebauung sind nicht auf eine „städtebauliche Großform" und ein einheitliches Siedlungsmuster angelegt. Dieser Pragmatismus im Wohnungsbau mit seinen zumeist viergeschossigen, mit flachem Satteldach „bedachten" Gebäuden, wie sie auch noch später in den größeren Siedlungen zur Anwendung kommen, findet auch in der Gesetzgebung seine Entsprechung.

Bevor 1960 das erste Bundesbaugesetz (BBauG) in Kraft traf, wirkte das 1. Wohnungsbaugesetz von 1950 bereits zehn Jahre. Seit Gründung der Bundesrepublik Deutschland am 23. Mai 1949 bestand zunächst ein eifersüchtiges Gerangel um Kompetenzen zwischen Bund und Ländern, so auch in der Baugesetzgebung. Aus einer - historisch begründeten - Angst vor zu viel Zentralismus, erließen die Länder eigene Aufbaugesetze, obwohl sich viele Planer und Architekten für eine „zentrale Planung" aussprachen. So ließ der Stadtbaurat von Hannover Rudolf HILLEBRECHT bei der dortigen „Constructa" 1951 ein Spruchband anbringen, auf dem stand: „Parlamentarier aller deutschen Länder vereinigt Euch und schafft ein neues Bau- und Bodenrecht!"

Das war aber zunächst nicht durchsetzbar, so daß der Bund durch eine gezielte Wohnungsbaupolitik auf das Bauen indirekten Einfluß nahm. Aber auch da gingen die Länder teilweise eigene Wege. „Dennoch war die Bundesrepublik mit einer Politik des konzentrierten Mitteleinsatzes zur direkten Förderung des Wohnungsbaus in Verbindung mit einer steuerpolitischen Förderung der Eigentumsbildung unerwartet erfolgreich. Der quantitative Erfolg schuf den Mythos des ´Aufbauwunders´. 1950 hatte die Bundesregierung den Bau von 1,8 Millionen Wohnungen bis 1965 anvisiert. Mit 3,1 Millionen von 1951 bis 1965 gebauten Wohnungen wurde dieses Soll weit übertroffen" (BEYME u.a., S. 1011).

Die Programmatik für den Städtebau leitete sich aus den zuvor genannten Leitbildern ab, die einen schon jahrzehntealten „Gärprozeß" hinter sich hatten. Tagungen und Ausstellungen beschäftigten sich immer wieder damit, so daß sich ein grundlegender Konsens herausbildete. So wurden für „die Stadt von morgen" bei der Internationalen Bauausstellung Berlin (Hansa-Viertel; s. S. 225) 1957 entsprechende Grundsätze für die „gegliederte, aufgelockerte Stadt" formuliert:

- „Die Stadt von morgen ist so zu planen, daß der Verkehr in der Stadt durch sinnvolle Zuordnung von Arbeitsstätten, Wohnungen und Erholungsstätten soweit wie möglich eingespart wird.
- Die Stadt ist in sich so zu gliedern, daß einzelne Stadteinheiten entstehen, die von jedem fremden Kraftverkehr freizuhalten sind."

- „In diesen Wohneinheiten ist die ´Stadt von morgen´ eine Fußgängerstadt mit Entfernungen von höchstens 2 km zur Schule oder zum Einkaufen.
- In den verkehrsbefreiten Stadteinheiten gibt es keinen Lärm, keinen Staub, keine Erschütterungen und keine Abgase mehr.
- In diesen verkehrsfreien Zonen werden die Kinder ohne Gefahren aufwachsen, lernen und spielen können."

- „Die innerstädtischen Verkehrsstraßen zwischen den Stadteinheiten sind anbaufrei zu halten.
- Der öffentliche Verkehr in den zentralen Stadtbereichen ist weitgehend unter den Straßen (Unterpflaster-Straßenbahnen oder unterirdische Schnellbahnen) oder auf Hochstraßen zu führen.
- Die verbindenden Verkehrsstraßen für den privaten und öffentlichen Verkehr zwischen den Stadteinheiten werden von den Wohnbebauungen durch Grünflächen abgeschirmt" (OTTO).

Erste neue Wohnquartiere als Stadterweiterung

Als Vorläufer der geschlossenen und auch einheitlich bebauten Stadtrandsiedlungen gegen Ende der 50er Jahre sind kleinere Stadterweiterungen zu betrachten, die in erster Linie der Befriedigung des dringenden Wohnungsbedarfs dienen sollten. Die Konzeptionen dieser Quartiere orientierten sich entweder an einer modifizierten Blockbauweise mit senkrecht zueinander gestellten Zeilen oder an einer Verbindung von Gartenstadtideen mit denen von aufgelockerten Bauweisen.
In der Anfangszeit dominierten ein- bis viergeschossige Wohngebäude mit einem flachgeneigten Dach, das dann später vom Flachdach abgelöst wurde. Die Ausstattung mit Gemeinschaftseinrichtungen ließ meistens noch sehr zu wünschen übrig, da der Wohnungsbau eindeutig im Vordergrund stand. Wenige dieser zahlreichen Siedlungen sollen beispielhaft erwähnt werden:

• **Reutersiedlung** in Bonn, 1949-1952 nach einem Entwurf von Max TAUT zwischen Venusberg und Reuterstraße erbaut (Abb. 7.50). Verschiedene Bautypen mit flachgeneigten Satteldächern, vom eingeschossigen Reihenhaus bis zur dreigeschossigen Geschoßwohnungszeile, bilden eine kleine Siedlung an einer Verkehrsstraße.

Die einfachen Wohngebäude sind als straßenbegleitende Bebauung und als senkrecht zur Straße angeordnete Zeilen um begrünte, aber nach außen transparente Privatbereiche gruppiert. Das Wohnquartier hat eine geringe Baudichte und entspricht damit dem „Ideal der familiengerechten ´Nachbarschaft´, die am Rande der urbanen Bonner Südstadt geradezu dörflich wirkt" (DURTH/GUTSCHOW 3, S. 60/61).

7.50 Reutersiedlung in Bonn. Bildung von differenzierten Straßenräumen und grünen Innenhöfen durch Zeilen.

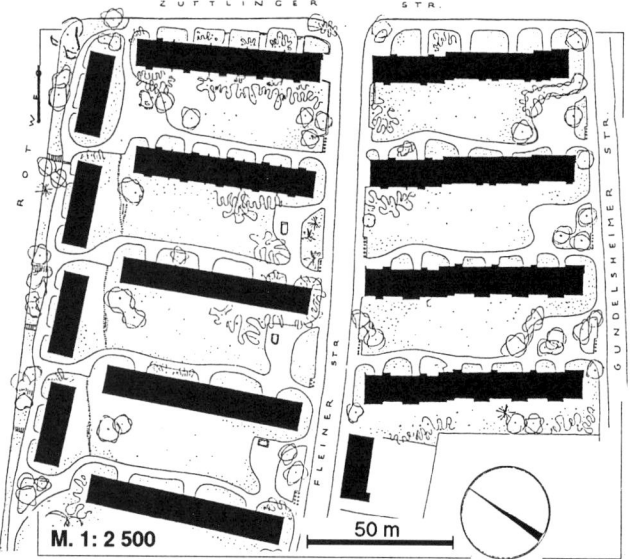

7.51 Bebauungsweise der Rotweg-Siedlung. Innenhofbildung durch schräggestellte Zeilen und Quergebäude.

7.52 Der blockhaft modifizierte Zeilenbau der Rotweg-Siedlung mit den SCHAROUN-Hochhäusern (r.u.) von Westen.

• **Rotweg-Siedlung** in Stuttgart, 1948-1959 von der ZAS (Zentrale für den Wiederaufbau Stuttgarts) und dem Stadtplanungsamt geplant und von ca. 25 Baugenossenschaften als Bauträger realisiert (Abb. 7.51-7.53). Der soziale Wohnungsbau zur Behebung der schlimmsten Wohnungsnot der Nachkriegszeit erfolgte in Zeilenbauweise mit blockhafter, rechtwinkliger Zusammenstellung, so daß geschlossene Außenräume entstanden. Die drei- bis fünfgeschossigen Wohngebäude mit flachem Satteldach hatten Spargrundrisse nach den Normen des 1. Wohnungsbaugesetzes. Die Wohnsiedlung für immerhin ca. 18 000 Einwohner wurde später ergänzt durch Hochhäuser („Romeo und Julia" von Hans Scharoun), Kirchen, 7 Schulen und Geschäftsbauten entlang den Hauptstraßen.

• **Parkwohnanlage Bogenhausen** in München, 1954-56 nach einem städtebaulichen Entwurf von Franz RUF für die Gemeinnützige Wohnstättengesellschaft Hamburg (GeWog), Treuhänderin Neue Heimat Bayern, von mehreren Architekten gebaut (Abb. 7.54, 7.55). Das 22 ha große Gelände, zwischen Fichtelgebirgs- und Gotthelfstraße, wurde um einen blockartigen Mittelbereich überwiegend mit Zeilen, deren Stirnseiten der Straße zugewandt sind, konzipiert. Dadurch soll der zentrale Grünbereich zwischen den Zeilen eine Ergänzung finden, womit der Anspruch vom „Wohnen im Park" eingelöst werden soll, und auch eine sparsame, ringförmige Straßenerschließung ermöglicht werden. Die an „organischen" Stadtvorstellungen orientierte „Parkwohnanlage" umfaßt etwa 2 000 Wohneinheiten von Reiheneigenheimen über vier-, fünf- und achtgeschossige Zeilen bis hin zu fünf T-förmigen Punkthäusern mit 12 und 15 Geschossen (DURTH/GUTSCHOW 3, S. 57).

• **Gartenstadt Vahr in Bremen**, 1955-1959 als „erste Bremer Großsiedlung auf der innenstadtfernen grünen Wiese" entstanden, war eine Etappe zur

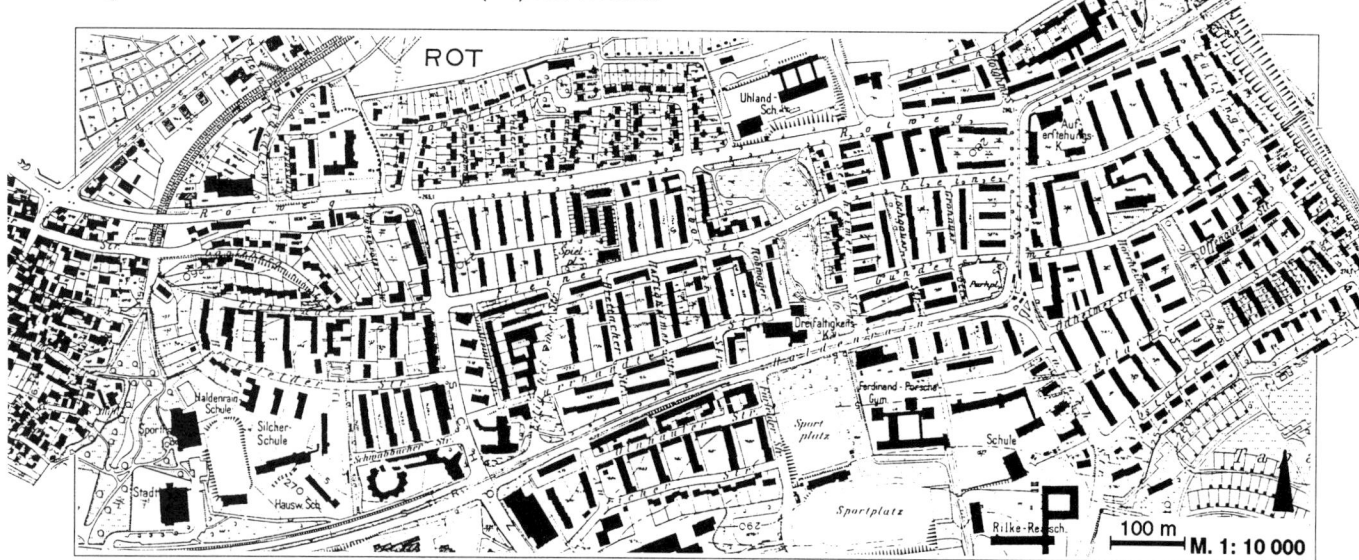

7.53 Rotweg-Siedlung in Stuttgart. Die Nachkriegssiedlung schließt, durch eine Grünzone getrennt, nach Osten an den „Alten Flecken" des Stadtteils Zuffenhausen an. Unterteilt wird sie durch eine Grünzäsur mit Schule und Sportanlagen.

„Neuen Vahr" (s. S. 244), die östlich angrenzend gebaut wurde (Abb. 7.56). Der Planer der Siedlung, Ernst MAY, nannte die Siedlung „Grünstadt an der Vahr", da er eine grüne Landschaft wollte, in der die Wohnhäuser eingebettet sind. Anders als in Frankfurt gegen Ende der 20er Jahre, wo er mit Leberecht MIGGE fast nur privat genutzte Gärten an den niedrigen Gebäuden vorgesehen hatte, verzichtete er hier fast ganz auf private Grünflächen. Lediglich die flachen Reihenhäuser haben eigene Gärten, während die unterschiedlich hohen „Mietblocks" in die parkähnliche Landschaft eingestreut sind.

MAY wollte als Gegensatz zur historischen, steinernen Stadt offene und gemeinschaftlich genutzte Grünräume. Über die Grünstadt schrieb er 1955: „Da keinerlei topographische Gegebenheiten vorliegen, die den besonderen Charakter der Nachbarschaft zu bestimmen vermöchten, war es das Bestreben der Planer, durch Schaffung stark betonter Grünräume ein menschliches Wohnklima zu schaffen. ... So wird denn durch Erdanschüttungen unter Verwendung des Erdaushubs und herzuführender Erdmassen eine - wenn auch nur schwach profilierte - Parklandschaft angestrebt." Vorbilder waren schwedische Siedlungen, die auch schon REICHOW in seiner „Organischen Stadtbaukunst" vorgestellt hatte (GEWOBA , S. 28f.).

Stadtrand-Siedlungen als „Neue Städte"

Nach einer ersten Phase der Befriedigung des dringendsten Wohnbedarfs mit immer mehr konzeptionell ausgereiften Siedlungen werden gegen Ende der 50er Jahre die ersten Stadtrandsiedlungen konzipiert, die durchaus als „Neue Städte" bezeichnet werden können und es zum Teil, wie die Sennestadt, auch waren. „Diese Neuen Städte waren zumeist nicht nur als räumlich begrenzte, sondern auch als zeitlich abgeschlossene Siedlungsgebilde entworfen worden, für ein endgültiges Bild einer zeitlosen Zukunft, sozusagen für einen endgültigen Zustand der Fertigkeit und Ganzheit, ohne konzeptionelle Offenheit für geschichtlichen Wandel" (IRION/ SIEVERTS, S. 10).

Die Großsiedlungen waren zumeist von Idealstadtvorstellungen abgeleitet und sollten auch die ästhetischen Ansprüche der Stadtplaner und Architekten befriedigen. Das zumindest in Bezug auf die städtebauliche Konzeption, denn die Architektur stand auch noch weiter unter dem Termindruck der Wohnungsnot, so daß „Durchschnittsware", Mietblöcke mit flachem Satteldach, den optischen Eindruck dieser Stadtrandsiedlungen beherrschte. In den 60er Jahren folgte dann eine weitere Generation von Siedlungen, die städtebaulich und architektonisch als Reaktion auf die ersten „Neuen Städte" anzusehen sind (s. Kap. 8).

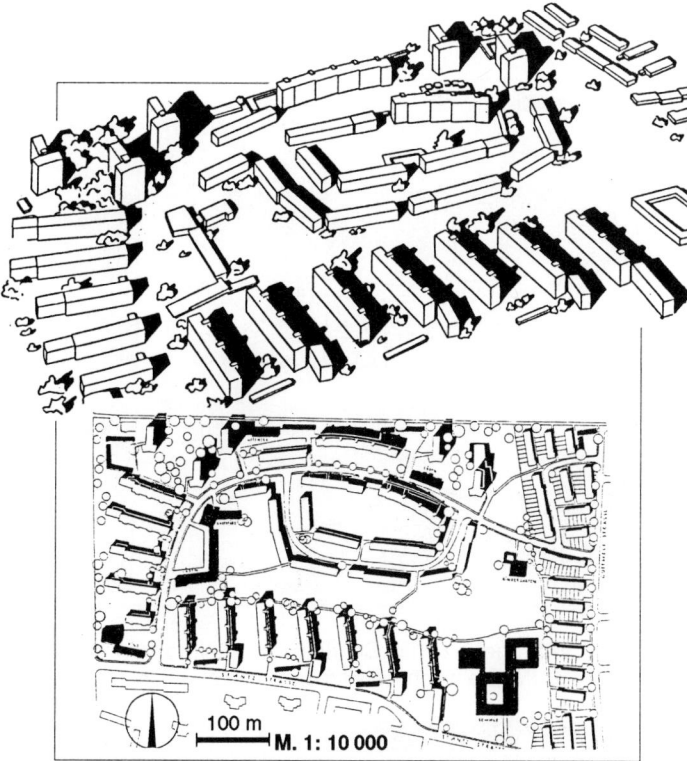

7.54 Parkwohnanlage Bogenhausen in München. Der zentrale Grünbereich wirkt durch die quer zur Straße ...

7.55 ... gestellten Zeilen im Süden größer. Im Norden wird die Siedlung durch Wohnhochhäuser begrenzt.

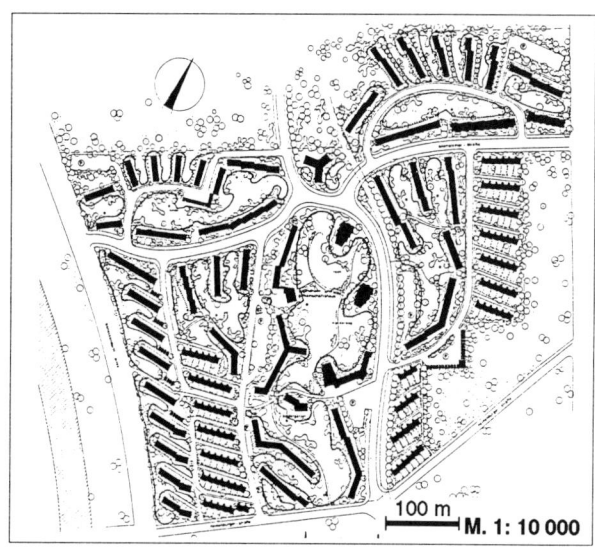

7.56 Plan der Gartenstadt Vahr von E. MAY südwestlich der Neuen Vahr (S. 244). „Grünstadt" am Rande Bremens.

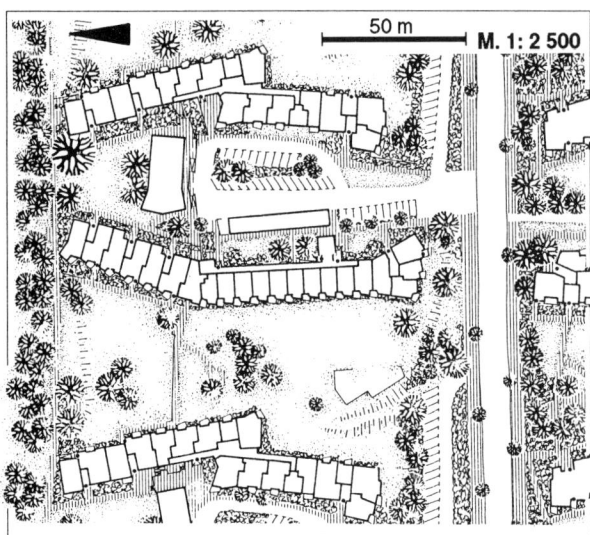

7.57 „Wohngehöfte" in Charlottenburg-Nord von Hans SCHAROUN. Die wechselseitig geknickten Zeilen ...

7.58 ... bilden einen räumllich gefaßten Erschließungshof und nach außen trichterförmige Grünschneisen.

Für die erste Generation von Stadterweiterungen bzw. „Neuen Städten" nach 1945 sind folgende Merkmale bezeichnend:

- Enge und möglichst fußläufige Verknüpfung von Wohnen, sozialen und kommerziellen Versorgungseinrichtungen sowie Arbeitsplätzen;
- Baustruktur mit natürlicher Durchgrünung und Landschaftsanbindung;
- geringe Bau- und Wohndichte - verglichen mit der historischen Stadt und späteren „Neuen Städten";
- Mischung von verschiedenen Bauformen, Hochbau und Flachbau, Geschoßwohnungen und Einfamilienhäuser.
- Durch Grünzüge voneinander getrennte Nachbarschaften um Grundschulen, Kindergärten und Tagesbedarfsläden;
- kammartige, ebenerdige Trennung von Fußgänger- und Autoverkehr auf verschiedenen Wegen ohne mehrere Ebenen;
- maximale Fußwegentfernung von 700 - 1 000 m zwischen Wohnung und Zentren und Haltepunkten des öffentlichen Nahverkehrs, bei Kindergärten und Grundschule nur 300-500 m (IRION/ SIEVERTS, S. 10).

Von den Stadterweiterungen der ersten Generation sollen einige kurz beschrieben werden. Darunter auch „klassische Siedlungen" der Nachkriegszeit, wie die Siedlung Charlottenburg-Nord in Berlin, die Sennestadt in Bielefeld, die Waldstadt in Karlsruhe, die weniger bekannte „Gartenstadt" Orschel-Hagen in Reutlingen und die Wettbewerbsphase bei Langwasser in Nürnberg, die in der langjährigen Ausführungszeit zahlreiche Wandlungen erfahren hat. Ähnliche Wandlungen hat die Gropiusstadt erfahren. Schließlich soll mit der Stadtgründung Eisenhüttenstadt eine frühe Phase des Städtebaus in der ehemaligen DDR vorgestellt werden.

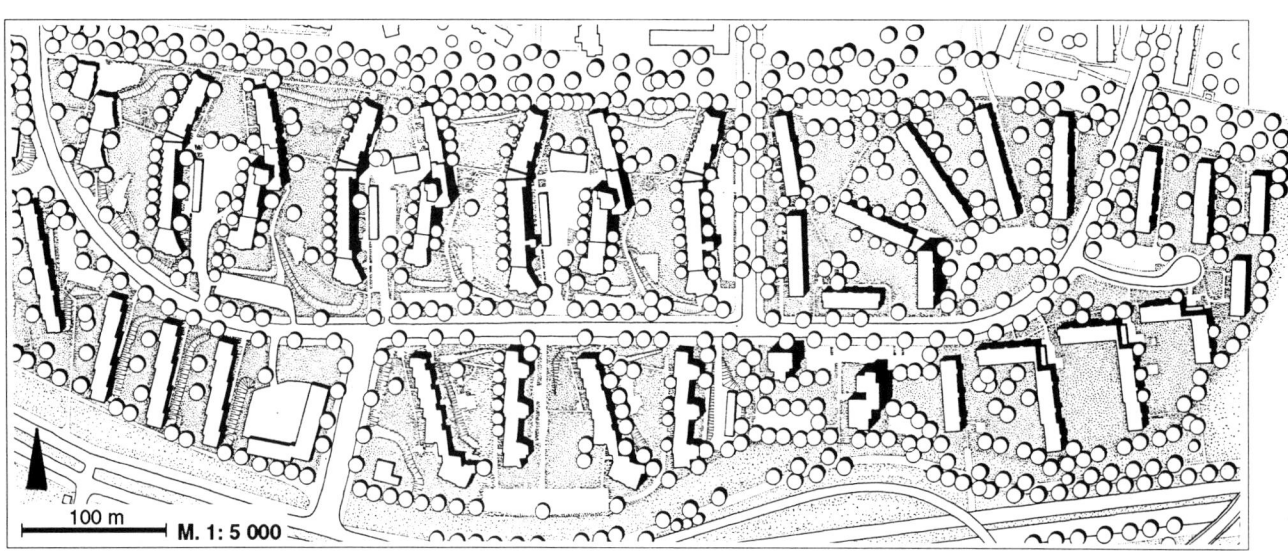

7.59 Die Wohnsiedlung Charlottenburg-Nord in Berlin besteht aus nord-süd-gerichteten Wohnzeilen, die senkrecht zur mittigen Straße stehen. Die leichte Zeilenknickung mit höheren Gebäudeteilen bewirkt Raumbildungen und Grünbezüge.

• Charlottenburg-Nord in Berlin 1956-1960

Östlich der Siemensstadt (1929-1932) sollte als Teil einer „Bandstadt" nach den Vorstellungen von Hans SCHAROUN und der Gemeinnützigen Siedlungs- und Wohnungsbaugesellschaft mgH (GSW) eine Siedlung mit etwa 5 000 Wohnungen entstehen. Dieses Ergebnis eines 1955 erteilten Auftrags an SCHAROUN und sein Berliner Institut wurde die Grundlage für die weitere Planung unter der Trägerschaft der BEWAG. Entlang des Heilmannrings sollten sechs „Wohngehöfte" und im Norden ein Wohnhochhaus mit Läden im Erdgeschoß realisiert werden. Zusammen mit Otto BARTNING sollte ein Anbau an den „Langen Jammer" von 1929 (s. S. 119) geplant werden.

SCHAROUN schlug viergeschossige, nord-süd-gerichtete Wohnzeilen senkrecht zur Erschließungsstraße vor, von denen jeweils zwei, leicht gewinkelt, „Wohngehöfte" bildeten (Abb. 7.57-7.59): „Die Wohngehöfte sind der einheitlichen Bedeutung nach die unteilbaren Einheiten unteren Grades. ... Ihr Maß wird gesetzt durch Größe, Wesen und Funktion der Stadt, der sie jeweils angehören. ... Sie werden so zum Konstruktionselement eines Stadtgefüges, sie ermöglichen den kritischen Vergleich der Städte untereinander und sie verhindern ein zu weitgehendes Einerlei anderer Städte miteinander vom Grundsätzlichen her."

Die Vorteile des Zeilenbaus für die Ausrichtung der Wohnungen sollten mit einer stärker räumlichen Wirkung der Gesamtanlage verbunden werden. Die Zeilen wurden deshalb geknickt und an ihren Enden gekröpft, so daß sich konkave und konvexe Außenräume ergaben, die als Erschließungsfläche mit Parkplätzen und allgemein zugänglicher Grünfläche genutzt werden. In den Knickpunkten sind die Gebäude jede zweite Zeile als bis zu neun Geschossen hohe Punkthäuser ausgebildet (SPENGELIN/NAGEL, S. 135).

In akribischen Untersuchungen wurde ein Trend zu Kleinwohnungen festgestellt, was zu einem entsprechenden Wohnungsschlüssel führte. Danach sollte jede Zeile etwa 650 und damit jedes „Wohngehöft" 1 300 Einwohner haben. Die starke Differenzierung der Baukörper, die lebendigen Fassaden und die gestaffelte Höhenentwicklung unterstreichen den parkartigen Siedlungscharakter. Die intensive Begrünung zwischen den Gebäuden und an den Erschließungsstraßen mildert auch die Wirkung der für Siedlungen der damaligen Zeit mit einer GFZ von 0,8 (GRZ 0,3) doch recht hohen Dichte. Auch heute noch sind die Wohnungen sehr begehrt.

• Sennestadt bei Bielefeld 1956-1965

„Da wir vor hatten, eine ´Stadt´ zu bauen, die in dem Sandgebiet der Senne liegen sollte, nannten wir sie zunächst lediglich als Arbeitsbezeichnung unterein-

ander ´Sennestadt´. Die Bezeichnung hat inwischen internationale Bedeutung erlangt." 1965 wurde der Gemeinde Senne II die Bezeichnung „Stadt" verliehen und der Name in „Sennestadt" geändert. Damit charakterisiert der Geschäftsführer der „Sennestadt GmbH" (S. 229) Otto ENGLER 1980 die planerische Intention dieser Großsiedlung.

Mit der Sennestadt konnte Hans Bernhard REICHOW, der im Sommer 1954 den Wettbewerb gewonnen hatte, seine Vorstellungen vom „Organischen Städtebau" und der „autogerechten Stadt" in die Realität umsetzen. Die landschaftlichen Bedingungen, ein „unter Naturschutz stehendes, damit unbebaubares kleines Bachtal" und eine stillgelegte, wassergefüllte Kiesgrube, bestimmten die „Gliederung des Stadtganzen" in Form eines „grünen Kreuzes" (Abb. 7.60).

„Die Landschaft und ihre Umgestaltung bestimmen also die individuelle Gesamtform der Stadtlandschaft, ihre Gliederung und Mittelpunktsbildung gemeinsam mit den baulichen Bindungen und Plänen. Denn selbstverständlich kommen bei alledem die vielfaltigen Bindungen zwischen Arbeits- und Wohnstätten, dem Verkehr und der Erschließung, der Ver- und Entsorgung einer Stadt nicht zu kurz. So erhält die neue Stadtlandschaft ihre eigene Gesamtform mit den für unsere Zeit typischen Gliedern und Organen." ...

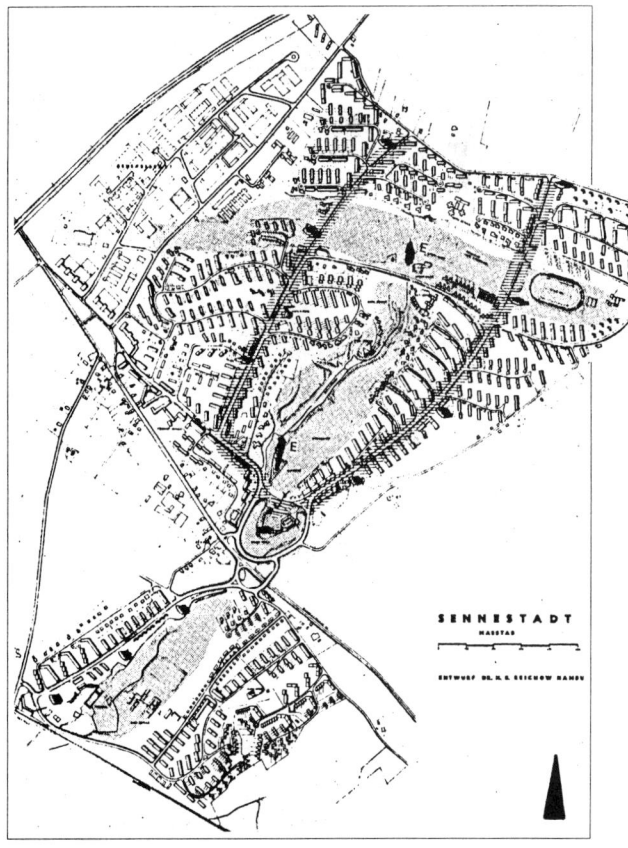

7.60 Grundkonzept der Sennestadt: „Verästelung" der Straßen mit Zeilenbebauung an natürlichen Grünzügen.

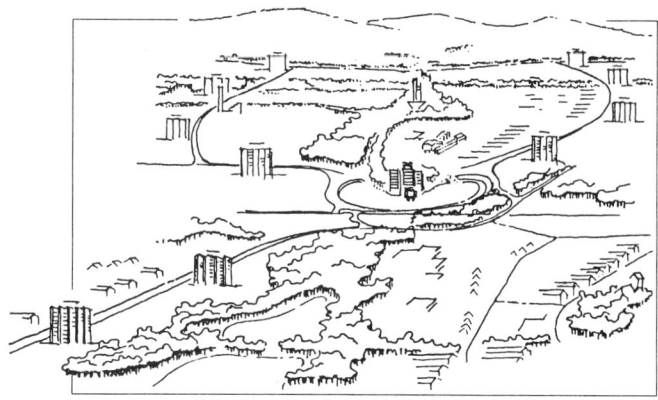

7.61 Die „Stadtlandschaft" der Sennestadt von H. B. REI-CHOW bildet durch eine Folge von Hochhäusern ...

7.62 ... und öffentlichen Gebäuden eine Orientierungsstruktur vor der Silhouette des Teutoburger Waldes.

7.63 Die Wohnzeilen in der Sennestadt haben direkten Bezug zu Grünbereichen und zur umgebenden ...

„Nicht nur die Probleme der Stadtlandschaft, in der die Natur neben den Bauten adäquates Gestaltungselement wird, konnten mit der Sennestadt exemplarisch beleuchtet werden. Auch die Ziele des organischen Städtebaues allgemein, der vom Verhalten des Menschen und seinen daraus erwachsenden Ansprüchen an die Umwelt ausgeht, führen bei ihr zu neuen Lösungen. So vor allem in den Fragen des Verkehrs und des Wohnungsbaues, nicht zuletzt durch Berücksichtigung des Rhythmus' allen Stadtlebens, der vierten Dimension im Städtebau." So beschreibt REICHOW (3, S. 231/232) selbst die ideellen Grundlagen der städtebaulichen Konzeption.

Die realisierte Stadt entspricht weitgehend dem Wettbewerbsentwurf mit seinen zwei „Straßenästen", die, von der „grünen Mitte" ausgehend, sich wiederum in mehrere Stichstraßen „verzweigen" (Abb. 7.65). REICHOW weiter:

„Die Erschließung der Wohngebiete selbst erfolgt nach dem Grundsatz der inneren Verästelung. Durch sie wird die subtilste teleskopartige Anpassung der Straßenbreiten an den von der Mitte zum Stadtrand immer geringer werdenden Stadtverkehr möglich. Ein Vorzug, der die wirtschaftliche Überlegenheit des Erschließungsgedankens gewährleistet" (S. 236). Zu diesen sind die Wohngebäude leicht schräg und senkrecht zugeordnet. Kammartig zu den Straßen fädeln sich, von den Grünzügen ausgehend oder hinführend, die unabhängigen Fußwege in die Wohngebiete ein (Abb. 7.83).

„Beim Wohnungsbau gerät der dogmatisch starre Zeilenplan, wie wir ihn etwa in den Großsiedlungen Karlsruhe-Dammerstock und Berlin-Haselhorst erlebten, in eine lebendige Bewegung und Auflockerung. Zum anderen tritt an Stelle ausgedehnter Baugebiete gleicher Höhe, Dachneigung und Himmelsrichtung eine lebendige Mischung von Baukörpern verschiedenster Höhe und Grundform. Neu erscheint vor allen Dingen das Einfügen von hohen Punkthäusern, in denen kinderlose Ehepaare und Ledige Komfortwohnungen erhalten, während für Familien mit Kindern der Flach- und Mittelhochbau

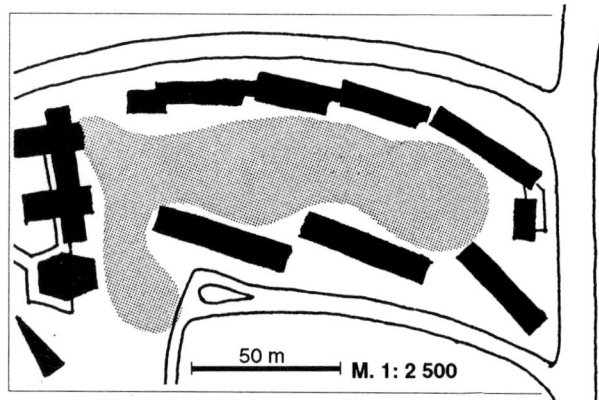

7.64 ... Landschaft. Teilweise sind die Gebäude so gruppiert, daß sie geschlossene, begrünte Wohnhöfe bilden.

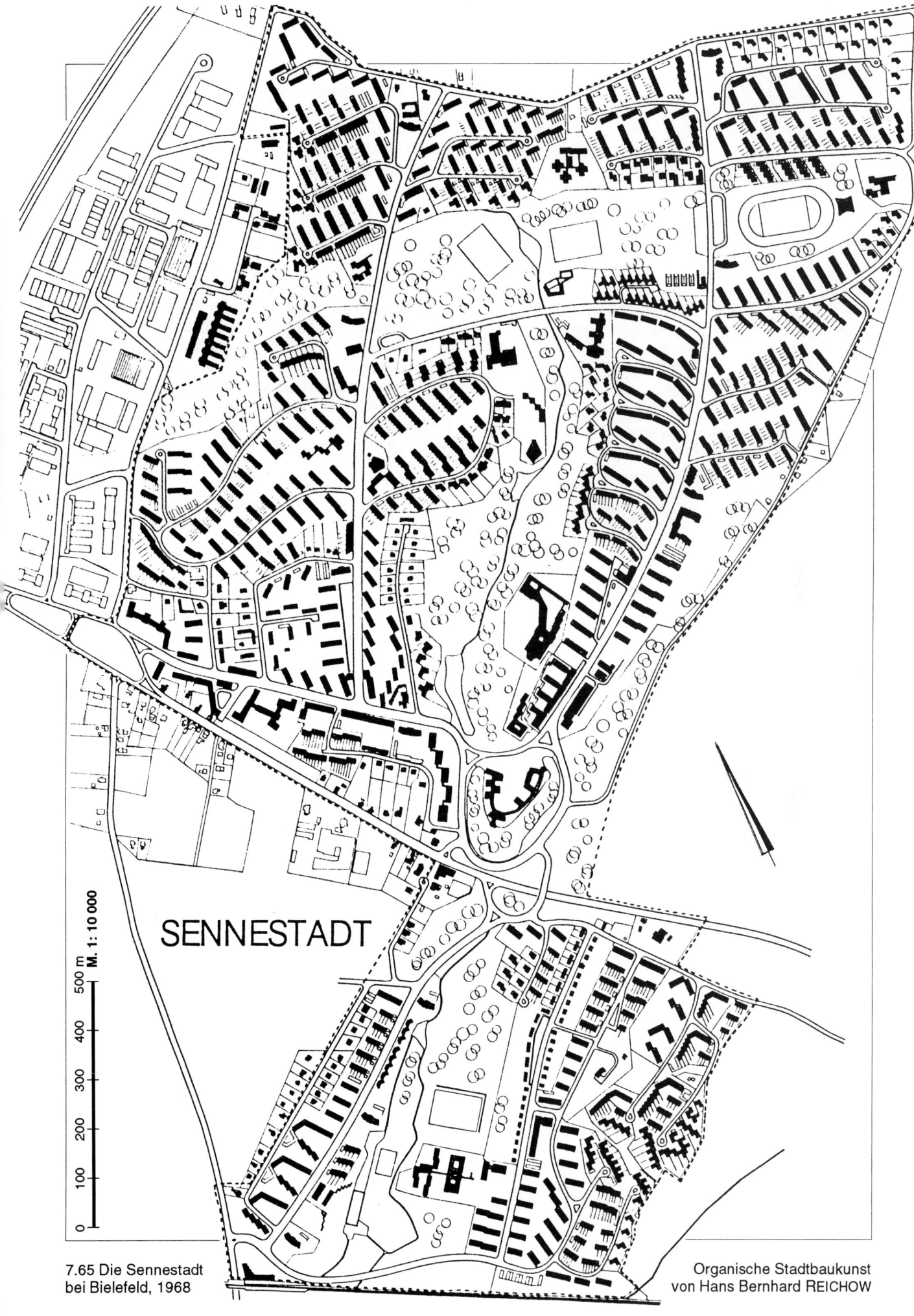

SENNESTADT

M. 1:10 000

500 m
400
300
200
100
0

7.65 Die Sennestadt
bei Bielefeld, 1968

Organische Stadtbaukunst
von Hans Bernhard REICHOW

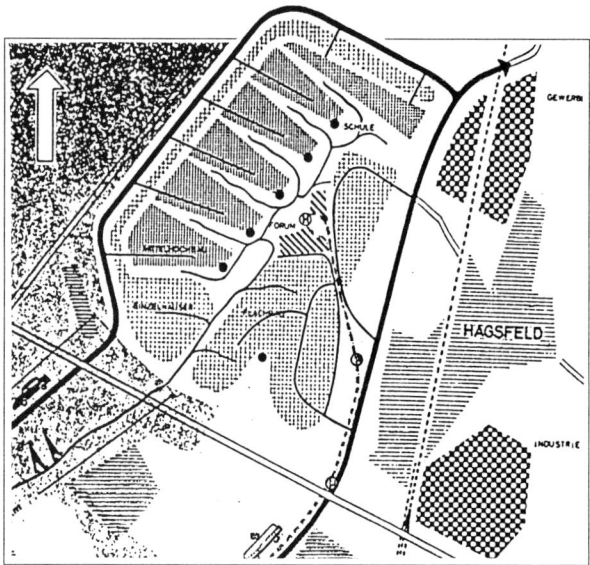

7.66 Waldstadt in Karlsruhe. Das Strukturkonzept als eine Vorgabe für den Wettbewerb war so stark von der ...

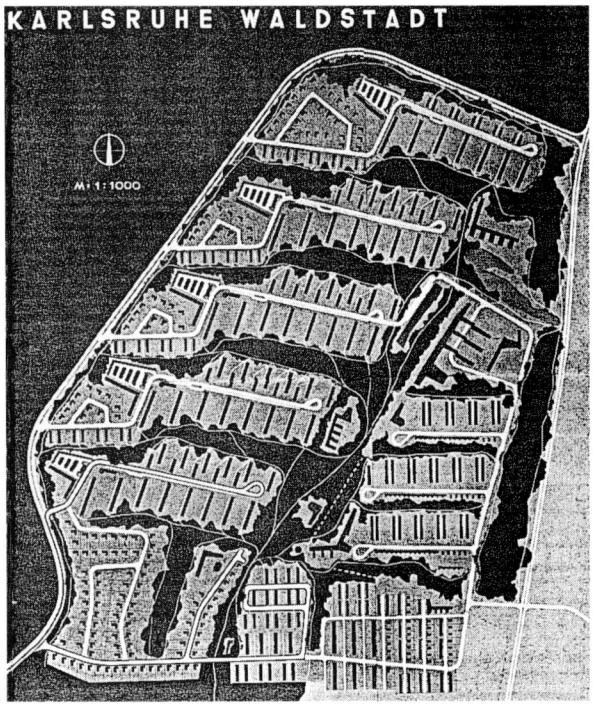

7.67 ... SCHWEIZER-Schule geprägt, daß es nicht verwunderte, als der Entwurf von SELG den 1. Preis erhielt.

7.68 Die stark wachsende Motorisierung verwandelte die Straßen der Waldstadt in Garagenhöfe und Parkplätze.

vorherrscht" (Abb. 7.61-7.64). ... „Statt Mammut-Einkaufszentren innerhalb riesiger Parkplätze wurden in der Sennestadt differenzierte Einkaufsstätten teils über das Stadtgebiet verteilt, teils im Zentrum gebaut. Die kleineren decken den Nah- und Tagesbedarf - meist um Plätze gruppiert - in den einzelnen Stadtteilen (Abb. 7.86). Und für den stets begehrten Wochenmarkt dient ein noch zentral gelegener Platz am Rande der mittig gelegenen Einkaufsstätten" (S. 241/242).

Mit 2 000 Wohneinheiten war der Wettbewerb ausgeschrieben, 3 500 WE sah der Generalbebauungsplan von 1956 vor und 6 000 WE wurden schließlich ausgeführt. Die Einwohnerzahl stieg durch den raschen Baufortschritt auf dem 400 ha großen Bauland schnell von ursprünglich etwa 5 000 (1954, Senne II) auf fast 20 000 Einwohner im Jahr 1968. Inzwischen ist Sennestadt mit etwa 25 000 Einwohnern seit 1972 nach Bielefeld eingemeindet.

• **Waldstadt** in Karlsruhe 1957-1966

Karlsruhe hatte nach dem Zweiten Weltkrieg nur noch 67 000 Einwohner, 1950 waren es aber wieder 200 000 EW. Außerdem bestanden Sanierungsabsichten in der Altstadt mit einem zu erwartenden Ersatzwohnungsbedarf. Ein Gutachten von O. E. SCHWEIZER schlug eine Stadterweiterung für ca. 35 000 EW auf 300 ha Fläche, davon 220 ha Wald, auf einem Gelände nordöstlich des Schlosses im Hardtwald vor. Gründe für diesen, 5 bis 7 km vom historischen Stadtkern entfernten Standort waren:

- „Bereits der Generalbebauungsplan von 1925 sah im Nordosten der Stadt eine großzügige Wohnerweiterungsfläche vor,
- ein Großteil des Planungsgebiets war im städtischen Besitz,
- die öffentliche Nahverkehrserschließung erschien problemlos,
- Nähe zur Innenstadt,
- beste Umweltbedingungen. ...
- Das Schloß und die Innenstadt Karlsruhe liegen im geographischen Mittelpunkt der Gemarkung, doch die City ist nicht gleichzeitig Schwerpunkt.
- Die Stadt hat sich nach der Gründung im Jahre 1715 schwerpunktmäßig in Richtung Osten, Westen und Süden entwickelt. Mit der Waldstadt konnte man wegen des Hardtwaldes auch im Norden eine gewichtige Wohnsiedlung realisieren."

Soweit der damalige Stadtplanungsamtsleiter Egon MARTIN in einer Rückschau (IRION/SIEVERTS, S. 26).

1956 wurde ein städtebaulicher Wettbewerb nach einer detaillierten Vorplanung des Stadtplanungsamts ausgeschrieben (Abb. 7.66). Auf dem Plangebiet von rund 225 ha Fläche (150 ha Wald, 75 ha Feld) sollten 15 000 Einwohner, bei einer Nettosiedlungsdichte von ca. 100 EW/ha, untergebracht werden. Von den 29 Teilnehmern erhielt den 1. Preis Karl SELG, ein

Schüler von O. E. SCHWEIZER, der Vorsitzender des Preisgerichts war (Abb. 7.67). Beim SELG-Entwurf hob dieser folgende Punkte positiv hervor:

- Der Versuch, ein Zentrum für 20 000 EW zu schaffen, das vollständig vom Verkehr entlastet sei.
- Eine architektonische Einheit zu bilden, die den modernen Schnellverkehr, die Sicherheit der Bewohner als auch eine Verbindung mit den Frei- und Grünräumen, also die wesentlichen Merkmale der modernen Architektur, zusammenfasse.
- Ein aus modernen Gegebenheiten entwickeltes Zentrum in ganz neuen Architekturformen zu schaffen,das im Gegensatz zu den Verhältnissen in den Zentren der alten Städte stehen werde.
- Der Wald als beherrschendes landschaftliches Element werde das Gesamtgebiet in einzelne, kleine Bezirke unterteilen, die voneinander optisch getrennt seien. Daher werde niemand spüren, daß bis zu 20 000 Einwohner dort wohnen werden.

Das Gesamtgelände gliedert sich in die Waldlage im Westen und die Feldlage im Osten, die in den 80er Jahren abweichend von SELG neu überplant wurde. Die Waldlage, die hier angesprochen werden soll, orientiert sich auch an organischen Städtebauvorstellungen (Abb. 7.68, 7.69). Durch eine einseitige äußere Erschließung im Westen mit schräg davon ausgehenden langen Stichstraßen ergeben sich fünf langgestreckte Wohnquartiere.

7.70 Die klare Zeilenstruktur der Waldstadt ist heute durch die starke waldartige Begrünung kaum erkennbar.

100 m   M. 1 : 10 000

7.69 Karlsruhe-Waldstadt von Karl SELG, 1994. Um fünf Sackgassen, die von einer westlichen Randstraße abzweigen, sind Wohnzeilen gruppiert. Fußwege in den dazwischen liegenden Grünzonen führen zum Zentrum mit Straßenbahnanschluß.

Die Wohnzeilen stehen senkrecht zu den bis zu 800 m langen Sackgassen, die in der ersten Hälfte doppelt abgeknickt sind. Dort befinden sich beidseitig Geschäfte der Nebenzentren. Am Ende der Stiche liegt das Hauptzentrum mit den erforderlichen Infrastruktureinrichtungen, einem geplanten Geschäftsbereich, der allerdings bis heute nicht realisiert wurde, und einem Straßenbahnanschluß zur Innenstadt.

An den westlichen Straßeneinmündungen stehen Wohnhochhäuser als „Merkzeichen", die von Einfamilien-, Doppel- und Reihenhäusern umgeben sind. Daran schließen sich die Zeilen des viergeschossigen Mietwohnungsbaus mit flachem Satteldach an. Die Bauarbeiten zur „Waldlage" begannen 1957 und dauerten etwa bis 1966. Außer den genannten Schwierigkeiten gibt es heute einen großen Parkplatzmangel, da nicht mit einem so starken Anwachsen der Motorisierung gerechnet wurde (Abb. 7.68). Auch die Bevölkerungsabnahme stellt ein Problem dar. Die Bevölkerungszahl der Wald- und Feldlage lag 1970 bei 13 700, sank aber bereits 1982 auf 12 230 Personen. Fehlende größere Wohnungen und Kleinstwohnungen waren die Hauptgründe, denn im sozialen Wohnungsbau wurden zumeist 3-Zimmer-Wohnungen erstellt.

Zwischen den Wohnquartieren sind Teile des Waldes für Spielplätze und die Hauptfußwege, abseits von den Straßen, in fast 100 m Breite erhalten geblieben. Sie werden aber nicht sehr häufig genutzt, da sie besonders in der Dunkelheit als unsicher empfunden werden. Zwischen den Zeilen befinden sich zahlreiche alte Bäume des Waldes und neue herangewachsene, so daß die „Stadt" vor lauter Wald nicht mehr zu sehen ist. „Der Zeilenbau ohne Wald ist, räumlich gesehen, eine offene Bauweise. Bei den Zeilen in der Waldstadt entsteht dieses Gefühl jedoch nicht, auch nicht bei den langen Zeilen und Wegen. Der Betrachter befindet sich immer im Wald. Der Wald dominiert, umfaßt die Baustruktur, sogar die Hochhäuser, und läßt eine behagliche Raumwirkung und gewisse Intimität entstehen" (IRION/SIEVERTS, S. 36).

• **Langwasser** in Nürnberg
  Wettbewerb und 1. Aufbauplan 1956-1960

„Langwasser ist nichts Besonderes. Dieser Stadtteil ist nicht mit attraktiver, großartiger Architektur gesegnet. Er ist nicht aus einem Guß - und hat auch keine Bundesgartenschau. Hier spiegeln sich die Möglichkeiten des Aufbaus nach dem Kriege wieder: Eine mutige Stadt und deren Gemeinnützige Wohnungsbaugesellschaft WBG veranstalteten bereits 1956 einen städtebaulichen Wettbewerb, der in seinen Grundzügen bis heute Grundlage für den Aufbau geblieben ist. Architekten konnten bauen, was im Rahmen des sozialen Wohnungsbaus möglich war. Es war ein beschwerlicher und mühsamer Weg, wel-

cher in 18 Aufbaujahren gegangen wurde" (WBG: Nürnberg-Langwasser, Stadtteil im Grünen, 1974, S. 2).

Der Bau der Großsiedlung Langwasser als „Neue Stadt" mit einer Zielzahl von ursprünglich 40 000 Einwohnern hat eine wechselvolle Vorgeschichte und einen langjährigen konzeptionellen Veränderungsprozeß durchlaufen. An dieser Stelle soll nur über den Beginn dieses Prozesses, den Wettbewerb und die ersten Baumaßnahmen, bis etwa 1960, berichtet werden; weitere Planungsstufen werden ab Seite 270 erläutert. Das Gelände, für das 1954 vom Stadtrat Nürnberg ein städtebaulicher Wettbewerb beschlossen wurde, war Teil des „Reichsparteitagsgeländes" im Südosten Nürnbergs. Der Gesamtplan für die „Tempelstadt der Bewegung", 1934 von Albert SPEER vorgelegt, sah 700 ha für Monumentalbauten sowie 950 ha für HJ-, SA- und SS-Lager für die Unterbringung von etwa 500 000 Teilnehmern der Reichsparteitage vor. Davon konnten 1957 für den Planungsträger WBG (Gemeinnützige Wohnungsbaugesellschaft der Stadt Nürnberg) 600 ha als Siedlungsgelände vom Freistaat Bayern erworben werden (DASL 1, S. 32).

Im Wettbewerb 1956 sollten verschiedene Wohnformen mit einer „lebendigen und abwechslungsreichen Gestaltung" zu einem „lebensfähigen Organismus und keiner ´Schlafstadt´" kombiniert werden. Damit sollten auch unterschiedliche Wohnbe-

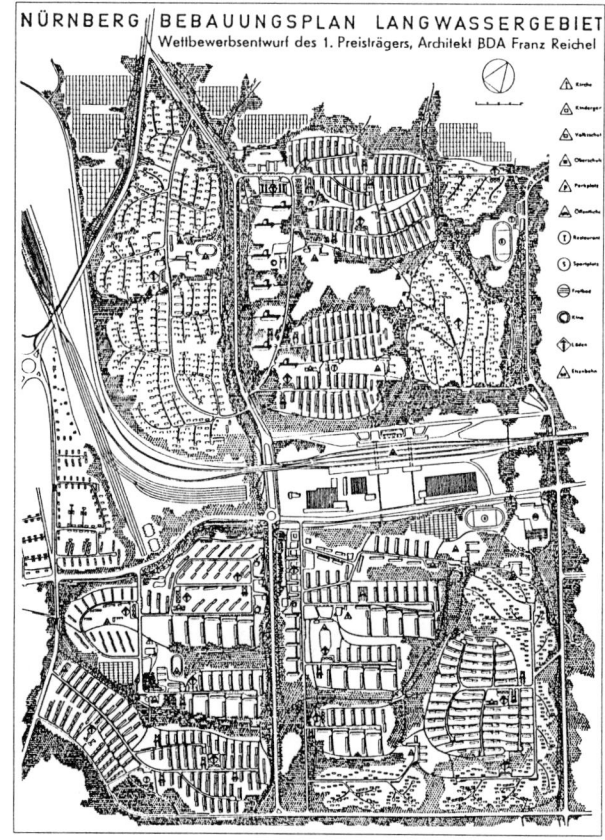

7.71 Nürnberg-Langwasser: 1. Preis von Franz REICHEL. Vier Wohnquartiere getrennt durch Verkehrsschneisen.

dingungen für die 40 000 Menschen „aus allen Schichten" geschaffen werden. Das Programm sah entsprechende Gebäudetypen vor:

- 50% mehrgeschossige Mehrfamilienhäuser,
- 25% zweigesch. Einfamilien-Reihenhäuser,
- 15% erdgeschossige Siedlungshäuser und
- 10% Einzelhäuser (DASL 1, S. 48, 51).

Den 1. Preis erhielt der Architekt Franz REICHEL mit einem Entwurf, der das Gesamtgelände in aufgelockerte „Nachbarschaften" einteilt (Abb. 7.71). Eine Vierteilung ergab sich durch die Bahnlinie mit parallelen Straßen und eine senkrecht dazu geführte Hauptverkehrsstraße. Das Preisgericht urteilte: „Dem Verfasser ist es in überzeugender Weise gelungen, das gesamte Gebiet durch Gliederung in überschaubare städtebauliche Einheiten zu bewältigen. Der Grundgedanke dieses Entwurfs beruht in erster Linie auf der Schaffung von durch breite Grüngürtel voneinander klar abgetrennten Nachbarschaften, die zum Teil Einfamilienhäuser, zum Teil Geschoßwohnungen im Zeilenbau beinhalten."

Die Trennung der einzelnen Nachbarschaften durch ein zusammenhängendes Grünsystem ermöglicht es den Bewohnern, auf kürzestem Weg das öffentliche Grün innerhalb der neuen Stadt zu erreichen. Damit verbunden ist sowohl der nördlich gelegene Volkspark als auch der anschließende Reichswald. Da-

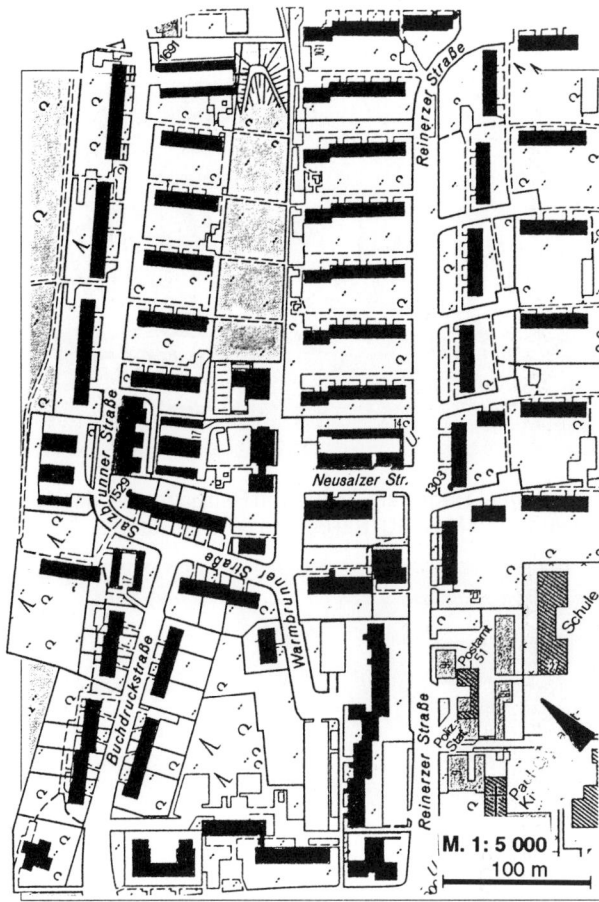

7.73 Erstes Baugebiet in Langwasser, F. REICHEL, 1957 (Abb. u., M. r.). Typischer Zeilenbau der Nachkriegszeit.

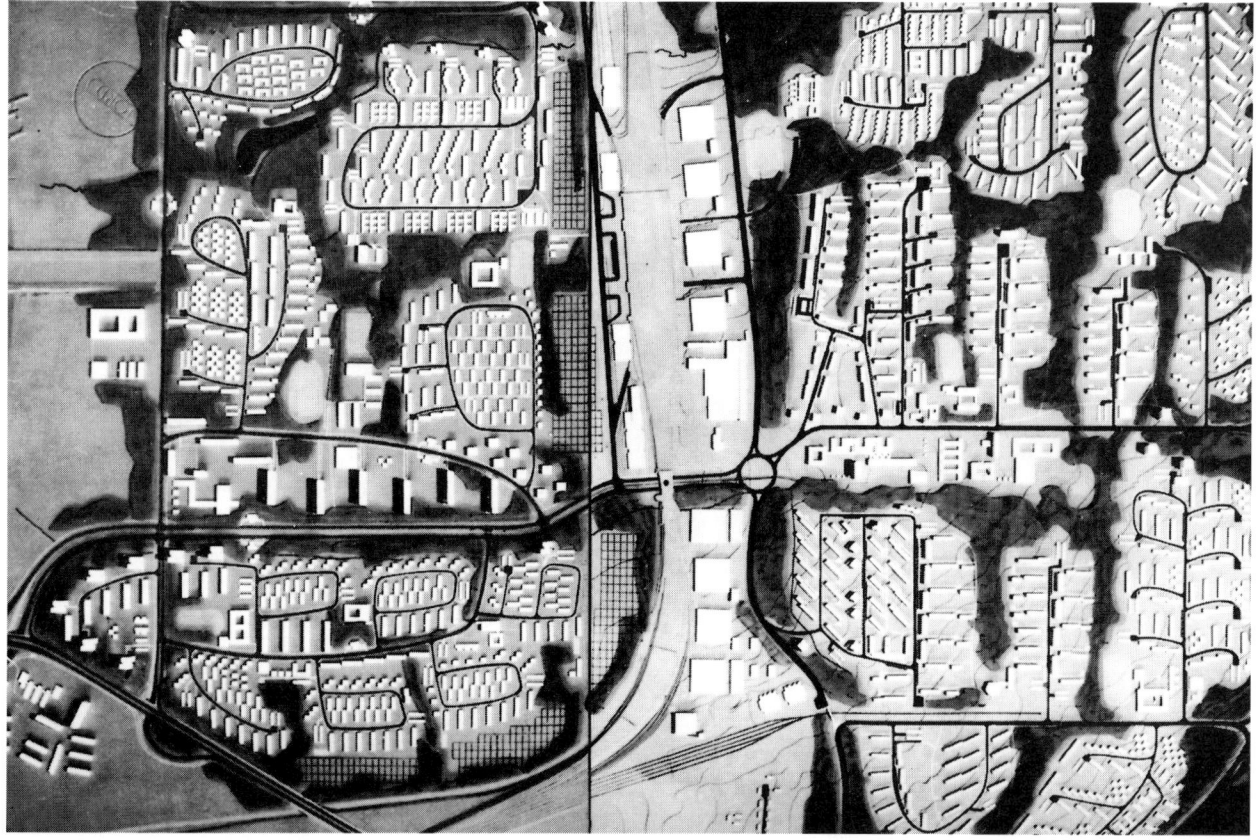

7.72 Langwasser, ein neuer Stadtteil für Nürnberg. Modell des 1. Aufbauplans 1960. Aufgelockerte „Nachbarschaften" mit Zeilenbau und Flachbebauung innerhalb eines verbundenen Grünsystems. Gewerbe und Zentrum an den Straßen.

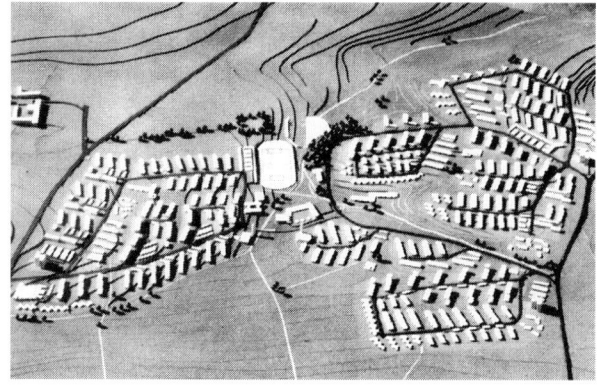

7.74 Orschel-Hagen am Rande von Reutlingen. Modell des Entwurfs von Max GUTHER. „Eine reife Leistung".

7.75 Die viergeschossigen Wohnzeilen mit flachem Satteldach grenzen an Grünzonen mit Fußwegerschließung.

durch ergibt sich innerhalb der zusammenhängenden Grünflächen eine vom Verkehr ungestörte Führung der Fuß- und Spazierwege. Den Nachbarschaften sind innerhalb der Grünzonen entsprechende öffentliche Gebäude wie Schulen, Kirchen, Kindergärten usw. zugeordnet. Die gewerblichen Flächen liegen überwiegend im mittleren Bereich an der Bahnlinie (DASL 1, S. 51).

1957 wurde der WBG die „Planungsträgerschaft" für Langwasser übertragen und auch für ein erstes Baugebiet, östlich des späteren „Frankenzentrums" und südlich der Bahn, der Grundstein gelegt (Abb. 7.73). Der 1. Aufbauplan von 1960 (Abb. 7.72) beinhaltete einige programmatische und wesentliche formale Änderungen:
- Erhöhung der Einwohnerplanzahl auf 48 000,
- starke Reduktion der Einfamilienhäuser,
- Verdichtung der Bebauung und mehr Hochhäuser,
- Mischung verschiedener Bauformen,
- Verdoppelung der Hauptzentrums-Fläche und
- Ausdehnung der Gewerbeflächen (DASL 1, S. 54).
Zu den weiteren Planungsschritten und Bauphasen siehe Seite 270 ff.

• **Orschel-Hagen** in Reutlingen 1958-1965/69

Mitte der 50er Jahre gab es in Reutlingen kaum noch größere zusammenhängende und preiswerte Wohnbauflächen. Deshalb sollte ein städtisches

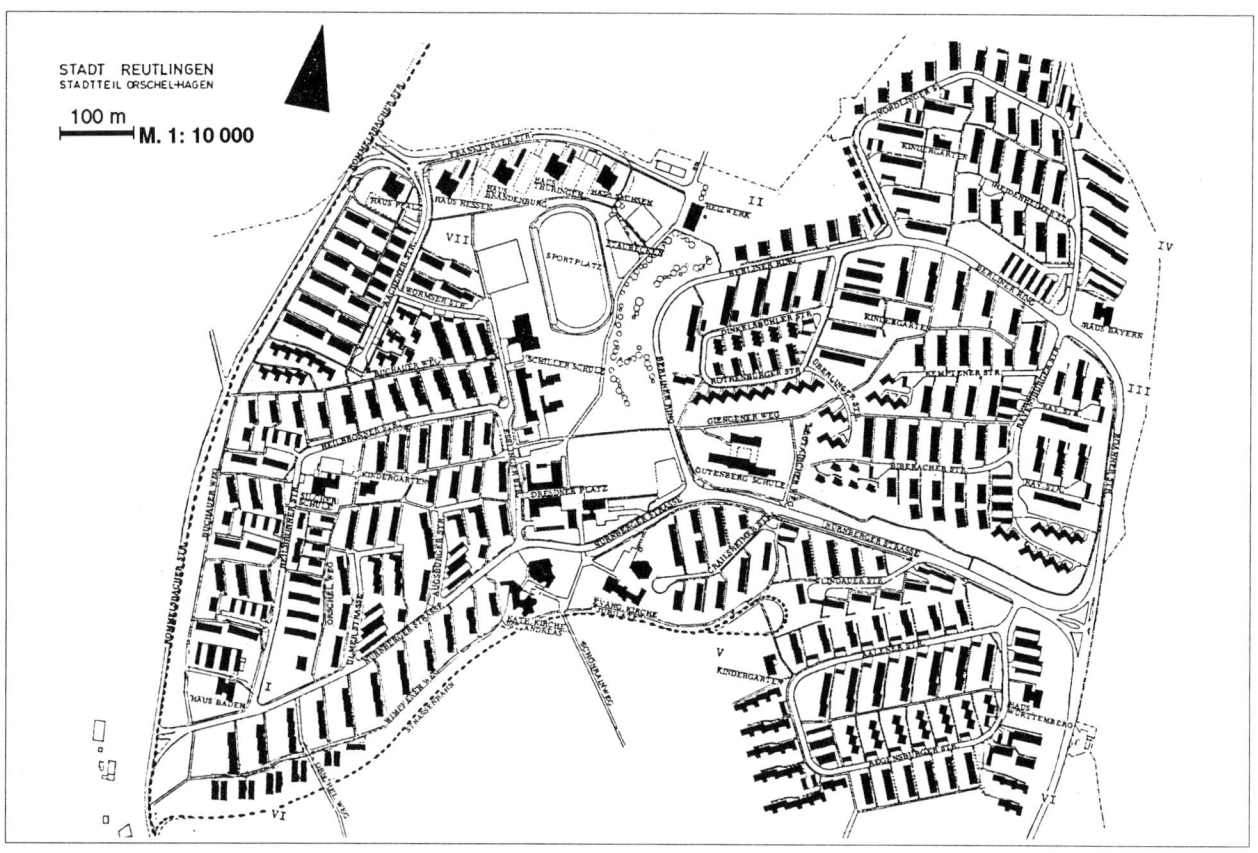

7.76 Orschel-Hagen in Reutlingen von Max GUTHER. Eine Nord-Süd-Grünzäsur mit öffentlichen Gebäuden und Sportflächen unterteilt die vier Wohnquartiere. Straßenschleifen von außen und Fußwegnetz zur „grünen Mitte" (s. Abb. 7.85).

Gelände zur Bebauung erschlossen werden, das groß genug war, über mehrere Jahre das gesamte Bauprogramm der Stadt zu befriedigen. Da dies nur als neue Siedlung außerhalb der Stadtgrenzen möglich war, wurden im Norden Flächen für einen neuen Stadtteil auf den Gewannen Orschel und Hagen ausgewiesen. Die Maßnahme wurde zur Durchsetzung folgender wohnungspolitischer Ziele als „Demonstrationsvorhaben des Bundes" staatlich gefördert:

- Billiges Bauland als Druck auf die Bodenpreise.
- Volle Erschließung des Siedlungsgebietes vor Baubeginn und Mehrjahresaufträge an Baufirmen mit dem Ziel der Rationalisierung zur Senkung der Baukosten.
- Eigentumsbildung soweit möglich, Mietwohnungen soweit nötig.
- Zentralheizwerk für Wärme und Warmwasser, um Wirtschaftlichkeit mit Komfort zu verbinden und gleichzeitig für die Reinhaltung der Luft zu sorgen.
- Zentrale Antennenanlage, statt eines Antennenwaldes auf den Dächern.
- Trennung von Fußgängern und Fahrverkehr.
- Je Wohnung ein Stellplatz oder eine Garage.
- Öffentliche und private Park- und Gartenanlagen zur Durchgrünung der Siedlung.
- Bau der öffentlichen Einrichtungen zeitgleich mit den Wohnungen.

Der Gutachterwettbewerb von 1958 mit vier Entwürfen wurde von Max GUTHER, Darmstadt, gewonnen, mit einer „städtebaulich und wirtschaftlich reifen Leistung", wie das Preisgericht lobte (Abb. 7.74, 7.76). Die Siedlung für fast 3 000 Wohnungen wird durch einen bewaldeten Grünzug in Nord-Süd-Richtung, in dem sich öffentliche Einrichtungen sowie Sport- und Freizeitflächen befinden, zweigeteilt. Die Zeilenbauten der vier Wohnquartiere (Nachbarschaften mit Kindergarten) werden von Straßenschleifen und durch in Grünbereichen separat geführte Fußwege erschlossen. Die Bauformen der Wohngebäude sind einer sozialen Mischung entsprechend stark variiert, von flachen Einfamilien- und Reihenhäusern über viergeschossige Miethäuser bis hin zu 8- und 12-stöckigen Hochhäusern (Abb. 7.75). Die gebräuchliche Bezeichnung „Gartenstadt" Orschel-Hagen könnte wegen der starken Durchgrünung der Siedlung gewählt worden sein. Tatsächlich wurde der Begriff eingeführt, weil der damalige Bundeswohnbauminister LÜCKE 1958 eine staatliche Förderung vom Bau einer „Gartenstadt" abhängig gemacht hatte.

• **Gropiusstadt** in Berlin
  1. Planungsstufe - 1958-1960

Die Gropiusstadt in Berlin, die ursprünglich nach den Orten, zwischen denen sie liegen sollte, „Siedlung Berlin-Bukow-Rudow" (BBR) hieß und nach dem Tod von Walter GROPIUS 1969 umbenannt wurde, hat eine lange und wechselhafte Planungsgeschichte durchgemacht. Realisiert wurde der Stadtteil auf einer Flä-

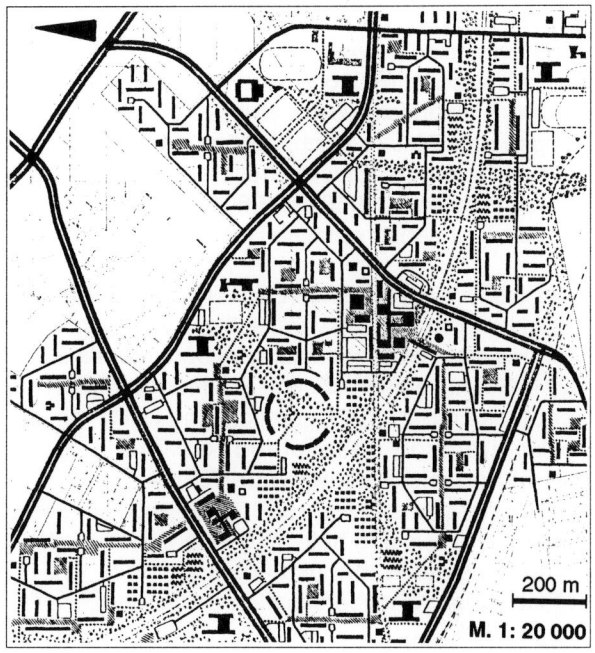

7.77 Gropiusstadt in Berlin. Der Prinzipplan von W. EBERT, 1961 (Ausschnitt), verändert grundlegend ...

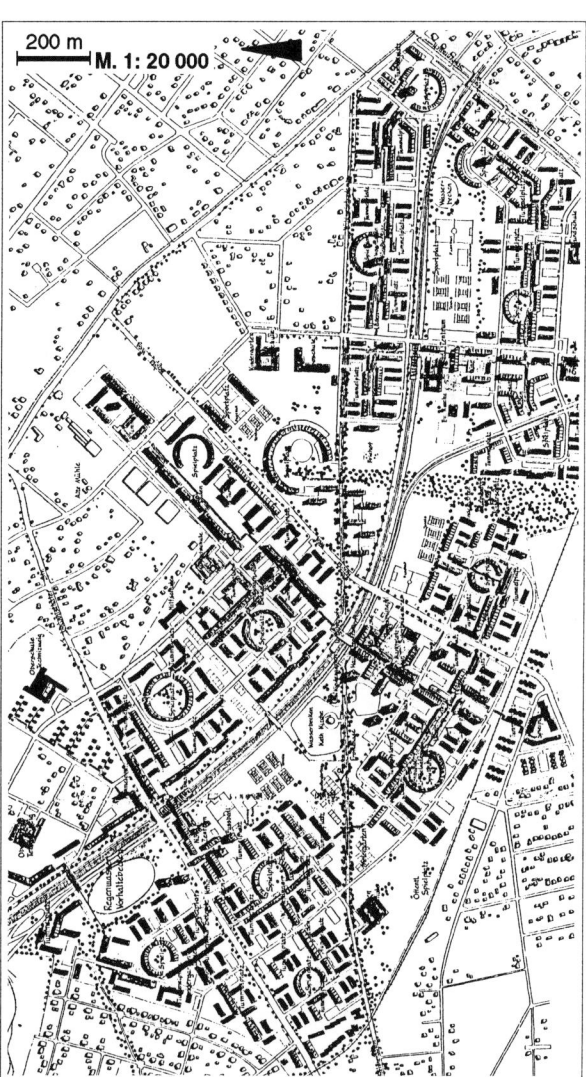

7.78 ... den ersten TAC-Plan von W. GROPIUS, 1960. Hauptkritik an der Zentralstraße am U-Bahneinschnitt.

che von 265 ha in den Jahren 1962 bis 1975 mit einer durchschnittlichen Geschoßflächenzahl (GFZ) von 1,36. Es wurden 18 500 Wohnungen gebaut für etwa 45 000 Einwohner, wovon über 90% in Sozialwohnungen und 70% in Hochhäusern bis zu 31 Stockwerken leben. An dieser Stelle soll nur die erste Planungsstufe von 1958 bis 1960 angesprochen werden, die Zeit danach wird ab Seite 269 beschrieben.

Eine Initiative der GEHAG (Gemeinnützige Heimstätten-Aktiengesellschaft) von 1955 gab den Anstoß zur Planung einer neuen Siedlung im Süden Berlins. Die GEHAG hatte entsprechende Erfahrungen beim Bau der Siedlung Britz 1927 gemacht und wollte, an diese Bautradition anknüpfend, die Siedlung als Wohnband bis Rudow weiterführen. Die erste Bebauungsplanskizze, 1958, ging von 8 - 9.000 Einwohnern aus und hatte folgende Grundsätze:
- Trennung der Wohn- und Arbeitsgebiete,
- Einteilung in Nachbarschaften mit Gemeinbedarfseinrichtungen,
- Gliederung und Auflockerung der Baugebiete durch Grün- und Erholungsflächen,
- Befürwortung von Wohnhochhäusern.

Die Vorstellung von einer angeblichen Flächeneinsparung durch Wohnhochhäuser, für die sich bereits LE CORBUSIER in den 20er und Walter GROPIUS in den 30er Jahren stark gemacht hatten, wurde in der Diskussion um die Gropiusstadt nach anfänglicher Skepsis schließlich doch von Architekten und Politikern übernommen (Abb. 7.79). Entsprechend hatte sich schon 1957 der Bausenator SCHWEDLER geäußert: „Es wird eine Gliederung und Auflockerung des Stadtgebietes und eine Verbesserung der Wohnbedingungen angestrebt. Schulen, Kindertagesstätten, Sportplätze und ähnliche Einrichtungen werden an geeigneten Stellen in diesen Grünzügen untergebracht; an die Stelle des 'repräsentativen Grün' muß das 'soziale Grün' im Zu-

sammmenhang mit den aufgelockerten Wohngebieten treten." Und: „Je mehr ein Haus in die Höhe gebaut wird, desto größer ist der Anteil des Grundstücks der frei bleiben muß" (BECKER/KEIM).

1959 beauftragte die GEHAG Walter GROPIUS und sein amerikanisches Büro TAC (The Architects Collaborative) mit einer städtebaulichen Gesamtplanung für das Gebiet. Es sollte ein reines Wohngebiet ohne Produktionsstätten mit etwa 16 500 Wohnungen und den dazugehörigen Einrichtungen mit einer GFZ von etwa 0,6 konzipiert werden. Im Mai 1960 wurde der erste Planvorschlag (1. TAC-Plan; Abb. 7.78) mit folgenden wesentlichen Elementen vorgelegt:
- Eine zentrale Haupterschließungsstraße in Ost-West-Richtung mit einem Grünzug und der offen, im Einschnitt geführten U-Bahn-Linie;
- ein- bis viergeschossige Gebäude mit der geforderten Wohnungsanzahl für 44 000 Einwohner und
- verschiedene Bebauungsmuster, von der Zeile über U-förmige Anlagen bis zu Kreis- und Halbkreisbauten, in Anlehnung an das Britzer Hufeisen, als Hommage an Bruno TAUT.

Der 1. TAC-Plan stieß auf starke Kritik, da er den Vorstellungen von Senatsverwaltung und GEHAG nicht entsprach. Besonders die breite, zentrale Erschließungszone führte zu einer „TAC-Plankritik" von Wils EBERT, Berliner Kontaktplaner für TAC (Abb. 7.77). GROPIUS sagte Anfang 1961 zu, die kritischen Einwände „arbeitsmäßig zu erforschen" und legte bereits drei Monate später den 2. TAC-Plan (S. 269) vor: „Ich habe es vorgezogen, eine nördliche und eine südliche Hauptstrasse vorzusehen anstelle einer Zentralstrasse, die mitten in dem Hauptgrünzug lag. Es gibt für beide Fassungen ein Für und Wider, speziell für die Vermeidung von Kreuzungen von Fahr- und Fußverkehr. Wir glauben, daß wir die Hauptmerkmale unserer Planung auch bei dem Zweistrassensystem beibehalten können."

7.79 Die realisierte Bebauung der Gropiusstadt, die zuerst „Siedlung Berlin-Bukow-Rudow" hieß, ist durch hohe Dichten und vielgeschossige Wohnhäuser geprägt. Hohe Häuser sollten nutzbare Freiflächen für „soziales Grün" schaffen.

Funktionstrennung und Mischung der Bauformen

Die **Funktionstrennung**, das räumliche Separieren von Einrichtungen zum Wohnen, Arbeiten, Versorgen, Erholen und dem verbindenden Verkehr (Abb. 7.80, 7.81), ging einher mit dem Städtewachstum im 19. und zu Beginn des 20. Jahrhunderts. Der „Sieg der Charta von Athen" aus dem Jahr 1933, die erst nach dem Zweiten Weltkrieg publik wurde, beruht eigentlich auf einem Mißverständnis, denn LE CORBUSIER wollte eine Trennung nur im unmittelbaren Wohnbereich, aber innerhalb einer „Gruppe von Wohnzellen" eine „Beziehung von Wohnung, den Arbeitsstätten und den der Freizeit zugedachten Einrichtungen" (S. 126).

Die Leitbilder modernen Städtebaus gingen trotzdem von einer strikten Trennung städtebaulicher Nutzungen aus, ja sie war sogar ihr wesentliches Element (s. „Gegliederte und aufgelockerte Stadt", S. 184). Dies entsprach auch dem Zeitgeist nach 1945, der in einer Äußerung von Paul NEVERMANN, Hamburger Bürgermeister und Bausenator, 1953 deutlich zum Ausdruck kommt: „Ich predige sie (die Charta von Athen) unentwegt und mit Erfolg. Ein Zeichen für die Aufgeschlossenheit der Hamburger Demokratie" (DURTH/GUTSCHOW, S. 659). Aber auch die Protagonisten neuer Städtebaukonzepte hatten die Funktionstrennung auf ihre Fahnen geschrieben: „Die aus vielen bekannten Gründen erwünschte Trennung der Industrie- und Bahnanlagen, Hauptverkehrsstraßen usw. von den Wohnbaugebieten entsteht aus den alten Forderungen, die Belästigung der dort wohnenden Menschen durch Lärm, Rauch und Abgase zu vermeiden" (GÖDERITZ, u.a. S. 25). Die Stadterweiterungen und „neuen Städte" der 50er Jahre zeigen entsprechend den Leitbildern eine konsequente Trennung der Bereiche für verschiedene Nutzungen. Wohngebiete sollten von Störungen durch das Arbeiten freigehalten werden, und Arbeitstättengebiete sollten zum Wohnen durch Grünbereiche oder zumindest durch gemischte Nutzungen eine erforderliche Distanz halten. Diese Auffassungen bekamen dann 1960 mit dem Bundesbaugesetz und der 1962 erlassenen Baunutzungsverordnung Rechtscharakter mit einer für alle Planungen verbindlichen Wirkung.

Die **Mischung der Bauformen** hat sowohl einen stadtgestalterischen als auch einen soziologischen Aspekt. Außer einem bewegten Stadtgrundriß wollten die Städtebauer der Nachkriegszeit auch eine „lebendige Höhenentwicklung" der Gebäude, um so der „Langeweile" vorzubeugen. Dieses Leitbild, das SCHWAGENSCHEIDT plastisch geschildert hat, wird auch heute noch vielfach vertreten: „Erst der Wechsel von Niedrig und Hoch gibt der Stadt die Visage. Bauhöhen in bunter Mischung - der Baurat und die Baupolizei werden entsetzt sein. Bisher wurde z. B. in einem Teil der Stadt einstöckig, im anderen Teil

zweistöckig und im dritten dreistöckig gebaut. Alles schön getrennt. Daher die Langeweile in unseren Städten" (2, S. 39). Während die Stadterweiterungen bis zu Beginn der 60er Jahre größere Bereiche gleichartiger Bauform, z. B. Zeilenreihung oder flache Teppichsiedlung, nebeneinandersetzten, erfolgte danach die Durchmischung der Bauformen, häufig in Form von sich abstaffelnden Hausgruppen, wesentlich kleinräumiger. Aber es gab auch Befürworter einheitlicher Bauformen:

„Auch Wohngebiete, die aus mehr oder weniger gleichartigen, typenmäßigen Kleinhäusern bestehen, müssen keineswegs einförmig wirken. Das beweisen wieder nicht nur die alten Städte, sondern auch verschiedene Gartenstädte. Wir haben unter dem Eindruck endloser geschlossener ´Baufluchten´ leider vielfach vergessen, daß die fruchtbarsten städtebaulichen Gestaltungsmöglichkeiten auch für be-

7.80 Die Funktionstrennung beginnt bei der Einteilung des täglichen Lebens (Section du Plan, Mainz 1947).

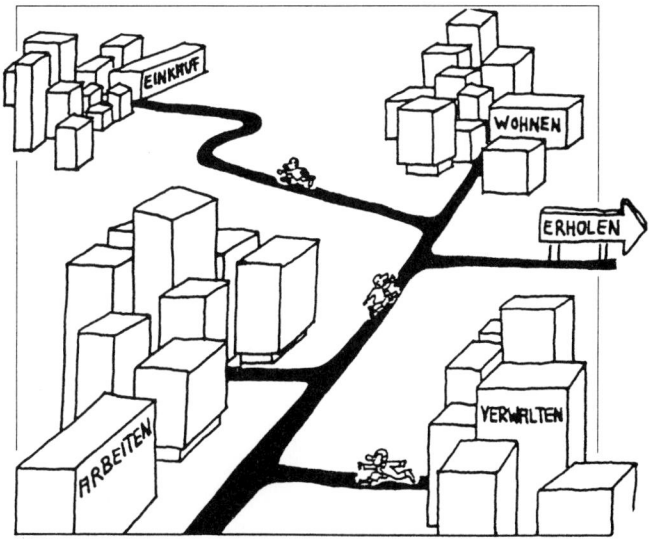

7.81 Die Realisierung der Funktionstrennung („Charta von Athen", 1933) führte zum Anwachsen der Mobilität.

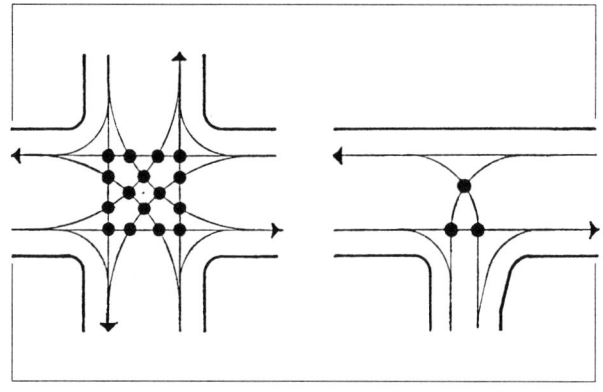

7.82 H. B. REICHOW zog Straßeneinmündungen (r.) wegen weniger Risikopunkten den Kreuzungen (l.) vor.

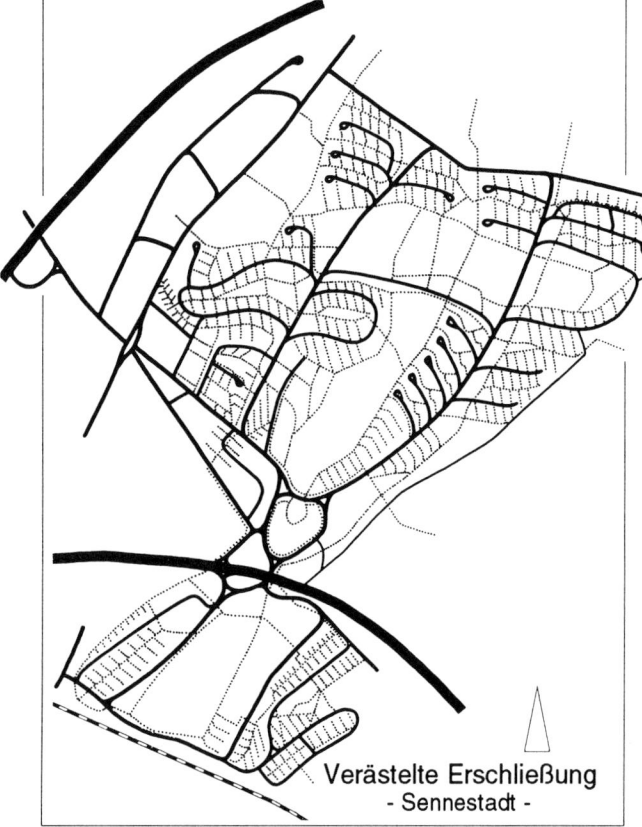

Verästelte Erschließung
- Sennestadt -

7.83 Sennestadt: Typisches Beispiel für eine „verästelte Erschließung" mit getrenntem Fußwegnetz (punktiert).

Trennung von auto- und Fußgängerverkehr

7.84 Die Trennung von Auto- und Fußgängerverkehr war ein wichtiges städtebauliches Ziel der Nachkriegszeit.

scheidenste Bauten in der lebendigen räumlichen Beziehung der Baukörper zueinander und zur Landschaft liegen. Durch rhythmische Folge längerer und kürzerer Gruppen und Reihen, durch begründete Vor- und Rücksprünge, entsteht an Stelle eintöniger Baufluchten ein körperlich und räumlich lebendig wirkendes Straßen- und Stadtbild, in dem jedes Haus seine bestimmte, klar erfaßbare Stellung in der Gemeinschaft der übrigen erhält" (GÖDERITZ, u.a. S. 86).

Der soziologische Aspekt einer Mischung der Bauformen ergibt sich aus der Zuordnung von bestimmten Bevölkerungsgruppen zu einem Bautyp. Das kann sich auf die Familienstruktur und andere soziale Merkmale, aber auch auf die wirtschaftliche Leistungsfähigkeit von Schichten beziehen. „Man wird nicht kinderreiche Familien in hohe Häuser stecken, für sie ist der Flachbau die geeignete Wohnform. Die Kinder brauchen die möglichst ebenerdige Verbindung mit dem Garten und nicht die über vier oder fünf Treppen und Aufzüge. In die niedrigen Häuser kommen die vielköpfigen Familien, die Seßhaften, die Gartenfreunde, und in die hohen Häuser die Beweglichen, die im nächsten Jahr woanders hinziehen, die wenigköpfigen Familien, die sich die Gärten lieber von oben ansehen, als selber darin zu schaffen" (SCHWAGENSCHEIDT 2, S. 39).

Auf diese Weise mischen sich mit den Bauformen, soweit die Annahme, auch die Bevölkerungsschichten, um eine „soziologisch ausgewogene Nachbarschaft" (s. S. 197) zu bilden. Aber die Bedingungen einer in kurzer Zeit erstellten Siedlung können nicht dieselben wie in einem gewachsenen Stadtquartier sein. Dort besteht oftmals eine gemischte Sozialstruktur, obwohl die Baustruktur vergleichsweise homogen ist. „Neue Städte" werfen dagegen ganz neue Probleme des Zusammenlebens auf, die in den 6oer Jahren zur Forderung nach einer Mitarbeit von Sozialwissenschaftlern bei der Planung, wie z.B. in Heidelberg-Emmertsgrund (S. 259), führten.

Die in wenigen Jahren „hochgezogenen" Stadtteile wurden gleichzeitig bezogen und alterten auch in gleicher Weise, so daß ein zeitlich gestreckter Ausgleich von unterschiedlichen Anforderungen der Bewohnerschaft nicht erfolgen konnte. Die Planung mußte möglichst alle Bedürfnisse im vorhinein berücksichtigen, denn es fehlte der in „gewachsenen" Vierteln „längerfristige Auffüllungs- und Kristallisationsprozeß", der eine Mischung von Bauformen unterschiedlicher Gestalt, Funktion und Nutzung bewirkte. „Die in den zurückliegenden Jahren seitens der Planung immer deutlicher erhobene Forderung nach Mitarbeit des Sozialwissenschaftlers im Planungsprozeß hat hier ihre ersten Ursachen - in der Hoffnung, unter Zuhilfenahme der Möglichkeiten von Soziologie, Sozialpsychologie, Verhaltensforschung den Entscheidungsspielraum einengen, die Kenntnisgrundlagen über die Bedürfnisse der Bewohner der neuen Wohnquartiere erweitern, vielleicht sogar prognostizieren zu können" (HEIL, 1974, S. 182).

Erschließung:
Trennung von Straßen und Fußwegen

„In der autogerechten Stadt von morgen sollten Fahr-zeuge und Fußgänger sowohl in der City als auch in den Wohnbezirken und in der freien Natur grund-sätzlich auf räumlich voneinander getrennten We-gen verkehren." Dieses Credo von Hans Bernhard REICHOW (2, S. 39) entspricht einem der von allen Planern und Politikern anerkannten Leitbilder für neue Siedlungen und Städte nach 1945 (Abb. 7.84). Für diesen Planungsansatz mit dem Anspruch einer quasi „Allgemeingültigkeit" forderte er sogar eine rechtlichen Regelung:

„Die Führung der Fußwege abseits der Fahrstraßen sollte daher durch einheitliche Planungsgesetze in neuen Baugebieten zur Regel gemacht werden" (S. 34). Ein entsprechender Vorschlag zum Verzicht auf Fußwege an Straßen in neuen Wohngebieten wur-de von ihm auch wirtschaftlich begründet (S. 61, s. Abb. 7.41).

Die Begründung für eine Trennung war sehr ein-leuchtend und ist auch heute noch aktuell: „Die Fuß-gänger vornehmlich sind die Opfer des Autoverkehrs. Sie, die an seinen Vorzügen am wenigsten teilha-ben, leiden über die Verluste an Leib und Leben hin-aus am meisten unter seinen Belästigungen, dem Lärm und den Abgasen der Motoren. ... Dabei gibt es kaum etwas Unwürdigeres für die Menschen, als sich im Auto zunächst ein dienstbares Gerät zu schaf-fen, um sich nachher von ihm im unmittelbaren und im übertragenen Sinne des Wortes überfahren zu lassen" (S. 33).

Bei den ersten größeren Stadterweiterungen wurde die Trennung von Fußwegen und Fahrstraßen „ni-veaugleich" angestrebt, das heißt auf gleicher Ebe-ne wurden die beiden Erschließungsarten von zwei verschiedenen Seiten „kammartig" an die Wohnge-bäude herangeführt. Das Schema von REICHOW macht das Prinzip und die Unterschiede zum Raster-system sehr deutlich. Dabei werden nur Einmündun-gen verwendet, und auf Kreuzungen wird wegen der wesentlich größeren Anzahl von „Risikopunkten" bei den unterschiedlichen Fahrbeziehungen verzichtet (Abb. 7.82). Bei der zweiten Generation von Groß-siedlungen nach 1960 wird die Konfliktfreiheit der verschiedenen Verkehrsteilnehmer durch Unterfüh-rungen und Brücken für die Fußgänger gewährlei-stet (s. S. 241).

Eine umfassende Definition von Erschließung, die nicht nur die Vekehrsanlagen umfaßt, unterscheidet: Die „innere Erschließung" mit Anlagen, die nur dem Bedarf des im Bebauungsplan erfaßten Gebiets die-nen, und die „äußere Erschließung" mit übergeord-neten Anlagen, neben Verkehrsanlagen auch Ein-richtungen der sonstigen technischen Infrastruktur,

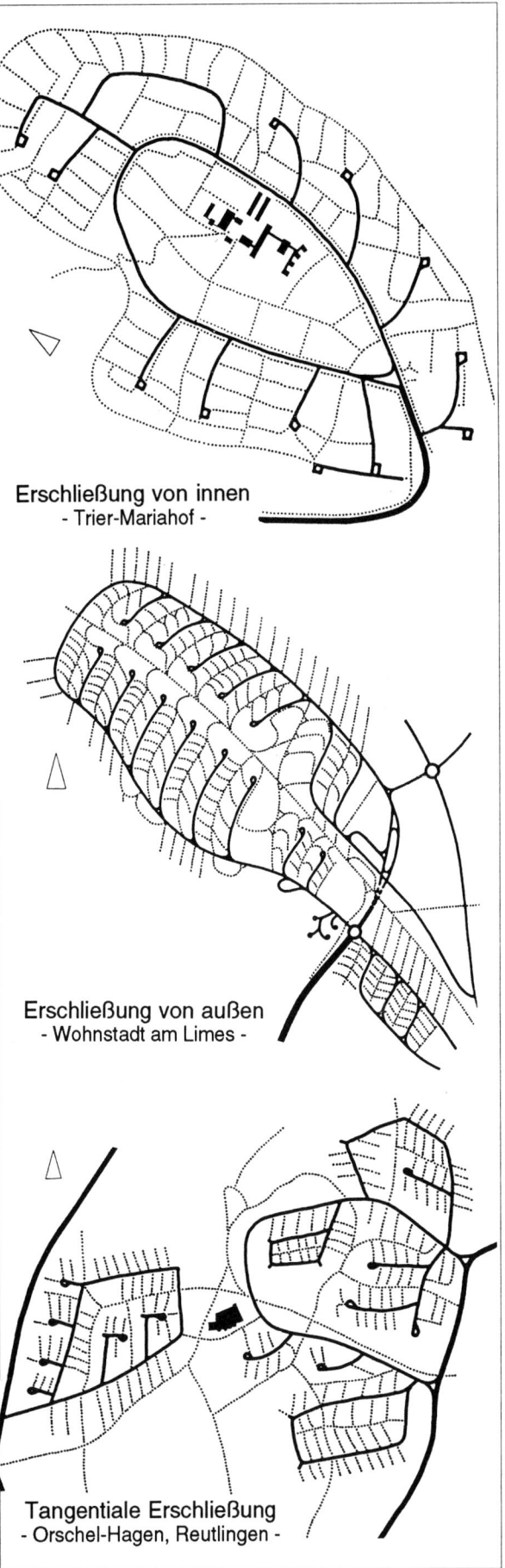

Erschließung von innen
- Trier-Mariahof -

Erschließung von außen
- Wohnstadt am Limes -

Tangentiale Erschließung
- Orschel-Hagen, Reutlingen -

7.85 Verschiedene Formen der Straßenerschließung, aber immer mit Trennung des Fußwegnetzes (punktiert).

von der Entwässerung bis zum Heizkraftwerk. Bei der Fahrerschließung von Wohnsiedlungen durch Straßen werden im alllgemeinen zwei grundsätzliche „Systeme der Verkehrserschließung" mit einigen Varianten unterschieden:

• **Erschließung von innen** mit einer Straßenschleife von der nach außen Stichstraßen abgehen. Sie ist nicht sehr leistungsfähig und kommt wegen der unvermeidbaren Kreuzungen der Fußgängerwege nur für kleinere Siedlungen in Frage (Trier-Mariahof, Abb. 7.85).

Als „verästelte Erschließung" ist sie aber sehr übersichtlich und schafft klare Verkehrsverhältnisse, setzt allerdings voraus, daß der Verkehr überwiegend aus einer Richtung, z.B. dem Stadtzentrum kommt (Sennestadt, Abb.7.83).

• **Erschließung von außen** mit einem, die Siedlung umschließenden Straßenring ist zwar recht aufwendig, hat aber den Vorteil der kreuzungsfreien und übersichtlichen Verkehrsführung innerhalb der Siedlung und ermöglicht ungestörte Fußgängerbereiche (Wohnstadt am Limes, Abb. 7.85; s. auch Mannheim-Vogelstang, S. 262).

Bei unvollständigem Außenring ergibt sich eine „tangentiale Erschließung", die mit Stichstraßen oder Schleifen „kammartig" eine Siedlung anfahrbar macht (Orschel-Hagen in Reutlingen, Abb. 7.85).

„Welche Art der Erschließung städtebaulich geeignet und wirtschaftlich ist, muß durch eingehende Untersuchungen ermittelt werden, wobei die topographischen Verhältnisse des Baugeländes und die gesamte Verkehrssituation von Bedeutung sind" (BMBAU 1, 1965, S. 54/55).

„Grüne Mitte":
Einkaufszentrum und Infrastruktur

Das Gartenstadt-Konzept von Ebenezer HOWARD hatte nicht nur die „aufgelockerte und durchgrünte Stadt" gedanklich und in den gebauten Beispielen Lethworth und Welwyn vorweggenommen, sondern offenbar auch den Wunsch vieler Planer nach der „Grünen Mitte" treffend formuliert:

„Im Mittelpunkt befindet sich ein kreisrunder, etwa 2 1/4 ha großer Platz: eine schöne Gartenanlage mit Wasserkünsten. Um diese gruppieren sich die größeren öffentlichen Gebäude - Rathaus, Konzert- und Vortragshalle, Theater, Bibliothek, Museum, Bildergalerie und Krankenhaus - jedes von geräumigen Gärten umgeben. An diese Baulichkeiten schließt sich ein öffentlicher Park von 58 ha Größe mit weiten Spiel- und Erholungsplätzen, die für jeden Bewohner leicht zu erreichen sind. Rund um den Zentralpark ... läuft eine breite Glashalle, der ´Kristallpalast´, der sich nach der Parkseite öffnet. Dieses Gebäude ist bei nassem Wetter eine beliebte Zufluchtsstätte der Bewohner, und das Bewußtsein der unmittelbaren Nähe dieses prächtigen Schutzdaches lockt die Leute selbst bei dem zweifelhaftesten Wetter in den Zentralpark. Hier sind Waren der verschiedensten Art zum Kauf ausgestellt, und hier wird der größte Teil der Einkäufe besorgt, die mit Überlegung und Muße gemacht sein wollen" (HOWARD, zit. n. POSENER, S. 62).

Zunächst waren die Ladenzeilen der Einkaufsbereiche neuer Siedlungen nur einseitig und orientierten sich wie bei HOWARD zu einem Grünbereich. So ist das „Idealzentrum" von O. E. SCHWEIZER aus dem Jahr 1957 „einhüftig" konzipiert (Abb. 7.37), und auch einige Beispiele in neuen Siedlungen, wie in der Sennestadt (Abb. 7.86), sind entsprechend realisiert worden. Die anderen öffentlichen Einrich-

7.86 Einseitige Ladenzeile in der Sennestadt um 1965: Schaufensterfronten mit weitausladenden „Papierdächern" entlang einer Straße waren bei Siedlungen der 50er Jahre durchaus üblich. Wohnhochhäuser bildeten Orientierungspunkte.

tungen gruppieren sich locker um einen zentralen Grünbereich oder grenzen wie die Schulen an Grünzüge. Aber schon bald werden nach dem amerikanischen Muster der „Shopping Center" an Schnellstraßen auch in Deutschland „Ladenstraßen" als Einkaufszentrum entworfen. SCHWAGENSCHEIDT (Abb. 7.87) erklärt und erläutert das so:

„Es ist nicht hier ein Laden und dort ein Laden weit auseinander verstreut, sondern es sind alle Läden gesammelt in der Ladenstraße, im Zentrum einer Wohnanlage, so daß die Hausfrau an einer Stelle ihre Einkäufe bewerkstelligen kann. Nicht nur die Bewohner haben ein Interesse daran, daß die Läden zusammenliegen, um beim Einkaufen unnötige Wege zu ersparen, sondern jeder einzelne Laden hat Nutzen vom anderen. ... Die Läden liegen nicht im Erdgeschoß von Wohnhäusern; Läden und Wohnungen passen baulich schlecht zusammen. Die Lage des Treppenhauses ist für die Wohnungen oben richtig, paßt aber unten für den Laden nicht. Die Läden brauchen gewöhnlich eine andere Raumtiefe als Wohnräume, Stützen und Schornsteine stören im Laden."

„Der städtebauliche Grundgedanke dieser Anlage: hier dargestellt ist die Fußgängerstraße. An der Rückseite der Bauten liegen - wie bei den Ladenstraßen - die Fahrstraßen. Jedes Gebäude grenzt also außer an die Fußgängerstraße auch an die Fahrstraße, so daß man an der Bar, am Restaurant, am Kino und an den Tanzlokalen mit dem Auto an- und abfahren kann. Verbindende Gänge und Höfe führen von der einen zur anderen Straße. Die wenigsten Menschen fahren im Auto, die meisten gehen zu Fuß. Der Fußgänger hat die ´schönere´ Straße, er ist wichtiger als das Auto.
Wir wollen doch keine faden Siedlungen bauen? Ich denke an richtige Städte mit pulsierendem Leben!"
(SCHWAGENSCHEIDT 2, S. 45, 44, 47).

7.88 Die Lijnbaan im wiederaufgebauten Rotterdam wurde zum Prototyp für neue Einkaufszentren in den...

7.89 ... europäischen Großstädten. Neben den beiden Ladenzeilen befinden sich hohe Wohn- und Bürohäuser.

7.87 SCHWAGENSCHEIDT propagierte bereits 1949 das zweizeilige Ladenzentrum unabhängig von Wohnbauten.

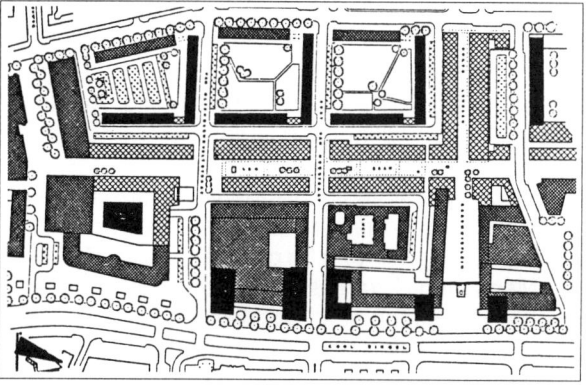

7.90 Die Lijnbaan verbindet als Fußgängerzone zwei Kaufhäuser als „Einkaufsmagneten" an beiden Enden.

Die Einkaufszentren waren meistens nach dem „Zwei-Magneten-Prinzip" angelegt, das heißt, an beiden Enden der Fußgängerzone waren „Einkaufs-Magneten", am besten Kaufhäuser, angeordnet, zwischen denen die Käufer an eingeschossigen Ladenpavillons hin- und hergezogen wurden. Bei späteren Planungen erhielten dann die Läden ein zweites Stockwerk mit Wohnungen, zumeist für Angestellte der Geschäfte. Das klassische Beispiel einer Ladenstraße ist die

• **Lijnbaan in Rotterdam**, die 1951-53 als erste europäische Fußgängerzone vom Büro Johannes Hendrik VAN DEN BROECK und Jacob B. BAKEMA geplant und realisiert wurde (Abb. 7.88-7.90). Sie hat auch an beiden Enden die erforderlichen „Einkaufsmagneten" und zur Belebung hinter der westlichen Ladenzeile Höfe mit hohen Wohngebäuden. Auf der gegenüberliegenden Seite befinden sich Büro- und weitere Geschäftsbauten.

DDR-Grundsätze des Städtebaus und Eisenhüttenstadt

Von der städtebaulichen Entwicklung im Osten Deutschlands, die sich von der im Westen deutlich unterscheidet, sollen nur einige Aspekte aufgezeigt werden. Die Priorität für die Großtafelbauweise in der Bautechnik und damit die Abkehr von handwerklichen Traditionen in der DDR war erst der zweite Schritt auf einem ganz anderen architektonischen und städtebaulichen Weg. Davor gab es eine kurze, eher als traditionell zu bezeichnende Phase, die sich auf „Sechszehn Grundsätze des Städtebaues" gründet, die am 27 Juli 1950 von der Regierung der Deutschen Demokratischen Republik beschlossen wurden. Diese Bekenntnisse zur Funktionstrennung sollen verkürzt zitiert und anschließend ihre praktische Umsetzung mit der „neuen Stadt" Eisenhüttenstadt aufgezeigt werden.

• DDR-Grundsätze des Städtebaus

„Die Stadtplanung und die architektonische Gestaltung unserer Städte müssen der gesellschaftlichen Ordnung der Deutschen Demokratischen Republik, den fortschrittlichen Traditionen unseres deutschen Volkes sowie den großen Zielen, die dem Aufbau ganz Deutschlands gestellt sind, Ausdruck verleihen. Dem dienen die folgenden Grundsätze:

1. ´Die Stadt als Siedlungsform ist nicht zufällig entstanden. Die Stadt ist die wirtschaftlichste und kulturreichste Siedlungsform für das Gemeinschaftsleben der Menschen, ... und ist in Struktur und architektonischer Gestaltung Ausdruck des politischen Lebens und des nationalen Bewußtseins des Volkes.
2. Das Ziel des Städtebaues ist die harmonische Befriedigung des menschlichen Anspruches auf Arbeit, Wohnung, Kultur und Erholung. ...

3. Städte ´an sich´ entstehen nicht und existieren nicht. Die Städte werden in bedeutendem Umfange von der Industrie für die Industrie gebaut. ... Die Bestimmung und Bestätigung der städtebildenden Faktoren (´Industrie, Verwaltungsorgane, Kulturstätten´) ist ausschließlich Angelegenheit der Regierung.
4. Das Wachstum der Stadt muß dem Grundsatz der Zweckmäßigkeit untergeordnet werden und sich in bestimmten Grenzen halten. ...
5. Der Stadtplanung zugrunde gelegt werden müssen das Prinzip des Organischen und die Berücksichtigung der historisch entstandenen Struktur der Stadt bei Beseitigung ihrer Mängel.
6. Das Zentrum bildet den bestimmenden Kern der Stadt. Das Zentrum der Stadt ist der politische Mittelpunkt für das Leben seiner Bevölkerung. Im Zentrum der Stadt liegen die wichtigsten politischen, administrativen und kulturellen Stätten. Auf den Plätzen im Stadtzentrum finden die politischen Demonstrationen, die Aufmärsche und die Volksfeiern an Festtagen statt. Das Zentrum der Stadt wird mit den wichtigsten und monumentalsten Gebäuden bebaut, beherrscht die architektonische Komposition des Stadtplanes und bestimmt die architektonische Silhouette der Stadt.
7. Bei Städten, die an einem Fluß liegen, ist eine der Hauptadern und die architektonische Achse der Fluß mit seinen Uferstraßen.
8. Der Verkehr hat der Stadt und ihrer Bevölkerung zu dienen. Er darf die Stadt nicht zerreißen und der Bevölkerung nicht hinderlich sein. Der Durchgangsverkehr ist aus dem Zentrum und dem zentralen Bezirk zu entfernen und außerhalb seiner Grenzen oder in einem Außenring um die Stadt zu führen. ... Die Bestimmung der Hauptverkehrsstraßen muß die Geschlossenheit und die Ruhe der Wohnbezirke berücksichtigen. ...
9. Das Antlitz der Stadt, ihre individuelle künstlerische Gestalt, wird von Plätzen, Hauptstraßen und den beherrschenden Gebäuden im Zentrum der Stadt bestimmt (in den größten Städten von Hochhäusern). Die Plätze sind die strukturelle Grundlage der Planung der Stadt und ihrer architektonischen Gesamtkomposition.
10. Die Wohngebiete bestehen aus *Wohnbezirken*, deren Kern die Bezirkszentren sind. In ihnen liegen alle für die Bevölkerung des Wohnbezirks notwendigen Kultur-, Versorgungs- und Sozialeinrichtungen von bezirklicher Bedeutung. Das zweite Glied in der Struktur der Wohngebiete ist der *Wohnkomplex*, der von einer Gruppe von Häuservierteln gebildet wird, die von einem für mehrere Häuserviertel angelegten Garten, von Schulen, Kindergärten, Kinderkrippen und den täglichen Bedürfnissen der Bevölkerung dienenden Versorgungsanlagen vereinigt werden. ... Die *Häuserviertel* als drittes Glied haben dabei hauptsächlich die Bedeutung von Komplexen in Planung und Gestaltung.
11. Bestimmend für gesunde und ruhige Lebensverhältnisse und für die Versorgung mit Licht und Luft sind nicht allein die Wohndichte und die Himmelsrichtung, sondern auch die Entwicklung des Verkehrs.
12. Die Stadt in einen Garten zu verwandeln ist unmöglich. Selbstverständlich muß für ausreichende

Begrünung gesorgt werden. Aber der Grundsatz ist nicht umzustoßen: in der Stadt lebt man städtischer; am Stadtrand oder außerhalb der Stadt lebt man ländlicher.

13. Die vielgeschossige Bauweise ist wirtschaftlicher als die ein- oder zweigeschossige. Sie entspricht auch dem Charakter der Großstadt.

14. Die Stadtplanung ist die Grundlage der architektonischen Gestaltung. Die zentrale Frage der Stadtplanung und der architektonischen Gestaltung der Stadt ist die Schaffung eines individuellen einmaligen Antlitzes der Stadt. ...

15. Für die Stadtplanung wie für die architektonische Gestaltung gibt es kein abstraktes Schema. Entscheidend ist die Zusammenfassung der wesentlichsten Faktoren und Forderungen des Lebens.

16. Gleichzeitig mit der Arbeit am Stadtplan und in Übereinstimmung mit ihm sind für die Planung und Bebauung bestimmter Stadtteile sowie von Plätzen und Hauptstraßen mit den anliegenden Häuservierteln Entwürfe fertigzustellen, die in erster Linie durchgeführt werden können."

• **Eisenhüttenstadt** ("Stalinstadt") 1951-1961

Der Beschluß für diese „neue Stadt", die bis 1961 „Stalinstadt" hieß, wurde 1950 fast zeitgleich mit der Entscheidung zum Bau eines Eisenhüttenkombinats in Fürstenberg/Oder, südlich von Berlin, getroffen. Mit der Grundsteinlegung für das Werk am 1.1.1951 und etwas später für die Wohngebäude sollte die „erste sozialistische Stadt auf deutschem Boden, in der es keinen Kapitalismus mehr gibt", wie Walter Ulbricht verkündete, gebaut werden. Die Konzeption von Kurt W. LEUCHT, nach den „Grundsätzen des Städtebaus" entworfen, basierte auf der Blockbauweise mit begrünten Innenhöfen und baulich geprägten, teils monumentalen Straßenräumen. Aber schon ein Jahrzehnt später wurde diese Bauweise aus wirtschaftlichen Gründen aufgegeben und statt „menschenfreundlicher Wohnhöfe" entstanden „unwirtliche Betonlandschaften" in Plattenbauweise.

Die Grundidee war nicht schlecht, denn die neue Stadt entstand südlich des Stahlwerkes, damit der vorherrschende Südwind die Abgase nicht in die Wohngebiete drückte (Abb. 7.91, 7.92). Die Wohnblöcke wurden so angelegt, daß die Arbeiter auf ihrem morgendlichen Weg ins Eisenhüttenkombinat-Ost (EKO) ihre Kinder in Schule oder Hort abgeben und auf dem Rückweg ihren Einkauf erledigen konnten. „Der Staat setzte sich über private Eigentumsverhältnisse hinweg. Die Pioniere, die in der gesamten DDR angeworben wurden, bauten sich eine Idealstadt. Der Arbeiter sollte sich in den großzügigen Grünzonen der sozialistischen Stadt wohlfühlen. Der schmutzige Hinterhof der Jahrhundertwende hatte ausgedient" (MEUSER). Wie in Salzgitter und Wolfsburg (S. 160 u. 163) wurde die Wohnstadt ganz auf das Werk ausgerichtet. Durch eine 600 m lange Magistrale, die Leninallee, sollte eine räumliche Be-

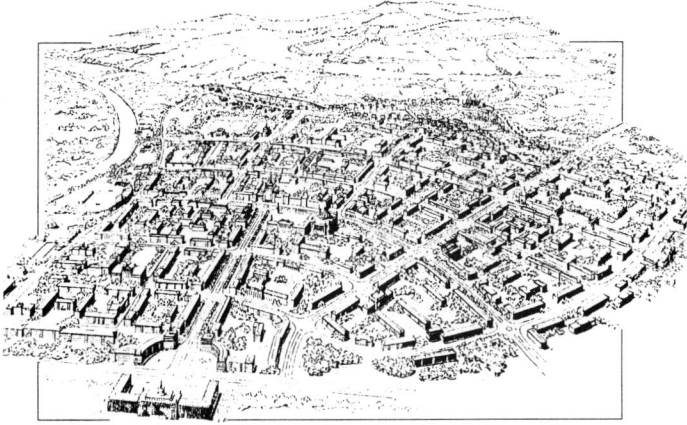

7.91 Isometrie der Planung für Eisenhüttenstadt: Vom pompösen Eingangsgebäude zum Werk führt eine ...

7.92 ... prächtige Magistrale zum großen Rathausplatz. Enge räumliche Beziehung von Wohnstadt und Werk.

7.93 Blick von Norden mit der von Hochhäusern gesäumten Magistrale Leninallee zum Zentralen Platz.

Sp.-Pl.

Hafen

Sp.-Pl.

Kultu. u. Sportpark

Dishloer

60,0

Berge

0   100   200   300   400   500 m
M. 1: 10 000

7.94 Eisenhüttenstadt 1990. Der ursprüngliche Plan nach den „Sechzehn Grundsätzen des Städtebaus" in der DDR wurde modifiziert und vereinfacht realisiert. „Modell einer sozialistische Stadt, in der sich die Arbeiter wohlfühlen sollen."

ziehung hergestellt und durch den Turm des Rathauses am zentralen Platz auch baulich erfaßbar gemacht werden. Der Werkseingang sollte „Ziel- und Angelpunkt" der Stadtanlage sein. Die städtebaulichen Parallelen sind auch durch die Tatsache erklärbar, daß LEUCHT um 1940 bei Gebietsplanungen in der „Stadt der Hermann-Göring-Werke" beteiligt war (TOPFSTEDT, S. 140).

Schon bald wurde die fächerförmige Konzeption reduziert und eher trapezförmig umgeplant, wobei der stadträumliche Grundgedanke erhalten blieb (Abb. 7.93, 7.94). Bis 1961 wurden vier Wohnkomplexe in Blockbauweise erstellt, bevor der Wohnkomplex V am Südoststrand 1959 bis 1964 den Schwenk zur Großtafel und damit zur „kranbahngerechten Stadt" brachte. Im Vordergrund standen nunmehr in der DDR „Typenprojekte für Wohn- und gesellschaftliche Gebäude in industrieller Bauweise und bei Anwendung der offenen Bebauung von einer klaren und geordneten Gliederung der Räume", wie es 1960 bei einer Städtebau-Konferenz in Ost-Berlin zum Ausruck gebracht wurde (TOPFSTEDT, S. 146/147).

Mit Eisenhüttenstadt teilten andere „neue sozialistische Städte", als monofunktionale „Schlafstädte" konzipiert, das „Plattenschicksal", so Neu-Hoyerswerda (Abb. 7.95), Schwedt/Oder, Halle-Neustadt u. a. Den Städtebau bestimmte das Plattenmaß: „Die Wohnungsbauer produzierten in Eisenhüttenstadt vornehmlich Betonplatten der Marke ´P2´. Damit war die Tiefe der Häuserblocks vorgegeben: 10 Meter 80. Das gab die Addition von drei Modulen zu je 3,60 Metern vor. Der ´noch effektivere WBS 70´ war sogar ganze sechs Meter breit. Größer und schwerer durften die Platten nicht sein. Mehr konnte der Baukran nicht heben. Die Aufteilung der Wohnungen gab nicht mehr der Architekt vor, das industriell gefertigte Raster entschied über Aussehen und Gestaltung des Innenraumes. Über den Abstand der Häuser zueinander konnte der Architekt auch kaum noch entscheiden: 10,20 Meter. Die Krangleise gaben dieses Maß vor. So konnte ein und derselbe Kran gleich zwei Baustellen mit Modulen versorgen" (MEUSER).

7.95 Neu-Hoyerswerda, 1957, Beispiel für Plattenbauweise: „Industrielle Typenprojekte in offener Bebauung".

7.4 Umbau der Mitte und Ausfransen der Ränder

„Lassen Sie diese Schuttmassen, wenn Sie aufräumen, schön zerkleinern und dann diese zerkleinerten Schuttmassen ausbreiten. Plätze werden gewonnen, öffentliche Plätze, ja, das wäre wunderschön. Ich würde da bald anfangen, keine öffentlichen Plätze zu machen, nein, ich würde so etwas wie Gärtnerhöfe bauen, wenn ich mir das so vorstelle, diese Ruinen, wie die sich dazwischen benehmen, das sieht vielleicht komisch aus, aber ich kann mir das denken. Wenn ich was zu sagen hätte, ich würde es nach dieser Richtung hin machen."
Heinrich TESSENOW, 1947 vor „Hamburger Herren"; (zit. n.: DURTH/GUTSCHOW 1, S. 212)

„Verpaßte Chancen"?: Neue Städte statt Wiederaufbau

„Im Trümmerfeld des deutschen Zusammenbruchs darf eines nicht verlorengehen: Die Ehrfurcht vor der Geschichte, durch die unser Volk geführt wurde. Die Unrast des heutigen Lebens, die Ratlosigkeit angesichts des Versagens der Ideale der älteren Generation führen heute zu einer überall feststellbaren Gleichgültigkeit gegenüber den Werten, die in den sichtbaren Werken früherer Jahrhunderte uns geblieben sind. Dabei ist der Bestand an Denkmälern der Vergangenheit in einer erschütternden Weise gelichtet. Die junge Generation, die im heutigen Deutschland aufwächst, wird nie mehr Nürnberg und Danzig, nie mehr Hildesheim und Dresden als Marken am Weg unseres Volkes durch ein Jahrtausend erleben." Karl GRUBER, 1952, (S. 5)

Die Auflösung der Städte oder zumindest deren Auflockerung hat sich nachhaltig an den Rändern bestehender Siedlungen vollzogen und bestimmt auch heute noch das Bild unserer Städte. Die Verfechter dieses Leitbilds von der „neuen Stadt" wollten - wie übrigens auch HOWARD - wesentlich mehr, nämlich die totale Veränderung der historischen Stadt. LE CORBUSIER (1, S. 241 ff.) hatte es schon 1925 mit seinem „Plan Voisin" deutlich gemacht, wem die Kampfansage gilt: Paris in erster Linie, aber auch andere Weltstädte sollten nach seinen Vorstellungen „neu gebaut" werden, nur einige Kulturbauten wie Kirchen bleiben sentimentale „Erinnerungsstücke" an die Vergangenheit (Abb. 7.96).

Nach dem Zweiten Weltkrieg war die Stadt Mainz ein zeitweiliges - planerisches - Experimentierfeld für diese Vorstellungen einer modernen Stadt. Aber auch in anderen Städten gab es solche Pläne, die meistens nur „Gegenvorschläge" waren, wie in Nürnberg. Mit welcher Radikalität Planer daran dachten, die Grundrisse der alten Städte „auszuwischen", zeigt

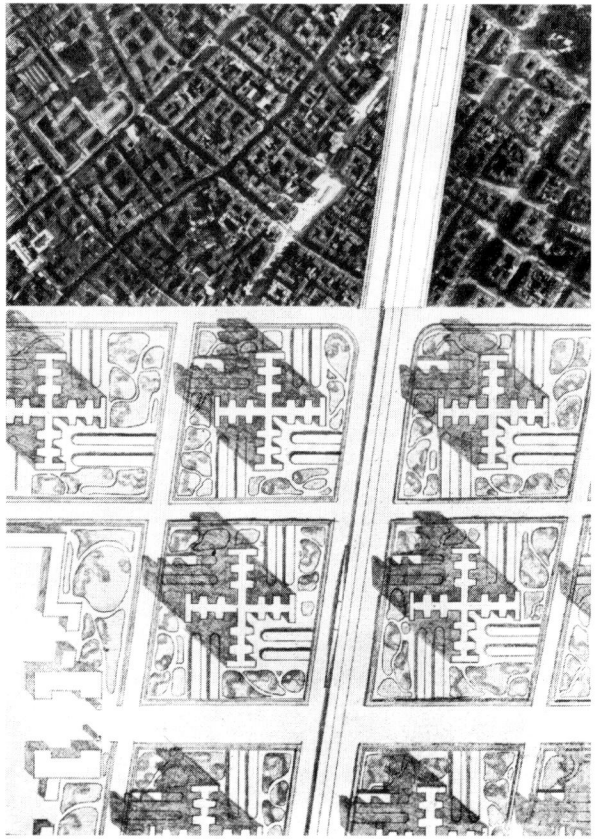

7.96 „Plan Voisin" von LE CORBUSIER mit totalem Abruch des Pariser Zentrums. „Befreiung von der alten Stadt".

7.97 Vorstellungen vom Wiederaufbau Londons 1945: Der Planer macht Platz für eine geordnete, neue Stadt.

eine Zeichnung aus London 1945 (Abb. 7.97). „Über der Silhouette der historischen Stadt steht der Planer gleichsam im Lichte der neuen Zeit: Alte Bindungen werden hinweggewischt und zum Vorschein kommt die Vision einer geordneten Stadt mit einem leistungsfähigen Verkehrssystem" (DURTH/GUTSCHOW, 2, S. 299).

• **Mainz** Section du Plan 1946-1948

In einer kurzen Phase unmittelbar nach dem Krieg werden die Ideen LE CORBUSIERS planerisch auf ein „neues" Mainz angewendet. Der französische Architekt Marcel LODS wurde von den Besatzern 1946 mit einer Gesamtplanung für Mainz beauftragt. Er gründete das Büro „Section du Plan" mit einigen Planern, darunter auch Adolf BAYER, der bis 1943 im Planungsamt für die Wiederaufbauplanung zuständig war. Die ersten Skizzen von LODS lassen erkennen, daß außer einigen Teilen der Altstadt und um den Dom nichts Altes erhalten bleiben sollte. Eine rechtwinklige offene Struktur von unterschiedlich breiten Straßenbändern und ausschließlich nord-südgerichteten Hochhausscheiben sollte die Flächen des ehemaligen Mainz überziehen (Abb. 7.98).

Ebenso im Sinne LE CORBUSIERS plant LODS die Wohngebiete als „Unités d´habitation", als „Wohnmaschinen" mit bis zu 20 Geschossen (Abb. 7.99). Sowohl in Fachkreisen als auch in der Öffentlichkeit stießen diese Pläne für eine „Idealstadt der Zukunft" auf heftigen Widerstand. Neben der rigorosen Planungsabsicht wurde auch die wirtschaftliche Undurchführbarkeit als Gegenargument vorgebracht. Es dauerte aber noch bis 1948, bis nach Gegenplanungen von SCHMITTHENNER und öffentlichen Stellungnahmen des örtlichen Planers der Rat der Stadt die Planung ablehnte, nachdem die französische Besatzungsmacht keinen Anspruch auf Durchsetzung erhoben hatte (DURTH/GUTSCHOW 2, S. 880-915).

7.98 Plan für Mainz und Umland, Section du Plan 1946. Nur wenige Teile der historischen Stadt (schwarz) ...

• **Nürnberg** Gegenvorschlag zum Grundplan 1947

Bereits im Dezember 1945 hatte das Stadtplanungsamt Nürnberg einen Grundplan für den Wiederaufbau der Nürnberger Altstadt vorgelegt. Dieser sah die grundsätzliche Beibehaltung des vorhandenen Stadtgrundrisses mit einigen Straßenerweiterungen und -durchbrüchen als „Verkehrsverbesserungen" vor. Er gehörte zu den Unterlagen eines Architekten-Wettbewerbs „Altstadt Nürnberg" im Jahr 1947, dem ein Laien-Wettbewerb vorausgegangen war. Das Preisgericht, darunter O. E. SCHWEIZER und Karl GRUBER, prämierte im wesentlichen Arbeiten, die sich „in den Formen der seither üblichen Steinstadt" bewegten.

Neben „fortschrittlichen" Ansätzen bei einigen Arbeiten zeigt die Arbeit von Gustav HASSENPFLUG, H. RÄDER und R. PÖSCHEL aus Weimar konsequent eine völlig neue Struktur der Altstadt (Abb. 7.100). Relativ wenige historische Bauten und nur einige alte Straßenzüge und Plätze werden von strengen Zeilenstrukturen verschiedener Ausrichtung eingesäumt. Die wegen der Konsequenz einer „neuartigen städtebaulichen Anlage" seiner „methodischen Form der Darstellung" mit einem Ankauf ausgezeichnete Arbeit dokumentiert die „Auflösung" der historischen Stadt überdeutlich (DURTH/GUTSCHOW 2, S. 989-994).

Keine der Planungen mit Beseitigung der bisherigen Stadtstruktur wurde realisiert. Neben der emotionalen Bindung an die Stadtmitte, die ja symbolisch für die Gesamtstadt steht, waren wirtschaftliche Gründe dafür ausschlaggebend. „Der Zwang zum sparsamen Umgang mit dem unterirdisch verborgenen Reichtum der Städte und die Förderung des Kleineigentums in der Politik der Ära Adenauer verhinderten im Westen die Verwirklichung der radikalen Vision einer neuen Stadt für die neue Gesellschaft" (DURTH/GUTSCHOW 3, S. 22).

Neues Wohnen auf altem Stadtgrundriß

Es gab weitgehende Vorschläge zur Veränderung der vorhandenen Stadtstrukturen unter Nutzung der erhalten gebliebenen technischen Infrastruktur. Für Berlin stellte Max TAUT 1946 fest: „Es soll ein anderes Berlin entstehen, nicht mehr eine Stadt der Mietskasernen, Hinterhäuser, Kellerwohnungen. Unter entsetzlichsten Qualen und bitterster Not sind wir das Gebilde einer stark verbauten Stadt losgeworden, über das wir uns früher - teilweise mit Recht - entrüsteten. Unermüdliche Arbeit, Fleiß und gegipfelte Baukunst sollen diese Fehler in Zukunft verhindern, und eine neue Stadt muß im Laufe von Generationen entstehen, die den Bewohnern Heime mit Licht, Luft und Garten bietet."

Aber eines sollte berücksichtigt werden: „Die unterirdischen Bauten einer Großstadt sind von ungeahntem Ausmaß. Hunderte von Millionenwerten sind in Unterpflaster- und Straßenbauten investiert. Sie sind in unseren Straßen fast durchweg erhalten geblieben oder nur so leicht beschädigt, daß sie verhältnismäßig schnell in Ordnung gebracht werden können. Es handelt sich um Untergrundbahnen, Kanalisation, Wasserleitung, elektrische Kabel, Gasleitung, Post-Telefonleitung usw. Diese Bauten gehören mit zur unbedingten Lebensfähigkeit einer Großstadt. Unsere gegenwärtige wirtschaftliche Lage läßt es nicht zu, diese Werte zu ignorieren. Sie zwingen zur Berücksichtigung und können zugleich mitbestimmend für die neue Planung sein" (zit. n. DURTH/GUTSCHOW, S. 210/211).

Der Vorschlag, den Max TAUT zeichnerisch unterbreitet, ist dann doch sehr radikal (Abb. 7.103, 7.104). Nach vollständigem Abriß der Mietskasernen werden auf dem vorhandenen Stadtgrundriß Einfamili-

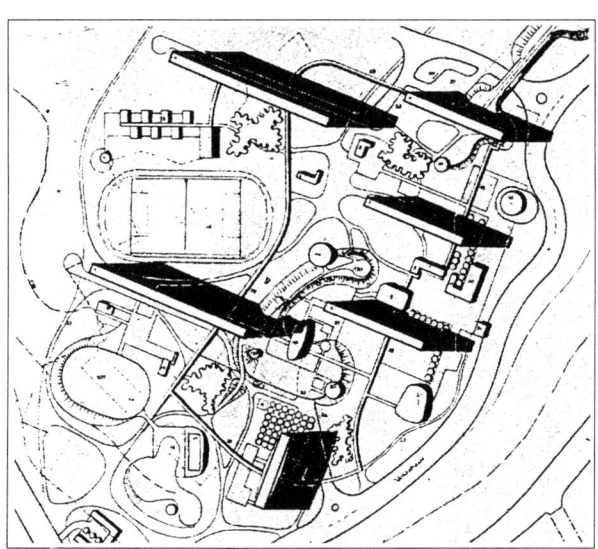

7.99 ... sollten erhalten bleiben und durch ein neues Zentrum und Hochhausscheiben (l. o.) ersetzt werden.

7.100 Alternative zum Grundplan Altstadt Nürnberg. Ein „fortschrittlicher" Ansatz für die „Auflösung" der Stadt.

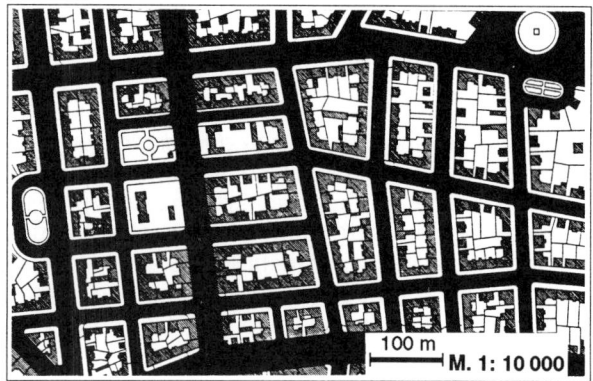

7.101 Vorschlag von Walter SCHWAGENSCHEIDT zum Wiederaufbau eines zerstörten Stadtgebiets mit ...

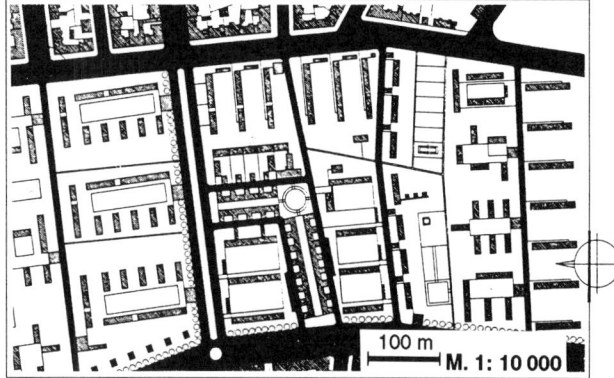

7.102 ... einer straßensparenden „Tiefenerschließung" mit „Hausgruppen". „Statt Straßen wird Salat gepflanzt."

7.103 Max TAUT will beim Wiederaufbau „Heime mit Licht, Luft und Garten" statt bisheriger „Mietskasernen".

enhäuser in blockförmiger Anordnung errichtet. Die Hausgärten werden durch die Ablagerung von Trümmern etwas angehoben, vermitteln aber immer noch den Eindruck von einer ländlichen Idylle. So sollte der Wunsch nach Auflösung der Städte mit dem nach einem Heim, einem Eigenheim, verbunden werden. Auch Walter SCHWAGENSCHEIDT hat sich in ähnlicher Weise mit dem Wiederaufbau einer zerstörten Stadt beschäftigt. An „einem praktischen Beispiel" zeigt er, wie ein altes Stadtgebiet umgebaut werden kann: „Es ist ein Wohngebiet mit 2- bis 5-stöckigen Häusern. Auf den Straßenecken Balkone, Erker und Türmchen. Reiche Stuckfassaden, kleine Vorgärten. Nicht das schlechteste Wohngebiet. Im Erdgeschoß hier und da ein Laden. Eine Schule ist da. Alles zerstört" (Abb. 7.101, 7.102).

„Bevor nun der Architekt in Aktion treten kann, müssen neben vielen Arbeiten anderer Stadtbaufachleute die Verkehrstechniker die notwendigen Verkehrslinien für die ganze Stadt und für die darüber hinausgehenden Gebiete festlegen. ... In dem hier dargestellten Beispiel müssen die beiden Nord-Süd und die Ost-West Verkehrsstraßen bestehen bleiben. Das zwischen diesen Straßen liegende Gebiet mit den vorhandenen unterirdischen Kanälen und Rohrleitungen wird dem Architekten, dem Raumkünstler, dem Mann der dritten Dimension, mit einem Programm über die notwendige Bebauung übergeben." ...

„Bei der angewandten Tiefenerschließung wird nur ein Teil der vorhandenen Straßen benötigt, sie werden verschmälert, andere verschwinden. An Stelle der überflüssigen gepflasterten Straßen wird Salat gepflanzt, schöner Kopfsalat und Spinat. Die Hausgruppen werden so geformt, daß die vorhandenen Kanäle bestehen bleiben und benützt werden können. Es gehört nur ein klein bißchen Überlegung und guter Wille dazu (wir Architekten sind ja nicht doof, nur die wenigsten von uns sind aus dem Kinderwagen konzentrisch auf den Kopf gefallen), über den Kanälen eine Zone zu schaffen, die allgemein zugänglich und für Reparaturen und Ergänzungen notwendig ist" (SCHWAGENSCHEIDT 2, S. 50).

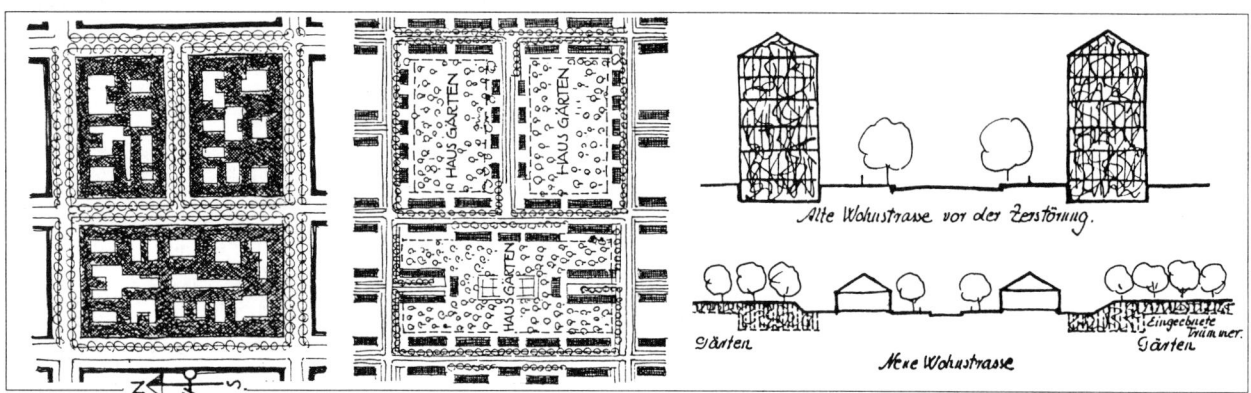

7.104 Vorschlag von Max TAUT: Die zerstörten mehrgeschossigen Mietskasernen (Straßenschnitt rechts) werden vollständig abgetragen und durch Einfamilienhäuser ersetzt. Die Trümmer werden unter den Hausgärten aufgeschüttet.

Einige Wohnviertel sind so nach neuem Leitbild auf altem Stadtgrundriß entstanden. Das bekannteste und in der Flächenausdehnung größte Beispiel ist das Hansaviertel in Berlin. Beim kleineren Kreuzkirchenviertel in Hannover lassen sich dabei differenziertere räumliche Gestaltungsabsichten erkennen als bei den aufgereihten Grindel-Hochhäusern in Hamburg. Die Wohnbebauung um die Stalinallee in Ost-Berlin zeigt wiederum ein eigenes, politisch geprägtes Bebauungsmuster.

• **Hansaviertel** in Berlin 1953-58

Das zwischen 1875 und 1890 als „Wohngegend für anspruchsvolle Leute" um ein sternförmiges Straßenkreuz erbaute Hansaviertel wurde im Krieg total zerstört (Abb. 7.105). Ziel des Wiederaufbaus war es, „diese untragbare Dichte der Bebauung zu beseitigen und die Stadt aufzulockern", so der Interbau-Katalog 1957. Vorher sollte ein Ideenwettbewerb Konzepte für einen völligen Bruch mit der herkömmlichen Stadtstruktur erbringen. Veränderung des Straßennetzes, Abriß aller Altbauten, Reduzierung der Dichte von GFZ 2,2 auf 0,9, Stellplätze für Autos, Beseitigung der Gewerbebetriebe, Durchgrünung und neue Grundstücksgrenzen waren die wesentlichen Vorgaben. Der Entwurf von Willi KREUER und Gerhard JOBST, der den 1. Preis erhielt, wurde von diesen selbst so charakterisiert: „Die Bebauung am Tiergarten hat dem Maßstab einer Weltstadt zu entsprechen. Weiter Blick aus den Wohnungen und weitere Abstände zwischen den Häusern führen zu Wohngebäuden mit einer hohen Anzahl von Stockwerken. In freier Natürlichkeit sind die geplanten höheren Häuser um zwei Ausbuchtungen des Tiergartens gelegt und sollen sich durch diese Zwanglosigkeit in einem klar zum Ausdruck kommenden Gegensatz zu diktatorisch ausgerichteten Bauten stellen."

Eine Realisierung sollte bis zur Interbau 1956, die aber erst 1957 stattfand, erfolgen. Da der Entwurf nicht durchführbar erschien, wurden einige Korrekturen vorgenommen (Abb. 7.106, 7.107). So erfolgte eine Verringerung der Hochhausgeschosse, vorhandene Straßen blieben wegen der Leitungen unbebaut und die Baumassen wurden um die Hälfte reduziert. Der Bau von 45 Objekten wurde von 54 Architekten aus 13 Ländern durchgeführt. Betrug die Einwohnerzahl 1938 noch 7 000, so sollten 1948 wieder 3 500 dort wohnen, bis 1958 waren aber nur 1 200 Personen eingezogen.

• **Kreuzkirchenviertel** in Hannover 1950/51

Der Wiederaufbau des „Wohnviertels rund um die Kreuzkirche" folgte nicht dem Muster des historischen Stadtgrundrisses (Abb. 7.108). Bereits 1949 war für das 1943 zerstörte Gebiet, unmittelbar am Zentrum und der Altstadt gelegen, ein erster Entwurf gemacht worden. Den endgültigen Bebauungsplan mit 180 Wohnungen für 54 Grundeigentümer fertigten

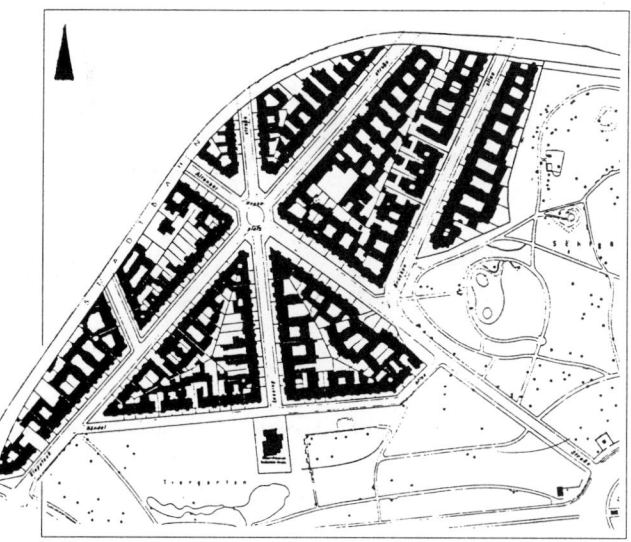

7.105 Hansaviertel in Berlin vor dem Krieg. Dichte „Wohngegend für anspruchsvolle Leute" am Tiergarten.

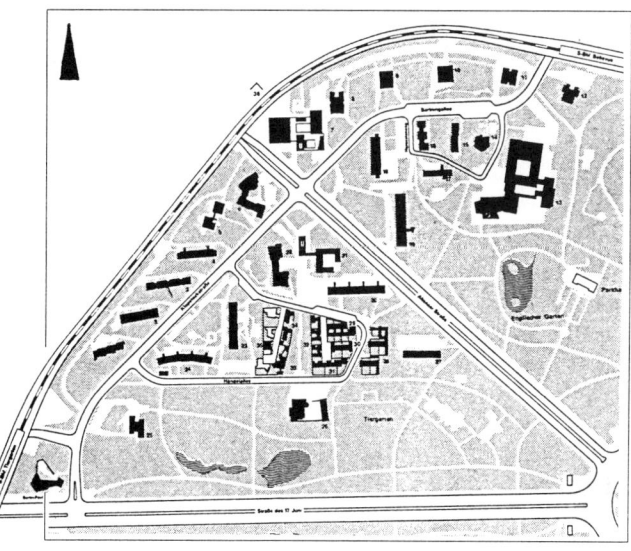

7.106 Hansaviertel zur Interbau 1957. Ziel des Wiederaufbaus war es, „diese untragbare Dichte der ...

7.107 ... Bebauung zu beseitigen und die Stadt aufzulockern". Neue Bauformen von 54 Architekten.

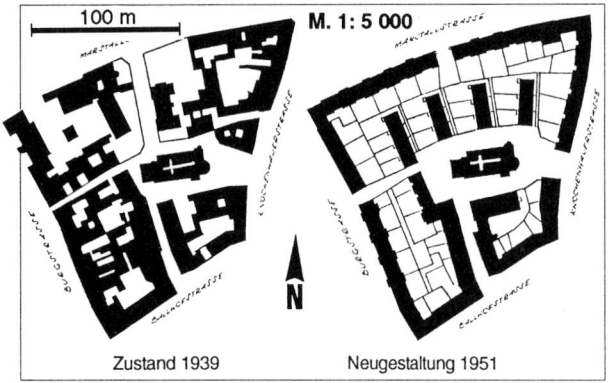

7.108 Kreuzkirchenviertel in Hannover. Der Wiederaufbau war ein Beitrag zur Constructa 1951 mit dem ...

7.109 ... Thema „Umbau der alten Stadt". Rund um die Kreuzkirche entstand eine „Wohnoase" der Innenstadt.

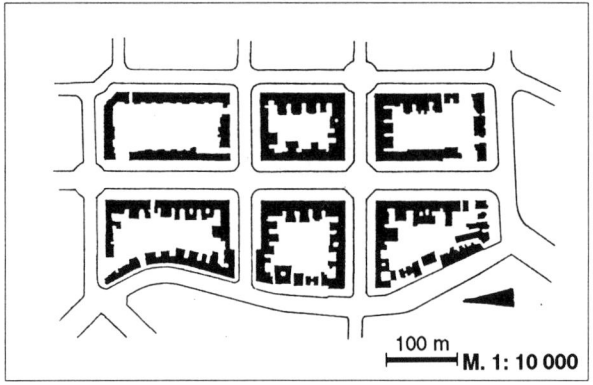

7.110 Teilweise auf den Fundamenten der Häuser einer Blockstruktur der Jahrhundertwende wurden die ....

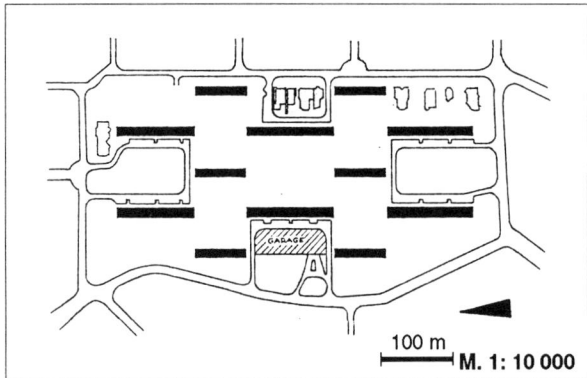

7.111 ... Grindel-Hochhäuser in Hamburg erstellt. Aus der „steinernen Stadt" sollte ein „Raumkontinuum" werden.

Konstanty GUTSCHOW und Kollegen, die mit anderen Architekten 1950/51 die Gebäude erstellten. Im Rahmen der Bauausstellung Constructa war dieses Wohngebiet ein Beitrag zu dem Thema „Umbau der alten Stadt". Von viergeschossiger Randbebauung umschlossen befinden sich im Inneren zweigeschossige Reihenhauszeilen (Abb. 7.109). Nur der Zugang von der Altstadt und das unmittelbare Umfeld der Kirche zeigen historische Anklänge in der ansonsten aufgelockerten und auf optimale Besonnung ausgerichteten „Wohnoase". Deshalb ist die Anzahl der Wohnungen um fast die Hälfte gegenüber dem Stand vor dem Krieg gesunken. Die Zentrumsnähe und die ländlich anmutenden Wohnbedingungen haben das Gebiet zu einem begehrten Wohnstandort gemacht (DURTH/GUTSCHOW 2, S. 53).

• **Grindel-Hochhäuser** in Hamburg 1949-1956

Die ersten Wohnhochhäuser in Deutschland entstanden in Hamburg auf den Fundamenten ehemals ganz anders strukturierter Gebäude (Abb. 7.110-7.112). 1945 hatte Fritz SCHUMACHER als „grimmiger Feind des Hochhauses als Wohnform" selbst seine eigenen Siedlungen kritisiert: „In Zukunft muß die Reform einen Schritt weiter gehen: wo neu in größerem Zusammenhang gebaut wird, muß das Einzelhaus in Form des ein- oder zweigeschossigen Reihenhauses mit bescheidenem Garten nicht die Ausnahme, sondern die Regel sein." 1946 entwarf ein Team junger Architekten, alle für moderne Architektur aufgeschlossen (einer hatte sogar bei LE CORBUSIER gearbeitet), für das Gebiet am Grindelberg eine Hochhausbebauung für britisches Verwaltungspersonal (VON BEYME, u.a., S. 83/84). Der Reiz der Verwirklichung moderner Visionen war deshalb auch ein nicht unwesentlicher Beweggrund für diesen Entwurf, der 1949 bis 1956 realisiert wurde. „Auf den vorhandenen Fundamenten entstanden dann im Stahlbetonskelettbau (später Schüttbeton) 12 Hochhäuser mit Wohnungen verschiedener Größe, mit Büroräumen und Läden. Mit der Sicherung einer ´Mindestbesonnungsdauer´ und der Gewinnung von Freiraum (9% der Grundfläche überbaut

7.112 Die Grindel-Hochhausscheiben dokumentierten eine neue Stadtstruktur als „Aufbruch in die Zukunft".

statt früher 41 %) folgten die Architekten dem Leitbild der ´aufgelockerten Stadt´. Aus der ´steinernen Stadt´ ist ein ´Raumkontinuum´ geworden ohne ´Korridorstraßen´. Von der Fachwelt uneingeschränkt gelobt und als Aufbruch in die Stadt der Zukunft empfunden, blieb die Bebauung am Grindelberg ein Testfall: der Umbau weiterer Stadtteile blieb aus" (DURTH/GUTSCHOW 2, S. 51).

Stalinallee in Ost-Berlin 1952-1959

Bereits im Jahr 1950 legte der „Chefarchitekt" Ost-Berlins, Hermann HENSELMANN, einen Entwurf für die „1. Wohnstadt Stalinallee" vor. Der Aufbau der ehemaligen Frankfurter Allee, die ab 1961 Karl-Marx-Allee hieß und heute wieder ihren ursprünglichen Namen hat, war nicht nur in Berlin „leitbildprägend". Die „Sechzehn Grundsätze des Städtebaus" sollten auch hier wie in Stalinstadt, später Eisenhüttenstadt (S.219), ihre praktische Umsetzung erfahren. Der sowjetische „Zuckerbäckerstil" prägte nicht nur die breite Prachtstraße, die durch Aufweitungen und Plätze rhythmisiert wurde, sondern auch die angrenzenden Wohngebiete (Abb. 7.113, 7.114). „Die architektonische Gestaltung der großen Wohnblocks der ´Wohnpaläste´ schloß sich typologisch an Moskauer Vorbilder an. Die ´reich´ detaillierte und folkloristisch ornamentierte Architektur orientierte sich vorzugsweise am Berliner Klassizismus, dem die Bauakademie einen revolutionären Charakter bescheinigte. Während die entwerfenden Architekten vor allem Schinkelsche Proportionen kanonisierten, griff Hermann HENSELMANN bei seinen Entwürfen gelegentlich auch auf neugotisches und barockes Formengut zurück" (HAIN, S. 46/47).

Die Realisierung war allerdings nicht immer einfach und auch kostenaufwendig, denn die technische Infrastruktur mußte wegen der Verbreiterung der Stalinallee und der Neustrukturierung der Baublöcke verlegt werden. Kurze Zeit nur konnte die Propaganda das städtebauliche Bild dieser Straße als „Weg der Befreier" und als „Öffnung der Mitte der Stadt hin zu den Vierteln der Arbeitenden" feiern. Schon Ende der

50er Jahre führte die Städtebaudiskussion dann weg von dem „Leitbild der kritischen Rekonstruktion der Stadt" zu einer „Absage an die überkommene Struktur der kapitalistischen Stadt" und zu einer „umfassenden Industrialisierung". Die Weiterführung der Stalinallee stadteinwärts vom Strausberger bis zum Alexanderplatz erfolgte in den sechziger Jahren im Sinne einer „sozialistischen Umgestaltung des Berliner Stadtzentrums" (HAIN, S. 46/55).

„Mit der Planung für die Fortsetzung der Stalinallee in ihrer abstrakten, ´Mondrianschen´ Bebauungsstruktur und den architektonisch minimierten Rasterfassaden erreichte die städtebauliche Entwick-

7.114 Die „Wohnpaläste" an der Stalinallee wurden nach dem Moskauer Vorbild im „Zuckerbäckerstil" gestaltet.

7.115 Fortsetzung der Stalinallee bis zum Alexanderplatz: Eine umfassende Industrialisierung des Bauens.

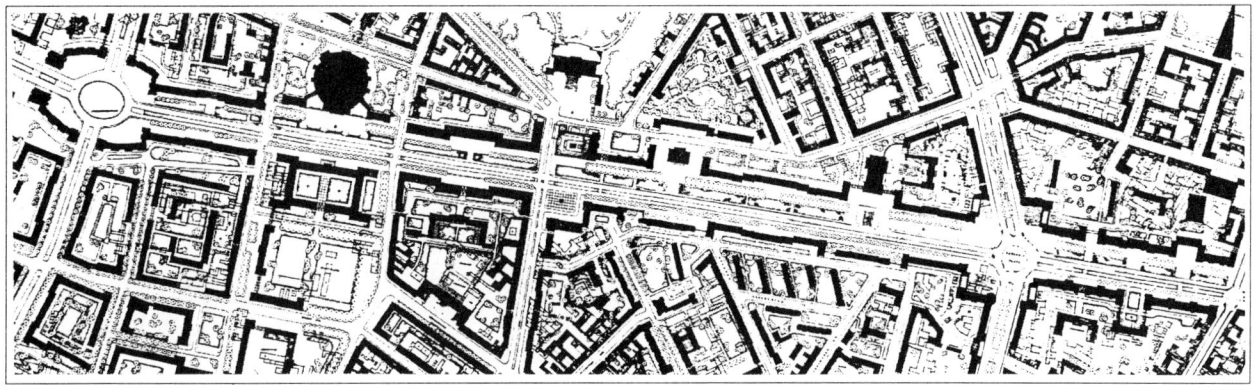

7.113 Die Stalinallee in Ostberlin ist auch ein Beispiel für die Umsetzung der „Sechzehn Grundsätze des Städtebaus" in der DDR. Das „Leitbild der kritischen Rekonstruktion der Stadt" sollte die Straße zu einem „Weg der Befreier" machen.

lung der fünfziger Jahre einen extremen Endpunkt. Die beteiligten Architekten um Josef KAISER feierten ihn als den Sieg der Moderne. Filmregisseure machten die 'Mokkamilcheisbar' und die eleganten, vollverglasten Verkaufspavillons zum bevorzugten Drehort von 'Ankunft-im-Alltag'-Filmen. Mannequins posierten auf Treppen und im 'Wartburg'-Coupe. Endlich modern sein! 'Des Kaisers neue Kleider', so hieß das Märchen, das man spielte" (HAIN, S. 57).

Die neue Mitte und der Umgang mit der Vergangenheit

Das Leitbild von einer neuen, aufgelockerten Stadt stieß besonders in der Mitte der Städte auf heftigen Widerstand in der Bevölkerung. „Die Konflikte zwischen einem der Geschichte verpflichteten Wieder-Aufbau und den Plänen für einen demonstrativen Neubeginn lassen sich auch im Ringen um das architektonische Erscheinungsbild der Städte und ihrer prägnanten Gebäude nachzeichnen. Im Spannungsfeld zwischen Tradition und Moderne prallten oft unversöhnliche Positionen aufeinander, die bisweilen zu bitteren Streitigkeiten führten - nicht nur unter den Architekten" (DURTH/GUTSCHOW 3 , S. 34).

Es waren vielfach technische und dabei in erster Linie verkehrstechnische Argumente, die als „Sachzwänge" neue stadträumliche Konzepte erzwangen, wie beim Kleinen Schloßplatz in Stuttgart. Aber auch die geballte Fachkompetenz von namhaften Städtebauern und Architekten vermochte so manchen Rat einer Stadt von „modernen Lösungen" zu überzeugen, wie beim Marktplatz in Hildesheim. Die beiden Beispiele - hier zunächst mit dem ersten Teil ihrer Planungsgeschichte - mögen für viele ähnliche in der damaligen Zeit stehen, die dann Jahre später eine krasse städtebauliche Umkehr als vorläufiges Ende der Geschichte erfuhren.

• **Der Marktplatz zu Hildesheim** - 1. Teil

Die „Stationen eines Weges zwischen Fortschritt und Bewahren" sind beim „Marktplatz zu Hildesheim" von wichtigen Weichenstellungen, fünf Wettbewerben, zwei Fassadengestaltungen und den Entscheidungen des Rates in den Jahren 1950 und 1983 gekennzeichnet (Abb. 7.116, 7.117). Die erste Entscheidung brachte Hildesheim eine „fortschrittliche Lösung", aber die fachlichen Meinungen bezogen vorher „oft diametrale Positionen" (RIEMANN, S. 59). Es ging um die Frage, ob der stark zerstörte historische Marktplatz in alter Form oder vergrößert, für eine wachsene Stadt, wieder aufgebaut werden sollte. Dabei spielte die Rekonstruktion eines sehr großen Fachwerkhauses, des „Knochenhaueramtshauses", eine sehr stark emotionale Rolle. Der Wettbewerb von 1949 brachte keinen ersten Preisträger, aber ein späteres Votum des Preisgerichts für den Entwurf KLÜSER mit einer Platzvergrößerung. Namhafte Fachleute plädierten für „großzügige Straßen- und Platzräume", um „Fehler vergangener Generationen zu korrigieren" (RIEMANN, S. 66). Auch der Stadtrat beschloß eine Aufweitung, die dann nach dem in einem Gutachterverfahren 1950 prämierten Entwurf GRAUBNER realisiert wurde.

Rückblickend meint dazu Oberbürgermeister Gerold KLEMKE 1989: „Die Aufbruchstimmung in den Wiederaufbaujahren nach dem Krieg wollte keine baulichen Reminiszenzen, zumindest nicht in Hildesheim, sondern eine architektonisch großzügig gestaltete, moderne Stadt. Nur eine Minderheit der Bürger kämpfte gegen diese Strömung an, die 1953 mit einer sogenannten Volksabstimmung den Sieg davontrug. Der Marktplatz wurde vergrößert - große Lösungen waren damals sehr in Mode - und mit modernen Gebäuden umgeben. Der Traum einer historischen Rekonstruktion schien ausgeträumt" (ACHILLES u. a., S. 5; Fortsetzung S. 291)

7.116 Der historische Marktplatz von Hildesheim, zwischen Rathaus und Knochenhaueramtshaus, ...

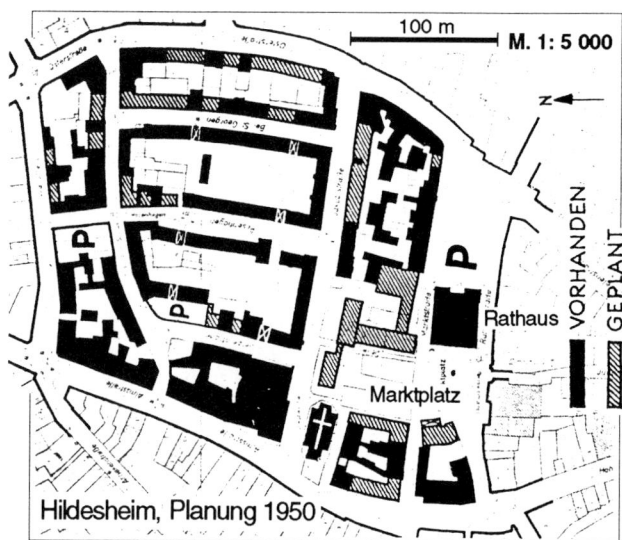

7.117 ... wurde nach 1950 zugunsten einer „fortschrittlichen Lösung" nach Norden verdoppelt. „Im Trend der Zeit."

• **Kleiner Schloßplatz** in Stuttgart - 1.Teil

„Im Anfang war nur die Platte" über einem unterirdischen „Kleeblatt" für ein innerstädtisches Hauptverkehrskreuz, titelte die Fachzeitschrift „Baumeister" im November 1969 (Abb. 7.118). Vorausgegangen war die Entscheidung für den „Planiedurchbruch", einer Querspange, vorbei am alten und neuen Schloß, zwischen zwei innerstädtischen Bundesstraßen. Dafür wurde gegen den erbitterten Widerstand der Bevölkerung und auch von Paul BONATZ das zerstörte, aber wiederherstellbare „Kronprinzenpalais" der Spitzhacke geopfert. Die Idee der Querspange war schon 1947 im Gespräch, konnte jedoch erst 1964 beschlossen werden. Unter einer Platte sollten Straßenbahn und Autos verkehren, oben ein Platz zwischen Bank- und Geschäftsbauten freibleiben.

Dieser neue, höhergelegene „Kleine Schloßplatz" mit schönem Blick auf den Schloßplatz, die beiden Schlösser und den bewaldeten Kesselrand Stuttgarts inspirierte die Architekten der angrenzenden Neubauten. GUTBROD, BÄCHER, KAMMERER + BELZ machten verschiedene Vorschläge zur Nutzung und räumlichen Verknüpfung der „Hochebene". „Und im Plan vom Mai 1967 sind endlich jene Läden und Kioske, die Treppen und Rolltreppen enthalten (aber auch der für diese Situation unglaubliche Parkplatz), die heute die Platte zu einer Art Stadtplatz machen, dessen ´schlechte´ Seite die an der Theodor-Heuss-Straße bleibt. Hier bricht die ´Urbanität´ abrupt ab, braust der Verkehr vierspurig, gibt es keine hinüberreichenden Querverbindungen."

Die Kritik am Kleinen Schloßplatz begann schon, ehe er fertig war, und sie betraf alle Beteiligten. Max BÄCHER sprach davon, „mit neuen Formen neue Maßstäbe und eine neue Ordnung setzen zu müssen". „Gerade das nun ist hier nicht getan worden.

Stattdessen klebte man 1964 am Verkehrskonzept von 1950. ... Geblieben ist ein Bauwerk, dem - wie zu erwarten - zeitbedingte Vorstellungen vom Verkehr zu seiner Existenz verhalfen. Es könnte sein, daß schon in 10 Jahren ein völlig anderes Konzept realisiert werden muß. Wird dann die Platte nicht doch ein Schwabenstreich gewesen sein, der keine neue Ordnung, sondern Hemmschuh bedeutet?" (Baumeister 11/1969, S. 1402 ff; Fortsetzung S. 292).

Rekonstruktion und „Kontinuität"

Aber es setzten sich auch diejenigen durch, die einen anderen, historisierenden Umgang mit alter Bausubstanz und historischen Stadträumen propagierten und bei konkreten Beispielen forderten. Pläne zur Rekonstruktion einzelner Gebäude und Straßen wurden so von ihren Befürwortern in dieser Zeit des Umbruchs als lebensnotwendige Sicherung kulturellen Erbes und geschichtlicher Kontinuität verteidigt, von den Gegnern indessen angegriffen als organisierte Verdrängung der Erinnerung an die Schrecken des Krieges und die eigene Schuld daran. Besondere Aufmerksamkeit fanden 1946/1947 die Debatten um den Wiederaufbau des Goethe-Hauses in Frankfurt am Main, das nach historischem Vorbild wiedererrichtet wurde.

„Diese historischen Architekturauffassungen, die bei der Rekonstruktion zerstörter Gebäude zum Tragen kamen, wurden auch bei Neubauten von denjenigen Architekten bevorzugt, die das offizielle Bauen im „Dritten Reich" geprägt hatten: „Pläne für monumentale Gebäude und repräsentative Stadtanlagen, entworfen von ehemals prominenten Architekten, die auch nach 1945 ihren Einfluß behielten und durch mächtige Bauherren in Handel und Industrie, durch Banken und Versicherungen zu Aufträgen kamen" (DURTH/GUTSCHOW 3, S. 34).

7.118 Der Kleine Schloßplatz in Stuttgart (l. v. d. Bildmitte; r. der Schloßplatz) als Betonplatte über einem niveaufreiem Kreuzungsbauwerk, mit kleinen Pavillons garniert. "Mit neuen Formen neue Maßstäbe und eine neue Ordnung setzen."

Das Einfamilienhaus
als politisches Instrument

Das Einfamilienhaus, meistens in Form des „Eigenheims", ist seit dem 19. Jahrhundert ebenso Wunschtraum vieler Familien wie auch Instrument der Wohnungspolitik, manchmal auch ideologischer Machtausübung. Das „Eigenheim als Ideologie" kann auf eine weitgestreute Vorliebe in der Bevölkerung zurückgeführt werden: „Aus zahlreichen Untersuchungen geht hervor, daß das Einfamilienhaus sich in allen Bevölkerungsschichten großer Beliebtheit erfreut. ... In der starken Präferenz für das Einfamilienhaus mit Garten oder Wohnhof sprechen sich zweifellos legitime Bedürfnisse aus, die durch keine andere Wohnform befriedigt werden können. Nirgendwo anders, auch nicht bei Stockwerkseigentum, kann sich das Familienleben ähnlich ungestört entfalten. ... Eine jahrzehntelange, von bestimmten Gruppen geförderte Eigenheimideologie hat sich mit Traditionen vereinigt, die vor allem in kleinen Gemeinden mächtig sind. Dort hat der Hausbesitzer seit alters auch dann einen gewissen sozialen Status, wenn er sich auf den weniger geachteten Rängen der Berufspyramide bewegt" (BAHRDT 2, S. 81/82).

Das propagandistische Hervorheben des Eigenheims entsprach im Dritten Reich der „Blut-und-Boden"-Ideologie und konnte nach dem Zweiten Welt-

krieg als Mittel zur Stärkung der „Abwehrbereitschaft" gegenüber sozialistischem Gedankengut umgedeutet werden. Noch Anfang 1945 formulierte Johannes GÖDERITZ als einen Grundsatz für den Wiederaufbau der Städte: „Der Städtebau hat jedoch nach diesem Kriege eine besonders ernste Verpflichtung zu erfüllen. Außer den augenfällig in Erscheinung tretenden baulichen Zerstörungen sind es ebensosehr die Schädigungen am Volkskörper, die wiedergutgemacht werden müssen. Es ist daher den Lösungsmöglichkeiten der Vorrang einzuräumen, die geeignet sind, zum Ausgleich der schweren Verluste des Volkes an Gut und Blut den gesunden und leistungsfähigen Stadtkörper zu schaffen. Darum muß auf die volksbiologischen, ethischen und gesundheitlichen Vorzüge des Einfamilienhauses mit Garten besonders hingewiesen werden. Es kann gezeigt werden, daß kein praktischer Grund gegen seine Wahl besteht, wenn es vorzugsweise in der Form des Reihenbaues verwendet wird" (DURTH/GUTSCHOW, S. 235).

Dies machte dann im Konzept der „gegliederten und aufgelockerten Stadt" einen wesentlichen Argumentationspunkt aus. Die entscheidende Unterstützung für den Bau von Eigenheimen kam aber von politischer Seite (Abb. 7.119, 7.120). Die Wohnungsbaupolitik der Ära ADENAUER betrachtete das Einfamilienhaus und den damit verbundenen Grundbesitz als politisches Mittel gegen den Kommunismus. Besitz sollte die Menschen gegen revolutionäre Anwandlungen immun machen, weshalb das Wohnungsbauprogramm auch ironisch als „Entmarxungs-Programm" bezeichnet wurde. Schon das 1. Wohnungsbaugesetz von 1950 und besonders dessen Novelle 1953 machte das Eigenheim zur bevorzugt zu fördernden Wohnform. Hinzu kamen noch Geldmittel des amerikanischen „Marshall-Plans", womit jede fünfte Wohnung gefördert wurde. Das 2. Wohnungsbaugesetz vom 27. Juni 1956 erklärte das Eigenheim schließlich zum bestimmenden architektonischen Leitbild.

Infolge der höheren steuerlichen Förderung betrug der Anteil des Eigenheims (Ein- und Zweifamilienhäuser) Ende der 50er Jahre in der Bundesre-

7.119 Auch der Marshallplan begünstigte den Bau von Einfamilienhäusern. Grundbesitz stärkt die Demokratie.

7.120 Allerorten „anonymer Städtebau". Durch steuerliche Förderung ein Anteil der Eigenheime über 50 %.

publik schon über 50 Prozent. „Das Wohnungs-prämiengesetz vom 17. März 1952 (Förderung des Bausparens) intendierte vor allem eine Förderung des Eigenheims. Das Eigenheim (= Kleinhaus) avancierte zum zentralen Bestandteil der Familienpolitik, denn von der Verwurzelung der Massen versprach man sich die Lösung der sozialen Probleme: Es mache die Familie krisenfest und verwandle die Massen in heimatverbundene Bürger, war der dahinterstehende Gedanke. Boden- und Hausbesitz stärke auch die Abwehrbereitschaft gegen die kollektiven Mächte des Ostens. Freiheit, Menschenwürde und die Fähigkeit zur Gemeinschaft erwachse erst aus Besitz: Besitzlose Massen gefährdeten die Demokratie" (PETSCH, 2, S. 241).

Das Einfamilienhaus als Ziel des Städtebaus

Trotz stärkerer Förderung war das Neubauvolumen bei Einfamilienhäusern geringer als beim Geschoßwohnungsbau, was durchaus nicht immer den städtebaulichen Vorstellungen entsprach. Der Wiederaufbau von stark verdichteten und mehrgeschossigen Wohnvierteln sollte nach den Konzepten nicht weniger Städtebauer durch flache und aufgelockerte Bebauung mit Eigenheimen erfolgen, wie es z.B. Max TAUT vorgeschlagen hatte. Da verwundert es nicht, wenn auch bei neuen Wohnsiedlungen große Flächen für Einfamilien- und Reihenhäuser vorgesehen wurden. Das Konzept der „gegliederten und aufgelockerten Stadt", das ja bereits während des Kriegs entstanden war, hatte darin einen nicht unwesentlichen Schwerpunkt, der besonders von Roland RAINER vertreten wurde.

„Allgemein wird anerkannt, daß für Familien mit Kindern Einfamilienhäuser mit kleinen Wohngärten oder Wohnhöfen die beste Form sind, wobei das rein ebenerdige Haus unbestritten das Optimum darstellt. ... Für Junggesellen und kinderlose Paare werden dagegen kleine und mittlere Wohnungen in höheren Häusern mit günstiger Verkehrsverbindung zu Kultur- und Bildungsstätten die geeignete Form sein. ... Derzeit dominiert in den kontinental-europäischen Großstädten die gartenlose Klein- und Mittelwohnung in vielgeschossigen Großhäusern, also eine Form, die den hier geschilderten wirklichen Bedürfnissen nicht entspricht, und der Bedarf an solchen Häusern ist jedenfalls bei weitem gedeckt, während jene Hausformen, die den differenzierten Bedürfnissen der Bevölkerung entsprechen, meist noch fehlen" (GÖDERITZ, u.a., S. 30).

Das Bestreben war bei der Befriedigung des Wunsches nach einem Einfamilienhaus den Flächenverbrauch durch Reihung und kleinere Gärten, bis hin zum Atrium, zu minimieren. Damit versuchten die Planer, in dieser Hinsicht mit dem Geschoßwohnungsbau konkurrieren zu können. GÖDERITZ, RAINER und HOFFMANN stellten umfangreiche Berechnungen mit vielen Beispielen an und kamen zu dem Schluß: „Besonders auffallend ist die Tatsache, daß beim Zeilenbau das zweigeschossige Einfamilienhaus nur unwesentlich mehr Land braucht als das Mehrwohnungshaus" (S. 52). Der Entwurf von Roland RAINER für eine „selbständige Trabantenstadt" 10 km südlich von Wien für fast 10 000 Einwohner (Abb. 7.121) sah entsprechend eine 75%ige Unterbringung in ein- bis zweigeschossigen Teppich- und Reihenhäusern vor. Auch der Rest der Gebäude war nur dreigeschossig (S. 80/81).

Diese sehr kompakte und flächensparende Form des „verdichteten Flachbaus" entsprach aber keineswegs den individuellen Wohn- und Gartenwünschen der Menschen, und so „bleibt trotzdem der Begriff des Einfamilienhauses und besonders der des ´Eigenheims´ in verhängnisvoller Weise mit dem freistehenden Einzelhaus auf einem für städtische Verhältnisse viel zu großen Grundstück verknüpft. Infolge des erheblichen Baulandbedarfes und der hohen Erschließungskosten des freistehenden Einzelhauses ist das Einfamilienhaus auf diese Weise zu Unrecht in den Ruf der Unwirtschaftlichkeit, ja der Undurchführbarkeit geraten, so daß dem Siedlungsgedanken trotz aller guten Absichten mehr geschadet als genützt wurde" (GÖDERITZ, u.a., S. 19).

7.121 Entwurf für eine „selbständige Trabantenstadt" bei Wien von Roland RAINER um 1955 mit „verdichtetem Flachbau". Wohnraumschaffung für etwa 10 000 Menschen zu 75 % in ein- bis zweigeschossigen Teppich- und Reihenhäusern.

„Einfamilienhaus-Steppen"
oder Städtebau ohne Städtebauer

Während Städtebauer und Architekten nach Formen für die „neue Stadt" suchten, wurden millionenfach Einzelhäuser auf rein pragmatischer Grundlage gebaut. Städtebau reduzierte sich dabei auf die Bereitstellung von Baugrundstücken und deren reibungslose Erschließung. Dieser „Städtebau ohne Städtebauer" setzte auf die unbegrenzte Erreichbarkeit jedes Grundstücks durch das Automobil, ohne an die negativen Folgen zu denken. „Der erschwingliche Bauplatz des Eigenheims liegt nicht selten weit von der Stadtmitte und vom Arbeitsplatz entfernt. Die dünnbesiedelten Eigenheimsiedlungen sind vielfach ´öffentlich unterversorgt´. Es entstehen Erschwerungen für den Einkauf, für die Ausbildung der Kinder, für die Teilnahme am kulturellen und politischen Leben. Die Wege zum Arbeitsplatz werden oft überlang" (BAHRDT 2, S. 81/82).

Aber auch die Baugesetze wirkten besonders nach 1960 in Richtung auf eine „Monostruktur der Bauformen", wenn die planungsrechtliche Zonierung auch eine längere Vergangenheit hinter sich hatte. „Die Auflösung des Stadtrandes gehört mit zu den Folgen der Zonungsbestrebungen, die durch das Preußische Wohnungsgesetz von 1918 ausgelöst worden sind und schrittweise auf eine Verbesserung der städtischen Wohnverhältnisse abzielten. Wenn seitdem verschiedene Bauklassen mit verschiedenen Bauhöhen und Baudichten als gesetzliche Grundlage und unvermeidliche Richtschnur städtischer Wohnbebauung angesehen werden, so wird vergessen, daß diese Verbesserungsversuche oft nur die zu einer bestimmten Zeit vorhandenen Bodenwerte widerspiegeln" (GÖDERITZ, u.a., S. 19).

Die Auswirkungen der massiven Förderung des Bauens von Einfamilienhäusern sind überall im Lande nicht mehr zu übersehen (Abb. 7.122). Der Wunsch nach einem „Häuschen im Grünen" hat sich lawinenartig Platz geschaffen. In den ländlichen Zonen ist kaum noch eine andere Wohnform zu erwarten, und die verdichteten Stadtregionen haben meistens schon den dritten oder vierten „Wohlstandsring" an neuen Wohnflächen, überwiegend in Form von Ein- und Zweifamilienhäusern, angesetzt. Diese flächenfressenden Bauformen machten deshalb auch beispielsweise am Rande der Region Stuttgart in den letzten Jahren bis zu 90 Prozent der neuen Wohngebäude aus. Dieser Anteil wurde allerdings zum Regionskern geringer, betrug dort aber immerhin noch über 55 Prozent.

Besonders in den von der freien Landschaft geprägten Landesteilen vollzieht sich auf diese Weise eine Privatisierung von Naturräumen zu Hausgärten, die dann auch noch mit landschaftsuntypischen Vegetationsformen bepflanzt werden. Wo es ehemals weite Flächen mit Obstbaumwiesen gab, befinden sich heute die „Einfamilienhaus-Steppen" mit Koniferen und Ziergehölzen, die ohne Übergang an Felder und Wiesen angrenzen. Die vermeintliche Liebe zur Natur ist zu einer „Schoßhündchen-Mentalität" mit Anspruch auf Pflegeleichtigkeit verkommen. Die angestrebte Individualität in Bauform und Gartengestaltung nivellierte sich zu einer Konformität auf niedrigem Niveau, so daß diese Bereiche der Stadtregionen von Fachleuten auch als „architektonische Wildschweingebiete" bezeichnet werden (REINBORN, in: BRUGGER u.a., S. 69 f.).

„Was und wo ist noch Stadt? Wo sind ihre Grenzen? Wo und wie läßt sich aus diesem wuchernden, ungestalten, unüberschaubaren Siedlungsbrei, aus der Gemengelage von vielen kleinen Eigenheimen, dichten Wohnquartieren, Feldern, Industrie- und Gewerbeflächen, Verkehrsanlagen, Kleingärten, Grünanlagen und immer wieder großen und kleinen, ganz unterschiedlichen Wohngebieten die Einheit Stadt erleben oder auch nur definieren? Die Stadtmitte, die ´City´, ja - aber der ganze Rest?" (NEUFFER, S. 45).

7.122 Beispiel für das „Ausfransen" alter Ortslagen durch Neuplanungen. Wo sind die Grenzen der Stadt?

8. Expansion:
Zwischen „Grüner Mitte" und Urbanität (1960 - 1980)

„Das nur durch die Transportmittel gegliederte, in Wahrheit - das beweist der Blick von oben mit einem Schlag - chaotisch gewachsene Stadtgefilde bringt technische Aufgaben mit sich, die für die Masse der Stadtbewohner nur noch unter erheblichem Aufwand zu bewältigen sind. Sie wären aber ohne weiteres zu einem großen Teil zu verringern, lebten wir nicht in einer von ihren technischen Möglichkeiten behexten Gesellschaft. Weil sie Verkehrsmittel besitzt, wähnt sie sich nicht mehr an Raum und Zeit gebunden. Der Einzelne zahlt die Zeche. Wer sich täglich stundenlang zur und von der Arbeit zurück seinen Weg erkämpfen muß, lebt in einem Biotop, das sekundär unbesiedelbar geworden ist durch Überbesiedlung."
Alexander MITSCHERLICH, 1969 (S. 81/82)

8.1. Städtebau in Zeiten des Wirtschaftswunders

„Ebenso scharf wie folgenlos hat der Kölner Oberbürgermeister der zwanziger Jahre, Dr. Konrad Adenauer, die Lage dargestellt: ´Wir sind die erste deutsche Generation, die Großstadtleben wirklich durchlebt hat. Das Ergebnis kennen Sie alle. Wir leiden nach meiner tiefsten Überzeugung in der Hauptsache in unserem Volk an der falschen Bodenpolitik der vergangenen Jahrzehnte. Ich betrachte diese falsche Bodenpolitik als die Hauptquelle aller physischen und psychischen Entartungserscheinungen, unter denen wir leiden.´ Und: ´Die bodenreformerischen Fragen sind nach meiner Überzeugung Fragen der höchsten Sittlichkeit´" (MITSCHERLICH, S. 21).

Gesellschaftliche und politische Veränderungen

Als bestimmender Faktor der Stadtentwicklung auch der Nachkriegszeit muß der „Wohnungsbau als Instrument der Sozialpolitik" gesehen werden. Diese Tendenz hatte sich bereits um die Jahrhundertwende abgezeichnet, da der Wohnungsbau schon in der Mitte des 19. Jahrhunderts die Sozialkritik herausgefordert hatte und deshalb der Staat dazu überging, „den Städtebau zum Mittel und Objekt seiner Politik,

eben seiner Sozialpolitik zu machen. Konflikte zwischen dem Städtebau als der ureigenen Aufgabe gemeindlicher Selbstverwaltung und der Einflußnahme des Staates über das Medium des sozialpolitisch bestimmten Wohnungsbaues" waren so, besonders auch in der Nachkriegsentwicklung, unausweichlich (HILLEBRECHT 1, S. 44-46).

Die Mitte der 60er Jahre aufkommende Gesellschaftskritik hatte sicherlich starke Wurzeln im Zweifel an der überwiegend technisch geprägten Aufbauphase der Städte. Alexander MITSCHERLICH vermißt bei der dem „Goldrausch verwandten Bautätigkeit nach dem Krieg" eine „Suche nach einer Sozialgestalt". „Eine Gesellschaft, die ihre ´Wiedergutmachung´ - was gleich mit seelischer Genesung ist - dadurch betreibt, daß sie so tut, als hätte es gar keine Katastrophe gegeben, und außerdem, als habe der Prozeß der fortschreitenden Industrialisierung und Bürokratisierung keine zwingenden Folgen für den gesamten Zuschnitt ihres Lebens - eine solche Gesellschaft erwacht in ihren Gliedern sicher unterschiedlich schnell aus ihren Wunschträumen und aus ihren Verleugnungen, aber sie erwacht."

Aber auch die Lebensgewohnheiten in den Städten hätten sich „durch die Schübe der industriellen Entfaltung ebenso gewaltsam verändert, wie das Funktionsgebilde ´alte Stadt´ mit Hilfe industriell gefertigter Waffentechnik zerstört werden konnte". Der Traditionsbruch nach dem Krieg sei so groß gewesen, daß sich keine Bürgerschaft fand, „die sich ihrer Stadt mit einem Blick auf die Zukunft angenommen hätte; statt dessen trat ein Sammelsurium von Behörden in Aktion, die nach Gutdünken wirtschafteten und sich auf die Beschränktheit regierungsungeübter Stadtparlamente einrichteten" (MITSCHERLICH, S. 63 f, 66).

Wirtschaftswachstum und Stadtentwicklung

Die zunehmende Bedeutung der Wirtschaft für die Stadtentwicklung als ein „Bezugspunkt, dessen Kern, Kraft oder Gewicht sich außerhalb der Stadt und ihres Einflusses befindet", ließ Rudolf HILLEBRECHT bereits 1962 befürchten, „daß nun das Pendel von der Vorherrschaft des Wohnungsbaus im Städtebau

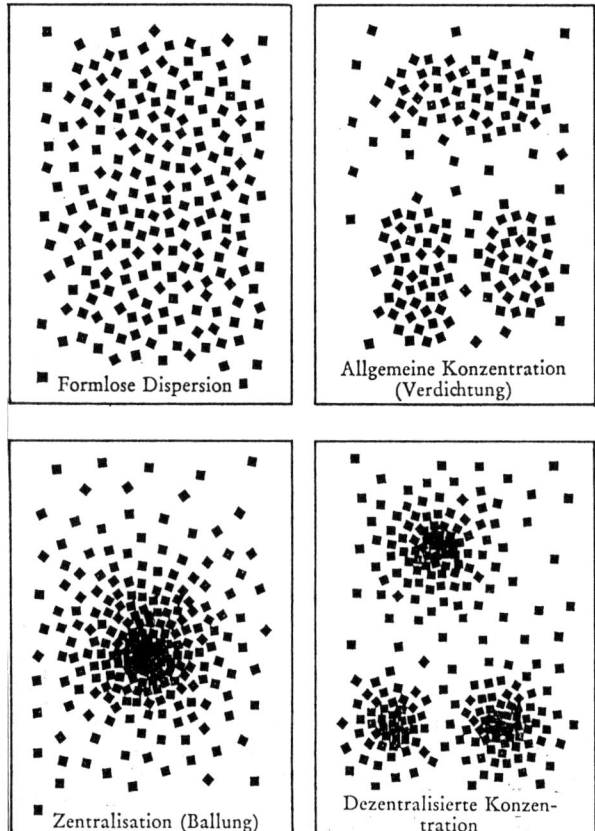

8.1 Formen der Siedlungsentwicklung von der formlosen Streuung bis zur dezentralisierten Konzentration.

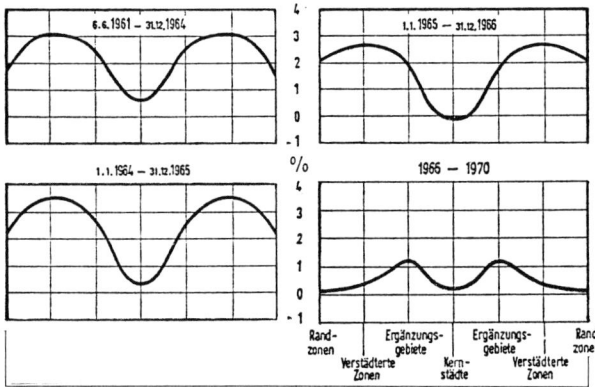

8.2 Ab 1966 ist eine starke Abflachung der Bevölkerungsbewegung in den Stadtregionen zu beobachten.

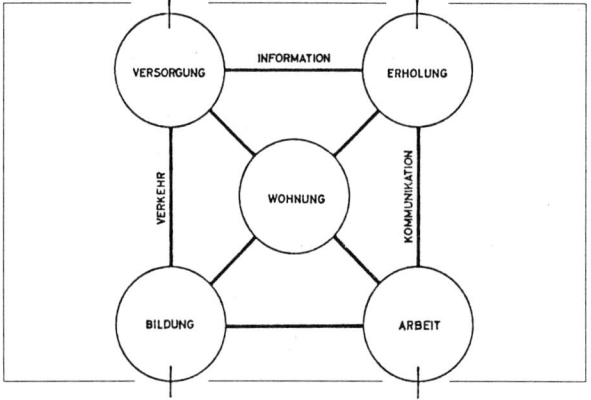

8.3 Die Daseinsgrundfunktionen, mit der Wohnung als Mittelpunkt, werden zunehmend durch Mobilität verknüpft.

zurückschlagen könnte zu einem einseitigen Vorrang der Wirtschaft, wie er im 19. Jahrhundert die städtebauliche Entwicklung unglücklich bestimmte". Die Strukturveränderungen der Wirtschaft in der Nachkriegszeit hätten zu einem sozialen Strukturwandel mit gegenseitigen Wechselbeziehungen geführt, der sich „unmittelbar und mittelbar auf die städtebauliche und bauliche Struktur unserer Städte" (Abb. 8.1, 8.2) in folgenden Punkten ausgewirkt habe:

• Eine „weitere Konzentration von Arbeitsplätzen in den Städten" mit der Folge weiterer Zunahme der Bevölkerung. Der „sinkende Erwerbstätigkeitsgrad" läßt mitunter die Mantelbevölkerung auf das 2,5fache der Erwerbstätigen ansteigen. Daher ist die Anzahl der Arbeitsplätze, die ein Ort aufweist, wichtiger als die Bevölkerungszahl.
• Eine „Zunahme der Dienstleistungstätigkeiten" mit „konzentrierten baulichen Nutzungen, vielen Arbeitsplätzen auf engem Raum, Tendenzen zu weiterer baulichen Verdichtung im Stadtzentrum. Daraus resultiert die „Umwandlung älterer Wohn- und Mischgebiete" in Geschäftsgebiete, die zunehmende Ausweitung des Stadtzentrums oder auch die Entwicklung von Nebenzentren.
• Eine „Verlagerung von Gewerbe- und Industrieanlagen in die Außengebiete" als flächenextensive Gebäude im Flachbau. Die Außengebiete büßen ihren Charakter als stadtnahe Erholungsflächen ein.
• Ein „stetig steigender Bedarf an Wohnungen" durch Vergrößerung der Mantelbevölkerung, Veränderung der Haushaltsgröße, d.h. Verringerung durch Altesrstruktur und höheren Lebensstandard, und Umwandlung zentrumsnaher älterer Wohngebiete in Geschäftsgebiete.
• Wohnungsneubauten werden „in der Regel nur noch in den Außengebieten der Städte" realisiert. Hinzu kommen ein „gestiegener Flächenbedarf der Wirtschaft" und für öffentliche Einrichtungen und Verkehrsanlagen sowie eine geringere Ausnutzbarkeit der Wohnbauflächen als früher.
• Ein „Zwang zur Wohnungsnahme jenseits der Stadtgrenzen" durch verringertes Angebot an Wohnbaugelände und Propagierung des Eigenheims, begleitet von Besitzstreben, erleichtert durch das Auto. Das wiederum führt zu einer Zunahme der Pendlerzahlen.

Zusammenfassend lassen sich die Veränderungen der Stadtstruktur als „Separationsprozeß" beschreiben, der „als Folge der Arbeitsteilung des Produktionsprozesses im Anfang des 19. Jahrhunderts" zunächst eine „Trennung von Arbeitsplatz und Wohnplatz, sodann von Industrieviertel und Wohnviertel" bewirkte. Dieser Prozeß setzte sich bis in die 60er Jahre mit einer Trennung in „Arbeitsstädte" und „Wohngemeinden" fort (Abb. 8.3, 8.4). Dieser durch die Strukturveränderungen der Wirtschaft hervorgerufene „Vorgang der ´Entmischung´ von Baugebieten" führte gleichzeitig zu einer „Umwandlung der Innenstadt unter dem Konzentrationsdruck der Wirtschaft" (HILLEBRECHT 1, S. 50/51, 53-55).

Wohnungsbau als ökonomischer Treibriemen

Als Folge der Kriegszerstörungen und der Bevölkerungsumschichtungen ergab sich nach dem Krieg ein übergroßer Wohnbaubedarf. Von den über 10 Mio. Wohnungen, die es vor dem Zweiten Weltkrieg im Gebiet der späteren Bundesrepublik gab, gingen durch Kriegseinwirkungen etwa 2.3 Mio., also mehr als ein Fünftel, in den deutschen Großstädten sogar im Durchschnitt die Hälfte, verloren. Hinzu kam der Zustrom von rund 13 Mio. Flüchtlingen und sonstigen Zuwanderern. In dieser Situation gelang es, mit einer großen wirtschaftlichen Gewaltanstrengung bis Ende 1968 rund 10,5 Mio. Wohnungen, davon rund 5 Mio. Sozialwohnungen fertigzustellen (Abb. 8.5). Mitte der 60er Jahre wurden sogar jährlich durchschnittlich 600.000 Wohnungen gebaut. Insgesamt wurden etwa 290 Mrd. DM, davon rund 70 Mrd. DM öffentliche Mittel in den Wohnungsbau investiert (Abb. 8.6). An diesen finanziellen Aufwendungen läßt sich die konjunkturpolitische Bedeutung des Wohnungsbaus und sein großer Anteil am gesamtwirtschaftlichen Aufschwung erkennen (BREUER, Handwörterbuch Sp. 3837 f.).

„Allein zwischen 1949 und 1954 wuchs die Anzahl der jährlich fertiggestellten Wohnungen von 220 000 auf rund 560 000, die Zahl der neuen Eigenheime mit ein bis zwei Wohnungen von etwa 54 000 auf 140 000; von 1954 bis 1958 werden jährlich rund 150 000 neue Eigenheime gebaut" (DURTH 3; S. 14). Bei diesem Tempo blieb es nicht aus, daß Quantität vielfach vor Qualität ging, so daß schon nach wenigen Jahren erhebliche Bauschäden zu beklagen waren. Aber auch die sehr kleinen und stark unterteilten Wohnungen der 50er Jahre konnten später nur mit erheblichem Aufwand an die gestiegenen Standards angepaßt werden. Erst nach der Beseitigung des drängendsten Fehlbestands konnte der Wohnungsbau auch qualitativ verbessert werden. Die starke Eigenheimförderung und die gesteigerte Mobilität durch den Autoverkehr hatten zu einer großen Erweiterung der städtischen Baugebiete geführt.

Der Autoverkehr beherrscht den Städtebau

Bereits in den 50er Jahren hatte die starke Trennung der städtischen Funktionen zu einem funktionalen und baulichen Überschreiten der administrativen Stadtgrenzen geführt (S. 213). Das stark angestiegene Verkehrsaufkommen und die damit verbundenen planerischen und organisatorischen Probleme waren - neben anderen - das bedeutendste Indiz für die Tatsache, daß sich im Sinne eines Leistungsaustausches eine „Funktionsmischung" nur noch großräumig, d.h. regional verwirklichen lassen würde. Siedlungen und Trabantenstädte rückten in den folgenden Jahren immer weiter „vor die Tore der Stadt" und wurden auch

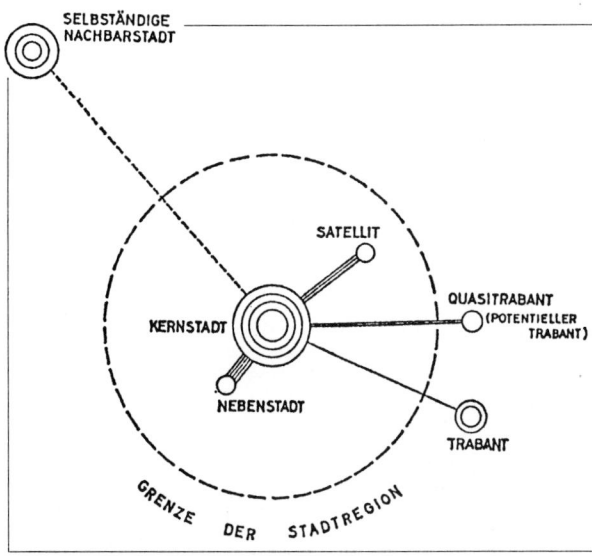

8.4 Verschiedene Zuordnungen von neuen Siedlungen zur Kernstadt in einer Stadtregion. Satellit oder Trabant?

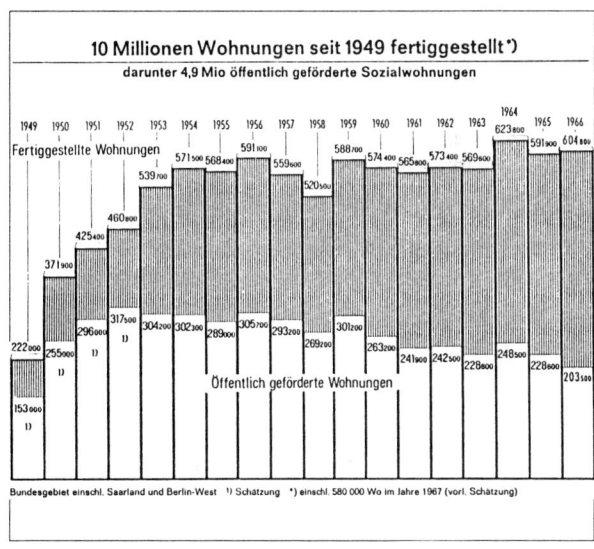

8.5 Fertiggestellte und geförderte Wohnungen 1949-1966. Der Wohnungsbau bringt die Wirtschaft auf Trab.

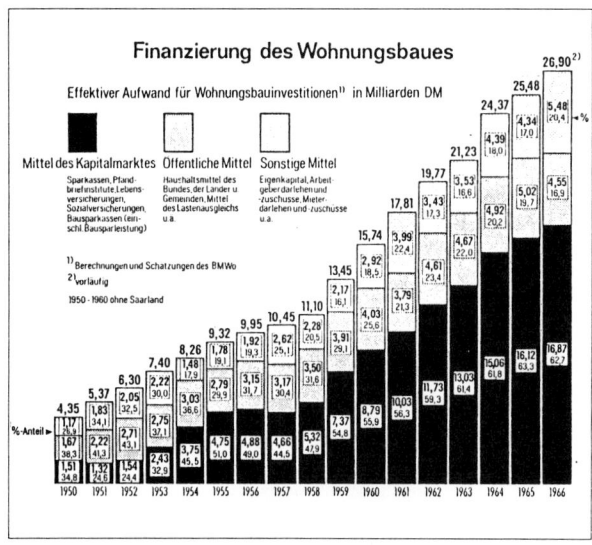

8.6 Der Wohnungsbau wurde zunehmend aus Mitteln des Kapitalmarkts finanziert: Erhöhung von 35 auf 63 %.

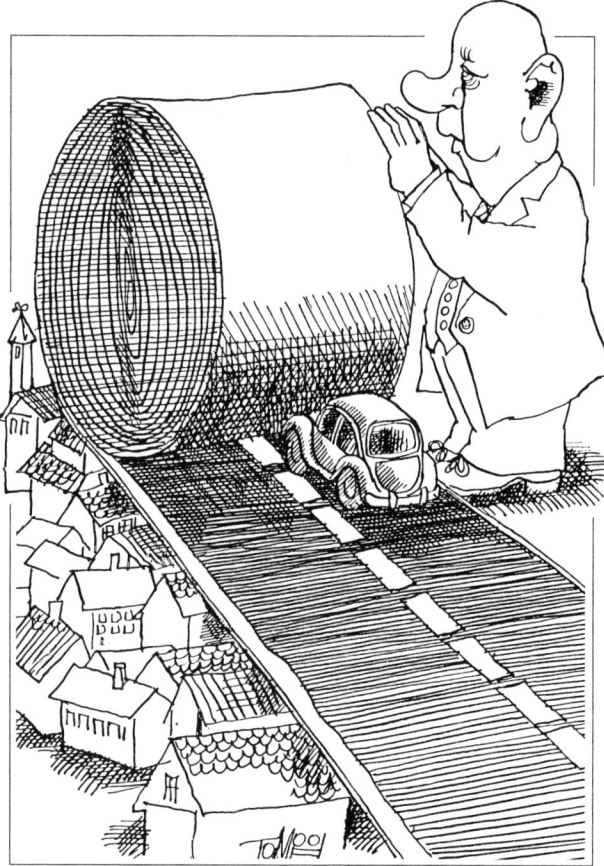

8.7 Nur ein verstärkter Straßenbau hält die monofunktionalen und separierten Stadteinheiten zusammen.

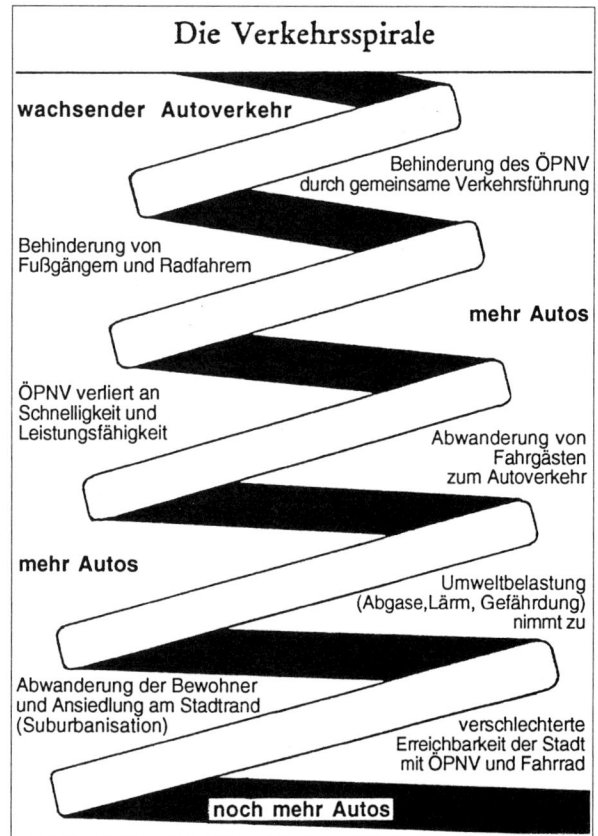

8.8 Die Verkehrsspirale: Immer mehr Autos erfordern immer mehr Straßen, die Platz für neue Autos bieten ...

ständig größer, an Fläche und Einwohnern. Es war eine Zeit der „Stadtgründungen".

Von der Neuen Vahr in Bremen über Düsseldorf-Garath und die Nordweststadt in Frankfurt am Main bis hin zu Nürnberg-Langwasser und die neuen Vorstädte Münchens (S. 244 ff.) wurden Ende der fünfziger Jahre neue Städte für 30 000 Einwohner und mehr geplant. Diese Satelliten und Trabanten (Abb. 8.4) wurden zwar noch funktionell und kulturell auf die alten Stadtkerne bezogen, sollten aber eine eigenständige Identität erhalten.

Diesem Ziel widersprach die immer deutlichere Trennung der städtischen Funktionen und eine verzögerte Bereitstellung der Wohnfolgeeinrichtungen. Deshalb wurden die „neuen Städte" zu Großwohnanlagen mit einer montonen Umgebung für Frauen und Kinder und zu Schlafstädten für Erwerbstätige. „Schon Anfang der sechziger Jahre zeichnet sich ein Zerfall der Städte in monofunktionale, separierte Einheiten ab, die auf Dauer nur durch verdichtete Verkehrsverflechtungen zusammen gehalten werden können, wenn Planung nicht von vornherein auf stärkere Integration auch der heterogeneren Teile drängt" (DURTH 3, S. 28, Abb. 8.7).

Andererseits hatte der stark angestiegene Bestand an Kraftfahrzeugen erst eine Stadtentwicklung ermöglicht, die auch weiterhin über Jahrzehnte von den stadtstrukturellen Möglichkeiten des motorisierten Individualverkehrs entscheidend geprägt wurde. Dieses Wechselverhältnis von motorisiertem Individualverkehr und in die Fläche gehender Stadtentwicklung wird schon bald als „Verkehrsspirale" (Abb. 8.8) beschrieben und gipfelt schließlich in der Feststellung vom „Alptraum Auto" (s. S. 306).

Obwohl die eigentlichen Boomzeiten des Autoverkehrs erst noch bevorstanden, konnte von 1950, 1960, 1970 bis 1980 ein Anwachsen des Bestands an Personenwagen von 0,54, 4,5, 13,9 auf 23,2 Mio. und der Lastkraftwagen von 0,4, 0,7, 1,0 auf 1,3 Mio. verzeichnet werden. Das Verhältnis von öffentlichem Verkehr zu Individualverkehr war 1950 landesweit noch 67 zu 33%, verkehrte sich innerhalb von nur zehn Jahren bis 1960 (bei einem fast zehnfachen Pkw-Bestand) mit 36 zu 64% ins Gegenteil und verschlechterte sich bis 1970 noch einmal auf 23 zu 77% (WOLF, S. 184, 151). In den großen Städten war das Verhältnis für den öffentlichen Verkehr günstiger.

„Aus einem größer gewordenen Gebiet, das wirtschaftlich und baulich stärker als bisher genutzt wird, strömt der Wirtschafts- und Berufsverkehr mit zentripetaler Richtung in die Innenstadt, die zu einem reinen Geschäftsgebiet geworden ist. Andererseits erzeugen aber auch die weitläufig entwickelten Wohnbaugebiete in den Randlagen mehr Verkehr, insbesondere Berufsverkehr, der sich zu anderer Tageszeit zentrifugal vom Stadtzentrum nach allen Richtungen bewegt. Die hohen Verkehrsspitzen, in denen große Verkehrsmassen zu verschiedenen Zeitpunkten jeweils nur in einer Richtung bewegt werden müssen, schränken die Rentabilität öffentlicher Verkehrsmittel ebenso ein, wie die Weitläufigkeit der Siedlungen in den Außengebieten eine Versorgung mit öffentlichem Nahverkehr erschwert, ja unmöglich macht" (HILLEBRECHT 1, S. 55, 58).

Obwohl dieses Problem in seiner Dimension mit dem heutigen nur schwer zu vergleichen ist, sind die Auswirkungen auf die Stadtentwicklung qualitativ im wesentlichen gleich geblieben. Bereits 1960 forderte der Deutsche Städtetag die Beendigung des gleichsam naturwüchsig „organischen Wachstums" der Städte und damit eine ungesteuerte Zersiedlung des Umlands. Konzepte für eine bauliche Verdichtung an den Haltepunkten der öffentlichen Transportmittel könnten zu anderen Strukturen planmäßiger Entwicklung im Sinne dezentraler Konzentration führen (DURTH 3, S. 28).

Siedlungsentwicklung und Bodenfrage

Ein altes, aber immer wieder aufkeimendes Thema spielte auch in der Planungsdiskussion der 60er Jahre eine wichtige Rolle: die Bodenfrage. Schon die Sozialreformer des 19. Jahrhunderts hatten die Diskrepanz zwischen der öffentlichen Verfügbarkeit von geeigneten Siedlungsflächen und einem privaten Grundbesitz erkannt und auf eine Lösung hingewirkt. Die flächige Siedlungsentwicklung der Nachkriegszeit führte schon bald zu einer Bodenknappheit, die erhebliche Vorteile für die „Bodenbesitzer" brachte (Abb. 8.9). Deshalb forderte Alexander MITSCHERLICH 1965: „Daraus ist eine Konsequenz zu ziehen. Eine freiheitliche Städteplanung ist so lange unmöglich, als es kein Bewußtsein ihrer wahren Hemmnisse in der Bevölkerung gibt" (S. 21).

„In diesem Tabu von der Heiligkeit des Besitzes, besonders des Grundbesitzes (denn unser Geld hat man uns schon oft genommen) - in diesem Tabu stekken nicht zu unterschätzende emotionelle Kräfte. Sie zu entdecken, zu entziffern und der Einsicht zugänglich zu machen, ist ein heißes Problem. Vorerst wird es der Baufachmann nicht anpacken, weil er gegen den Egoismus der Besitzenden machtlos ist. Der Politiker wird es noch weniger tun, weil er sich davon keine Stimmen verspricht, wohl aber die Verketzerung: Du Kommunist! fürchtet. Also kann erst eine genau bezeichnete Unzufriedenheit der ausgebeuteten Besiedler der Städte eine Änderung erzwingen" (S. 22).

Aber trotzdem versuchten viele „Baufachleute", das Problem der öffentlichen Verfügbarkeit des Grund und Bodens anzupacken. Ein Lösungsbedarf wurde in zweierlei Hinsicht gesehen, beim

- *Nutzungsproblem*: „Wie soll der Boden, zu welchen Zwecken von welchen Personen genutzt werden?" und beim
- *Verteilungsproblem*: „Wie sollen die von der Nutzung abhängigen Einkommens- und Vermögensgewinne verteilt werden?" (SCHREIBER, S. 388).

Die Notwendigkeit einer neuen Bodenordnung wurde von Planern, zum Teil sehr drastisch, artikuliert. Es blieb seitens der Politik aber meistens bei schüchternen Lösungsversuchen. „Obgleich eine Fülle von Lösungs- und Reformvorschlägen vorgelegt wurde, fand die gesellschaftliche Bedeutung des Bodeneigentums im Gegensatz zu seiner wirtschaftlichen Bedeutung wenig Beachtung" (SCHREIBER, S. 400). Folglich gingen die Städte bei Siedlungsprojekten pragmatisch vor und versuchten, die erforderlichen Grundstücke im Zuge einer „Bodenvorratswirtschaft" frühzeitig in ihre Hände zu bekommen. Oder sie beauftragten eine große Wohnungsbaugesellschaft, wie die Neue Heimat, mit dem alleinigen Grundstücksgeschäft, wobei andere Interessenten nach vollständigem Grunderwerb mit Baumöglichkeiten versorgt wurden (s. z. B. Mannheim-Vogelstang, S. 261).

An der grundsätzlichen Problematik hat sich bis heute nichts wesentliches geändert. Auch das alte Instrument der Erbpacht setzt voraus, daß der Boden von der öffentlichen Hand erst einmal erworben werden muß, bevor an Formen der Weitergabe gedacht werden kann: „Hamburgs Stadtbaumeister HEBEBRAND hat auf eine Regelung der städtischen Bodenverhältnisse hingewiesen, die durch lange Jahrhunderte im Mittelalter bestanden hat und als Anregung für die Lösung uns aufgegebener Probleme wertvoll erscheint: es ist das Prinzip der Erbpacht, ́eine klare Trennung von Boden und Bauwerk; juristisch ausgedrückt - ein Obereigentum und ein Untereigentum ́. Das Obereigentum liegt bei der Stadt, das Untereigentum beim Bürger" (MITSCHERLICH, S. 22).

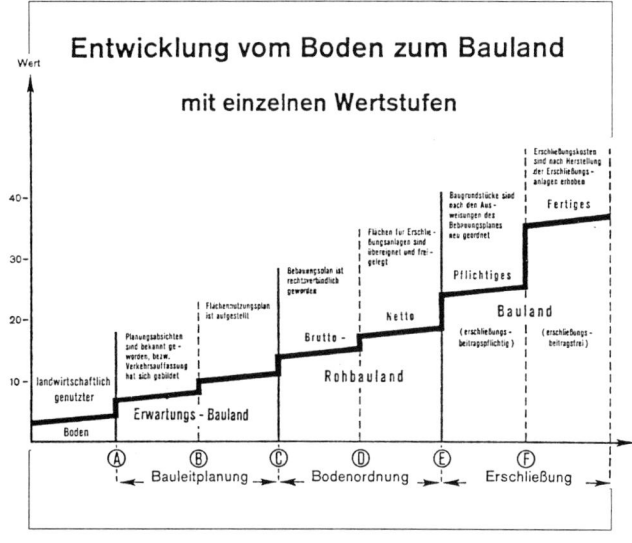

8.9 Wertzuwachs vom Acker zum Bauland: Wer soll den Boden zu welchem Nutzen und Gewinn nutzen können?

8.2. Auf der „grünen Wiese":
Trabanten und Neue Städte

„Das Moment der historisch ungewohnten quantitativen Problematik wurde vom Städteplaner bisher meist linear angegangen; die Straßen wurden länger. Die Zentrierung wiederholbarer und überschaubarer Siedlungseinheiten, ´Trabantenstädte´, scheint ein Ausweg; aber hier lauert die gähnende Langeweile. Alles ist artifiziell, gewollt, beabsichtigt, geplant - manipuliert also. Wir haben es noch nie erleben können, daß eine dieser neuen Siedlungseinheiten plötzlich Strahlungskraft entwickelt und ihre Nachbarschaft sich hierarchisch unterordnete, zur neuen Stadt wurde" Alexander MITSCHERLICH, (S. 81).

Die urbane und verdichtete Stadt

Die städtebaulichen Leitbilder der 50er Jahre, die während des Zweiten Weltkriegs erdacht worden waren und dabei die Anti-Stadt-Tendenzen um 1930 reflektierten, stießen bereits Anfang der 60er Jahre auf erhebliche Zweifel und sogar Ablehnung. Die „Auflockerung" der Siedlungen brachte viel Grün, aber nichts, rein gar nichts Städtisches. Die „Gliederung" schaffte Ordnung in den neuen Stadtteilen, aber

8.10 Die verdichtete Stadt wurde zu einer autobevorrechtigten Stadt mit Verlust des urbanen Stadtraums.

auch Monotonie und Langeweile. Die „Räume" im Wohngebiet waren jetzt „fließend" und von den Straßen abgewandt, aber wo war die „Öffentlichkeit", wo fand „urbanes Leben" statt?

Die Suche nach der verlorenen Urbanität in den Städten wurde zu einem wichtigen Fachthema, so auch 1963 bei einer Tagung des Bundes Deutscher Architekten in Gelsenkirchen. Unter dem Titel „Gesellschaft durch Dichte" wird bereits das programmatische Ziel formuliert: „Es soll dargelegt werden, daß zur Bildung und Festlegung gesellschaftlicher Verflechtungen eine intensive bauliche Dichte unvermeidbar ist."

„Mit den Mitteln ihrer Profession versuchen sich Architekten den Problemen gesellschaftlicher Strukturwandlungen zu nähern - und müssen sie doch verfehlen, so lange der Blick auf die unsichtbaren Zusammenhänge verstellt ist, die bis in die Sehnsüchte der Menschen reichen und stets neue Wünsche an das städtische Leben wecken" (DURTH 3, S. 30).

Urbanität und Dichte wurden zu Schlagworten der städtebaulichen Diskussion in den 60er Jahren, da sie sich als Merkmale eines neuen Leitbilds für neue „Trabantenstädte" anboten (Abb. 8.10 - 8.12). Während diese neuen Großsiedlungen auf den Reißbrettern der Planer entstanden, wurde vorerst nach den alten Mustern weiter gebaut. Bedarf gab es dafür genug, denn inzwischen sprach man von einem „Wirtschaftswunder", das auch Begehrlichkeiten nach Wohnraum, nach zusätzlichem Wohnraum mit sich brachte.

Den Schlüsselbegriff „Urbanität" hatte der Soziologe Edgar SALIN bei einer Konferenz des Deutschen Städtetags 1960 in die Diskussion eingeführt. In einem bewegenden Vortrag zum Begriff und zur Geschichte der Urbanität in Deutschland forderte er statt technischer Rezepte eine verstärkte Politisierung der Planung und politische Aufwertung der Autonomie der Kommunen als lokaler Einheiten demokratischer Kultur. „Urbanität ist ihm zentrale Kategorie eines gleichermaßen staats- und stadtbürgerlichen Bewußtseins, das nach der pragmatischen Aufbauarbeit nun endlich auch zu einer neuen Sittlichkeit und Toleranz im Umgang der Menschen untereinander führen soll. Doch trotz des deutlich moralischen Appells der Rede SALINS greifen viele Planer und Architekten das Wort von der Urbanität in den folgenden Jahren lediglich als wohlfeiles Stichwort auf, um damit gröbste Spekulationsinteressen zu übertönen: Als ´urban´ gilt nun allzu oft schon die maximal ertragreiche Stapelung verwertbarer Geschoßflächen auf Grundstükken in zentraler Lage" (DURTH 3, S. 28).

„In Kontrast zur Weiträumigkeit und Höhenbegrenzung vieler Wiederaufbaupläne der fünfziger Jahre wird die Steigerung der Bebauungsdichte als Ausweis modernen Städtebaus schlechthin angeführt. Dabei fehlt es nicht an pseudowissenschaftlicher Legitimation. Von durchsichtigen Interessen geleitet werden soziologische Studien so interpretiert, als könne allein aus der Verdichtung von Bauten, Funktionen und Menschen auf engstem Raum jener Anspruch an Gesellschaftlichkeit städtischen Lebens und lebendiger Öffentlichkeit eingelöst werden, der in vielen Menschen nach den vergangenen Jahrzehnten zum brennenden Bedürfnis wird" (DURTH 3, S. 28/29).

Kennzeichnend für die Städtebau-Diskussion der Jahre um 1970 war dann die starke soziologische Ausrichtung. Die Stadtkritik wurde von den Soziologen angeführt und beherrscht, so daß schließlich Heide BERNDT nach dem „Gesellschaftsbild bei Stadtplanern" fragte. Diese luden Soziologen in ihre Planerteams ein, was aber nicht selten zu einem vorzeitigen Ausscheiden der „Gesellschaftswissenschaftler" führte, so Alexander MITSCHERLICH beim Projekt Emmertsgrund in Heidelberg (S. 259). Über die Zusammenarbeit bemerkte der Architekt Fred ANGERER später:

„Für mich war ein wertvolles Erlebnis, MITSCHERLICH näher kennenzulernen. Es war allerdings auch manchmal frustrierend, und zwar deswegen, weil er Dinge gefordert hat, von denen er selber wissen mußte, daß sie eigentlich nicht stimmen. Als erstes hat er gesagt, es darf keine Schlafstadt sein. Da haben wir ihn gefragt, wo sollen denn die Leute arbeiten, sagen Sie uns wo?"

„MITSCHERLICH sagte, da müssen wir was finden. Daß MITSCHERLICH dann ausgestiegen ist, war nicht gut, denn zusammen wäre für uns vieles leichter gewesen. MITSCHERLICH hat eine wesentliche Rolle bei allen Entscheidungen gespielt, und als die ersten Einwände kamen, ist er ausgestiegen, das habe ich nicht sehr mutig gefunden" (IRION/SIEVERTS, S. 93).

Planerische Prinzipien und Planungsprozeß

Für städtebauliche Leitbilder sind die gesellschaftlichen Bedingungen, aus denen sie entstehen und unter denen sie praktische Verwirklichung finden, von großer Bedeutung. Wobei zwischen Entstehung und Umsetzung von Leitbildern immer eine mehr oder weniger große Zeitspanne liegt. Konzeptionelle Vorstellungen und soziale Ziele benötigen einen gesellschaftlichen „Gärungsprozeß", um dann schließlich ein passendes „Zeitfenster" zur Verwirklichung zu bekommen. Jede Idee hat ihre Zeit, in der gesellschaftliche Entwürfe auch in städtebauliche Konzepte transformiert werden. So läßt sich die Zeit nach 1960 als eigenständige Phase der Entwicklung des Städtebaus seit der Jahrhundertwende charakterisieren:

- Ab 1900 formierten sich gesellschaftliche Kräfte zur Formulierung und Umsetzung neuer Konzepte, wie der Gartenstadt.

- Ab 1920 wurden die neuen Vorstellungen konkretisiert und modifiziert, so zum Zeilenbau in Trabantenstädten.

- Um 1940 begann die Integration verschiedener Strömungen im Leitbild der „Stadtlandschaft". Das Ziel der „Gliederung und Auflockerung der Städte" als Ausdruck der Funktionstrennung der Charta von Athen wirkte bis in die sechziger Jahre weiter.

- Ab 1960 folgte die Anpassung an die veränderten Bedingungen tertiärer Stadtentwicklung unter dem oft mißbrauchten Motto der „Urbanität durch Dichte". Massenproduktion und Massenkonsum einerseits und soziale Differenzierung andererseits führten zu Widersprüchen bei den Planungsvorstellungen.

8.11 „Urbanität durch Dichte": Führt die Anhäufung von Baumassen und vielen Menschen zu urbanem Leben?

8.12 „Gesellschaftliche Vielfalt durch bauliche Vielfalt" empfahl sogar die kritische Ausstellung „Profitopolis".

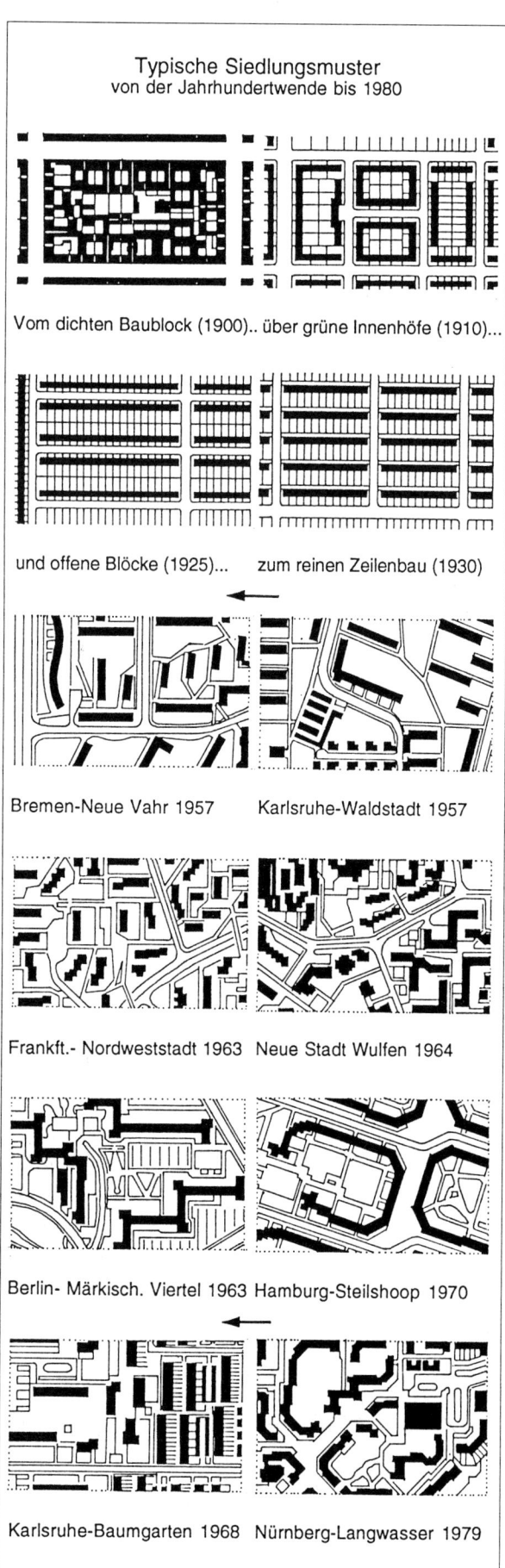

Typische Siedlungsmuster
von der Jahrhundertwende bis 1980

Vom dichten Baublock (1900).. über grüne Innenhöfe (1910)...

und offene Blöcke (1925)...   zum reinen Zeilenbau (1930)

Bremen-Neue Vahr 1957   Karlsruhe-Waldstadt 1957

Frankft.- Nordweststadt 1963   Neue Stadt Wulfen 1964

Berlin- Märkisch. Viertel 1963 Hamburg-Steilshoop 1970

Karlsruhe-Baumgarten 1968   Nürnberg-Langwasser 1979

8.13 Die Auflösung der Siedlungsstrukturen bis in die 60er
Jahre und die Wiederentdeckung des Stadtraums.

- Ab 1970 führte die letzte Phase der Umsetzung überkommener Leitbilder zu Kritik aus verschiedenen Planungs- und Wissenschaftsbereichen.

Daneben erhoben auch Geschäftsleute und Politiker „Forderungen nach einer Wiederbelebung der verödenden Innenstädte, nach einem neuen Formenreichtum und funktioneller Differenzierung, die nicht mehr nur den ubiquitären Versorgungsansprüchen, sondern auch der qualitativen Hierarchie des Warenangebots und der Vielfalt von Geschmackspräferenzen und Darstellungsbedürfnissen eines neuen Publikums Rechnung tragen sollten" (DURTH 2, S. 107).

Diese Phasen des Städtebaus lassen sich auch recht deutlich an den gebauten Siedlungsmustern ablesen (Abb. 8.13). Die planerischen Prinzipien nehmen quasi Gestalt an. Die „hygienegeleitete Formreduktion" führt „konsequent" zu einem strengen „Zeilenbauschema" am Ende der 20er Jahre, das in den 50er Jahren zunächst „aufgelockert" und schließlich „aufgelöst" wird. Mit den „urbanen" Großformen des Wohnungsbaus wird in den 60er Jahren ein städtebaulicher Weg eingeschlagen, der in den 70er Jahren zum Ausgangspunkt zurückführt, dem Baublock, wenn auch in wesentlich modifizierter Form.

Dieser Wandlungsprozeß der Siedlungsmuster als Ausdruck der Veränderung der städtebaulichen Leitbilder geht mit unterschiedlichen Baudichten einher. Hatte die Blockbebauung der Jahrhundertwende noch eine Geschoßflächenzahl (GFZ = Geschoßfläche pro Grundstücksfläche) von fast 3,0, so sank sie in den Zeilenbausiedlungen der 20er und der 50er Jahre auf etwa 0,5 und stieg dann in den „verdichteten" Quartieren der 60er Jahre wieder auf über 1,0 an. Dazu einige Beispiele mit Baubeginn, mittlerer Geschoßflächenzahl und Nettowohndichte:

KA-Waldstadt:	1957	GFZ 0,55	141 EW/ha
MA-Vogelstang:	1964	GFZ 0,67	222 EW/ha
F-Nordweststadt:	1963	GFZ 0,85	330 EW/ha
M-Neuperlach:	1967	GFZ 0,96	320 EW/ha
HH-Steilshoop:	1970	GFZ 1,12	404 EW/ha
B-Gropiusstadt:	1962	GFZ 1,28	340 EW/ha
HD-Emmertsgrund:	1969	GFZ 1,35	424 EW/ha

Die zweite Generation der Neuen Städte will durch stark verdichtete Bauformen eine neue Urbanität schaffen, die bewußt mit der umgebenden Natur der freien Landschaft kontrastiert. Es ist die Zeit der großen Wachstumserwartungen und des Glaubens an die Allzuständigkeit der Planung. Mit den Zielen, Fläche zu sparen und durch die Steigerung der Wohndichte und der Anordnung kurzer Wege zu den Gemeinschaftseinrichtungen das städtische Leben zu fördern, wird das Leitbild von der gegliederten und aufgelockerten Stadt mit ihrer geringen Dichte und der Dominanz der Natur als antiurban verworfen. „Damit wird auch das Ordnungsprinzip der kleinen Nachbarschaft aufgegeben zugunsten größerer Einzugsgebiete mit mehr Zentralität der Gemeinschaftseinrichtungen, ohne das Ziel der Einheit von Form, Funktion und Lebensbezügen zu verlassen" (IRION/ SIEVERTS, S. 14).

Aber auch der Planungsprozeß war komplexer geworden, so daß nicht nur Wohnungsbaugesellschaften als Bauträger eingeschaltet wurden, sondern auch Gesellschaften als Planungsträger, die von der städtebaulichen Konzeption über den Erwerb der Grundstücke bis zum Bau der Gebäude alles in einer Hand vereinigten. Dabei konnte es nicht ausbleiben, daß die Bebauungspläne entweder sehr allgemein und damit flexibel gehalten wurden, oder sie vollzogen die konkreten Baupläne lediglich nach und wurden sogar erst nach Bau der Gebäude fertiggestellt. Der damalige Oberbürgermeister RATZEL schilderte später diesen Prozeß bei Mannheim-Vogelstang: „Die Neue Heimat war von ihrer finanziellen Ausgangssituation her sicherlich eher in der Lage als die Stadt, den Grundbesitz auf Jahre hinaus praktisch zu stapeln, bis auch das letzte Grundstück in ihrem Besitz war und dann bebaut werden konnte." Andere Baugesellschaften wurden mit dem Versprechen aus dem Grunderwerb herausgehalten, sie würden „nach erfolgtem Totalerwerb ein ihrer Leistungsfähigkeit angemessenes großes Gelände zugewiesen bekommen, um es unter Einfügung in die Gesamtplanung nach ihren Vorstellungen bebauen zu können." (IRION/SIEVERTS, S. 62)

„Bei der Aufstellung des Bebauungsplans hatten wir einen erläuternden Baukörperplan, der zeigte, wie sich die bauliche Entwicklung darstellen sollte. Danach wurde der eigentliche Bebauungsplan festgelegt, den man angesichts dieser Organisationsform, die man dort gefunden hatte, sehr großzügig festlegte. Also keine Gebäudefestlegungen traf, sondern in Arealen maximale Gebäudehöhen beschrieb, maximale Nutzungen, im übrigen aber auf diesen Baukörperplan oder Richtlinienplan für die Gestaltung verwiesen hat. Das wurde aber nicht im einzelnen festgelegt." Soweit Peter DRESEL, Architekt des wagenförmigen Mittelhochbaus in Vogelstang (IRION/ SIEVERTS, S. 67).

Kennzeichen dieser zweiten Generation von Neuen Städten sind:
• „Starke horizontale und vertikale Verdichtung der Bebauung in geometrisch geordneter Baustruktur bis zur einheitlichen städtebaulichen Großform,
• bauliche Verknüpfung der Gemeinbedarfseinrichtungen mit der Wohnbebauung mit dem Ziel kurzer, witterungsgeschützter Wege,
• Vergrößerung der Infrastruktureinrichtungen mit der Folge größerer Einzugsbereiche - räumlich ausgeglichen durch die größere Wohndichte - und dem Ziel der betrieblichen Optimierung und der Maximierung der Wahlfreiheit für den Nutzer,
• Natur und Landschaft als Kontrastumgebung, Grün innerhalb der Stadt vorwiegend als geometrisch angeordnetes Stadtgrün,
• Bebauung geprägt durch Industrialisierung der Bausysteme, Bauökonomie als Ausdrucksprinzip: Form folgt Fertigung,
• Dominanz der Verkehrssysteme in Form von Straßensystemen und Pkw-Garagen in mehreren Ebenen, häufig ergänzt durch die technische Ausrüstung, z. B. zentraler Müllsammelsysteme, Fernheizung und Verkabelung jeder Wohnung" (IRION/ SIEVERTS, S. 14/15).

Bei der nachfolgenden Beschreibung werden einige Großsiedlungen und Trabantenstädte der 60er und 70er Jahre nach groben Merkmalen in folgende Gruppen eingeteilt:
• Zeilenbau in der Tradition der 20er Jahre,
• aufgelockerte Baustruktur, wie vor 1960,
• starke Verdichtung und „Urbanität",
• neue Formen der Blockbebauung und
• wechselnde Strukturen bei langer Bauphase.

8.14 Fasanenhof in Stuttgart. Das Luftbild um 1965 zeigt deutlich die noch nicht eingegrünte Zeilenstruktur der Siedlung mit höheren Scheibenhäusern und punktförmigen „städtebaulichen Dominanten" (Bildmitte: „Salute" von H. SCHAROUN).

Zeilenbau:
Tradition der 20er Jahre

Auch nach 1960 wurde die Tradition des streng ausgerichteten Zeilenbaus bei einigen wenigen Großsiedlungen fortgeführt. Aber anders als in den 20er Jahren wurden die verschiedenen Bauformen stärker differenziert, von der zweigeschossigen Reihenhauszeile bis zu sechs oder acht Geschosse hohen Mietshauszeilen. Außerdem wurden Wohnhochhäuser als städtebauliche „Akzente" oder „Dominanten" in die Konzeption mit einbezogen. Die Gemeinbedarfseinrichtungen und ein Einkaufszentrum sind meistens einem Grünzug zugeordnet. Die Straßen verlaufen überwiegend geschwungen, im Kontrast zum strengen Muster der Gebäude, senkrecht zu den Hauszeilen, die durch Stichwege erschlossen werden. Als Beispiele werden der Fasanenhof und Freiberg in Stuttgart vorgestellt.

• **Fasanenhof** in Stuttgart 1960-1965

Nach einer Planung durch das Stadtplanungsamt (F. G. HEYER, F. HAHN, W. HOPF) erfolgte von 1960 bis 1965 die Realisierung durch 28 Bauträger, meist gemeinnützige Wohnungsbaugesellschaften. Der Name leitet sich von einer Fasanerie ab, die 1730 von Herzog Eberhard Ludwig eingerichtet und später mit Lustschloß und Parkanlage ausgebaut wurde. Schon 1941 war hier eine SA-Siedlung für 10.000 Einwohner mit geschlossener Bebauung und zentralem Versammlungsplatz geplant worden. Die Wohnanlage mit Stadträumen in Anlehnung an mittelalterliche Städte entsprach dem damaligen Leitbild (s. S. 153, Abb. 6.10). Die Nachkriegsplanung unterschied sich davon erheblich und bestand aus einer 3-, 4- und 8-geschossigen, nord-süd-gerichteten Zeilenbauweise sowie drei Hochhäusern mit 20 Geschossen (Abb. 6.14, 6.15). Das 78 ha große

Wohngebiet für 10 000 Einwohner (1995 ca. 7 000 EW) mit einer Nettosiedlungsdichte von 311 EW/ha sollte eine soziale Durchmischung erhalten. Entsprechend waren unterschiedliche Gebäudetypen und „Belegungs- bzw Eigentumsformen" vorgesehen: 2.076 (= 73%) soziale Mietwohnungen, 649 (= 20%) Eigentumswohnungen und 96 (= 7%) Reihenhäuser.

Ein Grünzug erstreckt sich längs auf dem Grat eines Geländerückens mitten durch das Wohngebiet. Dort befinden sich das Zentrum (Europaplatz) und verschiedene öffentliche Einrichtungen. Eine äußere Ringstraßenerschließung mit nach innen führenden Sackgassen ermöglicht kammartig eine Wegeverbindung der Zeilen mit dem Grünzug. Ein Straßenbahnanschluß war geplant, wurde aber bis heute nicht realisiert. Ganz unterschiedlich in Konzeption und Form sind die Wohnhochhäuser:

Fasan I, 22 Geschosse: Architekten Wilhelm TIEDJE und Josef LEHMBRUCH, 200 Eigentumswohnungen in einer Ost-West-Hochhausscheibe.
Fasan II, 20 Geschosse: Architekten Otto JAEGER und Werner MÜLLER, Doppelhochhaus mit einem Zweispänner-Punkthaus und einer Laubengang-Scheibe.
Fasan III, 7 Geschosse: Scheibenhaus entlang dem Lärmschutzwall der B 27, 1968 von der Neuen Heimat Baden-Württemberg geplant und gebaut, 100 Mietwohnungen.
Salute, 20 Geschosse: Architekten Hans SCHAROUN und Wilhelm FRANK, 1961 bis 1963 mit einem typischen, gegliederten Grundriß und spitzwinklig herausragenden Balkonen gebaut. Die Wohnungen der zwei gekrümmten Scheiben werden von einem fast freistehenden Treppen- und Aufzugsturm erschlossen.

• **Freiberg** in Stuttgart 1964-1970

In Anlehnung an Forderungen und Konzepte LE CORBUSIERS wurden mehrere Nord-Süd-Hoch-

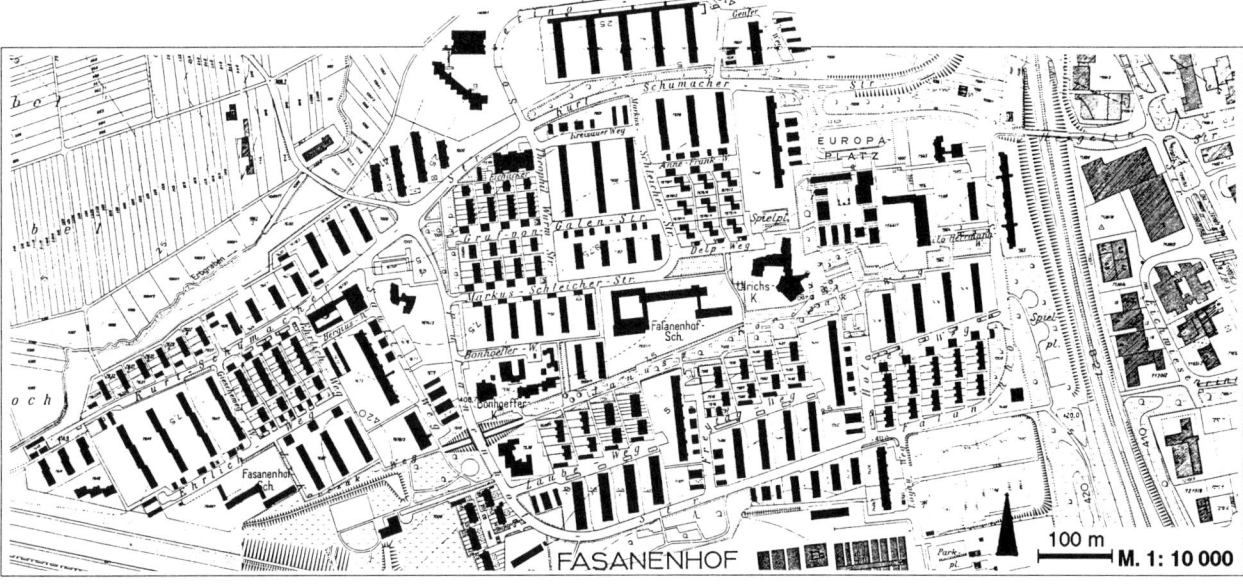

8.15 Fasanenhof in Stuttgart mit konsequetem Zeilenbau. Beidseits einer von Südwesten nach Nordosten verlaufenden Grünzäsur mit öffentlichen Einrichtungen und dem Europaplatz-Zentrum befinden sich verschiedene Wohnbauformen.

hausscheiben mit offenen, auf Stützen stehenden Erdgeschossen in eine parkähnliche Grünzone gestellt (s. S. 278, Abb. 8.83). Anschließend bis zur Hangkante mit vorgelagerten Weinbergen wurde ein Gebiet mit flacher Bebauung angeordnet. Damit sollten die Ziele schöne Aussicht, gute Besonnung und viel Grün erreicht werden. Freiberg ist Teil eines Siedlungsbands auf dem Höhenrücken von der Rotwegsiedlung (s. S. 200) bis zur Siedlung Mönchfeld, 1956-1964 (Abb. 8.17). Die Planung wurde 1959-62 vom Stadtplanungamt (F. G. HEYER, H. BLUME, M. SCHEMP, F. STÖRR) durchgeführt und von 20 Baugesellschaften 1964-70 realisiert (Abb. 8.16, 8.18).

Auf dem 87 ha großen Gesamtgelände (Nettowohnbauland: 38,3 ha (54,7%), Gemeinbedarf: 10,6 ha, Straßen: 7,7 ha) entstanden 292 Wohngebäude mit 3 081 Wohnungen. Davon 880 als allgemeine Sozialwohnungen, 1 110 als Werkswohnungen (SSB, TWS, Post ...) und ca. 100 Einfamilienhäuser. Die Dichtewerte sind: Hochhausgebiet: GRZ 0,35, GFZ 1,08 - 1,3; eingeschossige Einfamilienhäuser: GRZ/GFZ 0,6; zweigeschossige Reihenhäuser: GRZ 0.45, GFZ 0,9 und das später im Westen ergänzte Bürohochhaus der Landesversicherungsanstalt (LVA): GRZ 0,8, GFZ 2,4.

Das Planziel, 10 000 Einwohner, konnte mit 8 218 im Jahr 1972 aber nicht erreicht werden. Bis 1987 sank die Bevölkerungszahl sogar auf 7 700 Menschen. Die Siedlung ist mit zahlreichen Gemeinbedarfseinrichtungen ausgestattet: Kindergärten, Schulen, Sporthallen, Jugendhaus, 2 Ladenzentren (5 500 qm, 1 300 qm); Fernwärmeanschluß. In der Bebauungsplanbegründung hieß es: „Aus dem Wechsel von hohen und niederen, von weiträumigen und dichteren Baugruppen ergibt sich die städtebauliche Eigenart der Plangestaltung, die Gleichförmigkeit vermeidet, jedem das Seine gibt und die Lebensgemeinschaft aller Bewohner am Genuß der reizvollen Höhenlandsschaft teilnehmen läßt."

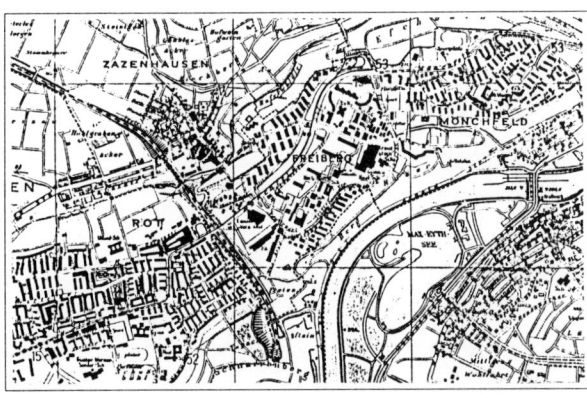

8.17 Siedlungsband der Nachkriegszeit im Stuttgarter Norden: Rotwegsiedlung, Freiberg und Mönchfeld (v. l.).

8.18 Stuttgart-Freiberg: Der Höhenrücken oberhalb des Neckartals bietet eine ausgezeichnete Aussichtslage.

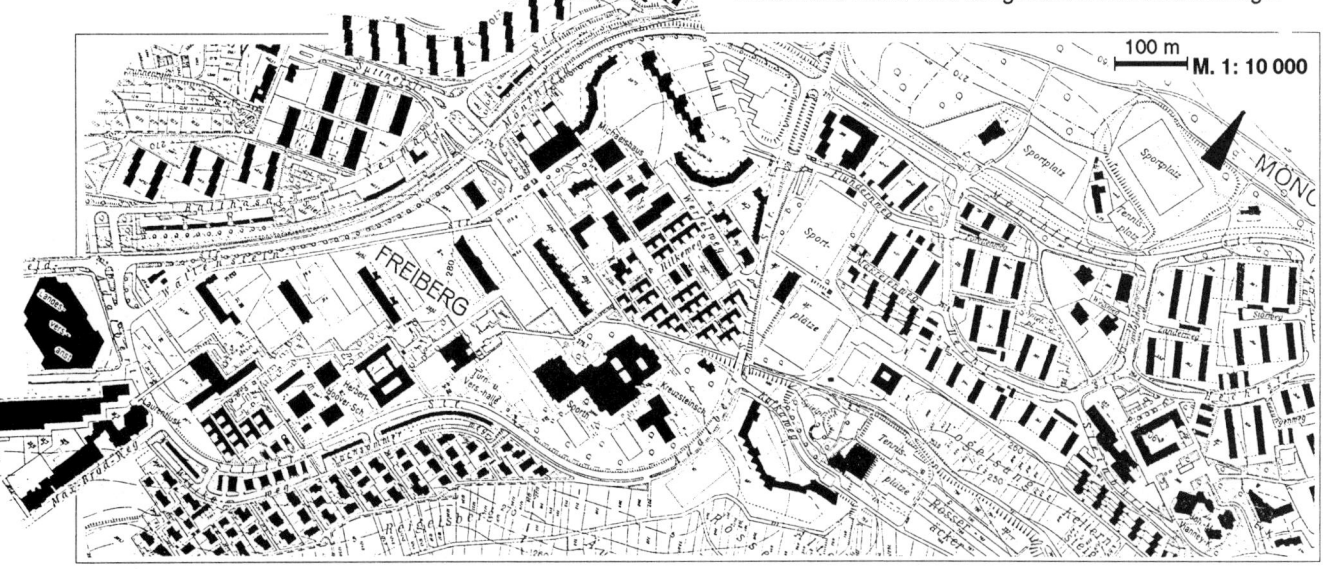

8.16 Freiberg in Stuttgart mit „Wohnen im Park". Die Baumasse wurde in fünf Hochhausscheiben auf Stützen konzentriert, um einen durchgehenden Grünbereich mit öffentlichen Einrichtungen und Zentrum (l. mit LVA) zu erhalten.

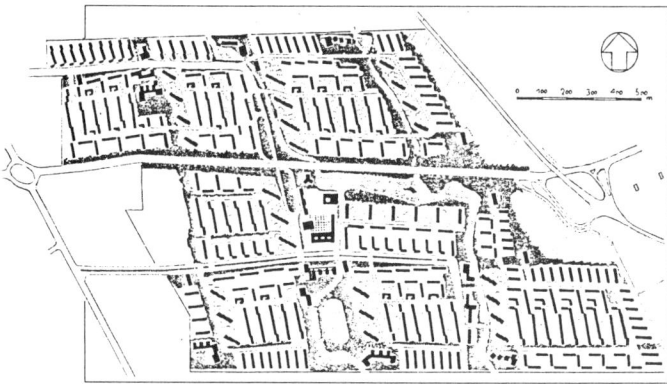

8.19 Endgültiger Plan der neuen Vahr von drei Architekturbüros. „Avantgardismus im modernen Städtebau"?

8.20 Die Hauszeilen am zentralen Vahrer See verdeutlichen die Grundidee: „Fließende, begrünte Stadträume".

Aufgelockert:
Nach altem Leitbild

Das Leitbild der „aufgelockerten und gegliederten Stadt" wirkte auch nach 1960 weiter. Es war nicht verwunderlich, denn die Planungen hatten vielfach schon früh in den 50er Jahren begonnen. Auch war das Leitbild nicht so konkret, daß darunter nur eine ganz bestimmte Konzeption zu verstehen war. Die Bildung von durchgrünten Baugruppen und deren Wiederholung zu „Nachbarschaften", die voneinander durch Grünzüge getrennt waren, ergab ein untrügliches Kennzeichen. Eine großzügige Erschließung mit Schnellstraßen gehörte ebenso dazu wie ein großflächiges Zentrum. Beispielhaft werden hier erwähnt: die Neue Vahr in Bremen, die noch sehr stark in den 50er Jahren wurzelt, Garath in Düsseldorf und auch die Nordweststadt in Frankfurt, die zwar nach dem Leitbild der Raumstadt konzipiert ist, aber ebenfalls zur Kategorie „aufgelockert" gezählt werden kann.

• **Neue Vahr** in Bremen 1957-1962

Nach getrennten Konzeptvorschlägen wurden 1956 die Architekten Ernst MAY, Hans Bernhard REICHOW und Max SÄUME / Günter HAFEMANN, Bremen, beauftragt, in Arbeitsgemeinschaft einen Bebau-

8.21 Die Neue Vahr, um 1965, wird später zu einer durchgrünten Wohnstadt in weiter Landschaft. Die Zeilen sind durch Hochhäuser „akzentuiert". Das AALTO-Hochhaus (Bildmitte oben) markiert das auszubauende Zentrum mit Geschäften.

8.22 Neue Vahr in Bremen mit Gartenstadt Vahr (r.u.). Straßen unterteilen den Stadtteil in Nachbarschaften, die aus innenhofbildenden Zeilenstellungen zusammengestzt sind.

ungsplan für das Gelände östlich der „Gartenstadt Vahr" (s. S. 201) zu entwerfen. Im Rahmen des 1955 beschlossenen „Gesetzes zur Behebung der Wohnungsnot im Lande Bremen" sollten 10 000 Wohnungen eines auf vier Jahre und 40 000 WE festgelegten Programms realisiert werden. Das Konzept für das über 200 ha große und etwa fünf Kilometer vom Stadtzentrum entfernte Gelände sah fünf „Nachbarschaften" vor (Abb. 8.19). Diese bildeten mit Schule, Laden- und Gemeinschaftseinrichtungen eigene, durch Grünzüge und Straßenschneisen getrennte Einheiten.

Neben etwa 1 250 Einfamilienhäusern waren hauptsächlich vierstöckige Wohnzeilen vorgesehen, deren lockere Gruppierung abwechslungsreiche Grünräume bildeten (Abb. 8.21, 8.22). Außer achtstöckigen „Wohnscheiben" wurden als Orientierungspunkte sieben 14-stöckige „Punkthäuser" erstellt. „Neben den 14-geschossigen Nachbarschaftsdominanten und den Hochhäusern an der Autobahn sollte ein weiteres Hochhaus entstehen, das alle anderen Bauten weit überragt. Am Kopf des Vahrer Sees, so die Absicht der Planer, werde sich ein 22-geschossiges Hochhaus gleichsam als Symbol der Großsiedlung erheben. Daneben sollte es die Lage des Einkaufszentrums Berliner Freiheit markieren. Die angestrebte Zentralität fand ihren Ausdruck in der Höhe." Der finnische Architekt Alvar AALTO plante und baute bis 1960 das fächerförmige Wohnhochhaus, dessen 180

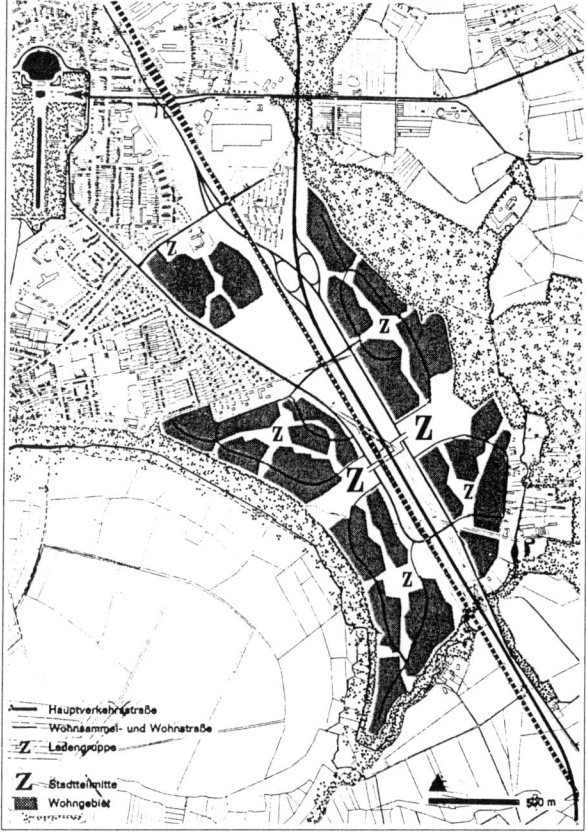

8.23 Funktionsschema von Garath. Fünf Nachbarschaften mit Ladengruppe und fußläufiger Grünverbindung.

Klein-Wohnungen (ein bis zwei Zimmer) sich „wie die Finger einer Hand der Abendsonne entgegenstrecken" (GEWOBA, S. 61, 63).

Wie die Gartenstadt Vahr besteht auch die Neue Vahr aus Häusern in weiträumigen Grünanlagen, aber trotzdem sprach kaum noch jemand von einer „Gartenstadt" (Abb. 8.20). Ernst MAY betonte sogar mit Nachdruck: „Wir bauen an der Franz-Schütte-Allee bewußt eine moderne Großstadt. Denn der Mensch von heute will die Großstadt, mit all ihren Vorteilen" (GEWOBA, S. 49). Die geringe Dichte (GFZ 0,7 und 185 Einwohner pro ha) vermittelte aber einen anderen Eindruck: „Die Neue Vahr errang nicht den Grad der Zentralität, der einer 20 000 bis 30 000-Einwohner-Stadt zustand. Zweifellos hatten sich die Planer ein intensiveres städtisches Leben versprochen. Die Neue Vahr blieb Vorstadt, immer ausgerichtet auf die Einkaufsmöglichkeiten der Innenstadt. Doch auch die vorstädtischen Bedürfnisse konnten offenbar nicht voll befriedigt werden. In den 60er Jahren klagten die Mieter darüber, daß die Wohnungen vielfach zu klein seien und daß ein wirklicher Mittelpunkt, ein Veranstaltungszentrum fehle" (GEWOBA, S. 66).

Trotzdem schufen Ernst MAY und Hans-Bernhard REICHOW zusammen mit Bremer Architekten ein Wohngebiet, das auch heute noch als mustergültige Großsiedlung der 50er Jahre gilt und einen zumindest europaweiten architektonischen Ruf genießt. 1980 wurde sogar überlegt, die Neue Vahr und die Gartenstadt Vahr gemeinsam unter Denkmalschutz zu stellen. „Inzwischen - 1980 - hatte man reichlich und vor allem negative Erfahrungen mit einer ´Phase des verdichteten Städtebaus in den 70er Jahren´ machen können. Und vor solch einem Hintergrund stand die Neue Vahr umso überzeugender da. Ihre unverfälschte Erhaltung läge damit auch ´aus kulturhistorischen Gründen im öffentlichen Interesse´" (GEWOBA, S. 49).

• **Garath** in Düsseldorf 1961-1973

Die Planung für den neuen Stadtteil Garath war eine Reaktion auf den großen Wohnungsbedarf, der - wie in allen Großstädten - durch das Anwachsen der Bevölkerungszahlen um bis zu 24 000 Einwohner pro Jahr entstanden war. Für das Gelände im Süden Düsseldorfs, das durch die mittige Zäsur der Bahnlinie Düsseldorf-Köln und der Autobahn einer Verbindung bedurfte, wurde 1958 ein Wettbewerb ausgeschrieben. Der Entwurf des Büros Max GUTHER, das den ersten Preis erhielt, hatte die beiden Gebietsteile mit einem gemeinsamen Hauptzentrum verklammert. Das Gesamtgebiet von etwa 250 ha war in fünf „Nachbarschaften" mit eigenem Unterzentrum unterteilt (Abb. 8.23 -8.26). Diese wiederum bestanden aus Wohnquartieren, die von schmalen Grünverbindungen mit Fußwegen getrennt waren. Auf diese Weise konnte der zentrale S-Bahnhof (12 Mi-

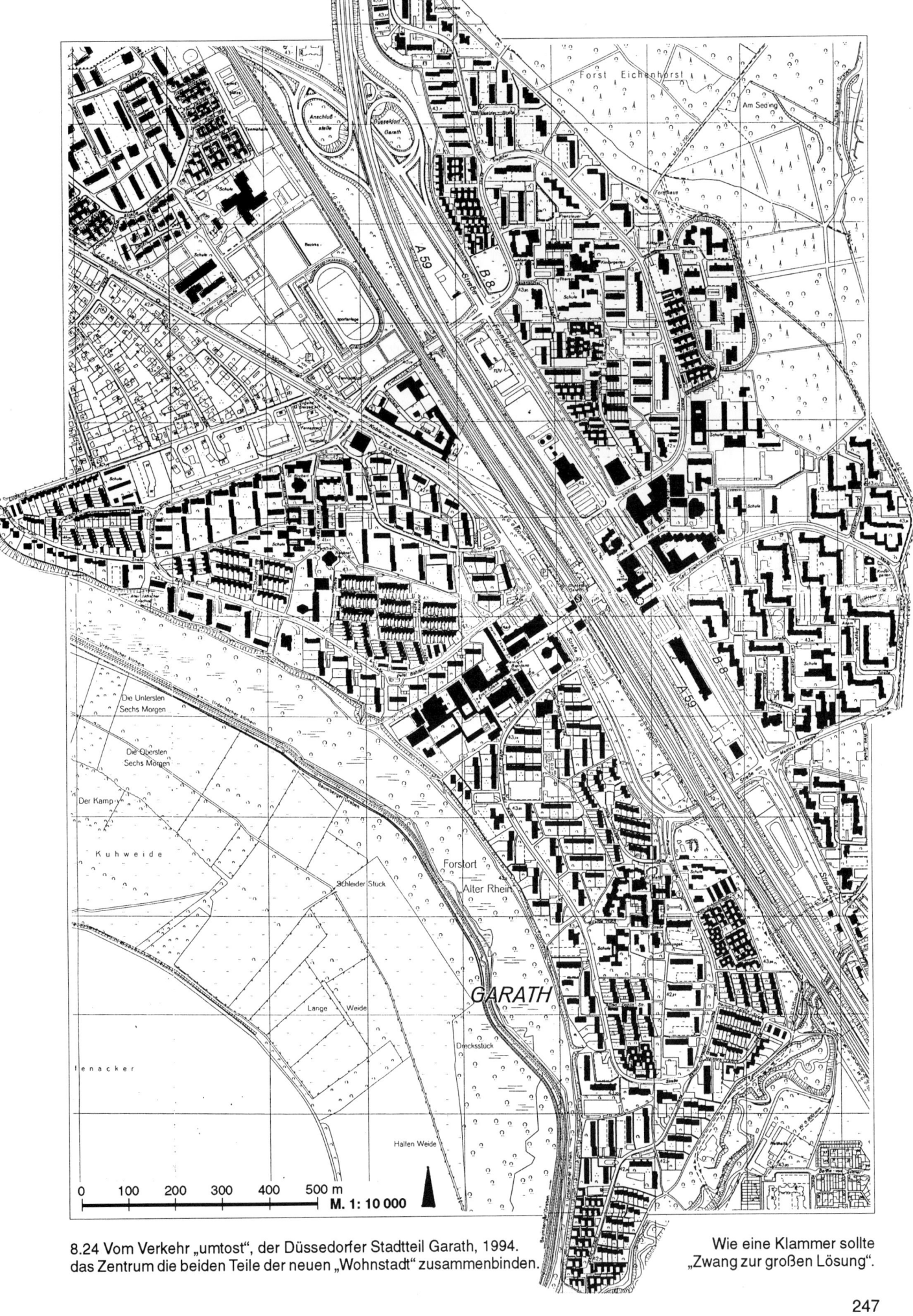

8.24 Vom Verkehr „umtost", der Düssedorfer Stadtteil Garath, 1994. das Zentrum die beiden Teile der neuen „Wohnstadt" zusammenbinden.

Wie eine Klammer sollte „Zwang zur großen Lösung".

247

8.25 Garath: Das Ausführungsmodell des Entwurfs von Max GUTHER wurde weitgehend in dieser Form realisiert.

nuten zur Stadtmitte) ohne große Störung durch den Autoverkehr erreicht werden. Die Straßenerschließung erfolgte von innen mit Hauptstraßen am mittigen „Verkehrsband", von denen vier Straßenschleifen mit kleineren Stichen oder Schleifen abgingen. Insgesamt fanden sieben Bau- und Städtebauwettbewerbe für Einzelgebiete statt.

Um einen ausgewogenen Bevölkerungsquerschnitt zu erreichen, wurde eine Mischung der Bau- und Eigentumsformen angestrebt. Bei den über 8 000 Wohnungen standen den 85% der überwiegend sozialen Mietwohnungen 15% Eigenheime und Eigentumswohnungen gegenüber. Die viergeschossigen Wohngebäude waren entweder in gereihten Zeilen oder - später - in mäanderförmigen Hofgruppierungen angeordnet und durch wenige Hochhäuser im Zentrum und am Rande akzentuiert (s. Abb. 8.89, S. 282). Dazwischen waren Einfamilienhäuser in unterschiedlicher formaler Ausprägung eingeschoben. Die Bevölkerung Garaths lag 1971 bei 28 000 Einwohnern und ist jetzt wegen der geringeren Zahl der Personen pro Wohnung auf unter 20 000 gesunken. Bei einer durchschnittlichen GRZ von 0,26 und einer GFZ von 0,85 betrug die Nettowohndichte etwa 313 Einwohner pro Hektar. Der öffentliche Grünflächenanteil wurde bewußt gering gehalten, da der Stadtteil in grüner Landschaft eingebettet ist und auch ein großer privater Grünflächenanteil insgesamt den Eindruck eines „durchgrünten" Wohntrabanten vermittelt.

8.26 Düsseldorf-Garath, ein „völlig neuer Stadtteil auf bisher unbebauter Fläche", 1970. Beidseits einer breiten Verkehrsschneise entstand eine „Wohnstadt für fast 30 000 Menschen" mit einem Kostenaufwand von 700 Millionen DM.

• **Nordweststadt** in Frankfurt 1963-1968

Seit 1957 gab es planerische Untersuchungen für
einen Entlastungsstadtteil in Frankfurt/Main. Für das
170 ha große Gelände im Nordwesten, angrenzend
an die Römerstadt (S. 112), wurde 1959 ein Wettbewerb ausgeschrieben, der eher der Suche nach
Haustypen galt. In der Ausschreibung hieß es:
„Zweck des Wettbewerbs ist es nicht, die städtebaulich endgültige Form zu finden ..., die Übertragung
spezifisch städtebaulicher Aufgaben an einen Verfasser ist nicht vorgesehen." Das Preisgericht vergab nur einen zweiten und zwei dritte Preise, einen
davon an Walter SCHWAGENSCHEIDT, Tassilo SITT-
MANN, HANKE und LEUNER (Verkehr).

Hans KAMPFFMEYER, der verantwortliche Stadtbaurat,
erinnerte sich: „Ein erster Preis wurde beim Wettbewerb nicht verteilt. Ein zweiter wurde von MAY durchgesetzt, wir mußten ihn konzedieren, wir hatten alle
Mühe und Kraft nötig, dem SCHWAGENSCHEIDT´schen
Entwurf, den wir natürlich genauer kannten und nicht
nannten, in der Jury einen der beiden dritten Preise
zuzuerkenen" (PREUSLER, S. 16). Der Entwurf, der
das Leitbild der „Raumstadt" (S. 188) in die Praxis
überführen sollte, wurde zur Grundlage der
städtebaulichen Entwicklung des neuen Stadtteils
mit etwa 7 000 Wohnungen für 25 000 Einwohner
(Abb. 8.28, s. GLEINIGER, s. 120 ff.)).

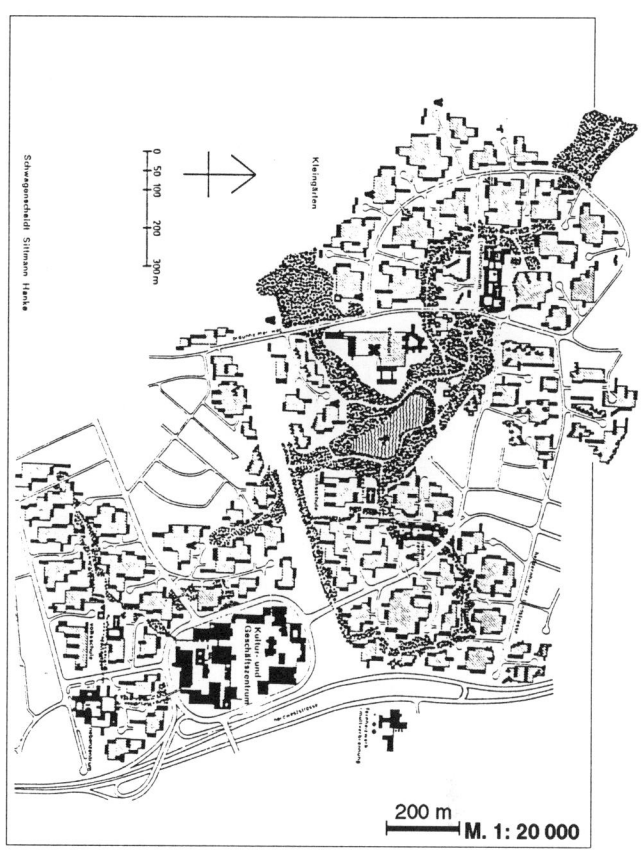

8.28 Die Grundkonzeption der Nordweststadt mit vielfältigen „Hausgruppen", von Stichstraßen erschlossen.

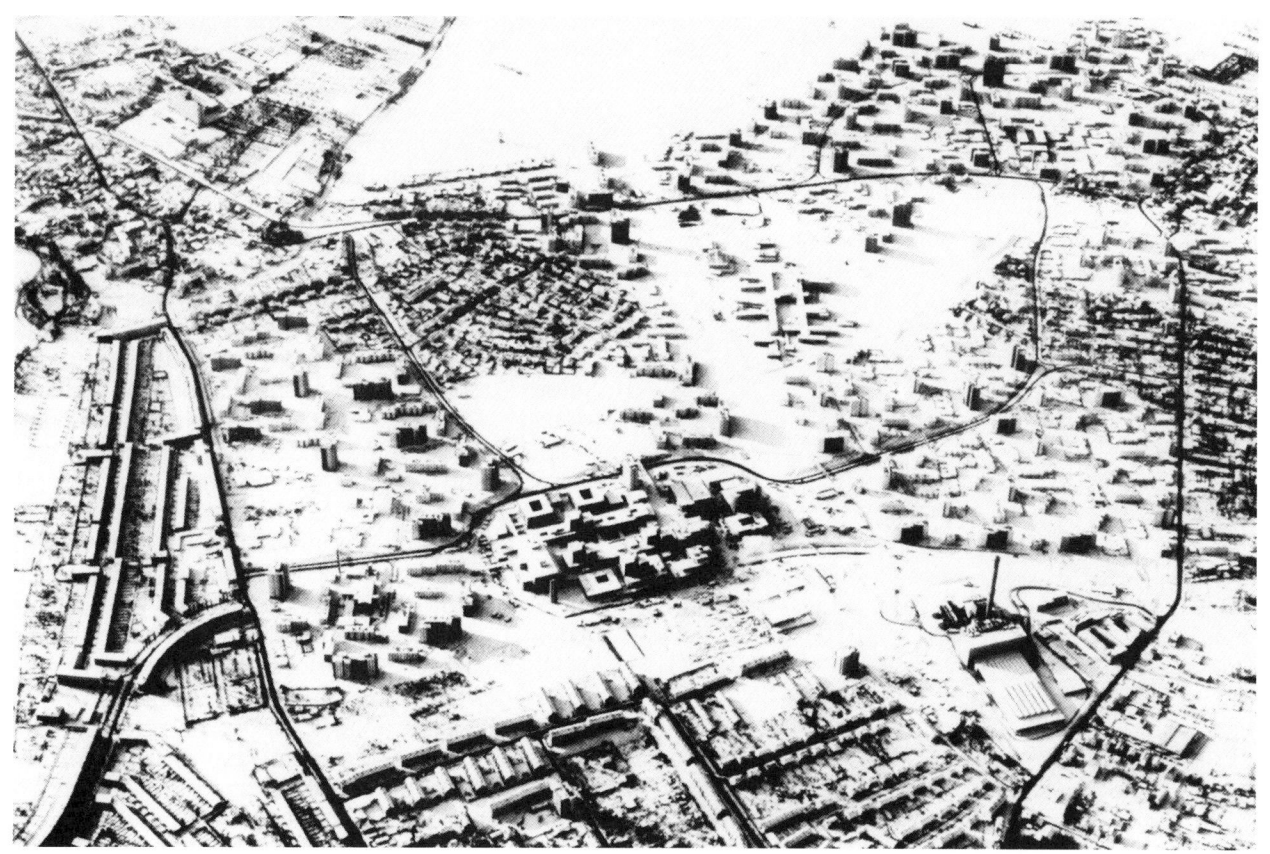

8.27 Die winterliche Nordweststadt in Frankfurt am Main, 1968. Ein „Gewebe von Räumen" (SCHWAGENSCHEIDT) umschließt einen Grünbereich. Am Zentrum ist noch eine Schnellstraßentrasse freigehalten (links ein Teil der Römerstadt).

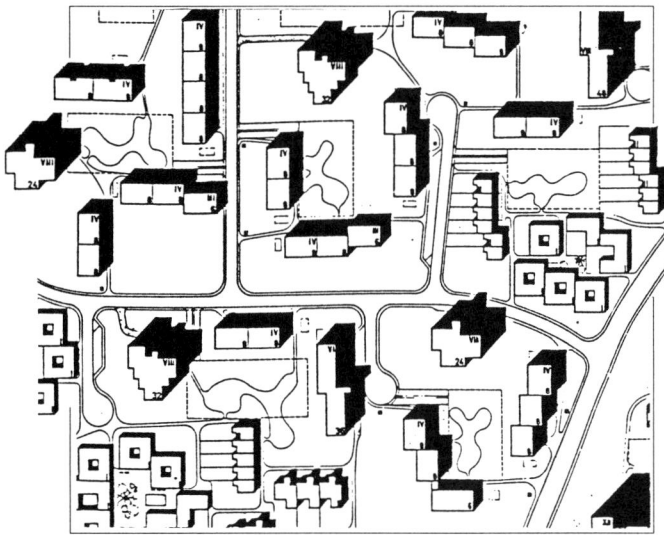

8.29 Verschiedenartige und unterschiedlich hohe Gebäude bilden „Hausgruppen". Sie umschließen einen ...

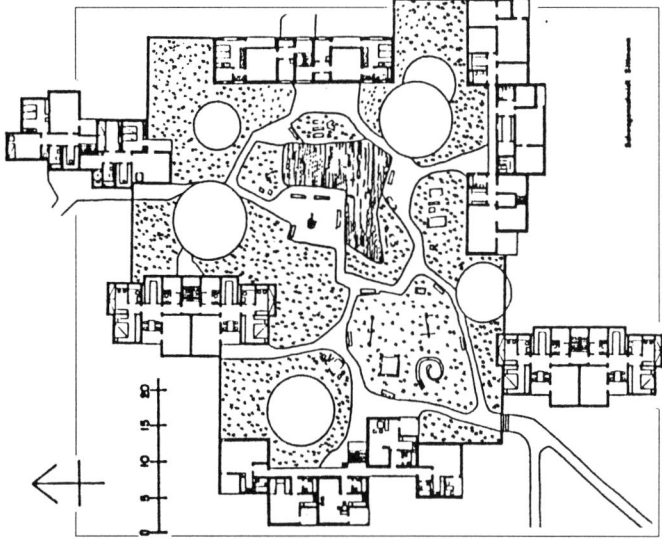

8.30 ... „Außenraum", in dem „man sich nur zu Fuß bewegen soll". „Räumliche Geborgenheit" ohne Autoverkehr.

8.31 „Hoch und Niedrig, Groß und Klein zu räumlichen Gruppen immer wechselnder Art zusammengefügt."

In einem Brief schilderte der 73-jährige SCHWAGENSCHEIDT: „Heute wurde mir mitgeteilt, daß die Nordweststadt nach unserem Plan gebaut werden soll. Der Stadtrat schrieb: ʹSie werden Ihre Raumstadt bauen! Das ist die Aufgabe Ihres Lebens!ʹ Ich antwortete: ʹNun immerhin nach vierzig Jahren. Andere sind in meinem Alter längst anständig begraben, und ich soll die Aufgabe meines Lebens beginnenʹ" (SCHWAGENSCHEIDT 2, S. 94).

1963 war der Baubeginn durch die Nassauische Heimstätte, Gewobag, Neue Heimat und Aktiengesellschaft für kleine Wohnungen. In den Gebäuden, 90% Geschoßwohnungsbau und nur 10% Einfamilienhäuser, gab es 100 verschiedene Wohnungsgrundrisse. Die Siedlung, die „eine strahlend weiße Stadt" werden sollte, machte eine kubische Gestaltung der schmucklosen Gebäude und deren rechtwinklige Zuordnung zum Prinzip. Unterschiedlich hohe und verschieden gestaltete Wohnhäuser waren um einen grünen „Raum" zu „räumlichen Gruppen immer wechselnder Art" zusammengefügt, die „den fortwährenden Änderungswünschen sehr gut entsprechen konnten" (Abb. 8.29 - 8.31; SCHWAGENSCHEIDT 2, S. 101). Dieses relativ offene städtebauliche Konzept (Abb. 8.27, 8.32), das in der heutigen Realität nur noch einzelne Gebäude in einem Wald erkennen läßt, brachte SCHWAGENSCHEIDT den Vorwurf ein, „die für menschliche Entfaltungsmöglichkeiten so wichtige gestalterische Qualität des Siedlungsraums der Zerstückelung preisgegeben zu haben" (PREUSLER, S. 18).

Die Straßenerschließung mit schleifenförmigen Wohnsammelstraßen und Anliegerstichstraßen zu den 40 Tiefgaragen basiert auf einer völligen Trennung von Fahrstraßen- und Gehwegsystem. Die Wege werden in den Grünstreifen zwischen den Wohnhausgruppen und durch sie hindurch geführt und überqueren die Hauptstraßen auf Brücken. „Der Fußgänger wird, selbst da, wo die Fahrstraße nicht im Einschnitt liegt, über Böschungen sachte auf die Brücke geführt - er merkt es nicht. Und schon ist er oben" (Abb. 7.40; SCHWAGENSCHEIDT 2, S. 105). Das östlich am Rande der „Wohnstadt" gelegene Nordwestzentrum auf mehreren Ebenen mit U-Bahnanschluß, Parkgeschossen und einem umfahrenden Straßenring wurde gesondert als „kompakte Anlage" entworfen (s. S. 283).

Die Planung von Wohnhäusern ist SCHWAGENSCHEIDT und SITTMANN nicht übertragen worden, ihre Aufgabe wurde auf die städtebauliche Oberleitung begrenzt. „So gingen die Beteiligten am Anfang durch Widersprüche hindurch, um die unmittelbare Beauftragung des dritten Preisträgers durchzusetzen. Nicht angemerkt - oder angesichts des gespannten Verhältnisses zu Ernst MAY gemieden - wurden in zeitgenössischen Veröffentlichungen die historischen Verknüpfungen SCHWAGENSCHEIDTS mit der erfolgreichen Tradition des Frankfurter Städtebaus der ausgehenden zwanziger Jahre und der Gartenstadtideale" (s. S. 147; PREUSLER, S. 19).

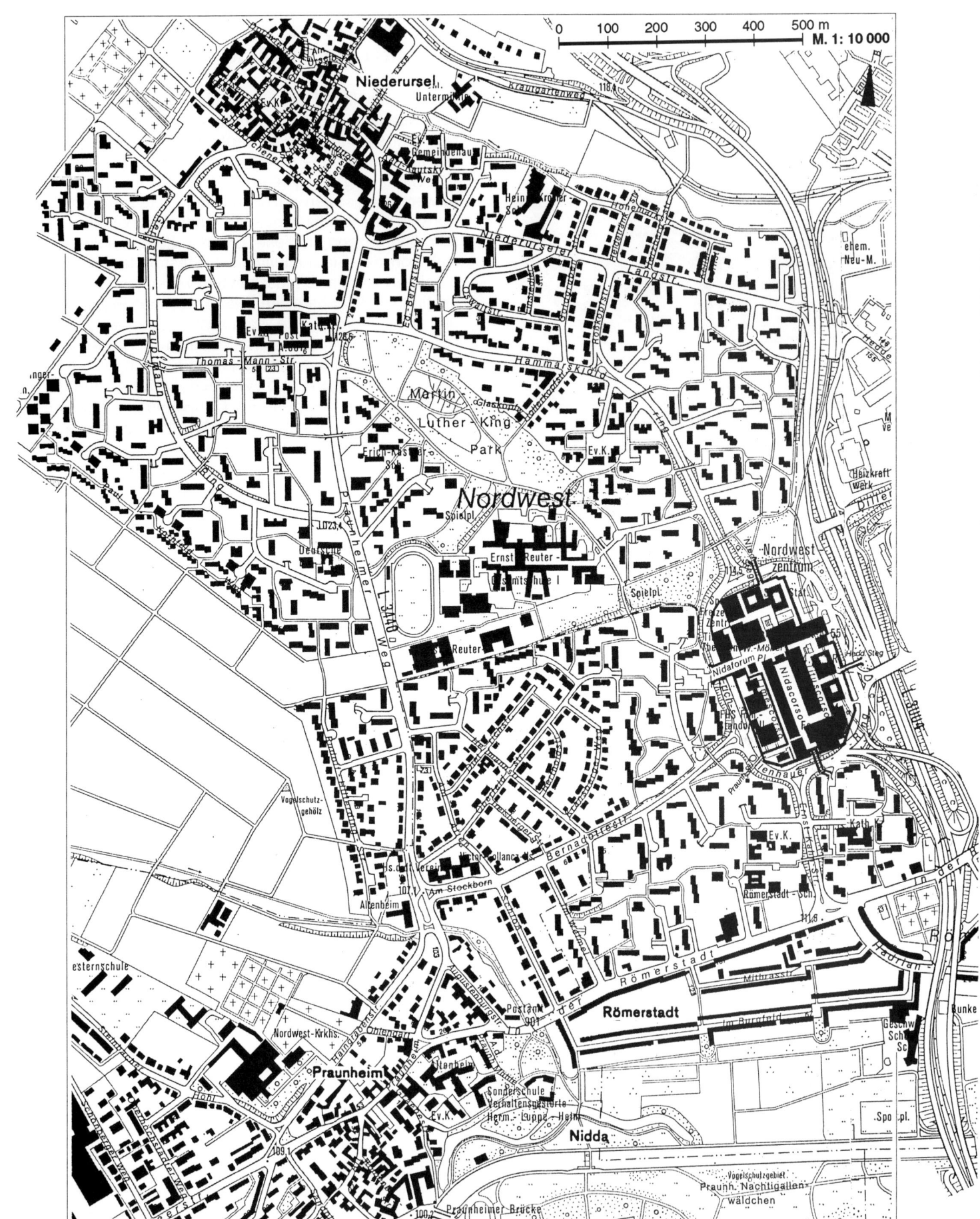

8.32 Die Nordweststadt in Frankfurt/Main, 1994. Zwischen alten Ortskernen sowie der Römerstadt erstreckt sich heute ein durchgrüntes Häusermeer, das kaum noch ein planerisches Konzept erkennen läßt. Die Raumstadt ohne Raum?

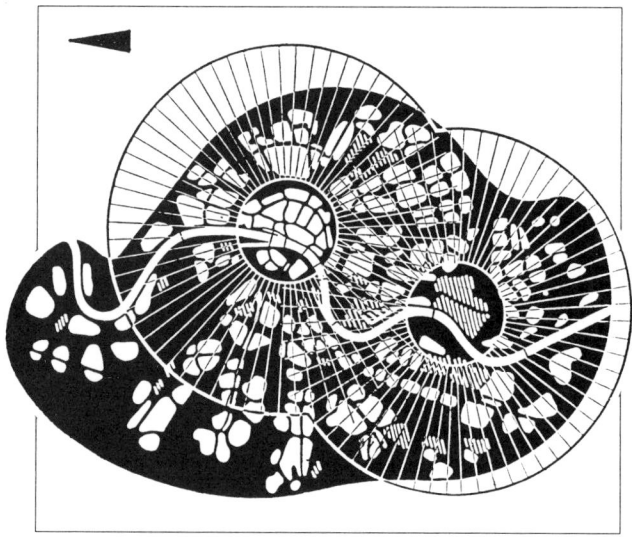

8.33 „Doppelstadt Köln" von Rudolf SCHWARZ, 1950. Handels- und Industriestadt von Trabanten umlagert.

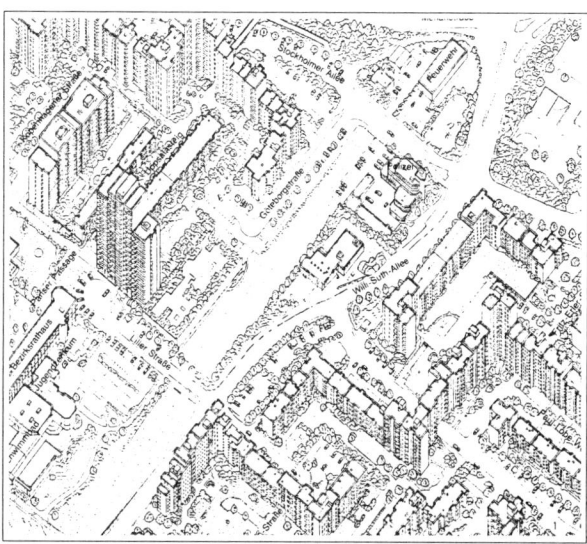

8.34 „Städtisches Leben in grüner Umgebung" war in Chorweiler das städtebauliche Leitbild für eine starke...

8.35 ... Konzentration der Baumassen, die für Menschen bedrohlich wirkten und die Freiräume erdrückten.

„Wohnungsberge": Urbanität durch Dichte

Die gleichmäßige Reihung von Zeilen oder die lokkere Streuung von verschiedenen Gebäuden ließ in den Großsiedlungen, den „neuen Städten", nicht die Urbanität aufkommen, die sich die Planer trotz aller „Durchgrünung" wünschten. Durch Dichte, Höhe und Abwechslung sollten einzelne Stadtgebiete zum Zentrum hin deutlich die „steinerne Stadt" erkennen lassen. Angrenzend an diese „urbanen Zonen" sollten sich von der Stadtteilmitte weg gestaltete Grünbereiche zur freien Landschaft hin erstrecken. Grünbestimmte Wohnbereiche, als „bergende" Räume, und architekturgeprägte Wegebeziehungen, als „urbane" Räume, würden einen spannungsreichen Kontrast bilden. In diese Kategorie von Siedlungen mit „Wohnungsbergen" und „Gebäudeketten" unterschiedlicher Höhe gehören Chorweiler in Köln, Kranichstein in Darmstadt, das Märkische Viertel in Berlin und Emmertsgrund in Heidelberg.

• **Chorweiler** in Köln 1960 - ca. 1990

„´Weshalb reißt man das ganze nicht ab, das wäre doch das sinnvollste?´ Diese Frage kam nicht von den Bewohnern, sondern von den Ästheten unter den Kollegen und/oder von Besitzern freistehender Einfamilienhäuser: Was diese Frager vergaßen, sich wohl auch kaum vorstellen konnten: die Menschen wohnen gerne in Chorweiler. So kritisch man sich mit der städtebaulichen Form ´Großsiedlung´ auseinandersetzen und so sehr man sie ablehnen mag: auch diese Siedlungen haben ihre eigene Geschichte" (ASSUM/RICHARD).

Diese Aussage von 1993 stammt aus einem Bericht über „Chorweiler im Umbau", der Mitte der 80er Jahre begann, als zahlreiche Wohnungen leerstanden. Als die Planung für den neuen Stadtteil angefangen wurde, bestand großer Wohnungsbedarf in einem von 456 000 Einwohner (1946) auf ca. 770 000 (1963) angewachsenen Köln. „Städtisches Leben in grüner Umgebung und in unmittelbarer Nähe zum Fühlinger See" war schon 1922 das Motiv für erste Planungsüberlegungen durch Fritz SCHUMACHER, denen weitere im Rahmen des Wiederaufbauplans von Rudolf SCHWARZ nach dem Zweiten Weltkrieg (Abb. 8.33) und 1957 durch das Stadtbauamt folgten.

Die Planung von 1959 durch Eduard PECKS, Joachim RIEDEL, Harald LUDMANN sollte einen mittelfristigen Wohnungsbedarf für 100 000 Einwohner decken. In einer Grundstruktur als gegliederte Bandstadt mit verschiedenen Wertigkeiten von Zentrum und Nebenzentren sollten die einzelnen Bauabschnitte jeweils nach Bedarf konkretisiert und detailliert werden (Abb. 8.36). Nach dem Prinzip „Urbanität durch Dichte" wurden mäanderförmige Gebäudekomplexe mit bis zu 30 Geschossen (später auf 25 reduziert) miteinander zu offenen Höfen verzahnt

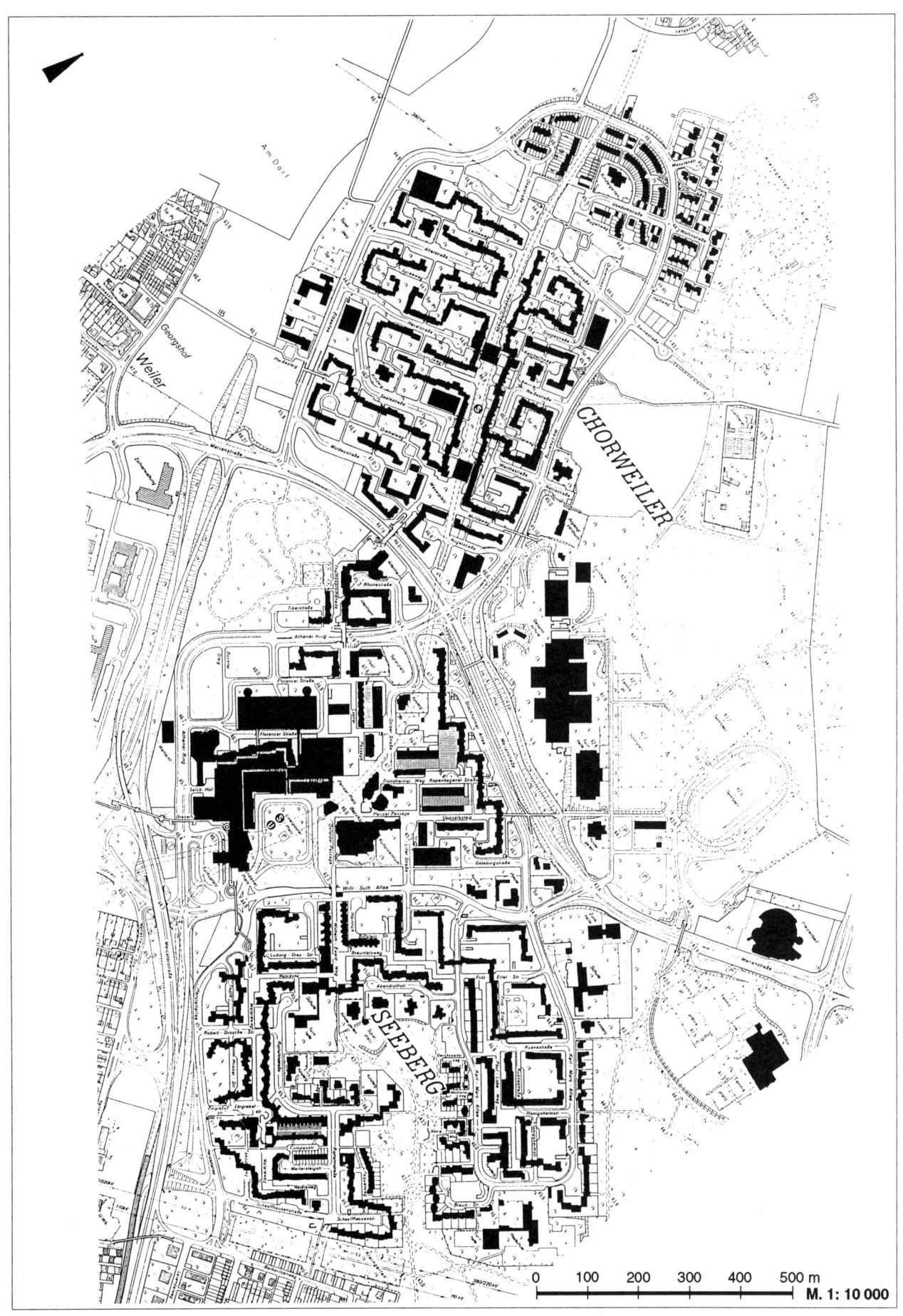

8.36 Zwischen abgewinkelten Hochhaus-Scheiben von Chorweiler und Seeberg in Köln liegt das von Schnellstraßen umgebene Zentrum mit Verwaltung und Bürgerhaus (1994). Fachleute forderten den Abriß: Verursacher an der Klagemauer?

(Abb. 8.34, 8.35). Beim Wohnungsgemenge waren 63% Mietwohnungen und 37% Wohnungs- bzw. Hauseigentum planerische Zielsetzung. Im Kernbereich mit Hochhäusern gab es 94% Mietwohnungen, wovon 84% staatlich gefördert waren.

Eine Ergänzung durch gewerbliche Flächen abseits der Wohnbereiche sollte die Funktionstrennung etwas abschwächen. Der Straßenverkehr, als Außenring mit zwei Querspangen konzipiert, wird auf unterschiedliche Ebenen von den Fußwegen weitgehend getrennt. Im Hauptzentrum, das erst Anfang der 70er Jahre nach dem Konzept von 1958 erstellt wurde und einen S-Bahnanschluß hat, sind neben einem Einkaufsbereich in mehreren Geschossen auch verschiedene soziale, administrative und Freizeiteinrichtungen untergebracht. Auf einer Fläche von 320 ha hatten die Stadtteile Chorweiler und Seeberg 1990 über 27 000 Einwohner in fast 10 000 Wohnungen.

„Nicht nur in Chorweiler wächst eine Generation heran, die hier geboren ist, hier ihr soziales Umfeld hat und bald selbständig entscheidet, ob sie den angestammten Wohnbereich verläßt oder hier weiterhin ein Zuhause finden will. Hieraus ergeben sich zwangsläufig auch Bindungen für die Planung: Mißstände müssen baldmöglichst angegangen werden, ohne eine ´Wegwerf-Mentalität´entstehen zu lassen. Abbruch kam daher nicht in Frage" (ASSUM/RICHARD).

• **Märkisches Viertel** in Berlin 1963-1974

Wie keine andere Großsiedlung in Deutschland steht das Märkische Viertel als Synonym für überzogenen, ja unmenschlichen Städtebau. Dabei waren die hohen Wohngebäude keineswegs als „abschreckendes Beispiel" gebaut worden (Abb. 8.37). 20 junge, aber durchaus bekannte Architekten setzten einen städtebaulichen Plan architektonisch um, der einen längeren Planungsprozeß hinter sich hatte. Den ersten Sanierungsversuch des Kleingartengebiets gab es 1934, dem 1950 die Ausweisung als Wohngebiet und 1955 der Sanierungsbeschluß folgten (Abb. 8.39).

Auf der etwa 400 ha großen Fläche wohnten Mitte der 50er Jahre etwa 12 000 Menschen in kleinen Häusern, die sich hauptsächlich aus Gartenhütten entwickelt hatten und über eine geringe Ver- und Entsorgung verfügten. In den folgenden Jahren veränderte sich die städtische Planung von einer ursprünglich offenen Bauweise mit Eigenheimen zu einer stärker verdichteten Bebauung mit unregelmäßigen Zeilen. Der große Wohnungsbedarf und die stärker werdende Übersiedlung aus dem Osten der Stadt zwangen zu einer Verdichtung. Allerdings konnten wegen der Baugrund- und Grundwasserbeschaffenheit nur einige Teile des Geländes mit höheren Gebäuden bebaut werden. Außerdem ließ sich eine weitgehende Beseitigung der bestehenden Flachbebauung politisch nicht durchsetzen.

8.37 Märkisches Viertel in Berlin, Nordostteil um 1985. „Das althergebrachte Haus muß durch die Wohnmaschine ersetzt werden." Der harte Kontrast zwischen Garten- und Hochhäusern verdeutlicht diese Forderung von LE CORBUSIER .

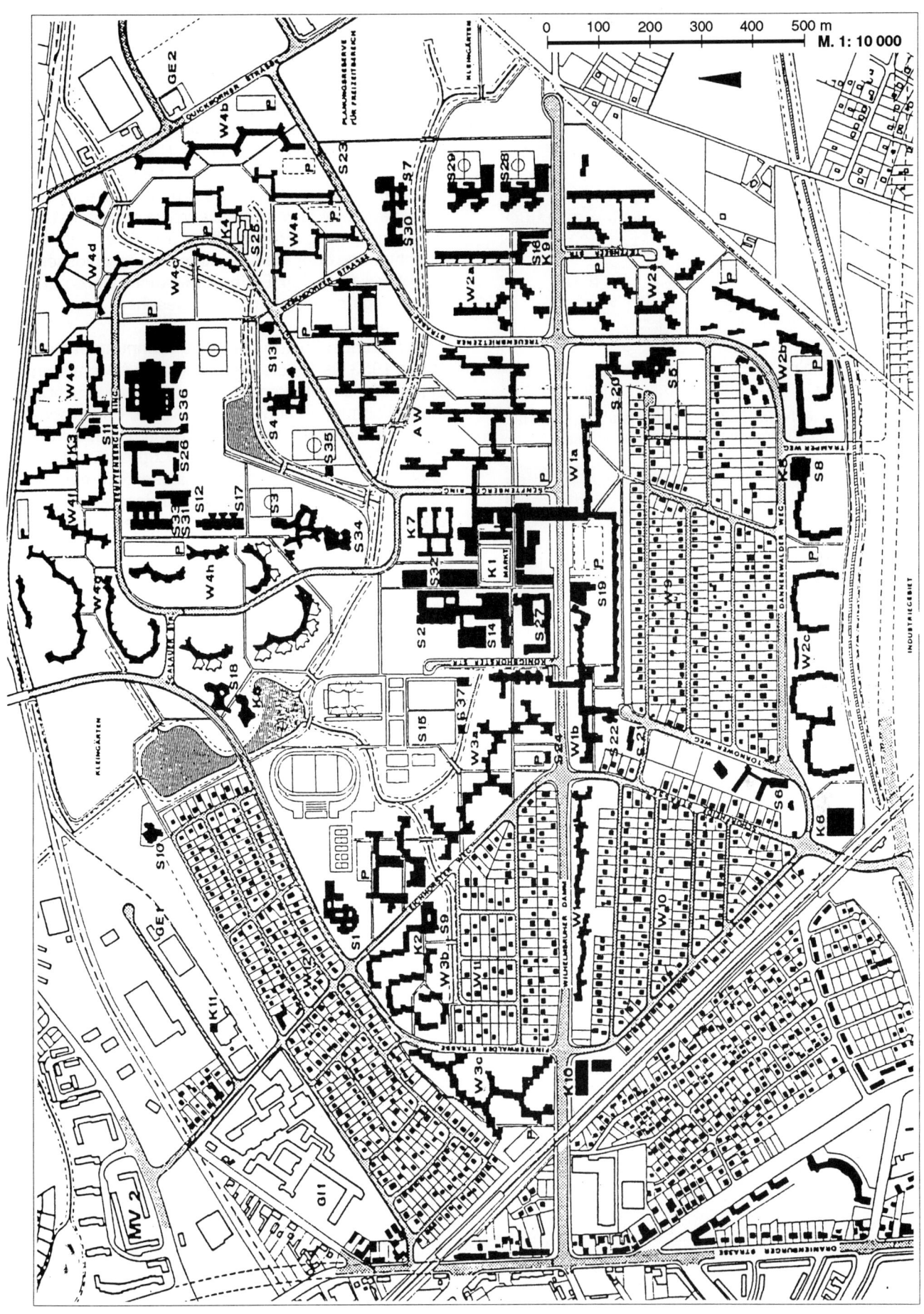

8.38 Märkisches Viertel in Berlin, Plan um 1970, mit drei vielgeschossigen, stark farbigen Wohnhaussschleifen, die vom Zentrum ausgehen und Kleinhausgebiete und ein Nebenzentrum mit Sportanlagen umschließen. Farbenfrohe Tristesse?

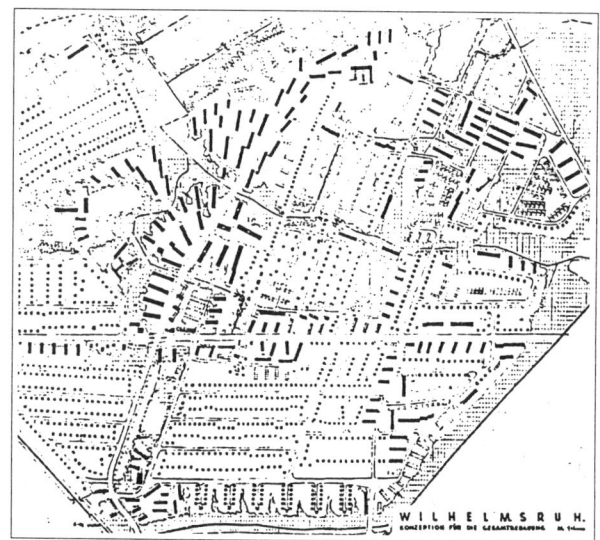

8.39 Richtplanentwurf 1957 für „Wilhelmsruh", später Märkisches Viertel. Aus verstreuter Zeilenbebauung ...

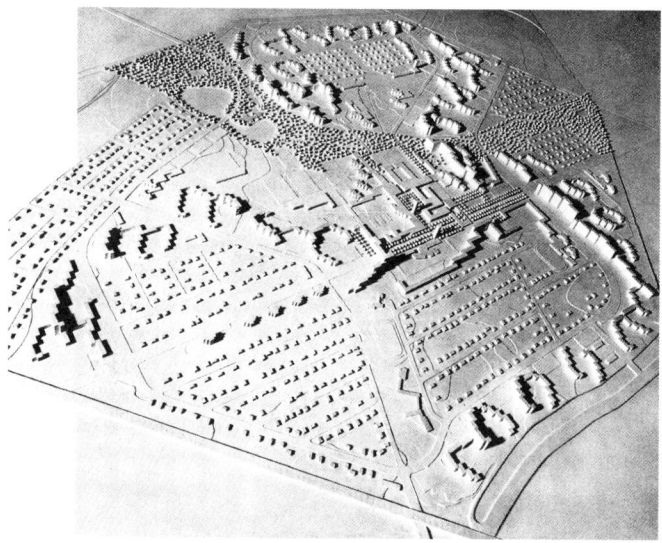

8.40 ... wurden bis 1962 Hochhausketten mit zunehmender Gebäudehöhe und baulicher Vielfalt (Modell).

1962 wurden die Architekten Werner DÜTTMANN, Georg HEINRICHS und Hans C. MÜLLER vom Bausenator beauftragt, eine städtebauliche Gesamtkonzeption für das „Sanierungsgebiet" zu erarbeiten. Noch im selben Jahr legten sie Vorschläge für einen Generalbebauungsplan vor, die gänzlich von der städtischen Planung abwichen (Abb. 8.40, 8.38). Die 13 000 Wohnungen sollten in drei stark differenzierten „Wohnbauschleifen" mit 6-8 bzw. 18 Geschossen untergebracht werden, die von einem Zentrum ausgingen und Grünflächen mit öffentlichen Einrichtungen oder Kleinhausgebiete umschlossen. Nur etwas über 400 Einfamilienhäuser waren zur Ergänzung der bestehenden vorgesehen.

Der 1. Bauabschnitt mit fast 600 Wohnungen wurde von 1963 bis 1965 erbaut. Weiteren Abschnitten folgte 1965 das Hauptzentrum, so daß 1968 schon 5 000 Wohnungen und 1970 bereits 10 000 Wohneinheiten fertiggestellt werden konnten. 1974 wurden die Baumaßnahmen für ca. 17 000 WE mit bis zu 50 000 Einwohnern abgeschlossen. Es gab elf Schulen, 16 Kindertagesstätten, ein Haupt- und vier Nebenzentren, ein Heizwerk und andere öffentliche Einrichtungen. Die Autostellplätze waren ebenerdig untergebracht, nahmen aber trotz intensiver Begrünung den Bewohnern wertvolle Freifläche weg, so daß in den 80er Jahren schrittweise Tiefgaragen gebaut wurden. Ein Konzept zur „Wohnumfeldverbesserung" und zur Umgestaltung der Gebäude mit zahlreichen Maßnahmen sollte dem langsamen Verkommen der Siedlung entgegenwirken.

„1962 als zukunftweisendes Projekt beschlossen, wird mit dem Märkischen Viertel an der Ostgrenze Westberlins eine ganze Stadt geplant, wie es stolz heißt (Abb. 8.41). Bis 1972 sollen hier 60 000 Menschen wohnen. Optimistisch wird festgestellt, ´daß hier versucht wurde, nicht die Monotonie einer ´wohlgeordneten´ Reißbrettstadt, sondern im Gegenteil so

8.41 Das Märkische Viertel, ein „Wendepunkt im deutschen Städtebau"? Die „architektonischen Großplastiken", hier am Wilhelmsruher Damm, wurden vielmehr zum Synonym für verfehlte Planungen und unmenschlichen Wohnungsbau.

etwas wie geplante ´Unordnung´ zu verwirklichen´. Doch diese geplante Unordnung bleibt leeres Versprechen, solange die Menschen nicht selbst mitbestimmen und mitgestalten können, solange die Vielfalt nicht dem Leben der Bewohner, sondern lediglich der ´Handschrift´ unterschiedlicher Architekten entstammt" (DURTH 3, S. 30).

• **Kranichstein** in Darmstadt 1968-1973

„Darmstadt-Kranichstein wird ein Stadtteil, der von der Natur in seltener Weise begünstigt ist. Seinen Mittelpunkt bilden drei durch das Stauen des Ruthsenbaches gebildete Seen, die heute schon mit wirkungsvoller Baumkulisse begrenzt sind. An drei Stellen umfassen die vom Jagdschloß Kranichstein ausstrahlenden Wälder, die sich im Osten bis nach Messel hinziehen, das Areal des Stadtteils. 12- bis 16-stöckige Randbebauung bildet den Rahmen von vier Landschaftsgroßräumen, deren Innenräume mit niedrigen, in Grün eingelagerten Bauten ausgefüllt sind. Um die Seen ziehen sich abseits des Verkehrs ruhige Wanderwege mit gelegentlichen Spielplätzen für die Jugend. Auch ein großer Teil der Substruktur wie Schulen, zwei Kirchen, ein Altersheim und ein Hotel sind in dieses Landschaftsbild einbezogen."

„Den Abschluß, nahe des Schwerpunktes der Stadt am Ende der breiten Eingangsstraße, bildet das an den Seen gelegene Einkaufszentrum auf einer Plattform, unter der hindurch die Hauptverkehrsstraße über einen Damm zunächst nach Nordosten, dann nach Nordwesten abbiegend nach Arheilgen führt. Während unter der Plattform genügend Abstellflächen für den ruhenden Verkehr gesichert sind, werden sich auf der Oberfläche reichliche Einkaufsgelegenheiten dem Käufer zur Befriedigung der Alltagsbedürfnisse bieten." So erläuterte Ernst MAY euphorisch seinen Entwurf für Kranichstein in der

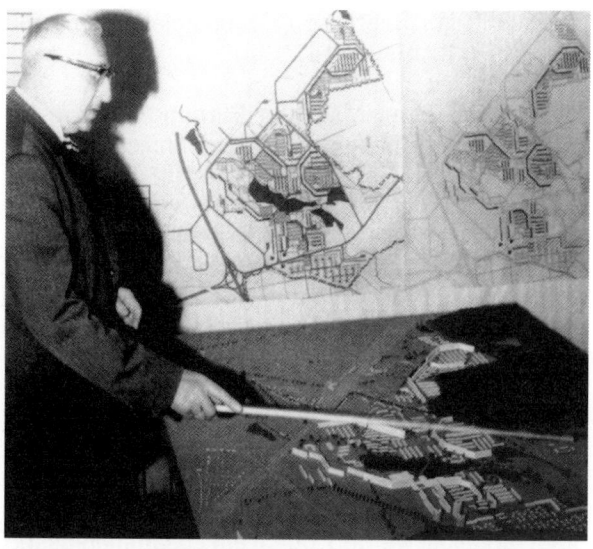

8.43 Erläuterung des Vorentwurfs für Kranichstein von Ernst MAY, 1965. Die Hochhausscheiben wurden ...

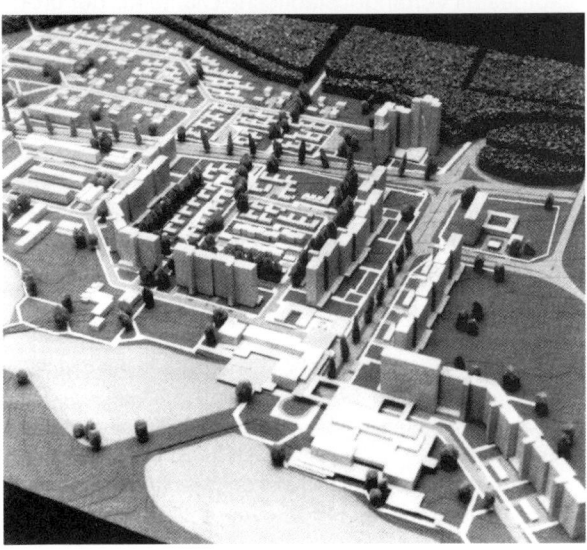

8.44 ... später kürzer und gleichförmiger. Das Modell des 1. Bauabschnitts mit dem großen Zentrum an den Seen.

8.42 Ernst MAY wollte bei der Siedlung Kranichstein in Darmstadt bewußt den Kontrast von differenzierten Hochhausscheiben und davon umschlossener, dichter Flachbebauung. Das Konzept überlebte nicht den 1. Bauabschnitt (1980).

Festschrift zur feierlichen Grundsteinlegung 1968 (ANDRES/ STUMME, S. 143/144).

1965 hatte Ernst MAY den Planungsauftrag für „Kranichstein" erhalten, einem der nördlichen „Waldsatelliten" im Osten Darmstadts. Nach dem GRZIMEK-Plan waren an einer neuen, aber dann 1980 vom Rat abgelehnten Autobahn „Rhein-Main-Schnellweg" mehrere im Wald gelegene Entlastungssiedlungen geplant. Aus Zeitgründen wurde auf einen Wettbewerb verzichtet. Noch im selben Jahr legte MAY den oben beschriebenen Entwurf für einen Stadtteil auf der grünen Wiese vor, der neben 18 000 Einwohnern auch 6 000 Arbeitsplätze umfassen sollte (Abb. 8.43, 8.45).

Als Wandel im Städtebau sollte die „aufgelockerte Stadt" abgelöst werden „durch ein Zusammenfassen der höheren Bebauung zu einem formbestimmenden Siedlungsgerüst. Die so gewonnene einprägsame Stadtgestalt verbindet städtische Dichte mit der großzügigen Freiheit halbumgriffener Landschaftsräume, in deren Buchten niedere Bebauung Platz und ihren stadtbezogenen Standort findet" (ASSMANN, in: ANDRES/STUMME, S. 14).

Schon Anfang 1968 wurde von der Neuen Heimat Südwest der Grundstein für die 12 Geschosse hohe und 175 Meter lange Wohnscheibe im 1. Bauabschnitt gelegt (Abb. 8.42, 8.44). Vier Jahre später,

Ende 1971, gab es etwa 850 Wohnungen, 2/3 gefördert, mit 2 600 Einwohnern und von diesen heftige Kritik an den hohen Gebäuden und den „öden Straßenzügen". Außerdem mangelte es an Wohnfolgeeinrichtungen und Einkaufsmöglichkeiten, denn das „Einkaufszentrum" bestand nur aus einer „schäbigen Baracke". Als Vermittler zwischen den Bürgern und den Planern wurden zwei „Anwaltsplaner" (s. S 280) eingesetzt. Diese berichteten: „Die Bewohner fühlen sich eingepfercht, die riesigen Wände werden als bedrohlich empfunden."

Es wurden neue Planungsansätze diskutiert, und damit war das Konzept von MAY, der 1970 gestorben war, gescheitert. „Das Bild von der Satellitenstadt hatte sich gründlich gewandelt. War sie bei Baubeginn noch als ´zukunftsweisender Markstein städtebaulicher Entwicklung´ gelobt worden, so wird ihr nun ´Slumatmosphäre in feindseliger Umwelt´ bescheinigt. Ernst MAYS tragende Idee der Gliederung des neuen Stadtteils durch Großformen hatte sich schnell als städtebaulicher Irrweg herausgestellt. Entstanden war eher Bedrückendes, Monotonie in gewaltigen Dimensionen" (ANDRES/ STUMME, S. 154).

Statt eines neuen Wettbewerbs wurde ein „offener Planungsprozeß" mit intensiver Beteiligung der Bewohner beschlossen. In wenigen Wochen sollten in einer „Programmphase" Wege für eine „vernünftige Weiterentwicklung" des Stadtteils aufgezeigt werden. Mehrere Berichte führten schließlich 1973 zu einem neuen Bebauungskonzept mit nur noch zwei- bis viergeschossiger Bebauung, einer neuen Erschließung von außen und einem vereinfachten Einkaufszentrum (Abb. 8.46). Auf dieser Basis folgten Wettbewerbe für andere Gebietsteile, für das Bestehende gab es wenig Verbeserungen: Der 1. Bauabschnitt steht als Torso wie ein Denkmal zum Gedenken an das Leitbild von „Urbanität durch Dichte" in der flachen Landschaft (ANDRES/STUMME, S. 156 ff.).

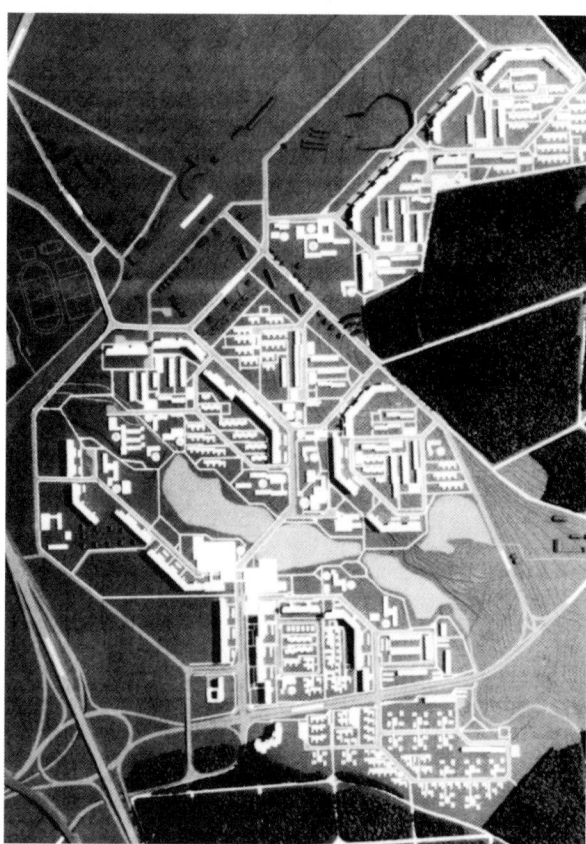

8.45 Von den drei Bauabschnitten für Kranichstein (Modell 1966) wurde nur der südliche realisiert, bevor das ...

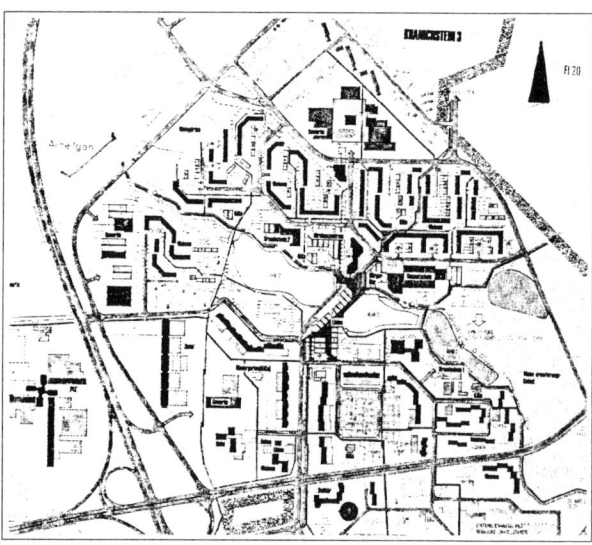

8.46 ... Strukturkonzept von 1973 mit drei- bis viergeschossigen Wohnbauten eine Umplanung brachte.

• Emmertsgrund in Heidelberg 1969-1985

„Die Mitscherlich-Norm erreichte der Entwurf der beiden Münchner Architekten, Professoren Fred ANGERER und Alexander FREIHERR VON BRANCA. Ihre Grundkonzeption ist mit wenigen Worten leicht zu umschreiben: Das Heidelberger Hauptstraßengewimmel, Hauptschlagader des städtischen Lebens, soll im Emmertsgrund sein maßstabgerechtes Double bekommen" (IRION/ SIEVERTS, S. 87).

Diese Charakterisierung erfolgte durch eine „große Kommission" von Preisrichtern mit Alexander MITSCHERLICH (Soziologie) und Walter ROSSOW (Landschaftsbau) sowie Vertretern von Verbänden und des Gemeinderats (Abb. 8.47). Sie sollten nach einem Gutachterverfahren mit sechs Arbeiten von 1968 bis 1970 die überarbeiteten Entwürfe von zwei Büros (Konkurrent: Werkgemeinschaft Karlsruhe) beurteilen. Bereits 1957 hatte es ein Gutachten über die Wohnungsnachfrage im Raum Heidelberg gegeben, das zur Aufnahme des Gebiets „Emmertsgrund" für ca 11.000 Einwohner und eines nahegelegenen Gewerbegebiets in den Flächennutzungsplan führte.

Fred ANGERER erinnerte sich später: „Es begann mit einem Wettbewerb. Man zeigte uns das Grundstück, und die Notwendigkeit wurde erläutert, dort Wohnungen für möglichst viele Menschen zu bauen, weil in Heidelberg keine Entwicklungsmöglichkeit mehr war. Für mich war bei dem Entwurf damals ganz wichtig, daß es keinen Sichtkontakt zwischen der Altstadt und dem Neuen gibt. Eine traumhafte Lage, über dem Grundstück Wald, unterhalb verwilderte Schrebergärten, wunderschön. Vertretbar und verständlich, daß dieses Grundstück (Westhang) hervorragend geeignet ist für eine Wohnbebauung. Eine enge Integration von Wohn- und Arbeitsstätten war jedoch nie möglich, und das war einer der Konflikte."

8.48 Die in Hochhausscheiben konzentrierten Wohnungen wurden abgelehnt und waren zu teuer, so daß ...

8.49 ... eine Ergänzung im Süden Anfang der 90er Jahre mit zweigeschossigen Reihenhäusern erfolgte.

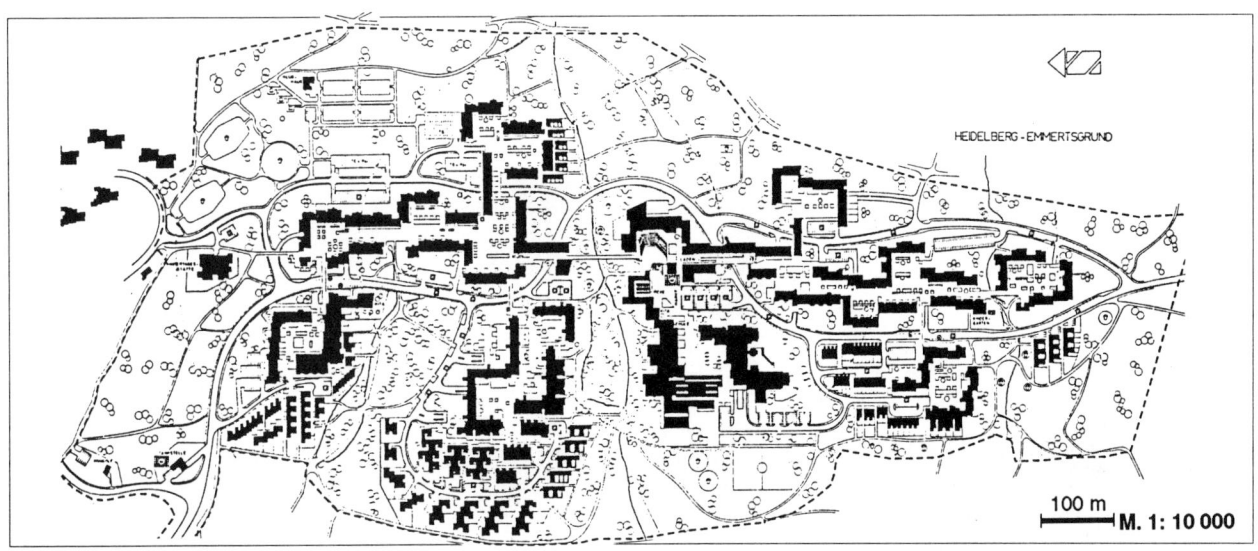

HEIDELBERG - EMMERTSGRUND

100 m
M. 1: 10 000

8.47 Der Emmertsgrund in Heidelberg, an einem Westhang mit bester Aussichtslage, blieb eine städtebaulich isolierte Schlafstadt. „Die Siedlung ist ein Exzeß des Trends nach Urbanität. Der Trend war zu extrem, er überschlug sich."

„Unsere Zielvorstellung: Wir wollten eine Stadt entwickeln, die städtischen Charakter hat und nicht eine Vorstadt ist. Wir wollten keine übliche Wohnsiedlung, sondern ein etwas kompakteres und dichteres Gefüge. Das Grundstück in Nord-Südrichtung, etwa 1,2 km lang, das ist die Dimension der Altstadt Münchens. In Ost-West-Richtung ist ein Gefälle innerhalb dieses Grundstücks von über 70 m. Das bedeutet, daß, wenn man für ´Fußgänger´ etwas tun will, man nur in Längsrichtung arbeiten kann, parallel zum Rheinhang, wobei dieses lineare Konzept dadurch noch charakterisiert wird, daß der Hang zwar insgesamt nach Westen zum Rhein abfällt, aber Quertäler, Erosionstäler, hat. Der stärkste Einschnitt ist der Emmertsgrund in der Mitte. Unser Ziel war, eine Achse parallel zum Hang zu haben und dann auf den vorspringenden Hangkuppen, entsprechend der Topographie, jeweils einzelne kleine Teilbereiche so anzusiedeln, daß man sie verhältnismäßig dicht an diese zentrale Achse heranbringt" (Abb. 8.50, 8.51; IRION/ SIEVERTS, S. 87).

Mitscherlich äußerte sich zum Bebauungsvorschlag sehr positiv, obwohl er eine stärkere Mischung mit Arbeitsstätten verlangte und schließlich aus dem Planerteam ausstieg: „Die Gesamtgestaltung des Stadtteils scheint mir sehr harmonisch, reich an städtischen Variationen und Überraschungen. Der Monotonie, die bei in einem Zug erstellten Siedlungsplanungen so selten vermieden wird, wird hier mit

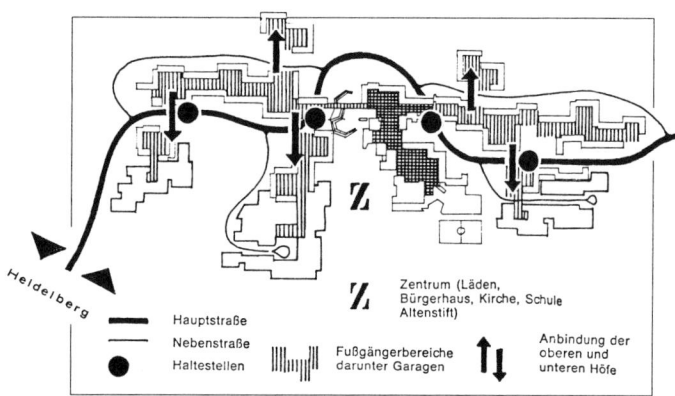

8.50 Schema vom Emmertsgrund mit der geschwungenen Hauptstraße und den separaten Fußwegzonen.

Erfolg begegnet. ... Wenn das Projekt, so wie geplant, gelingt, wird es exemplarische Bedeutung erlangen - einen Schritt in Richtung auf bessere städtische Lösungen darstellen" (IRION/SIEVERTS, S. 94).

Die Siedlung mit über 70 ha Fläche wurde 1970 in das Demonstrativbauprogramm des Bundes aufgenommen und ab 1969 bis etwa 1985 in der Trägerschaft von etwa 10 Baugesellschaften bebaut. Die Einrichtungen des Zentrums wurden nach einem Entwurf von Carlfried MUTSCHLER 1969 und der Ladenbereich von ANGERER 1982 fertiggestellt. Bei fast 4.000 Wohnungen mit über 12 000 Einwohnern betrug die mittlere Geschoßflächenzahl 1,35 und die Nettowohndichte 424 EW/ha (Abb. 8.48). Auch in dieser neuen Siedlung gab es heftige Kritik an der Struktur und an Details, der schließlich 1989 in einem „Emmertsgrundkonzept" mit über 20 Mio. DM staatlich geförderten Maßnahmen („Programm Einfache Stadterneuerung") begegnet werden sollte. Mit den Verbesserungen sollte eine „hohe soziale Akzeptanz und eine positive Imagebildung" erreicht werden." Eine neuere bauliche Ergänzung erfolgte als zweigeschossige Reihenhausbebauung (Abb. 8.49).

Neue Blöcke: Renaissance des Stadtraums

Die „Wiederentdeckung des öffentlichen Raums" in der zweiten Hälfte der 70er Jahre ist nicht nur Motivation für Straßen- und Platzraumgestaltungen in bestehenden Wohngebieten, sondern auch Anreiz zur Schaffung von Stadträumen in neuen Siedlungen. Der Wohnblock mit der Möglichkeit einer „Polarität von Öffentlichkeit und Privatheit", wie sie Hans Paul BAHRDT forderte, war zunächst auch nur ein anderes Siedlungsmuster auf der „Suche nach Urbanität". Aber die Planer lernten damit umzugehen, denn zunächst schaffte man es nicht, wirkliche Stadträume mit geschlossener Randbebauung und davon abgewandten privaten oder gemeinschaftlich genutzten Räumen zu konzipieren. Erst nach einigen Jah-

8.51 Ausführungsmodell der Siedlung Emmertsgrund in Heidelberg von F. ANGERER und F. v. BRANCA. Parallel zum Hang erstreckt sich über Taleinschnitte hinweg ein linearer Fußwegbereich an dem die Hauskomplexe „angedockt" sind.

ren gelang die Umsetzung, die nicht einfach Bedingungen des 19. Jahrhunderts in unsere Zeit adaptieren konnte und deshalb nicht ohne Probleme ablief. Dieser Weg läßt sich beispielhaft von Vogelstang in Mannheim und Neuperlach in München über Steilshoop und Allermöhe in Hamburg bis - im nächsten Punkt dargestellt - zur späten Phase bei Langwasser in Nürnberg aufzeigen.

• Vogelstang in Mannheim 1964-1973

„Wir hatten die Vorstellung, daß wir den zu dieser Zeit üblichen Zeilenbau bei dieser Größenordnung nicht zum Basiselement der Planung machten, sondern daß wir versuchten, Räume und Höfe zu bilden und so räumliche Einheiten zu schaffen mit spannungsvollen Begrenzungen" (Arch. Dresel, in: IRION/SIEVERTS, S. 94). Die „wabenförmigen" Hausketten des viergeschossigen Wohnungsbaus sind mit ihren ineinander übergehenden Wohnhöfen zu einem Kennzeichen Vogelstangs geworden (Abb. 8.53). Einer der Gründe für den Bau dieses neuen Stadtteils war trotz Wohnungsnot eine sich abzeichnende Abnahme der Bevölkerung von Mannheim

durch Konkurrenz nahegelegener guter Wohnstandorte und Arbeitsstätten. Das Gelände für das Projekt „Vogelstang" im Nordosten von Mannheim zwischen Wallstadt und Käfertal war günstig, denn es lag:
- außerhalb industrieller Störzonen,
- unmittelbar am Naherholungs- und Wasserschutzgebiet „Käfertaler Wald",
- günstig am örtlichen und überörtlichen Straßennetz, machte
- sozialen Wohnungsbau durch öffentlichen Grundbesitz möglich und hatte die
- erforderliche Gesamtfläche von ca. 140 ha (etwa Mannheimer Innenstadt) für etwa 20.000 EW.

Erste Planungsüberlegungen gab es 1959/60 von Josef LEHMBROCK bei der Schwäbischen Siedlungsgesellschaft, die später von der Neuen Heimat (NH) aufgekauft wurde. Die Weiterplanung erfolgte durch die GEWOG, einer Tochter der NH, bis es 1961 zu einem internen Wettbewerb zwischen Stadtverwaltung und GEWOG kam. Ein gemeinsamer Planungsstab führte die Planung bis zur Genehmigung des Bebauungsplans im Jahr 1964, dem Jahr des Baubeginns. Vorher hatte die Neue Heimat im Auftrag der Stadt alle Grundstücke aufgekauft und

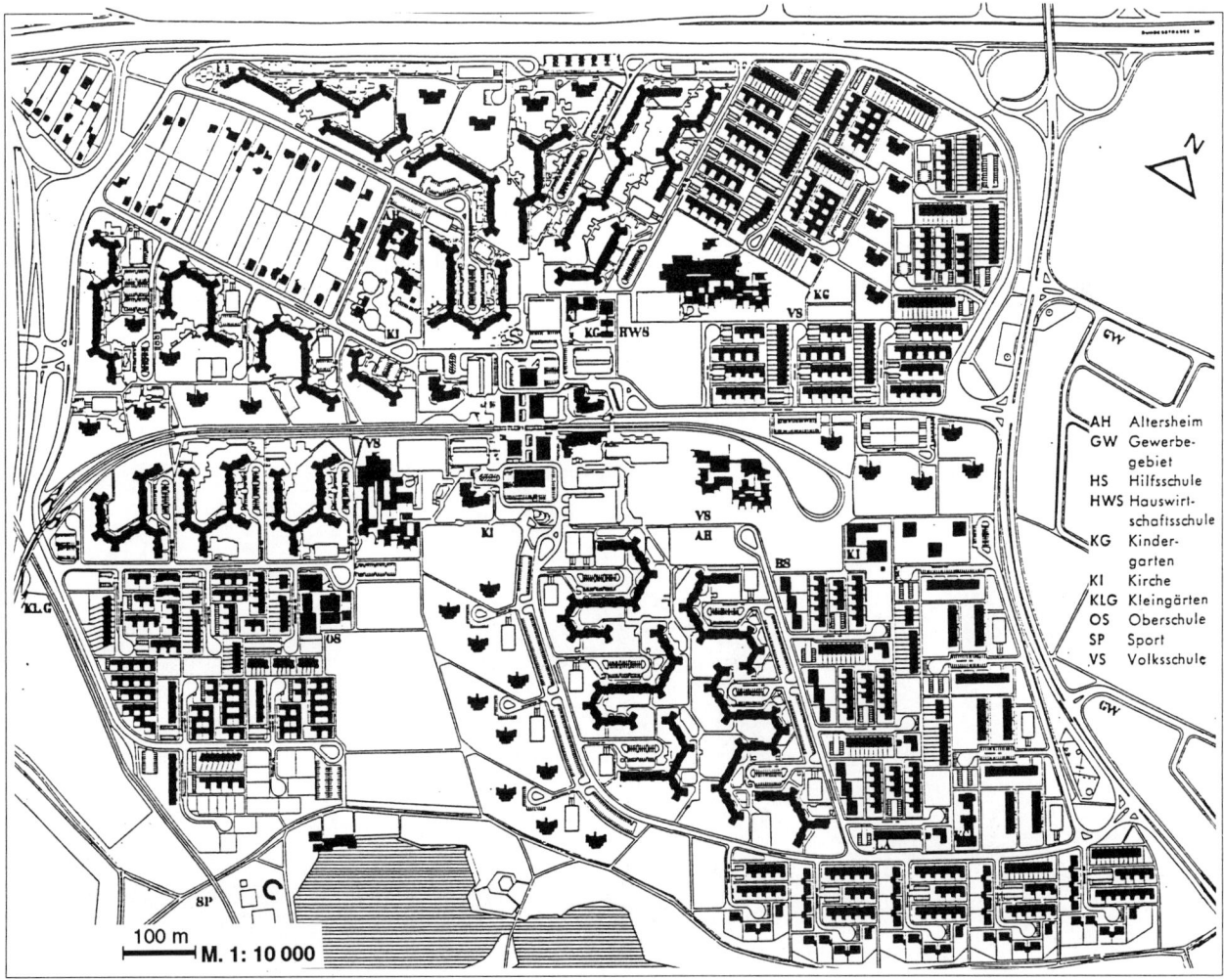

AH Altersheim
GW Gewerbegebiet
HS Hilfsschule
HWS Hauswirtschaftsschule
KG Kindergarten
KI Kirche
KLG Kleingärten
OS Oberschule
SP Sport
VS Volksschule

100 m
M. 1:10 000

8.52 Vogelstang in Mannheim, um 1965, mit Zonen unterschiedlicher Bauformen. Wabenförmige Blöcke ziehen sich, von Hochhausreihen begleitet, strahlenförmig vom Zentrum nach außen. Dazwischen befinden sich Segmente mit Flachbau.

8.53 Sechseckige Blöcke bilden als „Basiselemente" Räume und Höfe als „Abkehr vom üblichen Zeilenbau".

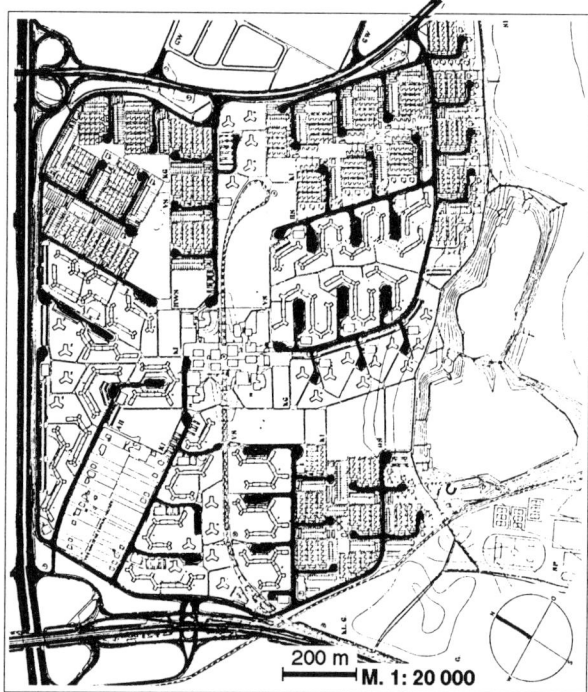

8.54 Eine Erschließung von außen mit sich verzweigenden Sackgassen ermöglicht die Freihaltung der Mitte.

teilweise an andere Bauträger weitergegeben. Das flache Hauptzentrum mit zwei Einkaufsebenen wurde von Helmut STRIFFLER gebaut (s. S. 282).

Die städtebauliche Konzeption der Siedlung (Abb. 8.52, 8.55) sieht eine Hochhausgruppe um das Zentrum vor (bis zu 20 Geschosse, 17% der WE), an die sich eine Zone 4-geschossiger sechseckiger Miethäuser („wabenförmig", 65% der WE) anschließt. Drei Hochhausreihen in Grünzonen untergliedern diese und stellen die Verbindung zu einem Außenring mit Einfamilien- und Reihenhäusern (18% der WE) her. Dieses räumliche Konzept ist durch eine Verdichtung von der Peripherie zum Zentrum hin sowie durch eine Teilung der Gesamtanlage in vier Wohnquartiere mit den öffentlichen Einrichtungen als Mittelpunkt gekennzeichnet.

Eine Erschließung von außen führt den Fahrverkehr mit Stichstraßen in die vier Quartiere, so daß ein Durchqueren des Zentrums nicht möglich ist (Abb. 8.54). Das Zentrum liegt dagegen für Fußgänger im Schnittpunkt der in die Wohnbereiche ausstrahlenden, unabhängig geführten Wege (s. Abb. 8.90). Die Straßenbahn führt durch die Mitte von Vogelstang und teilt den Stadtteil in je zwei Wohnbereiche, bindet ihn aber vorzüglich an die Gesamtstadt an. Die Bevölkerung wuchs von ca. 5 000 Einwohnern (1968) auf 17 500 EW (1974) und ging dann aber 1988 zurück auf 14 500 EW. Obwohl die geplante Wohnungszahl von 5 500 leicht überschritten wurde, konnte die erwartete Einwohnerzahl von 20 000 nicht erreicht werden. Die durchschnittliche GFZ von 0,65 (Flachbau: 0,33; Mittelhochbau: 0,80; Hochbau: 1,05) wurde erreicht. Neben den in solchen Siedlungen üblichen Problemen des Zusammenlebens und einer beginnenden Überalterung der Bevölkerung gibt es keine Konflikte: Mannheim-Vogelstang ist ein „undramatischer neuer Stadtteil von konfliktarmer Normalität" (IRION/SIEVERTS, S. 54).

8.55 Vogelstang ist dreiseitig von Schnellstraßen eingeengt. Nach Südosten führt eine Freiraumzone von der „grünen Mitte" zu einem See und zur freien Landschaft. Hochhäuser sollen der Großsiedlung ein „städtisches Gepräge" geben.

• Neuperlach in München 1967-1985

Die zweifellos größte Siedlungsmaßnahme der 60er Jahre wurde in München mit dem „Trabanten" Neuperlach durchgeführt. Sowohl die Siedlungsfläche mit 1 000 ha für bis zu 100 000 Einwohner und 30 000 Arbeitsplätze als auch die städtebauliche Großform des zentralen „Wohnringes" mit einem Durchmesser von 450 Metern waren beeindruckend. Begonnen hatte es auch in München mit einem Plan „zur Behebung der Wohnungsnot", dem „Jensen-Plan" von 1960. Er sah drei Entlastungsgebiete am Rande der damals 1,25 Mio. Einwohner großen und jährlich um über 20 000 Einwohner wachsenen Stadt vor: Schleißheim, Freiham und Perlach. 1962 wurde das südöstlich gelegene Gelände in den Flächennutzungsplan aufgenommen.

Als Maßnahmeträger für die „Entlastungsstadt Perlach" (ab 1972 Neuperlach) wurde 1963 die Neue Heimat Bayern bestimmt, die auch das Grundstücksgeschäft übernahm. Die Hälfte der Grundstücke mußte an andere Bauträger abgegeben werden. Eine Umlegung erfolgte in drei Gebieten mit insgesamt 530 ha auf freiwilliger Basis, was sehr beachtlich ist, da etwa 80% der Fläche „privat" war und nicht erworben wurde. Ein städtebaulicher Wettbewerb für den zentralen Bereich im Jahre 1967 brachte durch die Preisträger Bernt LAUTER, Manfred ZIMMER und Horst-H. DIDT aus Berlin die Idee der städtebaulichen Großform „Wohnring" (Abb. 8.56, 8.57). Dieser richtet um einen Park mit Schule und Kirchenzentrum eine „Wand" von bis zu 18 Geschossen mit 1 500 Wohnungen zur übrigen Bebauung hin auf. Im Norden angrenzend wurde das „PEP", die „Perlacher Einkaufspassagen", für einen Einzugsbereich von 400 000 Einwohner 1981 eröffnet.

Erst als die ersten Bauabschnitte mit 8 000 Wohnungen bereits (seit 1967) im Bau waren, wurde die Siedlung 1969 als Demonstrativmaßnahme des Bundes gefördert. Das gesamte Wohngebiet ist in sechs Quartiere mit jeweils 10 bis 15 000 Einwohnern gegliedert (Abb. 8.58, 8.59), deren Fußgängerbereiche auf das Zentrum ausgerichtet sind. Die einzelnen Wohnquartiere mit kleinen Ladengruppen sind durch ein Straßenraster von „überdimensionierter Autogerechtigkeit" von einander getrennt. Ihre städtebauliche Ausformung hat sich im Laufe der Jahre stark gewandelt: Von den zeilengeprägten und aufgelockerten Bereichen im Norden (bis Mitte der 70er Jahre) über grünraumbildende „Wohnschlangen" im Osten (bis 1980) hin zu den wiederentdeckten Baublöcken mit Ansätzen zur Stadtraumbildung im Süden (Anfang der 80er Jahre; Abb. 8.82).

In Neuperlach kommen auf etwa 81 000 Einwohner 36 000 Arbeitsplätze. Auf einer Fläche von 330 ha wurden fast 27 000 Wohnungen (2/3 zur Miete und 1/2 öffentlich gefördert) erstellt, denen auf 84 ha Fläche gewerbliche Gebäude gegenüberstehen. Es gibt einen hohen Anteil an Freiflächen, denn nur ein Drit-

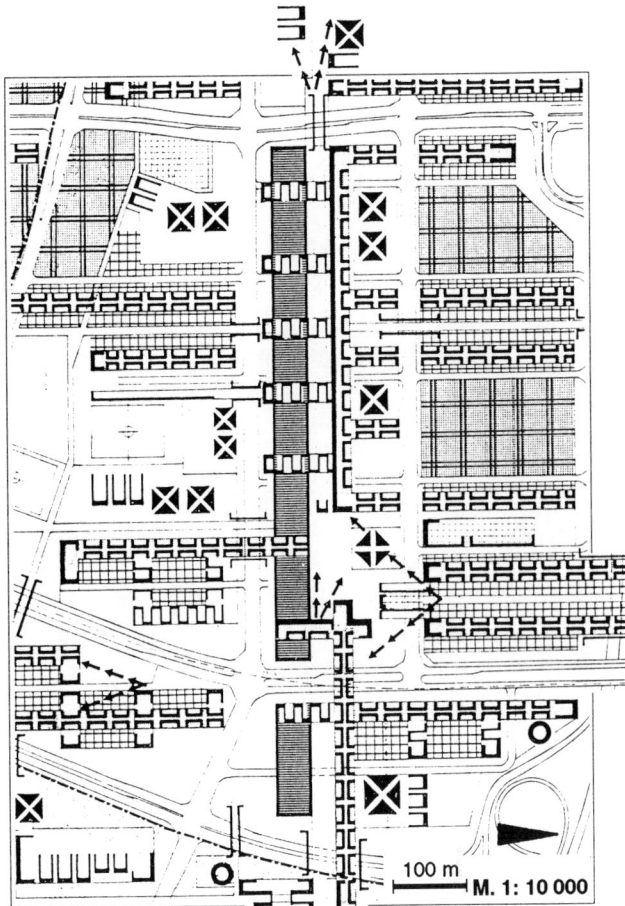

100 m M. 1: 10 000

8.56 Das Strukturkonzept „Räumliche Ordnung" der Freien Planungsgruppe Berlin war zwar der Anstoß ...

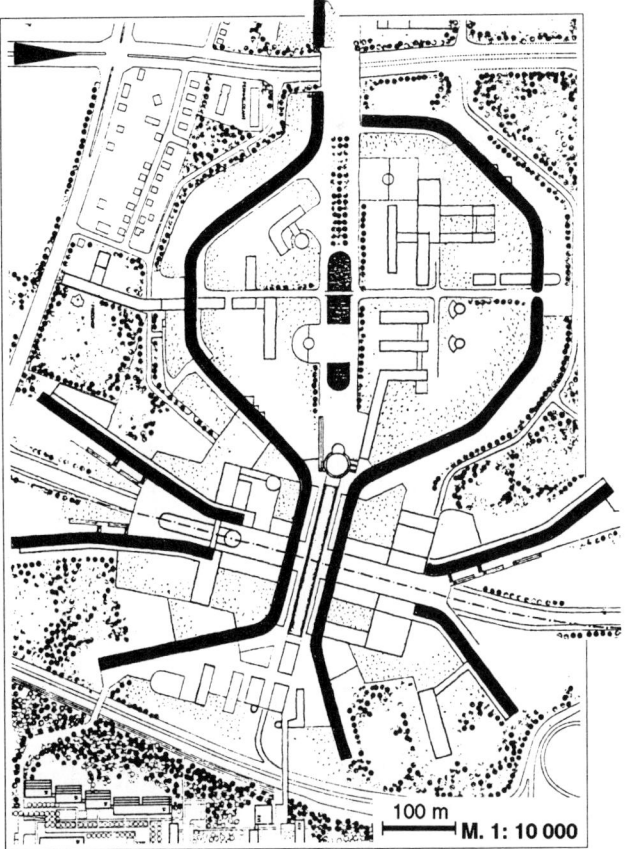

100 m M. 1: 10 000

8.57 ... für eine neue, abstrakte Planungsmethode, aber eine Großform wurde in Neuperlach-Mitte preisgekrönt.

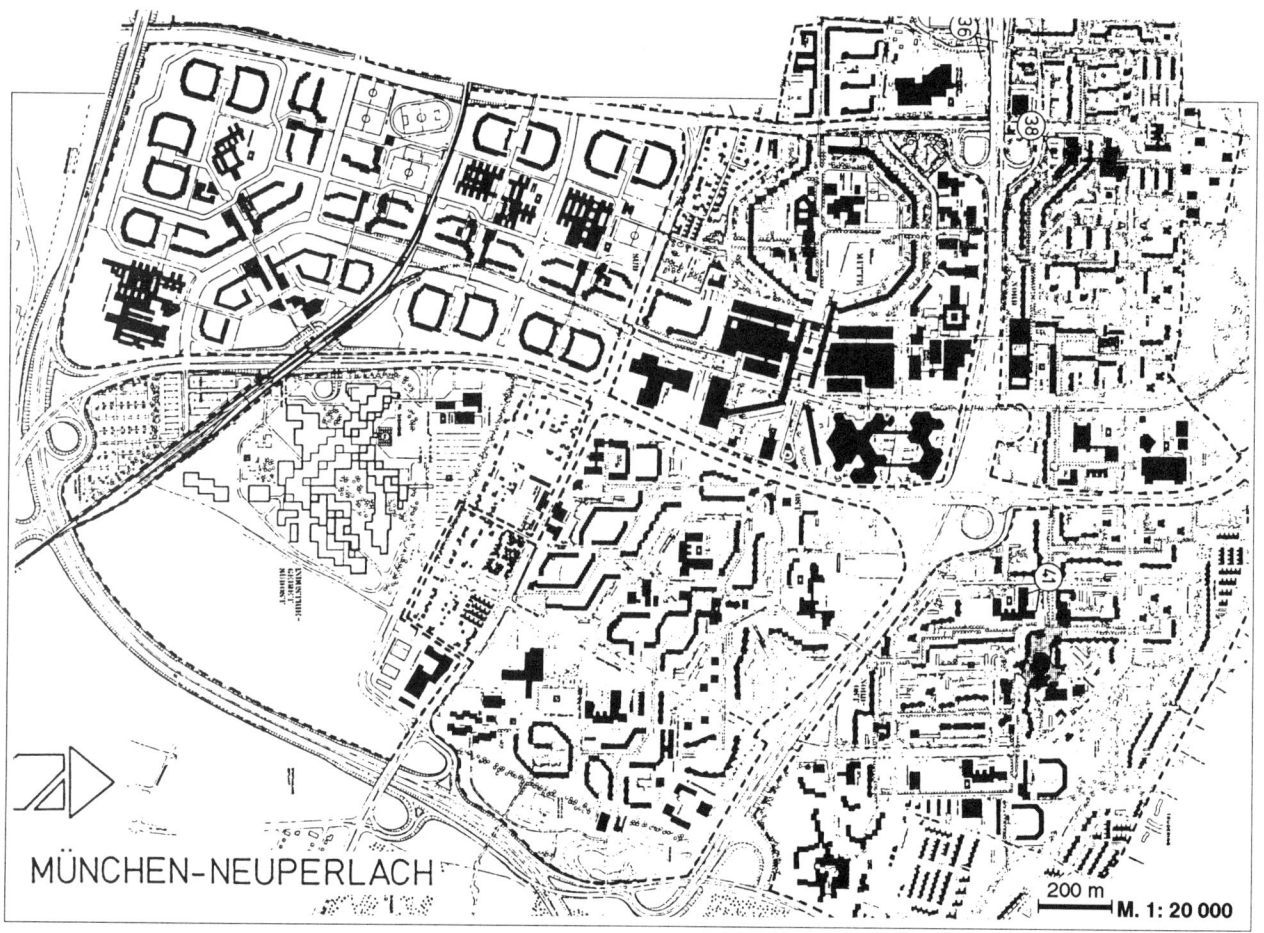

MÜNCHEN-NEUPERLACH

200 m
M. 1: 20 000

8.58 Die „Supersiedlung" Neuperlach in München, Plan um 1970, erstreckt sich auf 1 000 Hektar Gelände, das durch Schnellstraßen in getrennte Baugebiete zerschnitten wird. Der „Wohnring" bildet das Gelenk zwischen Neuperlach ...

8.59 ... und Altperlach im Westen (o.). Das Luftbild um 1980 zeigt das Wohngebiet mit raumbildenden „Wohnschlangen" im Osten und das freie Gelände südlich der Großform, auf dem später Wohnungen in Blockbauweise errichtet wurden.

264

tel der Gesamtfläche von 1 000 ha ist Wohnfläche. Deshalb beträgt bei einer Geschoßflächenzahl (GFZ) von 1,0 -1,2 und einer Wohndichte von 245 EW/ha die Siedlungsdichte „nur" etwa 80 EW/ha, was immer noch drei- bis viermal so hoch ist wie im großstädtischen Umland.

„Wer sich über die ´Unwirtlichkeit´ unserer Städte, die Sterilität von Neubausiedlungen und die Tristesse von Trabantenstädten echauffieren will, wen Korruption oder Vettern-Wirtschaft bei Bauauftragsvergaben verwundert, wer sich über den praktizierten Begriff von ´Gemeinnützigkeit´ nicht im klaren ist, oder wer der Meinung ist, für Wohnungsnot und Mietensteigerung müßten Schuldige gefunden werden, dem ist mit einem Rundgang durch Neuperlach wenig gedient. In 25 Jahren von der Presse ausgewrungen, in jedem Entwicklungsschritt beobachtet und belauert, von den einen als Musterbeispiel für fast jede Wohnumfeld-Sünde angeprangert, von anderer Seite als Vorbild für vorausschauende und flexible Planung hingestellt, hat Neuperlach zwar nicht die Popularität eines Märkischen Viertels erreichen können, doch finden sich hier zweifelsohne Beispiele, die jede beliebige Aussage publikumswirksam illustrieren können" (TZSCHASCHEL, S. 504).

Wegen der Größe der „Satellitenstadt" und der langen Entstehungszeit, in der sich die Städtebau-Leitbilder erheblich gewandelt hatten, ist in Neuperlach keine städtebauliche Gesamtform erkennbar. Es ist die Zeitspanne, in der „grafische Siedlungsmuster" nur noch in Teilbereichen und nicht mehr als große Einheit von Siedlungen Gültigkeit haben. Eine Ausnahme in dieser Hinsicht stellt Steilshoop in Hamburg dar.

• **Steilshoop** in Hamburg 1970-1976

Die prägnanteste Großform aller „neuen Städte" um 1970 hat unbestritten die Großsiedlung Steilshoop (siehe Titelbild u. Abb. 8.60), wenn auch der Weg bis dahin von konventionellen Konzepten geprägt war. Ein städtebaulicher Wettbewerb von 1961 brachte zwar mit neun prämierten Arbeiten ein Ergebnis, aber keine Lösung für eine neue „Trabantenstadt" sieben Kilometer nördlich vom Hamburger Stadtkern im Ortsteil Bramfeld. Aus Preisträgern wurde die „Architektengemeinschaft" BURMESTER + OSTERMANN (Hamburg), GARTEN + KAHL (Hamburg), CANDILIS, JOSIC, WOODS (Paris/Berlin) und SUHR (Hamburg) gebildet, die mit einer Neuplanung beauftragt wurde.

Erste Überlegungen für eine Bebauung und Vorbereitungen einer Bodenordnung in dem Gebiet mit Kleingärten und Behelfsheimen hatte es bereits vor 1955 gegeben. Anfang der 60er Jahre sollte der Wandel der Leitbilder von der Auflockerung zur Verdichtung auch tatsächlich umgesetzt werden. Als Konzept der „Wiederentdeckung" von hofumschließenden Raumbildungen präsentierte die

8.60 Steilshoop in Hamburg, um 1985. Die großen Wohnblöcke mit begrünten Innenhöfen an einer „Fußgängerstraße", die um eine Mittelachse mit Zentrum und Gesamtschule gebogen ist, steigen nach außen, zum Freiraum, punktförmig an.

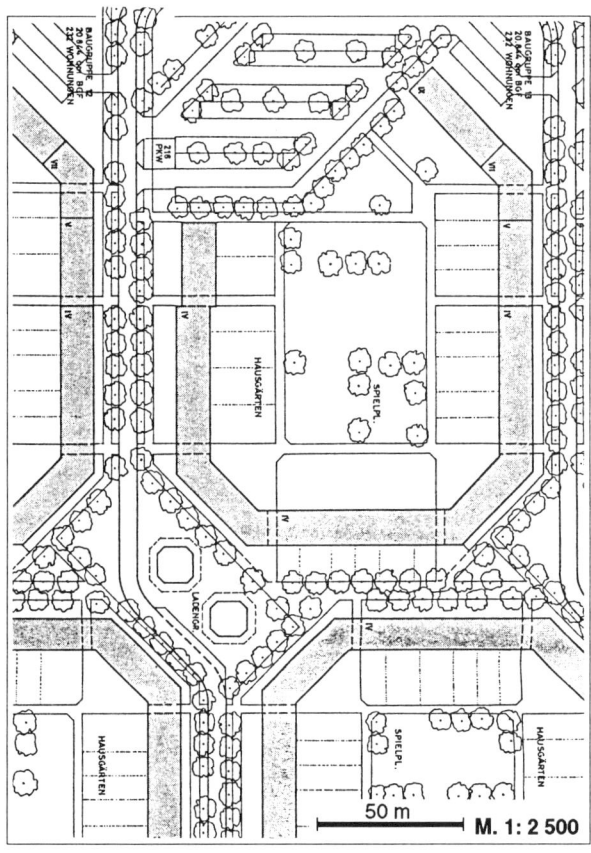

8.61 Schema der Blöcke in Steilshoop (jeweils ca. 230 Wohnungen) mit Hausgärten, Wegen und Stellplätzen.

„Architektengemeinschaft" 1965 einen Bebauungs-planentwurf, der die später realisierte Form schon deutlich erkennen läßt (Abb. 8.63). Die weitere Über-arbeitung des Entwurfs ging dann einher mit der Bau-vorbereitung durch den bestellten Bauträger Neue Heimat Hamburg. Kurz vor Baubeginn wurden die Vorgaben durch die Hamburger Landesplanung noch verändert: statt 18 000 nun 24 000 Einwohner in vor-mals 5 500 und nun 7 200 Wohnungen, Erhöhung der GFZ auf 1,0. Zur funktionalen Ergänzung wurde in der Nähe die Bürostadt „City-Nord" mit 30 000 Arbeitsplätzen geplant.

Die deshalb nur als Wohnstadt gedachte Siedlung ist als in der Mitte abgeknickte doppelte Baublock-reihe mit einer zentralen Fußgängerzone konzipiert (Abb. 8.62). Die quer zu den 20 „Großblöcken", mit etwa 90 x 130-150 Meter, gelegene „Infrastruktur-achse" beinhaltet im Süden ein Einkaufs- und im Norden ein Schulzentrum. Die Blöcke umschließen begrünte Innenhöfe mit privaten und gemein-schaftlichen Freiflächen, die am Außenrand an Park-plätze und -decks angrenzen (Abb. 8.61). Diese werden von Straßenschleifen erschlossen, die senk-recht zur Fußgängerzone und dazu leicht versetzt verlaufen und im Süden an eine vierspurige Sammel-straße angebunden sind (Abb. 8.64). Vom mittigen Fußgängerbereich mit kleinen diagonalen Plätzen steigt die viergeschossige Bebauung nach außen im Süden bis auf sieben und im Norden sogar bis auf

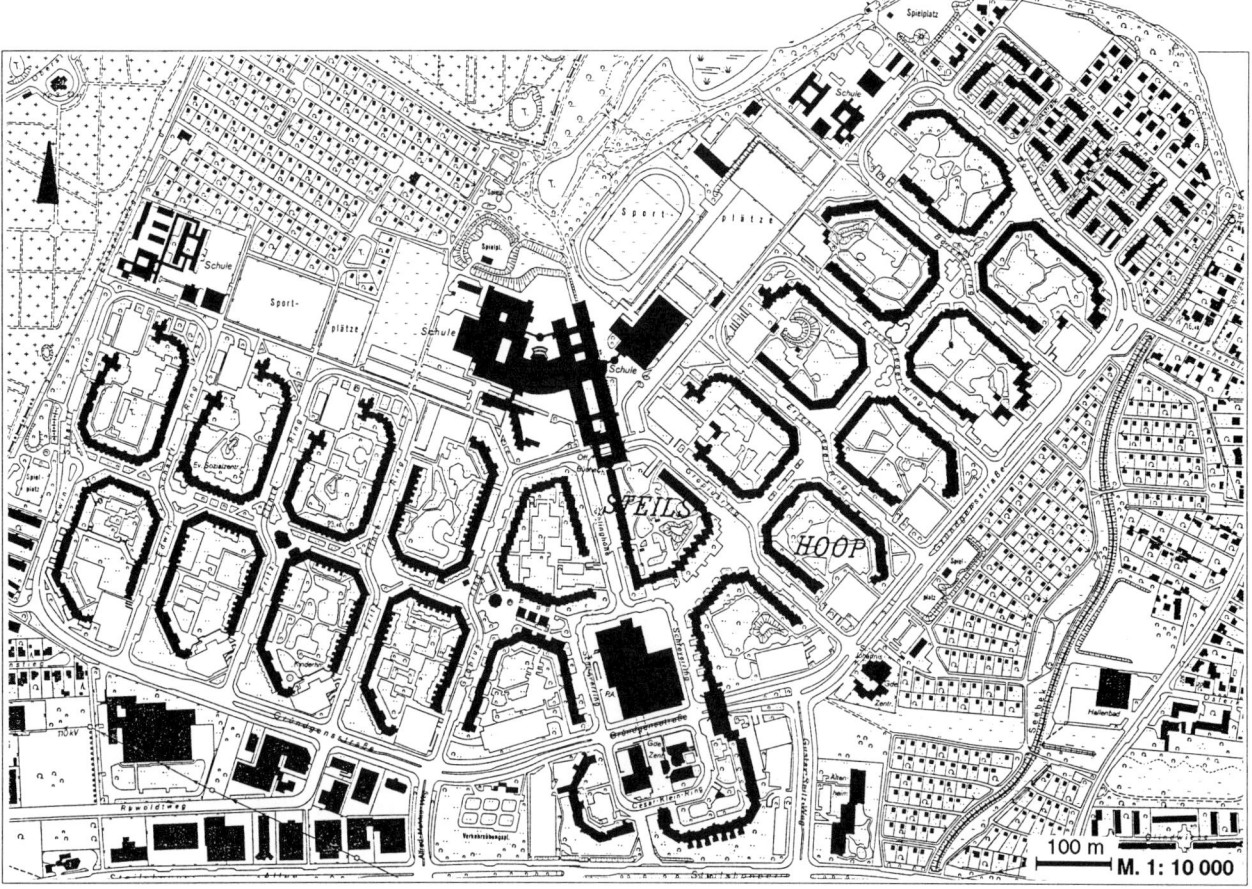

8.62 Steilshoop, ca. 1985, bildet mit seinen fast einheitlichen Baublöcken eine prägnante, geschlossene Großform, die sich städtebaulich kaum einbinden läßt. Ein schönes Stück Stadt als Wiederentdeckung von Stadtraum und Hofbildung.

266

13 Geschosse an, da dort große Freibereiche und der Bramfelder See angrenzen.

Das Bruttobauland von 175 ha setzt sich aus 57 ha Grünflächen, 10 ha Schulen und 7 ha Sportanlagen zusammen. Geplant waren 4 650 Wohnungen in Gebäuden bis 9 Geschosse und 200 Einfamilienhäuser am Rande. Gebaut wurden 6 380 WE in Gebäuden bis 13 Geschosse und 222 EFH sowie eine Altenwohnanlage mit 135 WE. Die Wohnungen sind fast ausschließlich Sozialwohnungen oder für städtische Bedienstete vorgesehen. Die Hälfte der Gebäude und das Zentrum wurden in Betonfertigteilen erbaut. Nach Fertigstellung der Siedlung bis 1976 wohnten dort fast 23 000 Menschen, die bis heute noch auf die vorgesehene U-Bahnlinie warten und deshalb auf Busse angewiesen sind. Durch die einseitige Belegung der Wohnungen kam es zu erheblichen sozialen Problemen, wozu ein überdurchschnittlicher Anteil an Jugendlichen und Arbeitslosen bzw. Sozialhilfeempfänger (jeweils um 30%) maßgeblich beigetragen hat. Außerdem wurde die räumlich und funktional isolierte Lage am Rande Hamburgs mit schlechter und zeitaufwendiger Verbindung zur Innenstadt sehr bemängelt. Gegenmaßnahmen, wie die teilweise Umwandlung in Eigentumswohnungen, konnten noch keine grundsätzliche Abhilfe bewirken. So ist ein wichtiges städtebauliches Experiment, das in der Siedlung Mümmelmannsberg (Abb. 8.65) sogar eine Art Fortführung gefunden hat, wegen falscher Belegungspolitik, die alle sozialen Probleme in diesen neuen Stadtteil „abgeschoben" hat, in Mißkredit geraten.

• **Allermöhe** in Hamburg ab 1973

Das Siedlungsprojekt Allermöhe hatte als großangelegte Konzeption begonnen, die auf den „Straußenfederplan" von Fritz SCHUMACHER (s. S. 301) zurückgriff. Er sah 1925 entlang der Bahnlinie nach Bergedorf einen etwa 2 300 ha großen Siedlungsraum „Billwerder-Allermöhe" als ins östliche Umland von Hamburg ausstrahlende Achse vor. Der Flächennutzungsplan von 1973 wies dann Wohn- und Gewerbeflächen für einen neuen Stadtteil mit etwa 70 000 Einwohner aus. Im Gutachterverfahren für das 1 500 ha große Gebiet mit fünf Planungsbüros wurde die Arbeit der Freien Planungsgruppe Berlin (FPB) zur Weiterbearbeitung empfohlen. Ihr Hauptthema war das „Bauen am Wasser" mit einem System von marschentypischen Wasserläufen (Fleeten), die sich durch die mittelhohen Wohnquartiere durchziehen. Auf Hochhäuser wird ganz verzichtet. Auf der Grundlage dieser strukturhaften Planung fand 1974/75 für etwa 5 500 Wohnungen ein zweistufiger Wettbewerb statt, den das Münchner Architekturbüro PÄTZOLD/HANSJAKOB gewann. Der Entwurf sah in der Mitte des Gebiets eine T-förmige Wohnbebauung mit vier Geschossen in verbundenen Baublöcken vor, die von niedrigerer Bebauung umgeben war (Abb. 8.67). Nur wenige Einfamilienhäuser wurden realisiert, bevor 1976 das Projekt Allermöhe eingestellt

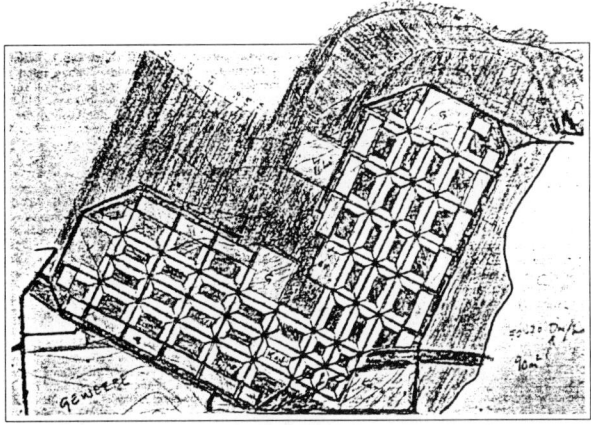

8.63 Das Planschema der Arbeitsgemeinschaft zeigt deutlich das Block-Konzept, 85 x 140 m, für Steilshoop.

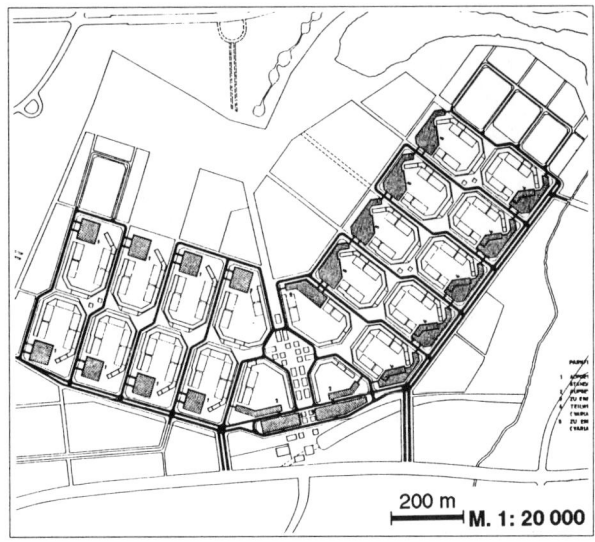

8.64 Straßenschleifen erschließen die Wohnblöcke und die Stellplätze senkrecht zur mittigen Fußgängerzone.

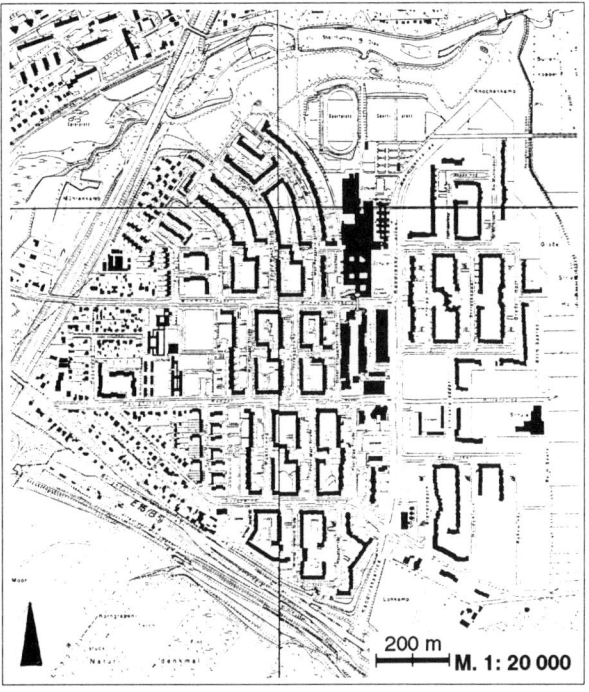

8.65 Mümmelmannsberg im Hamburger Osten von Paul SCHÜTZ, 1970-80, folgt dem Block-Konzept Steilshoops.

267

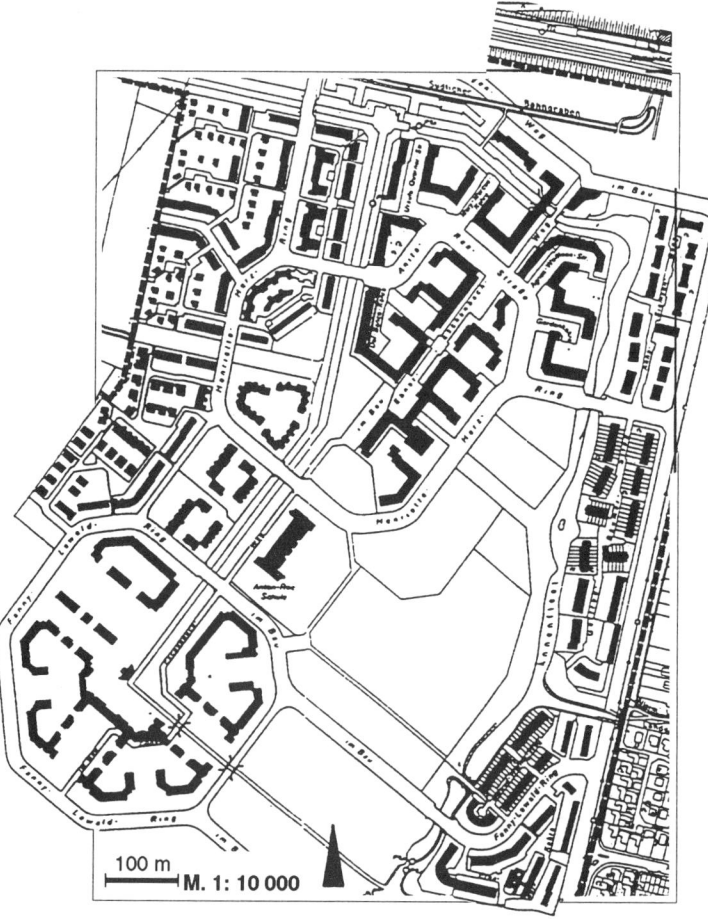

wurde - wegen mangelnder Wohnungsnachfrage. Aber bereits 1979 beschloß der Hamburger Senat die Ausarbeitung eines Bauabschnitts für 3 500 Wohnungen - wegen großen Wohnungsbedarfs.

Der Bebauungsplan von 1982 umfaßte dann auf 125 ha Gelände ungefähr 2 000 Geschoßwohnungen und 1 500 Einfamilienhäuser für etwa 10 000 Einwohner (Abb. 8.66). Die Erschließungsarbeiten für den neuen Stadtteil begannen im Winter 1981/82. In den folgenden Jahren wurden verschiedene Bauabschnitte realisiert, die auch gefördert wurden. So entstanden Wohngebäude im Rahmen des „kosten- und flächensparenden Bauens" oder des „ökologischen Bauens" als Projekt des „Experimentellen Wohnungs- und Städtebaus". Eine Zwischenbilanz der Siedlungstätigkeit, die weitergeführt wird, konnte 1990 mit etwa 1 500 Geschoßwohnungen und 500 Einfamilienhäusern gezogen werden. Das Wohngebiet Neu-Allermöhe Ost knüpft an die Hamburger Städtebau- und Architekturtradition der Zeit um 1930 an. Die zwei- bis viergeschossige Bauweise mit teilweise offenen Wohnblöcken, mit Höfen und Mietergärten sowie mit baumbestandenen und begrünten Straßen hat eine hohe Wohnqualität. Kurze Wege für Fußgänger und Radfahrer ergänzen den Eindruck von einer familien- und kinderfreundlichen „Grachtenstadt". Architektonisch bestimmt das rote Ziegelmauerwerk das Bild des neuen Quartiers, das sich auch dadurch sehr gut in die Landschaft einfügt.

8.66 Im konjunkturellen Auf und Ab konnte in Hamburg-Allermöhe nur ein Teil der Planung realisiert werden.

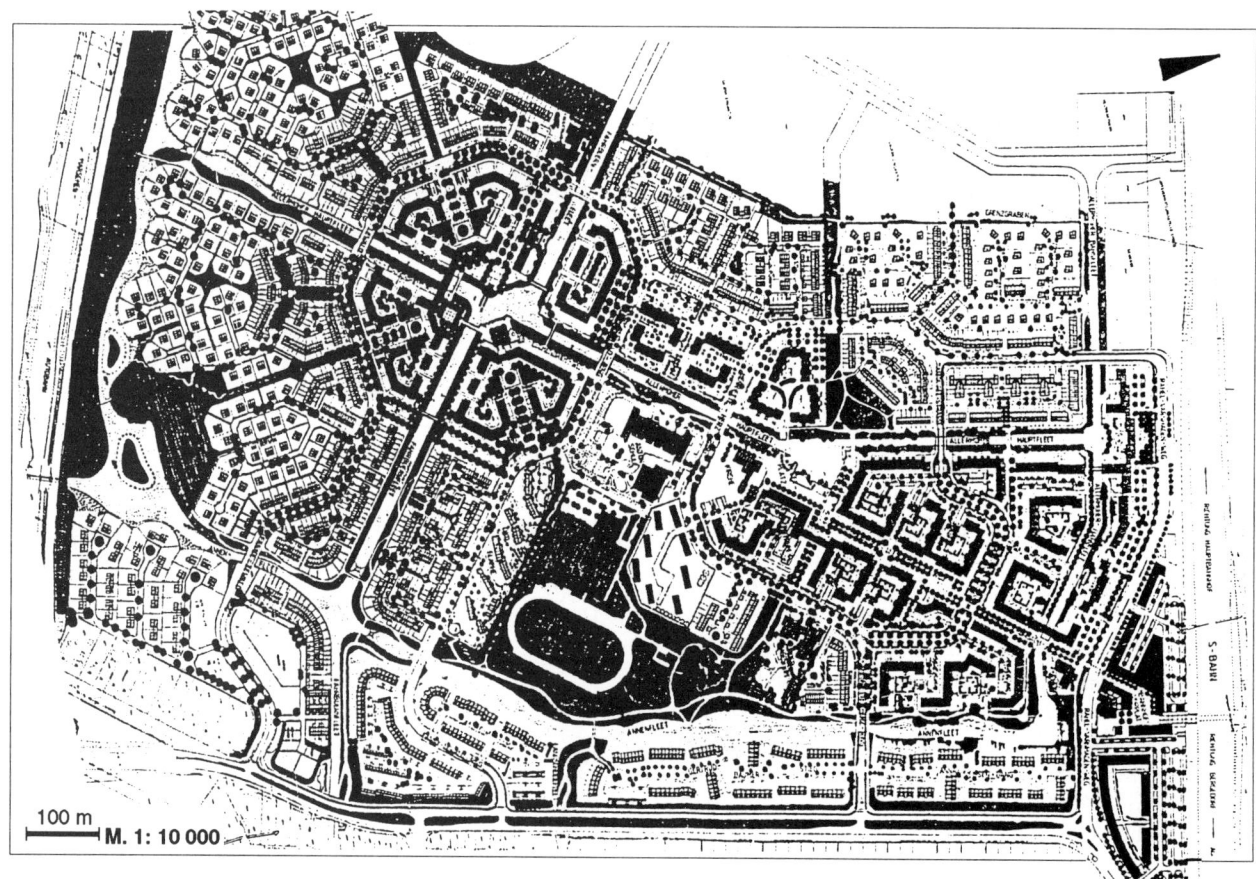

8.67 Gesamtplan der Siedlung Allermöhe in Hamburg, um 1975. „Bauen am Wasser" war das Motiv der ornamentalen Blockbauweise in der Tradition von Steilshoop mit angrenzender Flachbebauung. „Grachtenstadt in Klinkerbauweise."

„Städtebau-Museen": Wandel der Leitbilder

Einige größere neue Stadtteile wurden über einen längeren Zeitraum realisiert, so daß sich mehr oder weniger starke Veränderungen der Konzeption ergeben haben. In jedem Fall orientierten sich die einzelnen Bauabschnitte am jeweiligen zeitabhängigen Leitbild für die Wohnbebauung. So wächst die Bebauung in der Gropiusstadt bis in die Höhe von Wohnhochhäuser, und Langwasser in Nürnberg macht eine Entwicklung vom Zeilenbau bis zur neuen Blockbebauung durch. Schließlich markiert die „Neue Stadt" Wulfen eine Phase des „Patchwork-Städtebaus" mit freien Wohnquartieren innerhalb eines festen, eingegrünten Straßenmusters. Diese Stadtteile sind eine Realität gewordene Dokumentation des Wandels städtebaulicher Leitbilder in kurzer Zeit und dicht beieinander: Sie sind „Städtebaumuseen"

• **Gropiusstadt** in Berlin - 2. Teil - 1960-1975

Mit den Veränderungen des 2. TAC-Plans, den Walter GROPIUS 1961 vorlegte (s. S. 212), war noch keineswegs eine Grundlage für eine Realisierung gegeben. Der „Berlin-Beauftragte" des GROPIUS-Büros TAC („The Architects Collaborative"), Wils EBERT, legte wenige Monate später einen „Prinzip-Plan" vor.

Dieser veränderte den 2. TAC-Plan ohne Abstimmung mit GROPIUS so stark, daß er den Bruch zwischen Planung und Realisierung darstellt. Seine Anpassungen an „Berliner Gepflogenheiten" beziehen sich neben anderem auf die Gebäudehöhen, das räumliche Gefüge und die innere Erschließung. Anstelle der dreigeschossigen Häuser werden solche mit acht und 14 Geschossen (Abb. 8.68), aber auch Flachbebauung vorgesehen.

Die u-förmigen Gebäudegruppierungen werden zu einer offenen, senkrecht zueinander stehenden Zeilenbebauung umgewandelt. Schließlich wandeln sich die rasterförmigen Erschließungsstraßen zu einem Schleifensystem mit Sackgassen. Eine Einigung, welche Planung nun die Grundlage für die Realisierung sein sollte, wurde auch 1962 nicht erzielt, als ein Wettbewerb unter 14 Berliner Büros für südlich und südwestlich gelegene Teilgebiete ausgeschrieben wurde. Die Arbeiten hielten sich kaum an die städtebaulichen Vorgaben und fielen daher teilweise extrem unterschiedlich aus. GROPIUS äußerte sich als Vorsitzender des Preisgerichts unzufrieden:

„Den Versuchen, die hier mit den 14 Architekten gemacht worden sind, habe ich entnommen, daß interessante Vorschläge dabei sind, aber eine Team-Arbeit in diesem Sinne hat nicht stattgefunden. In jedem Sektor ist etwas anderes drin - mit Ausnahmen. Aber jedenfalls, im ganzen ist festzustellen, daß es

8.68 Das Wohnhochhaus, punktförmig oder scheibenartig, bestimmt in der Gropiusstadt das städtebauliche Bild. Die Beteiligung von mehreren Architekten führte nicht zu einer Teamarbeit, sondern zu einer Summe von Einzelkonzepten.

sehr schwierig zu sein scheint, daß sich 14 Architekten an einen Tisch setzen und sich einen Koordinator wählen, der mit ihnen ein paar Grundzüge ausarbeitet, denen dann jeder folgt. Es scheint mir durchaus möglich zu sein, solche Grundsätze aufzustellen, ohne dem einzelnen auf den Fuß zu treten." ...

„Die Frage des Details kann durchaus variieren, im Gegenteil, es wird gut sein, wenn in einer Siedlung von diesem Ausmaß verschiedene Hände sichtbar sind. Die größte Schwierigkeit besteht meiner Ansicht nach immer an den sogenannten Nähten, wo zwei Architekten zusammen kommen. Ich sagte hier schon vor ein paar Tagen, Schinkel hat einmal einen wunderbaren Ausspruch gemacht: ´In der Naht liegt die Tugend´. ... Man muß sich immer vor Augen halten, da ist ein großes gemeinsames Stück Land mit 14 500 Wohnungen überbaut, da muß man eine Variation haben, sonst würde es schrecklich langweilig sein. Das wird ja auch durch die Art der Materialien und Farbgebungen usw. kommen, aber eine Wichtigkeit ist auch, daß die Architekten versuchen, mit den Fenstern, mit den Dächern usw. eine Einheit durchzuführen - in allem" (BANDEL/ MASCHULE, S. 76).

Obwohl Ende 1962 die Bauarbeiten begannen, war eine endgültige Gesamtplanung noch immer nicht in Sicht. Eine zusammenfassende Konzeption der Teilplanungen erarbeitete 1963 der Architekt Hasso SCHRECK. Danach wurde 1965 mit allen Beteiligten

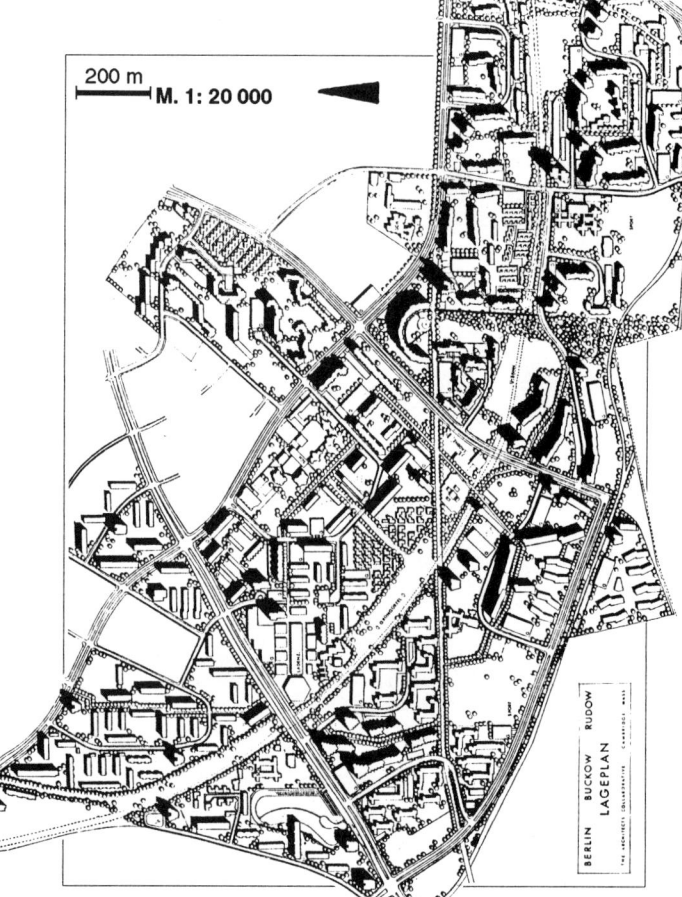

200 m
M. 1: 20 000

BERLIN BUCKOW RUDOW LAGEPLAN

8.69 Der TAC-Schattenplan von SCHAROUN, 1966, war der letzte Versuch zu einer einheitlichen Konzeption.

ein „Koordinierungsbüro" gebildet, das im selben Jahr noch einen Gesamtplan vorlegte, dem 1966 ein neuer TAC-Plan, der „Schattenplan" (Abb. 8.69), und 1967 ein zweiter Gesamtlageplan des Koordinierungsbüros folgte. Diesen Prozeß begleitete GROPIUS mit zunehmend schärfer werdender Kritik, die ihn immer mehr isolierte. Das Baugeschehen orientierte sich währenddessen an Plänen der Einzelgebiete, die sich kaum noch an die Gesamtplanung hielten. Ende 1975 wurden die Bauarbeiten abgeschlossen, die einen Stadtteil hatten entstehen lassen, der mit den ursprünglichen Grundgedanken des Konzepts kaum noch etwas gemein hat. Die Kreisbauten von Walter GROPIUS wurden auf einen Ringbau reduziert, und die übrigen Teilgebiete verbanden sich nicht zu der von ihm geforderten „Einheit".

Politische Entscheidungen dominierten das Planungsgeschehen und führten zu Widersprüchen zwischen formulierten Zielen und den tatsächlichen Entscheidungen. Eine räumlich zusammenhängende, einheitliche Gesamtkonzeption der Siedlung war schließlich nicht mehr möglich, an ihre Stelle trat eine Vielzahl von Einzelplanungen (Abb. 8.70). Konflikte zwischen GROPIUS und den Berliner Stellen isolierten GROPIUS zunehmend vom Planungsgeschehen. Seine Funktion als Gesamtkoordinator wandelte sich in die Rolle eines Projektkritikers (BANDEL/MASCHULE).

• **Langwasser** in Nürnberg - 2. Teil - 1960-1982

Ähnlich wie bei der Gropiusstadt in Berlin gab es auch in Langwasser eine parallele Entwicklung von Gesamtplanung und Teilbebauung. Der Gesamtplan oder Aufbauplan konnte sich einerseits nur an die gebauten Realitäten anpassen und mußte andererseits gewollte Änderungen auf den verbliebenen Flächen konzentrieren. Im Laufe von drei Jahrzehnten entstanden so ganz unterschiedlich geprägte sowie von jeweiligen städtebaulichen und wirtschaftlichen Leitbildern beeinflußte Teilbebauungen. In Langwasser können von Süden nach Norden diese baulichen Zeitdokumente als „lehrbuchartige Sammlung" des Nachkriegsstädtebaus besichtigt werden. Der Aufbauplan von 1960 (s. S. 208) brachte mit der ersten Anhebung der geplanten Einwohnerzahl gegenüber dem Wettbewerbsergebnis von 1956 auch eine Verdichtung und Veränderung der Art der Bebauung.

Dieser Prozeß setzte sich mit dem Aufbauplan 1963 fort, der wegen der starken Wohnungsnachfrage eine auf 60 000 Personen in 17 500 Wohnungen angehobene Einwohnerzahl vorsah. Da die Bebauung oder eine entsprechende Planung im Süd- und Nordwest-Teil weitgehend fixiert war, konnte die planerische Verdichtung nur im Nordost-Teil (Märzfeld) erfolgen. Der Anteil an Einfamilienhäusern wurde reduziert sowie die Anzahl der Stockwerke allgemein und der Wohnhochhäuser erhöht. Die bisherige Trennung der einzelnen Wohnquartiere untereinander durch Grünzäsuren wurde aufgegeben (Abb. 8.74).

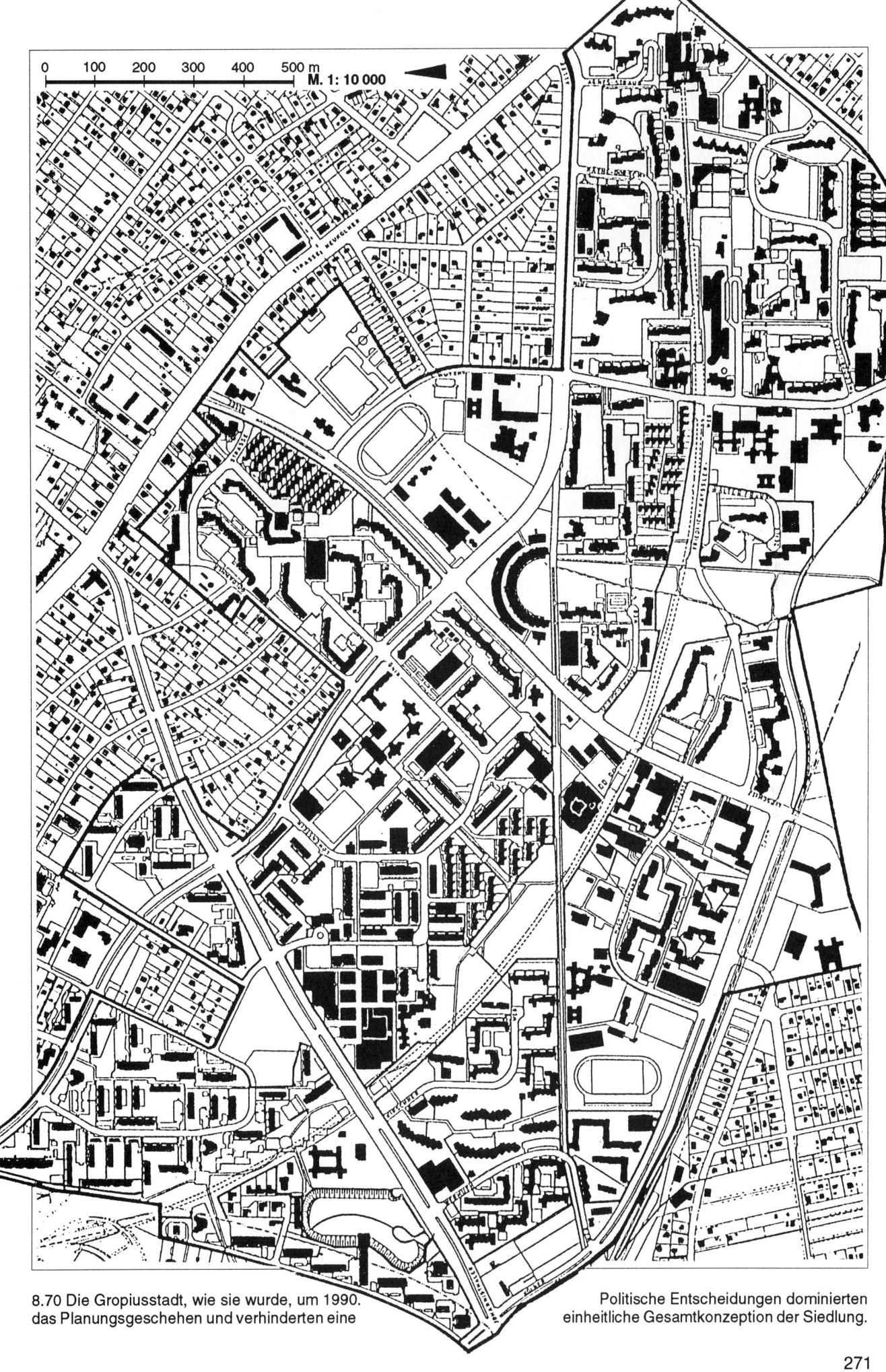

8.70 Die Gropiusstadt, wie sie wurde, um 1990. das Planungsgeschehen und verhinderten eine

Politische Entscheidungen dominierten einheitliche Gesamtkonzeption der Siedlung.

271

8.71 Siedlungsteil im Südosten (Abb. 8.74; u. Mitte) von Langwasser mit der typischen Bebauung der 70er Jahre.

8.72 Das Anfang der 80er Jahre gebaute Wohngebiet im Norden (Abb. 8.74; o. Mitte) ist als Blockbauweise ...

Die zwischen 1950 und 1963 fertiggestellte Bebauung im Südwesten ist, der Zeit entsprechend, überwiegend von senkrecht oder schräg zur Straße stehender Zeilenbebauung geprägt. Anfang der 60er Jahre sind erste raumbildende Bemühungen erkennbar, wie der Südost-Teil deutlich zeigt (Abb. 8.71). Neben dem Zeilenbau mit quergestellter, raumbildender Straßenrandbebauung bis 1960 findet sich dort zeilenförmige und teppichartige Flachbebauung mit Reihen- und Einfamilienhäusern. Die „Teppichbebauung" mit Gartenhofhäusern ist ebenso für die beginnenden 70er Jahre kennzeichnend wie die südwestlich angrenzende geschwungene und höhengestaffelte Bebauung bis 15 Geschosse (GFZ 0,9).

Die von 1971 bis 1974 gebauten Häuser mit fast 2.000 Wohnungen bilden fließende und begrünte Räume abseits der Straßen. Das Teilgebiet im Nordwesten wurde Anfang der 60er Jahre geplant und mit über 3 000 Wohnungen und Eigenheimen bis 1972 realisiert. Neben der flachen Randbebauung ist das Gebiet stark durch Hochhäuser bis zu 17 Geschossen geprägt. Der Nordosten dagegen hat als letzter Teil der Bebauung den stärksten „Paradigmenwandel" erfahren. Von der Mischung sieben 12-geschossiger Hochhausscheiben mit Reihen- und Einzelhausbebauung des Wettbewerbsentwurfs wandelte sich das Gebiet über weiteren verdichteten Flachbau zu einer stark verdichteten Bebauung im zweiten Aufbauplan mit vier bis neun Geschossen

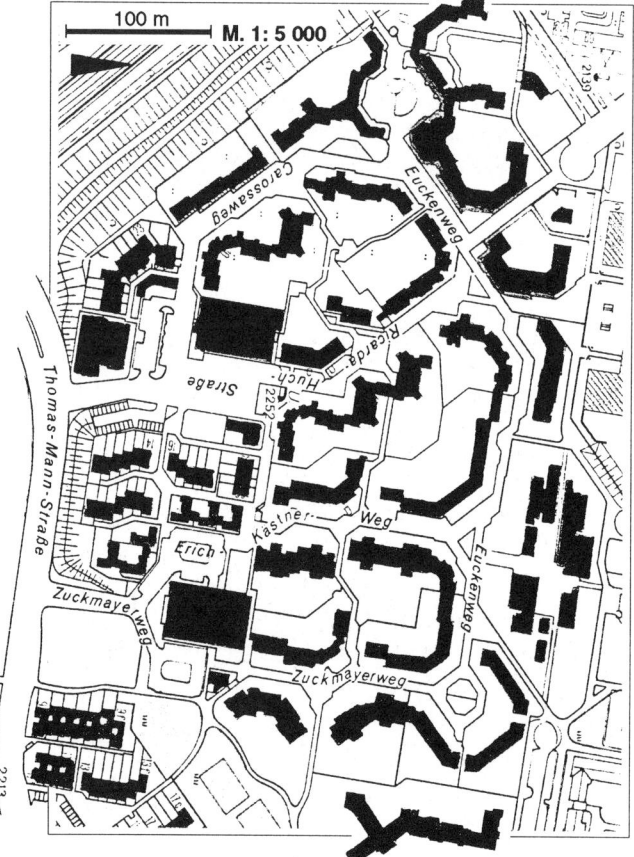

8.73 ... mit begrünten Innenhöfen konzipiert. Fußgängerstraßen werden durch Parkhäuser am Rand möglich.

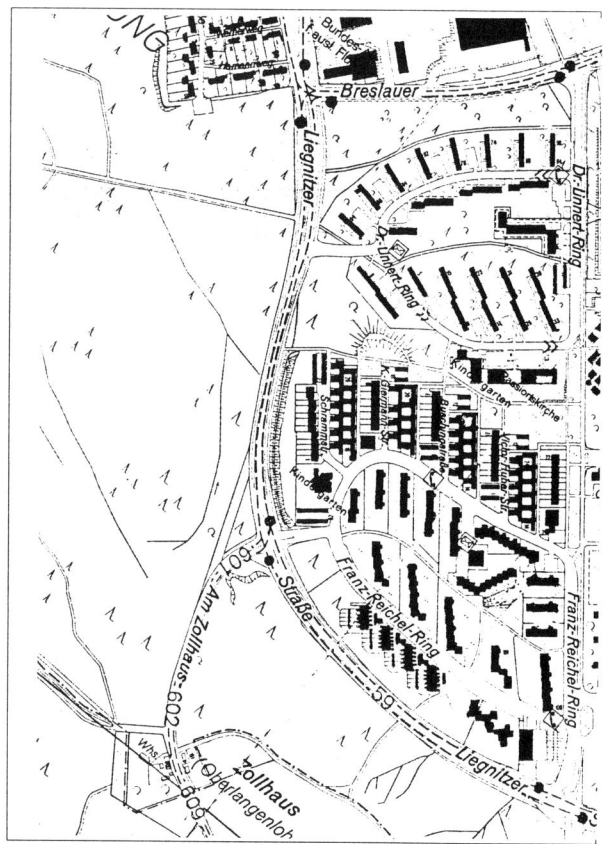

8.74 a Der neue Stadtteil Langwasser in Nürnberg, entstand zwischen 1956 und den 80er Jahren. Ein ...

8.74 b ... mehrmaliger „Paradigmenwechsel" in dreißig Jahren hat das Siedlungsbebiet zu einem interessanten „Städtebau-Museum" gemacht (Plan 1994). „Die Grünflächen bilden den großen Rahmen, der die bauliche Vielfalt zusammenfaßt."

und bis zu 20-geschossigen Hochhäusern. Dieser Zwang zur Verdichtung bestand allerdings nicht mehr, als 1970 neu geplant wurde. Größere Teile des Planungsgebiets wurden als Parkanlage mit inzwischen herangewachsenen Waldflächen und einem Weiher im Langwasserbachtal ausgewiesen.

Besonders interessant ist ein Wohngebiet nördlich der Gewerbezone mit einer modifizierten Blockbebauung (GFZ 0,93) an autofreien Straßenräumen (Abb. 8.72, 8.73). Von den Parkhäusern sind die fast 1 000 Wohnungen, die bis 1982 entstanden, maximal 200 Meter entfernt. Die differenzierten und teilweise gebogenen Wohngebäude umschließen unterschiedlich große begrünte Innenhöfe und bilden gleichzeitig durch Bäume gegliederte öffentliche Räume. Diese moderne Form der vier- bis sechsgeschossigen Blockbebauung erzeugt wieder stadträumliche Qualitäten, ohne die Nachteile des Autoverkehrs zu haben. Die Wege zu den Parkhäusern werden von den Bewohnern nicht als Nachteil empfunden. Die fast 15 000 Einwohner lebten 1990 etwa zu 60% in öffentlich geförderten Mietwohnungen und mehr als 30% in Eigentumswohnungen und Eigenheimen. In Wohnhochhäusern sind nur 6% untergebracht. Zahlreiche Infrastruktureinrichtungen und besonders das vollüberdachte „Frankenzentrum" (S. 284, Abb. 8.95) mit U-Bahn-Haltestelle, das durch Nebenzentren in den Wohnquartieren ergänzt wird, bewirken eine hohe Wohnqualität in der „Neuen Stadt". Das Hauptzentrums ist mit 1.150 m Länge und 200 m Breite mit 30 000 qm Fläche für Läden und andere zentrale Einrichtungen gewaltig. Die ersten Planungen von 1965 in Anlehnung auch an das Nordweststadtzentrum in Frankfurt wurden in mehreren Schritten bis 1990 realisiert und erweitert.

„Bei dem starken Wechsel der Bauprogramme und Bauformen - entsprechend der unterschiedlichen Auffassung von Wohnen in diesen dreißig Jahren - bilden die geschlossenen Grünflächen den großen Rahmen, der die bauliche Vielfalt zu einem Ganzen zusammenfaßt. So wird auch das Erscheinungsbild der Eigenheimquartiere oft stärker durch die bis zu 25 m hohen Bäume und Waldbereiche geprägt, als durch die gebauten Elemente" (DASL 1, S. 111). Nürnberg-Langwasser dokumentiert somit in seinen Wohnquartieren anschaulich die Entwicklung der städtebaulichen Leitbilder vom Zeilenbau über die aufgelockerte und in die Höhe gehende Bauweise zu einer neuen Blockbebauung.

• **Neue Stadt Wulfen** 1964-1980

Wulfen ist der Versuch, auf der „grünen Wiese", abseits größerer Städte eine „neue Stadt" zu gründen und ihr städtisches Leben zu geben. Pessimisten werden als Ergebnis ein Shopping Center mit verstreuten Wohngebieten feststellen und Optimisten die Verwirklichung des Traums von der aufgelockerten

8.75 Realisierter Teil der „Neuen Stadt Wulfen" im Norden des Ruhrgebiets, 1980, mit dem Zentrum im Vordergrund und verschiedenen Wohngebieten. „Gebremste Stadtentwicklung durch die schwindende Bedeutung der heimischen Kohle".

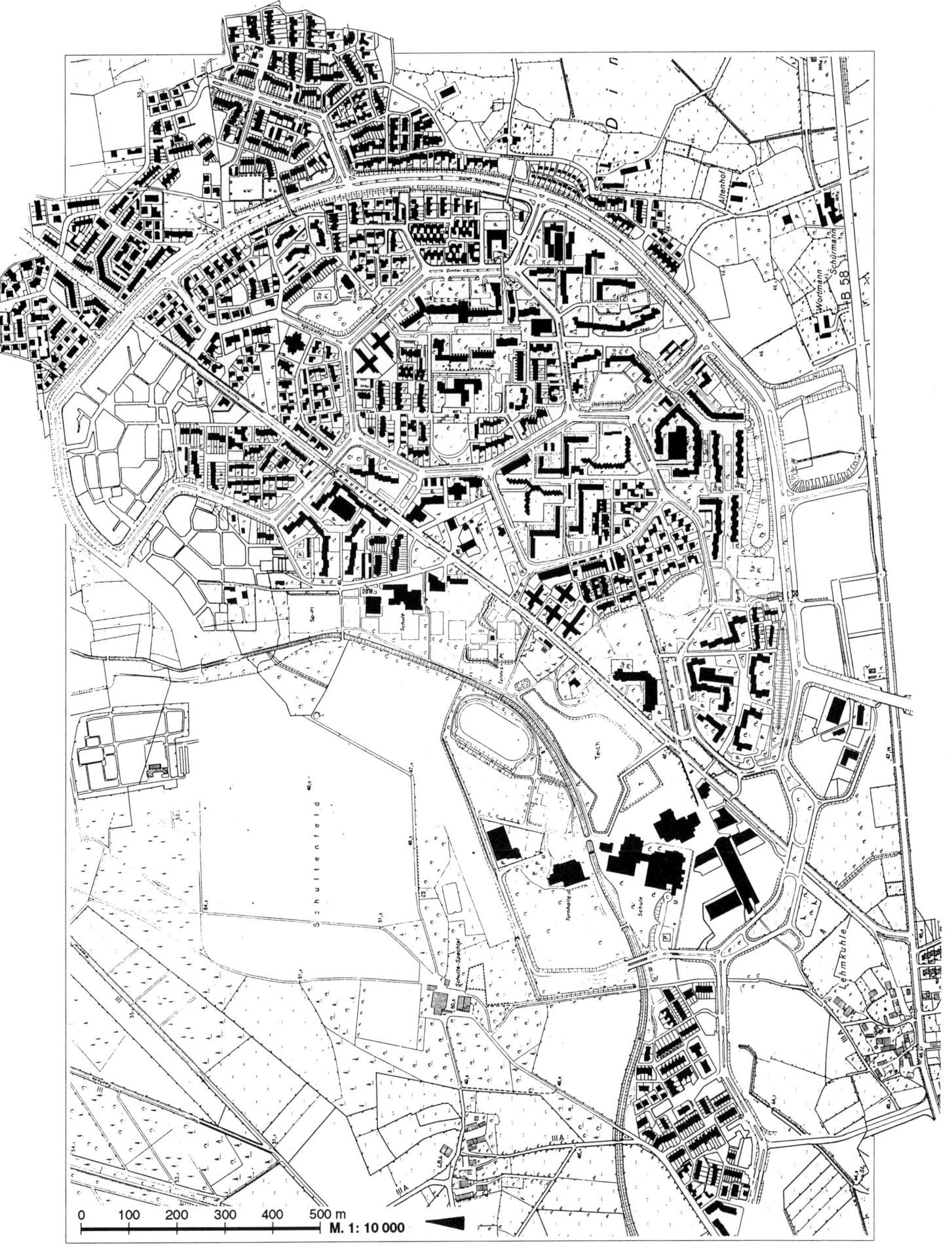

8.76 „Neue Stadt Wulfen", heute ein Stadtteil von Dorsten, um 1994. Dem fast geometrischen, überdimensionierten Straßennetz widerspricht die sehr heterogene Wohnbebauung. Vielfalt als Planungsziel oder „Spielwiesen für Architekten"?

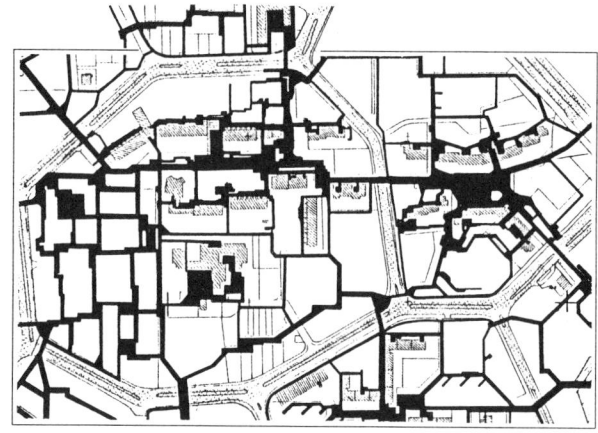

8.77 Die Fußwege in den Wohnquartieren von Wulfen sind von den Autostraßen völlig unabhängig und ...

8.78 ... werden durch großzügige Unterführungen miteinander zu einem weitverzweigten Netz verbunden.

8.79 Wulfen als Vogelschau-Zeichnung. „Ganz bewußt Baugruppen mit unterschiedlichem Charakter geplant".

und durchgrünten Stadt erkennen (Abb. 8.75). Nach einer anfänglichen Phase der Euphorie in der Fachwelt über einen neuen planerischen und gestalterischen Ansatz im Städtebau ist Wulfen als Experiment in der Provinz hinter üppiger Vegetation verschwunden. Dabei hatte es vielversprechend begonnen: Für die Belegschaft einer geplanten Kohlezeche der Mathias Stinnes AG im Raum des Dorfes Wulfen am nördlichen Rand des Ruhrgebiets sollte Wohnraum in einer selbständigen Stadteinheit von 50 - 60 000 Einwohnern geschaffen werden.

Als Planungsträger wurde die „Entwicklungsgesellschaft Wulfen mbH" gegründet, an der die Zechengesellschaft, der Siedlungsverband Ruhrkohlenbezirk, der Landkreis Recklinghausen und die Gemeinde Hervest-Dorsten beteiligt waren. Ihre Aufgaben bestanden in der Planung, Bodenordnung und Erschließung im Rahmen der Entwicklung einer neuen Stadt nach „modernen städtebaulichen Gesichtspunkten". Dazu gab es einen Vertrag zwischen der Entwicklungsgesellschaft und der Gemeinde Wulfen, die eine Regelung der gegenseitigen Information, Anhörung der Gesellschaft im Gemeinderat und Ausarbeitung von Bauleitplänen durch die Gesellschaft regelte.

1961 wurde ein internationaler Städtebauwettbewerb ausgeschrieben, zu dem auch namhafte Städtebauer eingeladen wurden: J. H. VAN DEN BROEK und J. B. BAKEMA, Fritz EGGELING, Max GUTHER, Ernst KÜHN, Ernst MAY, Hans Bernhard REICHOW und Walter SCHWAGENSCHEIDT. Die Aufgabe bestand in der Entwicklung einer Konzeption auf einer Fläche von 400 ha für 46.000 Einwohner in 13.000 Wohnungen mit einer Dichte von 30-35 WE/ha. Wohnungen sollten vorgesehen werden zu
• 10 - 15% in ein- oder zweigeschossigen Einzel- oder Doppelhäusern,
• 30 - 35% in zweigeschossigen Gruppen- oder Reihenhäusern,

8.80 „´Gartenstadt´ Wulfen - nicht urban genug?" Totale „Verkrautung" einer typischen vierspurigen Straße.

- 50 - 60% in 3 - 4-geschossigen Miethäusern, aber höchstens 1/6 bis 8 Geschosse.

Außerdem sollten noch 2 000 Arbeitsplätze vorgesehen werden.

Das Preisgericht mußte unter 47 Entwürfen entscheiden und prämierte die EGGELING-Arbeit mit dem 1. Preis. Ernst MAY erhielt den 2. Preis, MAECKER den 3. Preis und SCHWAGENSCHEIDT den 4. Preis. Für Fritz EGGELING war der Grundgedanke seines Entwurfs, „die zukünftige Stadt Wulfen als Ganzes erlebbar zu machen und in ihren Teilen aus der Einheit zu entwickeln". Er versuchte die Abkehr von der „gegliederten und aufgelockerten Stadt" bei gleichzeitiger Integration der landschaftlichen Gegebenheiten in die Stadt (AW 1).

Planungsmethodisch war der „Gesamtaufbauplan", der aus dem Wettbewerbsentwurf entwickelt wurde, sehr interessant, da er mit seinen farbigen, schematischen Darstellungen eine neue Planungsstufe zwischen Flächennutzungs- und Bebauungsplanung darstellte (s. auch Abb. 8.56). Die städtebauliche Grundkonzeption basierte schließlich auf einem wabenförmigen Straßennetz, das von einem separaten Fußwegsystem (Abb. 8.77, 8.78) zur autofreien Verbindung der Wohnquartiere überlagert wurde (Abb. 8.76, 8.79). Außer sechs Nebenzentren war ein Hauptzentrum mit öffentlichen Einrichtungen und Läden vorgesehen (AW 2). 1962 lag die Zielzahl noch bei 45 - 50 000 Einwohnern, aber da 1979 erst 15.000 EW zugezogen waren, wurde sie auf 20 000 Einwohner herabgesetzt (EGW).

Die sehr unterschiedlich realisierten Wohngebiete haben keinen räumlichen Bezug zu den Fahrstraßen, da diese und auch die parallelen Fußwege sehr stark eingegrünt sind (Abb. 8.80). Dies war so beabsichtigt, macht aber heute die Quartiere zu „isolierten Inseln" innerhalb eines begrünten und mit vier Fahrspuren weit überdimensionierten Straßennetzes (ILS). Auch das Hauptzentrum hat keinen optischen Bezug zu den Wohnhäusern und muß mit großen Transparenten als „Einkaufszentrum" kenntlich gemacht werden. Der zentrale Bereich einer unvollständigen Siedlung, die an den Rändern bereits unkoordinierte Einfamilienhausgebiete aufweist, entspricht zwar dem Leitbild der „grünen Mitte" der Gartenstädte, ist aber bar jeder Urbanität.

Wulfen, heute ein Stadtteil von Dorsten, wurde keine „Neue Stadt", sondern nur eine Ansammlung von Wohnbauexperimenten verschiedener Zeitabschnitte, von denen eines, die „futuristische" Metastadt mit ihrem Baukastenprinzip, wegen nicht beseitigbarer bautechnischer Mängel bereits abgerissen werden mußte. Die wirtschaftlichen Erwartungen haben sich ebenfalls nicht erfüllt, so daß Wulfen nur ein Viertel der geplanten Einwohner hat, die aber durchaus die Wohnqualität einer durchgrünten Siedlung, die keine eigenständige Stadt geworden ist, gleichwohl schätzen.

8.3. Funktionale Einzelaspekte der Großsiedlungen

„Wir vereinigen in uns die Sorge um unser Haus und um unsere Stadt. Wenn wir auch verschiedenartigen Tätigkeiten zugewandt sind, so ist doch in den Dingen der Stadt keiner ohne Urteil. Bei uns heißt einer, der an den Dingen der Stadt keinen Anteil nimmt, nicht ein stiller Bürger, sondern ein schlechter. Wir entscheiden in den Dingen der Stadt selber oder denken sie doch richtig durch. Denn wir sehen nicht im Wort eine Gefahr für das Tun, wohl aber darin, sich nicht durch Reden zuerst zu belehren, ehe man zur nötigen Tat schreitet." PERIKLES, 430 v. Chr.

Massenwohnungsbau und Urbanität

Die Veränderung der städtebaulichen Leitbilder, der vielgenannte „Paradigmenwechsel" von der durchgrünten und aufgelockerten zur dichten und urbanen Stadt, hatte die Wünsche der Städtebauer, Soziologen und Politiker nicht Wirklichkeit werden lassen. Statt Urbanität und Lebendigkeit vermittelten die neuen Stadtteile Tristesse und „Unwirtlichkeit" (Abb. 8.81). „Die Metapher ´Stadt aus der Retorte´ begann Unbehagen auszulösen - Ergebnis einer fast archetypisch scheinenden Ablehnung der serienweisen Herstellung von Häusern und Wohnungen. Wohnungsbau großen Stils verband sich zunehmend mit Begriffen wie Seelenlosigkeit, Vermassung, Entpersönlichung, Nivellierung" (HEIL, S. 188).

Dabei war doch sehr viel geleistet worden. Die starke Wohnbautätigkeit in der Nachkriegszeit hatte mit mehr als 20 Mio. Wohnungen 1968 in Westdeutschland zu einer Verdoppelung des Wohnungsbestands gegenüber 1939 geführt. Mit fast 600 000 neuen Wohnungen im Jahr 1965 wurde ein Höhepunkt erreicht, der sich bis Ende der 70er Jahre auf eine

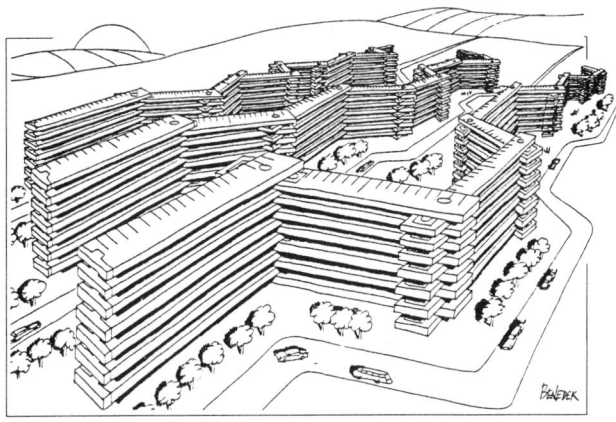

8.81 Wohnungsbau: „Allen städtebaulichen Planungen ist der Maßstab des Menschlichen zugrunde zu legen."

jährliche Fertigstellungsrate von etwa 400 000 ab-flachte. Von diesem Rückgang des Wohnungsbaus waren besonders stark die Mietwohnungen in Mehrfamilienhäusern betroffen, die von ursprünglich etwa 50% (1965) auf 10% (1980) der jährlich fertiggestellten Wohnungen zurückgingen. Die Anzahl der Wohnungen in Ein- und Zweifamilienhäusern blieb mit jährlich mehr als 200 000 über die Jahre konstant, wodurch sich ihr Anteil bei geringerer Gesamtwohnungszahl erhöhte (BMBAU 1 u. 2, S. 10 ff).

In den ungeliebten, verdichteten Quartieren kam es bereits Ende der 70er Jahre zu ersten Wohnungsleerständen, die nicht selten 10 - 20% betrugen (Abb. 8.82, 8.83). So standen 1985 in Chorweiler-Zentrum mehr als 200 Wohnungen leer. Nur eine bauliche Verbesserung der Wohnungen und eine Subventionierung der Mieten auf maximal 6 DM/qm, verbunden mit einer Aufwertung des Wohnumfeldes konnten Abhilfe schaffen. Die Unzufriedenheit mit der Siedlung und mit der Massierung von Wohnungen drückte sich auch in einer hohen „Fluktuation", dem Mieterwechsel aus, der teilweise bei 50% lag. Wenn also innerhalb eines Jahres fast die Hälfte der Mieter eines Hauses wechselte, konnte sich auch kein Gemeinschaftsgefühl entwickeln. Ausdruck dieser Anonymität war auch der große „Vandalismus", das mutwillige Zerstören und Verschmieren von Teilen der Gebäude oder der Außenbereiche. Diese Probleme wurden nicht selten durch falsche Belegun-

8.82 München-Neuperlach. Sehr hohe Wohnscheiben bilden große Innenhöfe. „Kein menschlicher Maßstab."

8.83 Stuttgart-Freiberg à la LE CORBUSIER. Aufgestelzte Wohnmaschinen heben vom „durchfließenden" Grün ab.

gen der Wohnungen, das heißt durch einen übergroßen Anteil von Sozialwohnungen und eine Massierung von Problemfällen auf engstem Raum verstärkt oder gar hervorgerufen. Von den Stadtplanern kam der Ruf nach einer „Nachbesserung von Großsiedlungen der 60er und 70er Jahre", wie auch der Titel einer Tagung lautete, die die Vereinigung der Stadt-, Regional- und Landesplaner (SRL 2, a.a.O.) 1985 in Hamburg abhielt. Der Weiterbau unfertiger neuer Stadtteile wurde gestoppt oder Bebauungspläne wurden von dichter, mehrgeschossiger in aufgelockerte, flache Bebauung umgeändert.

„Rückblickend wirkt es wie Ironie. Viele der jetzt geschmähten Geschoßbauquartiere der 60er Jahre waren bewußt nicht auf Monotonie angelegt (die endlosen Straßen und Zeilen mit Vororteinfamilienhäusern sollten nicht weiterwachsen. Lest nach bei MITSCHERLICH, auch der hat das geglaubt!). Einer subtileren Betrachtung verdeutlicht sich das rührende Bemühen, bei vielen Hochbauten durch Abstaffelung, Fassadengliederung mit Farbe und Balkonen die Tatsache zu umgehen, daß ein nicht zu eliminierendes gleiches Programm und gleiche Konstruktion notwendig auch zu gleichen Erscheinungsformen führen muß" (SPENGELIN, S. 10).

Soziale Situation in neuen Siedlungen

Die baulichen Veränderungen in den Vorortsiedlungen konnten die grundsätzlichen sozialen Problemlagen aber nicht überdecken und schon gar nicht beheben. Planung kann nämlich nur die räumlichen Bedingungen für soziale Beziehungen schaffen, die sich allerdings nicht sofort einstellen, da sie in viel stärkerem Maße zeitlichen Bedingungen unterliegen. Selbst bei umfassendster planerischer Vorsorge sind soziale Kontakte grundsätzlich unvollkommen und die neuen Bewohner werden mit dem vorhandenen „Kommunikationsgeflecht" lange Zeit unzufrieden sein.

„Wir wissen zum Beispiel, daß nachbarliche Beziehungen erst nach mehreren Jahren die Stabilität und Zuverlässigkeit erreichen, die für das Gefühl des Zu-Hause-Seins nötig sind. Daran wird keine bauliche Maßnahme sehr viel ändern können. Wer in ein älteres Viertel zieht, findet regulierte Beziehungen, Versorgungseinrichtungen und passende Verhaltensmuster vor, er braucht sie nur zu übernehmen. Die Bevölkerung eines neuen Viertels muß das alles erst schaffen, erproben, ändern, verbessern, ehe einigermaßen stabile und vertraute Verhaltensformen entstanden sind. Mit anderen Worten: Viele Nachteile, über die man in neuen Wohngebieten klagt, gerade auch wenn sie unerfüllte Kommunikationsbedürfnisse betreffen, gehen nicht zu Lasten der Erbauer, sondern sind schlicht Folgen der Neuheit und damit unvermeidlich" (SCHWONKE, S. 63).

So dauert es oft mehrere Schulgenerationen, bis sich einmal über die kleinen Kinder und zum anderen über gemeinsame Ausbildungszeiten stabilere soziale Beziehungen entwickeln. Aber auch der Kampf um versprochene und oft fehlende Infrastruktureinrichtungen sind Ausgangspunkt für gemeinsames Handeln und die Entwicklung von Quartiersbewußtsein. Die Schwierigkeiten der infrastrukturellen Ausstattung neuer Siedlungen liegen in einer unausgewogene Bevölkerungsstruktur, die ein weiteres Merkmal und auch deren Problemursache ist. Jüngere und wachsene Familien dominieren, während der Anteil zuziehender alter Menschen meistens sehr gering ist. Deshalb ist das Durchschnittsalter in neuen Wohnquartieren extrem niedrig und die Kinderzahlen, die sich auch noch auf wenige Jahrgänge konzentrieren, liegen weit über gesamtstädtischen Durchschnittswerten.

„Beispielsweise beträgt der Anteil der bis Vierzehnjährigen in den ersten Bauabschnitten der Münchner Neubausiedlung Perlach 33 % und ist damit mehr als doppelt so hoch wie in der Gesamtstadt. Statistiker sprechen von einem ´Kinderberg´. Die Folge: Zunächst ein kaum zu befriedigender Bedarf an Kinderkrippen, dann an Kindergärten, schließlich an Grundschulräumen, später an Real- und Oberschulkapazität - von anderen spezifischen Mängeln wie zu knapp bemessenen oder fehlenden Kinderspielplätzen, Bolzplätzen oder den ständig überfüllten Warteräumen des Kinderarztes gar nicht zu sprechen" (HEIL, S. 190).

Diese Entwicklung setzt sich fort, bis eine Überalterung und eine entsprechende infrastrukturelle Minderausstattung festzustellen ist. Aber auch die Einkaufsmöglichkeiten, die privatwirtschaftlich betrieben werden, standen im Zentrum der Kritik. Unzureichendes Warenangebot und zu hohe Preise waren die hauptsächlichen Mängelrügen. „Im Rahmen einer Befragung wenige Wochen nach Bezug der ersten Bauabschnitte der Münchner Großsiedlung Perlach im Jahre 1969 beurteilten 84 % eines repräsentativen Querschnitts der Bewohner die dort gegebenen Einkaufsmöglichkeiten als ´schlecht´ bis ´sehr schlecht´. 20 von hundert Hausfrauen einer Münchner Großsiedlung nannten unzureichende Einkaufsmöglichkeiten noch mehrere Jahre nach Bezug unter den am schwersten wiegenden Mängeln ihrer Siedlung" (HEIL, S. 191).

Trotzdem arrangieren sich die Bewohner neuer Stadtteile mit ihren veränderten Lebensumständen recht schnell, was Soziologen und Psychologen provozierend feststellen läßt: „Bewohner sind immer zufrieden." Obwohl die „Bewohner neuer Trabantensiedlungen überkommenen Formen städtischer Bebauung nachtrauern", wie in den Altbauvierteln der Städte, zeigen empirische Untersuchungen in neuen Siedlungen eine „breite Zufriedenheit der Bewohner mit Wohnung und Wohnumfeld". Offensichtlich sehen die Nutzer das Thema Urbanität anders als Städtebauer und Bauherren, denen ja der Geschäftssinn auch in neuen Wohnquartieren nicht abhanden gekommen ist. Offene Bauweise und viel

Grün schreckte offenbar noch nicht einmal die viel bedauerten „grünen Witwen", die tagsüber mit Wohnung und Kindern allein gelassen waren (HEIL, S. 192/193).

Die Bewohner konnten also nicht als Kronzeugen der städtebaulichen Kritik an den sicher zu schnell und zu hoch emporgezogenen Trabantenstädten aufgerufen werden. Auch das vielkritisierte Märkische Viertel in Berlin war besser als sein Ruf. Ohne andere Probleme zu verharmlosen, konnte 1985 festgestellt werden, „daß sich über mittlerweile 20 Jahre (ca. 40% der Mieter der Wohnhausgruppe 906 wohnen seitdem dort) ein Selbstbewußtsein herausgebildet hat, das sich mit dem Begriff des ´Neumärkers´ eine neue Heimat geschaffen hat. Was auch immer die Gründe sein mögen, die geringe Fluktuation, eine vernachlässigbare Leerständequote, keine Häufung ´sozialer Problemgruppen´ sind Zeichen, die das Märkische Viertel positiv gegenüber seinen Geschwistern in z.B. Köln-Chorweiler, Bremen-Osterholz-Tenever, Hamburg-Kirchdorf-Süd oder anderswo abheben" (HOPPE, S. 124).

Planungsbeteiligung und Bürgerinitiativen

Die starke Bautätigkeit gerade in den 60er Jahren, ob nun im Hoch- oder im Tiefbau, mußte zwangsläufig zahlreiche Menschen in ihren Lebensverhältnissen beeinflussen oder auch beeinträchtigen. Ihre Betroffenheit konnten sie als Proteste in den Planungsprozeß einbringen oder erst nach Beschluß im Gemeinderat in Form von Anregungen und Bedenken formulieren. Mit der Novelle des Bundesbaugesetzes von 1977 mußten die Bürger dann in der „frühzeitigen Bürgerbeteiligung" über die Absicht der Gemeinde hinsichtlich der Neugestaltung eines Gebiets unterrichtet werden. In einer „Anhörung" mußte die Gemeinde die „allgemeinen Ziele und Zwecke der Planung öffentlich darlegen", bevor eine konkrete Konzeption vorlag. Auch die Alternativen und die „voraussichtlichen Auswirkungen der Planung" mußten aufgezeigt werden.

8.84 Bewohnerproteste und streitsame Bürgerinitiativen führten zu einer stärkeren Beteiligung an der Planung.

Bevor es aber zu dieser planungsrechtlichen Regelung kam, fand die Planungsbeteiligung weitgehend im „außerparlamentarischen" Rahmen statt. Etwa ab Mitte der 60er Jahre bildeten sich die ersten „Bürgerinitiativen", die 1968 eine allgemeinpolitische Unterstützung fanden, in den 70er Jahren dann ihre Blüte erlebten und auch heute noch in abgeschwächter Form tätig sind. Nach einer Infas-Schätzung gab es 1975 in der Bundesrepublik 3 - 4.000 ständig arbeitende Aktionsgruppen, in denen sich betroffene Bürger aller Altersgruppen, unterschiedlichster sozialer Herkunft und politischer Standorte zusammengeschlossen hatten. Dies entsprach der damaligen gesellschaftlichen und politischen Situation, als 1969 Bundeskanzler Brandt in seiner Regierungserklärung versprach, „mehr Demokratie zu wagen". 1978 hieß es in einer Dokumentation: „Das Spektrum der von ihnen aufgegriffenen Problemkreise reicht von der Erhaltung der Straßenbäume vor der Haustür über fehlende Spielplätze und Jugendzentren, über zu große Schulklassen und den Kampf gegen überhöhte Fleischpreise und zu teure öffentliche Verkehrsmittel bis hin zur Verhinderung von Großprojekten wie Flughäfen, Autobahnen, militärischen Übungsplätzen, Kohle- und Atomkraftwerken. Von den einen als ́linke Unterwanderer ́, von den anderen als ́spießige Vereine ́ geschmäht, werden diese Formationen bürgerlichen Selbstvertrauens und Ungehorsams jedoch immer stärker. Ob man es wahr haben will oder nicht, Bürgerinitiativen sind zu einem politischen Machtfaktor geworden, mit dem man rechnen muß" (BEER/SPIELHAGEN, S. 11).

Die „amtliche Planung" reagierte ihrerseits mit unterschiedlichen Formen der Bürgerbeteiligung:
• *Bürgeranhörung*, als Information über Planungen, meistens im Rahmen der Gesetze.
• *Bürgerversammlung* in frühen Stadien der Planung, um den „Bürgerwillen" zu erkunden und eventuellen Widerständen frühzeitig begegnen zu können.
• *Bürgerbeteiligung in Arbeitsgruppen*, die sich über mehrere Wochen ersteckt und bei der Bürgergruppen unter fachlicher Beratung Vorschläge zu Planungsproblemen erarbeiten.
• *Bürgerbeteiligung mit Anwaltsplanung*, bei der

Fachleute als von der Stadt honorierte, aber nicht ihren Weisungen unterworfene „Anwaltsplaner" im Auftrag der Bürger arbeiten.

Solch einen offenen Planungsprozeß mit Anwaltsplanung gab es ab 1972 in Darmstadt-Kranichstein. „Zur Unterstützung der durch die IGK („Interessengemeinschaft Kranichstein") vertretenen Bürger und als Vermittler zwischen den städtischen Planern und den Bürgern wurden zwei Anwaltsplaner eingesetzt, ein in der Bundesrepublik einmaliges Verfahren" (ANDRES/STUMME, S. 156). Besonders bei Stadterneuerungen gab es in der Folgezeit weitere Beispiele dieser intensiven Form der Bürgerbeteiligung (s. S. 288). Die Kritiker der Bürgerbeteiligung beklagten die unangemessene Zeitverzögerung und den großen Egoismus der „angeblich" Betroffenen. Die Befürworter argumentierten mit der frühzeitigen Abklärung von Problemlagen, die somit nicht mehr die Planung zeitlich belasteten oder gar später zu langwierigen Rechtsstreitereien führten.

Colin Buchanan: Autoverkehr und Stadtstruktur

Das starke Anwachsen des Autoverkehrs in den Städten hatte bereits in den 60er Jahren zu schweren Problemen, wie Stauungen, Behinderungen, Parkschwierigkeiten, Lärm, Luftverunreinigungen und Gefährdungen geführt. Die starke Beeinträchtigung der Umweltbedingungen ließ erkennen, daß mit kleineren Verbesserungen an Straßen, die nur der „Beschleunigung des Verkehrsflusses" dienten, keine wirksamen Lösungen zu erreichen waren. In England wurde deshalb der Verkehrswissenschaftler Colin BUCHANAN beauftragt, „die langfristige Entwicklung der Straßen und des Verkehrs in städtischen Gebieten und ihren Einfluß auf die städtischen Lebensverhältnisse" zu untersuchen. Die Ergebnisse wurden in Deutschland 1964 unter dem Titel „Verkehr in Städten" veröffentlicht und haben die Grundlagen für die ersten Schritte in Richtung auf die etwa 10 Jahre später einsetzende Diskussion um „Verkehrsberuhigung" geschaffen. Die vom Autover-

8.85 Bürgerversammlungen, bei denen Planungen für neue Wohngebiete nur vorgestellt wurden, waren den Bewohnern schon bald nicht mehr genug: Sie wollten mitplanen und sich für eine bessere, angemessene Infrastruktur einsetzten.

kehr weitgehend befreiten „Environmentzonen" (Abb. 8.86), wie sie dort entwickelt wurden, sind heute mit der „Verkehrsbündelung" und der Schaffung von Tempo 30-Zonen verwirklicht worden. Ausgangspunkt für die Untersuchung war eine eingehende Analyse der Verkehrsprobleme und die Vermutung, daß zu deren Behebung nicht verkehrsbeschleunigende, sondern „großzügige Maßnahmen in Angriff genommen werden müssen, bei denen möglicherweise ganz andere Wege zu beschreiten sind" (S. 7).

Die Analyse zeigte die übergroße Abhängigkeit der Menschen vom Kraftfahrzeug auf, aber auch dessen Schwächen. „Es setzt seine eigenen Möglichkeiten weitgehend selbst außer Kraft und verursacht Nebenwirkungen, die in ihrer Summierung ein Hauptproblem der modernen Gesellschaft darstellen." Aber die Entwicklung sei nicht mehr umkehrbar, das Auto könne nicht einfach „rückerfunden" werden. „Wir kommen nicht an der Tatsache vorbei: Die Menschen haben sich in ihren Lebensgewohnheiten und Siedlungsformen ganz weitgehend auf das Kraftfahrzeug als Beförderungsmittel eingestellt" (S. 23).

Das Grundprinzip des städtischen Verkehrs geht von einer ungestörten Umgebung („Environment") für den Menschen aus. Die Qualität eines Stadtgebiets bemißt sich nach dem „Grad der Freiheit und Ungestörtheit, mit dem Menschen zu Fuß gehen und in die Gegend schauen können. Nur auf der Grundlage dieses Prinzips lassen sich weitere Überlegungen über die Unterbringung des Kraftverkehrs in den Städten anstellen, ob es sich dabei nun um die Anlage neuer oder die Umwandlung alter Städte handelt. Wir brauchen Bereiche mit günstigen environmentalen Bedingungen - städtische Räume -, in denen die Menschen, vor den Gefahren des Kraftverkehrs geschützt, leben, arbeiten, einkaufen, umherschauen und zu Fuß gehen können" (S. 40/41).

„In Ergänzung dazu bedarf es eines städtischen Straßennetzes für die Verteilung und Hinleitung des Verkehrs in diese Räume, die Environmentzonen. Diese Räume sind nicht völlig verkehrsfrei - sie können es nicht sein, wenn sie funktionsfähig bleiben sollen -, aber durch ihre Anlage würde sichergestellt, daß ihr Verkehr nach Art und Umfang den erstrebten environmentalen Verhältnissen angepaßt würde. Aus der Anwendung und Weiterführung dieses Grundgedankens ergibt sich zwangsläufig, daß der gesamte Stadtbereich eine Zellenstruktur erhält, die aus Environmentzonen besteht, die durch ein Netz von Verteilerstraßen verbunden werden" (Abb. 8.87; S. 41).

Damit werden aber „keinerlei soziologische Gedankengänge", wie die Idee der „Nachbarschaften" verknüpft. Die „Bündelung" des Verkehrs auf „Verteilerstraßen", um dadurch größere Stadtbereiche von den negativen Auswirkungen zu entlasten, wurde zum Grundprinzip der zukünftigen Stadtverkehrsplanung und der „Verkehrsberuhigung" (s. S. 293). Solange

die Gefährdung und Lärmbelastung durch Autos im Vordergrund der Maßnahmen standen, machte das „Bündelungsprinzip" noch Sinn, denn die Verlagerung von zusätzlichem Verkehr auf eine bereits hochbelastete Straße verursacht eine kaum merkbare Lärmzunahme.

Als dann aber gegen Ende der 70er Jahre die Luftverschmutzung durch die Autos zur Hauptkritik wurde, erkannte man, daß jedes weitere Auto zu einer Steigerung der Luftschadstoffe führt. Das Environment-Prinzip von BUCHANAN war nur noch dann anzuwenden, wenn damit keine Verkehrsverlagerung auf andere innerstädtische Straßen verbunden war. Bereits in seiner Einleitung hatte dieser relativierend festgestellt: „Eine einfache ´Lösung´ der Verkehrsprobleme gibt es nicht. Wir gingen so weit, den Begriff ´Lösung´ überhaupt zu vermeiden. Das Verkehrsproblem ist kein Problem, das einer Lösung harrt, sondern eine soziale Situation, der nur mit geduldigem Handeln über längere Zeiträume hlnweg und unter ständiger Anpassung an veränderte Umstände beizukommen ist. Es gibt keine eindeutige oder ´beste´ Lösung" (S. 8).

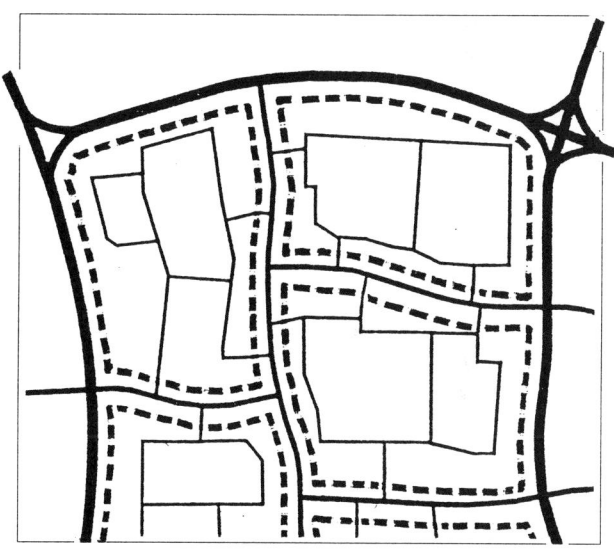

8.86 „Environmentzonen" von BUCHANAN (gestrichelt) werden von „Ortsverteilerstraßen" erschlossen und ...

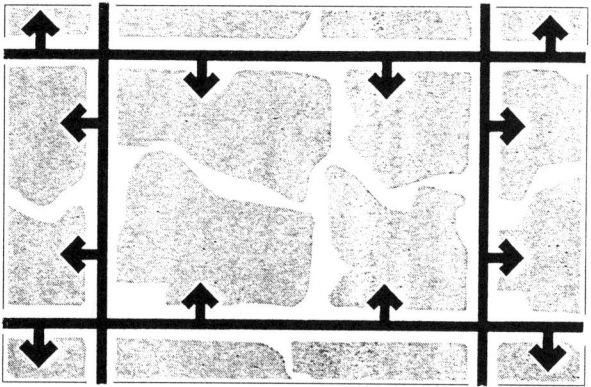

8.87 ... mit Sammelstraßen in ein „Zellensystem" eingebunden. Vorbild für Verkehrsberuhigung und Tempo 30.

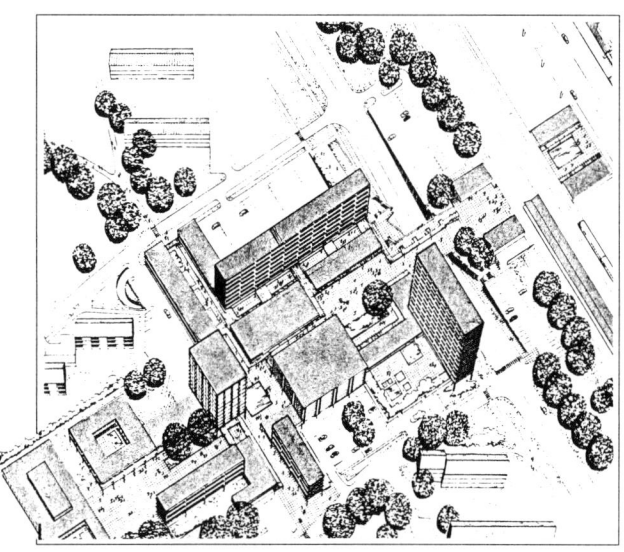

8.88 Zentrum in Stuttgart-Fasanenhof. Der hochliegende „Europaplatz" mit Ladenpavillons vom Wohnen isoliert.

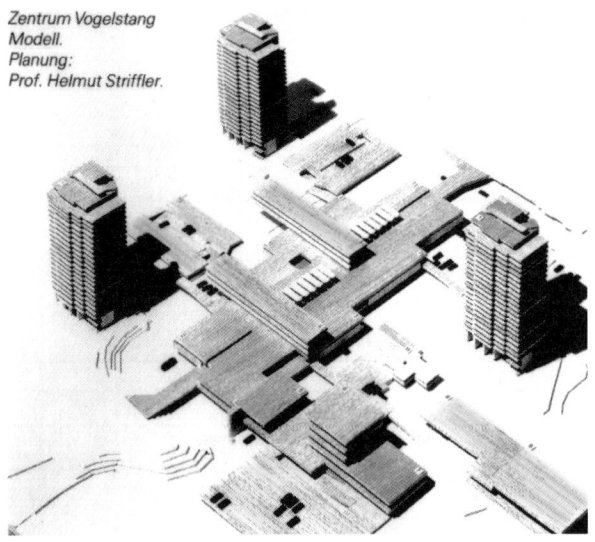

8.89 Die vom Verkehr zweigeteilte Stadtteilmitte in Düsseldorf-Garath (Westteil) mit überörtlicher Bedeutung.

Zentrum Vogelstang
Modell.
Planung:
Prof. Helmut Striffler.

8.90 Das Zentrum in Mannheim-Vogelstang in einer „grünen Mitte" von Wohnhochhäusern markiert (Modell).

Groß-Infrastrukturen und Versorgungseinrichtungen

Mit dem Größerwerden der neuen Stadtteile in den 60er Jahren wuchsen auch die Dimensionen der öffentlichen Einrichtungen. Sie entwickelten sich zu „Groß-Infrastrukturen", die nicht mehr in die Wohnbebauung integrierbar waren. Die verschiedenen Schularten verschmolzen zu Gesamtschulen und aus „Einkaufsstraßen" wurden mehrgeschossige „Einkaufszentren", denen noch andere Funktionen und Einrichtungen angelagert waren. Auch dies entsprach dem Ziel nach mehr Urbanität in den „neuen Städten". Die Vergrößerung der Infrastruktureinrichtungen, sowohl in der Baumasse als auch in der Flächenbeanspruchung, ist deutlich an den Grundrissen der Großsiedlungen ablesbar.

So übertrifft in Hamburg-Steilshoop die Fläche des Schulzentrums erheblich die des Einkaufsbereichs und umfaßt etwa die von mehr als zwei großen Wohnblöcken. Zusammen mit den beiden Grundschulen und den Sportflächen wird fast ein Drittel der Wohngrundfläche gebraucht. Am Beispiel der Schulzentren für 1 500 bis 2 500 Schüler wird die städtebauliche Problematik besonders deutlich. Als „kleine Stadt in der Stadt" beinhalten sie in zumeist großflächigen Baukörpern vielfältige Räume und Einrichtungen, die auch für außerschulische Veranstaltungen bis in den Abend geeignet sind. Sie bilden somit ein besonderes, kulturelles Stadtteilzentrum, das aber wegen der Freiflächen meistens an den Rand der Siedlung rückt.

Auch die Einkaufszentren sind in den größeren Stadtrandsiedlungen in der Regel auf isolierten Flächen untergebracht (Abb. 8.88, 8.89). Sie wirken dort eher als „Shopping-Center", das nur zufällig nicht von Gewerbebauten, sondern von Wohnhäusern umgeben ist. Statt der weiträumigen Parkierungsflächen der Stadtrand-Einkaufszentren gibt es Parkhäuser oder -etagen. Da wundert es nicht, daß breite Straßen die Distanz zu den Wohnquartieren noch verschärfen. Dieses sollte durch integrierte oder dicht plazierte Wohn- oder Bürohochhäuser gemildert werden, wie das Beispiel „Lijnbaan" in Rotterdam bereits in den 50er Jahren demonstriert hatte (S. 218). Aus wirtschaftlichen Gründen ließ sich das allerdings nicht immer so einfach realisieren, wie die folgenden Beispiele zeigen:

• Das **Zentrum in Mannheim-Vogelstang** ist der Mittelpunkt einer „grünen Mitte", da eine Straßenerschließung von außen eine großzügige Eingrünung ermöglicht (Abb. 8.90). Der Geschäftskomplex in drei Ebenen, dem noch Bürobauten angegliedert sind, wird durch 22-geschossige Wohnhochhäuser markiert. Das noch relativ kleine Zentrum mit über 8 000 qm Ladenflächen und anderen Gemeinschaftseinrichtungen wurde von Helmut STRIFFLER nach einem Gutachterverfahren mit drei Büros geplant und 1964 gebaut. Die Straßenbahnlinie, die Vogelstang mit der Mannheimer Innenstadt verbindet, führt auf der Erdgeschoßebene durch das Stadtteilzentrum hindurch.

• Das **Nordwestzentrum in Frankfurt** war von Anfang an als „multifunktionales Zentrum" für einen Einzugsbereich der doppelten Einwohnerzahl der Nordweststadt selbst, also für 50 000 Menschen, geplant worden. Den dafür 1961 ausgeschriebenen Wettbewerb gewannen Otto APEL, Hannsgeorg BECKERT und Gilbert BECKER, die den Bau mit Betonfertigteilen von der Grundsteinlegung 1965 bis zur Eröffnung 1968 betreuten (Abb. 8.91, 8.92). Der Gesamtkomplex auf sieben ha Fläche mit 37 000 qm Geschäftsfläche, 44 000 qm Bürofläche, Bürgerhaus, Schwimmbad, Jugendeinrichtungen, Bücherei, Fachschulen, Feuer- und Polizeiwache, Postamt und anderen kleineren Einrichtungen ist eine mehrgeschossige „Architekturmaschine", die von Wohn- und Hoteltürmen überragt wird (GLEINIGER, S. 196 ff.).

Über der U-Bahn-Ebene und der fast 6,6 ha großen unterirdischen Parkebene mit 2 300 Plätzen befindet sich ebenerdig die Andienungs- und Lagerebene sowie Bus-Haltestellen. Erst darüber liegt die Fußgängerebene mit den Läden, die sich teilweise auch noch auf der Lagerebene befinden. Ende der 80er Jahre wurde der Einkaufsbereich durch eine Holzkonstruktion überdacht (Abb. 8.93, 8.94). Das

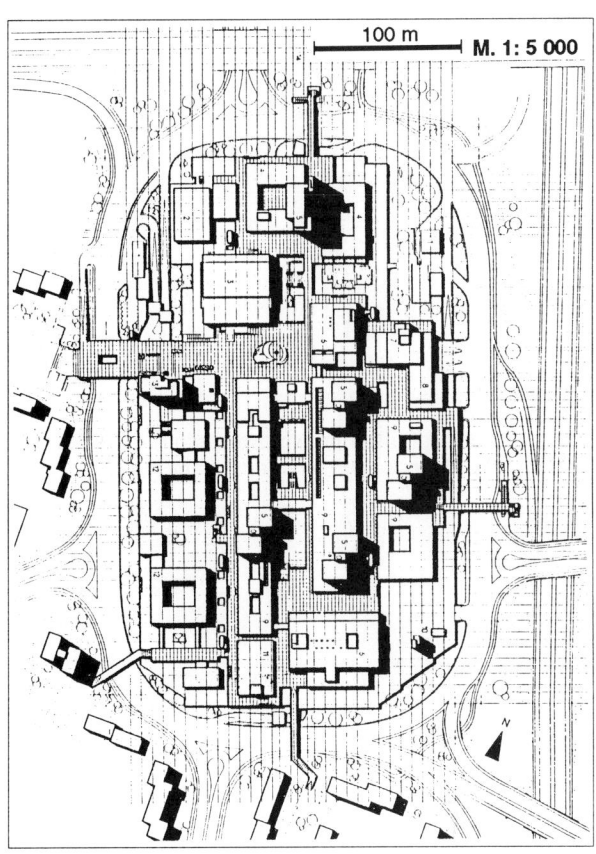

8.92 Viele Läden, private und öffentlichen Einrichtungen sowie Wohnen über zwei Park- und Versorgungsebenen.

8.91 Das Nordwestzentrum in Frankfurt/Main steht als homogenes Großbauwerk isoliert im Raum. Ziel: „Für jeden Nordweststadtbürger ein Punkt innerer Orientierung und seiner Verbundenheit mit der Stätte seines Wohnens und Lebens."

8.93 Die Ladenstraßen im Nordwestzentrum sollten anders als die Wohngebiete „steinern, städtisch sein ...

8.94 ... und wurden nach der Überdachung zu einem regional bedeutsamen und beliebten Einkaufszentrum.

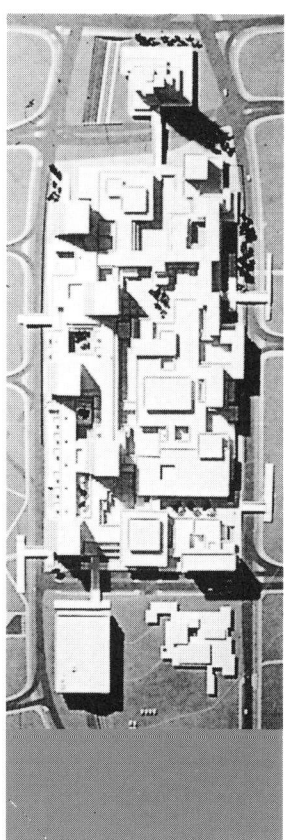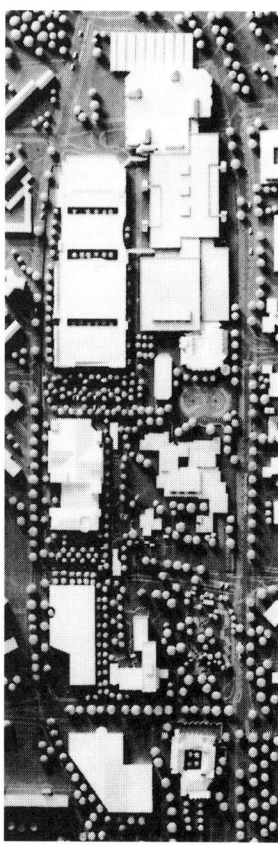

8.95 Das Frankenzentrum, 1965 wie das Nordwestzentrum geplant (l.), veränderte sich bis 1986 (r.) sehr stark.

ganze Zentrum mit einer Ausdehnung von 360 mal 220 Metern wird von einer mehrspurigen Randstraße mit direkter Zufahrt in die Tiefgarage umgeben. Darüber spannen sich fünf Fußgängerbrücken als Verbindung zu den Wohnbereichen.

• Das **Frankenzentrum in Nürnberg-Langwasser** ist ebenfalls als multifunktionale Anlage konzipiert, aber mit 200 mal 1 150 m fast viermal so lang wie das Nordwestzentrum und erstreckt sich auf 17 ha Fläche (Abb. 8.95). Die 30 000 qm Ladenflächen und die vielfältigen öffentlichen und privaten Einrichtungen dienen ebenfalls der Versorgung einer größeren Einwohnerzahl als in Langwasser leben. Der 1965 nach dem Muster des Nordwestzentrums geplante Komplex wurde bis 1986 mehrmals umgeplant und erweitert. Der Einkaufsbereich ist voll überdacht und mit U- und Bus-Bahnhof verbunden. Das Gesamtzentrum wird von breiten Straßen tangiert und ist in Zonen verschiedener Nutzung gegliedert. Die dazwischen liegenden öffentlichen Freiräume sind ebenerdig mit anschließenden Grünzügen in den Wohnquartiere verbunden (DASL 1, S.118 f.).

Deutscher Städtetag 1971: „Rettet unsere Städte jetzt!"

„Bewahrt unsere Städte vor einer Entwicklung, die in die Katastrophe führen kann.
Die Zukunft der Menschheit liegt nicht im Weltraum, nicht in den Meeren und Wüsten! Die Zukunft der Menschheit liegt in den Städten, und es wird nur in gesunden Städten eine hoffnungsvolle Zukunft sein. Deshalb: Rettet unsere Städte jetzt!"

Dieser Schluß des Münchener Appells der deutschen Städte anläßlich der 16. Hauptversammlung des Deutschen Städtetags vom 25. bis 27. Mai 1971 in München macht die damalige Sorge der Kommunalpolitiker angesichts der anstehenden Probleme deutlich. Es ist nicht nur die Kritik an den neuen Stadtteilen am Rande der Städte, sondern auch die neuen funktionalen Anforderungen an die historischen und wiederaufgebauten Innenstadtbereiche. Darüber steht die bange Frage, wie erforderliche Maßnahmen zu finanzieren seien, denn es wird bereits von „öffentlicher Armut bei gleichzeitigem privaten Reichtum" gesprochen.

Die Probleme der Städte zu Beginn der 70er Jahre beschreibt der Präsident des Städtetages und Münchner Oberbürgermeister Hans-Jochen VOGEL (Abb. 8.96): „Alte Wohnviertel entlang den Rändern der Innenstädte, die immer rascher ihren Charakter ändern, aus dem Boden schießende neue Stadtteile, Verkehrsstauungen, Dunstglocken, Müllberge, verschmutzte Flüsse, Schichtunterricht, überfüllte Krankenhausgänge, Baugruben, sich stapelnde Gutachten über die nahe Verschuldungsgrenze! Der Versuch, eine gewisse Ordnung in die Flut dieser

Erscheinungen zu bringen, macht vier wesentliche Konsequenzen deutlich:
1. Die Einwohnerzahlen wachsen.
2. Der Flächenbedarf pro Einwohner wächst.
3. Die Umweltbelastung steigt.
4. Die Inanspruchnahme der und damit die Abhängigkeit von den kommunalen Gemeinschaftseinrichtungen wachsen.

In diesen vier Konsequenzen liegen die Ursachen für den unaufhaltsamen und beispiellosen Wandel unserer Städte. Damit sich aber unsere Städte sinnvoll wandeln, müssen folgende Voraussetzungen geschaffen werden:
1. Eine intensivere Stadtforschung.
2. Durchdachtere Konzeptionen für die Stadtentwicklung.
3. Ein neues Verständnis der Stadtplanung.
4. Bessere Verwaltungs- und Steuerungstechniken.
5. Eine bessere regionale Kooperation."

Den Widersprüchen und Schizophrenien unseres Systems als den eigentlichen Ursachen der städtischen Misere widmete VOGEL ein besonderes Kapitel:
• „Unser System fördert mit allen Mitteln die Motorisierung - aber wir jammern über die Verstopfung der Straßen, die Vergiftung der Luft und Zehntausende von Toten und Hunderttausende von Verstümmelten und Verletzten.
• Das System fordert den Bau immer größerer und schnellerer Fluggeräte - aber wir wundern uns, daß der Lärm immer unerträglicher wird.
• Das System leistet der Bodenspekulation fast unbegrenzten Vorschub - gleichzeitig aber vergießt man Krokodilstränen über die Verödung unserer Innenstädte, über die Schwächung unserer Investitionskraft und über die Mieterhöhungen.
• Das System ist geneigt, jede private Investition für produktiv, jede öffentliche aber für unproduktiv zu halten - und wir alle staunen dann über die Resultate einer solchen Philosophie.
• Und das System fordert Opfer. Es greift nach der Natur und verwüstet sie bis hin zu einem Punkt, an dem die Umkehr schwierig wird. Es greift nach unseren Kindern, deren Wertmaßstäbe viel mehr vom Werbefernsehen als vom Religionsunterricht oder dem Einfluß der Eltern geprägt werden. Es bestimmt unsere Bildung, weil es den adaptierten Zuwachsproduzenten verlangt."

Die deutschen Städte appellieren 1971 „an alle": „Rettet unsere Städte jetzt! - Die Probleme der Städte müssen endlich auf nationaler und internationaler Ebene in den Mittelpunkt der Politik gestellt werden. Noch können die Städte gerettet werden. Noch kann die Stadt das bleiben oder wieder zu dem werden, was sie als kühnste Schöpfung des Menschen sein sollte: Eine Stätte, an der sich die Mannigfaltigkeit menschlichen Strebens reich entfaltet und zu einer neuen Harmonie verbindet" (MÜLLER, E.). Mehr als 20 Jahre später wenden sich 1994 namhafte Oberbürgermeister wiederum an die Öffentlichkeit, ihr Motto: Rettet unsere Städte jetzt! (KRONAWITTER).

8.4. Veränderungen der bestehenden Städte

„Menschlicher Maßstab für unsere Städte. ... Nur eine gründliche Überholung der verkalkten Stadtkörper kann sie wieder in gesunde Organismen verwandeln. Wir alle wissen, daß ihre verstopften Bezirke nach freien Flächen, nach Natur, Licht und Luft hungern, daß sich der Einwohner danach sehnt, sich als Individuum anerkannt zu sehen, während andererseits die Stadt selbst vor Vergewaltigung durch individuelle Interessen geschützt werden muß."
Walter GROPIUS 1956 (S. 137)

Kommerzialisierung und Tertiarisierung der Innenstädte

Neue funktionale Anforderungen an die Mitte der Städte ergaben sich durch eine ausgeprägte „City-Bildung" in der Nachkriegszeit. Die sich immer stärker herausbildende einseitige Nutzungsstruktur mit Handel und Dienstleistungen erzeugte außerdem einen starken Verkehrsdruck auf die Innenstädte mit großen Belastungen für die dorthin führenden Radialstraßen. Gleichzeitig konnte durch die verbesserten Verkehrs-, besonders Straßenverhältnisse vermehrt der Wunsch nach dem „Wohnen im Grünen" realisiert werden. Die ehemaligen Bewohner behielten aber ihren Arbeitsplatz in der Stadt und kamen als Pendler zurück. So erhöhte sich die durchschnittliche Zahl der Arbeitspendler in die Großstädte von 1950 bis 1960 um etwa 88% und dann bis 1970 noch einmal um 27% (HEUER, S. 313).

Diese Entwicklung der Städte mit Kommerzialisierung und Tertiarisierung der Innenstädte ist auf vier Ursachen zurückzuführen, die sich wiederum gegenseitig bedingen und verstärken:
• Veränderung der Weg-Zeit-Relation durch das Auto und neue Straßen (d.h. in gleicher Zeit werden weitere Ziele erreicht),

8.96 Der Münchner Oberbürgermeister J. VOGEL als Mahner vor der Zerstörung und Verarmung der Städte, 1971.

- Realisierung besserer Wohnbedingungen am Rande der Stadt,
- Druck von Handel und Dienstleistungen auf das Zentrum und dessen Randgebiete und dadurch
- Verdrängung des Wohnens und anderer nicht profitabler Nutzungen an den Rand.

Die „Stadtflucht" der Bewohner besonders der Großstädte ist aber nicht nur eine „Abstimmung mit dem Möbelwagen" gegen die Stadt, die zunehmend als Arbeitsstandort und als „Freizeitanlage" geschätzt wird. Es ist vielmehr das Ausnutzen einer Möglichkeit zur Realisierung lang gehegter Wohnwünsche, die das sogenannte „Wirtschaftswunder" für viele ermöglichte. So stand keineswegs die Flucht vor den schlechten Lebensbedingungen in der Stadt im Vordergrund der Gründe für einen Fortzug ins Umland, sondern zunächst eine größere Wohnung. Die infrastrukturelle Versorgung und eine günstige Anbindung an den öffentlichen Verkehr spielten kaum eine Rolle. Die Stadtflüchtlinge gingen davon aus, daß alle erforderlichen Einrichtungen vorhanden seien und daß jede Wohnung gut und schnell mit dem Auto erreichbar sei (BALDERMANN/HECKING/KNAUSS).

Die Stadtzentren wurden weiter verdichtet und Kaufhäuser sowie Bürokomplexe sprengten den baulichen Maßstab. Ältere Wohn- und Mischgebiete wurden zu Geschäftsbereichen, die Zentren wurden immer unbewohnter und unbewohnbarer. Dies war keineswegs eine „schleichende" Entwicklung, sondern wurde zunächst noch von der amtlichen Planung unterstützt, bis die Folgen, auch die finanziellen, ein Gegensteuern erforderten. Planer und Politiker, Ökologen und Soziologen waren sich zwar der veränderten Rahmenbedingungen im Zuge des intensivierten Wirtschaftswachstums und tertiärer Verstädterung der sechziger Jahre bewußt, hatten aber nur technische und ökonomische Lösungsansätze (DURTH 2, S. 107).

Großkomplexe als „Städte in der Stadt"

In den Großstädten wurden die Einkaufsbereiche während der 70er Jahre ähnlich komplex und in mehreren Ebenen ausgebaut wie die großen „Einkaufsmaschinen" der neuen Stadtteile. Anfang der 70er Jahre entstanden auch am Rande von Innenstädten hochverdichtete und multifunktionale Großkomplexe zu deren Entlastung, von denen in Hannover sogar mehrere zu einem Innenstadtkonzept verknüpft wurden (Abb. 8.97). Diese „neue Bauform", quasi eine „Stadt in der Stadt", erlaubte „die größtmögliche Dichte" und wurde 1970 so beschrieben: „Große zusammenhängende Komplexe, die die vielfältigsten Funktionen in bewußter und sorgfältiger Zuordnung in sich vereinen. Sie entstehen durch überlegtes Zusammenfügen verschiedener, jeweils der Nutzung angepaßter Bauteile. Moderne, weitgespannte Konstruktionen erlauben jedwede Nutzung in jedem Geschoß. Sie werden erschlossen durch interne horizontale und vertikale, öffentliche und halböffentliche Verkehrswege und enthalten für die in ihnen Arbeitenden und Wohnenden die unterschiedlichsten Gemeinschaftsanlagen; Dienstleistungen können in noch ungewohntem Umfang angeboten werden. Bis heute bilden sich für bestimmte Aufgaben bestimmte Bautypen heraus. In Großkomplexen für vielfältige Ansprüche werden allenfalls die Nutzungen einzelner Bauteile oder Geschosse in der Fassade ablesbar sein" (Abb. 8.98, LH HANNOVER, S. 4).

Mit dieser Zielsetzung wurden in Hannover drei Komplexe gebaut, davon einer unvollständig („Raschplatz"), einer als Warenhaus („Kröpke") und in einen, dem „Ihmezentrum" am Rande des Sanierungsgebiets Linden-Nord (Abb. 8.99), „mußte" der Stadtbaurat einziehen, um das Image aufzubessern. Aber auch in anderen Städten wurden solche „Groß-

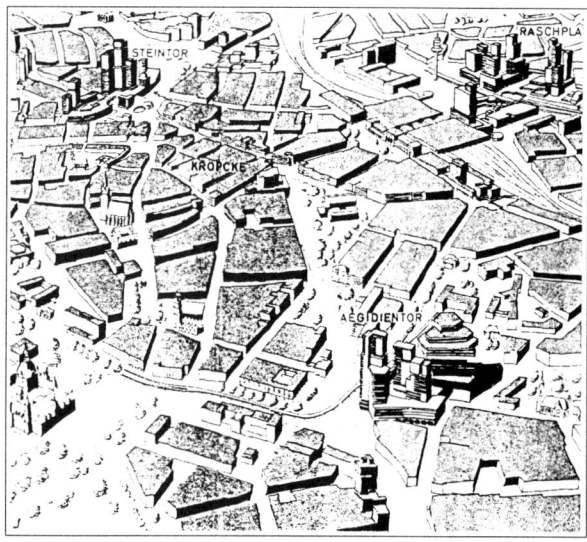

8.97 Das Innenstadtkonzept für Hannover, 1970, mit mehreren Großkomplexen zur Entlastung des Zentrums.

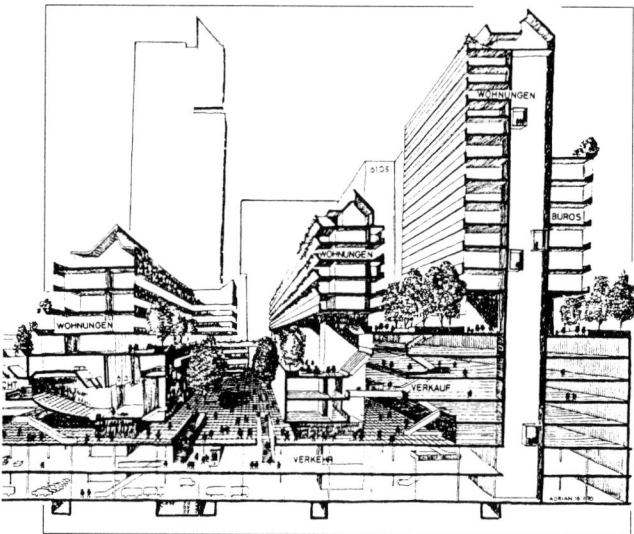

8.98 Komplexbebauung, Schema einer neuen Bauform: Stapelung von Autos, Läden, Büros und Menschen.

architekturen" geplant, wie in Hamburg das „Alster-zentrum" 1966 (Abb. 8.100), und einige von Großinvestoren gebaut, bis Vermarktungs- und Finanzierungsschwierigkeiten Ende der 70er Jahre diese aus dem Planerbewußtsein verschwinden ließen. Es fehlte aber auch weiterhin eine Vorstellung von der modernen Großstadt und deren gut funktionierender Mitte. In den Mittel- und Kleinstädten, wo das Zentrum und die historische Altstadt meistens identisch waren, überwog zunächst auch ein vermeintlicher Fortschrittsglaube. Das Alte hatte sich überlebt und war nicht mehr an die gewandelten funktionalen Ansprüche der modernen Stadt anzupassen. So sah es einige Zeit danach aus, als könnte die Vision einiger „Modernisierer" mit ihrer Verachtung für das „Überkommene" und für eine „neue Stadt" doch noch, wenn auch verspätet, Wirklichkeit werden. Das Alte würde durch Neues ersetzt: Flächensanierung.

Stadterneuerung als „innere Expansion"

Die starke Außenentwicklung in den Städten während der 50er und 60er Jahre hatte die zentralen Bereiche und besonders die Altstädte in den „Planungsschatten" gerückt. Die steuerliche Begünstigung von Neubauten hatte zudem die Erneuerung der alten Bausubstanz wenig rentabel gemacht, denn diese war oft noch an aufwendige städtebauliche Strukturveränderungen gebunden. Dazu fehlte den Städten meistens das Geld, da sie in den neuen Stadtteilen große Vorleistungen an technischer Infrastruktur leisten mußten und deshalb vielfach schon bei der sozialen Infrastruktur in Finanzierungsschwierigkeiten kamen. Die Vernachlässigung der inneren und älteren Bestandsgebiete, die damit zu „rückständigen Vierteln" wurden, hatte dort zu schlechten baulichen Bedingungen und zu einer sozialen Segregation geführt. Vielfach wurde von einer besonderen „Sanierungsbevölkerung" gesprochen oder fast abfällig von den „A-Gruppen der Sanierung": Alte, Arme, Auszubildende, Ausländer. Bei differenzierten Untersuchungen zeigten sich allerdings erhebliche Unterschiede, aber es wurde auch deutlich, daß „Sanierung ein soziales und kein bauliches Problem" (SCHMIDT-RELENBERG u.a., S. 20-43) sei. „Die Sanierung wirft nicht nur das Problem der überalterten Bausubstanz auf, das durch einfachen Abbruch zu lösen ist. Noch vor dem Abbruch werden veraltete, unmoderne und damit heute benachteiligte Sozialstrukturen freigelegt. Wenn die Gebäude erneuert, diese Strukturen aber konserviert werden, dann ist eine gesellschaftspolitische Chance vertan, die sich in absehbarer Zeit nicht wieder bietet" (ZAPF 1, S. 1352).

Nach mehr als zehnjähriger Diskussion kam dann mit dem *Städtebauförderungsgesetz* 1971 eine rechtliche, finanzielle und soziale Regelung für die Stadterneuerung der Bestandsgebiete zustande. Die Sanierung sollte aber auch als „Anstoßeffekt" zur Belebung der Bauwirtschft beitragen. Damit begann ein neuer Abschnitt des Nachkriegsstädtebaus, der sich in drei *Phasen der Stadtentwicklung* einteilen läßt:

- 1. Phase (1945-1955): Rekonstruktiver Wiederaufbau und kleine Ergänzungen.
- 2. Phase (1955-1970): Stadtrandsiedlungen und großflächiger Neubau - „äußere Expansion".
- 3. Phase (1970-1985): Stadterneuerung und Anpassungsneubau - „innere Expansion".

Diese Phasen haben sich besonders in späterer Zeit überschnitten, und Entwicklungen sind deshalb durchaus parallel verlaufen (s. BEYME, S. 175-182).

Die Voraussetzungen für eine *förmliche Festsetzung von Sanierungsgebieten* waren städterbauliche Mißstände, die unterschieden wurden in:

8.99 Das Ihmezentrum in Hannover mit massierter Bebauung als ein Großkomplex am Rande der Innenstadt.

8.100 Das „Alsterzentrum" der Neuen Heimat, 1966, als totale Erneuerung des Stadtteils St. Georg in Hamburg.

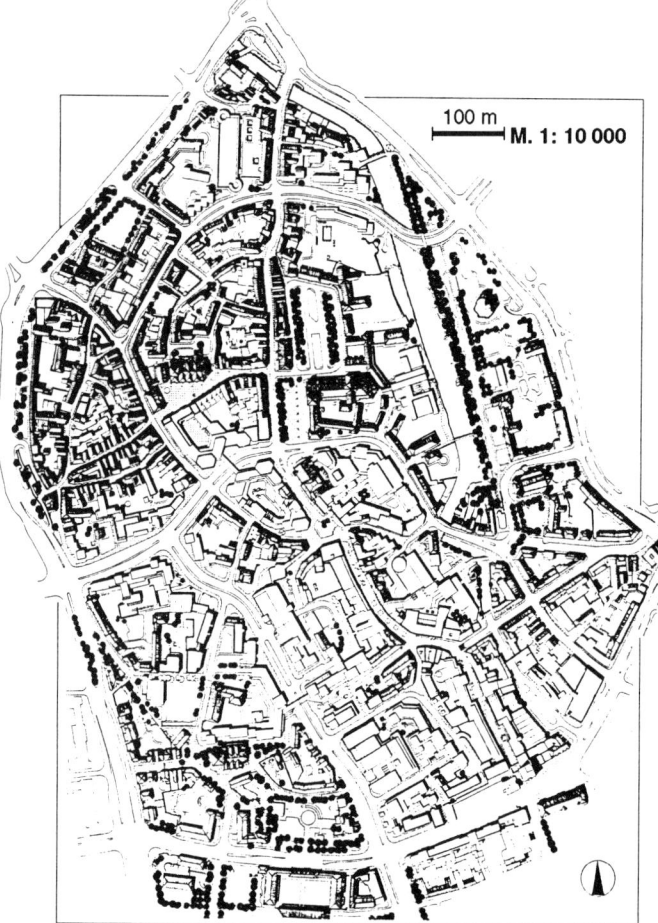

8.101 Die Sanierung der Altstadt von Osnabrück, Plan 1970, durch Verkehrsplanung und weitgehenden ...

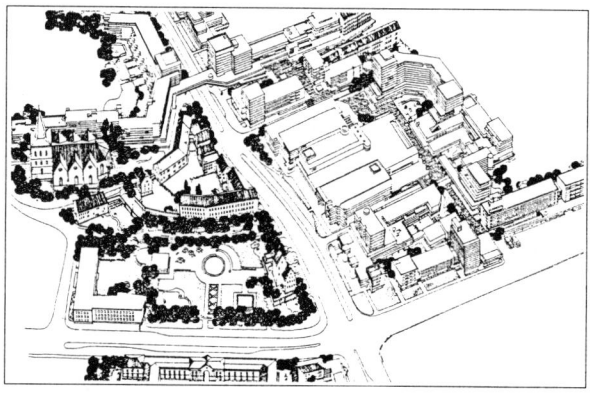

8.102 ... Neubau. Erster Bauabschnitt um den „Parkring". Planer: „Wir wollen eine humane Stadt schaffen."

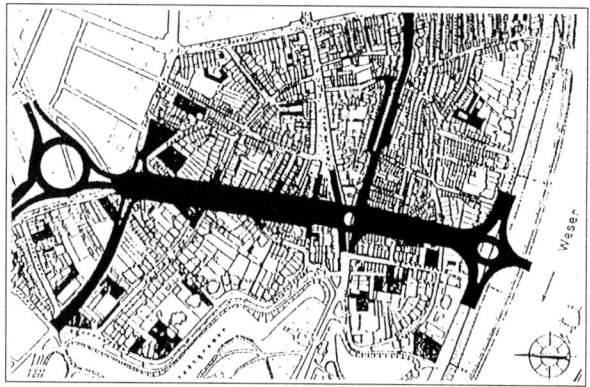

8.103 Bremen-Ostertor, 1970. Sanierung zur Rechtfertigung einer Straßenplanung für einen „Umfahrungs"ring.

• *Städtebauliche und hygienische Mißstände*, wenn ungesunde Lebens- und Arbeitsbedingungen herrschen, die Gebäude einen schlechten technischen und sanitären Standard aufweisen sowie Freiflächen und eine gesicherte Erschließung fehlen.
• *Funktions- und strukturbedingte städtebauliche Mißstände (Funktionsschwäche)*, wenn ein Gebiet seine Funktion innerhalb der Gemeinde wegen einer überalterten Struktur nicht erfüllen kann, so z.B. „hinsichtlich der Sicherung der Versorgung mit Gütern und Dienstleistungen und Leistungen auf dem sozialen und kulturellen Gebiet" (WALTER, S. 22). Mit dieser Formel von der „Funktionsschwäche" wurden viele Flächensanierungen in den ersten Jahren der praktischen Anwendung des Städtebauförderungsgesetzes begründet.

Flächensanierung: „Die zweite Zerstörung der Städte"

„Städte sterben im Namen des Volkes.
Der organisierte Städteabriß, den man in der Bundesrepublik Sanierung nennt, hat bis heute erschreckende Ausmaße erreicht. Es gibt kaum noch eine Altstadt, deren Garaus von Banken, Baufirmen, Kaufhäusern und Behörden nicht emsig geplant würde. Die durch Gesetzeskraft legalisierte Vernichtung von Wohngebieten übertrifft bereits die Zerstörungen des Krieges."
Marianne KESTING 1973

Der Anstoß zu Sanierungen ging häufig von den Städten aus, wenn Mißstände allgemein bekannt waren oder auch wenn diese von der Bevölkerung bewußt gemacht wurden. Aber in nicht seltenen Fällen kam auch die „dringende Anregung" von Investoren, die Geschäfts- und Bürokomplexe realisieren wollten, oder von Straßenplanern, die eine günstige Trasse durch ein altes Baugebiet vorgesehen hatten. Es ging dann darum, schon im Anfangsstadium des Verfahrens einzuwirken. Der *Ablauf eines Verfahrens der Stadterneuerung* gliederte sich in folgende Hauptpunkte:

• Die *vorbereitende Untersuchung* beginnt mit einer groben Voruntersuchung eines „Verdachtsgebiets", führt über eine problembezogene Bestandsaufnahme zu einer Analyse und Prognose der Entwicklungsmöglichkeiten zu Sanierungsalternativen und endet schließlich mit einem Abgrenzungsvorschlag für ein Sanierungsgebiet.
• Die *Bürgerbeteiligung* der von der Sanierung Betroffenen soll frühzeitig beginnen und sich auch für die Dauer der Durchführung fortsetzen. Besonders durch den *Sozialplan*, den Hans Paul BAHRDT den „Fuß in der Tür" einer allgemeinen Sozialplanung nannte, sollen Nachteile in „ihren persönlichen Lebensumständen oder im wirtschaftlichen oder sozialen Bereich möglichst vermieden" werden.

• Die *förmliche Festlegung* eines Sanierungsgebiets sowie von Ersatz- und Ergänzungsgebieten, z.B. zur Schaffung von Wohnungen für „verdrängte" Bewohner, leitet die konkrete Planung ein.
• Die *Aufstellung von Bebauungsplänen* erfolgt nach dem Bundesbaugesetz und soll den Denkmalschutz besonders berücksichtigen.
• Die *Durchführung der Sanierung* erfolgt in zwei Abschnitten, den *Ordnungsmaßnahmen*, die erforderlich sind, um die *Baumaßnahmen* durchführen zu können.
• Der *Abschluß der Sanierung* wird nach Behebung der Mißstände und nach Abwicklung aller organisatorischen und finanziellen Erfordernisse von der Gemeinde förmlich beschlossen.

Dieses Verfahren war besonders für große und komplexe Maßnahmen geeignet, die dann auch von „Sanierungsträgern" abgewickelt wurden. Besonders hervorgetan hat sich in dieser Beziehung die Neue Heimat in den verschiedensten Funktionen und Organisationsformen: Als „Tochter" GEWOS für die vorbereitende Untersuchung, als Neue Heimat Städtebau für die Planung und die Sanierungsträgerschaft und als Baugesellschaft Neue Heimat für die Realisierung und Vermarktung des Geplanten. Sehr bald schon wurde das Städtebauförderungsgesetz als „Lex Neue Heimat" bezeichnet. Drei Beispiele sollen diese Problematik verdeutlichen.

• **Sanierung Osnabrück**, mit einer selbstpropagierten „Demokratisierung des Planungsprozesses", geriet in die Kritik, weil der Sanierungsbeirat, den es seit 1969 gab, ohnehin nur die Interessen der „Produzenten" von Neubauten und kaum die der „Konsumenten" der Wohnungen und Einrichtungen der Altstadt widerspiegelte. Der Anspruch einer „Innenstadtsanierung mit Beziehung der Bewohner zu ihrer Stadt" stand in krassem Gegensatz zu der Planungswirklichkeit. Im ersten Bauabschnitt sollten

auf 20 ha 56 % der Wohnungen „überwiegend verkehrsbedingt", also nicht wegen schlechter Bausubstanz, abgerissen werden (Abb. 8.101, 8.102). Ein durch die Altstadt gebrochener „Parkring" mit vier Spuren und bis zu 43 m breit beanspruchte ein Drittel der Fläche des Sanierungsgebiets. Planungsgrundsatz: „Den Verkehrswünschen der Verkehrsteilnehmer ist das Straßennetz soweit wie möglich anzupassen" (HOLTMANN, a.a.O.).

• **Sanierung Bremen-Ostertor** war eine der damals typischen „Alibi-Planungen", die versuchten, eine bereits vorgefaßte Planungsabsicht durch vorbereitende Untersuchungen zu begründen (Abb. 8.103). Offensichtlich wurde dies bei dem Sanierungs-Seminar in Bonn 1970, das der publizistischen Vorbereitung des Städtebauförderungsgesetzes diente. Der Vortrag des Gutachters machte den Zuhörern zunehmend deutlich, daß nur die Straßenschneise gerechtfertigt werden sollte. „Es ist also eine Verkehrsplanung festgestellt worden, und in dieser Verkehrsplanung war diese Straße der mittlere Umgehungsring der Stadt. ... Durch diese Verkehrsplanung kam man durch ein Altstadtgebiet, was man jetzt neu ordnen mußte, weil die Straße dort durchgeführt wurde. Um zu wissen, wie jetzt neu geordnet wird, ist der Auftrag an unser Institut ergangen, Untersuchungen anzustellen, wie dieses Gebiet nachher aussehen soll" (DVWSR 2, S. 28).

• **Sanierung Hameln** wurde als ein „Glanzstück" der Stadterneuerung im Vorfeld des Städtebauförderungsgesetzes betrachtet (Abb. 8.104, 8.105). Neben der Entkernung der alten Baublöcke war auch von der Stadt zur Belebung des Geschäftsbereichs ein Kaufhaus für einen Konzern vorgesehen, der eigentlich schon einen Standort außerhalb der Altstadt hatte und gar nicht umplanen wollte. Die Forderungen waren entsprechend, eine neue Weserbrücke zum Kaufhaus und Parkhochhaus sowie

8.104 Die Sanierung veränderte die Altstadt von Hameln erheblich, Blick von Osten um 1980. „Die Funktionsfähigkeit als City war infolge ihrer überalterten Struktur seit langem beeinträchtigt." Bürgerproteste verhinderten noch Schlimmeres.

Busbahnhof in unmittelbarer Nähe. Der Landeskonservator bekam dann die Auflage, „ein Viertel der insgesamt wohl schutzwürdigen Altstadt zum Abbruch zu bestimmen." Er entschied sich für das älteste Quartier, das „Stubenviertel", das 1972 schnell abgerissen wurde.

„Trotz allem Entgegenkommen ist Karstadt aber vom Projekt zurückgetreten, und auch ein Nachfolgeinteressent möchte nicht mehr, weil ihm zur Auflage gemacht wurde, eine Hotelbauruine, ein ebenfalls bankrottreifes Unternehmen der Stadtverwaltung Hameln, mit zu übernehmen. Nun also liegt das Stubenviertel abgerissen da und ist bestimmt, Parkplatz abzugeben!" (KESTING 1) Die Wende in der Sanierungspolitik kam als die führenden Erneuerungsplaner, der Oberstadtdirektor und der Stadtbaurat, andernorts Karriereposten bekamen und eine Initiative nachts alle zum Abriß bestimmten Häuser deutlich markierten. Damit begann die Phase einer „behutsamen Sanierung".

Die großangelegten Stadterneuerungen fielen in eine Zeit, als die Bauindustrie in einer wirtschaftlichen Krise steckte. Bereits 1968 verkündeten deshalb deren Vertreter, daß sie ihre „unternehmerische Aufgabe in der Städtesanierung" sehe. „Der Primat der Wirtschaft und die Folgen des ´Wunders´ der fünfziger Jahre hatten im Umbau der Städte während der sechziger Jahre räumliche und soziale Folgeerscheinungen nach sich gezogen, die im Blick der jüngeren Generation nun das düstere Blld von der *Zweiten Zerstörung der Städte* in Westdeutschland belegten." Damit waren die Voraussetzungen geschaffen „für nostalgische Bedürfnisse nach einer historisierenden Stadtgestaltung, welche unter dem Banner der Postmoderne Ende der siebziger Jahre elne neue Architekturdiskussion und damit einen neuen Paradigmenwechsel der Planung nach drei Jahrzehnten Wiederaufbau und Umbau der Städte einleiteten" (BEYME u.a., S. 30).

Einfache Erneuerung: Behutsamer Umgang mit der alten Stadt

Bereits Ende der 70er Jahre setzte sich die Erkenntnis durch, daß sich die „Funktionsschwächesanierung", die durch flächenhafte Beseitigung von alter Bausubstanz die Stadtzentren für den wachsenden Dienstleistungsbereich vorbereiten wollte, auch wirtschaftlich überholt hatte. Die Wachstumskurve flachte ab und neue Technologien der Datenverarbeitung und der Telekommunikation schienen eher dezentralisierende Effekte zu haben. „Stadterneuerung könnte dann bedeuten, die Zerstörungen durch Stadtentwicklung in der Nachkriegszeit wieder rückgängig zu machen: ´Rückbau´ von Straßen und hochgeschossige Rasterbauten verbunden mit dem kleinteiligen Ausfüllen von Baulücken und Schneisen in der Stadtstruktur" (SRL 2, S. 8/9).

Außerdem hatte sich gezeigt, daß der hohe Mitteleinsatz flächenmäßig nur wenig verbesserte, obwohl insgesamt ein großer Erneuerungsbedarf bestand. So wurde von Planern und Politikern noch in den 70er Jahren der „Mittlere Weg der Stadterneuerung" proklamiert. Außerhalb von „förmlich festgelegten" Sanierungsgebieten nach dem Städtebauförderungsgesetz wurden Maßnahmen geplant und auch staatlich gefördert. Dieser eigenständige Weg zur Behebung städtebaulicher Mängel wurde unterschiedlich bezeichnet: Stadterneuerung „mittlerer Intensität", „in Schritten", „mit geringen Eingriffen" oder auch „Einfache Stadterneuerung", wie in Baden-Württemberg ein Förderprogramm hieß (PESCH, S. 27).

Aber auch im Rahmen des Städtebauförderungsgesetzes wurden die Sanierungsmaßnahmen behutsamer, denn Modernisierung ging vor Abriß, wozu nicht zuletzt die Möglichkeit der steuerlichen Absetzbarkeit von alten Gebäuden beigetragen hatte. Die-

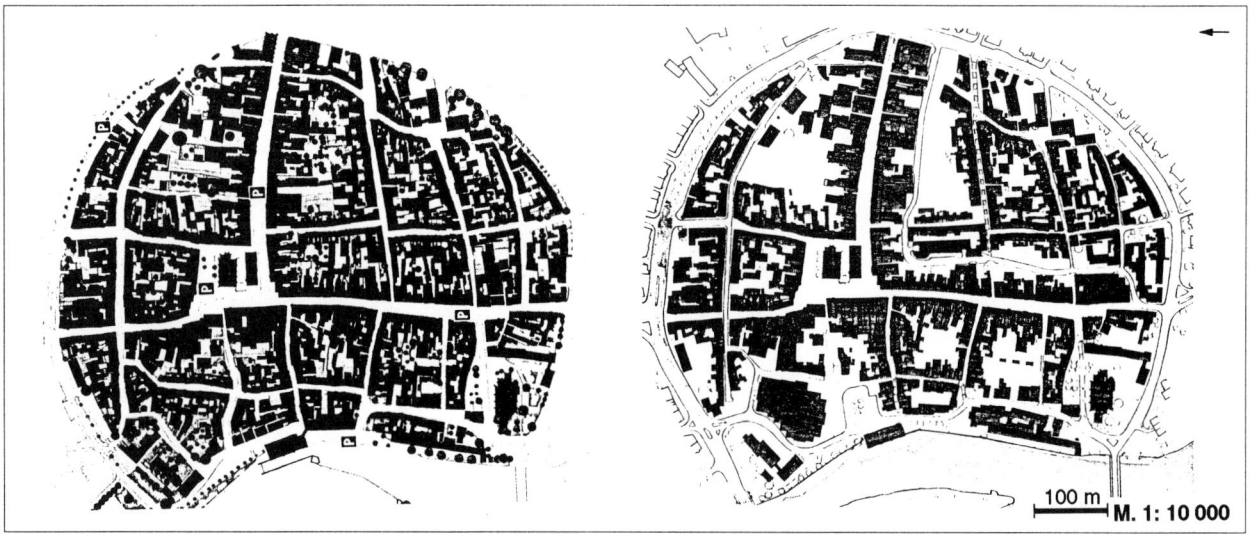

8.105 Die Altstadt von Hameln 1967 vor Beginn der Sanierung (l.) und 1981 nach der weitgehenden Umsetzung der Planung 1967 mit Fortschreibung 1975. Flächensanierung schuf Platz für ein Kaufhaus im „Stubenviertel" (Nordwest).

ser Effekt verstärkte sich, als 1976 zur Altbau-
förderung das Wohnungsmodernisierungsgesetz als
„dritte Säule" hinzukam, neben der Neubauförderung
durch das 2. Wohnungsbaugesetz und der Stadtsanierung durch das Städtebauförderungsgesetz.
Die finanziellen Förderungen standen im engen Zusammenhang mit einem gewandelten Bewußtsein
gegenüber der Vergangenheit und dem Verhältnis zur
historischen Stadt. Das Europäische Denkmaljahr
1975 mit dem Motto „Erhalten, Erneuern, Erinnern"
verdeutlichte das Spannungsfeld zwischen nostalgi-
schem Festhalten an dem Alten und einer schonen-
den Weiterentwicklung. In diesem Sinne sollten für
den Denkmalschutz folgende Maximen gelten:

- „Nicht nur Kunstdenkmäler, sondern auch alte Ensembles sind erhaltenswert und stellen, ökonomisch gesehen, Werte dar;
- Neues Bauen in alter Umgebung ist immerwährende Herausforderung für Architekten;
- Historische Bauwerke können nur ausnahmsweise
  reproduziert werden; Rekonstruktionen fördern den
  Hang zur Geschichtsfälschung;
- Nach der Bombenzerstörung ist jetzt die schleichende Veränderung ohne ständige Qualitäts-
  kontrolle der gefährlichste Feind der historischen
  Altstädte" (BMBAU 3, T52).

Rückbesinnung:
Rekonstruktion und Stadtreparatur

Die Trendwende zum Geschichts- und Heimatbe-
wußtsein förderte allerdings den Hang zu Rekonstruktionen, denn das jahrelange Verleugnen der
„alten Stadt" und ihr zum Teil abrupter Umbau zu einer „zeitgemäßen Stadt" hatte bei den Bewohner eine
emotionale Lücke in ihrem Stadtbewußtsein erzeugt.
Deshalb war in vielen Städten, in denen nach der

8.106 Die Rekonstruierte Baustruktur am Marktplatz von
Hildesheim, 1988. Von der „Kunst, einen Platz zu bauen"?

Zerstörung im Zweiten Weltkrieg die alten Kernstädte
mit einer neuen Identität des „Neuen Bauens" ohne
historische Bezüge versehen wurden, ein Restau-
rationsprozeß im Sinne eines „Puppenhaus-Städ-
tebaus" in Gang gekommen. Kulissenartig wurden
alte Häuser völlig neu aufgebaut, wie in Frankfurt
die Römerberg-Bebauung (Abb. 8.107), oder man
scheute sogar nicht davor zurück, Häuser an einem
ganz anderen als dem historischen Standort aufzustellen, wie in Hannover mit dem Leibniz-Haus geschehen. „Es hätte auch dort einmal gestanden haben können, scheint die wenig plausible Erklärung
dafür gewesen zu sein" (REINBORN/KAUT, S. 124).

• **Der Marktplatz zu Hildesheim** - 2. Teil

Rekonstruktion war auch der Ausgangspunkt für eine
rückgewandte Stadtreparatur in Hildesheim. Die Forderung nach dem Wiederaufbau des im Krieg zerstörten Knochenhaueramtshauses schloß auch die
Aufgabe des vergrößerten Stadtraums (s. S. 228)
und die Hinwendung zum alten, kleinen Marktplatz
ein. Ein weiterer Wettbewerb von 1980 konnte nicht
verhindern, daß der Versuch, zumindest mit modernen Architekturmitteln den alten Stadtraum wieder-
herzustellen, scheiterte. Auch das Bäckeramtshaus
wurde rekonstruiert und die fehlende Platzfassade
historisierend aufgebaut. Hildesheim hatte wieder
seinen „alten" Marktplatz (Abb. 8.106, 8.108). Den
Fachleuten gelang es vorher nicht, klare städtebau-

8.107 „Alte" Römerberg-Bebauung in Frankfurt um 1985
neu errichtet. Heimatgefühl und Kulisse für Touristen.

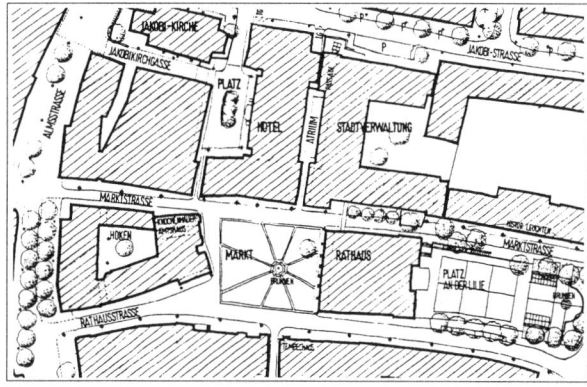

8.108 Marktplatzplan um 1985. 40 Jahre bis der Traum
einer historischen Rekonstruktion Wirklichkeit wurde.

liche Randbedingungen, die auch überzeugten, für die Öffentlichkeit und schließlich für die politische Entscheidung zu benennen.

„Also ging die Diskussion weiter. Dieses Dilemma unterscheidet Hildesheim nicht von anderen Städten. Das Besondere ist, daß nach langer Debatte zwar ein neues Konzept festgelegt und ausgeführt, dann aber nicht mehr für gut befunden, schließlich teilweise beseitigt und ein zweites Mal in anderer, diesmal historischer Form wieder aufgebaut wurde - geschehen über einen Zeitraum von 40 Jahren" (RIE-MANN, S. 59).

• Kleiner Schloßplatz in Stuttgart - 2. Teil

Die „Platte" als Deckel auf einem Kreuzungsbauwerk mit flachen Pavillons, abgehoben vom eigentlichen Fußgängerstrom, geriet Anfang der 70er Jahre zunehmend in die Kritik. Die Königstraße war zur Fußgängerzone und zu einem attraktiveren Anziehungsbereich für die Konsumenten geworden. Der Kleine Schloßplatz hatte seine Funktion als ruhige Rückzugszone verloren, so daß er langsam verkam. Nachdem auch Belebungsbemühungen nicht erfolgreich waren, wurde eine mehrgeschossige Wiederbebauung in Betracht gezogen. Ein Architekturgutachten machte deutlich, daß der Abriß des teilzerstörten Kronprinzenpalais wohl doch nicht der richtige städtebauliche Weg gewesen war (s. S. 236).

Als dann mit der Städtischen Galerie auch noch eine Nutzung feststand, folgte ein Architekturwettbewerb nach dem anderen, ohne daß eine abschließende Lösung gefunden werden konnte. Ein Gutachten mit internationaler Beteiligung brachte Mitte der 80er Jahre zwar mit dem Entwurf des amerikanischen Büros PEI/COBB ein Ergebnis (Abb. 8.109), das heftig kritisiert wurde, aber in der Zwischenzeit war die privat-öffentliche Finanzierung zusammengebrochen. Jetzt gibt es einen Bebauungsplan und die alte Platte, die zur Königstraße eine breite Geh-, Sitz- und Verweiltreppe erhalten hat (Abb. 8.110). Einer der Platten-Architekten hat die dafür erforderlichen privaten Gelder „organisiert", als vorläufige „Wiedergutmachung", wie er bemerkte.

Fußgängerzonen in Altstadt und City

Der Wiederaufbau der zumeist mittelalterlichen Altstädte in den Städten ist unterschiedlich verlaufen, denn nicht immer waren dort auch die Zentren des Einzelhandels. Die Entwicklung des Bereichs mit zentralen Einrichtungen, die „City", wie sie inzwischen eingedeutscht heißen, begann schon Anfang des 20. Jahrhunderts zu differieren. Es lassen sich zwei grundsätzliche Typen mit einer Fülle von Mischformen feststellen:

• *Trennung von Altstadt und City* in überwiegend großen Städten, etwa um 500 000 Einwohner, bereits lange vor dem Zweiten Weltkrieg. Häufig waren die neuen Geschäftsgebiete die Ergänzungen zwischen Altstadt und Bahnhof. Die Altstädte wurden nicht selten „Vergnügungsviertel". Beispiele dafür sind Düsseldorf, Hannover, Stuttgart, Frankfurt.
• *Einheit von Altstadt und City* in mittelgroßen Städten um 100 000 Einwohner, was zu großen Schwierigkeiten bei der Einpassung von Kaufhäusern führte. Beispielhaft sind Nürnberg, Münster, Esslingen, Würzburg, Hameln zu nennen. Bei größeren Städten gelang diese Identität nur, wenn der Bahnhof im 19. Jahrhundert nahe an die Altstadt gelegt worden war, wie in Köln oder in München.

In beiden Fällen war man beim Wiederaufbau planerisch bedacht, die City- und Altstadtbereiche zwar großzügiger zu erschließen, aber den Durchgangsverkehr davon abzuhalten. Es entstanden so häufig gewaltige „Entlastungsstraßen" mit bis zu zehn Fahrspuren, wie die Ost-West-Straße in Hamburg oder der „City-Ring" in Stuttgart. Das verhinderte aber keineswegs das Schlagen von Schneisen durch die Altstädte, wie in Kassel besonders krass vollzogen. Fast alle Städte hatten solche Pläne in der Schublade, wie in Regensburg, Bremen und anderswo, wo sie wegen Entschlußhemmnissen oder Bürgerprotesten solange blieben, bis sich die Vorstellungen von der „autogerechten" und „funktionellen" Stadt gewandelt hatten.

8.109 Kleiner Schloßplatz in Stuttgart. Statt des COBB-Entwurfs von 1987 (Modell) für die Städtische Galerie ...

8.110 ... bisher nur eine „spanische Treppe" vor dem Verkehrsloch als „Wiedergutmachung" der Planer, 1993.

Die Konkurrenz der Einkaufszentren („Shopping Centers") auf der „grünen Wiese" oder in den neuen Stadtteilen hatte verdeutlicht, daß es sehr attraktiv ist, beim Einkaufen nicht von Autos dicht bedrängt zu werden. Trotzdem wurde nur zaghaft mit kleineren Gassen oder Straßenabschnitten begonnen, sie in Fußgängerzonen umzuwandeln. So war die Schulstraße in Stuttgart bereits 1955 autofrei und wurde, begünstigt durch ihr Gefälle, mit zwei Ladenebenen ausgebaut. Die „Treppenstraße" in Kassel wurde in den 50er Jahren als Vorbild gefeiert. In Oldenburg gab es sehr früh eine kleines Stück Fußgängerzone, und auch die Hohe Straße in Köln durfte schon bald nicht mehr befahren werden.

Trotzdem war der Widerstand besonders bei den Geschäftsleuten gegenüber Fußgängerzonen groß, denn lange hielt sich der Glaube, daß das Vorfahren mit den Autos umsatzfördernder sei als ein autoungestörtes Einkaufen. Vielfach wurde auch bezweifelt, daß Fußgänger allein breite Straßen, wie die Königstraße in Stuttgart oder die Georgstraße und die „Passarelle" (Abb. 8.111) in Hannover, beleben könnten. Inzwischen sind auch diese zuweilen überfüllt. Aber die Folgen der Fußgängerzonen waren nicht nur positiv. Die Warenpreise stiegen und bestimmte Läden konnten sich gegenüber den „Filialisten" mit Massenartikeln nicht mehr halten, so daß schon bald der Begriff der „Konsumrennstrecken" aufkam. Mit Straßencafés und neuen kulturellen Einrichtungen verbesserte sich ihr Image, aber die Diskussionen sind keineswegs abgeschlossen.

Das ungestörte Einkaufen hatte aber für die Randgebiete der Cities neue negative Belastungen zur Folge. Die nahen Wohngebiete wurden durch Entlastungsstraßen vom Zentrum abgeschnitten und von parkenden Autos überschwemmt. So ist es nicht verwunderlich und vielleicht auch richtig, wenn sich der Ausbau von Fußgängerzonen in den Städten erst langsam durchsetzte und dann auch über einen langen Zeitraum erstreckte. Teilweise bis heute werden im Rahmen der Stadterneuerung Straßenstücke umgebaut (s. BEYME, S. 196-205). Die Forderungen nach „Autofreien Innenstädten" erschienen noch in den 80erJahren utopisch. „Einige Denkmalpfleger würden nun gern die Flucht nach vorn antreten: Erneut kommt der Vorschlag, ganze Altstädte zu Fußgängerzonen zu erklären. Aber der Vorschlag erscheint heute kaum realistischer, als er 1945 war" (1987, BEYME, S. 205). Nur wenige Jahre danach ist es trotzdem geschehen: Es gab nicht nur Konzepte (Abb. 8.112), denn Lübeck sperrte test- und zeitweise seine gesamte Altstadt und Aachen folgte diesem Beispiel. Proteste nicht nur der Geschäftsleute blieben nicht aus, aber auch das ist eine übliche Begleiterscheinung.

Wohnumfeldverbesserung und Verkehrsberuhigung

Eine Idee aus den Niederlanden gewinnt Anfang der 70er Jahre auch in Deutschland viel Beachtung: Das „Woonerf", deutsch etwa „Wohnhof", das in Delft seinen Ursprung hatte. Dort wurden zunächst im Rahmen der Stadterneuerung Straßen und Wohnviertel so umgebaut, daß der Durchgangsverkehr herausgehalten, der Erschließungsverkehr besser bewältigt wurde und - vor allem - daß der öffentliche Raum wieder seine ursprünglichen Funktionen für das Wohnen erfüllen konnte. Den Ausschlag dazu hatten die steigenden Gefährdungen durch Autos gegeben, von denen besonders Kinder und Ältere in Städten betroffen waren. In Deutschland wurde die-

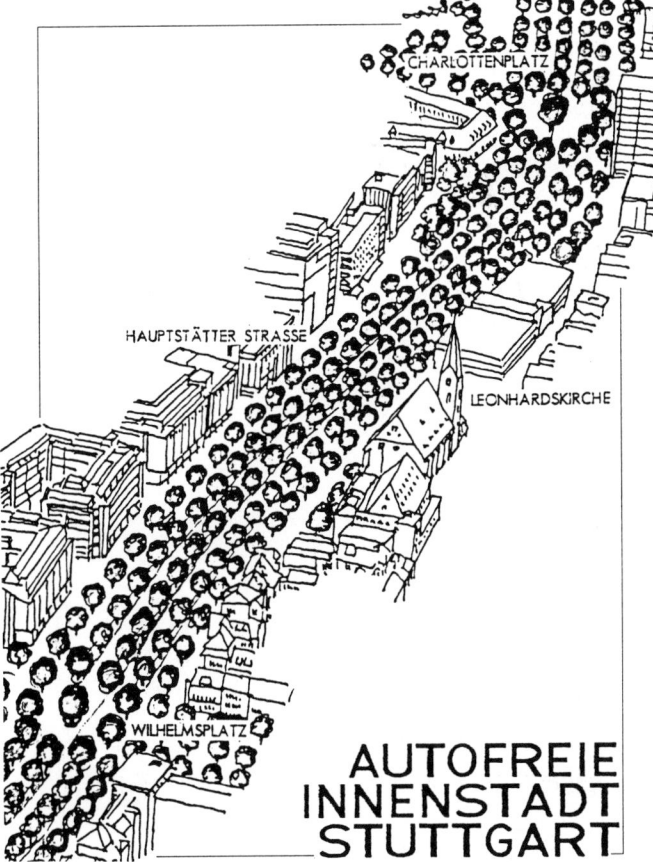

8.111 Die „Passerelle" in Hannover. Platz für Fußgänger zwischen Kröpke und Bahnhof in zwei Ladenebenen.

8.112 Dem weiteren Ausbau von Fußgängerzonen folgte um 1990 die Forderung nach „autofreien Innenstädten".

ses Konzept in aller Gründlichkeit - nicht nur begrifflich - zweigeteilt in:

• **Verkehrsberuhigung** mit überwiegend verkehrsregelnden Maßnahmen zur „Entschleunigung" und Verringerung des Verkehrs, wie
- Geschwindigkeitsbeschränkungen und Vorfahrtsregel „Rechts vor Links",
- straßennetzverändernde Maßnahmen mit Einbahnstraßen, Straßenunterbrechungen, -schleifen oder Sackgassen;
- tempomindernde Maßnahmen mit Verengungen, wechselseitigem Parken, Verschwenkungen oder Aufpflasterungen (HARDER/SPENGELIN).

Die Neuverteilung der gesamten Straßenfläche zulasten des Autoverkehrs und zugunsten der empfindlichen, aber umweltschonenden Verkehrsteilnehmer stand im Vordergrund. Bauliche Veränderungen wurden zur technischen Umsetzung oder als „flankierende" Maßnahmen zumeist in einzelnen Straßenzügen durchgeführt. Die flächige Anwendung der Verkehrsberuhigung wurde erst Mitte der 80er Jahre probeweise und ab 1990 dann rechtlich geregelt mit der Ausweisung von „Tempo 30-Zonen" möglich. Damit realisierte sich mit fast dreißig Jahren Verspätung ein Konzept, das Colin BUCHANAN mit seinen „Environmentzonen" aufgezeigt hatte (s. S. 280).

• **Wohnumfeldverbesserung** ist die Aufwertung der Außenbereiche, die der Wohnnutzung zugeordnet

8.113 Städtebauminister 1986: „Die Verkehrsberuhigung lenkt die Stadtverkehrsplanung in eine neue Richtung."

werden können. Dieser „Außenwohnraum", wie ihn Bruno TAUT genannt hatte (s. S. 121), war in der Nachkriegszeit zunehmend vom Autoverkehr als Fahrbahn und als Stellfläche „okkupiert" worden. Die „Rückgewinnung" von Flächen setzte die Verkehrsberuhigung voraus, bevor Maßnahmen möglich wurden, wie

- Schaffung von Flächen auf der Straße mit „Aufenthaltsfunktion" zum Spielen, Sitzen, Feiern usw.;
- Entsiegelung und Begrünung des öffentlichen Raums durch Pflanzbeete, Hausbegrünung und Bäume;
- Einrichtung von „Spielstraßen", rechtlich als „verkehrsberuhigte Bereiche" ausgewiesen, mit Totalumbau „von Haus zu Haus";
- Aufwertung auch der gemeinschaftlichen Hofbereiche, z.B. der Blockinnenfläche durch Beseitigung von Kleinbauten, Entsiegelung und Begrünung.

Diese Maßnahmen wurden in den 80er Jahren durch Programme der Länder, z.B. „Wohnumfeldprogramm" in Baden-Württemberg, und der Städte gefördert.

• **Flächenhafte Verkehrsberuhigung** bezweckt die Integration der Fachaspekte Städtebau, Verkehr und Umwelt in einer Gesamtkonzeption zur Aufwertung von Wohnquartieren. Ausgehend von einem Forschungsprojekt des Bundes wurden Fallbeispiele in unterschiedlich strukturierten Gebieten von Städten in diesem Sinne umgesetzt. Dabei wurde festgestellt, daß eine Verbesserung der Gestaltung der öffentlichen Räume durchaus auch verkehrsberuhigende Wirkungen hat (Abb. 8.113). Die Begrünung und die Minderung des Autoverkehrs wirken sich durch die Minderung der Umweltbelastung sehr positiv auf die Wohnqualität aus (s. BFLR).

8.5. Stadtentwicklungsplanung und regionale Dimension

„Die 'große Landzerstörung' wird aber unausweichlich sich weiterfressen, je williger Randgemeinden Industrien verschwenderisch Platz anbieten, den diese dann äußerst extensiv bewirtschaften; je unbestrittener es bleibt, daß das bürgerliche Einfamilienhaus das Endziel standesgemäßer Unterbringung darstellt. ... 'Städtische Region' ist die freundliche Umschreibung für den Ballungsbereich von Industrien und Wohnsiedlungen, die sich nicht mehr konzentrisch um einen Stadtkern lagern, sondern eine ganze Region und ihre Aura überwachsen. Deren Breite ist etwa bestimmt durch die Kontrastbedürfnisse der in der städtischen Region beheimateten Menschen, ihre Erholungsbedürfnisse. Die Größenordnung, in der städtisches Leben sich hier abspielt, macht eine Planung notwendig, in welcher trotz der vermehrten Distanzen ein Bereich des Alternierens zwischen Stadtlandschaft und Landschaft möglich bleibt, beziehungsweise erleichtert wird."
Alexander MITSCHERLICH 1969 (S. 84/85)

Stadt und Umland:
Konkurrenz oder Kooperation

Nach dem hektischen Wiederaufbau in der Nachkriegszeit kam bald schon die Erkenntnis auf, daß
die Planung mit der ungezügelten, durch das wirtschaftliche Potential vorangetriebenen Entwicklung
unserer Städte in regionale Dimensionen nicht Schritt
halten konnte. Anfang der 60er Jahre wurde die Frage nach der „Identität zwischen Stadtentwicklung und
Städtebau" gestellt (HILLEBRECHT 2, S.47). Aber die
daran anschließenden Jahre der Hochkonjunktur ließen es nicht notwendig erscheinen, eine Antwort
darauf zu suchen, die auch praktische Lösungsmöglichkeiten bieten konnte. Das vehement vorgetrage-
ne Postulat von der integrierten Entwicklungsplanung
als räumliche, sachliche, finanzielle und zeitliche
Aspekte umfassender Planungsansatz wurde von
einer durch großangelegte Stadterweiterungen, radikale Flächensanierungen und ungehemmte
Straßenbaumaßnahmen gekennzeichnete praktische Verkehrs- und Stadtentwicklungspolitik begleitet. Durch die veränderte Wirtschafts- und Finanzsituation gegen Ende der 60er Jahre sah sich
dieser „blinde Aktionismus" mit Gegebenheiten kon-
frontiert, die einen „Übergang von definierten Zielen
zu einer gewissen Zielunsicherheit" zu bewältigen
erforderten (REINBORN, 2, S. 41). Die Rahmenbedingungen der räumlichen Entwicklung in der Zeit von
1975 bis 1980 - Bevölkerungsschwund, geringes
Wirtschaftswachstum, Arbeitslosigkeit und wirtschaftlicher Strukturwandel - hatten den Prozeß der „dezentralisierten Verdichtung", d. h. Zuzug der Bevölkerung vom Lande in die Städte bei gleichzeitigem
Fortzug aus den Kernstädten in die Randzonen, noch
verstärkt. Damit verdeutlichten sich auch Entwicklungen, die so skizziert werden können:

• Stärker werdender staatlicher Einfluß auf Gemeinden und Städte. Bei ohnehin geringer freier
  Finanzspitze wurden die zweckgebundenen
  Finanzzuweisungen immer bedeutsamer und eng-
  ten den kommunalen Entscheidungsraum ständig
  weiter ein.
• Verschärfung der Konkurrenz von Gemeinden und
  Städten untereinander. Der vermehrte staatliche Einfluß erklärte sich auch daraus, daß die Kommunen
  bei Verminderung der Entwicklungsmöglichkeiten
  keineswegs zur Kooperation oder Koordination untereinander, sondern eher zu einer strengen
  „Kirchturmspolitik" neigten.
• Zunehmend Klagen der Bewohner über eine
  „bürgerfeindliche" Planung.
Die Planungserfordernisse auf kleinräumiger Ebene
(Stadtteil, Wohnquartier) wurden immer stärker von
den Bewohnern in ihrer unmittelbaren Erlebniswelt
als drängend empfunden. Belästigungen durch starken Autoverkehr, Verschlechterung der Wohnumge-
bung und Mangel an preiswerten und bedürfnis-
gerechten Wohnungen waren deshalb auch die
Hauptmotive von Fortzügen aus den Kernstädten.

Die Stadt-Umland-Problematik stellte sich als Bün-
del von Zielkonflikten dar, dem keine geeigneten in-
stitutionellen und instrumentellen Lösungsmöglichkeiten gegenüberstanden: Die Verbesserung der
Verkehrsverbindungen zu den zentralen Orten und der
Ausbau von zentralen Dienstleistungen verschlechterte dort die Wohnbedingungen und führte zur Abwanderung von Einwohnern. Der Verlust von Bevölkerung ließ in den zentralen Orten die Einnahmen
sinken und verringerte die Ausbaumöglichkeiten von
zentralen Einrichtungen, während im Umland diese
ständig erweitert werden konnten (STADT STUTTGART,
Abb. 8.114). Auch die in den 70er Jahren konzipierten und durchgeführten Gegenmaßnahmen, wie die
Gebiets- und Verwaltungsreform oder die Institutio-
nalisierung der Regionalplanung, konnten bis heute
keine wesentlichen Entspannungen der Polarität
zwischen Großstädten und ihrem Umland bewirken.

Rahmenbedingungen
regionaler Siedlungsstrukturen

Die Auswirkungen eines kontinuierlichen sozialen
und wirtschaftlichen Wandlungsprozesses, der eigentlich unmittelbar an die Wiederaufbauphase in
den 50er Jahren anschließt, wurden erst durch das
gleichzeitige Zusammentreffen mehrerer Faktoren
und durch eine publikumswirksame Etikettierung
auch für eine breite Öffentlichkeit deutlich. Dabei sind
drei Bereiche besonders zu nennen, die für die Rahmenbedingungen in Stadtregionen am Ende der 70er
Jahre von großer Bedeutung waren: Wirtschaftsentwicklung, Bevölkerungsentwicklung und, mit beiden
ursächlich verbunden, die öffentliche Finanzsituatlon.

• Die drastische *Reduzierung des Wirtschaftswachstums* bis hin zum negativen oder sogenannten „Nullwachstum" wurde zumeist vereinfachend auf
den „Erdölschock" von 1973/74 zurückgeführt und
durch die „autofreien Sonntage" auch der Ge-
samtbevölkerung in aller Schärfe bewußt gemacht. Andere, damit gleichfalls verbundene Ursachenkomplexe, wie Strukturwandlungen, Nach-
fragesituation und technologische Veränderungen der

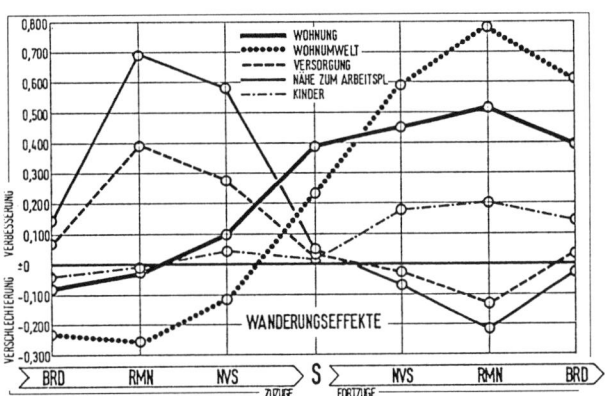

8.114 Bessere Wohnumwelt und Wohnung waren 1975 in
Stuttgart die Hauptmotive zum Fortzug in das Umland.

Wirtschaft, spielten in der öffentlichen Diskussion eine geringe Rolle, obwohl diese Bereiche in der „Fachwelt" eingehend erörtert wurden (z.B. AFHELDT).
• Der starke *Rückgang der Bevölkerungszahlen*, auch als "Bevölkerungsimplosion" oder - öffentlichkeitswirksamer - als „Pillenknick" bezeichnet, kam keineswegs ganz unerwartet und konnte auch nicht nur auf die weite Verbreitung der Ovulationshemmer zurückgeführt werden.
• Die *Verringerung der öffentlichen Finanzmittel*, als eine Folge der beiden vorgenannten Bereiche, wurde auch vorher schon unter dem Stichwort „öffentliche Armut und privater Reichtum" diskutiert und hatte in dem damaligen Ausmaß durch die Verringerung der ohnehin schon engen „freien Finanzspitze" erhebliche Auswirkungen auf Stadt- und Regionalentwicklung.

Diese drei Ursachenkomplexe beeinflußten die Entwicklung keineswegs in räumlicher Gleichverteilung. Sie wirkten vielmehr in unterschiedlicher Weise auf die Stadtregionen und auf ländlich strukturierte Gebiete, deren Bevölkerung in nicht unerheblichem Ausmaß in die attraktiveren Stadtregionen abwanderte. Aber auch die verschiedenen Zonen der Stadtregionen hatten keine gleichartige Entwicklung zu verzeichnen, sie waren einem starken Selektionsmechanismus unterworfen durch: Verödung der Innenstädte durch Kommerzialisierung, Auszug bzw. Sozialstrukturveränderung der Wohnbevölkerung in den Kernstädten, starkes Bevölkerungswachstum in den Randgebieten, Verdrängung der Wohnbevölkerung aus klassischen Wohngebieten und häufiger Verzicht auf öffentliche Investitionen durch hohe Bodenpreise. Daraus ergaben sich zwei wesentliche siedlungsräumliche Tatbestände, die unter anderem für die Stadt-Umland-Problematik kennzeichnend sind:
• *„Ausuferung der Baugebiete* über die Grenzen der größeren Städte" durch neue flächenextensive Wohn- und Industriegebiete und „Entblößung der Innenstädte von Wohnungen".
• Dadurch *„steigende Zahlen von Arbeits- und Bildungspendlern* aus den Umlandgebieten zur Innenstadt mit zunehmenden Verkehrsschwierigkeiten (rushhour, Dauerparker, stockender Individualverkehr)" (SUKS, S. 10).

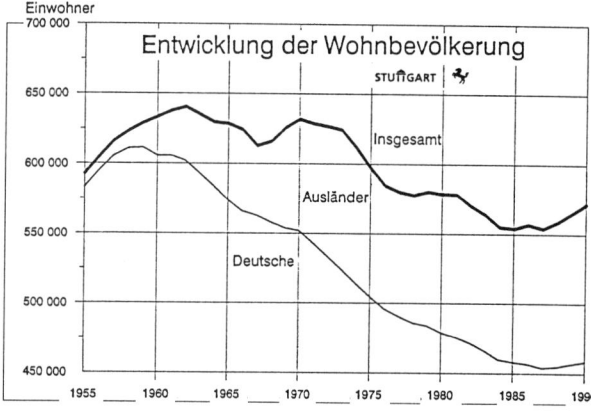

8.115 Ab 1960 starke Verluste der deutschen Bevölkerung ans Umland bei insgesamt schwankender Abnahme.

Bevölkerungs- und Siedlungsflächenentwicklung

„Wenn wir uns mit der Stadtflucht auseinandersetzen, müssen wir sicher damit beginnen, die Lebensbedingungen in der Stadt zu analysieren und sie den Standards gegenüberzustellen, die dort bestehen, wohin die Fliehenden ziehen. ... Indem er ins Umland zieht, verläßt der ´Stadtflüchtling´ die Stadt aber nur im kommunalstatistischen Sinn, de facto ´erweitert´ er das Stadtgebiet und behält seinen Arbeitsplatz, nutzt und belebt die Innenstadt als Einkäufer. Meist hat er objektiv gar nicht das Gefühl ´weggezogen´ zu sein, sondern nur innerhalb des von ihm erweiterten Stadtgebiets einen Standort gefunden zu haben, der seine Lebensansprüche besser erfüllt" (SPENGELIN, S. 10).

Diese Auffassung wird durch die Statistik gestützt, denn obwohl nach den hohen Wanderungsgewinnen fast aller Großstädte in den fünfziger Jahren die Einwohnerzahlen vieler Städte im Zeitraum 1961-1970 z.T. erheblich gesunken waren, hatte sich in den Stadtregionen selbst keine zahlenmäßige, sondern fast ausschließlich eine räumliche Bevölkerungsveränderung ergeben. Den seit Anfang der sechziger Jahre festzustellenden Bevölkerungsverlusten der Kernstädte der Stadtregionen standen fast immer entsprechende Gewinne in den übrigen Zonen der Stadtregion gegenüber, so daß von einer „Bevölkerungsverlagerung aus den Kernstädten der Stadtregionen in deren Umlandzonen" oder auch von „Kern-Rand-Wanderungen" gesprochen werden konnte. Bereits vor 1960 hatte die deutsche Bevölkerung bei zunächst gleichbleibender Gesamteinwohnerzahl ständig abgenommen (s. Abb. 8.115).

Die Zielpunkte der Bevölkerungswanderung innerhalb der Stadtregionen haben sich von 1945 bis 1985 räumlich verlagert (s. Abb. 7.3). Am Beispiel Stuttgarts und seiner Region lassen sich die einzelnen Phasen aufzeigen:
• 1945-1950: Rückkehr in die Stadtkerne und Wiederaufbau der Innenstädte.
• 1950-1960: Vorortring mit neuen Wohnsiedlungen bei weiterer Zuwanderung.
• 1960-1975: Erster Umlandring als Ziel der Abwanderung aus der Kernstadt.
• 1975-1985: Zweiter Umlandring durch Verbesserung der Verkehrsbeziehungen (HECKING/ MIKULICZ/ SÄTTELE, S. 32).

Um 1970 wurden in der Bundesrepublik jährlich 500 bis 600 qkm land- und forstwirtschaftliche Flächen, etwa die Stadtflächen von München und Köln zusammen, für Siedlungszwecke „verbraucht". Entsprechend hatten sich in Baden-Württemberg die Siedlungsflächen im Zeitraum 1950 bis 1985 von 212 221 Hektar auf 411 606 Hektar nahezu verdoppelt. Das heißt, innerhalb von 35 Jahren hatten die Menschen so viel Frei- und Naturflächen für

Siedlungszwecke in Anspruch genommen, wie in den vielen Jahrhunderten der Menschheitsgeschichte zuvor. Dabei hatte der Siedlungsflächenzuwachs zwischen 1968 und 1971 mit rund 27,5 Hektar täglich einen absoluten Höhepunkt und reduzierte sich in den achtziger Jahren dann auf „nur noch" zwölf Hektar täglich (HECKING u.a., S. 24f.).

Bedingt durch gleichbleibende oder auch zurückgehende Bevölkerungszahlen hat aber der Siedlungsflächenanteil pro Einwohner stark zugenommen. Beispielsweise ist in Stuttgart dieser Anteil von 48 qm pro Einwohner um die Jahrhundertwende über 116 qm im Jahre 1950 auf 175 qm 1985 emporgeschnellt. Bis zum Jahr 2000 ist mit einem weiteren Anwachsen auf 230 qm pro Einwohner zu rechnen. Erheblich höher liegt dieser Wert in den ländlichen Gebieten, da bereits heute schon der Durchschnitt in Baden-Württemberg bei 450 qm Siedlungsfläche pro Einwohner liegt. Dieser stark gewachsene Siedlungsflächenverbrauch ist als Wohlstandserscheinung zu erklären.

So hat im Bundesdurchschnitt die Wohnfläche pro Einwohner von rund 14 qm im Jahr 1950 auf 37 qm Ende der achtziger Jahre zugenommen. Aber auch die Flächen je Arbeitsplatz sind erheblich gewachsen. In beiden Funktionsbereichen, Wohnen und Arbeiten, ist dabei ein starkes Stadt-Land-Gefälle zu beobachten. In Stuttgart wird nämlich pro Arbeitsplatz etwa 60 qm, am Regionsrand, im mehr ländlich strukturierten Gebiet aber mit 110 qm fast doppelt so viel Siedlungsfläche in Anspruch genommen. Entsprechend werden in den ländlichen Zonen durch Einfamilienhausgebiete erheblich mehr Flächen als durch die verdichteten Bauweisen der Städte verbraucht (HECKING/ MIKULICZ/ SÄTTELE, S. 10, 52).

Gleichzeitig gab es eine „Kern-Rand-Wanderung" von Industriebetrieben und damit eine „Verlagerung von Arbeitsplätzen und Gewerbesteuereinnahmen" über die administrativen Grenzen hinweg. Das bewirkte für die Kernstädte einen nicht unerheblichen Einnahmeverlust. Die in dieselbe Richtung gehende Bevölkerungswanderung brachte den Zentren zusätzliche Einkommensteuerverluste, so daß sich in beiden Beziehungen „für die Randgebiete positive, für die Zentren negative Multiplikatorwirkungen" ergaben.

Auf der einen Seite standen den Einnahmeverlusten der Kernstädte keine entsprechenden Reduzierungen der Ausgabenbelastungen gegenüber, denn die einmal vorhandenen Infrastruktureinrichtungen verursachten weiterhin laufende Folgekosten, zumal viele von ihnen von den Umland-Bewohnern mitbenutzt wurden. Auf der anderen Seite war die Versorgung mit einigen Infrastruktureinrichtungsarten aufgrund der besseren Finanzsituation in den Randgemeinden wesentlich besser als im Zentrum. Die Folge davon waren große Entfernungen zu den Einrichtungen und ein erhöhtes Verkehrsaufkommen auch zu den neuen Wohnstandorten im Umland.

Stadtentwicklungsplanung und Planungseuphorie

Angesichts der Bevölkerungs- und Arbeitsstättenentwicklung sowie der daraus resultierenden Siedlungsflächenexpansion erfolgte noch in den 60er und dann verstärkt zu Beginn der 70er Jahre die Forderung nach intensiverer und langfristigerer Planung. Der „Eigengesetzlichkeit" der räumlichen Entwicklung mit dem Zwang zur Anpassung an bereits vollzogene Tatbestände sollte ein bewußtes und vorausschauendes Eingreifen der öffentlichen Gemeinwesen entgegengesetzt werden. Historisch hatte Gerd ALBERS (3, S. 10-12) dieses Anliegen in einem dreiphasigen Prozeß seit der industriellen Revolution beschrieben:

1. Anpassungsplanung mit einer Konzentration auf „technische Einzelfragen, wenn auch gelegentlich das Streben nach einem umfassenden Idealplan erkennbar ist". Die Stadtplanung im liberalen Rechtstaat des 19. Jahrhunderts hatte die Voraussetzungen des eigengesetzlichen Prozesses einer bürgerlichen Gesellschaft zu gewährleisten. Eingriffe erfolgten in technisch-hygienischer, in gestalterisch-künstlerischer und teilweise sozial-reformerischer Hinsicht.

2. Auffangplanung als „Entwurf eines räumlichen Rahmens für die Entwicklung von Wirtschaft und Gesellschaft, die als autonomer, dem Einfluß des Planers nicht zugänglicher Prozeß angesehen wurde". Planung ist das Aufnehmen und Fortschreiben der Entwicklung, wobei Entwicklungstendenzen von sozio-ökonomischen Veränderungen berücksichtigt werden. Es bleibt aber bei einem „elastischen Rahmen, innerhalb dessen sich die Entwicklung von Wirtschaft und Gesellschaft möglichst reibungslos vollziehen kann".

3. Entwicklungsplanung basiert auf der Erkenntnis, daß der Entwicklungsprozeß „nicht nur dem zweckgerichteten Eingriff des Menschen zugänglich ist, sondern dieses Eingriffes bedarf". Mit zunehmender Komplexität des gesellschaftlichen Systems wächst

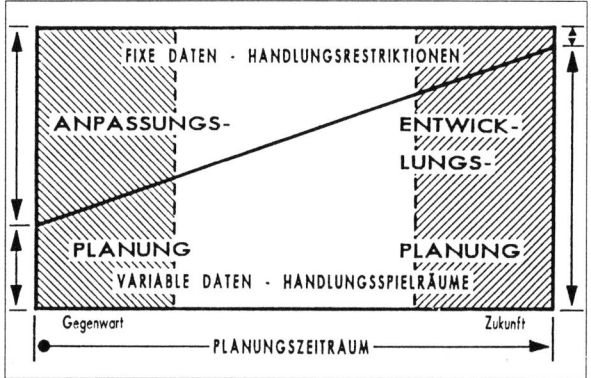

8.116 Anpassungs- und Entwicklungsplanung. Für die Planung größere Handlungsspielräume in der Zukunft.

der Bedarf an planerischem Gestalten der Gesellschaft und der Umwelt. Auf der Grundlage eines „integrierten Konzepts" erfolgt die Koordination der räumlichen Planung mit „Lenkungsmaßnahmen auf wirtschaftlichem und sozialem Gebiet" (s. auch REINBORN 1, S. 24-28).

„Die Phasen des Planungsverständnisses zeigen einen Wandel von der Anpassungs- zur Entwicklungsplanung, von der statischen zur dynamischen Betrachtungsweise des Planungsprozesses. Es muß aber festgestellt werden, daß Anpassungs- und Entwicklungsplanung nebeneinander bestehen, denn auch heute stellt die Anpassungsplanung oft die einzige mögliche Planungsweise dar. So müssen sich kurzfristige Planungen viel eher mit Festlegungen und Restriktionen auseinandersetzen als langfristige Planungen, die daher stärker den Charakter von Entwicklungsplanungen annehmen können (Abb. 8.116). Das bedeutet aber auch Festlegung für die Zukunft, die im politischen Raum wegen der Einschränkung der spontanen Handlungsspielräume nicht sehr geschätzt wird" (REINBORN/KOCH, S. 15).

In den 70er Jahren setzte eine Planungseuphorie ein, die von der Stadtentwicklungsplanung bis zur Landesentwicklungsplanung fast alles für „berechenbar" hielt. Die Planer verließen sich auf die Feststellung, „daß wir uns gegenwärtig im Übergang von der zweiten zur dritten Phase befinden" (ALBERS 3, 1969), also auf dem besten Wege zur Entwicklungsplanung. Aber bereits um 1975, nachdem viele Pläne fertig waren, stellten sich nicht unbeträchtliche Schwächen und Mängel dieser neuen Planungsstufe ein:

• „Ein Stadtentwicklungsplan steht als Planungsinstrument notwendigerweise in wesentlichen Teilen in eklatantem Widerspruch zu den Gesetzen freier Marktwirtschaft, weil er deren Entwicklung in Bahnen zu lenken versucht, die u.a. zwar gesamtwirtschaftlich ein besseres Ergebnis erwarten lassen, einzelwirtschaftlich dagegen meist ein schlechteres".
• „Ein Stadtentwicklungsplan beschäftigt sich in der Regel nicht mit den Ursachen einer schädlichen Entwicklung und deren möglicher Vorbeugung, sondern

reagiert auf die Symptome. Damit werden bestenfalls die Auswirkungen gebremst und gemildert. Der Prozeß selbst aber läuft weiter."
Diese beiden Kritikpunkte von Karl KLÜHSPIES (S. 163) sind Teil von „Grundsätzlichen Anmerkungen zu Anspruch und Wirklichkeit in der Stadtplanung anhand des Münchner Stadtentwicklungsplans". Diese faßt er sehr resignativ zusammen: „Man könnte den Hauptvorwurf gegen Stadtentwicklungspläne aller Art darin sehen, daß sie eine heile oder doch heilbare Welt vorzutäuschen versuchen, wo in Wahrheit nur eine einzige Aussage angemessen wäre: die öffentliche Bankrott-Erklärung" (S. 166).

Von der Stadtregion zur Regionalstadt

Die Kritik an der Wiederaufbauphase nach dem Zweiten Weltkrieg von zahlreichen Städtebaupraktikern und -theoretikern beschäftigte sich bereits zu Beginn der 60er Jahre in der Bundesrepublik Deutschland mit gravierenden räumlichen und strukturellen Veränderungen der Städte. Mit der Feststellung, daß sich eine „Auflösung unseres Stadtbegriffs" abzeichne, verband sich ein historischer Rückblick auf die Entwicklung der Städte nach der „industriellen Revolution". Von Ernst BRUCH (1870) für Berlin, über Ebenezer HOWARD (1898) für London bis hin zu Rudolf HILLEBRECHT (1962) für Hannover zeige sich in zunehmendem Maße, daß regionale Gesichtspunkte bei der Stadtentwicklung zu berücksichtigen seien (WORTMANN, a.a.O.).

Gleichzeitig wurden damit die Einflußfaktoren der Stadtentwicklung von Gerd ALBERS (3) in seinen „drei Phasen der räumlichen Planung" dargestellt und das Ausmaß der Verstädterung von Olaf BOUSTEDT im Konzept der „Stadtregionen" wissenschaftlich untersucht (Abb. 8.117). Somit gewannen die Begriffe „Regionalstadt", vermutlich von HILLEBRECHT geprägt, und „Stadtregion", denen sich weitere ähnliche Begriffe hinzugesellten, für Theorie und Praxis der Stadtentwicklung zunehmend an Bedeutung.

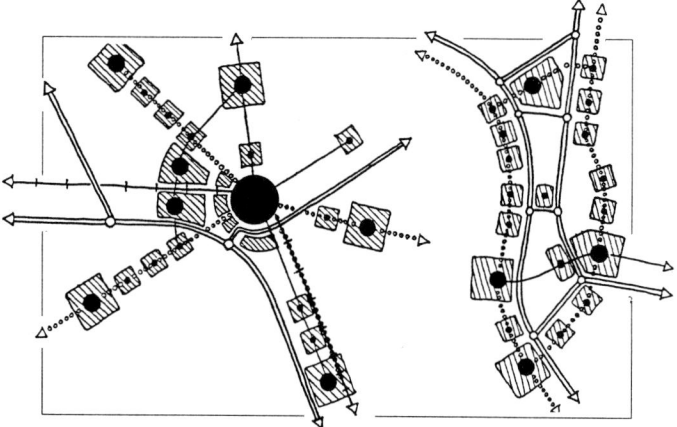

8.117 Konzept der Stadtregionen von Olaf BOUSTEDT, 1970. Untergliederung nach statistischen Merkmalen.

8.118 R. WURZER (1970): Schema einer zentralorientierten Stadt (l.) und einer polyzentrischen Stadtlandschaft.

Zentrale Frage war dabei, ob „die Stadtentwicklung unabhängig und unbeeinflußt von städtebaulichen Vorstellungen anderen Gesetzen folgt" (HILLEBRECHT 2, S.41).

Auf dem Wege zu einer „immer stärkeren Integrierung städtischer und bisher ländlicher Gebiete auch in sozialer und kultureller Hinsicht", so die Forderung HILLEBRECHTS, seien „organisatorische Voraussetzungen zu schaffen, um in politischer, administrativer, rechtlicher und finanzwirtschaftlicher Art die Integrationsvorgänge zu erleichtern, die zu einer neuen städtebaulichen Form, der Stadtregion, führen" (2, S. 62). Die konzeptionellen Leitlinien der Regionalstadt beschränkten sich in den Ausführungen von HILLEBRECHT (2), WORTMANN und BOUSTEDT aber vorwiegend auf funktionale und städtebauliche Gesichtspunkte, ohne weiter auf die o.g. Voraussetzungen einzugehen:

• Die *Grundform* der Regionalstadt ist je nach den unterschiedlichen örtlichen Gegebenheiten
- die Solitärstadt als „einkerniges" Gebilde oder
- die Städtegruppe als mehrkerniges Gebilde, je ohne oder mit Nachbarstädten (Abb. 8.118; WURZER, S. 79).

• Die *Begrenzung* der Regionalstadt wird „durch die naturräumlichen Elemente und durch die Reichweite des werktäglichen Nahverkehrs sowie des Naherholungsverkehrs auf der Straße und Schiene bestimmt". Dabei ist „nicht die absolute Entfernung, sondern die für ihre Überwindung benötigte Zeit" entscheidend.

• Das *Gebiet* der Regionalstadt ist in der Regel größer als die nach den Kriterien von BOUSTEDT abgegrenzten Stadtregionen, da sich diese je nach den Schwellenwerten der Kriterien schnell verändern. „Weitgehende Identität der Regionalstadt besteht mit dem Begriff der Verkehrsregion", da diese als Abgrenzung eines Planungsraums konzipiert ist.

• Die *Gliederung* der Regionalstadt erfolgte bei WORTMANN im Sinne eines großräumigen Leistungsaustausches in den „Stadtbezirk" und den „Landbezirk".
- Der *Stadtbezirk* wird dann weiter in „Kernstadt", „Vorortstadt" und „Nachbarstadt" differenziert: Die Kernstadt ist „Standort zentraler Einrichtungen der Verwaltung, der Wirtschaft und der Gesellschaft mit regionaler und überregionaler Bedeutung", wobei die „Zahl der Arbeitsplätze größer als die Zahl ihrer Wohnplätze" und die „Zahl der Berufspendler" und der "regelmäßigen Kunden und Besucher" hoch ist. Die Vorortstädte und Nachbarstädte sind „Wohnorte für Berufspendler" und „Standorte für zentrale Einrichtungen, die räumlich nicht an die Kernstadt gebunden sind".
- Der *Landbezirk* ist „Nahrungs- und Erholungsraum" mit Anlagen wie Flughafen, Klärwerken, Wassergewinnungsanlagen, „die nicht im Stadtbezirk untergebracht werden können".

• Boustedt: Stadtregion und Stadtstruktur

Das Konzept der Stadtregionen, als aus der Statistik abgeleitetes theoretisches Modell, hat Olaf BOUSTEDT funktional differenziert. Die konzeptionellen Leitlinien „seiner Regionalstadt" orientieren die Dezentralisierungsbestrebungen der bisherigen „inneren" Stadt stärker an der gewachsenen, ringförmigen Siedlungsstruktur und deren Umwandlung:

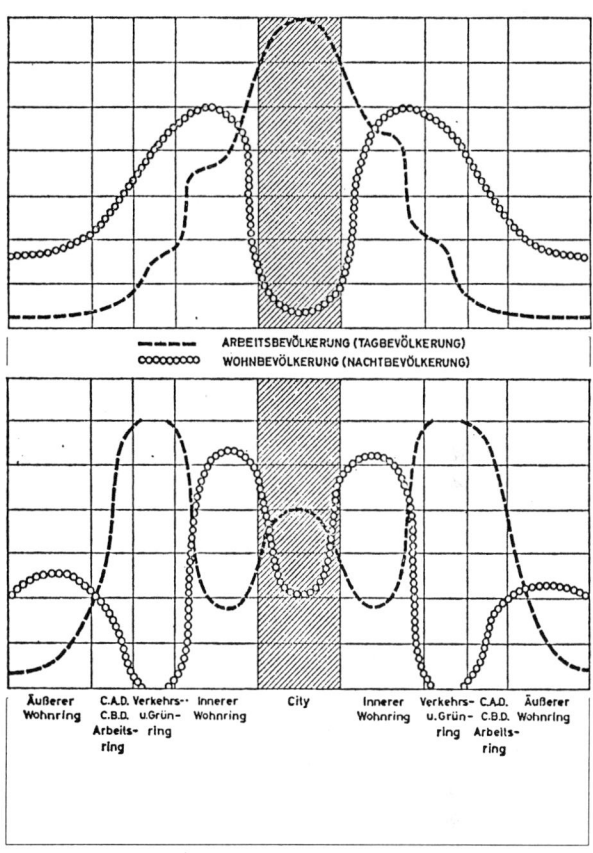

8.119 BOUSTEDT: Die Verteilung der Tag- und Nachtbevölkerung der zentralisierten Stadt (o.) war Anstoß ...

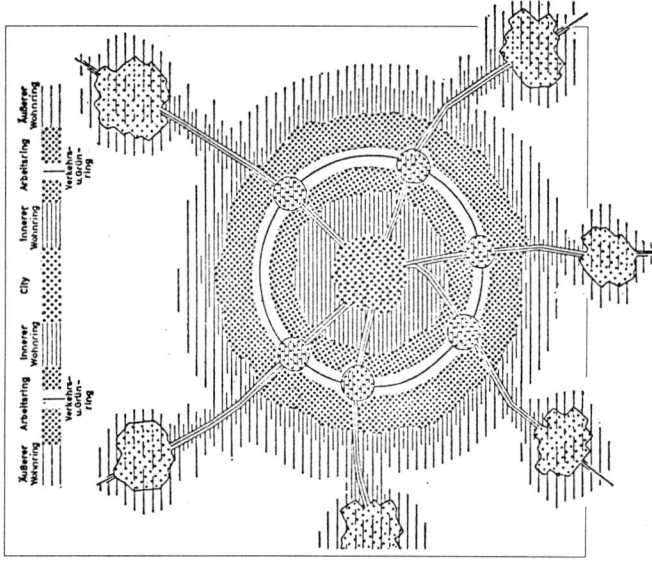

8.120 ... zur Entwicklung des Modells einer dezentralisierten Stadt (1967) mit gleichmäßigerer Verteilung.

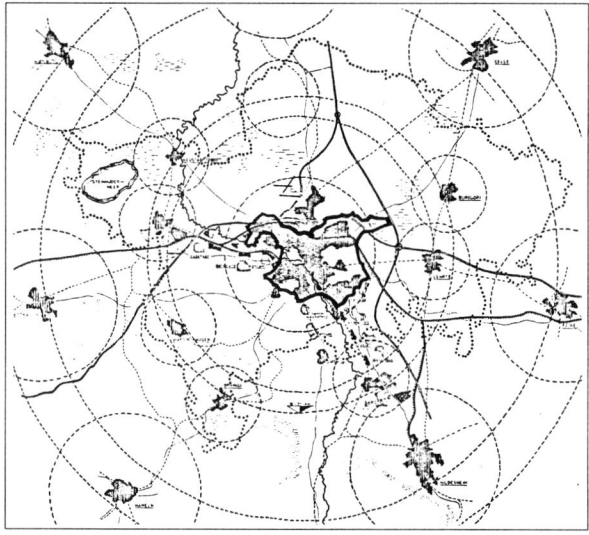

8.121 Hans STOSBERG. Skizze einer Entwicklungsmöglichkeit zur gegliederten Stadtlandschaft Hannover.

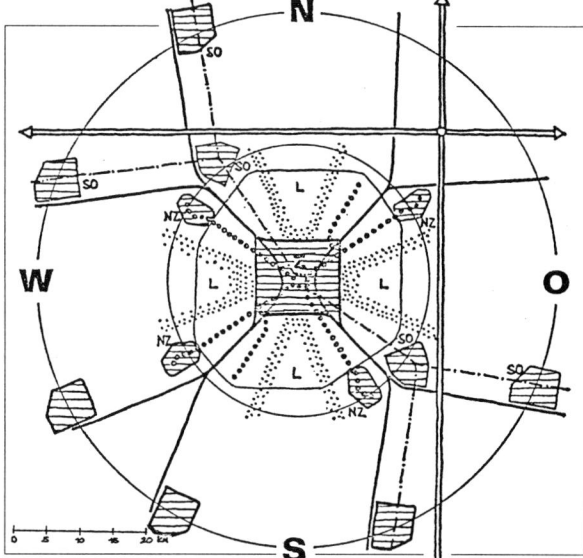

8.122 R. HILLEBRECHT. Schemaskizze zur Entwicklung einer neuen städtebaulichen Form der Stadtregion.

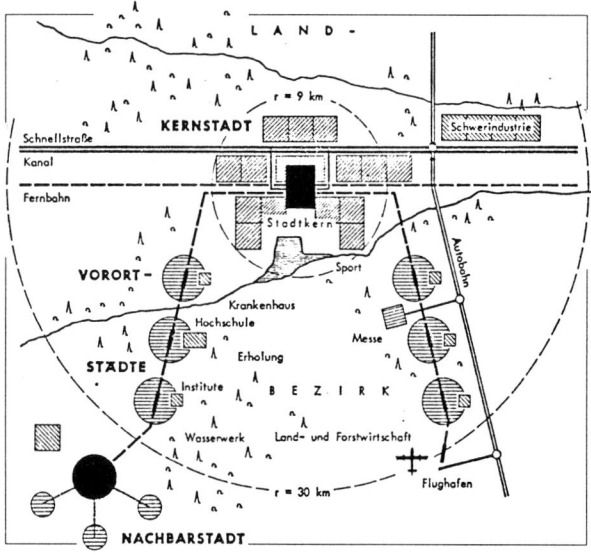

8.123 W. WORTMANN. Schema einer Regionalstadt mit bandförmiger Struktur und Vorort- und Nachbarstädten.

• Die *City*, „nach Möglichkeit noch zu Fuß zu durchqueren", soll auf einer Fläche von ca. 1 qkm alle Einrichtungen beinhalten, „die der Gesamtheit der Bevölkerung dienen und nicht dezentralisiert werden können" (Abb. 8.119 u. 8.120).

• Ein *Wohngürtel* schließt daran an für eine „möglichst hohe Einwohnerzahl, um die City mit Leben zu erfüllen", und ein „*Grünzug*, der auch die circumurbane Ringbahn sowie wichtige Schnell- und Güterverkehrsstraßen aufnimmt".

• Die *Arbeitsstätten*, die nicht citygebunden sind und speziell zum sekundären Sektor gehören, mit der höchsten Arbeitsplatzdichte und größerer Tag- als Nachtbevölkerung liegen schwerpunktmäßig beiderseits des „Verkehrs- und Grünrings", woran nach außen hin „mit abfallender Dichte ein *weiträumiges Wohngebiet*" anschließt.

• Sogenannte „*subzentrale Ergänzungen der City*" an den Schnittpunkten des Verkehrs- und Arbeitsstättenrings mit den radialen Hauptausfallstraßen sollten mit dem „dazugehörigen Kommunikationssystem" einen „Nahbereich von mindestens 50.000, möglichst aber 100 000 Einwohnern" versorgen.

Durch die Nähe zum Arbeitsstättenring würden die „innerstädtischen Auspendler" und die „peripheren Einpendler" eine Verlagerung eines Großteils des citybezogenen Pendlerumschlags bewirken, wodurch die City entlastet werden würde (BOUSTEDT 2, S. 233-236).

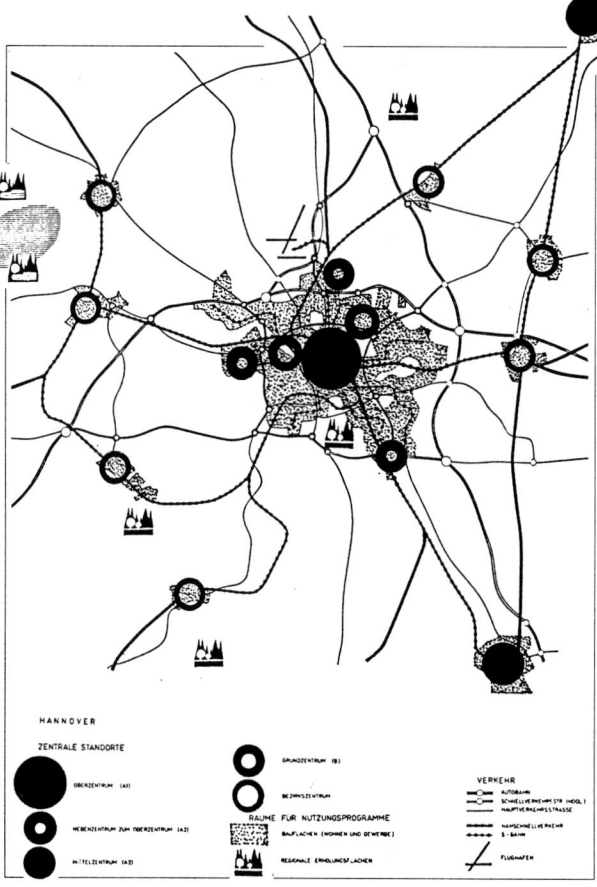

8.124 Heinz WEYL. Räumliche Modellvorstellungen für den Verdichtungsraum Hannover. Die Regionalstadt als Ziel.

• Hannover:
Entwicklungs- und Regionalstadtmodelle

Die konkretesten Vorstellungen von einer Regionalstadt unterbreiteten verschiedene Planer für Hannover und sein Umland. Angefangen von der „Skizze einer Entwicklungsmöglichkeit zur gegliederten Stadt-Landschaft" (Abb. 8.121) von Hans STOSBERG 1962, über Rudolf HILLEBRECHTS Modell einer zentralorientierten Regionalstadt 1962 („Schemaskizze zur Entwicklung einer neuen städtebaulichen Form der Stadtregion mit etwa 2 Mio. Einwohnern" (Abb. 8.122), bis hin zum „Schema einer Regionalstadt" von Wilhelm WORTMANN 1972 (Abb. 8.123) sind in deutlich erkennbarer Weise die hannoveranischen Gegebenheiten reflektiert.

Das Modell einer Regionalstadt Hannover von Heinz WEYL 1974 (Abb. 8.124) schließlich ist ein Konzentrat aus verschiedenen „regionalen Entwicklungsmodellen" als Konzeption für die räumliche und funktionale Ordnung des Gebiets des „Verbandes Großraum Hannover". Dieser Regionalverband verfügte außer der Kompetenz zur Regionalplanung auch über einige Durchführungskompetenzen, was in den 70er Jahren zur Installation eines direkt gewählten Regionalparlaments führte. Politische Machtkämpfe sorgten allerdings in den 80er Jahren für eine Abschaffung der „Volksvertretung" und für eine Rückstufung zu einem Zweckverband.

• Achsenkonzept Hamburg

Was Fritz SCHUMACHER schon 1921 mit seinem berühmten Schaubild des „Straußenfächers" als visualisiertes Achsenmodell der „natürlichen Entwicklung Hamburgs" vorstellte (Abb. 8.126, 8.127), erwies sich auch über 40 Jahre später als räumliches Entwicklungsmodell noch tragbar. Das „Hambur-

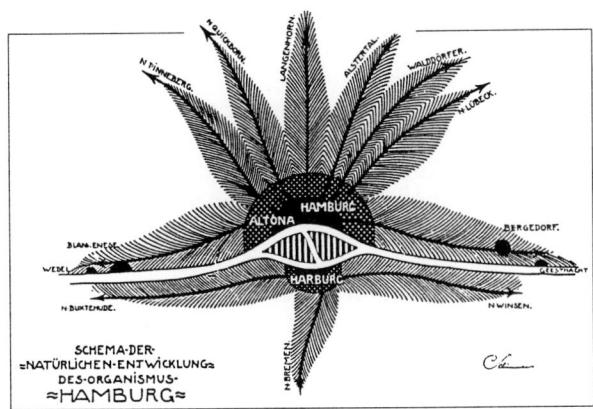

8.126 a Der „Straußenfächer" von Fritz SCHUMACHER, 1921, als „Schema der natürlichen Entwicklung und der ...

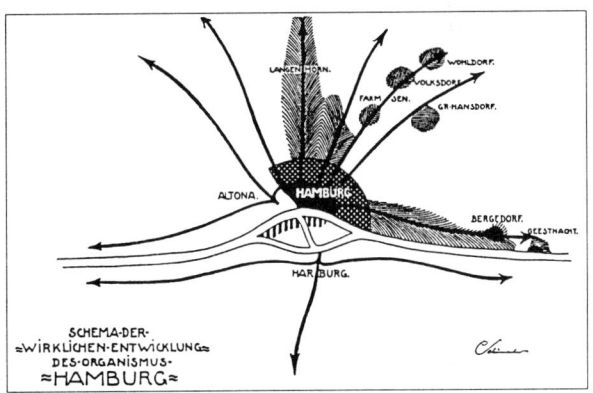

8.126 b ... wirklichen Entwicklung des Organismus Hamburg". Modell für das spätere Achsenkonzept Hamburg.

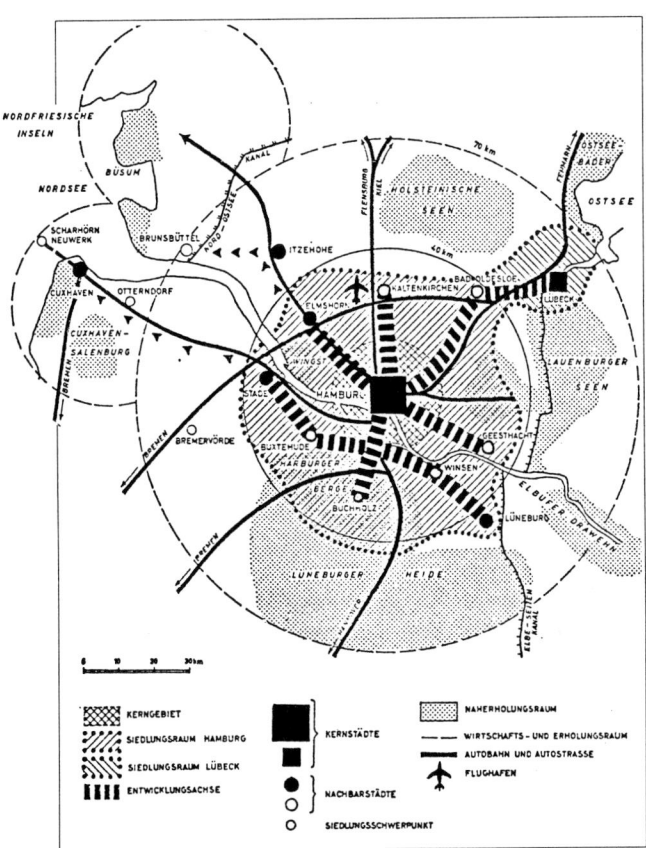

8.125 Modell der Region Hamburg-Lübeck-Unterelbe von WORTMANN, 1972. Von der Stadt- zur Landesplanung.

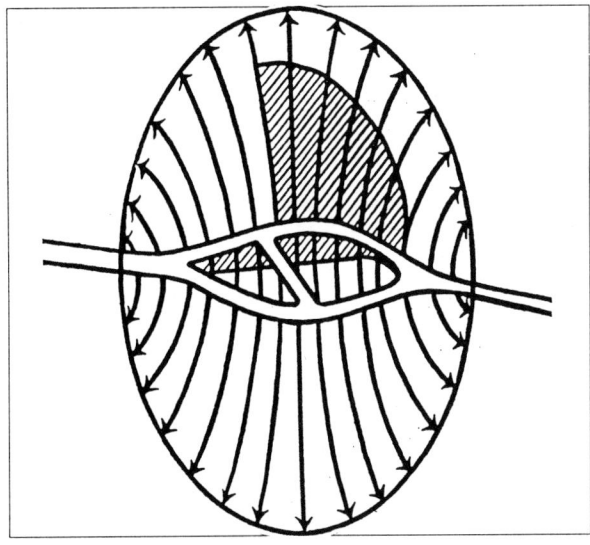

8.127 Hamburg: Schema der normalen Entwicklung eines Siedlungskörperringes um die gespaltene Elbe, 1932.

ger Achsenkonzept" (Abb. 8.128) wurde 1969 dem Senat von der beauftragten Baubehörde vorgestellt und gründete sich auf drei „Ordnungselemente":

- Ein *Achsensystem*, das durch den Verlauf von vorhandenen und geplanten Schnellbahntrassen bestimmt wird und mit den Nachbarländern abgestimmt ist.
- Ein *System zentraler Orte* , das auch ins Umland greift und „City- Bezirks- und Stadtteilzentren" als Dienstleistungszentren für Bevölkerung und Wirtschaft unterscheidet.
- Ein *Straßennetz und Schnellbahnnetz* entspricht dem Achsenkonzept, indem die Radiallinien des öffentlichen Verkehrs im Zuge der Entwicklungsachsen den auf die Innenstadt gerichteten Individualverkehr abfangen und auf die Schiene umlenken. Der Autoverkehr auf den Radialstraßen wird durch mehrere Ringstraßen schon größräumig verteilt.

Die wesentliche Grundlage der Zusammenarbeit Hamburgs mit den Nachbarländern war die „Gliederung der Siedlungsentwicklung des Umlandgebietes aus der Großstadt heraus in die Tiefe des Raumes". Die räumliche und funktionelle Entwicklung der größeren, besonders entwicklungsfähigen Gemeinden und Städte an den Achsenendpunkten sollte vorrangig gefördert werden, damit diese in ihrer Gesamtheit ein bedeutsames Gegengewicht zur Kernstadt darstellen konnten. „Die Entwicklungsachsen werden getragen von den von Hamburg ausgehenden Verkehrsbändern des Schienen- und Straßenverkehrs, wobei dem öffentlichen Personennahverkehr eine besondere Bedeutung zukommt. Die fächerförmig ausgedehnten Freiräume zwischen den Achsen in denen nur sehr wenige größere Gemeinden liegen, sollen auch künftig hauptsächlich der Landwirtschaft und der Naherholung vorbehalten bleiben" (BAHR/MÖLLER, Sp. 1159).

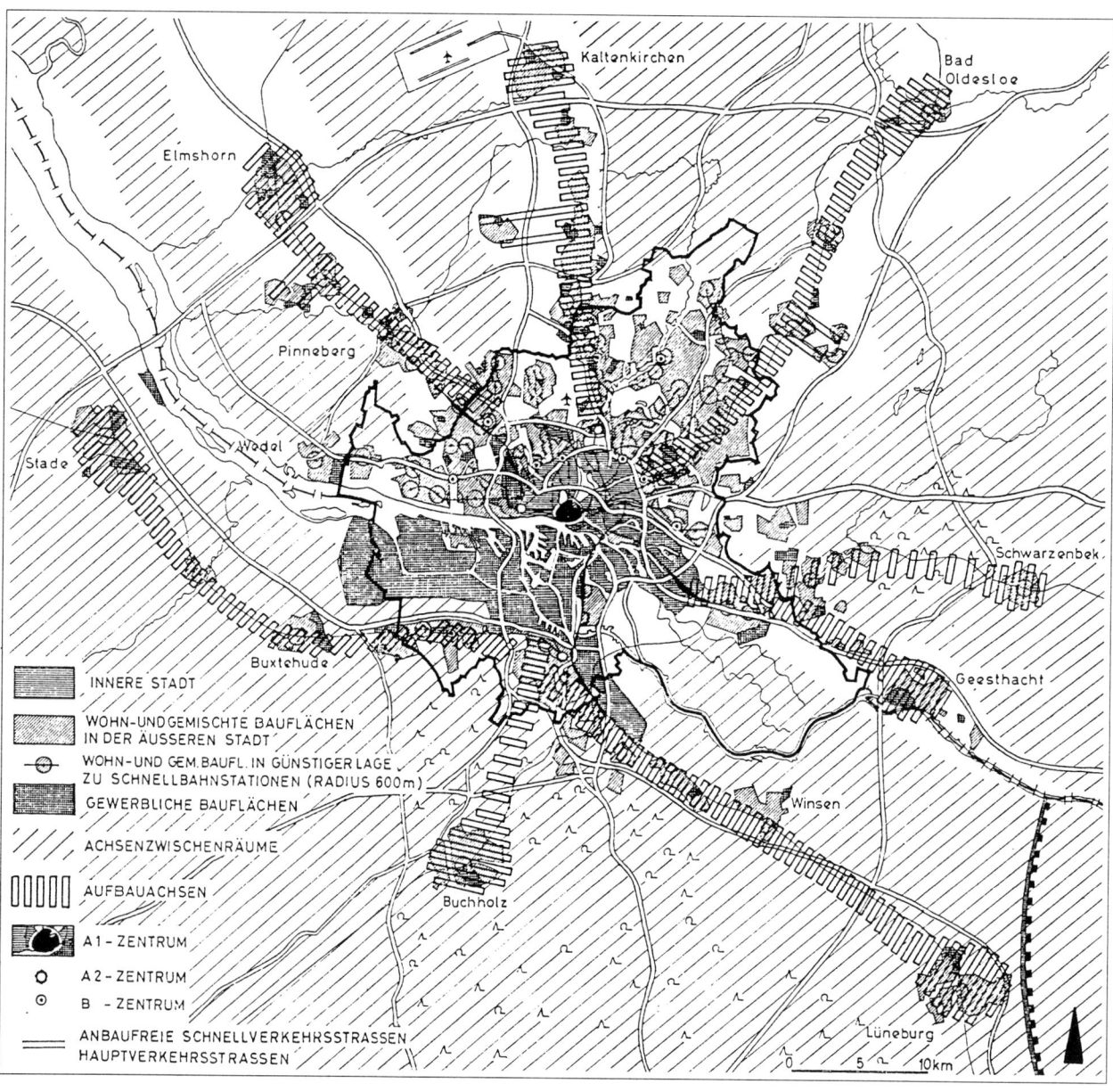

8.128 Entwicklungsachsenkonzept Hamburg und Umland, 1969. Punktaxiales System aus Zentralen Orten und Achsen bildet das Ordnungselement für die regionale Flächenverteilung von Wohnen, Arbeiten, Erholung, Bildung und Verkehr.

9. Rückblick und Ausblick:
Alte Probleme in neuem Gewand? (nach 1980)

„Die virtuelle Realität macht mir Sorgen: Das Medium kann dem einzelnen die absolute Flucht ermöglichen. Wer einen Datenhelm trägt und nur noch die Bilder aus dem Computer vor Augen hat, lebt in der Illusion, nicht mehr in verschmutzten Städten mit viel Verbrechern zu sein. In naher Zukunft kann jeder, wenn er nur will, nur noch mit den Maschinen kommunizieren und ganz ohne menschliche Kontakte leben."
Frank BIONDI, Chef des amerikanischen Medienkonzerns Viacom (Spiegel 8/1994, S. 97)

9.1. „Rote Fäden" in der Entwicklung der Städte

„Die große Stadt ist gelebte Utopie und erlittene Zerstörung dieser Utopie"
Ulrich BECK, Soziologe

Gleichbleibende Fragen, seltene Antworten

Die Wohnungsfrage hat sich als immer wieder neu aktualisierte Problemlage des Städtebaus der vergangenen 150 Jahre erwiesen. Dabei bereiteten die Bodenpreise mit die größten Schwierigkeiten, so daß auch die Bodenfrage ein andauerndes Problem bei der Entwicklung der Städte war. Die Befriedigung des Wohnbedürfnisses blieb aber prinzipiell eine Aufgabe des freien Marktes, obwohl immer wieder Forderungen nach einer anderen gesellschaftlichen Lösung erhoben wurden. So blieben Eingriffe des Staates und anderer öffentlicher oder halböffentlicher Träger in größerem Maße auf besondere Notzeiten beschränkt. Seit Ebenezer HOWARD in seinen Gartenstädten den gemeinschaftlichen Grundbesitz, der von vielen Sozialreformern angestrebt wurde, in die Praxis umgesetzt hatte, hätte auch bekannt sein müssen, daß dieses kein allgemein übertragbares Modell sein konnte.

Trotzdem wurde als Schlüssel zu einem sozialeren Städtebau auch weiterhin die nicht private Lösung der Bodenfrage angesehen. Damit sollte zumeist auch die Sozialfrage, das Streben nach einem

friedfertigen und gemeinschaftlichen Zusammenleben, einer Realisierung nahegebracht werden. Daraus ergaben sich für den Städtebau zwei, über die raumplanerische Aufgabe hinausgehende Wirkungsfelder:

• *Städtebau als Sozialplanung:* Sozialen Problemlagen wurde häufig durch städtebauliche Maßnahmen begegnet, entweder als Stadterneuerung („Sozialsanierung") oder als Stadterweiterung („Sozialentlastung"). Bei der Erneuerung alter Quartiere, von HAUSSMANN in Paris Mitte des 19. Jahrhunderts bis zu den Flächensanierungen der 70er Jahre unseres Jahrhunderts, wurden meistens die armen Bevölkerungsschichten verdrängt. Für sozial orientierten Wohnungsbau konnten aus Kostengründen Standorte überwiegend nur am Rande oder außerhalb der Städte, als „Trabanten", realisiert werden. Die „Zersiedelung" der Städte ist somit auch eine Folge des Strebens nach einer Lösung der Wohnungsfrage.

• *Städtebau als Finanzplanung:* Der öffentliche Wohnungsbau und die damit zusammenhängenden städtebaulichen Maßnahmen waren immer auch „Treibriemen der Wirtschaft" und Instrument der Förderung der Bauwirtschaft. Andererseits zeigte sich aber auch die starke Abhängigkeit des Staates von der Privatwirtschaft, wenn die private Komplementärfinanzierung ausblieb. Sowohl Wirtschaftskrisen als auch Konjunkturüberhitzungen mit hohen Zinsen ließen den Wohnungsbau, manchmal sehr kurzfristig, auf ein niedriges Niveau absinken.

Wohnen in der Stadt, aber wie?

Das Thema Zersiedelung ist die relativ neue Beurteilung eines Vorgangs, der sich seit der Industriellen Revolution in der Stadtentwicklung vollzogen hat. Die Angleichung von Stadt und Land war spätestens mit der Ära der Gartenstädte das erklärte Leitbild des humanitären Städtebaus. Dabei galt es als selbstverständlich, daß ein Eigenheim, als Reihenhaus oder besser noch als freistehendes Einfamilienhaus, das erstrebenswerte Ziel auch für Arbeiter sei. Der paternalistische Wohnungsbau in England und Deutschland ging von dieser Maxime aus, und auch die Großsiedlungen in Frankfurt und Berlin der 20er

Jahre hatten einen großen Anteil an flacher Reihenhausbebauung mit eigenem Grundstück für jedes Haus.

Als städtebauliches Siedlungsmuster hatte sich dafür der Zeilenbau schon Mitte des 19. Jahrhunderts in den englischen Industriedörfern und den deutschen Arbeiterkolonien angeboten. Damit wurde ein überaus rationeller Umgang mit Grund und Boden sowie gleichzeitig eine starke Verdichtung erreicht. Aber auch die aufgelockerte Blockbauweise der Gartenstädte hat in dieser Zeit ihren Ursprung und fand in den „Wohnhöfen" von Raymond UNWIN ihre städtebauliche Perfektion. Beide „Siedlungsmuster" haben auch heute noch ihre Gültigkeit, sofern ihre spezifischen Bedingungen der Stadtraumbildung einerseits und der Integration von Landschaft andererseits berücksichtigt werden.

Daneben hat das „städtische Wohnen" mit kompakten und verdichteten Bauformen seine jahrzehntelange Städtebautradition, obwohl es in der städtebaulichen Geschichtsbetrachtung wenig Beachtung gefunden hat. Die Blockbauweise wurde durch innenliegende „Hofbildungen" nicht nur formal modifiziert, sondern auch durch die Schaffung von abgeschirmten Wohnlagen in einem „Großblock" funktional verbessert. Neben einigen kleineren Beispielen fand diese Wohnform besonders in den „Wiener Höfen" ein auch heute noch nachahmenswertes Vorbild.

9.1 Cityring mit Östereichischem "Platz" in Stuttgart, 1962. "Stark gesteigertes Verkehrsaufkommen in der Stadt."

Wirklich neu: Die Autostadt

Die Funktionstrennung, das räumliche Separieren der städtischen Nutzungen, ergab sich aus dem schnellen Städtewachstum als Folge der Industrialisierung. Die damit verbundene Konzentration von Arbeitsplätzen und der Zwang zum Wohnungsbau für die in die Städte ziehenden Menschenmassen beendeten die Einheit von Wohnen und Arbeiten. Aber auch die mittelalterliche Stadt war nicht vollständig „durchmischt", denn es gab durchaus „reine Wohnbereiche" in der durch Befestigungen räumlich begrenzten Stadtstruktur. Erst mit der Schnelligkeit der Verkehrsmittel und der Ausweitung der Stadtfläche insgesamt wurden die verschiedenen Nutzungen soweit auseinandergezogen, daß sie auch als isolierte monofunktionale Gebiete erfahrbar wurden. Mit dem Automobil wurde dann der Übergang von den Massen- zu den Individualverkehrsmitteln mit ganz neuen Möglichkeiten für den Städtebau geschaffen (Abb. 9.1).

Die „Autostadt" erlaubte die Realisierung des Wunschtraums von der Stadtlandschaft, der einst mit den „Städtegruppen" von HOWARD begonnen hatte. Die „Ubiquität" des Autos, seine überall und jederzeitige Verfügbarkeit, sprengte nach den Festungsmauern auch noch die letzte Fessel der historischen Stadt. Die Faszination der Mobilität paarte sich erfolgreich mit der Begeisterung für die Technik, sowohl der Autos selbst als auch der Straßen auf, unter und über der Erde. Die Städte veränderten damit vollständig ihr Gesicht. Die Identität von Stadtraum und Erschließungsflächen wurde zugunsten einer funktionalen Trennung aufgegeben. Die von Wohngebäuden umschlossenen Grünflächen wurden als „neue Stadträume" definiert, während die Straßen auf die nutzbaren Fahrbahnen als technische Erschließungselemente reduziert wurden. Auch die Fußwege wurden von der Straße weg in die „Grünräume" verlegt.

Damit hatten sich die Städte in Flächen mit hoher Aufenthaltsqualität innerhalb der Wohngebiete und in Flächen mit starken Beeinträchtigungen außerhalb getrennt. Der Weg von einer Funktion zur anderen wurde nicht nur ständig weiter, sondern auch zunehmend unangenehmer und bedrohlicher: Benutzung nur noch mit dem Auto empfohlen. Die Bequemlichkeit der preiswerten und fast unbegrenzten Mobilität entwickelte sich damit auch zu einer „Zwangsmobilität". Die Konzentration der verschiedenen Nutzungen zieht zum Beispiel aus gemischten Gebieten Kaufkraft und Publikum ab, da die Stadtbewohner nämlich dort einkaufen, wo das Angebot am größten und die Preise am niedrigsten sind. Gleichzeitig wird den „Tante-Emma-Läden" an der Ecke nachgetrauert und die weiten Wege werden beklagt. Das Verhältnis der Bewohner zu den Städten ist durchaus zwiespältig: Die Städte sind so, wie sich die Menschen verhalten, aber sie wollen ihre Städte so, wie sie sich nicht verhalten.

9.2. Atempause: Grenzen des Wachstums

„Was heute als ′Umweltwelle′ gelegentlich über-
schäumt, was allerdings bisher immer noch zu mehr
Worten als Taten geführt hat, ist der Niederschlag
dieser neuen Einsicht, die durch das Schlagwort vom
′Raumschiff Erde′ ungemein an Bildhaftigkeit gewonnen hat. Der Glaube an die Unerschöpflichkeit der
Ressourcen erscheint mittlerweile naiv, die Anerkennung gewisser Grenzen des Wachstums zwingend."
Gerd ALBERS, 1974 (1, S. 475)

Stadtentwicklung und Wirtschaftszyklen

Es hatte nicht an Vorzeichen gemangelt, aber noch
nicht einmal der „Bericht des Club of Rome" mit seinem eindeutigen Titel „Grenzen des Wachstums"
hatte zu einem Nachdenken in der Wirtschafts- und
Stadtentwicklungspolitik geführt. Die „Ölkrise" von
1973/74 mit Sonntagsfahrverboten und starken
Benzinverteuerungen brachte schon bald eine ernste Warnung, aber erst die beginnende Wirtschafts-
rezession am Ende der 70er Jahre führte zu einer
Atempause. Nach dem „Wirtschaftswunder" der 60er
Jahre mit der Zuversicht auf eine andauernde „Wohl-
standsgesellschaft" war die Enttäuschung groß.

Die bedenkenswerte Botschaft des Club of Rome
von 1972 war knapp in drei Schlußfolgerungen zusammengefaßt:
• Erreichung der „absoluten Wachstumsgrenzen auf
der Erde im Laufe der nächsten hundert Jahre", blie-
be es bei der „gegenwärtigen Zunahme der Welt-
bevölkerung, der Industrialisierung, der Umweltver-
schmutzung, der Nahrungsmittelproduktion und der
Ausbeutung der natürlichen Rohstoffe".
• Herbeiführung eines „ökologischen und wirtschaftlichen Gleichgewichtszustands" bei Änderung
der „Wachstumstendenzen" bei gleichzeitiger Sicher-
stellung der „materiellen Lebensgrundlagen für jeden Menschen auf der Erde".
• Verbesserung der Chancen zur Erreichung dieses
„Gleichgewichtszustands" durch möglichst frühzeiti-
ges Handeln (MEADOWS u.a., S. 17).

Diese Aussagen waren aber offensichtlich zu abstrakt, so daß erst die abnehmende Wirtschaftskraft
und die Verteuerung der Energie auch tatsächlich
einschneidende Änderungen im Städtebau hervor-
riefen. In kürzester Zeit führte eine weiterhin hekti-
sche Wohnbautätigkeit um 1980 zu Wohnungsleerständen in den neuen Hochhausvorstädten. Fast
übergangslos wurde aus einer Wohnungsnot ein
ausgeglichener Wohnungsmarkt. Dies zeigte wieder
einmal mehr in der Stadtbaugeschichte, daß das Auf
und Ab der Wirtschaftszyklen für die Stadtentwicklung und den Städtebau bestimmender ist als jedes

Leitbild oder jede Ideologie (Abb. 9.3). So dauerte
es noch nicht einmal zehn Jahre, bis es gegen Ende
der 80er Jahre wieder zur Proklamation einer Wohnungsnot kam. Bis dahin sprach man aber von einer
„Verabschiedung des Städtebaus aus der Fläche".

Abschied von der Flächenexpansion

Die starke Siedlungsflächenexpansion der 60er und
70er Jahre (Abb. 9.2) flachte in den 80er Jahren
drastisch ab. So erweiterten sich die baden-
württembergischen Siedlungsgebiete um 1970 noch
täglich um fast 28 ha, im Durchschnitt der 80er
Jahre aber „nur noch" um 12 ha. In der Region Stuttgart ging der Flächenverbrauch sogar auf ein Viertel zurück. Gleichzeitig war diese Entwicklung aber
auch durch eine „Dezentralisierung im Siedlungsflächenverbrauch" gekennzeichnet. Bei starker Ab-

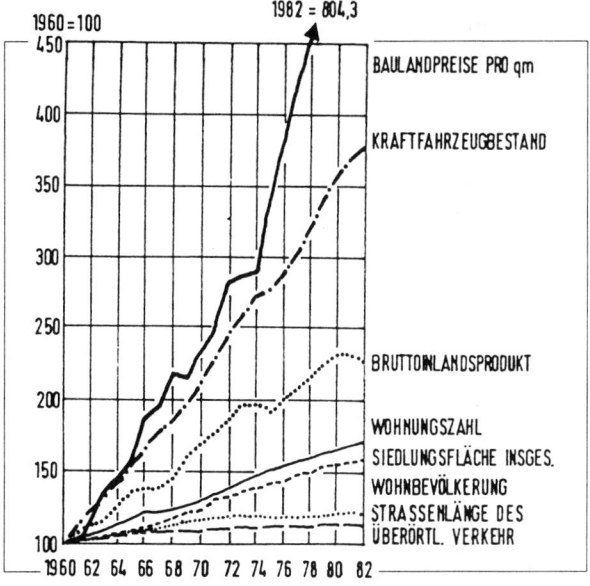

9.2. Indikatoren des Siedlungsflächenverbrauchs in Baden-Württemberg. "Folge wachsenden Wohlstands."

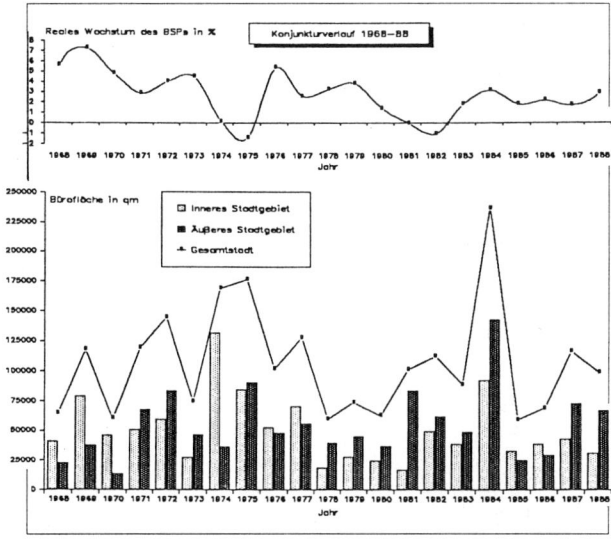

9.3 Büroflächenzuwachs in Stuttgart und Wirtschafts-
konjunktur. Zeitlich verzögerte Parallelentwicklung.

305

schwächung des Wohnungsbaus in den Regions-
kernen der Ballungsräume bis fast zum Stillstand
setzte sich die gestreute und wenig dichte Siedlungstätigkeit im Umland ungebremst fort, ja, verstärkte sich sogar noch (HECKING u.a., S. 6/7).

Aber auch bei den Geschäfts- und Bürobauten
stockte die Bautätigkeit erheblich, und es wurde sogar über ganz neue Siedlungsstrukturen spekuliert.
„Die beschäftigungs- und flächenintensive Wachs-
tumsperiode des Dienstleistungssektors geht zu
Ende. Neue Technologien machen Dienstlei-
stungsbetriebe immer mehr von Standorten hoher
verkehrlicher Erreichbarkeit abhängig" (1984, GAN-
SER, S. 8). In Seminaren und auf Tagungen wurde
heftig über die Siedlungsentwicklung in einer „ver-
kabelten Republik" diskutiert, bei der die Arbeit am
Computer in Gegenden mit Urlaubsambiente fern
der Stadtzentren fast schon zur planerischen Normalität wurde.

Auch der „Rückbau" der großen Städte, insbesondere ihrer Zentren wurde diskutiert, was sich sogar in starken Flächenreduzierungen bei der Fortschreibung von Flächennutzungsplänen nie-
derschlug. Hatten sich noch Ende der 70er Jahre
zahlreiche Bürgerinitiativen gegen überzogene Ver-
kehrs-, Sanierungs- und Wohnungsbaumaßnahmen
gewehrt, so waren diese kurze Zeit später in den
Schubladen der Ämter verschwunden. Stattdessen

Alptraum Auto

9.4 „Die Verheerung einer ganzen Zivilisation durch ihr liebstes Kind: Weniger Autos mehr Lebensqualität."

wurden die Folgen der „Stadtflucht" mit „Verödung
der Innenstädte" und „Verslumung der Altstädte"
beklagt. Dieser „Trendumbruch" erfaßte auch „der
Deutschen liebstes Kind", das 1986 fast plötzlich zum
„Albtraum Auto" (Abb. 9.4; BODE u.a.) wurde.

Innenentwicklung und Stadtumbau

Die „Pflege des Bestands" war die planerische Botschaft der 80er Jahre und führte zur „Ästhetisierung"
der Städte, besonders der Altstädte, die in einem
„Nostalgie-Taumel" puppenstubenhaft herausge-
putzt wurden. Die Mitwirkung der Bürger an der Planung, als massenhafte Bewegung der 70er Jahre
auch formal in Richtung einer „Demokratisierung
des Planungsprozesses" weiterentwickelt, verebb-
te als Folge eines „Rückzugs ins Private" und wich
einer „neuen Innerlichkeit". Als „Innenentwicklung
und Stadtumbau" fand diese gesellschaftliche Tendenz ihre städtebauliche Entsprechung.

Die „Erhaltende Erneuerung" der Städte mit Haus-
modernisierung und Gebäuderekonstruktionen,
Stadtsanierung und „Anpassungsstädtebau" war
auch ein „Impuls für mehr Stadtgestalt auf der einen
und für mehr Bewahrung des kulturellen baulichen
Erbes auf der anderen Seite". Diese „Stadtreparatur"
verfolgte das anspruchsvolle Ziel, „die Zerstörungen
durch Stadtentwicklung in der Nachkriegszeit wieder rückgängig zu machen: ´Rückbau´ von Straßen
und hochgeschossigen Rasterbauten verbunden mit
dem kleinteiligen Ausfüllen von Baulücken und
Schneisen in der Stadtstruktur" (GANSER, S. 9).

Der Beginn der 80er Jahre war von einer Stadtentwicklung im „Zeitlupentempo" geprägt, so daß es
konsequent erschien, auch die Planungsstäbe der
Städte zu reduzieren, nachdem Stadtentwicklungspläne und andere längerfristige Handlungs-
perspektiven schon in den Archiven verstaubten.
Außerdem hatte sich die Siedlungsfläche in den Städten und auch im ländlichen Raum in der Nachkriegszeit etwa verdoppelt, so daß die „Grenzen der
Flächenexpansion" deutlich wurden (Abb. 9.5).
Gleichwohl gab es Fachleute, die bei begrenzten
Ressourcen eine höhere Planungsqualität einforder-
ten, denn es fehlten Mittel zur Korrektur von Fehlern.

Nach den Planern entdeckten auch die Menschen
die Altstädte wieder als Lebensraum, und so wurde
es bald chic, in einem alten Fachwerkhaus zu wohnen. Die „Renaissance des Stadtraums" führte zu
einer Intensivierung der Aufgabenfelder Verkehrsberuhigung und Wohnumfeldverbesserung und
ließ die Straßen der Gründerzeitviertel durch Baumpflanzungen wieder ergrünen. Ein weites Feld der
städtebaulichen Notwendigkeiten und Möglichkeiten
bei der „Revitalisierung" der bestehenden Städte tat
sich auf und wurde, in die Zukunft fortgeschrieben,
als längerfristiges Aufgabenfeld angesehen.

9.3. Herausforderung: Wohnungsnot und Umweltschutz

„Kommunalpolitik wird in starkem Maße von Leitbildern und Ideen geprägt. In einer offenen diskussionsbereiten Gesellschaft kann es als Gesetzmäßigkeit gelten, daß Ideen und Leitbilder aufkommen, erörtert und verfolgt werden. Dann aber nach einer gewissen Zeit überholt und durch neue ersetzt werden."
Hanns und Marianne ADRIAN, 1990 (BMBAU 3, S. 83)

Neue Rahmenbedingungen und neue Aufgaben

Der Städtebau der „mittleren Intensität" mit Ergänzung statt Erweiterung der bestehenden Stadtstruktur währte allerdings nicht lange. Die Volks- und Wohnungszählung von 1987 bestätigte mit Zahlen die Vermutung neuer städtebaulicher Rahmenbedingungen:

- Die Bevölkerungszahlen hatten nicht abgenommen, sondern waren wegen der Zuwanderung aus dem Osten und einer internationalen Flüchtlingsbewegung angewachsen.
- Die Bevölkerungsstruktur hatte sich stark verändert. Der Trend wurde bestätigt, daß die Zahl der Älteren ansteigen, die der Jüngeren abnehmen werde. Bald schon würde jeder dritte Bürger über 60 Jahre sein.
- Die Abkehr von der Groß- zur Kleinfamilie hatte zu fast 50% Einpersonen-Haushalten in den Großstädten geführt.
- Die Wohnflächenansprüche der Bevölkerung waren weiterhin kontinuierlich gestiegen, so daß weniger Wohnungen als Haushalte gezählt wurden.

Aber auch die wirtschaftlichen Rahmenbedingungen für die Kommunalpolitik hatten sich gewandelt. Die fetten 80er Jahre mit Großprojekten und überzogenen Kreditlinien neigten sich spürbar ihrem Ende entgegen. Das „böse Erwachen" aus wirtschaftlichen Blütenträumen verstärkte sich noch durch die finanziellen Aufwendungen für die Einigung von Deutschland Ost und West. Die städtebaulichen Maßnahmen wurden dadurch stark gedämpft, doch vier große kommunale Aufgabenfelder, die miteinander verbunden sind, zeichneten sich auch für die 90er Jahre als bedeutsam ab:

- Die **Stadterneuerung** als Weiterführung der „Anstrengungen um die weitere Innenentwicklung der Städte durch Wohnumfeldverbesserung, Verkehrsberuhigung, Stadtgestaltung, Modernisierung, Flächenrecycling, Revitalisierung von Brachflächen, Umnutzung oder Wiedernutzung aufgelassener Industrie- und Gewerbegrundstücke".

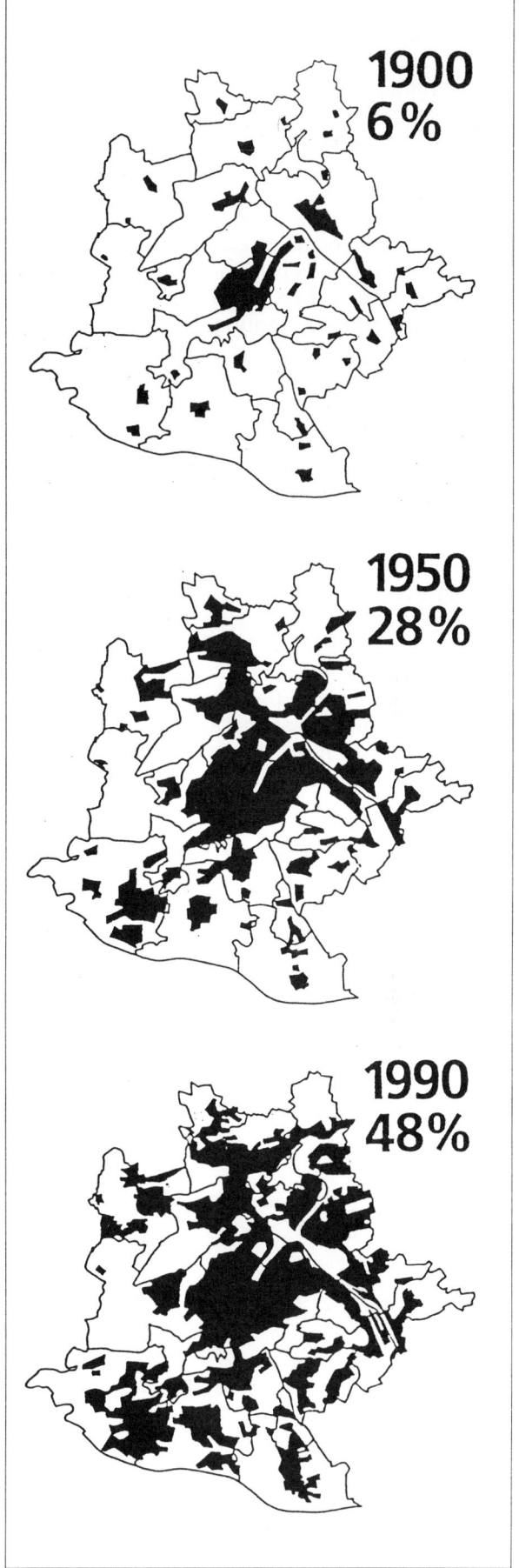

9.5 Besiedelte Gemarkungsfläche in Stuttgart. „Die Phase der Stadterweiterung ist weitgehend abgeschlossen."

• Der **Wohnungsbau** durch Verdichtung und Umnutzung von wohngebietsnahen Gewerbeflächen sowie „durch eine Politik maßvoller Stadt- und Ortserweiterung, vor allem durch Baulandarrondierung, aber möglicherweise auch durch Schaffung neuer Siedlungen in stadtregionalen Zusammenhängen".

• Die **Stadtökologie** als „Intensivierung der Anstrengungen zur Verbesserung der Umweltsituation in den Städten" und durch koordinierte Maßnahmen der „räumlichen und sachlichen Vernetzung" in den fachlichen Bereichen „Grün- und Freiflächenplanung, Verkehrsplanung, Emissionsschutz, Abfallbeseitigung, Bodenschutz, Altlastensanierung usw. in Form von Umweltverträglichkeitsprüfungen, Umweltprogrammen und teilräumlichen Regenerationskonzepten" (Abb. 9.6).

• Die **Stadtökonomie** als Voraussetzung für den Städtebau mit „Entwicklung oder Verbesserung der Standortqualitäten" durch Sicherung und „Aktivierung des Eigenentwicklungspotentials" sowie durch „Förderung von Existenzgründungen und technologischen Innovationen". Besonders „weiche Standortfaktoren" wie Umweltqualität, Stadtkultur und Stadtgestalt haben für ein „kommunales Marketing" städtebauliche Relevanz. Ebenso werden „neue Formen öffentlich-privater Zusammenarbeit" (Private-Public-Partnership), auch als „Investoren-Städtebau" bezeichnet, große Auswirkungen auf das Stadtplanungsgeschehen haben (GÖB, S. 63).

Wohnungsnot als „Totschlagargument"

Schon kurz nach der Verkündung eines ausgeglichenen Wohnungsmarktes Mitte der 80er Jahre und Einstellung des sozialen Wohnungsbaus durch die

9.6 Ökonomie contra Ökologie: Umweltschutz leisten wir uns, wenn wir uns schon alles geleistet haben.

Bundesregierung 1988 gewann ein längst vergessenes Wort in der Öffentlichkeit wieder an Bedeutung: Wohnungsnot. Für das „alte" Bundesgebiet wurden 1990 von Wirtschaftsforschungsinstituten 1,25 bis 1,7 Mio. fehlende Wohnungen festgestellt. In den Großstädten wurde ein Fehlbestand von jeweils 20 bis 40 000 Wohnungen gemeldet, wobei besonders ein eklatanter Mangel an preiswerten Wohnungen verzeichnet wurde. Durch das Reduzieren und Wegfallen der Förderung des sozialen Wohnungsbaus zeichnete sich ab, daß bei etwa der Hälfte dieser Wohnungen die Sozialbindung wegfallen würde, ohne daß neue Wohnungen mit öffentlichem Belegungsrecht hinzukommen würden.

Plötzlich standen wieder große neue Siedlungsgebiete am Rande der Städte auf der Tagesordnung der kommunalen Entscheidungsgremien. Dort hieß es auch schon mal, man solle „nicht kleckern, sondern klotzen". Die schnelle Neuausweisung von „Wohnungsbauschwerpunkten" wurde auch noch, so z.B. vom Land Baden-Württemberg, gefördert und regionalplanerisch durch Planänderungen in Form von „Siedlungsschwerpunkten auf der grünen Wiese" vorbereitet, so z.B. mit jeweils mindestens 25 ha Fläche in der Region Stuttgart.

Dabei sollten „ökologische Eingriffe" möglichst vermieden oder zumindest angemessen ausgeglichen werden. Planungsrechtlich wurden allerdings mit dem „Wohnungsbau-Erleichterungsgesetz" von 1990 die „Abwägungs-Gewichte" zuungunsten des Umweltschutzes verschoben. In den Erläuterungen zum Bebauungsplan hieß es dann nicht selten: „Unter allein ökologischen Gesichtspunkten sollte auf eine Bebauung verzichtet werden, aber wegen des dringenden Wohnungsbedarfs ..."

Die „Wohnungsnot" war zum „Totschlagargument" für jedwede ökologische Berücksichtigung bei Planungen geworden, obwohl meistens nur die Größenordnung der neuen Wohnquartiere mit mehreren tausend Wohnungen feststand. Einig war man sich auch, die „Fehler der 60er und 70er Jahre" nicht noch einmal machen zu wollen. Wie das aber städtebaulich bewältigt werden sollte, blieb meistens unklar, denn viele neue Siedlungsprojekte griffen in Form und Struktur häufig auf altbewährte Muster zurück.

Diese Diskussion bekam mit dem Freiwerden von sehr großen Militärflächen in der Folge des Abzugs ausländischer Truppen nach der überraschenden Einigung Deutschlands und dem Zusammenbruch des osteuropäischen Militärbündnisses neue Aktualität. Gleichzeitig löste sich dadurch die komplizierte Grundstücksfrage fast wie von selbst, wie es anfänglich schien, denn die Flächen waren alle in staatlicher Hand. „Konversion", die Umwandlung von Militärarealen in Flächen mit ziviler Nutzung, war das neue Schlagwort, das eine räumliche Flächenumorientierung bewirkte und bis heute die Planerdiskussionen beherrscht.

Qualitätsverbesserung und ökologischer Städtebau

Mit der Erkenntnis von der Begrenztheit der besiedelbaren Fläche wuchs zumindest die Bereitschaft, weniger Landschaft zu „verbrauchen" und deshalb dichter zu bauen. Der begonnene „Rückzug aus der Fläche" zu Beginn der 80er Jahre wurde aber kurzfristig wieder rückgängig gemacht. Es blieb lediglich das „schlechte Gewissen" beim Flächenverbrauch, so daß zumindest ein flächenmäßiger „Diätplan" erwogen wurde. Die ab etwa 1985 viel beschworene „grüne Wende im Städtebau" wurde nur halbherzig umgesetzt, soweit es nicht schmerzte, nichts kostete oder zumindest das Prestige förderte.

Der „Städtebau der weichen Welle" mit „alternativen Konzepten" für kleinere Wohngebiete war zumeist auf einen Kreis ohnehin „Naturbewegter" begrenzt oder wurde demonstrativ mit Wintergärten und Solaranlagen als Zeichen der Fortschrittlichkeit zur Schau gestellt. Die Qualitätsverbesserung des Bestands besonders in Sanierungsgebieten brachte einige Veränderungen bei der Bodenversiegelung, der Begrünung vom Boden bis zum Dach, der Energieeinsparung und der Baumaterialwahl. Die „Stadtökologie" (Abb. 9.7) mit ihren Maßnahmen zum „Schutz der natürlichen Grundlagen" und zur Verringerung der Umweltschäden wurde vorrangig zu einem „technischen Umweltschutz" in den Städten, von der Abfallwirtschaft bis zur Müllverbrennung. Aber bereits über einen weitgehenden Verzicht auf Landschaftsverbrauch und auf weitere Steigerung der Mobilität konnte keine öffentliche Einigung erreicht werden.

Die ökologische Komponente in der Stadtplanung wurde abhängig von der jeweiligen Wirtschafts- und Politiklage. Deshalb ist es nicht verwunderlich, wenn die Wunschträume von 1985 noch immer der Realisierung harren: „Die ´Grüne Wende im Städtebau´ steht noch bevor. Wenn die Probleme der Ballungsräume ernst genommen werden sollen, gibt es zu ihr jedoch keine Alternative, wobei die größten Aufgaben angesichts des relativ geringen in den nächsten Jahren zu erwartenden Neubauvolumens sicherlich im Bereich der Stadterneuerung liegen werden, einschließlich der Erneuerung von Siedlungen der 50er und 70er Jahre. Hierbei fällt den großen Wohnungsbaugesellschaften und -genossenschaften und der staatlichen Förderungspolitik eine besondere Verantwortung zu" (REHBERG, S. 8).

9.4. Stadtplaner am Zeichentisch: ratlos?

„Um unsere Städte anders wachsen zu lassen, als es jetzt geschieht, müßten wir uns erst wieder für sie verantwortlich, von ihnen angesprochen fühlen. Die Städte aber werden nicht ansprechender werden, bevor wir nicht über sie mit Leidenschaft nachgedacht haben."
MITSCHERLICH, 1969 (S. 158/159)

Alte Stadtbaukonzepte bei neuen Problemen?

Ein Rückblick auf die Stadtbaugeschichte der letzten mehr als 100 Jahre vermittelt uns zahlreiche Vorbilder und übernehmbare Konzepte, die nur der neuen Zeit angepaßt werden müssen. Die Entwicklung der Städte scheint im Grundsatz abgeschlossen,

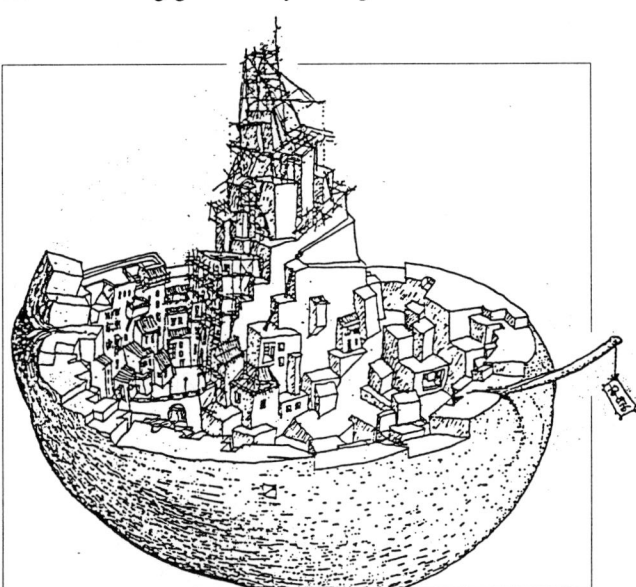

9.7 Ökologischer Städtebau: Pendeln zwischen sachlicher Notwendigkeit und ideologischem Sektierertum?

9.8 Max BÄCHER: „Schuld der Architekten mit ihrem Alleinvertretungsanspruch für die gebaute Umwelt?"

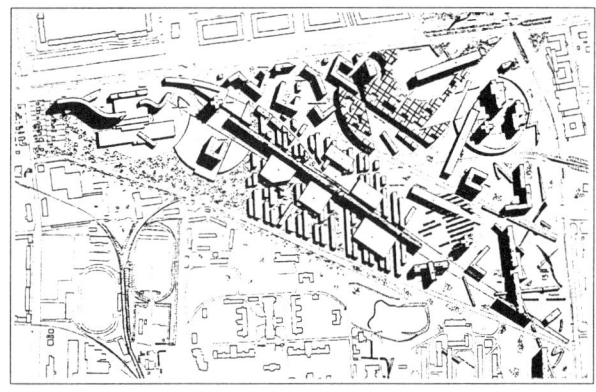

9.9 „Landsberger Alllee/ Rhinstraße", Berlin, 1. Preis, D.
LIBESKIND: „Patchwork als Graphik ohne Stadtraum".

9.10 Ricardo BOFILL. Schlafstadt „Les Arcades du Lac",
bei Versailles. „Klassizistische Burgen zum Sozialtarif."

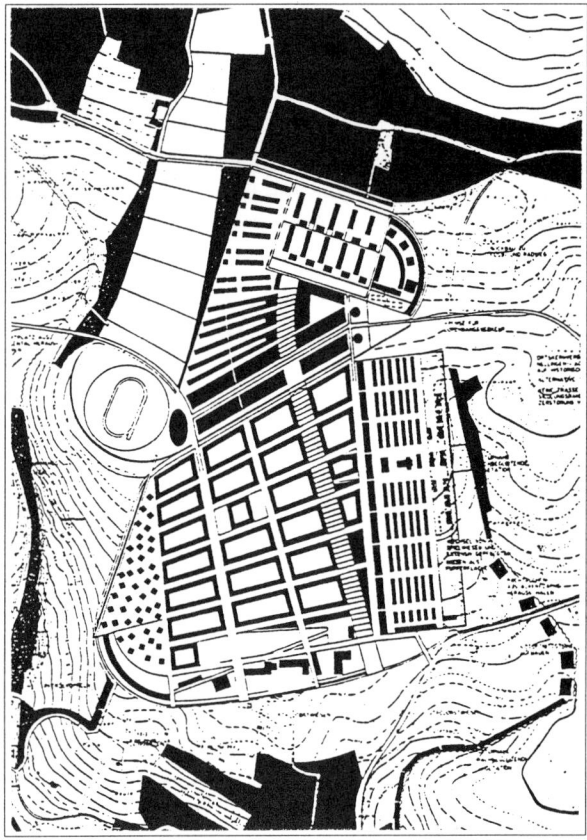

9.11 Kasernengelände in Ostfildern bei Stuttgart, Planung
JANSON/WOLFRUM. Postmoderne Versatzstücke?

wenn auch die Flächenausdehnung und die Konzentration auf die Ballungsräume noch fortschreiten
werden. Auch der Kontrast zwischen den kompakten Stadtzentren und den zerfließenden Rändern wird
wohl so erhalten bleiben. Damit scheint sich die Feststellung zu bestätigen, daß „die Epoche der heftig-
sten äußeren Umbrüche in der bisherigen Stadtge-
schichte in Zentral- und Nordeuropa" ihrem Ende ent-
gegengeht. „Diese historische Zäsur gilt aber nur für
die alten Industrieländer; jeder Besuch in anderen
Teilen der Welt führt uns die Sonderstellung unseres
Erdteils drastisch vor Augen" (SIEVERTS, S. 2).

So ist es auch nicht verwunderlich, daß sich die Suche nach neuen Konzepten überwiegend in die Vergangenheit richtet. Dabei wird wieder einmal die Tatsache bestätigt, daß viele formale Stadtbaumuster,
von der Blockbauweise bis zur freien Anordnung
der Gebäude, vielfach verwendbar und sehr
anpassungsfähig sind (Abb. 9.11). Die Vielfalt der
Gestaltungsmöglichkeiten führt aber nicht selten zu
formalistischen Anwendungsfällen ohne inhaltlichen
und funktionalen Hintergrund. Die Postmoderne der
Architektur hat auch vom Städtebau Besitz ergriffen,
wie viele Stadtraum-Collagen (Abb. 9.9), inhaltslee-
re Achsenkonzepte und grafische Reihungen immer
gleicher Elemente zeigen. Da ist die pseudo-klassi-
zistische Wohnsiedlung von BOFILL (Abb. 9.10) nur
das Sahnehäubchen auf der Melange des zeitgenössischen Städtebaus: Form wird zur Fikton.

Die formale Äußerlichkeit geht einher mit einer bau-
lich-räumlichen Beliebigkeit und der Proklamation
von kaum nachvollziehbaren Absichten, denen die
notwendige Fundierung durch wirksame Lösungsansätze fehlt. In diesem Sinne ist der moderne Begriff einer „nachhaltigen Stadtentwicklung" nur eine
Worthülse, denn es stellt sich die Frage, wie bei einer formalen und funktionalen Sprunghaftigkeit städtebauliche Konzepte langfristige Wirkungen haben
können. Kennzeichnend für den Städtebau unserer
Zeit ist der schnelle Wechsel von Moden, die sich
meistens weniger an Inhalten als an Formspielereien
orientieren: Form follows fashion. Es fehlen aber
neue städtebauliche Leitbilder, die konkret genug
sind, um auch über einen gewissen Zeitraum für die
Praxis Bestand zu haben. Die Städte sind offensichtlich funktional so stark ausdifferenziert, daß die
Stadtplanung auf ein „Stadt-Management" mit einigen gestalterischen „Highlights" reduziert wird. Außerdem zeigen sich die begrenzten Möglichkeiten
der räumlichen Planung in einer zunehmend
interessengeprägten Kommunalpolitik. Großkon-
zerne und Privatinvestoren bestimmen schon wichtige Bereiche des Städtebaus stärker als die
Planungsämter.

Zunehmend werden städtebauliche Leitbilder von
den Visionen eines „Investoren-Städtebaus" abgelöst, die von der Vermarktung privater Großpro-
jekte bestimmt werden, so daß in wenigen Monaten
ein geplanter Bürokomplex zu einem „Seniorenpark"

werden kann, wenn es die Wirtschaftslage erfordert. Wird also der Städtebau zur „Privatsache von Investoren?", wie Thomas SIEVERTS fragt. „Städtebau hat vielerorts - von der Öffentlichkeit fast unbemerkt - an kommunalpolitischer Bedeutung verloren. Man bekommt den Eindruck, daß manche Stadträte und Stadtverwaltungen den Städtebau als eher lästige Aufgabe ansehen, die man möglichst im Frühstadium der Planungen abgeben will an private Unternehmen - dann ist man als Stadt die unmittelbare Verantwortung los." Auf den ersten Blick sind einleuchtende Gründe dafür die schwindende Finanzkraft der Städte („öffentliche Armut"), die Kompliziertheit und Schwerfälligkeit der öffentlich-rechtlichen Verfahren sowie der starke Stellenabbau bei den Planungsämtern.

Aber viele große Leistungen des modernen Städtebaus sind unter extrem schwierigen politischen und ökonomischen Bedingungen der Städte entstanden, wie viele Beispiele der Stadtbaugeschichte belegen. „Eine tieferreichende Ursache ist in einem veränderten Verständnis von staatlicher Tätigkeit und öffentlicher Verantwortung zu suchen: Anstelle obrigkeitlicher Setzungen tritt immer stärker die Rolle der Kommune als Moderator unterschiedlicher Interessen. Der städtebauliche Plan entsteht aus einem komplizierten Wechselspiel der fachlichen Abstimmung von unterschiedlichen öffentlichen Interessen, von Bürgerbeteiligungen und von wirtschaftlichen Kalkülen" (Frankfurter Rundschau, 9. 11. 1994).

Keine neuen Leitbilder und Städtebau-Utopien?

Bei diesem schnellebigen „Städtebau-Geschäft" zwischen formaler Äußerlichkeit und betriebswirtschaftlicher Rentabilität haben Leitbilder und Städtebau-Utopien natürlich keinen Platz. Was den Städtebau in seiner wechselhaften Geschichte eigentlich immer begleitet hat, die visionäre Vorausschau in eine wünschbare oder auch nur denkbare Zukunft, fehlt derzeit in der öffentlichen Fachdiskussion. Allenfalls wirken die technischen Architekturutopien der 60er und 70er Jahre (Abb. 9.12, 9.13) in Form von immer wieder aufkeimenden Hochhausdebatten in den Großstädten nach. Insofern hatte Gerd ALBERS 1974 recht, als er feststellte: „Das könnte man auf sich beruhen lassen, wenn es nicht auch bei Politikern eine bedenkliche Neigung gäbe, auf technische Auswege aus einer Situation zu hoffen, die in Wahrheit den Mut zu politischen - und vielleicht durchaus unpopulären - Entscheidungen verlangt" (ALBERS 1, S. 472).

In einem ganz anderen Sinne utopisch und auch unpopulär erscheint die wohl wichtigste Aufgabe der Stadtplanung und der Landschaftsplanung, nämlich die „verträgliche Einfügung der Stadt in die Naturkreisläufe". Diese Aufgabe ist real, weil nur dadurch

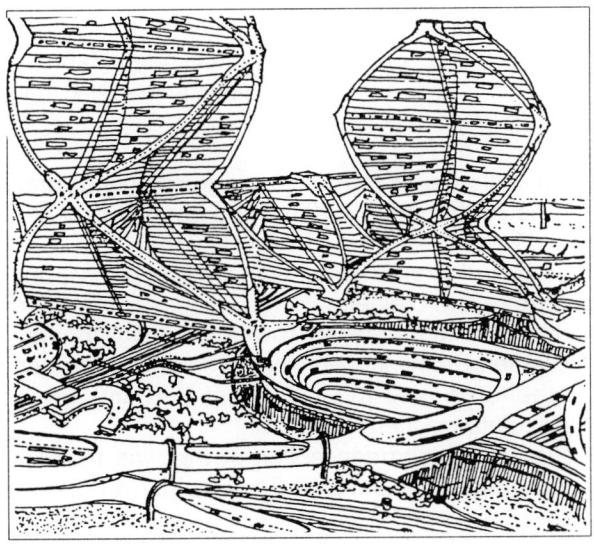

9.12 Noriaki KUROKAWA. "Helikoidale" Türme einer Zukunftsplanung für Tokio, 1961. "Technische Auswege"?

9.13 Merete MATTERN. Wettbewerbsbeitrag Ratingen, 1967. Bauliche Superstruktur für das „Raumschiff Erde".

9.14 Max BÄCHER: „Die Kultur einer Epoche drückt sich am deutlichsten im Bild ihrer Städte und Gebäude aus."

die Lebensqualität in den Städten erhalten werden kann. Sie ist utopisch, weil ihre konkreten Maßnahmen nur schwer oder nicht durchsetzbar sind und deshalb auch unpopulär sind:

- „Stadtstrukturen müssen ohne grundlegende bauliche Änderungen unterschiedlichen Nutzungen und Belastungen standhalten können,
- Stadtstrukturen müssen kleinkörnig anpaßbar und veränderbar bleiben.
- Stadtstrukturen sollten soweit wie möglich ihren eigenen Stoffwechsel minimieren und intern verarbeiten sowie mit möglichst geringer Energiezufuhr existieren können.
- Stadtentwicklungen sollen soweit wie möglich fehlerfreundlich und ohne Zerstörungen revidierbar sein.
- Die gebauten Elemente sollten soweit wie möglich recycelbar sein und letztlich nach Ablauf ihrer Lebensdauer schadlos dem Naturkreislauf eingefügt werden können" (SIEVERTS, S. 5/6).

Dieses Postulat einer „ökologischen Verantwortung" für die Entwicklung der Städte läßt sich aber nur schwer konkretisieren, denn die einzelnen „Prinzipien" können häufig nur mit Mitteln von gestern umgesetzt werden. So gerät das ökologische Ziel schnell in den Verdacht der Rückständigkeit und der Technikfeindlichkeit. Die angestrebten Ziele sind richtig, aber die Realitäten widersprechen ihnen, denn:

- Stadtstrukturen sind zunehmend kurzlebiger und werden den jeweiligen Nutzungen baulich genau angepaßt, so daß Änderungen kostenaufwendig sind.
- Verdichtete Stadtstrukturen sind durch gemeinsame Tiefgaragen stark funktional und durch Gemeinschaftsbesitz vernetzt.
- Komplexe Stadtstrukturen sind sehr energieaufwendig und auf Ver- und Entsorgung von außen angewiesen.
- Stadtentwicklungen geraten fast immer mit anderen Nutzungs- und Freiraumsystemen in Konflikt und sind später nur mit großem Aufwand rückgängig zu machen.
- Die wiederverwertbare Entsorgung von abgebrochenen modernen Gebäuden wird wegen der vielen Verbundbaustoffe schwerer sein, als die von älteren Gebäuden.

Welche Aufgaben bestimmen die Zukunft der Städte?

Es wird immer schwieriger, auch nur Fragen nach der Zukunft unserer Städte zu stellen, ganz zu schweigen vom Finden geeigneter Antworten. Beim derzeitigen Stand der Verschmelzung von Stadt und Land sowie den vorhandenen Mobilitäts- und Kom-

9.15 Hochhaus-Kulisse in Frankfurt am Main, 1993. Werden die Städte zukünftig in die Höhe wachsen, wenn Ausdehnungsflächen erschöpft oder für den ökologischen Ausgleich unerläßlich sind? „Ein Spiegel der jeweiligen Verhältnisse."

munikationstechniken stellt sich die Frage nach der Gestaltung der Städte nur in sehr geringem Umfang. „Städtebau nach seinen künstlerischen Grundsätzen" ist aber auch heute noch ein aktuelles, ja vielleicht noch bedeutsameres Thema als zu Camillo SITTES Zeiten. Bei aller Technisierung unserer Städte bleibt die Stadtgestaltung, besonders die ökologisch orientierte, ein wichtiges Thema in der Stadtplanung.

Obwohl „Ökotopia" weit davon entfernt ist, ein allgemeingültiges städtebauliches Leitbild zu sein, werden umweltschonende und -verbessernde Maßnahmen beim Städtebau zunehmend an Bedeutung gewinnen. Die Notwendigkeit des „Schutzes unserer natürlichen Grundlagen" wird zwar bis hin zu Weltkonferenzen proklamiert, aber die praktischen Schwierigkeiten bei der politischen Durchsetzung sind noch erheblich. Umweltschützende Maßnahmen verursachen nach der mehrheitlichen politischen Meinung zusätzliche Kosten und werden entsprechend als „Kostenfaktor" angesehen. Die Forderungen nach hoher Umweltqualität von Städten, als bedeutsamer Standortfaktor für Wohnen und Arbeiten, werden schon bald zu einer Ausweitung von „ökologischen Planungsaufgaben" führen. Naturschützende und umweltverbessernde Maßnahmen werden sich zum integralen und verbindlichen Aspekt der räumlichen Planung entwickeln müssen, um nicht länger konjunkturabhängiges Beiwerk zu bleiben.

Unsere Städte werden weiter wachsen, aber wahrscheinlich mit geringerer Geschwindigkeit. Deshalb wird planerisch zu klären sein, wie neue Wohngebiete über einen längeren Zeitraum komplettiert werden können, ohne in Konzeptionslosigkeit zu verfallen. Auch das verlangsamte äußere Wachstum muß in seinen baulichen Auswirkungen vorbedacht und langfristig planerisch begleitet werden. Dabei reichen die Flächennutzungspläne mit ihren undifferenzierten Aussagen sicherlich nicht aus. Vielleicht wird es notwendig werden, auch einen räumlichen und gestalterischen Stadtentwicklungsplan zu kreieren, wie er in den Stadterweiterungplänen und Bauzonenplänen um die Jahrhundertwende verwendet wurde. Die bauliche Umsetzung des Flächennutzungsplans hat nämlich eine neue stadtgestalterische Qualität und ist nicht nur „Vollzug", wie es nach dem Rechtssystem gerne angesehen wird. Die gegenwärtige Debatte um eine „Deregulierung" bei Baugenehmigungen scheint aber auf eine „Privatisierung der Stadtgestaltung" hinauszulaufen.

Weiterhin wird die Veränderung und Verbesserung der bestehenden Stadtstruktur, quasi als „Innenentwicklung", eine wichtige Hauptaufgabe der Stadtplanung bleiben. „Stadtumbau" und „Stadtreparatur" mit einer Fülle von Nutzungs- und Standortumschichtungen sowie Nachverdichtungen und Wiederverwertung von untergenutzten Flächen sind Zukunftsthemen, obwohl die Wohnungsfrage zeitweilig eine neue Expansionsdebatte herbeigeführt hat. Die Diskussion um Flächenerweiterungen stößt in den Ballungsräumen fast regelmäßig an Grenzen, entweder die der natürlichen Belastung oder die der Nachbarstädte. In einer Stadtlandschaft, wie sie überwiegend nach dem Zweiten Weltkrieg geplant, aber auch fast „naturwüchsig" entstanden ist, sind Stadterweiterungen zwangsläufig auch immer Aufgaben des Stadt- und Landschaftsumbaus.

„Blicken wir zurück und vorwärts!
Was ist das Bild der Epoche, aus der wir kommen; von allem Vorhergehenden etwas, vom Eigenen nur Auseinanderstrebendes?

Hart und ohne Bindung steht Haus gegen Haus - das Bild demokratischer Ichsucht, des Kampfes aller gegen alle.
Die überladene Geschmacklosigkeit der städtischen Architektur und das gegenseitige Überschreien der Geschäftshäuser - ist das nicht das Protzentum, das uns in Mißkredit gebracht hat, und die öde Geschäftigkeit zweck- und sinnloser Geldwirtschaft?
Die kalte Pracht vieler Staatsgebäude - erkennen wir nicht die übergroße, ihres Endzwecks oft nicht mehr bewußte Verwaltungsmaschine?
Die krassen Unterschiede in der Wohnungsversorgung - liegt da nicht die Wunde der Klassengegensätze offen zutage?

Ganz von vorne anfangen?
Nein, wenn man darunter versteht, daß alle Erfahrung und Überlieferung weggeworfen werden soll.
Ja, wenn es so viel bedeutet, wie sich besinnen auf die wirklichen Grundlagen, die realen Gegebenheiten des Städtebaus."

Theodor FISCHER, 1919 (1, S. 92)

Anhang

Ebenezer HOWARD - Gartenstädte von morgen 1898 / 1902

Textauszüge

„´Gartenstädte von morgen´ hat mehr als irgendein anderes Buch dazu beigetragen, die neue Bewegung im Städtebau zu führen und ihr neue Ziele zu geben. Aber wie manch anderes klassisches Buch wurde es von Leuten abgelehnt, die es offenbar niemals gelesen haben, und von Leuten angenommen, die es nicht völlig verstanden haben" (OSBORN 2, S. 183).

In der **Einleitung** stellt HOWARD fest, daß bei aller sonstigen Meinungsverschiedenheiten in einer Frage Einigkeit herrscht. „Der Umstand, daß das Volk dauernd in die schon übervölkerten Städte strömt und so die ländlichen Distrikte mehr und mehr entvölkert wird, wird allgemein aufs tiefste von den Anhängern aller Parteien beklagt, nicht allein in England, sondern in ganz Europa, Amerika und in unsern Kolonien" (zit. nach: POSENER, S.52).

Nach der Wiedergabe von Aussagen einiger Politiker zu dieser Frage, widmet er sich dieser ohne allerdings auf die Ursachen einzugehen. „Zum Glück für den Verfasser und für den Leser ist eine solche Analyse hier jedoch nicht erforderlich, und zwar aus einem sehr einfachen Grund, der sich folgendermaßen erklären läßt: Was es auch für Ursachen gewesen sein mögen, die in der Vergangenheit dahin gewirkt haben und noch jetzt dahin wirken, das Volk in die großen Städte zu ziehen, sie lassen sich alle als ´Anziehungskräfte´ bezeichnen. Von diesem Gesichtspunkt aus kann natürlicherweise kein Heilmittel wirksam sein, das auf das Volk oder doch wenigstens einen beträchtlichen Teil desselben nicht größere Anziehungskraft ausübt, als unsere Städte es jetzt tun. Die neu zu schaffenden Anziehungskräfte müssen die alten an Stärke übertreffen" (S. 54).

Die oft gestellte Frage, was geschehen kann, „um für den Alltagsmenschen das Land anziehender zu machen als die Stadt", führe zu einem Trugschluß. „In Wirklichkeit aber gibt es nicht, wie man immer annimmt, nur zwei Alternativen -Stadtleben und Landleben- sondern noch eine dritte, die alle Vorteile des intensiven tätigen Stadtlebens vollkommen mit all den Schönheiten und Freuden des Landlebens verschmilzt. ... Stadt und Land können also als zwei Magneten angesehen werden, von denen jeder bestrebt ist, die Bevölkerung an sich zu ziehen, ein Wettstreit, an dem sich voraussichtlich bald ein neues, nach der Natur beider geartetes Gebilde beteiligen wird. Dieser Wettstreit kann durch ein Diagramm - „Die drei Magneten" - veranschaulicht werden, in dem die Hauptvorteile der Stadt und des Landes mit ihren entsprechenden Schattenseiten gezeigt werden, während, wie ersichtlich, die Land-Stadt frei von den Nachteilen beider ist" (S. 55).

„Also weder der Stadt- noch der Landmagnet erfüllen den Zweck eines wirklich naturgemäßen Lebens. Der Mensch soll Geselligkeit und Naturschönheiten zusammen genießen. Die beiden Magneten müssen zusammengeschmolzen werden. So wie Mann und Weib einander durch ihre verschiedenartigen Gaben und Fähigkeiten ergänzen, so sollen es auch Stadt und Land tun. ... Stadt und Land müssen sich vermählen, und aus dieser erfreulichen Vereinigung werden neue Hoffnung, neues Leben und eine neue Kultur erstehen. Die vorliegende

Arbeit soll dartun, wie in dieser Richtung ein erster Schritt getan werden kann, dadurch, daß ein Land-Stadt-Magnet geschaffen wird." ... „Die ausführliche Beschreibung eines solchen Magneten, seines Wesens und seines Aufbaues, bilden das Thema der folgenden Kapitel" (S. 57/58).

Erstes Kapitel **Der Land-Stadt-Magnet**

Im freien Grundstücksverkehr solle ein bisher landwirtschaftlich genutztes Gelände von etwa 2 400 ha erworben werden. „Die Kaufsumme ist durch Aufnahme von Hypotheken aufgebracht worden und wird zu einem Durchschnittszinsfuß von höchstens 4% verzinst. Das Grundstück ist gesetzlich auf den Namen von vier Personen eingetragen, die sich alle in verantwortungsvoller Stellung befinden und Ansehen und tadellosen Ruf genießen. Diese verwalten es, um sowohl den Hypothekengläubigern sowie den Bewohnern der Gartenstadt - des Land Stadt-Magneten, der darauf geschaffen werden soll - die nötige Sicherheit zu bieten. Eine wesentliche Eigentümlichkeit des Planes besteht darin, daß alle Bodenrenten, die auf dem jährlichen Ertragswert des Landes basieren, an die Verwalter - das Trust-Kollegium - zu zahlen sind. Dieses händigt nach den nötigen Abzügen für Zinsen und Amortisationsfonds den Überschuß an die Hauptverwaltungsrat der Stadtgemeinde aus, und letzterer verwendet den Überschuß zur Schaffung und Instandhaltung aller öffentlichen Anlagen wie Straßen, Schulen, Parks usw."

„Der Zweck dieses Landerwerbs kann auf verschiedene Weise auseinandergesetzt werden; hier genügt es, ihn folgendermaßen darzutun:
• Unserer Industriebevölkerung soll Arbeit zu Löhnen von höherer Kaufkraft geboten und
• gesündere Umgebung und regelmäßigere Beschäftigung gesichert werden;
• unternehmenden Fabrikanten, gemeinnützigen Gesellschaften, Architekten, Ingenieuren, Bauunternehmern und Handwerkern aller Art sowie Angehörigen anderer Berufszweige will man ein Mittel an die Hand geben, ihre Kapitalien und Talente auf neue und bessere Weise als bisher zu verwerten.
• Zu gleicher Zeit beabsichtigt man, den schon auf dem Grundstück ansässigen Landwirten und denen, die sich dort niederlassen wollen, einen neuen Absatzmarkt für ihre Produkte dicht vor ihrer Tür zu eröffnen.
Kurz, der Zweck des Planes besteht darin, daß man allen wirklich tüchtigen Arbeitern, gleichviel welcher Klasse sie angehören, ein höheres Maß von Gesundheit und Wohlbehagen bieten will. Das Mittel für diesen Zweck ist eine gesunde, natürliche und wirtschaftliche Vereinigung von Stadt- und Landleben und zwar auf Grund und Boden, der sich im Gemeineigentum befindet" (S. 59-61).

Die eigentliche Stadt, die ungefähr im Mittelpunkt der 2400 ha liegen soll, bedeckt ein Areal von 400 ha oder den sechsten Teil der Gesamtfläche und kann in kreisrunder Form gedacht werden; sie mißt etwas über einen Kilometer vom Mittelpunkt bis zur Peripherie. (Diagramm II und III). ...

„**Sechs prächtige Boulevards,** von denen jeder 36 m breit ist, durchschneiden die

Stadt als Radien und teilen sie so in sechs gleiche Teile oder Bezirke. **Im Mittelpunkt** befindet sich ein kreisrunder, etwa 2 1/4 ha großer Platz: **eine schöne Gartenanlage** mit Wasserkünsten. Um diese gruppieren sich die größeren öffentlichen Gebäude - Rathaus, Konzert- und Vortragshalle, Theater, Bibliothek, Museum, Bildergalerie und Krankenhaus - jedes von geräumigen Gärten umgeben. An diese Baulichkeiten schließt sich ein **öffentlicher Park** von 58 ha Größe an mit weiten Spiel- und Erholungsplätzen, die für jeden Bewohner leicht zu erreichen sind.

Rund um den Zentralpark (mit Ausnahme der Stellen, wo er von den Boulevards durchschnitten wird) läuft eine breite Glashalle, der ´**Kristallpalast´**, der sich nach der Parkseite öffnet. Dieses Gebäude ist bei nassem Wetter eine beliebte Zufluchtsstätte der Bewohner, und das Bewußtsein der unmittelbaren Nähe dieses prächtigen Schutzdaches lockt die Leute selbst bei dem zweifelhaftesten Wetter in den Zentralpark. Hier sind Waren der verschiedensten Art zum Kauf ausgestellt, und hier wird der größte Teil der Einkäufe besorgt, die mit Überlegung und Muße gemacht sein wollen.

Wenn wir den Kristallpalast verlassen und uns dem äußeren Ring der Stadt zuwenden, so kreuzen wir die Fünfte Avenue, die wie alle Straßen der Stadt mit Bäumen bepflanzt ist. In dieser Avenue sehen wir, dem ´Kristallpalast´ zugewendet, einen **Gürtel vortrefflich gebauter Häuser**, jedes mit eigenem, gut bemessenem Garten, und im Weitergehen fällt uns auf, daß die Häuser entweder in konzentrischen Kreuzen an den Ringstraßen oder Avenuen liegen oder an den Boulevards und Straßen, die auf den Mittelpunkt der Stadt zulaufen. Auf unsere Frage, wie groß die Bevölkerung dieser kleinen Stadt sei, antwortet uns unser freundlicher Begleiter, sie betrage in der Stadt selbst ungefähr 30 000 und in dem landwirtschaftlichen Bezirk ungefähr 2 000; das Stadtterrain sei in 5 500 Bauplätze aufgeteilt von durchschnittlich 6m Breite und 40 m Tiefe; die kleinste zulässige Größe einer Parzelle sei 6 m Breite zu 31 m Tiefe.

Auf unserm Weg nach dem Außenring der Stadt kommen wir auf die ´**Große Avenue´**. Sie verdient ihren Namen in vollem Umfang, denn sie ist etwa 130 m breit und stellt eine ringförmige Anlage von etwa 5 Kilometer Länge dar, welche den außerhalb des Zentralparkes gelegenen Teil der Stadt in zwei große Gürtel teilt. In Wirklichkeit bildet sie einen zweiten Park von 46 ha, der für den entferntesten Bewohner in 3-4 Minuten zu erreichen ist. In dieser prächtigen Avenue finden wir auf sechs je etwa 1 1/2 ha großen Plätzen die öffentlichen Schulen mit den dazugehörigen Spielplätzen und Gärten. Andere Grundstücke sind für Kirchen der verschiedenen Glaubensrichtungen vorbehalten, deren Anhänger sie aus ihren eigenen Fonds erbauen und unterhalten.

Am **Außenring der Stadt** finden wir Fabriken, Lagerhäuser, Meiereien, Märkte, Kohlen- und Zimmerplätze usw. Alle diese Grundstücke liegen an der Ringbahn, welche die ganze Stadt umkreist und durch Anschlußgleise mit der Haupteisenbahnlinie verbunden ist, die das Gartenstadtgebiet durchschneidet. Diese Einrichtung macht es möglich, die Waren aus den Lagerhäusern und Werkstätten direkt in die Eisenbahnwagen zu verladen und mit der Bahn nach entfernt gelegenen Märkten zu versenden oder aus den Wagen direkt in die Speicher und Fabriken zu bringen.

Die Abfallstoffe der Stadt werden auf dem landwirtschaftlichen Gürtel Verwendung finden. Dieser letztere befindet sich sowohl unter landwirtschaftlichen Groß- wie Kleinbetrieben sowie auch unter Weidewirtschaft. Der natürliche Wettstreit dieser Wirtschaftsmethoden wird einerseits in der Bereitwilligkeit der Pächter zum Ausdruck kommen, der Gemeinde möglichst hohe Pachten zu zahlen. Andererseits wird er dazu beitragen, das beste Wirtschaftssystem oder, richtiger, die Wirtschaftssysteme herauszubilden, die den jeweiligen Zwecken am besten dienen. ...

Endlich werden die Landwirte der Stadtgemarkung in der eigentlichen Stadt mit ihrer in den verschiedenen Handels-, Gewerbs- und Berufszweigen tätigen Bevölkerung ihren natürlichsten Absatzmarkt finden, da sie hier alle Eisenbahnfrachten und sonstigen Unkosten sparen. ... Das gleiche Prinzip der Freiheit gilt auch für die Fabrikanten und andere Berufstätige, die sich in der Stadt niedergelassen haben. Sie sind unbeschränkte Herren in ihren Betrieben.

Selbst was die Fragen der Wasser- und Lichtversorgung sowie des Telefonverkehrs angeht, so ist nicht an ein absolutes Gemeindemonopol gedacht. An sich wird ja eine tatkräftige und von ehrenhaften Absichten geleitete Gemeindeverwaltung sicherlich die beste und geeignetste Körperschaft für die Übernahme dieser Aufgaben sein. ... Über das Stadtgebiet sehen wir verschiedene wohltätige und gemeinnützige Anstalten verstreut. Sie stehen nicht unter der Aufsicht der Stadtverwaltung, sondern werden von sozial denkenden Personen unterhalten und verwaltet. Die Stadtverwaltung hat diese nur aufgefordert, ihre Institute in der Gartenstadt zu errichten und hat ihnen dafür Grund und Boden in gesunder freier Lage zu einem Spottpreis verpachtet: Die Stadtbehörden haben eingesehen, daß sie in dieser Weise freigiebig sein müssen und können." (S.61-65)

Zweites Kapitel **Die Einnahmen der Gartenstadt und ihre Quellen - landwirtschaftlicher Bezirk**

„Eines der wesentlichsten Unterscheidungsmerkmale zwischen der Gartenstadt und anderen Stadtverwaltungen besteht in der Art der Erhebung ihrer Einkünfte. Die Einkünfte der Gartenstadt setzen sich einzig und allein aus Pachten zusammen, ... Die Pachten sollen verwendet werden:
a) zur Zahlung der Zinsen für die Kaufsumme des Grundstückes;
b) zur Ansammlung eines Amortisationsfonds für die Ablösung dieser Kaufsumme;
c) zur Ausführung und Unterhaltung aller öffentlichen Arbeiten, die sonst von Stadt- und anderen Lokalverwaltungen ausgeführt und deren Kosten aus zwangsweise erhobenen Steuern bestritten werden;
d) nach Tilgung der eingetragenen Schuldsummen zur Schaffung eines Fonds für gemeinnützige Zwecke, wie Alters-, Kranken- und Unfallversicherung" (S. 66).

„Wie bekannt, besteht zwischen Stadt und Land bezüglich der Höhe der Bodenpachten der denkbar größte Unterschied. ... Dieser gewaltige Unterschied in der Höhe der Pachten ist natürlich nur auf die sehr verschiedene Bevölkerungsdichtigkeit zurückzuführen. Da jene Wertsteigerung nicht der Arbeit einzelner Individuen zugeschrieben werden kann, spricht man häufig von „un-

verdientem Wertzuwachs", d. h., der Eigentümer hat ihn nicht verdient. Zutreffender wäre es jedoch, von „gemeinsam erworbenem Wertzuwachs" zu sprechen."

Im Fall der Gartenstadt „ist der Besitz einer Körperschaft von Treuhändern übertragen, die den Grundbesitz auch nach Rückzahlung der eingetragenen Schuldsummen im Interesse der gesamten Bevölkerung verwalten. Auf diesem Wege wird der gesamte, allmählich geschaffene Wertzuwachs Eigentum der Gemeinde. Unter diesen Umständen mögen die Grundrenten steigen - bedeutend steigen, aber dieser Wertzuwachs wird niemals Eigentum von Privatpersonen, sondern er wird zur Herabsetzung der Gemeindeabgaben führen. Auf dieser Einrichtung wird, wie wir später sehen werden, die Hauptanziehungskraft der Gartenstadt beruhen."

Howard berechnet ausführlich die zu erwartenden Pachten in einer Gartenstadt und stellt sie den sonst üblichen Belastungen gegenüber: „Die jährliche Durchschnittsabgabe für Bodenrente und Kommunalsteuern (in England und Wales) beträgt also etwa Mk. 90. Man darf wohl berechtigterweise annehmen, daß die Bewohner der Gartenstadt gern Mk. 40 pro Kopf zahlen würden zum vollständigen Ausgleich von Bodenrente und Kommunalsteuern;" (S. 67f.)

Er beschreibt weiter die finanziellen Bedingungen der Landwirtschaft und stellt zusammenfassend fest, „daß die von den Groß- und Kleinpächtern bereitwillig bezahlten Steuerrenten bedeutend höher sein dürfen als die ehemaligen Renten". Gründe:
1. „Die in unmittelbarer Nähe befindliche neue Stadt ist der gegebene Absatzmarkt für landwirtschaftliche Produkte, weil Eisenbahnfrachten in weitem Umfang gespart werden können.
2. Dem Boden werden die entzogenen Stoffe in möglichst vollkommener Weise wieder zugeführt.
3. Die Pachtbedingungen entsprechen ebenso dem Rechtsgefühl wie dem Billigkeitsempfinden und dem gesunden Menschenverstand.
4. Die nun bezahlte Rente ist zu gleicher Zeit Steuer und Rente, während der Pächter früher außer der Rente noch Steuern zu zahlen hatte" (S. 71/72).

Drittes Kapitel **Die Einnahmen der Gartenstadt - Stadtgebiet**

„Die Umwandlung von Ackerland in Stadtland wird natürlich ein hohes Steigen des Bodenwertes zur Folge haben. Unter diesem Gesichtspunkt, aber auch zugleich mit aller Vorsicht wollen wir nun einen Überschlag über den Betrag der Pacht oder „Steuerrente" zu gewinnen suchen, welche freiwillig von den Pächtern des Stadtgebietes geboten werden wird." Howard ermittelt eingehend die „Grundherrnrente", die sich in eine „Amortisationsquote" zur Rückzahlung der Kaufsumme und in eine „Steuer zur Anlage und Unterhaltung von Straßen, Schulen, Wasserleitungen und für sonstige Kommunalzwecke" aufteilt. (S. 73)

Viertes Kapitel Die Einnahmen der Gartenstadt - Allgemeine Bemerkungen über deren Verwendung

Sehr ausführlich wird beschrieben, wie über die „Bodenrente" Einnahmen für die Gartenstadt erzielt werden können, obwohl die Steuerbelastung niedriger als üblich sein würde. Die „Kernfrage" sei: „Werden die bei der Gründung der Gartenstadt maßgebenden Leitsätze eine Erleichterung für den Gemeindehaushalt bedeuten? Mit anderen

Worten: Wird mit den gegebenen Einnahmen mehr ausgerichtet werden können als unter gewöhnlichen Verhältnissen? Diese Fragen müssen mit ja beantwortet werden. Es wird sich zeigen, daß jede Mark mit höherem Nutzeffekt angelegt werden kann als irgendwo anders und daß große und unverkennbare Ersparnisse gemacht werden können, die sich wohl nicht in genauen Zahlen ausdrücken lassen, die aber zusammengenommen sicherlich eine große Summe ausmachen"(S. 77).

Howard ist sicher, „daß mit den gegebenen Einkünften in der Gartenstadt viel vorteilhafter gewirtschaftet werden kann als unter gewöhnlichen Verhältnissen". Die Gründe sind:
1. „Außer dem bei der Berechnung der Reineinkünfte schon veranschlagten kleinen Betrag ist keine weitere Zahlung für ´Grundherrnrente´ oder für Verzinsung des erworbenen Grundbesitzes zu leisten.
2. Da sich auf dem Terrain so gut wie keine Gebäude oder sonstigen Anlagen befinden, so werden nur geringe Ausgaben für den Ankauf solcher Gebäude, für Entschädigungen, Gerichts- und sonstige Kosten erforderlich sein.
3. Die Tatsache, daß ein definitiver Plan vorliegt, der den Bedürfnissen und Anforderungen moderner Städtetechnik in allen Teilen entspricht, erspart der Gartenstadt alle die Ausgaben, die sich in einer alten Stadt ergeben, wenn sie im modernen Sinn umgestaltet werden soll.
4. Da das ganze Stadtgebiet ein freies Arbeitsfeld darstellt, besteht die Möglichkeit für die Verwendung bester und modernster Arbeitsmaschinen zum Zweck des Wegebaues und anderer Bauten des Ingenieurfachs" (S. 85).

Fünftes Kapitel **Über den Haushalt der Gartenstadt - Weitere Einzelheiten**

„Es dürfte schwer, ja wohl unmöglich sein, dieses Kapitel für den oberflächlichen Leser interessant zu machen. Wer es jedoch sorgfältig studiert, wird darin reichliches Beweismaterial für eine der wichtigsten Behauptungen dieses Buches finden, für die Behauptung nämlich, daß die Steuerrente einer Stadt, die nach einem festen Plan und auf Neuland erbaut wird, vollkommen ausreicht, um alle Gemeindeunternehmungen ins Leben zu rufen und zu unterhalten, deren Kosten sonst durch zwangsweise erhobene Steuern gedeckt werden" (S. 86).

Howard macht eine Zusammenstellung aller relevanten Ausgaben, unterteilt in Kapital-, Unterhaltungs- und Betriebskosten. Zu Straßen, Landstraßen, Ringbahn und Brücken, Schulen, Rathaus und Verwaltungsausgaben, Bibliothek und Museum, Parks und Straßenpflanzungen, Kanalisation, Verzinsung, Amortisationsfonds u. a. werden weitere Ausführungen gemacht. (S. 88-93)

Sechstes Kapitel **Verwaltung**

„Die Verwaltung wird ebenso organisiert sein wie ein großes, gut geleitetes Geschäftsunternehmen. Wie dieses zerfällt sie in verschiedene Unterabteilungen, von denen jede ihr Bestehen rechtfertigen muß, und bei der Wahl der Beamten ist weniger allgemeine Geschäftskenntnis als Spezialbefähigung für ein bestimmtes Ressort ausschlaggebend."

„Der Verwaltungsrat besteht aus
1. der Zentralverwaltung und
2. den Verwaltungsabteilungen."
„Zur Erleichterung der Verwaltung überträgt die Zentralverwaltung viele ihrer weitge-

henden Befugnisse den verschiedenen Verwaltungsabteilungen. Sie behält jedoch die Bestimmung über
1. den allgemeinen Plan für die Erschließung des Stadtgeländes,
2. die Höhe des Etats der verschiedenen Verwaltungsabteilungen, wie Schulen, Straßen, Parks usw.,
3 den Grad der Beaufsichtigung und Kontrolle, die über die einzelnen Verwaltungsabteilungen nötig ist und nur den Zweck verfolgen darf, einen einheitlichen und harmonischen Geschäftsgang zu sichern."

Siebtes Kapitel
Halbkommunale Unternehmungen, Lokale Option, Mäßigkeitsbestrebungen

Hier werden Möglichkeiten aufgezeigt und diskutiert, „geeignete Vorkehrungen zu treffen, um
1. tüchtige Kaufleute, die der Gemeinde angemessene Steuerrenten bieten, zur Eröffnung ihrer Läden in der Gartenstadt zu veranlassen;
2. die unsinnige und verderbliche Anhäufung von Läden zu verhüten;
3. die Vorteile zu gewährleisten, die der freie Wettbewerb (wirklich oder vermeintlich) mit sich bringt: wie niedrige Preise, große Auswahl, reelle Bedienung, Entgegenkommen usw.;
4. die Übelstände der Monopolisierung zu vermeiden" (S. 100-107).

Achtes Kapitel
Pro-munizipale Unternehmungen

„Was das Gartenstadt-Experiment als Ganzes für die Nation bedeutet, das bedeuten die Unternehmungen, die wir ´promunizipal´ nennen wollen, für die Gemeinde der Gartenstadt oder für die Gesellschaft im allgemeinen. ... Philanthropische und wohltätige Institutionen, religiöse Gesellschaften und Erziehungsanstalten der verschiedensten Art nehmen einen breiten Raum in dieser Gruppe promunizipaler und pronationaler Hilfsarbeit ein." Es sind dies weiter: „Spar- und Unterstützungskassen, Baugenossenschaften" sowie „Konsumgenossenschaften, Arbeiter-Unterstützungsvereine und Gewerkschaften". ... „Es herrscht kein Arbeitsmangel mehr, denn nutzbringende Arbeit - die Erbauung einer Stadt, die eine wirkliche Heimat bietet - verlangt dringend und gebieterisch nach fleißigen Händen, und je schneller die Menschen diese Stadt und andere, die der ersten unvermeidlich folgen müssen, aufbauen, desto schneller wird der Zuzug in die alten, übervölkerten, planlos gebauten, verderbten Städte der Vergangenheit gehemmt und der Strom der Bevölkerung gerade in entgegengesetzter Richtung geleitet werden, in der Richtung auf neue, schmucke, sonnige, gesunde und schöne Städte" (S. 113f.).

Neuntes Kapitel
Erörterungen einiger Schwierigkeiten

Auf die Frage, warum gerade sein Plan Unterstützung finden solle, wo doch schon zahlreiche soziale Experimente erfolglos geblieben seien, antwortete Howard: „Die Mißerfolge früherer sozialer Experimente sind vornehmlich auf eine vollständige Verkennung des Hauptfaktors in diesem Problem - der menschlichen Natur selbst - zurückzuführen." Der „individuelle Erwerbstrieb", „die Liebe des Menschen zur Unabhängigkeit und sein Streben nach Initiative" stünden dem entgegen. „Alle jene Pläne suchten die Individuen in eine große Organisation zu zwängen - Individuen, die sich noch nicht zu kleineren Gruppen vereinigt hatten oder die beim Eintritt in die grö-

ßere Gemeinschaft aus den kleineren Gruppen ausscheiden mußten. Mein Plan dagegen wendet sich nicht nur an Einzelpersonen, sondern ebenso an Genossenschaften, Fabrikanten, philanthropische Gesellschaften und andere, die der Organisation kundig sind und sich schon als Leiter von Organisationen betätigt haben, und sichert ihnen Bedingungen, die ihnen keine neuen Beschränkungen auferlegen, sondern eher größere Freiheiten garantieren" (S. 117-119).

Zehntes Kapitel
Die „Gartenstadt" - Eine einzigartige Verschmelzung früherer Projekte

„Ich beabsichtige nun zu zeigen, daß der Plan, obgleich er als Ganzes neu ist und aus diesem Grund wohl Anspruch auf Beachtung erheben darf, hauptsächlich auch deswegen öffentliche Aufmerksamkeit verdient, weil er die wichtigen Prinzipien mehrerer Pläne aus ganz verschiedenen Zeitepochen in sich vereinigt, und zwar in der Weise, daß er jedem die besten Bestandteile entnimmt und dabei die Gefahren und Schwierigkeiten vermeidet, die manchmal selbst den geistigen Urhebern jener Pläne schon klar vor Augen standen. Kurz, mein Projekt ist eine Verschmelzung von drei verschiedenen Plänen, die meines Wissens vorher noch nie zu einem Ganzen vereinigt worden waren. Es sind dies
1. die Vorschläge von E. G. Wakefield und Prof. Alfred Marshall für eine organisierte Siedlungsbewegung der Bevölkerung;
2. das System eines Bodenrechts, wie es zuerst von Thomas Spence vorgeschlagen und später - allerdings mit wichtigen Abänderungen - von Herbert Spencer vertreten worden ist;
3. die Musterstadt von James Silk Buckingham." Howard macht dazu längere Ausführungen. (S. 120-129)

Elftes Kapitel Weitere Ausblicke

„Welche greifbare ökonomische Wahrheit würde uns der erfolgreiche Ausgang eines Experimentes wie des unserigen lehren? Er würde beweisen, daß die Erzeugung neuer Besitzformen einen breiten Weg für ein neues Wirtschaftssystem eröffnet, welches es ermöglicht, die produktiven Kräße der Gesellschaft und der Natur in viel wirksamerer Weise als bisher auszunutzen und die Verteilung der so geschaffenen Lebensgüter auf einer Grundlage vorzunehmen, die dem Rechts und Billigkeitsempfinden mehr entspricht.

Die Sozialreformer kann man ganz allgemein in zwei große Lager teilen. Das erste Lager vereinigt diejenigen, die als wichtigsten Punkt die Notwendigkeit gesteigerter Produktion betonen; das zweite vereinigt diejenigen, deren Streben auf eine gerechtere, unparteiische Verteilung gerichtet ist. ... Erstere gehören zum größten Teil zu den Individualisten, letztere zu den Sozialisten" (S. 130/131). Howard strebt in der Gartenstadt die Synthese an: „Um dieses wünschenswerte Ziel zu erreichen, habe ich aus den Schriften der verschiedenen Reformer je ein Blatt gelöst und diese verschiedenen Blätter mit dem Faden praktischer Verwirklichungsmöglichkeit zusammengeheftet." Dazu macht er weitere Angaben (S. 132-137).

Zwölftes Kapitel
Städtegruppen

„Das Stadtgebiet der Gartenstadt ist vollständig bebaut; ihre Bevölkerung hat die

Zahl von 32 000 Köpfen erreicht. Wie wird sie weiterhin wachsen? Sie wird wachsen, indem sie - voraussichtlich unter Anwendung staatlich verliehener Enteignungsbefugnisse - eine andere Stadt in einiger Entfernung jenseits ihres eigenen Landbezirkes errichtet, so daß die neue Stadt gleichfalls ihren eigenen besonderen ländlichen Bezirk hat. ... Die Bewohner der beiden Städte könnten einander aber in wenigen Minuten erreichen, denn man würde für schnelle Verkehrsmittel besondere Sorge tragen, und auf diese Weise würden die Bewohner beider Städte in Wirklichkeit ein Gemeinwesen bilden.

Wenn dieses Prinzip des Wachstums, das unseren Städten immer einen landwirtschaftlichen Gürtel zu erhalten bestrebt ist, stets befolgt würde, so würden sich im Laufe der Zeit Gruppen von Städten bilden. Diese brauchten natürlich nicht in der streng geometrischen Form meines Diagramms angelegt zu sein. Jedenfalls aber müßten sie ein Gebilde von Zentralstadt mit Nebenstädten darstellen, so daß jeder Bewohner einer ganzen Gruppe in gewissem Sinne in einer mittelgroßen Stadt wohnt, zu gleicher Zeit aber auch in einer großen, ungewöhnlich schönen Stadt lebt und alle ihre Vorzüge genießt. Und dabei brauchte er nicht auf die erfrischenden Freuden des Landlebens zu verzichten - Felder, Hecken und Wälder, nicht bloß Zierparks und Gärten sind in wenigen Minu ten zu erreichen" (S. 140/141).

Dreizehntes Kapitel
Die Zukunft Londons

„Man stelle sich aber nun vor, daß die Bevölkerungszahl Londons sinkt, und zwar schnell sinkt, weil große Scharen von Abwandernden sich in Städten niederlassen können, wo die Bodenrenten außerordentlich gering sind und wo sie ihre Arbeit leicht zu Fuß erreichen können. Es ist klar, daß alsdann der Ertragswert des Hauseigentums in London sinken, und zwar ungeheuer sinken wird. Der Wert der verfallenen und verpesteten Häuser in Arbeitervierteln wird auf Null herabsinken, und die ganze Arbeiterbevölkerung Londons wird Häuser beziehen, die weit besser sind als die, welche sie bisher bewohnen konnten" (S. 154).

„Die Zeit für einen vollständigen Neuaufbau Londons ist jedoch noch nicht gekommen. Ein einfacheres Problem muß zunächst gelöst werden. Es gilt, eine kleine Gartenstadt als Arbeitsmodell und später eine Gruppe von Gartenstädten zu erbauen, so wie sie im vorigen Kapitel beschrieben ist. Nachdem diese Aufgaben gelöst und zwar gut gelöst sind, muß der Neuaufbau Londons unvermeidlich folgen, und die Macht aller Interessen, die den Weg versperrten, wird alsdann beseitigt sein, wenn auch nicht ganz, so doch nahezu" (S. 157).

Nachwort

„Das vorliegende Buch - „Garden-Cities of To-Morrow" - ist im wesentlichen eine Neuauflage meines Buches „To-Morrow", welches gegen Ende des Jahres 1898 veröffentlicht worden ist. Der Leser, der mir bis hierher gefolgt ist, wird begierig sein zu erfahren, was seitdem geschehen und geplant worden ist, um das darin entworfene Projekt zu verwirklichen" (S. 158-162).

„Die Gartenstadt, wie Howard sie definiert, ist kein Vorort, sondern das genaue Gegenteil eines Vorortes: nicht ein Platz im Grünen, wohin man sich zurückzieht, sondern eine neue Stadtgestalt, die Stadt und Land vereint, und in der kräftiges städtisches Leben sich entwickeln kann."
Lewis MUMFORD (2, S. 189)

Camillo SITTE
Der Städtebau nach seinen künstlerischen Grundsätzen 1889 - Textauszüge -

Camillo SITTE will in seinem Buch von 1889 „Der Städtebau nach seinen künstlerischen Grundsätzen", das bereits im selben Jahr die zweite und ein Jahr später die dritte Auflage hatte, alte und neue Städte „rein kunsttechnisch" analysieren, „um die Motive der Komposition bloßzulegen, auf denen dort: Harmonie und sinnberückende Wirkung, hier: Zerfahrenheit und Langweiligkeit beruhen; und das Ganze zu dem Zweck, womöglich einen Ausweg zu finden, der uns aus dem modernen Häuserkastensystem befreit, die der Vernichtung immer mehr anheimfallenden schönen Altstädte nach Tunlichkeit rettet und schließlich auch selbst den alten Meisterleistungen ähnliches hervorbringen ließe" (S. 3/4, Einleitung).

Er untersucht die
* „Beziehung zwischen Bauten, Monumenten und Plätzen".
* „Das Freihalten der Mitte",
* „Die Geschlossenheit der Plätze",
* „Größe und Form der Plätze",
* „Unregelmäßigkeiten alter Plätze",
* „Platzgruppen", und
* „Platzanlagen im Norden Europas".

Dem stellt er gegenüber
* „Die Motivarmut und Nüchternheit moderner Stadtanlagen",
* „Moderne Systeme" und
* „Die Grenzen der Kunst bei modernen Stadtanlagen".

Schließlich propagiert er ein
* „Verbessertes modernes System" und zeigt ein
* „Beispiel einer Stadtregulierung nach künstlerischen Grundsätzen".

Der 4. Auflage von 1908 ist eine Abhandlung über
* „Großstadtgrün" angefügt.

In der **Einleitung** beschäftigt sich SITTE mit „angenehmen Reiseerinnerungen" an antike „Städtebilder, Monumente, Plätze, schöne Fernsichten". „An einer solchen Stelle begreifen wir auch die Worte des Aristoteles, der die Grundsätze des Städtebaues dahin zusammenfaßt, daß eine Stadt so gebaut sein solle, um die Menschen sicher und zugleich glücklich zu machen."

„Zur Verwirklichung des letzteren dürfte der Städtebau nicht bloß eine technische Frage, sondern müßte im eigentlichsten und höchsten Sinne eine Kunstfrage sein. Das war er auch im Altertume, im Mittelalter, in der Renaissance, überall da, wo überhaupt die Künste gepflegt wurden. Nur in unserem mathematischen Jahrhundert sind Stadterweiterungen und Städteanlagen beinahe eine rein technische Angelegenheit geworden, und so scheint es denn wichtig, wieder einmal darauf hinzuweisen, daß hiermit nur die eine Seite des Problems zur Lösung käme und daß die andere Seite, die künstlerische, von mindestens ebenso großer Wichtigkeit wäre" (S. 2).

In **Beziehungen zwischen Bauten, Monumenten und Plätzen** bemerkt er, daß nicht „jede sogenannte malerische Schönheit bei Städteanlagen für moderne Zwecke neuerdings zu empfehlen" sei. „Was sich aus hygienischen oder anderen zwingenden Rücksichten als notwendig herausgestellt hat, das muß geschehen und sollen darüber noch so viele malerische Motive über Bord geworfen werden müssen." Er

läßt offen, „was und wieviel wir von den Motiven unserer Vorfahren auch heute noch verwenden können".

Seine Arbeitshypothese ist aber: „Dagegen sei vorläufig rein theoretisch festgestellt, daß in Mittelalter und Renaissance noch eine lebhafte praktische Verwertung der Stadtplätze für öffentliches Leben bestand und im Zusammenhange damit auch eine Übereinstimmung zwischen diesen und den anliegenden öffentlichen Gebäuden, während sie heute höchstens noch als Wagenstandplätze dienen und von einer künstlerischen Verbindung zwischen Platz und Gebäuden kaum mehr die Rede ist" (S. 18).

Das **Freihalten der Mitte** ist für SITTE ein wichtiger Grundsatz. „Zu der antiken Regel, die Monumente am Rande der Plätze herumzustellen, gesellt sich also die weitere echt mittelalterliche und mehr nordische: Monumente, besonders aber Marktbrunnen, auf den toten Punkten des Platzverkehres aufzustellen" (S. 28). Er wendet sich gegen eine „förmliche Modekrankheit, dieser Freilegungswahn" von Monumenten und widerspricht BAUMEISTER,, der forderte: „Alte Bauwerke sollten geschont, aber herausgeschält und restauriert werden."

Plätze können „eingerichtet" oder „uneingerichtet" sein, wie es „möblierte Zimmer und auch leere gibt", „die Hauptbedingung dazu ist aber beim Platz sowie beim Zimmer die Geschlossenheit des Raumes." Wichtig sei das „Einbauen" von Gebäuden in die Platzwände, „daß ein freier Raum im Innern einer Stadt hauptsächlich dadurch ja erst zum Platz wird. Heute wird freilich auch der bloße leere Raum so benannt, welcher entsteht, wenn eine von vier Straßen umsäumte Baustelle einfach unverbaut bleiben soll. In hygienischer und mancher anderen technischen Beziehung mag das allein schon genügen; in künstlerischer Beziehung ist ein bloß unverbauter Fleck noch kein Stadtplatz" (S. 38).

Die **Größe und Form der Plätze** setzt SITTE in Beziehung zu den angrenzenden Gebäuden. „Von allerschädlichstem Einflusse sind zu große Platzausmaße auf die sie umgebenden Bauwerke. Diese können dann gleichfalls nie groß genug sein ... Trotzdem überbietet man sich heute in der Aussteckung solcher Riesenplätze und in der einen Beziehung allerdings nicht mit Unrecht, daß dies wenigstens der ebenfalls riesigen Breiten unserer Hauptstraßen entspricht." „In jüngster Zeit ist eine eigene nervöse Krankheit konstatiert worden: die ´Platzscheu´. Zahlreiche Menschen sollen darunter leiden, d. h. stets eine gewisse Scheu, ein Unbehagen empfinden, wenn sie über einen großen leeren Platz gehen sollen" (S. 56/57).

Die **Unregelmäßigkeit alter Plätze** läge „in der allmählichen geschichtlichen Entwicklung", und es sei bekannt, „daß diese Unregelmäßigkeiten durchaus nicht unangenehm wirken, sondern im Gegenteile die Natürlichkeit steigern, unser Interesse anregen und vor allem das Malerische des Bildes verstärken" (S. 58).

Als „Modekrankheit" sei dagegen das „Streben nach Symmetrie" „ausgewuchert" (S. 62). „So verlangt z. B. die bayrische Landesbauordnung von 1864 als ästheti-

sche Hauptsache, daß bei Fassaden alles zu vermeiden wäre, ´was die Symmetrie und Sittlichkeit verletzen könnte´, wobei es wahrscheinlich der Interpretation vorbehalten blieb, gegen welches von beiden ein Verstoß als schrecklicher anzusehen wäre" (S. 64).

Platzgruppen ist ein weiteres Kapitel gewidmet, in dem er sich ausgeprägt mit dem Markusplatz und der Piazetta in Venedig (Abb. S. 69) beschäftigt. Sie seien besonders in Italien „als Mittelpunkt der Stadt bei den Hauptgebäuden geradezu als Regel" anzunehmen. „Man könnte diese Methode der Platzanlage geradezu die Methode der höchsten Ausnutzung der Monumentalbauten nennen; es ist nichts anderes. Jede merkwürdige Fassade bekommt ihren eigenen Platz. Umgekehrt aber auch jeder Platz seine Marmorfassade" (S. 65f.).

Bei **Platzanlagen im Norden Europas** stellt SITTE beim „Kirchenbau und Kirchenplatz" den größten Unterschied gegenüber südlichen Städten fest. „Während in größerer Zahl kleinere Kirchen auch im Norden eingebaut gefunden werden", fände man doch zahlreiche „freie Anlagen, wenn auch nicht in der Mitte des Platzes, so doch mit rings herumlaufendem Umgang". „Die Ursache des Freistehens" sei fast jedesmal in einem ehemaligen angrenzenden Friedhof zu finden (S. 73). „Bei den barocken Anlagen ist alles wohl bedacht und auf seine Erscheinung und Wirkung vorherbestimmt. Die Berechnung auf Perspektivwirkung und die Geschicklichkeit der Platzanlage ist überhaupt die stärkste Seite dieser Stilrichtung."

„Eigenartig steht die Barocke allen früheren Perioden auch dadurch gegenüber, daß ihre Anlagen nicht allmählich entstanden, sondern bereits nach moderner Art aus einem Guß auf dem Reißbrett erdacht wurden. Daraus kann man ersehen, daß diese Art zu entwerfen nicht allein dafür verantwortlich gemacht werden darf, wenn Klage geführt wird über die Nüchternheit unserer modernen Stadt- und Platzanlagen, nur darf das geometrische Schema und die Reißschienenlinie nicht Selbstzweck werden" (S. 90).

Die **Motivarmut und Nüchternheit moderner Stadtanlagen** ist die zentrale Kritik SITTES. „Erschreckend arm geworden ist der moderne Städteerbauer an Motiven seiner Kunst. Die schnurgerade Häuserflucht, der würfelförmige ´Baublock´ ist alles, was er dem Reichtume der Vergangenheit entgegenzusetzen vermag." Dem Architekten gewähre man Millionen „zur Ausführung seiner Erker, Türme, Giebel", dem Städteerbauer bewillige man dagegen keinen Heller für „Kolonnaden, Torbogen, Triumphbogen und allen den zahlreichen Motiven, die seine Kunst nicht entbehren kann." Nicht einmal „der leere Raum zwischen den ´Baublöcken´ wird ihm freigegeben". Die „Kostenfreie Luft gehört bereits einem anderen, dem Straßeningenieur, dem Hygieniker" (S. 92 f.).

„Der Theoretiker des modernen Stadtbaues, R. BAUMEISTER, sagt in seinem Buche über Stadterweiterungen, Seite 97: ´Die Momente, welche einen befriedigenden architektonischen Eindruck (bei Plätzen) hervorbringen, dürften kaum nach allgemeinen Regeln zu schildern sein. ´ Bedarf es da noch eines weiteren Beweises ?" „Um den Stadtbau als Kunstwerk kümmert sich eben heute fast niemand mehr, sondern nur als technisches Problem. Wenn dann nachträglich die künstlerische Wirkung den gehegten Erwartungen in keiner Weise entspricht, stehen wir verwundert und ratlos da, bei der nächsten Unternehmung wird aber wieder alles nur vom technischen Standpunkte aus behandelt, ..." (S. 93 f.).

„Geradlinigkeit und Rechtwinkligkeit sind nun allerdings Merkmale empfindungsloser Anlagen, aber offenbar nicht das Entscheidende an der Sache, denn geradlinig und rechtwinklig sind auch die barokken Anlagen, und wie gewaltige, rein künstlerische Effekte wurden da trotzdem erreicht." „Die fortwährenden Einschnitte der breiten Querstraßen, so daß rechts und links nichts als eine Reihe isolierter Baublöcke übrigbleibt, sind die Hauptursache, daß hier kein Zusammenfassen, keine Wirkung aufkommen kann" (S. 95 f.).

„Diese Erwägungen bringen uns dem eigentlichen Kern der Sache nahe. Beim modernen Stadtbau kehrt sich das Verhältnis zwischen verbauter und leerer Grundfläche gerade um. Früher war der leere Raum (Straßen und Plätze) ein geschlossenes Ganzes von auf Wirkung berechneter Form; heute werden die Bauparzellen als regelmäßig geschlossene Figuren ausgeteilt, was dazwischen übrigbleibt, ist Straße oder Platz. Früher steckte alles Schiefwinklige, Unschöne unsichtbar in den verbauten Flächen; heute bleiben alle unregelmäßigen Zwickel beim Verfassen von Verbauungsplänen als Plätze übrig, denn als Hauptregel gilt, daß in architektonischer Beziehung (BAUMEISTER, S. 96) ein Straßennetz zunächst bequeme Häusergrundrisse gewähren soll. Deshalb sind rechtwinklige Kreuzungen der Straßen vorteilhaft. Ja, wo steckt denn der Architekt, der sich vor einem schiefwinkligen Bauplatz fürchtet?" (S. 97).

Moderne Systeme!—Jawohl! Streng systematisch alles anzufassen und nicht um Haaresbreite von der einmal aufgestellten Schablone abzuweichen, bis der Genius tot gequält und alle lebensfreudige Empfindung im System erstickt ist, das ist das Zeichen unserer Zeit. Wir besitzen drei Hauptsysteme des Städtebaues und noch etliche Unterarten. Die Hauptsysteme sind: das Rechtecksystem, das Radialsystem und das Dreiecksystem. Die Unterarten sind meist Bastarde dieser drei. Vom künstlerischen Standpunkte aus geht uns die ganze Sippe gar nichts an, in deren Adern nicht ein einziger Blutstropfen von Kunst mehr enthalten ist. Das Ziel, welches bei allen dreien ausschließlich ins Auge gefaßt wird, ist die Regulierung des Straßennetzes. Die Absicht ist daher von vornherein eine rein technische" (S. 101).

„Das am häufigsten angewendete ist das Rechtecksystem. Mit unerbittlicher Konsequenz und schon sehr früh durchgeführt wurde es zu Mannheim, dessen Plan genau einem Schachbrett gleicht, denn es besteht da nicht eine einzige Ausnahme von der dürren Regel, daß alle Straßen in zwei Lagen senkrecht aufeinanderstehen und jede schnurgerade nach beiden Seiten bis ins Grüne vor der Stadt hinaus verläuft. Der rechteckige Hausblock herrscht hier ausschließlich in solchem Maße, daß sogar Straßennamen für unnötig gehalten wurden und nur die Baublöcke nach der einen Richtung hin mit Buchstaben, nach der andern hin mit Ziffern benannt wurden. Hiemit war der letzte Rest alter Formen weggetilgt und blieb nichts mehr übrig, das an die Vorstellung, an die Phantasie sich wendete. Mannheim schreibt sich selbst die Erfindung dieses Systems zu. *Volenti non fit injuria*" (S. 103).

SITTE kritisiert auch die ungünstigen Verkehrsverhältnisse bei Rastersystemen von Straßen. Während eine Straßeneinmündung nur zwölf Begegnungen von Fahrspuren, von denen sich drei kreuzen, habe, seien es bei Straßenkreuzungen 54 Begegnungen mit 16 „Fällen von Fahrbahnkreuzungen (s. hierzu auch Seite 214). „Noch mißlicher ist die Sache für Fußgänger." „Was für herrliche Verkehrsverhältnisse kommen aber erst zutage, wenn noch mehr als vier Straßenzüge zusammenlaufen." bemerkt er ironisch zu sternförmigen Kreuzungen. „...und solche Undinge von Straßenknoten nennt man Platz, ..." Das sind die Folgen des Entwerfens nach Verkehrsrichtungen, statt, wie es sein sollte, nach Plätzen und Straßen" (S. 104-107).

„Alleen und Gärten" enthielten „einen wichtigen hygienischen Faktor". „Vom rein hygienischen Standpunkt scheint die Antwort sehr leicht. Je mehr Grünes, desto besser, damit ist alles gesagt. Nicht so vom künstlerischen Standpunkt, denn da handelt es sich noch vielmehr darum, wo und wie das Grüne angewendet wird." Während es oft erstaunlich sei, „wie viele herzerfreuende kleine Gärten man in alten Städten im Innern der Hausparzellen findet", sei „der moderne Häuserblock" auch in dieser Beziehung „die Ursache des Übels". „Das Hofzimmer eines modernen Häuserblockes mit der Aussicht in enge, düstere, finstere und oft genug übelriechende Höfe voll stagnierender Luft, ... , ist dagegen ein Kerkerlokal unerfreulichster Art, ..."

„Der moderne öffentliche Garten, rings von offenen Straßen eingesäumt, ist Wind und Wetter preisgegeben und mit Straßenstaub überschüttet, wenn nicht riesige Dimensionen dies verhindern." Sie würden deshalb „ihren hygienischen Zweck ganz verfehlen und besonders zur heißen Sommerszeit wegen Staub und Hitze vom Publikum geradezu gemieden werden." „Straßenpflanzungen" mit Bäumen hätten ihren Hauptwert in den Blätterkronen, „welche bei großer Hitze förmlich als Verdunstungs- und Abkühlungsapparate anzusehen wären", weshalb sie erfolgen sollten, „wo immer sie durchführbar sind.". Baumreihen sollten aber zur Vermeidung „des ästhetischen Nachteils" vor „monumentalen Gebäuden" unterbrochen werden (S. 113/114).

Die **Grenzen der Kunst bei modernen Stadtanlagen** sieht SITTE in drei Punkten:
• Im „öffentlichen Leben" habe sich „vieles unwiderruflich geändert", was manchen alten Bauformen ihre einstige Bedeutung entzieht, und daran läßt sich eben nichts ändern". „Das Volksleben zieht sich seit Jahrhunderten stetig, hauptsächlich aber in neuester Zeit, von den öffentlichen Plätzen zurück, wodurch ein gut Teil ihrer einstigen Bedeutung verlorenging und es so beinahe begreiflich wird, warum das Verständnis für schöne Platzanlagen in der großen Menge bereits so arg verschrumpfen konnte." „Wir können es nicht ändern", daß „das gesamte öffentliche Leben heute in den Tagesblättern besprochen wird" und nicht mehr „von öffentlichen Vorlesern und Ausrufern", daß „die modernen Wasserleitungen viel bequemer das Wasser unmittelbar in Haus und Küche stellen", so daß „den öffentlichen Brunnen nur mehr dekorativer Wert zukommt" und daß die Kunstwerke „von den Straßen und Plätzen immer mehr und mehr in die Kunstkäfige der Museen" wandern.
• Die „Riesendimensionen, zu denen unsere Großstädte anwachsen", sprengen „den Rahmen alter Kunstformen". „Je größer die Stadt, desto größer und breiter werden Plätze und Straßen, desto höher und umfangreicher alle Gebäude, bis deren Dimensionen mit den zahlreichen Stockwerken und

unabsehbaren Fensterreihen kaum mehr künstlerisch wirksam gegliedert werden können. Alles dehnt sich ins Maßlose und die ewige Wiederholung derselben Motive allein schon stumpft die Empfänglichkeit so ab, daß nur ganz besondere Krafteffekte noch einige Wirkung zu erzielen vermögen. Auch das läßt sich nicht ändern und der Städtebauer muß wie der Architekt sich für die moderne Millionenstadt seinen eigenen Maßstab zurechtlegen."
• „Die hohen Preise der Bauplätze veranlassen ferner noch deren möglichste Ausnützung, ..." „Bei so kolossaler Häufung der Menschen an einem Punkt steigt aber auch der Wert des Baugrundes ungemein und liegt es gar nicht in der Macht des einzelnen oder der kommunalen Verwaltung, sich der natürlichen Wirkung dieser Wertsteigerung zu entziehen, weshalb allenthalben wie von selbst Parzellierungen und Straßendurchbrüche zur Ausführung kommen, wodurch auch in alten Stadtteilen immer mehr und mehr Seitengassen entstehen und eine Annäherung an das leidige Baublocksystem sich ganz im stillen vollzieht. Es ist das einfach eine Erscheinung, welche mit einer gewissen Höhe des Baugrundwertes und des Straßenfluchtwertes naturgemäß zusammenhängt und an sich nicht wegdekretiert werden kann, am allerwenigsten durch bloße ästhetische Erörterungen" (S. 116-118).

SITTE anerkennt sehrwohl die positiven Wirkungen moderner Stadtanlagen. „Ganz und gar mit Blindheit müßte man aber geschlagen sein, wenn man die großartigen Errungenschaften des modernen Stadtbauwesens im Gegensatze zu dem alten auf dem Gebiete der Hygiene nicht bemerken würde. Da haben unsere modernen, wegen künstlerischer Schnitzer schon so viel verlästerten Ingenieure geradezu Wunder gewirkt und sich unvergängliche Verdienste um die Menschheit erworben, denn ihr Werk hauptsächlich ist es, daß die Gesundheitsverhältnisse der europäischen Städte sich so wesentlich gebessert haben, wie es aus den oft bis gegen die Hälfte verminderten Mortalitätskoeffizienten hervorgeht. Wie vieles muß da im Detail zum Wohle aller Stadtbewohner verbessert worden sein, wenn solche Enderfolge ausgewiesen werden können! Dies alles gerne zugegeben, bleibt dennoch die Frage bestehen, ob es denn wirklich unvermeidlich sei, diese Vorteile um den ungeheueren Preis des Aufgebens aller künstlerischen Schönheit städtischer Anlagen zu erkaufen?" (S. 121/122)

Ein **verbessertes modernes System** sollte die „Grundsätze der Alten mit den modernen Forderungen in Einklang bringen" (S. 124). Einen „bündigen Absagebrief an alle Vorrastrierungssysteme" sieht SITTE in den drei Punkten des Verbandes deutscher Architekten- und Ingenieurvereine, die 1874 bei seiner Generalversammlung beschlossen wurden:
„1. Die Projektierung von Stadterweiterungen besteht wesentlich in der Feststellung der Grundzüge aller Verkehrsmittel: Straßen, Pferdebahnen, Dampfbahnen, Kanäle, die systematisch und deshalb in einer beträchtlichen Ausdehnung zu behandeln sind.
2. Das Straßennetz soll zunächst nur die Hauptlinien enthalten, wobei vorhandene Wege tunlichst zu berücksichtigen sowie solche Nebenlinien, welche durch lokale Umstände bestimmt, vorgezeichnet sind. Die untergeordnete Teilung ist jeweils nach dem Bedürfnis der näheren Zukunft vorzunehmen oder der Privattätigkeit zu überlassen.
3. Die Gruppierung verschiedener Stadtteile soll durch geeignete Wahl der Situation und sonstiger charakteristischer Merk-

male herbeigeführt werden, zwangsweise nur durch sanitäre Vorschriften über Gewerbe" (S. 135).

Er bemängelt gleichzeitig die „nur negativen Vorschriften" dieser Punkte, so daß „in der Praxis aber noch nirgends die Früchte dieser Erkenntnis zu sehen" seien. Es hätte" auch gezeigt werden sollen, wie die Sache in Zukunft anzufassen und nach welchen Grundsätzen vorzugehen wäre"(S. 135, 137). „Eine unerläßliche Vorbedingung ist also ein wirkliches Programm. Die Vorstudien hierzu könnten auf bauämtlichem und kommissionellem Wege erledigt werden." Diese müßten bestehen:

„A. Aus einer Wahrscheinlichkeitsbestimmung der Bevölkerungszunahme des geplanten Stadtteiles innerhalb der nächsten fünfzig Jahre. Ferner aus Vorerhebungen über den zu erwartenden Verkehr und die Art der Besiedelung, woraus sich ergeben müßte, ob an der betreffenden Stelle ein Miethausbezirk oder ein Villenviertel oder eine dem Handel oder der Fabrikation, sei es vorwiegend, sei es gemischt, gewidmete Anlage in Aussicht zu nehmen wäre."

„B. Auf Grund dieser zunächst nötigen Ermittelungen müßten dann die voraussichtlich erforderlichen öffentlichen Gebäude nach Zahl, Umfang und beiläufiger Ausstattung angenommen werden. Alles das läßt sich bei Zusammentragung von einschlägigem statistischem Materiale, das allenthalben leicht zu bekommen ist, ganz gut vorher bestimmen, weil alles dies von der Bevölkerungsziffer abhängt: die Zahl und Größe der Kirchen, Schulen, Amtsgebäude, Markthallen, öffentlichen Gärten und vielleicht sogar eines Theaters" (S. 141-144).

„Sobald auch dies bestimmt ist, wären die besten Gruppierungen und Situierungen samt allen nötigen Verbindungen zu ermitteln, womit die eigentliche Verfassung des Stadtplanes beginnen würde und wozu unbedingt öffentliche Konkurrenzen ausgeschrieben werden sollten. „Die Projektanten hätten die Aufgabe, zunächst die geforderten öffentlichen Bauten, Gärten etc. in die geeignetste Verbindung untereinander und an die passendste Stelle zu bringen."

„Hiebei wären z. B. ein oder mehrere öffentliche Gärten möglichst gleichweit auseinander zu halten. Jede dieser größeren Gartenflächen wäre nicht frei an die Straßen zu stellen, sondern rings mit Häusern zu umgeben ..." „Unebenheiten des Terrains, vorhandene Wasserläufe oder Wege wären nicht gewaltsam zu beseitigen, um eine nüchterne Quadratur zu erzwingen, sondern als willkommene Ursachen zu gebrochenen Straßen und sonstigen Unregelmäßigkeiten beizubehalten. Solche Unregelmäßigkeiten, welche gegenwärtig oft mit großen Kosten beseitigt werden, sind ja geradezu notwendig" (S. 144/145).

Er führt im folgenden viele planerische Einzelheiten zur Verbesserung moderner Systeme an und stellt fest: „Durch die ganze Untersuchung zeigt sich wohl hinlänglich, daß es durchaus nicht nötig wäre, moderne Stadtpläne derart schablonenmäßig zu entwerfen, wie es gebräuchlich, daß es durchaus nicht nötig wäre, auf alle Schönheiten der Kunst, auf alle Errungenschaften der Vergangenheit hierbei zu verzichten."

„Es ist nicht wahr, daß der moderne Verkehr uns dazu zwingt; es ist nicht wahr, daß die hygienischen Forderungen uns dazu nötigen; es ist einfach Gedankenlosigkeit, Bequemlichkeit und Mangel an gutem Willen, welche uns moderne Stadtbewohner dazu verurteilten, lebensläng-

lich in formlosen Massenquartieren den geisttötenden Anblick ewig gleicher Miethausblöcke, ewig gleicher Straßenfluchten zu ertragen" (S. 157/158).

Als **Beispiel einer Stadtregulierung nach künstlerischen Grundsätzen** zeigt er „Skizzen zur Umgestaltung eines Teiles der Wiener Stadterweiterungen", der Ringstraßenbebauung von der Votivkirche bis zum Parlamentshaus. „Gewonnen würde durch die ganze Um gestaltung:

1. die Beseitigung des Stilkonfliktes;
2. eine wesentlich gesteigerte Wirkung jedes einzelnen Monumentalbaues;
3. eine Gruppe charakteristischer Plätze;
4. die Möglichkeit, eine Menge größter, mittlerer und kleiner Denkmäler hier vereinigt aufzustellen" (S. 162,179).

In seinem **Schluß** beschäftigt er sich mit den „Ausführungsmodalitäten" und wie auch für Laien eine Entscheidung über Pläne ermöglicht werden könnte. Diese erinnern an moderne Bürgerbeteiligungen. „Man könnte nämlich einmal gelegentlich z. B. das projektierte Atrium vor der Votivkirche als Ausstellungsplatz einer für die Nähe der Kirche natürlich nicht an sich unschicklichen Ausstellung benützen und bei dieser Gelegenheit die provisorischen Ausstellungsgebäude aus Brettern und Tünche so zusammenbauen, daß sie zugleich ein naturgetreues Modell der geplanten Verbauung darstellen. Da würde jedermann, auch der Laie, die Wirkung beurteilen können und die öffentliche Meinung wäre sicher in die Lage gesetzt, zu entscheiden, ob nach diesem Modell eine definitive Verbauung in Angriff zu nehmen sei oder nicht. Der Fachmann freilich kann die Richtigkeit dieses Projektes schon aus dem Plane heraus garantieren" (S. 184).

–––––––––––

„So wie das gesamte staatliche, bürgerliche und individuelle Leben den Inhalt des täglichen Gebarens und Gehabens einer städtischen Bevölkerung bildet, so ist die bauliche Anlage und Ausgestaltung der Stadt hierfür die äußere Form, das Gefäß, das diesen Inhalt einschließt, und deshalb gehört dessen naturgemäße richtige Entwicklung mit unter die wichtigsten Aufgaben moderner Kulturarbeit."
Camillo Sitte

(Aus der von ihm mitgegründeten Zeitschrift „Der Städtebau", 1.Jg., Berlin 1904, H. 1, S.1)

–––––––––––

Im **Anhang Großstadtgrün** plädiert SITTE fast leidenschaftlich für das „erquickende Grün im Grau der endlosen Stein- und Mörtelmassen" (S. 195).

„Unsere Vorfahren waren seit undenklichen Zeiten Waldmenschen; wir sind Häuserblockmenschen. Daraus allein schon erklärt sich der unwiderstehliche Naturtrieb des Großstadtbewohners hinaus ins Freie, aus der Staubmühle des Häusermeeres ins Grüne der freien Natur. Daraus erklärt sich, daß dem ausgehungerten Stadtmenschen jeder Baum, jeder kleinste Grasfleck, jeder Blumentopf heilig ist, und dieser allgemeinen Volksnatur nach dürfte nicht ein Strauch einer sonst noch so nötigen Stadtbebauung geopfert werden, sondern müßte im Gegenteil möglichst viel Grünes zu dem alten Bestand noch dazugepflanzt werden" (S. 187).

„Alles das ist aber nicht bloß ästhetisch wertvoll, sondern auch rein gesundheitlich, schlechtweg unentbehrlich. Die größeren unverbauten Flächen der Großstädte, besonders wenn sie zu Gartenanlagen, auch mit Wasserspiegeln und Wasserwerken ausgestattet, verwendet erscheinen, sind die zum Aufatmen förmlich unerläßlichen Luftbecken der Großstadt und daher auch ganz entsprechend ihre Lungen genannt worden." Die Stadt brauche „solche Unterbrechungen durch Anordnung weitläufiger freier Lufträume zunächt aus Gesundheitsrücksichten, aber auch nicht minder zur phantastischen Erhebung des Gemütes durch die Erquickung an eingestreuten Naturbildern."

SITTE unterscheidet zwischen „sanitärem Grün" und „dekorativem Grün":

• „Das sanitäre Grün gehört nicht mitten in den Staub und Lärm der Straßen, sondern in das geschützte Innere großer, ringsherum verbauter Baublöcke."

• „Das dekorative Grün, und zwar womöglich in reichlicher Verbindung mit dekorativem Wasser, gehört im strikten Gegensatz zum sanitären ausschließlich der Straße und den Verkehrsplätzen, denn es hat nur den Zweck, gesehen zu werden, gesehen von möglichst vielen Menschen, also gerade auf den Hauptpunkten des Verkehres."

In „Anlehnung an die freie Natur" sollten innenliegende Gärten und Straßenbegrünungen geschaffen werden (S. 208 f.).

„Es ist kein Zweifel: nicht nur Stadtplätze fordern zu ihrer eigenartigen Wirkung die Geschlossenheit der Platzwand ringsherum, sondern auch, und vielleicht in noch höherem Maße, die Gärten der Stadt. Daß der moderne Freilegungswahn sich auch der Gärten bemeistern will, ist sicherlich ein ebenso grober Fehlgriff, wie die Freilegung der alten Dome und Stadttore, wie die Aufreißung der alten geschlossenen Platzwände" (S. 206). Und: „Von diesem Standpunkte aus ist die gegenwärtig landesübliche Alleeform entschieden zu verwerfen und die ganz in den Hintergrund gedrängte Einzelgruppe von Baum und Strauchwerk in den Vordergrund zu stellen" (S. 209).

„Die Alleeform allein ist eine flammende Anklageschrift gegen unseren Geschmack. Kann es denn Abgeschmackteres geben, als die freie Naturform eines Baumes, die ja gerade in der Großstadt uns die freie Natur phantastisch vorzaubern soll, in gleicher Größe, in mathematisch haarscharf gleichen Abständen, in geometrisch schnurgerade ausgesteckter Richtung, genau so rechts wie links und noch obendrein in schier endloser Länge immer wiederholt aufzustellen? Man bekommt ja förmlich Magendrücken vor beklemmender Langeweile. Und das ist die Haupt-´Kunstform´ unserer Städtebauer geometrischer Observanz ! (S. 210).

–––––––––––

„So zeigt sich im ganzen auch hier wieder, daß der Städtebau, richtig aufgefaßt, keine bloß mechanische Kanzleiarbeit ist, sondern in Wahrheit ein bedeutsames, seelenvolles Kunstwerk, und zwar ein Stück großer, echter Volkskunst, was so bedeutender in die Waagschale fällt, als gerade unserer Zeit ein volkstümliches Zusammenfassen aller bildenden Künste im Dienste eines großen nationalen Gesamtkunstwerkes fehlt" (S. 211).

Charta von Athen 1933

Textauszüge

Die Charta von Athen ist ein städtebauliches Manifest von 1933, das beim 4. Internationalen Kongreß für Neues Bauen (Congres Internationaux d´Architecture Moderne = CIAM) in der Nähe von Athen verabschiedet wurde. Die von LE CORBUSIER bearbeitete Fassung ist in 95 Punkte unterteilt und wie folgt gegliedert:

Erster Teil: Allgemeine Begriffe: Die Stadt und ihr Gebiet
Zweiter Teil: Der gegenwärtige Zustand der Städte: Kritik und Abhilfen
I. Wohnung, II. Freizeit, III. Arbeit, IV. Verkehr, V. Historisches Erbgut der Städte (Jeweils in „Untersuchungen" und „Forderungen" gegliedert.)
Dritter Teil: Schlußfolgerungen: Lehrsätze

In der Literatur werden zumeist nur die „Lehrsätze" und dort hauptsächlich der Punkt 77 mit den vier Funktionen der Stadt (wohnen, arbeiten, sich erholen, sich bewegen) erwähnt. Daraus wird dann das Postulat von der „Funktionstrennung" abgeleitet. Dabei sind die „Untersuchungen" als Beitrag zur Stadtanalyse - nicht nur der damaligen Zeit - erschreckend aktuell. Die folgenden Zitate zeigen deshalb die wesentlichen „Grundübel" auch der heutigen Stadt und der gegenwärtigen Stadtentwicklung auf:

UNTERSUCHUNGEN (Auszüge):

1. Die Stadt und ihr Gebiet

• Ökonomische Bedingtheit der Stadtentwicklung

„Die Einführung der Maschine hat die Arbeitsbedingungen auf den Kopf gestellt. Sie hat ein jahrtausendaltes Gleichgewicht zerstört, indem sie dem Handwerk einen verhängnisvollen Schlag versetzte, das Land leer machte, die Städte verstopfte und, jahrhundertealte Harmonien preisgebend, die natürlichen Beziehungen verrüttete, die zwischen dem Zuhause und den Arbeitsstätten bestanden hatten." (Punkt 8)

2. Wohnung

• „Ausbeutung auf Spekulationsbasis"

„In den zusammengedrängten Stadtvierteln sind die Wohnbedingungen unheilvoll, weil der den Wohnungen zugebilligte Raum nicht genügt, weil keine Grünflächen zur Verfügung stehen und schließlich, weil die Gebäude nicht in gutem Zustand erhalten werden. ... Die Kosten eines Bauwerks, das vor Jahrhunderten errichtet worden ist, haben sich längst amortisiert; dennoch duldet man, daß sein Nutznießer es immer noch, in Form von Wohnungen, als handelsfähige Ware betrachtet. Obwohl sein Wohnwert gleich Null ist, bringt das Bauwerk weiterhin ungestraft und auf Kosten der Allgemeinheit eine bedeutende Einnahme."
„Einen Metzger, der verfaultes Fleisch verkauft, würde man bestrafen, aber das Gesetzbuch erlaubt, der armen Bevölkerung verfaulte Wohnungen zuzumuten." (Punkt 10)

• „Parteiische Verteilung der Behausungen"

„Die am dichtesten bevölkerten Viertel befinden sich in den am wenigsten begünstigten Bezirken (schlecht gelegene Abhänge, Viertel, die ständig von Nebel, von Industrie-Abgasen heimgesucht werden, Überschwemmungen ausgesetzt sind, etc.)." (Punkt 13)
„Die luftigen Bauwerke (teure Wohnungen) liegen in den begünstigten Vierteln, geschützt vor feindlichen Winden, in anmutiger Auflockerung, mit dem Blick auf die Landschaft, See, Meer, Berge etc. und mit Sonne im Überfluß." (Punkt 14)
„Diese parteiische Verteilung der Behausungen ist sanktioniert durch Gewohnheit und durch Magistratsanordnungen, die man für gerechtfertigt hält: die Einteilung in Bezirke." (Punkt 15)

3. Freizeit

• Freiflächen „wenig brauchbar für die Masse der Einwohner"

„Wenn die modernen Städte einige freie Flächen von ausreichender Größe zulassen, dann liegen diese entweder an der Peripherie oder im Herzen eines Bezirks für ganz besonders luxuriöse Wohnsitze. Im ersten Fall werden sie, weit von den Wohnvierteln der Masse entfernt, den Stadtbewohnern nur am Sonntag von Nutzen sein und keinerlei Einfluß haben auf das tägliche Leben, das sich weiterhin unter ärgerlichen Bedingungen abwickeln wird.
Im zweiten Fall werden sie der Menge 'de facto' verboten sein und nur noch der Verschönerung dienen, ohne ihre Rolle als notwendige Erweiterung des Wohnraums zu erfüllen." (Punkt 31)

4. Arbeit

• „Das Nomadentum der Arbeiterbevölkerung"

„Früher lagen Wohnung und Werkstätte, durch enge und ständige Bande verbunden, nahe beieinander. Die unvermutete Ausbreitung der Mechanisierung hat diese Voraussetzungen der Harmonie zerbrochen; in weniger als einem Jahrhundert hat sie das Gesicht der Städte umgestaltet, die jahrhundertealten Traditionen des Handwerkertums zerschlagen und eine neue Arbeitsart aufkommen lassen, die anonym und beweglich ist. ...
Mitten in die Wohnviertel hineingesetzt, verbreiten die Fabriken dort ihren Staub und ihren Lärm. Wenn sie an der Peripherie und weit weg von diesen Vierteln untergebracht sind, dann verurteilen sie den Arbeiter dazu, jeden Tag weite Entfernungen zurückzulegen unter den ermüdenden Bedingungen der Hetze und Drängelei und zwingen ihn, einen Teil seiner Mußestunden ungenutzt zu verlieren." (Punkt 41)
„Der auswechselbare Arbeiter, der Industrie durch kein festes Band mehr verknüpft, kennt morgens, mittags und abends nur den beständigen Wechsel von einem Ort zum anderen und den deprimierenden Andrang in den öffentlichen Verkehrsmitteln. Ganze Stunden verschwinden bei diesem ungeordneten Hin und Her." (Punkt 42)

• Industrieentwicklung als Improvisation von Einzelwesen

„Aus dem Fehlen jeglichen Programms folgen: unkontrollierte Entwicklung der Städte, Mangel an Vorsorge, Bodenspekulation etc. Die Errichtung von Industriebetrieben ist dem Zufall überlassen und keinem Ge-

setz unterworfen. Der Boden der Städte und der angrenzenden Gebiete befindet sich fast ausschließlich in Privatbesitz. Die Industrie selbst ist in den Händen von Privatgesellschaften, die allen möglichen Krisen ausgesetzt sind und deren Situation bisweilen unsicher ist. Nichts ist unternommen worden, um den Aufschwung der Industrie logischen Gesetzen zu unterwerfen; im Gegenteil, alles wurde der Improvisation überlassen, die - wenn sie das Einzelwesen auch manchmal begünstigt - die Gemeinschaft doch immer belastet." (Punkt 44)

• Geschäftsviertel als Beute der Spekulation

„Der industrielle Aufschwung bringt als zwangsläufige Entsprechung ein gesteigertes Geschäftsleben, private Verwaltung und Handel mit sich. Auf diesem Gebiet ist nichts ernstlich bedacht, für nichts Vorsorge getroffen worden. Man muß kaufen und verkaufen, die Fühlung herstellen zwischen Fabrik oder Werkstatt, Lieferant und Kunde. Zu diesen Transaktionen braucht man Büros. Diese Büros - die eine exakte und sinnvolle Einrichtung verlangen - sind unerläßlich für die Abwicklung der Geschäfte. Solche Einrichtungen sind, solange sie Einzelfälle bleiben, kostspielig. Alles macht einen Zusammenschluß ratsam, der jedem einzelnen Büro die besten Arbeitsbedingungen garantieren würde: bequeme Verkehrsmöglichkeiten, mühelose Verbindungen nach draußen, Helligkeit, Ruhe, gute Luft, Heizungs- und Kühlanlagen, Post- und Telephonzentralen, Radio etc. ..." (Punkt 45)

5. Verkehr

• „Unaufhörliche Unsicherheit" für Fußgänger

„Das Problem ergibt sich, weil es unmöglich ist, die natürlichen Geschwindigkeiten - die des Menschen oder des Pferdes - in Einklang zu bringen mit den mechanischen Geschwindigkeiten - denen des Autos, der Straßenbahn, des Lastwagens oder des Autobus. Ihre Vermischung ist die Quelle von Tausenden von Reibereien. Der Fußgänger bewegt sich in einer unaufhörlichen Unsicherheit, während die Kraftfahrzeuge, ohne Unterlaß zu bremsen gezwungen, wie gelähmt sind, was sie jedoch nicht hindert, Anlaß ständiger Lebensgefahr zu sein." (Punkt 53)

LEHRSÄTZE (Auszüge):

• Städte bieten ein „Bild des Chaos."

„Diese Städte (33 Städte wurden beim CIAM-Kongreß analysiert, Anm. d. Verf.) entsprechen in gar keiner Weise ihrer Bestimmung, die vordringlichen biologischen und psychologischen Bedürfnisse ihrer Einwohner zu befriedigen. ...
In all diesen Städten ist der Mensch Bedrängnissen ausgesetzt. Alles, was ihn umgibt, erstickt und erdrückt ihn. Nichts, was notwendig ist für seine physische oder moralische Gesundheit, ist erhalten oder eingerichtet worden. Eine Krise der Menschheit macht sich in den großen Städten verheerend bemerkbar und wirkt sich auf die ganze Weite des Landes aus. Die Stadt entspricht nicht mehr ihrer Funktion, nämlich die Menschen zu schützen und sie gut zu schützen." (Punkt 71)

- **„Unglück zahlloser Personen" durch „rücksichtslose Brutalität einiger Privatinteressen"**

„Der Vorrang der privaten Initiative, durch persönliches Interesse und den Köder des Gewinns erregt, liegt dieser bedauerlichen Sachlage zugrunde. Keine Behörde, die sich der Natur und der Wichtigkeit des technischen Fortschritts bewußt wäre, hat bis jetzt interveniert, um die Verheerungen zu verhindern, für die niemand wirklich verantwortlich gemacht werden kann. Die Unternehmen waren hundert Jahre hindurch dem Zufall ausgeliefert. Wohnungs- und Fabrikbau, Straßen-, Kanal- oder Eisenbahnbau, alles hat sich in einer Hast vervielfacht, die jeden bedachten Plan und jede vorherige Überlegung ausschlossen. Heute ist das Unheil geschehen. Die Städte sind unmenschlich, und aus der rücksichtslosen Brutalität einiger Privatinteressen ist das Unglück zahlloser Personen entstanden." (Punkt 72)

- **Ungleichgewlcht der „okonomischen Kräften" gegenüber „administrativer Kontrolle" und „sozialer Solidarität"**

„Das Gefühl für administrative Verantwortlichkeit und das der sozialen Solidarität sind den täglichen Angriffen der schnellen und sich beständig erneuernden Kraft des Privatinteresses ausgesetzt. Diese drei Kraftquellen befinden sich in andauerndem Widerspruch zueinander, und wenn die eine angreift, verteidigt sich die andere. In diesem unglücklicherweise ungleichen Kampf triumphiert meistens das Privatinteresse, in dem es, zum Schaden der Schwachen, den Erfolg der Stärkeren sicherstellt." (Punkt 73)

- **Stadt zwischen „individueller Freiheit und kollektivem Handeln"**

„Die Stadt muß auf geistiger und materieller Ebene die individuelle Freiheit und den Nutzen kollektiven Handelns sicherstellen." (Punkt 75)

- **Die städtebaulichen Hauptfunktionen: wohnen, arbeiten, sich erholen (in der Freizeit), sich bewegen."**

„Das natürliche Maß des Menschen muß als Basis für alle Maßstäbe dienen, die eine Beziehung zum Leben und zu den verschiedenen Funktionen des Daseins haben sollen ..." (Punkt 76)
„Der Städtebau drückt die Daseinsform einer Epoche aus. Er hat sich bisher nur an ein einziges Problem gewagt, an das Verkehrsproblem. Er hat sich damit begnügt, Ausfallstraßen zu bahnen oder Straßen zu ziehen, und hat damit Häuserinseln geschaffen, deren Bestimmung auf gut Glück der privaten Initiative überlassen worden ist. Das ist eine beschränkte und unzulängliche Ansicht von der Aufgabe, die ihm zugefallen ist. Der Städtebau hat vier Hauptfunktionen, und das sind:

= erstens, den Menschen gesunde Unterkünfte zu sichern, d.h. Orte, wo Raum, frische Luft und Sonne, diese drei wesentlichen Gegebenheiten der Natur, weitestgehend sichergestellt sind;
= zweitens, solche Arbeitsstätten zu schaffen, daß die Arbeit, anstatt ein drückender Zwang zu sein, wieder den Charakter einer natürlichen menschlichen Tätigkeit annimmt;
= drittens, die notwendigen Einrichtungen zu einer guten Nutzung der Freizeit vorzusehen, so daß diese wohltuend und fruchtbar wird;
= viertens, die Verbindungen zwischen diesen verschiedenen Einrichtungen herzustellen durch ein Verkehrsnetz, das den

Austausch sichert und die Vorrechte einer jeden Einrichtung respektiert.

Diese vier Funktionen, die vier Schlüssel des Städtebaus, umfassen ein immenses Gebiet, denn der Städtebau ist die Folge einer Denkart, die durch eine Technik des Handelns ins öffentliche Leben dringt."(Punkt 77)

- **„Die Wohnung als das Zentrum der städtebaulichen Bestrebungen"**

„Der Zyklus der täglichen Funktionen: wohnen, arbeiten, sich erholen wird durch den Städtebau unter Berücksichtigung größter Zeiteinsparungen geregelt, indem die Wohnung als das eigentliche Zentrum der städtebaulichen Bestrebungen und als der Angelpunkt aller Maßnahmen betrachtet wird. Der Wunsch, die natürlichen Bedingungen' wieder ins tägliche Leben einzuführen, scheint auf den ersten Blick eine größere horizontale Ausdehnung der Stadt ratsam zu machen; aber Die Notwendigkeit, die verschiedenen Tätigkeiten nach dem Tageslauf der Sonne auszurichten, widersetzt sich dieser Auffassung, deren Nachteil darin besteht, Entfernungen aufzuzwingen, die in keinem Verhältnis zur verfügbaren Zeit stehen." (Punkt 79)

- **Verkehr als Verbindung der städtischen Schlüsselfunktion**

„Die Kraftfahrzeuge hätten von befreiender Wirkung sein sollen und durch ihre Geschwindigkeit einen beachtlichen Gewinn an Zeit herbeiführen müssen. Aber ihre Anhäufung und Konzentration an gewissen Stellen sind gleichzeitig ein Hindernis für den Verkehr und der Anlaß ständiger Gefahr geworden. Darüber hinaus haben sie zahlreiche gesundheitsschädigende Faktoren in das Großstadtleben gebracht. Ihre Abgase, die sich in der Luft verbreiten, sind schädlich für die Lunge, und ihr Lärm bewirkt beim Menschen den Zustand permanenter Nervosität. ...
Sie verdammen den Menschen dazu, ermüdende Stunden in Fahrzeugen aller Art zu verbringen und nach und nach die Ausübung der Tätigkeit zu vergessen, die gesund und natürlich ist wie keine andere: des Gehens." (Punkt 80)
„Der Verkehr, die vierte Funktion, darf nur ein Ziel haben: die drei anderen nutzbringend zu verbinden. ... Man muß die Verkehrsmittel klassifizieren und unterscheiden und für jede Art eine Fahrbahn schaffen, die der Natur des benutzten Fahrzeuges entspricht. Der so geregelte Verkehr wird eine geordnete Funktion, die der Struktur der Wohnung oder derjenigen der Arbeitsstätten keinerlei Gewalt antut." (Punkt 81)

- **„Die Stadt als funktionelle Einheit"**

„Die Stadt wird den Charakter eines im voraus durchdachten Unternehmens annehmen, das den strengen Regeln eines allgemeinen Planes unterworfen ist." (Punkt 84) „Der Zufall wird der Voraussicht weichen, das Programm der Improvisation folgen." (Punkt 85) „Kernfrage und Ausgangspunkt des Städtebaus ist eine Wohnzelle (eine Unterkunft) und ihre Ein fügung in eine Gruppe, die eine Wohneinheit zweckentsprechender Größe bildet." (Punkt 88) „Erst mit diesen Wohneinheiten werden im Raum der Stadt Beziehungen hergestellt zwischen Wohnung, Arbeitsstätten und den der Freizeit zugedachten Einrichtungen." (Punkt 89)

- **"Das schmutzige Spiel der Spekulation" verhindern**

„Die Arbeiten, die von vordinglichster Wichtigkeit sind, müssen unverzüglich in Angriff genommen werden, da alle Städte der

Welt, ob alt oder modern, die gleichen Schäden aufweisen, entstanden aus den gleichen Gründen. ... Zahlreiche Bodenparzellen werden enteignet werden müssen und der Gegenstand von Transaktionen sein. Und dann ist das schmutzige Spiel der Spekulation zu befürchten, das so oft große Bauvorhaben, die angeregt sind durch die Sorge um das öffentliche Wohl, im Keime erstickt." (Punkt 93)
„Der hier festgestellte gefährliche Widerspruch wirft eine der gefährlichsten Fragen der Epoche auf: die Dringlichkeit, mit legalen Mitteln die Verteilung allen nutzbaren Bodens zu regeln, um die lebenswichtigen Bedürfnisse des Individuums in voller Harmonie mit den Kollektivbedürfnissen zu befriedigen. ... Der Boden, das Territorium des Landes, muß in jedem Augenblick zur Verfügung gestellt werden können, und zwar zu einem angemessenen Preis, der vor der Planung des Projektes geschätzt worden ist." (Punkt 94)

- **„Das Privatinteresse wird dem Interesse der Gemeinschaft unterstellt."**

„Das individuelle Recht und das kollektive Recht müssen sich unterstützen, gegenseitig stärken und alles zusammenlegen, was sie an unendlich Konstruktivem mitbringen. Das individuelle Recht hat nichts zu tun mit dem gewöhnlichen Privatinteresse, das eine Minderheit mit Gütern überschüttet, indem es die übrige Gesellschaft zu einem mittelmäßigen Leben verdammt; es bedarf der strengsten Einschränkungen." (Punkt 95)

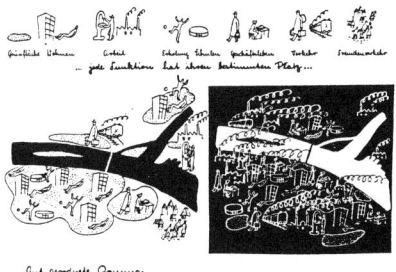

A.1 Illustrationen zur Charta von Athen in der Mainzer Aufbauplanung „Section du Plan" 1947

Literatur

ACHILLES, Walter; BORCK, Heinz-Günther; ...; RIEMANN, Wolfgang u.a.: Der Marktplatz zu Hildesheim: Dokumentation des Wiederaufbaus. Bernward, Hildesheim 1989

AFHELDT, Heik: Der Wachstumsschock - Veränderte Randbedingungen für Stadtentwicklung und Stadtplanung. In: structur 4/1976, S. 78 ff

AfS - ARBEITSGRUPPE FÜR STADTENTWICKLUNG, Stuttgart; INNENMINISTERIUM BADEN-WÜRTEMBERG (Hrsg.): Ortsränder und Ortseingänge. Anregungen und Hinweise für die städtebauliche Planung und Gestaltung. Stuttgart 1991

AKB (1)- AKADEMIE DER KÜNSTE BERLIN: Bauen in Berlin 1900-1964. Austellungskatalog 1964

AKB (2) - AKADEMIE DER KÜNSTE BERLIN: Bruno Taut 1880-1938. Austellungskatalog 1980

AKADEMIE FÜR RAUMFORSCHUNG UND LANDESPLANUNG. Siehe: HANDWÖRTERBUCH DER ...

ALBERS, Gerd (1): Ideologie und Utopie im Städtebau. In: PEHNT, a.a.O., S.453-47

ALBERS, Gerd (2): Vom Fluchtlinienplan zum Stadtentwicklungsplan. Archiv f. Kommunalwissensch. 1967, S. 192-211; Kohlhammer/Deutsch. Gemeindeverl., Köln

ALBERS, Gerd (3): Über das Wesen der räumlichen Planung. In: Stadtbauwelt 21/1969, S. 10-14

ANDRES, Wilhelm; STUMME, Hermann: Kranichstein: Geschichte eines Stadtteils. Reba, Darmstadt 1993

ASHWORTH, William: The Genesis auf Modern Britisch Town Planning. Routledge and Kegan Paul, 1954

ASSUM, Gernot; RICHARD, Jochen: Chorweiler im Umbau. In: Garten + Landschaft 2/1993

AW (1) - ARCHITEKTUR-WETTBEWERBE: Sonderheft Neue Stadt Wulfen. Krämer, Stuttgart 1962

AW (2) - ARCHITEKTUR-WETTBEWERBE: 2. Sonderheft Neue Stadt Wulfen. Krämer, Stuttgart 1965

BAER, C. H. (Hrsg): Kleinbauten und Siedlungen. Hoffmann, Stuttgart o. J. (ca. 1918)

BAHR, Gerhard; MÖLLER, Peter: Hamburg: III.2. Entwicklungsmodell und IV. Zusammenarbeit mit den Nachbarländern. In: HANDWÖRTERBUCH ..., Sp. 1154/1160

BAHRDT, Hans Paul (1): Die moderne Großstadt: Soziolog. Überlegungen zum Städtebau. Wegner, Hamburg 1969

BAHRDT, Hans Paul (2): Wohnbedürfnisse und Wohnwünsche. In: PEHNT, S. 64-88

BALDERMANN, Joachim; HECKING, Georg; KNAUSS, Erich: Wanderungsmotive und Stadtstruktur. Empirische Fallstudie zum Wanderungsverhalten im Großraum Stuttgart. Krämer, Stuttgart 1976

BANDHOLTZ, Thomas; KÜHN, Lotte; CURDES, Gerhard (Hrsg.): Erich Kühn - Stadt und Natur. Vorträge, Aufsätze, Dokumente 1932-1981. Christians, Hamburg 1984

BAUMEISTER, Reinhard: Stadterweiterungen in technischer, baupolizeil. u. wirtschaftl. Beziehung. Berlin 1876

BANDEL, Hans; MASCHULE, Dittmar: Die Gropiusstadt, der städtebauliche Planungs- und Entscheidungsvorgang. Berlin 1974

BECKER, Heidede: Geschichte der Architektur- und Städtebauwettbewerbe. Kohlhammer/Dt. Gemeindeverlag, Stuttgart/Berlin/Köln1992

BECKER, Heidede; KEIM, K. Dieter (Hrsg.): Gropiusstadt: Soziale Verhältnisse am Stadtrand. Deutsches Institut für Urbanistik; Stuttgart, Berlin, Köln, Mainz 1977

BEER, Wolfgang; SPIELHAGEN, Wolfgang (Hrsg.): Bürgerinitiativen: Modell Berlin. ZITTY, Berlin 1978

BENEVOLO, Leonardo: Die Geschichte der Stadt. (Hamburg 1969); Campus, Frankfurt a.M./New York 1990

BERLEPSCH-VALENDAS, Hans Eduard von: Bauernhaus und Arbeiterwohnung in England. Bericht einer Studienreise. Neff, Eszlingen a. N. o. J. (ca. 1905)

BERNDT, Heide: Das Gesellschaftsbild bei Stadtplanern. Krämer, Stuttgart/Bern 1968

BEYME, Klaus von: Der Wiederaufbau - Architektur und Städtebaupolitik in beiden deutschen Staaten. Piper, München/Zürich 1987

BEYME, Klaus von; DURTH, Werner; GUTSCHOW, Niels; NERDINGER, Winfried; TOPFSTEDT, Thomas (Hrsg.): Neue Städte aus Ruinen: Deutscher Städtebau der Nachkriegszeit. Prestel, München 1992

BDA, DAI, BDGA (Bund Deutscher Architekten, Deutscher Architekten- und Ingenieurverband, Bund Deutscher Garten- und Landschaftsarchitekten) und GIEFER, Alois; MEYER, Franz Sales; BEINLICH, Joachim (Hrsg.): Planen und Bauen im neuen Deutschland. Westdeutscher Verlag, Köln/Opladen 1960

BFLR - BUNDESFORSCHUNGSANSTALT FÜR LANDESKUNDE UND RAUMORDNUNG: Flächenhafte Verkehrsberuhigung; Zwischenbericht. In: Informationen zur Raumentwicklung 8/9-1983

BMBAU (1) - BUNDESMINISTERIUM FÜR WOHNUNGSWESEN, STÄDTEBAU UND RAUMORDNUNG (Hrsg.): Wohnen in neuen Siedlungen: Demonstrativbauvorhaben der Bundesregierung. Krämer, Stuttgart 1965

BMBAU (2) - BUNDESMINISTERIUM FÜR WOHNUNGSWESEN UND STÄDTEBAU (Hrsg.): Wohnungsbau und Stadtentwicklung: Demonstrativbauvorhaben des BMBau. Fackler, München 1968

BMBAU (3) - BUNDESMINISTERIUM FÜR RAUMORDNUNG, BAUWESEN UND STÄDTEBAU u. a. (Hrsg.): Ideen, Orte + Entwürfe 1949-1990: Architektur und Städtebau in der Bundesrepublik Deutschland, Ausstellungskatalog, Ernst & Sohn, Berlin 1990

BMBAU (4) - BUNDESMINISTERIUM FÜR RAUMORDNUNG, BAUWESEN UND STÄDTEBAU u. a. (Hrsg.); GEBHARDT, Heinz-Dieter; ZIMICZ, Alexander: Bebauungspläne von Demonstrativmaßnahmen, vergleichende Untersuchungen. Teil II. Schriftenreihe 01 „Versuchs- und Vergleichsbauten und Demonstrativmaßnahmen", Nr. 01.050, Bonn 1974

BMBAU (5) - BUNDESMINISTERIUM FÜR RAUMORDNUNG, BAUWESEN UND STÄDTEBAU u. a. (Hrsg.): Gesamtdokumentation Hamburg-Steilshoop. Demonstrativmaßnahme mit experimentellen Wohnformen und Gemeinschaftseinrichtungen. Band 1: Städtebauliche Planung. Schriftenr. 01 „Versuchs- und Vergleichsbauten und Demonstrativmaßn.", Nr. 01.054, Bonn 1976

BMBAU (6) - BUNDESMINISTERIUM FÜR RAUMORDNUNG, BAUWESEN UND STÄDTEBAU u. a. (Hrsg.); KIRCHHOFF, Jutta; JACOBS, Bernd: Hamburg-Steilshoop, 15 Jahre Erfahrung mit einer Großsiedlung. Schriftenreihe 01 „Modellvorhaben, Versuchs- und Vergleichsvorhaben", Nr. 01.074, Bonn 1985

BMBAU (7) - BUNDESMINISTERIUM FÜR RAUMORDNUNG, BAUWESEN UND STÄDTEBAU u. a. (Hrsg.); GRUB, Hermann; LEJEUNE, Petra: Stadträume im Wandel. Eine Ausstellung der Bundesrepublik Deutschland. Müller, Karlsruhe 1986

BODE, Peter M.; HAMBERGER, Sylvia; ZÄNGL, Wolfgang: Albtraum Auto. Eine hundertjährige Erfindung und ihre Folgen. Raben, München 1986

BOLLEREY, Franziska; HARTMANN, Kristiana: Bruno Taut; Vom phantastischen Ästheten zum ästhetischen Sozial(ideal)isten. In: AKB (2), S. 15-85

BONCZEK, Willi: Bodenwirtschaft in den Gemeinden. In: HANDWÖRTERBUCH ... Spalte 346-368

BOUSTEDT, Olaf (1): Stadtregionen. In: HANDWÖRTERBUCH ... Spalte 3207-3237

BOUSTEDT, Olaf (2): Gedanken über den künftigen Verstädterungsprozeß und die Rolle der Städte. In: SALIN u.a.. a.a.O., S, 217-236

BOUSTEDT, Olaf (3): Grundriß der empirischen Regionalforschung. Teil III: Siedlungsstrukturen. Taschenb. zur Raumplanung, Bd. 6. Schroedel, Hannover 1975

BORCHARD, Klaus: Orientierungswerte für städtebauliche Planung. München 1968

BPB - BUNDESZENTRALE FÜR POLITISCHE BILDUNG: Raumordnung in der Bundesrepublik Deutschland: V. Raumordnung in der Vergangenheit. Informationen zur Politischen Bildung, Bonn, 5/6-1968

BRAMHAS, Erich: Der Wiener Gemeindebau. Birkhäuser; Basel, Boston, Stuttgart 1987

BRINCKMANN, Albert Erich (1): Stadtbaukunst; Geschichtliche Querschnitte und neuzeitliche Ziele - Akademische Verlagsgesellschaft Athenaion, Berlin 1920

BRINCKMANN, Albert Erich (2): Kruppsche Arbeitersiedlungen erbaut von dem Kruppschen Baubüro; Leiter Baurat R. Schmohl. In: BAER, a.a.O., S. 45-58

BRUGGER, Albrecht; Text: LUZ, Frieder; KAULE, Giselher; REINBORN, Dietmar: Baden Württemberg - Landschaft im Wandel; Eine kritische Bilanz in Luftbildern aus 35 Jahren. Theiss, Stuttgart 1990

BUCHANAN, Colin: Verkehr in Städten. Vulkan, Essen 1964 (Original: Traffic in towns. London 1963)

CHERRY, Gordon E.: Die Stadtplanungsbewegung und die spätviktorianische Stadt. In: FEHL, RODRIGUEZ-LORES, {1}, S. 85-105

CHRISTALLER, Walter: Die zentralen Orte in Süddeutschland. Eine ökonomisch-geographische Untersuchung über die Gesetzmäßigkeit der Verbreitung und Entwicklung der Siedlungen mit städtischen Funktionen. Jena 1933

CONRADS, Ulrich (Hrsg.): Programme und Manifeste zur Architektur des 20. Jahrhunderts. Bauwelt Fundamente 1; Berlin, Frankfurt/M., Wien 1964

CZEIKE, Felix: Wiener Wohnbau vom Vormärz bis 1923. In: STADT WIEN, a.a.O., o.S.

DASL (1) - DEUTSCHE AKADEMIE FÜR STÄDTEBAU UND LANDESPLANUNG, LANDESGRUPPE BAYERN: Städtebau im Wandel: Stadtteil Nürnberg-Langwasser. Spindler, Nürnberg (1987) 1988

DASL (2) - DEUTSCHE AKADEMIE FÜR STÄDTEBAU UND LANDESPLANUNG (Hrsg.): Zwischen Stadtmitte und Stadtregion: Berichte und Gedanken, Rudolf Hillebrecht zum 60. Geburtstag. Krämer, Stuttgart 1970

DASL (3) - DEUTSCHE AKADEMIE FÜR STÄDTEBAU UND LANDESPLANUNG (Hrsg.); HOLLATZ, J. W.: Deutscher Städtebau 1968. Die städtebauliche Entwicklung von 70 deutschen Städten. Bacht, Essen 1970

DASL (4) - DEUTSCHE AKADEMIE FÜR STÄDTEBAU UND LANDESPLANUNG (Hrsg.); WEDEPOHL, E.: Deutscher Städtebau nach 1945. Bacht, Essen 1961

DGG - DEUTSCHE GARTENSTADT-GESELLSCHAFT: Die deutsche Gartenstadtbewegung. Verlag der Deutschen Gartenstadt-Gesellschaft, Berlin 1911

DIFU - DEUTSCHES INSTITUT FÜR URBANISTIK (Hrsg.): Urbanität in Deutschland. Kohlhammer/Deutscher Gemeindeverlag; Stuttgart, Berlin, Köln 1991

DNB - DAS NEUE BERLIN: Monatszeitschrift 1929, hrsg. von Martin WAGNER und Adolf BEHNE; Deutsche Bauzeitung, Berlin. (Reprint: DNB - Großstadtprobleme. Birkhäuser, Basel ... 1988)

DNF - DAS NEUE FRANKFURT: Monatszeitschrift 1926-1933, gegründet von Ernst MAY und Georg SCHLOSSER, Verlag Englert u. Schlosser, Frankfurt

DNS (1) - DIE NEUE SAMMLUNG (Hrsg.); LEHMBROCK, Josef; FISCHER, Wend: Profitopolis, oder: Der Mensch braucht eine andere Stadt. Katalog z. Ausstell. d. Staatl. Museums f. angewandte Kunst, München (1971) 1978

DNS (2) - DIE NEUE SAMMLUNG (Hrsg.); LEHMBROCK, Josef; FISCHER, Wend: Von Profitopolis zur Stadt der Menschen. Katalog zur Ausstellung des Staatl. Museums für angewandte Kunst, München 1979

DREYSSE, D. W.: May-Siedlungen. Fricke, Frankfurt am Main 1987

DURTH, Werner (1): Vom Sieg der Zahlen über die Bilder: Anmerkungen zum Bedeutungswandel der Städte im Denken der Planer. In: Stadtbauwelt 88/1985, S. 362ff.

DURTH, Werner (2): Phasen der Stadtentwicklung und des Wandels städtebaulicher Leitbilder. n: WILDENMANN, Rudolf, S. 101-117

DURTH, Werner (3): Entwicklungslinien in Architektur und Städtebau: Ein Rückblick als Skizze. in: BMBAU (3), S. 11-42

DURTH, Werner; GUTSCHOW, Niels (1): Träume in Trümmern: Planungen zum Wiederaufbau zerstörter Städte im Westen Deutschlands 1940-1950; 1. Konzepte. Vieweg, Braunschweig/Wiesbaden 1988

DURTH, Werner; GUTSCHOW, Niels (2): Träume in Trümmern: Planungen zum Wiederaufbau zerstörter Städte im Westen Deutschlands 1940-1950; 2. Städte. Vieweg, Braunschweig/Wiesbaden 1988

DURTH, Werner; GUTSCHOW, Niels (3): Architektur und Städtebau der fünfziger Jahre. Schriftenreihe d. Deutsch. Nationalkomitees f. Denkmalschutz, Bd. 33, Bonn 1987

DURTH, Werner; NERDINGER, Winfried: Architektur und Städtebau der 30er/40er Jahre. Schriftenr. d. Deutsch. Nationalkomitees für Denkmalschutz, Bd. 46, Bonn 1993

DVWSR - DEUTSCHER VERBAND FÜR WOHNUNGSWESEN, STÄDTEBAU UND RAUMPLANUNG (Hrsg.): Stadt- und Dorferneuerung. Dokumentation über das Seminar des Bundesministers für Städtebau und Wohnungswesen 1970, Band I - IV. Stadtbau, Bonn 1970

EGLI, Ernst: Geschichte des Städtebaus: 2. Band. Das Mittelalter. Rentsch, Zürich/Stuttgart 1962

EGW - ENTWICKLUNGSGESELLSCHAFT WULFEN (Hrsg.): Das andere Wohnen. DVA, Stuttgart 1980

ENGELMANN, Bernt: Wir Untertanen: Ein Deutsches Anti-Geschichtsbuch. Fischer Taschenbuch Nr. 1680, Frankfurt a.M. 1974

EINSELE, Martin; ROSE, Ernst; GRAGNATO, Siegfried J. (Hrsg.): Vierzig Jahre Städtebau in Baden-Württemberg: Entwicklung, Aufgaben, Perspektiven. Belser, Stuttgart/Zürich 1992

FALLER, Peter: Alle wollen wohnen: Mehrgeschossiger Wohnbau. In: SCHMITT, S. 71-83

FEDER, Gottfried; RECHENBERG, Fritz: Die neue Stadt: Versuch der Begründung einer neuen Stadtplanungskunst aus der sozialen Struktur der Bevölkerung. Springer, Berlin 1939

FEHL, Gerhard; RODRIGUEZ-LORES, Juan (Hrsg.) (1): Städtebau um die Jahrhundertwende: Materialien zur Entstehung der Disziplin Städtebau. Schriftenreihe Politik und Planung 10; Dtsch. Gemeindeverlag / Kohlhammer, Köln 1980

FEHL, Gerhard; RODRIGUEZ-LORES, Juan (Hrsg.) (2): Stadterweiterungen 1800-1875: Von den Anfängen des modernen Städtebaus in Deutschland. Reihe Stadt Planung Geschichte 2; Christians, Hamburg 1983

FEHL, Gerhard; RODRIGUEZ-LORES, Juan (Hrsg.) (3): Städtebaureform 1865-1900: Von Licht, Luft und Ordnung in der Stadt der Gründerzeit. Reihe Stadt Planung Geschichte 5.1; Christians, Hamburg 1985

FEHL, Gerhard: Camillo Sitte als „Volkserzieher; Anmerkungen zum deterministischen Denken in der Stadtbaukunst des 19. Jahrhunders. In: FEHL/ RODRIGUEZ-LORES (1), S. 173-221

FISCHER, Theodor (1): Sechs Vorträge über Stadtbaukunst. München 1920, 2. Aufl. München und Berlin, 3. Aufl. München 1941

FISCHER, Theodor (2): Städtebau. In: STADTSCHULTHEISSENAMT STUTTGART. S. 235-240

FISCHER, Theodor (3): Altstadt und neue Zeit. In: Gegenwartsfragen künstlerischer Kultur, Augsburg 1931, S. 7ff.

FREUD, Bernhard: 50 Jahre Gemeinnützige Heimstätten-Aktiengesellschaft. In: Bauwelt 14/1974, S. 544

FRITSCH, Theodor: Die Stadt der Zukunft. Leipzig 1896

FRORIEP, Siegfried: Siedlungsverband Ruhrkohlenbezirk. In: HANDWÖRTERBUCH ...Sp. 2914-2823

GANSER, Karl: Ein Jahr nach Bad Hersfeld. In: SRL (1), S. 7-11

GARTENSTADT KARLSRUHE eG: Festschr. z 75jährigen Bestehen der Gartenstadt Karlsruhe eG. 1982

GEIPEL, Robert; HEINRITZ, Günter u.a.: München: Ein sozialgeographischer Exkursionsführer. Münchner Geographische Hefte 55/56, Lassleben, Regensburg 1987

GEIST, J. F.; KÜRVERS, K. (1): Das Berliner Mietshaus 1740-1862. Prestel, München 1980

GEIST, J. F.; KÜRVERS, K. (2): Das Berliner Mietshaus 1862-1945. Prestel, München 1984

GERETSEGGER, Heinz; PEINTNER, Max; PICHLER, Walter: Otto Wagner 1841-1918: Unbegrenzte Großstadt, Beginn der modernen Architektur. Residenz, Salzburg/Wien 1983

GEWOBA Bremen (Hrsg.), ASCHENBECK, Nils; WALLEN-HORST, Hans-Joachim: Modell Neue Vahr. Austellungskatalog, Bremen 1993

GIEFER, Alois; MEYER, Franz Sales; BEINLICH, Joachim (Hrsg.): Planen und Bauen ..., siehe: BDA, ...

GIESLER, Hermann: Ein anderer Hitler. Bericht seines Architekten Hermann Giesler. Erlebnisse, Gespräche, Reflexionen. Druffel, Leoni 1977

GLEINIGER, Andrea: Die Frankfurter Nordweststadt; Geschichte einer Großsiedlung. Campus, Frankfurt/Main-New York 1995

GÖB, Rüdiger: Stadtentwicklung in West und Ost - vor und nach der Einheit. In: DIFU, S. 55-69

GÖDERITZ, Johannes; RAINER, Roland; HOFFMANN, Hubert: Die gegliederte und aufgelockerte Stadt. Wasmuth, Tübingen 1957

GÖSSEL, Peter; LEUTHÄUSER, Gabriele: Architektur des 20. Jahrhunderts. Taschen, Köln 1990

GROBLER, Johannes; GRUNER, Justus von; KLEIN, Alexander u.a.: Das Eigenheim: Kleinhaus, Anbauhaus, Wohnlaube. Bong, Berlin/Leipzig 1932

GROPIUS, Walter: Architektur. Wege zu einer optischen Kultur. Frankfurt/Hamburg (1956) 1959

GRUBER, Karl: Die Gestalt der deutschen Stadt. Callwey, München 1976

GÜNTHER, Hans F. K.: Verstädterung: Ihre Gefahren für Volk und Staat vom Standpunkt der Lebensforschung und der Gesellschafswissenschaft. Leipzig/Berlin 1934

GUTHER, Max: Zur Geschichte der Städtebaulehre an deutschen Hochschulen. In: SI, S. 34-117

HACKELSBERGER, Christoph (1): Die aufgeschobene Moderne: Ein Versuch zur Einordnung der Architektur der Fünfziger Jahre. Deutscher Kunstverlag, München / Berlin 1985

HACKELSBERGER, Christoph (2): Wille zur Baukultur, Volkstum und Macht; Weissenhof- und Kochenhofsiedlung: Ein Konflikt wird sichtbar - Anmerkungen zur deutschen Architekturseele (1). Südd. Zeitung 24.7.1989

HARDER, Günter; SPENGELIN, Friedrich (Hrsg.): Verkehrsberuhigung in Wohngebieten. Gemeinde, Stadt, Land. Eigenverlag, TU Hannover 1977

HAFNER, Thomas: Kollektive Wohnformen im Deutschen Kaiserreich 1871-1918. Arbeitsbericht 44, Städtebaul. Institut, Dissertat., Uni Stuttgart 1988

HAIN, Simone: Berlin Ost: „Im Westen wird man sich wundern". In: BEYME /DURTH u.a., S.32-57

HANDWÖRTERBUCH DER RAUMFORSCHUNG UND RAUM-ORDNUNG, Akademie für Raumforschung und Landesplanung, Gebrüder Jänecke, Hannover 1970

HARTMANN, Kristiana: Deutsche Gartenstadtbewegung. Moos, München 1976

HARTOG, Rudolf: Stadterweiterungen im 19. Jahrhundert. Schriften d. Vereins z. Pflege kommunalwissenschaftl. Aufgaben e.V. Berlin; Kohlhammer, Stuttgart 1962

HECKING, Georg; MIKULICZ, Stefan; SÄTTELE, Andreas: Bevölkerungsentwicklung und Siedlungsflächenexpansion: Entwicklungstrends, Planungsprobleme und Perspektiven am Beispiel der Region Mittlerer Neckar. Krämer, Stuttgart 1988

HEGEMANN, Werner: Das steinerne Berlin. (Orig. 1930), Bauwelt Fundamente 3, Vieweg, Braunschweig/ Wiesbaden (1976) 1992

HEIL, Karolus: Neue Wohnquartiere am Stadtrand. In: PEHNT, S. 181-200

HENRICI, Karl: Beiträge zur praktischen Ästhetik im Städtebau. München 1904

HERLYN, Ulfert: Soziale Segregation. In: PEHNT, S. 89ff

HESS, Friedrich: Städtebau. Ergänz. zu „Konstruktion und Form im Bauen". Hoffmann, Stuttgart 1944

HEUER, Hans: Sozioökonomische Bestimmungsfaktoren der Stadtentwicklung. Kohlhammer, Stuttgart 1975

HILBERSEIMER , Ludwig (1): Großstadt-Architektur. Stuttgart 1927

HILBERSEIMER , Ludwig (2): Entfaltung einer Planungsidee. Ullstein Bauwelt Fundamente 6, Berlin 1963

HILLEBRECHT, Rudolf (1): Städtebau und Stadtentwicklung. In: Archiv für Kommunalwissenschaften, Jg. 1, Stuttgart 1962, S. 41 ff

HILLEBRECHT, Rudolf (2): Im Gespräch mit Werner Durth. In: Stadtbauwelt 72/1981, S. 371 ff

HILPERT, Thilo (Hrsg.): Le Corbusiers „Charta von Athen": Texte und Dokumente; Kritische Neuausgabe. Bauwelt Fundamente 56, Vieweg, Braunschweig/ Wiesbaden (1984) 1988

HIPP, Hermann: Wohnstadt Hamburg. Mietshäuser der zwanziger Jahre zwischen Inflation und Weltwirtschaftskrise. Christians, Hamburg 1982

HIRDINA, Heinz (Hrsg.): Neues Bauen, Neues Gestalten; Das Neue Frankfurt/die neue Stadt; eine Zeitschrift zwischen 1926 und 1933. Verlag der Kunst, Dresden (1984) 1991

HOFRICHTER, Hartmut: Stadtbaugeschichte von der Antike bis zur Neuzeit. Vieweg, Braunschweig 1991

HOLLATZ, J. W.: Dtsch. Städtebau 1968. Siehe DASL (3)

HOLTMANN, Hartmut. Haben die Bürger in Osnabrück etwas zu sagen? Anspruch und Wirklichkeit eines „Demokratisierungsversuches" bei der Innenstadtsanierung. Süddeutsche Zeitung 22.1.1972

HOPPE, Ingo: Randbemerkungen zu den Ergebnissen eines Gutachtens über Nachbesserungsüberlegungen im Märkischen Viertel. In: SRL, S. 124-130

HOTZAN, Jürgen: dtv—Atlas zur Stadt. Deutscher Taschenbuch Verlag, München 1994

HOWARD, Ebenezer: Tomorrow: A Peaceful Way to Real Reform, London 1898. Neuausgabe: Garden Cities of Tomorrow. London 1902

HOWARD, Ebenezer: Gartenstädte in Sicht. Jena 1907

ILS - INSTITUT FÜR LANDES- UND STADTENTWICK-LUNGSFORSCHUNG NW (Hrsg): Landesplanung und Städtebau in den 80er Jahren; Teil: Die neue Stadt Wulfen. Dortmund 1981, S. 86-118.

ISW - INSTITUT FÜR STÄDTEBAU UND WOHNUNGSWESEN der Deutschen Akademie für Städtebau und Landesplanung (Hrsg.): Stadtplanung: Anspruch und Wirklichkeit. München 1975

IRION, Ilse; SIEVERTS, Thomas: Neue Städte: Experimentierfelder der Moderne. Deutsche Verlags-Anstalt, Stuttgart 1991

JACOB, Frank-Dietrich: Historische Stadtansichten. Seemann, Leipzig 1982

JACOBS, Jane: Tod und Leben großer amerikanischer Städte. Ullstein Bauwelt Fundamente 4, Ullstein; Berlin,Frankfurt/M., Wien 1963

JOEDICKE, Jürgen;PLATH, Christian: Die Weißenhofsiedlung. Krämer, Stuttgart (1968, 1977) 1984

KALLMORGEN, Werner: Schumacher und Hamburg, eine fachliche Dokumentation zu seinem 100. Geburtstag. Christians, Hamburg 1969

KAMPFFMEYER, Hans: Die Nordweststadt in Frankfurt am Main: Wege zur neuen Stadt. Schriftenreihe der Dezernate Planung und Bau - Stadtwerke und Verkehr der Stadt Frankfurt am Main, Band 6; Europäische Verlagsanstalt, Frankfurt am Main 1968

KAUFFMANN, Wolf-Dietrich: Stadtlandschaft. In: HANDWÖR-TERBUCH ..., Spalte 3205/3206

KAUTT, Dietrich (1): Wolfsburg im Wandel städtebaulicher Leitbilder. Dissertation, Stadt Wolfsburg 1983

KAUTT, Dietrich (2): Wolfsburg im Wandel städtebaulicher Leitbilder. Steinweg, Braunschweig 1989

KEGLER, Harald: Die Piesteritzer Werkssiedlung. Hrsg. von Bauhaus Dessau, Werkssiedlung GmbH & CoKG, Stadtverwaltung Wittenberg; 1993

KESTING, Marianne (1): So saniert man eine alte Stadt zu Tode. Zum Beispiel Hameln. Deutsch. Allgem. Sonntagsbl. 27.8.1972

KESTING, Marianne (2): Städte sterben im Namen des Volkes. In: Deutsche Zeitung 2., 9. u. 16.11.1973

KIESS, Walter: Urbanismus im Industriezeitalter; Von der klassizistischen Stadt zur Garden City. Ernst & Sohn, Berlin 1991

KIRSCH, Peter: Arbeiterwohnsiedlungen im Königreich Württemberg in der Zeit vom 19. Jahrhundert bis zum Ende des Ersten Weltkriegs. Tübinger Geogr. Studien, H. 84, 1982 (Selbstverl. d. Geogr. Inst. d. Univ. Tübingen)

KIRSCH, Karin: Die Weissenhofsiedlung. Werkbund-Ausstellung „Die Wohnung" - Stuttgart 1927. DVA, Stuttgart 1987

KLAGES, Helmut: Der Nachbarschaftsgedanke und die nachbarliche Wirklichkeit in der Großstadt. Westdeutscher Verlag, Köln/Opladen 1958 (2. Auflage 1968)

KLAGES, Helmut (2): Planungspolitik. Kohlhammer, Stuttgart 1971

KLÖPPER, Rudolf: Zentrale Orte und ihre Bereiche. In: HANDWÖRTERBUCH ..., Spalte 3849-3860

KLOTZ, Heinrich: Von der Urhütte zum Wolkenkratzer: Geschichte der gebauten Umwelt. Prestel, München 1991

KLÜHSPIES, Karl: Grundsätzliche Anmerkungen zu Anspruch und Wirklichkeit in der Stadtplanung, anhand des Münchner Stadtentwicklungsplans. In: ISW, S, 163 ff.

KOCH, Hugo: Gartenkunst im Städtebau. Wasmuth, Berlin (1913) 1921

KOCH, Wilfried: Baustilkunde: Band 2: Stadtentwicklung. Bertelsmann, Gütersloh 1993, S. 390-423

KÖNIG, René: Definition der Stadt. In: PEHNT, S. 11-25

KÖSTERS, Hans G. (1): Margarethenhöhe: Dichtung in Stein und Grün. Beleke, Essen 1982

KÖSTERS, Hans G. (2): Margarethenhöhe: Der Große Wurf. Beleke, Essen 1991

KRONAWITTER, Georg (Hrsg.): Rettet unsere Städte jetzt! Manifest der Oberbürgermeister. Econ, Düsseldorf, Wien ... 1994

KÜHN, Erich: Vom Wesen der Stadt und des Städtebaues. In: VOGLER/KÜHN, S. 203-213

LH - LANDESHAUPTSTADT HANNOVER (Hrsg): Zur Diskussion: Innenstadt. Stadtplanungsamt 1970

LAMPUGNANI, Vittorio Magnago: Architektur und Städtebau des 20. Jahrhunderts. Hatje, Stuttgart 1980

LANGNER, Bernd: Gemeinnütziger Wohnungsbau um 1900. Karl Hengerers Bauten für den Stuttgarter Verein für das Wohl der arbeitenden Klassen. Klett-Cotta, Stuttgart 1994

LAUSCHMANN, Elisabeth: Grundlagen einer Theorie der Regionalpolitik. Jänecke, Hannover 1973

LAWRENCE, F. W.: The Housing Problem. In: MASTERMAN, H. (Hrsg.): The Heart of the Empire. 1901

LE CORBUSIER (1): Städtebau. (Original: Urbanisme. 1925) Faksimile d. 1. Aufl. 1929, Deutsche Verlags-Anstalt, Stuttgart 1979

LE CORBUSIER (2): An die Studenten: Die „Charte d'Athénes". Rowohlts Deutsche Enzyklopädie, rororo Taschenbuch Nr. 141, Hamburg 1962

LEHMBROCK, Josef; FISCHER, Wend: Profitopolis ... , s. DNS (1) - DIE NEUE SAMMLUNG (Hrsg.).

LEHMBROCK, Josef; FISCHER, Wend: Von Profitopolis zur Stadt der Menschen. S. DNS (2)

LIMBACH, Fridolin: Die schöne Stadt Bern. Benteli, Bern 1978

LINDER, Wolf; MAURER, Ulrich; RESCH, Hubert: Erzwungene Mobilität; Alternativen zur Raumordnung, Stadtentwicklung und Verkehrspolitik. Europäische Verlagsanstalt, Köln/Frankfurt a. M. 1975.

LOOS, Adolf: Ornament und Verbrechen. 1908. In: CONRADS, S. 16

LYNCH, Kevin: Das Bild der Stadt. Bauwelt Fundamente 16, Bertelsmann Fachverl.; Gütersloh/Berlin, München 1968

MANG, Karl: Architektur einer sozialen Evolution: Kommunaler Wohnbau der Gemeinde Wien zwischen dem Ende der Monarchie und dem Bürgerkrieg. In: STADT WIEN, a. a. O., o.S.

MARKELIN, Antero; MÜLLER, Rainer: Stadtbaugeschichte Stuttgart. Krämer, Stuttgart 1985

MAY, Ernst und das Neue Frankfurt 1925-1930. Hrsg. im Auftrag des Dezernats für Kultur und Freizeit, Amt für Wissenschaft und Kunst der Stadt Frankfurt am Main, Ernst & Sohn, Berlin 1986

MEADOWS, Dennis; MEADOWS, Donella; ZAHN, Erich; MILLING, Peter: Die Grenzen des Wachstums. Bericht des Club of Rome zur Lage der Menschheit. Deutsche Verlags-Anstalt, Stuttgart 1972

METZENDORF, Georg: Kleinwohnungsbauten und Siedlungen: Gartenstädte Margarethen-Höhe und Hüttenau. Koch Darmstadt 1920

METZENDORF, Rainer: Georg Metzendorf. In: Bauwelt 27/1984, S. 1170-1172

MEUSER, Philipp: Der ideale Ort für den Sozialismus: Stalinstadt auf dem Reißbrett entworfen. In: Rheinischer Merkur Nr.18, 30.4.1993

MITSCHERLICH, Alexander: Die Unwirtlichkeit unserer Städte: Anstiftung zum Unfrieden. Edition Surkamp 123, Frankfurt am Main 1969

MÖLLER, Hans-Herbert (Hrsg.); NESS, Wolfgang; RÜTTGERODT-RIECHMANN, Ilse; WEISS, Gerd; ZEHNPFENNIG, Marianne: Baudenkmale in Niedersachsen 10.1 und 10.2: Hannover Teil 1 und 2. Vieweg, Braunschweig/Wiesbaden 1983

MÜLLER, Ewald: München 71 - 16. ordentliche Hauptversammlung des Deutschen Städtetages. Der Städtetag 7/1971, S. 366-372

MÜLLER-IBOLD, Klaus; HILLEBRECHT, Rudolf - Städte verändern ihr Gesicht: Strukturwandel einer Großstadt und ihrer Region, dargestellt am Beispiel Hannover - Krämer, Stuttgart 1962

MUMFORD, Lewis (1): Die Stadt. Deutscher Taschenbuch Verlag, München 1979

MUMFORD, Lewis (2): Der Gartenstadtgedanke und moderner Städtebau. In: POSENER, S. 183-193

MUTHESIUS, Hermann: Kleinhaus und Kleinsiedlung. München 1920

MUTHESIUS, Stefan: Das englische Reihenhaus. Die Entwicklung einer modernen Wohnform. (Original: The English Terraced House, 1982), Köster, Königstein 1990

NERDINGER, Winfried: Theodor Fischer: Architekt und Städtebauer 1862-1938. Ausstellungskatalog, Ernst, München 1988

NEUFFER, Martin: Städte für alle: Entwurf einer Städtepolitik. Wegner, Hamburg 1970

NGBK - NEUE GESELLSCHAFT FÜR BILDENDE KUNST: Wem gehört die Welt - Kunst und Gesellschaft in der Weimarer Republik. Ausstell.-Katalog, Berlin 1977

NOEVER, Peter (Hrsg.): Die Fankfurter Küche von Margarete Schütte-Lihotzky. Ernst & Sohn, Berlin o. J. (ca 1992)

NOVY, Klaus: Selbsthilfe als Reformbewegung: Der Kampf der Wiener Siedler nach dem 1. Weltkrieg. In: ARCH+ 55 (1980), S. 26-40

NOVY, Klaus; UHLIG, Günter: Die Wiener Siedlerbewegung 1918-1934. Ausstellungskatalog, ARCH+ 1980

OSBORN, Frederic J. (1): Howard, Ebenezer. In: HANDWÖRTERBUCH ..., Spalte 1220-1224

OSBORN, Frederic J. (2): Vorwort zur englischen Neuausgabe 1946 von „E. HOWARD: Gardencities of tomorrow". In: POSENER, S. 163-182

OSTERWOLD, Klaus: Wetzel, Heinz. In: HANDWÖRTERBUCH ..., Spalte 3721-3725

OTTO, Karl: Die Stadt von morgen: Gegenwartsprobleme für alle. Berlin 1959

PANERAI, Philippe; CASTEX, Jean; DEPAULE, Jean-Charles: Vom Block zur Zeile: Wandlungen der Stadtstruktur. Bauwelt Fundamente 66, Vieweg, Braunschweig/Wiesbaden 1985

PEHNT, Wolfgang (Hrsg.) (1): Die Stadt in der Bundesrepublik: Lebensbedingungen, Aufgaben, Planung. Reclam, Stuttgart 1974

PEHNT, Wolfgang (Hrsg.) (2): Die Architektur des Expressionismus. Hatje, Stuttgart 1973

PERÉNYI, Imre: Die moderne Stadt. Gedanken über die Vergangenheit und Zukunft der Städteplanung. Akadémiai Kiadó, Budapest 1970

PESCH, Franz: Stadterneuerung in großen Gebieten ohne scharfe Eingriffe. In: SRL (1), S. 27-36

PETSCH, Joachim (1): Baukunst und Städteplanung im Dritten Reich. München/Wien 1976

PETSCH, Joachim (2): Auch Wohnungsmangel und Wohnungsbaupolitik haben Geschichte. In: Der Bürger im Staat, Hrsg. Landeszentr. f. Pol. Bildung Baden-Württemberg, Heft 4, Dez. 1992, S. 235-241

PFEIFFER, Eduard: Eigenes Heim und billige Wohnungen. Ein Beitrag zur Lösung der Wohnungs-Frage mit besonderem Hinweis auf die Erstellung der Kolonie Ostheim-Stuttgart. Wittwer, Stuttgart 1896

PFEIFFER, Ulrich; ARING, Jürgen: Stadtentwicklung bei zunehmender Bodenknappheit. Vorschläge für ein besseres Steuerungssystems. DVA, Stuttgart 1993

PFEIL, Elisabeth (1): Großstadtforschung. Bremen 1950

PFEIL, Elisabeth (2): Zur Kritik der Nachbarschaftsidee. Archiv für Kommunalwissenschaften, 1963, S. 39 ff

PICCINATO, Giorgio: Die Rolle der Stadtplanung beim Aufbau der kapitalistischen Stadt. In: FEHL/ RODRIGUEZ-LORES (1}, S. 28-35

PICCINATO, Giorgio (2): Städtebau in Deutschland 1871-1914; Genese einer wissenschaftlichen Disziplin. Bauwelt Fundamente 62, Vieweg, Braunschweig/Wiesbaden 1983

PITZ, Helge; BRENNE, Winfried: Die Bauwerke und Kunstdenkmäler von Berlin: Heft 1: Zehlendorf, Onkel Tom Siedlung; Einfamilienhäuser von Bruno Taut. Mann, Berlin 1980

PITZ, Helge: Rekonstruktion der Farbigkeit Berliner Großsiedlungen der zwanziger Jahre: Beispiel Waldsiedlung Zehlendorf. In: TAVERNE/ WAGENAAR, S. 124-135

POSENER, Julius (Hrsg.): Ebenezer Howard: Gartenstädte von morgen. Ullstein BauweltFundamente 21, Frankfurt/ Wien 1968

PREUSLER, Burghard: Walter Schwagenscheid 1886-1968. Deutsche Verlags-Anstalt, Stuttgart 1985

RABELER, Gerhard: Wiederaufbau und Expansion westdeutscher Städte 1945-1960 im Spannungsfeld von Reformideen und Wirklichkeit - Ein Überblick aus städtebaul. Sicht. Schriftenr. d. Dtsch. Nationalkomitees f. Denkmalschutz, Bd. 39, Bonn 1990

RAINER, Roland: Städtebauliche Prosa. Tübingen 1948

RAVE, Rolf; KNÖFEL, Hans Joachim: Bauen seit 1900, Ein Führer durch Berlin. Ullstein, Berlin 1963

REHBERG, Siegfried (Hrsg.): Grüne Wende im Städtebau. Wege zum ökologischen Planen und Buen. Müller, Karlsruhe 1985

REICHOW, Hans Bernhard (1): Organische Stadtbaukunst. Von der Großstadt zur Stadtlandschaft. Westermann, Braunschweig / Berlin / Hamburg 1948

REICHOW, Hans Bernhard (2): Die autogerechte Stadt. Otto Maier, Ravensburg 1959

REICHOW, Hans Bernhard (3): Planung und Bau der Sennestadt. In: SENNESTADT, S. 230-244

REINBORN, Dietmar (1): Kommunale Gesamtplanung: Ein Modell des kommunalen Planugsprozesses als selektiv-iterativer Vorgang von der Zielsuche bis zur Mittelwahl. Dissertation, Hannover 1974

REINBORN, Dietmar (2): Zielplanung als Instrument einer kommunalen Gesamtplanung. In: Stadt-Region-Land, Schriftenreihe des Instituts für Stadtbauwesen, RWTH Aachen, H. 41, 1977, S. 45

REINBORN, Dietmar (3): Umfunktionierung, oder: Wie die Charta von Athen bewußt als Postulat der Funktionstrennung gedeutet wurde. In: Wohnen und Stadtentwicklung, Geographische Hochschulmanuskripte, Heft 7/2, Oldenburg 1978, S. 5-78

REINBORN, Dietmar; KOCH, Michael: Entwurfstraining im Städtebau. Kohlhammer, Stuttgart 1992

REPPÉ, Susanne: Der Karl-Marx-Hof. Geschichte eines Gemeindebaus und seiner Bewohner. Picus, Wien 1993

RIEMANN, Wolfgang: Die städtebauliche Planung für den Marktplatz in Hildesheim: Stationen eines Weges zwischen Fortschritt und Bewahren. In: ACHILLES...,S, 59 ff.

RODRIGUEZ-LORES, Juan; FEHL, Gerhard (Hrsg.): Städtebaureform 1865-1900: Von Licht, Luft und Ordnung in der Stadt der Gründerzeit. Reihe Stadt Planung Geschichte 5.2; Christians, Hamburg 1985

SALIN, Edgar: Urbanität. In: Erneuerung unserer Städte: Vorträge, Aussprachenund Ergebnisse der 11. Hauptversammlung des Deutschen Städtetages in Augsburg, Stuttgart 1960

SALIN, Edgar; BRUHN, Niels; MARTI, Michel Hrsg.): Polis und Regio: Von der Stadt- zur Regionalplanung. Frankfurter Gespräch der List-Gesellschaft, 8.-10. Mai 1967; Kyklos, Basel; Mohr, Tübingen 1967

SÄUME, M.; HAFEMANN, G.: Die Nebenerwerbssiedlung: Versuch einer Formgebung. In: Monatshefte für Baukunst und Städtebau, 1932, S. 601-603

SCARPA, Ludovica: Martin Wagner und Berlin: Architektur und Städtebau in der Weimarer Republik. Vieweg, Braunschweig/ Wiesbaden 1986

SCHMIDT-RELENBERG, Norbert; FELDHUSEN, Gernot; LUETKENS, Christian: Sanierung und Sozialplan. Callwey, München 1973

SCHMITT, Karl Wilhelm (Hrsg.): Architektur in Baden-Württemberg nach 1945. DVAnstalt, Stuttgart 1990

SCHNEIDER, Christian: Stadtgründungen im Dritten Reich, Wolfsburg und Salzgitter: Ideologie, Ressortpolitik, Repräsentation. Moos, München 1978

SCHREIBER, Folker: Soziale Bodenpolitik. In: PEHNT, S. 385-406

SCHULTZE-NAUMBURG, Paul: Kulturarbeiten, Band 4: Städtebau. Callwey, München (1906) 1909

SCHUMACHER, Fritz (1): Das Werden einer Wohnstadt: Bilder vom neuen Hamburg. Reihe Stadt Planung Geschichte 4; Nachdr. d. Ausg. Westermann, Hamburg 1932; Christians, Hamburg 1984

SCHUMACHER, Fritz (2): Strömungen in deutscher Baukunst. 1. Aufl. Seemann, Leipzig 1935; Seemann, Köln 1955

SCHUMACHER, Fritz (3): Vom Städtebau zur Landesplanung und Fragen städtebaulicher Gestaltung. Archiv für Städtebau und Landesplanung, Wasmuth, Tübingen 1951

SCHWAGENSCHEIDT, Walter (1): Die Raumstadt. Schneider, Heidelberg 1949

SCHWAGENSCHEIDT, Walter (2); hrsg. von HOPMANN, Ernst; SITTMANN, Tassilo: Die Raumstadt und was daraus wurde: 'Mein letztes Buch'. Krämer, Stuttgart/Bern 1971

SCHWAGENSCHEIDT, Walter (3): Die Nordweststadt; Idee und Gestaltung. Krämer, Stuttgart 1964

SCHWEIZER, Otto Ernst (1): Über die Grundlagen des architektonischen Schaffens. Hoffmann, Stuttgart 1935

SCHWEIZER, Otto Ernst (2): Forschung und Lehre 1930-60. Krämer, Stuttgart 1962

SCHWONKE, Martin: Kommunikation in städtischen Gemeinden. In: PEHNT, S. 45-63

SENNESTADT GmbH (Hrsg.): Sennestadt: Geschichte einer Landschaft. Eigenverlag, Bielefeld 1980

SENNESTADTVEREIN (Hrsg.): Der Städtebau der Sennestadt. Eine Dokumentation. BF-Sennestadt 1988

SHARP, Thomas: Städtebau in England. (Town Planning, 1940, 1942, 1945) Ernst, Berlin 1948

SI - STÄDTEBAULICHES INSTITUT STUTTGART (Hrsg.): Heinz Wetzel und die Geschichte der Städtebaulehre an deutschen Hochschulen. Eigenverlag, Stuttgart 1982

SIEVERTS, Thomas (1): Raumbildung im modernen Städtebau: Renaissance der Stadtgestaltung - in: Renaissance der Gestalt im Städtebau?; SRL-Information 21, S. 7-18, Eigenverlag, Bochum 1986

SIEVERTS, Thomas (2) (Hrsg.): Zukunftaufgaben der Stadtplanung. Werner, Düsseldorf 1990

SITTE, Camillo: Der Städtebau nach seinen künstlerischen Grundsätzen. 1. Aufl. Wien 1889; Reprint 4. Aufl. Wien 1909, vermehrt um „Großstadtgrün", Vieweg, Braunschweig/Wiesbaden 1983

SPEER, Albert (Hrsg.); WOLTERS, Rudolf: Neue Deutsche Baukunst. Volk und Reich Verlag, Prag 1943

SPEER, Albert: Erinnerungen. Berlin 1969

SPENGELIN, Friedrich u. a.: Funktionelle Erfordernisse zentraler Einrichtungen als Bestimmungsgröße von Siedlungs- und Stadteinheiten in Abhängigkeit von Größenordnung und Zuordnung. Schriftenr. „Städteb. Forschung" des BMBau 03.003, Bonn 1972

SPENGELIN, Friedrich: Anmerkungen zum immer aktuellen Thema Wohnungsbau nebst einigen Gedanken zu Stadtflucht und Stadthaus. In: Die Stadt, architektur wettbewerbe, Krämer, Stuttgart 1979, S. 10f

SPENGELIN, Friedrich; NAGEL, Günter; LUZ, Hans: Wohnen in den Städten: Stadtgestalt, Stadtstruktur, Bauform, Wohnform, Wohnumfeld. Ausstellungskatalog, Quensen, Lamspringe 1984

SPENGELIN, Friedrich; WUNDERLICH, Horst; MECKSEPER, Cord; WANGERIN, Gerda; WROBEL, Bernhard; SEEBERG, Helmut: Stadtbild und Gestaltung - Modellvorhaben Hameln. Schriftenreihe „Stadtentwicklung" des Bundesministeriums für Raumordnung, Bauwesen und Städtebau Nr. 02.033, Bonn 1983

SRL (1) - VEREINIGUNG DER STADT-, REGIONAL- UND LANDESPLANER (Hrsg): Bilanz Stadterneuerung. Bericht über die Jahrestagung 1983 in Bad Hersfeld. SRL-Information 18, Bochum 1984

SRL (2) - VEREINIGUNG DER STADT-, REGIONAL- UND LANDESPLANER (Hrsg): Nachbesserung von Großsiedlungen der 60er und 70er Jahre. Bericht über die Halbjahrestagung 1985 in Hamburg. SRL-Information 20, Bochum 1986

STADTSCHULTHEISSENAMT STUTTGART (Hrsg.): Die Stuttgarter Stadterweiterung: mit volkswirtschaftlichem, hygienischen und künstlerischen Gutachten. Kohlhammer, Stuttgart 1901

STADT STUTTGART: Gedanken zur Kernstadt-Umland-Frage in der Region Mittlerer Neckar. Manuskript des Oberbürgermeisters der Stadt Stuttgart, 1975

STADT WIEN: Kommunaler Wohnbau in Wien: Aufbruch 1923-1934 Austrahlung. Ausstellungskatalog, Presse- und Informationsdienst Wien, o.J.(1977?)

STAHL, Fritz; OPPENHEIMER, Franz (Einl.): Die Gartenstadt Staaken. Wasmuth, Berlin 1917

STAHL, Gisela: Von der Hauswirtschaft zum Haushalt, oder wie man vom Haus zur Wohnung kommt. In: NGBK, S. 87-108

STOSBERG, Hans: Die wachsende Großstadt, Beispiel Hannover. In: Raumforschung und Raumordnung, 20. Jg., 3/1962, S. 133-142

STRACKE, Ferdinand; SCHUSTER, Gottfried: Wolfsburg 1938-1988. Ausstellungskatalog, Wolgsburg 1988

STRATMANN, Mechthild: Wohnungsbaupolitik in der Weimarer Republik. In: NGBK, S. 40-49

STÜBBEN, J.: Der Städtebau. In: Handbuch der Architektur, vierter Teil, 9. Halbband. Gebhard, Leipzig 1924. Darmstadt 1890, Stuttgart 1907; Reprint Braunschweig/ Wiesbsaden 1980

SUKS - STADT-UMLAND-KOMMISSION STUTTGART: Bericht zur Stadt-Umland-Frage im Raum Stuttgart. , Innenministerium Baden-Württemberg, Stuttgart 1977

SUTCLIFFE, Anthony: Zur Entfaltung von Stadtplanung vor 1914: Verbindungslinien zwischen Deutschland und Großbritannien. In: FEHL/ RODRIGUEZ-LORES {1}, S. 138 ff.

TAMMS, Friedrich; WORTMANN, Wilhelm: Städtebau, Umweltgestaltung: Erfahrungen und Gedanken. Habel, Darmstadt 1973

TAUT, Bruno (1): Die Stadtkrone. Diederichs, Jena 1919

TAUT, Bruno (2): Die Auflösung der Städte, oder: Die Erde eine gute Wohnung, oder auch: Der Weg zur Alpinen Architektur. Folkwang, Hagen 1920

TAVERNE, Ed; WAGENAAR, Cor: Die Farbigkeit der Stadt. Birkhäuser, Basel/Berlin/Boston 1992

TEUT, Anna: Architektur im Dritten Reich, 1933-1945. Ullstein Bauwelt Fundamente 19, Fft.M./ Berlin 1967

TOPFSTEDT, Thomas: Eisenhüttenstadt: Die Magistrale zum Kombinat. In: BEYME u.a., S.138-147

TZSCHASCHEL, Sabine: Neuperlach: Lebensqualität in einer Satellitenstadt. In: GEIPEL u.a., S. 503-535

UHLIG, Günter: Stadtplanung in der Weimarer Republik: Sozialistische Reformaspekte. In: NGBK, S. 50-71

UNGERS, Liselotte: Die Suche nach einer neuen Wohnform: Siedlungen der zwanziger Jahre damals und heute. Deutsche Verlagsanstalt, Stuttgart 1983

UNWIN, Raymond: Grundlagen des Städtebaus. Berlin 1922. (Original: Town Planning in Practice. An Introduktion to the Art of Designing Cities and Suburbs. London 1911)

VOGLER, Paul; KÜHN, Erich (Hrsg.): Medizin und Städtebau: Ein Handbuch für gesundheitlichen Städtebau. Von Urban + Schwarzenberg, München 1957

WAGNER, Martin; BEHNE, Adolf (Hrsg.);: Das Neue Berlin - Großstadtprobleme. Siehe: DNB

WAGNER, Otto: Die Großstadt. Wien 1911

WALTER, Kurt; LAURITZEN, Lauritz (Einf.): Städtebau nach neuem Recht. Grundriß des Städtebauförderungsgesetzes. Neue Gesellschaft, Bonn 1971

WEBER, Max: Die Stadt. In: Archiv für Sozialwissenschaften und Sozialpolitik 47, 1921

WEDEPOHL, E.: Deutscher Städtebau nach 1945. Siehe DASL (4)

WBG - GEMEINNÜTZIGE WOHNUNGSBAUGESELLSCHAFT DER STADT NÜRNBERG (Hrsg.): Nürnberg-Langwasser: Stadtteil im Grünen. Nürnberg (1974) 1985

WEYL, Heinz (1): Regionalplanung im Großraum Hannover. In: Stadtbauwelt 8/1965, S. 641-655.

WEYL, Heinz (2): Grundsätze und Modellvorstellungen für den Verdichtungsraum: Modell Hannover. In: Zur Ordnung der Siedlungsstruktur, Veröff. d. Akad. f. Raumforschung u. Landesplanung, Forschungs- u. Sitzungsberichte, Bd. 85; Jänecke, Hannover 1974, S. 91-110

WIELAND, Dieter: Gebaute Lebensräume. Beton-Verlag, Düsseldorf 1982

WIELAND, Dieter; BODE, Peter M.; DISKO, Rüdiger (Hrsg): Grün kaputt. Landschaft und Gärten der Deutschen. Raben, München 1983

WIENANDS, Rudolf: Grundlagen der Gestaltung zu Bau und Stadtbau. Birkhäuser; Basel, Boston, ... 1985

WILDENMANN, Rudolf (Hrsg.): Stadt, Kultur, Natur: Chancen zukünftiger Lebensgestaltung. Nomos, Baden-Baden 1989

WILHELM, Karin: Von der Phantastik zur Phantasie: Ketzerische Gedanken zur „Funktionalistischen Architektur". In: NGBK, S. 72-86

WOLF, Winfried: Eisenbahn und Autowahn: Personen- und Gütertransport auf Schiene und Straße: Geschichte, Bilanz, Perspektiven. Rasch und Röhrig, Hamburg 1987

WORTMANN, Wilhelm (1): Städtebau: II. Geschichtliche Entwicklung. In: HANDWÖRTERBUCH .., Spalte 3118 ff.

WORTHANN, Wilhelm (2): Die Regionalstadt. In: Die Regionalstadt und ihre strukturgerechte Verkehrsbedienung, Veröff. der Akad. für Raumforschung und Landesplanung, Forschungs- und Sitzungsberichte, Bd. 71, Jänecke, Hannover 1972, S. 3-16.

WURZER, Rudolf: Stadtregion - Regionalstadt. In: DASL (2), S. 78-95

ZAPF, Katrin (1): Die Wohnbevölkerung im Sanierungsgebiet. In: StadtBauwelt 18/ 1968, S. 1350-1352

ZAPF, Katrin (2): Rückständige Viertel. Eine soziologische Analyse der städtebaulichen Sanierung in der Bundesrepublik. Europäische Verlagsanstalt, Frankfurt/M. 1969

Orts- und Sach-Index

Personen-Index

Abbildungsnachweis

Akademie der Künste Berlin: Bruno Taut. Berlin 1980, S. 233: Abb. 5.37-5.38. Akademie der Künste Berlin: Bauen in Berlin 1900-1964. Berlin 1965, S. 135, 133: Abb. 7.58, 8.40. Deutsche Akademie für Städtebau und Landesplanung, Bayern (Hrsg.): Nürnberg-Langwasser. Nürnberg 1988, S. 51, 55, 73, 78, 97, 96, 118, 119: Abb. 7.71-7.73, 8.71-8.73, 8.95. Deutsche Akademie für Städtebau und Landesplanung (Hrsg.): Deutscher Städtebau nach 1945. Essen 1961, S. 357, 228, 376, 311, 89, 377: Abb. 7. 46, 7.116-7.117, 8. 18, 8.88, 8.91, 8.99. Deutsches Architektenblatt 1986, S. 733, 731: Abb. 9.8, 9.14; 1993: Abb. 8.81. Amtsblatt der Stadt Stuttgart, 28.11.1968: Abb. 7.118. Wilhelm Andres, Hermann Stumme: Kranichstein. Geschichte eines Stadtteils. Darmstadt 1993, S. 141, 145, 143, 159: Abb. 8.42-8.46. Fred Angerer: Abb. 8.50-8.51. Architektur Museum, Technische Universität München: Abb. 3.4, 4.1, 4.12, 4.36-4.44. Archiv der Salzgitter AG: 6.30-6.31. C.H. Baer (Hrsg.): Kleinbauten und Siedlungen. Stuttgart o.J., S. 47, 58, 54, 47: Abb. 3.10-3.11. Bandel/Maschule: Die Gropiusstadt. Berlin 1974 (Kiepert): Abb. 7.77-7.78, 8.69-8.70. Baumeister 11/1969: Abb. 7.54-7.55. Bauwelt 34, 1968, S. 1067, 1060: Abb. 8.56-8.57; 47, 1994, S. 2591: Abb. 9.9. Heidede Becker: Geschichte der Architektur- und Städtebauwettbewerbe. Stuttgart 1992, S. 194: Abb. 5.45-5.46. Hans Eduard von Berlepsch-Valendas: Bauernhaus und Arbeiterwohnung in England. Esslingen o.J., S. 6, 14, 3: Abb. 3.5-3.7. Beyme/Durth/ Gutschow u.a. (Hrsg.): Neue Städte aus Ruinen. München 1992 (Prestel), S. 139, 147, 14, 23, 46, 55, 47, 223: Abb. 7.91-7.93, 7.95, 7.100, 7.113-7.115, 8.33. Peter M. Bode u.a.: Alptraum Auto. München 1986 (Raben), Titelblatt: Abb. 9.4. Bodon, Langenargen: Abb. 7.9. Olaf Boustedt: Grundriß der empirischen Regionalforschung. Teil III: Siedlungsstrukturen. Hannover 1975, S. 298, 108, 109, 16, 284: Abb. 8.1-8.4, 8.117, 8.119, 8.120. Erich Bramhas: Der Wiener Gemeindebau. Basel 1987 (Birkhäuser), S. 25, 28, 29, 63, 54, 55: Abb. 4.47-4.49, 5.62-5.66, 5.68-5.70 (Kartenmaterial Stadt Wien). The British Library, London: Abb. 2.24, 2.27. Colin Buchanan: Verkehr in Städten. Essen 1964, S. 44, 42: Abb. 8.86-8.87. Bundesministerium für Wohnungswesen, Städtebau und Raumordnung (Hrsg.): Wohnen in neuen Siedlungen. Stuttgart 1965, S. 148, 54, 55, 50, 39: Abb. 7.74, 7.83, 7.83, 7.85-7.86, 7. 109. Bundesministerium für Wohnungswesen und Städtebau (Hrsg.): Wohnungsbau und Städtentwicklung. München 1968, S. 114, 45, 46, 2: Abb. 7.75, 7.79, 7.105, 7.106, 8.5, 8.6. Bundesministerium für Raumordnung, Bauwesen und Städtebau (Hrsg.): Gesamtdokumentation Hamburg-Steilshoop. Bonn 1971, S. 139, 110, 161, 20, 277: Abb. 8.61, 8.63-8.64, 8.68, 8.79. Bundesministerium für Raumordnung, Bauwesen, und Städtebau (Hrsg.): Bebauungspläne Teil 2. Bonn 1974, S. 20, 277: Abb. 8.68, 8.79. Bundesministerium für Raumordnung, Bauwesen und Städtebau (Hrsg.): Hamburg-Steilshoop. Bonn 1985: 8.62, Titelseite (Überarbeitung: Verfasser). Bundesministerium für Raumordnung, Bauwesen und Städtebau (Hrsg.): Stadträume im Wandel. Karlsruhe 1986, S. 9, 16: Abb. 8.37, 8.59. D.W. Dreysse: May-Siedlungen. Köln (Verlag der Buchhandlung Walther König), S. 11, 13, 20, 21, 26, 35: Abb. 1.6, 5.9, 5.12-5.21. Werner Durth; Niels Gutschows: Träume in Trümmern. Braunschweig-Wiesbaden 1988, S. 241, 239, 191, 27, 25, 389, 712, 615, 299, 211, 210, 886: Abb. 5.83-5.85, 6.3, 6.25-6.27, 6.30-6.31, 6.33-6.34, 6.37-6.38, 6.53-6.54, 6.56-6.59, 7.8, 7.22, 7.97, 7.103, 7.98. Werner Durth/Winfried Nerdinger: Architektur und Städtebau der 30er/40er Jahre. Bonn 1993, S. 11, 58, 28, 49, 29, 75, 15, 66, 11, 58: Abb. 6.9, 6.11, 6.14, 6.43-6.45, 6.49, 6.51. Werner Durth/ Niels Gutschow: Architektur und Städtebau der fünfziger Jahre. Bonn 1987, S. 60: Abb. 7.50. Fackelträger-Verlag GmbH, Hannover: Abb. 2.5. Gottfried Feder: Die neue Stadt. Berlin 1939, S. 448, 20, 462: Abb. 6.4-6.6, 6.8. Das Neue Frankfurt: Abb. 5.1, 5.3-5.6, 5.22-5.25. Deutsche Gartenstadt Gesellschaft: Die deutsche Gartenstadtbewegung. Berlin-Schlachtensee 1911, S. 69, 76, 18, 26: Abb. 4.2-4.4, 4.7, 4.17. Gartenstadt Karlsruhe e.G., S. 30, 18: Abb. 4.5-4.6. Robert Geipel u.a.: München. Ein sozialgeographischer Exkursionsführer. Regensburg 1987, Karte 3.4: Abb. 6.47. J.F. Geist; K. Kürvers: Das Berliner Mietshaus. Bd. 2: 1862-1945. München 1993, S. 63, 140, 149, 92, 500, 111, 233: Abb. 2.9-2.10, 2.15, 2.17, 3.35-3.36, 3.38. H. Geretsegger u.a.: Otto Wagner 1841-1918. Salzburg 1983 (Residenz), S. 46, 49, 51: Abb. 3.50-3.52. GEWOBA Bremen (Hrsg.): Modell Neue Vahr. Bremen 1993, S. 28: Abb. 7.56, 8.19-8.21. Johannes Göderitz u.a.: Die gegliederte und aufgelockerte Stadt. 1957, S. 19, 26, 43, 20, 37, 77: Abb. 7.15-7.21, 7.121. Johannes Grobler: Das Eigenheim. Berlin/Leipzig 1932, S. 250, 46: 5.94-5.95. Handwörterbuch der Raumforschung und Raumordnung. Akademie für Raumforschung und Landesplanung, Hannover 1970, Sp. 3119, Sp. 3125, Sp. 3229, Sp. 3223, S. 347: Abb. 2.4, 2.16, 7.4-7.5, 8.9. Haniel Archiv, Duisburg: Abb. 2.25. Georg Hecking u.a.: Bevölkerungsentwicklung und Siedlungsflächenexpansion. Stuttgart 1988 (Karl Krämer), S. 34, 36: Abb. 7.3, 9.2. K. Henrici: Beiträge zur praktischen Ästhetik im Städtebau. München 1904: Abb. 3.46. Friedrich Hess: Städtebau. Stuttgart 1944, S. 413, 423, 425: Abb. 1.8, 3.25, 6.35. Hartmut Hofrichter (Hrsg.): Stadtbaugeschichte von der Antike bis zur Gegenwart, Braunschweig 1991 (Vieweg), S. 58, 190: Abb. 1.7, 2.7. Institut für Landes- und Stadtentwicklungsforschung NW (Hrsg.): Landesplanung und Städtebau in den 80er Jahren. Dortmund 1981, S. 91, 101: Abb. 8.75, 8.77. Irion/Sieverts: Neue Städte. Experimentierfelder der Moderne. Stuttgart 1991, S. 61, 70: Abb. 8.55, 8.90. W. Kallmorgen: Schumacher und Hamburg. Hamburg 1969 (Hans Christians Verlag), S. 82, 83, 86, 95: Abb. 5.47, 5.49, 5.50-5.51, 5.53, 8.126-8.127. Hans Kampffmeyer: Die Nordweststadt in Frankfurt. Frankfurt 1968, S. 42: Abb. 8.31. Dietrich Kautt: Wolfsburg im Wandel. Wolfsburg 1983, S. 464, 477, 493, 535: Abb. 6.1-6.2, 6.41-6.42. Walter Kiess, Urbanismus im Industriezeitalter, Berlin 1991 (Ernst und Sohn), S. 266, 381, 382, 444, 405: Abb. 2.22, 2.27-2.28, 3.24, 3.30. Hannes Killian: Abb. 6.60. Hugo Koch: Gartenkunst im Städtebau. Berlin 1921, S. 227: Abb. 3.42. Hans G. Köster: Margarethenhöhe. Essen 1991: Abb. 4.22.

Krusche/Althaus: Ökologisches Bauen. Berlin 1982, Titelblatt: Abb. 9.7. V.M. Lampugnani: Architektur und Städtebau des 20. Jahrhunderts. Stuttgart 1980, S. 143: Abb. 6.52. Landesamt für Flurbereinigung Baden-Württemberg: Abb. 7. 122. Landesbildstelle Württemberg: Abb. 5.89, 7.52. Landeshauptstadt Düsseldorf (Hrsg.): Düsseldorf Garath. 1965, S. 38: Abb. 8.89. Landeshauptstadt Hannover (Hrsg.): Zur Diskussion Innenstadt. 1970, S. 4: Abb. 8.97-8.98. Le Corbusier: Städtebau. Stuttgart 1929: Abb. 4.56-4.59, 7.96. Linder/Maurer/ Resch: Erzwungene Mobilität. Frankfurt 1975 (Europäische Verlagsanstalt), S. 59: Abb. 8.7. Thomas H. Mawson: Civic Art. Batsford 1911: Abb. 3.8. Georg Metzendorf: Kleinwohnungsbauten und Siedlungen. Darmstadt 1920, S. 17, 10, 84: Abb. 4.19-4.21. Stefan Muthesius: Das englische Reihenhaus. Königstein im Taunus o.J (Karl Robert Langewiesche Nachfolger Hans Köster), S. 110, 116: Abb. 2.13-2.14. Wolfgang Pehnt: Die Stadt in der Bundesrepublik Deutschland. Stuttgart 1964, Anhang: Abb. 7.107, 8.27, 8.41, 8.92, 9.12, 9.13. Imre Pereny: Die moderne Stadt. Budapest 1970 S. 46, 100: Abb. 3.1-3.3, 7.89. Planen und Bauen im neuen Deutschland. Opladen 1960, S. 120, 383: Abb. 7.43, 7.108. Hunting Aerofilms, Boreham Woods: 3.22-3.23. Julius Posener (Hrsg.): Ebenezer Howard: Gartenstädte von morgen. Frankfurt/Wien 1968, S. 17, 25, 57, 60, 61, 143, 145: Abb. 2.12, 2.23, 3.14-3.16, 3.21. B. Preußler: Walter Schwagenscheidt 1886-1968. Stuttgart 1985 (Deutsche Verlags-Anstalt), S. 80, 79, 38: Abb. 5.86-5.87, 7.23. Gerhard Rabeler: Wiederaufbau und Expansion westdeutscher Städte. Bonn 1990, S. 174: Abb. 7. 110-7.111. Hans Bernhard Reichow: Organische Stadtbaukunst. Braunschweig 1948, S. 124, 107: Abb. 6.39, 6.55, 7.10. Hans Bernhard Reichow: Die autogerechte Stadt. Ravensburg 1959, S. 107, 19, 10, 25, 61, 66, 74: Abb. 7.10-7.14, 7.41-7.42, 7.82. Christian Schneider: Stadtgründungen im Dritten Reich. München 1978, S. 95, 96, 75, 77, 85, 37, 103, 49, 47, 14, 113, 122, 121, 124, 126: Abb. 6.7, 6.12-6.13, 6.15-6.16, 6.22-6.23, 6.25-6.27, 6.29, 6.30-6.31, 6.33-6.34, 6.37-6.38, 6.56, 6.58-6.59, 7.119. Walter Schwagenscheidt: Die Raumstadt und was daraus wurde. Stuttgart 1971, S. 17, 30, 29, 31, 44, 45, 51: Abb. 7.24-7.27, 7.87, 7.101-7.102. Walter Schwagenscheidt: Die Nordweststadt. Stuttgart 1964, S. 29, 28, 18, 58, 43, 89, 92: Abb. 7.39-7.40, 7.48, 8.7, 8.28-8.30, 8.93. Walter Schwagenscheidt: Die Raumstadt. Heidelberg 1949, S. 152: Abb. 7.44-7.45. Otto Ernst Schweizer: Forschung und Lehre, 1930-60. Stuttgart 1962 (Karl Krämer), S. 20, 14, 88, 29, 64, 67, 82: Abb. 7.28 - 7.37. Sennestadtverein: Abb. 7.60-7.61, 7.64. Camillo Sitte: Der Städtebau nach seinen künstlerischen Grundsätzen. Wien 1909: Abb. 3.47, 3.48. Albert Speer, Rudolf Wolters: Neue Deutsche Baukunst. Prag 1943, S. 86, 87, 89, 85, 88: Abb. 6.17-6.19, 6.24, 6.46. Spengelin/Wunderlich u.a.: Stadtbild und Stadtgestaltung. Bonn 1983, S. 51, 48, 49: Abb. 8.104, 8.105. Friedrich Spengelin u.a.: Wohnen in den Städten. Lauspringe 1984, S. 135, 134, 130: Abb. 7.57, 7.59, 7.112. Staatsarchiv Hamburg: Abb. 7.47, 7.49. Die neue Stadt, 1932: Abb. 5.91, 5.93. Stadt Düsseldorf: 8.23, 8.25-8.26, 8.89. Freie und Hansestadt Hamburg: Abb. 8.128; 8.60 (Amt für Stadterneuerung). Stadt Hannover: 8.97, 8.98. Stadt Hildesheim: Abb. 8.106, 8.108. Stadt Osnabrück (Hrsg.): Osnabrück, die Sanierung kann beginnen, 1970, S. 18, 19: Abb. 8.101-8.102. Stadt Stuttgart: Abb. 9.1, 9.3. Stadt Stuttgart (Hrsg.): Büroflächen in Stuttgart. Beiträge zur Stadtentwicklung, 28. Stuttgart 1989, S. 18: Abb. 9.3. Stadtarchiv Dortmund: Abb. 7.2. Stadtarchiv Köln: Abb. 8.33. Stadtarchiv Stuttgart: Abb. 5.90, 6.10. Stadtarchiv Ulm: Abb. 3.37. Stadtplanungsamt Stuttgart: Abb. 7.7, 8.109, 9.5. Der Städtebau, 1929: Abb. 5.92. Der Städtetag 1971: Abb. 8.96. Ferdinand Stracke, Gottfried Schuster: Wolfsburg 1938-1988. Wolfsburg 1988 S. 41: Abb. 6.36. J. Stübben: Der Städtebau. Leipzig 1924, S. 29, 556: Abb. 3.40, 4.28. Bruno Taut: Die Stadtkrone. Jena 1919: Abb. 4.53-4.54. Bruno Taut: Die Auflösung der Städte. Hagen 1920: Abb. 4.55. Max Taut: Berlin im Aufbau. Berlin 1946: Abb. 7.103-7.104. Rolf Temming: Illustrierte Geschichte der Eisenbahn. Herrsching 1976, Seite 51, 62: Abb. 2.2a-2.2b. Liselotte Ungers: Die Suche nach einer neuen Wohnform. Stuttgart 1983 (Deutsche Verlags-Anstalt), S. 121, 91, 49, 41, 55, 51, 61, 121: Abb. 4.50-4.51, 5.8, 5.11, 5.32, 5.36, 5.39, 5.41-5.44, 5.74. Raymond Unwin: Grundlagen des Städtebaus. Berlin 1922, S. 215, 218, 191, XVII, 224, 220, 292, 66, 67, 577: Abb. 3.20, 3.28, 3.29, 3.43-3.45, 5.21. Martin Wagner: Das wachsende Haus. 1932: Abb. 5.97. Dieter Wieland: Gebaute Lebensräume. Düsseldorf 1982 (Beton-Verlag GmbH), S. 34, 35, 36: Abb. 1.2, 5.57-5.59.